6월
항쟁

6월 항쟁

—1987년 민중운동의 장엄한 파노라마

서중석 지음

2011년 10월 24일 초판 1쇄 발행
2018년 1월 15일 초판 4쇄 발행

펴낸이 한철희 | 펴낸곳 돌베개 | 등록 1979년 8월 25일 제406-2003-000018호
주소 경기도 파주시 회동길 77-20(문발동)
전화 (031) 955-5020 | 팩스 (031) 955-5050
홈페이지 www.dolbegae.co.kr | 전자우편 book@dolbegae.co.kr
블로그 blog.naver.com/imdol79 | 트위터 @dolbegae79

책임편집 소은주·김태권 | 편집 이경아·권영민·이현화·조성웅·김진구·김혜영·최혜리
표지디자인 민진기디자인 | 본문디자인 박정영·이은정
마케팅 심찬식·고운성·조원형 | 제작·관리 윤국중·이수민 | 인쇄·제본 상지사 P&B

ISBN 978-89-7199-443-6 03910
책값은 뒤표지에 있습니다.

이 도서의 국립중앙도서관 출판시도서목록(CIP)은 e-CIP 홈페이지(http://www.nl.go.kr/ecip)와
국가자료공동목록시스템(http://www.nl.go.kr/kolisnet)에서 이용하실 수 있습니다.
(CIP제어번호: CIP2011004231)

1987년 민중운동의 장엄한 파노라마

6월 항쟁

서중석

돌베개

들어가면서

우리는 독립(민족해방)운동·민주화운동에서 뿌듯한 긍지를 가질 만한 자랑스러운 역사를 가지고 있다. 이승만의 독재와 부정선거에 항거하여 학생시위가 일어난 이래 학생들의 분노의 외침이 30여 년이나 계속되었는데, 이러한 나라도 찾아보기 힘들다. 3·1운동, 4월 혁명, 6월 항쟁은 무기력하고 체념상태에 빠져 있던 한국인들을 새롭게 탄생시켜 새 역사의 출발을 다짐하게 했다. 오늘날의 자유와 민주주의, 인권, 남북화해, 한반도 평화도 30년간 줄기차게 전개해온 민주화운동의 우람찬 봉우리를 이루는 6월 항쟁으로 획득한 것이다.

근래에 들어와 왜 젊은이들이 분개할 일이 많은데도 침묵하고 있는지 의아하기도 하고 궁금하기도 하다는 생각이 들 때가 있다. 수십 년 싸워서 얻은 자유와 민주주의, 인권, 남북화해와 평화가 너무 쉽게 훼손되고 후퇴하는데, 정치인도 젊은이들도 그저 바라만 보는 것 같아 안타까울 때가 많다. 나이 먹은 사람들은 억압상태에 익숙해지다 보니까 오히려 자유를 싫어하고 두려워하는 듯하고, 자유로운 세상에 태어난 젊은이들은 자유의 소중함을 가슴 깊이 느끼지 못하는 것 같다.

시위나 투쟁은 공동선을 추구하는 마음에서 나오고, 좋은 세상을 만들어 더불어 잘 살려는 운동이다. 3·1운동, 4월 혁명, 광주항쟁, 6월 항쟁 때 거리에 나선 이들은 공동체가 잘된다면 자신은 희생되어도 좋다는 헌신성으로 하나가 되어 있었다.

살아가노라면 평생 동안 잊지 못할 벅찬 감동과 감격을 느낄 때가 있다. 그것은 대개 한마음으로 무리를 지어 공동선을 추구할 때 생긴다. 6월 항쟁에 참여한 투사나 6월의 거리에서 함께 호흡한 많은 시민들은 질풍노도 같은 감격이나 뿌듯한 긍지를 지금도 회상하곤 할 것이다. 그들은 그토록 힘들여 바꾸어놓은 세상이 변하더라도, 또 공동체를 모래알처럼 흐트러지게 하는 이상한 논리가 횡행하더라도 굳건히 제 갈 길을 갈 것이다.

그 반면 수구냉전 세력이나 뉴라이트에게 6월 항쟁은 두려움의 대상이다. 촛불시위가 초원의 들불로 번져 6월 항쟁처럼 타오르지 않을까 걱정한다. 6월 항쟁은 이들의 위험한 주행에 대해 끊임없이 경고한다. 이 때문에도 6월 항쟁은 늘 살아 있어야 한다. 6월 항쟁을 항상 살아 있게끔 하는 것은 그 무엇보다 중요하다고 아니할 수 없다.

지금까지 6월 항쟁은 민주화운동 측면에서만 바라보았고, 따라서 자료도 민주화운동 쪽에 의존했다. 그러나 군의 출동이나 6·29선언 문제가 아니더라도 전두환 정권 측의 자료는 6월 항쟁의 배경이나 전개과정을 이해하는 데 필수적이다. 6월 항쟁은 박종철의 고문사망 사건이 계기가 되었지만, 새 대통령 선거 시기—그런 점에서 정권교체기로 볼 수 있는데—와 맞물려 일어났다는 점이 중요하다. 새 대통령 선거 시기가 아니었으면, 그것과 직결되어 있는 개헌 문제가 그렇게 심각하지 않을 수 있었고, 따라서 민주화운동은 다른 양상을 띨 수 있었다. 뿐만 아니라 새 대통령 선거 시기에는 전두환과 노태우·민정당 간부들의 입장이 다를 수 있었다. 또 전두환은 여전히 절대권력을 장악하고 있기는 했지만, 이 시기에는 노태우의 주장을 존중하지 않을 수 없었다. 이 두 가지 요인은 정국이 요동칠 때마다 영향을 미쳤다.

민주화운동 측에서는 호헌철폐투쟁은 중시하면서도 전두환의 4·13호헌조치가 갖는 중요성은 간과하는 경우가 있었다. 마찬가지로 6·29선언이 있게 된 것은 군이 출동하지 않았기 때문인데, 군이 출동하지 않은 것을 단순하게 사고하는 경향이 있었다. 중대한 사안에서 노태우·민정당과 야당이 같은 입장에 서 있었다고 주장한다면 선뜻 수긍되지 않을 것이다. 그러나 예컨대 6월 항쟁의 대단원인 6·26평화대행진에서 야당과 노태우·민정당은 '폭력'투쟁에 대해 똑같이 우려했다. 그리고 그 이유도 비슷했다. 6월 항쟁 내내 이와 같이 판단하고 있었기 때문에 김대중·김영삼은 6·29선언이 나올 줄을 전혀 예상하지 못했다.

군 출동 문제나 6·29선언 문제는 대단히 민감한 사안이어서 필자는 『盧泰愚 육성 회고록』(이하 『노태우 육성 회고록』으로 표기)이나 『全斗煥 육성증언』(이하 『전두환 육성증언』으로 표기)과 같은 자료를 몇 번이고 다시 읽으면서 그때마다 고쳐 썼다. 선입견이나 독단적 판단으로 사료를 잘못 읽을 수 있기 때문이다.

군 출동 문제와 관련해 야당과 민주화운동 측은 미국을 중시했다. 전두환 정권이 명동성당농성을 강제로 진압하지 않은 것도 미국의 압력으로 파악했다. 학생운동권이건 재야건 전두환 정권은 미국의 영향력하에 있다고 판단했고, 심지어 미국의 대리정권이라는 주장까지 나온 터라 군 출동과 같은 중요한 사안은 미국의 압력에 따랐을 것으로 생각한 것이다. 6월 항쟁에서 미국이 어떠한 역할을 했는지는 두고두고 논란이 될 수 있겠지만, 필자는 군 출동이나 명동성당농성 사태에서 미국 정부의 역할을 제한적으로 보고 있다. 또한 필자는 군 출동 문제에서 '광주'가 중요한 의미를 지니고 있음을 강조했다.

군이 미국의 압력으로 출동하지 않았다는 안이한 판단은 6월 항쟁이 지니고 있는 역동성과 그것의 귀결을 이해하기 어렵게 했다. 바로 여기서 비폭력과 폭력의 문제가 제기된다. 만일 6월 항쟁이 비폭력으로 일관했더라면 광주항쟁에서 시민·학생들이 공수부대와 정면 대결해 싸우고 퇴출까지 시켰던 엄청난 폭발적 투쟁력이 6월 항쟁 곳곳에서 시현되는 것이 저지되었을 터이고, 6·29선언도 나오지 않았을 것이다. 그렇다고 필자가 비폭력투쟁이 6월 항쟁에서 대단히 중요한 민주대연합과 동시다발투쟁을 가능하게 했고 보수 세력 등 광범위한 부동층의 참여를 유도한 점을 간과하려는 것은 아니다. 하지만 야당을 비롯한 일각에서 6월 항쟁의 역동성을 파악하지 못하고 협애하게 이해해 전두환과 신군부를 굴복시키는 데 소극적 역할을 한 면이 있었다는 점은 인정해야 할 것이다. 특히 건곤일척의 판갈이 싸움이었던 6·26평화대행진이 비폭력 강조로 약체화되었더라면 어떻게 되었을까? 이 책에서는 시위 현장에서 폭력과 비폭력의 문제가 어떻게 부딪치는지를 부각시키려 했다. 3·1운동에서의 폭력/비폭력 평가를 둘러싸고 수십 년간 논쟁이 진행된 바 있었다. 6월 항쟁과 관련해서도 폭력/비폭력 논쟁은 뜨거운 감자로 남을 것 같다.

학생들의 헌신성에서 우러나온 결연한 투쟁이 6월의 거리를 뜨겁게 달군 것은 모두가 잘 알고 있는 사실이지만, 학생운동이 까딱하다가 잘못될 뻔하지 않았나 하는 생각이 들 때가 있다. 1987년 3월 새 학기에 들어섰는데, 또 3월 3일은 박종철 49재로 3·3평화대행진이 있었는데 대학가는 조용했다. 당시 한 신문에 보도된 대로 '대학이 너무 조용'했다. 4·19혁명 기념일에도 열기는 타오르지 않았고, 5월 투쟁기간에도 비슷했다. 전두환의 최대 실책이었던 4·13호헌조치에 대해서도 학생들은 이렇다 할 반응이 없었다. 기다렸다는 듯이 교수와 종교계가 앞장선 각계각층의 광범위한 호헌철폐투쟁이 전개되지 않았더라면 어떻게 되었을까?

왜 이러한 일이 일어났는지를 알아보기 위해 6월 항쟁에서 학생운동의 주류였던 NL(민족해방)계를 중심으로 학생운동의 변천과정을 살펴보았다. 그와 함께 6월 항쟁기간 내내 어째서 그렇게 많은 학생들이 헌신적으로 잘 싸웠는지 그 원인과 배경을 알아보았다. 한 가지 힌트는 10·2시위에서 얻었다. 유신체제에 대한 최초의 반대 시위였던 서울대 문리대의 1973년 10·2데모는 학생들이 유신체제가 얼마나 잘못된 권력인지를 잘 알고 있었으면서도 그것에 항의하는 시위를 벌이지 못했던 것에 죄책감을 느끼고 있었는데, 김대중 납치 사건이 발생하자 들고일어난 투쟁이었다.

여러 면에서 3·1운동과 비슷한 6월 항쟁은 예기치 못한 사건의 연속이었다. 1987년 1월 박종철 고문사망은 갑자기 일어난 사건이었는데, 그 사건이 '6·10고문살인 은폐 규탄 및 호헌철폐 국민대회'에 이르기까지 그토록 큰 파장을 불러일으키리라고는 아무도 예상치 못했다. 야당도 학생들도 대개가 '억울한 죽음'으로 끝나고 말 것으로 생각했다. 2·7추도대회, 3·3 평화대행진도 처음부터 기획된 것이 아니었다. 4·13호헌조치에 반대하는 호헌철폐투쟁이 그토록 거세게 일어날 줄도 예상치 못했다. 5·18박종철 고문사망 은폐조작 폭로도 일찍부터 계획된 것이 아니었으며, 그에 따른 5·26개각이 그렇게 큰 폭이 될 것이라고는 전두환조차 생각지 못했다. 6월 9일 이한열이 중태에 빠진 것도 예기치 못한 사태였고, 6·10국민대회가 전국 22개 도시에서 그렇게 큰 규모로 격렬히 전개될 줄은 아무도 예상치 못했다. 특히 명동성당농성 사태는 전혀 예상치 못한 사건이었다. 우연히 일어난 일이어서 하루 이틀 사이에 끝날 것으로 짐작했고, 그것이 6월 15일 까지 계속되면서 호헌철폐투쟁을 새로운 국면으로 끌고 가리라고는 더더구나 예상치 못했다. 6월 12일 시민들이 대거 참여한 서울 시위 또한 너무나 뜻밖이어서 전두환 정권을 몹시 당황케 했다. 6월 15일부터 17일까지 대전·부산·진주 등지에서 도시를 마비시키고 공권력을 무력화시킨 초강경 시위도 예상치 못한 사태로 전두환 정권을 궁지에 몰아넣었다. 6·18최루탄추방대회는 모두가 기다렸다는 듯이 전국 각 도시에서 일어났다. 특히 이날 부산 시위는 규모 면으로도, 시청과 KBS에 대한 장시간 공격으로도 전두환 정권을 경악케 했다. 6월 20일부터 전남·북 여러 도시에서 규모가 큰 격렬한 시위가 일어난 것도 예상치 못한 일이었다. 6월 항쟁은 토·일요일 없이 대규모로 전개되었는데, 이 또한 찾아보기 어려운 현상이었다. 6·26항쟁은 37개 시·군에서 일어났고, 규모도 최대였다. 군이 출동하지 않을까 마음 졸였던 야당과 민주화운동 세력은 앞에서 언급한 대로 6·29선언을 예상하지 못했다.

1987년 1월에서 6월까지 전개된 민주화운동—박종철 고문사망 항의투쟁, 호헌철폐·군부독재타도·직선제 쟁취투쟁—은 모든 투쟁이 절묘하게 하모니를 이루어 민주화운동을 확대시키고 전진시켜 도도한 대하大河를 이루었다. 그렇지만 예상치 못한 일이 많았다는 것은 능동적으로 전개되지 못한 면이 있음을 시사한다.

1945년 8월, 1960년 4월에 이어 한국인은 6월 항쟁으로 세 번째 '해방'을 맞았다. 1945년 8월 해방은 민족혁명이자 시민혁명, 사회혁명이자 문화혁명이었는데, 6월 항쟁은 그로 인해 남북화해와 평화의 길이 열렸다는 점에서, 민주주의가 자리 잡았다는 점에서, 7~8월에 노동자대투쟁이 전개되었다는 점에서, 부르고 싶은 노래도 부를 수 있고 보고 싶은 영화도 볼 수 있게 되었다는 점에서 1945년 8월의 해방에는 미치지 못하지만 그와 비슷한 역사적 위상을 지녔다. 4월 혁명 이후의 자유와 민주주의는 주민 집단학살 등 전쟁의 폐허 위에 쌓아올려진 극우반공체제의 위세가 강고했고 민주주의 세력도 약해 생명력이 강하지 못했다. 6월 항쟁 이후에도 장기간에 걸쳐 권력을 장악했던 수구냉전 세력이 역사의 흐름을 막고 과거로 되돌리려는 퇴행적 행위를 끊임없이 기도해왔지만, 자유와 민주주의는 어느 때보다도 굳건히 자리 잡았다.

굴곡이 심했던 근현대사를 반영하듯 우리 사회에는 존경받을 만한 층이나 인물이 드물다. 그렇지만 약한 자, 소외당한 자들을 위해 헌신하고 꿋꿋이 민주화운동을 펴온 분들이 존경받지 못한다면 그 사회는 미래가 없다고 할 수밖에 없다. 역사의 도도한 흐름에 참여한 6월 항쟁 세대는 우리 사회의 버팀목이다. 자유와 민주주의, 인권, 남북화해와 평화의 지킴이들이 다름 아닌 그들이다. 촛불시위, 참교육 현장, 투표장에 그들이 있다. 앞으로도 우리는 분노하고 항의하는 그들의 목소리를 계속 들을 수 있을 것이다.

읽어가는 데 방해가 될 수도 있지만, 박종철 고문사망 사건의 배경과 시민의 민주화운동 참여 배경, 개헌과 학생운동에 대한 전사前史는 6월 항쟁의 전개과정과 상황을 이해하는 데 필수적이라 생각해서 기술했다.

이 책은 민주언론운동협의회에서 펴낸 『말』 합본호 1~2, 그중에서도 1987년 8월 1일 발행한 제12호 『6월항쟁』과 한국기독교사회문제연구원에서 1987년 7월에 펴낸 『6월민주화대투쟁』, 4월 혁명 시기만은 못해도 6월 항쟁으로 나아가는 데 일정한 역할을 한 『동아일보』 및 다른 신문기사에 크게 의존했다. 황인성의 「투쟁의 구심 ─민주쟁취국민운동본부」와 (사)6월민주항쟁계승사업회·민주화운동기념사업회에서 발행한 『6월항쟁을 기록하다』 1~4도 큰 도움을 주었다. 『6월항쟁을 기록하다』 1~4에 기고한 필자들께 감사의 말씀을 드린다. 기쁨과 희망 사목연구원 편 『암흑 속의 횃불』7~8, 『말』에 연재된 신준영의 「학생운동야사」1~6, 80년대 전반기 학생운동기념문집출간위원회 편 『5월 광주를 넘어 6월항쟁까지』, 김원의 『87년 6월 항쟁』, 김성익 편저 『전두환 육성증언』, 조갑제 편저 『노태우 육성 회고록』, 박철언의 『바른 역사를 위한 증언』1로부터도 많은 도움을 받았다. 이 밖에도 여러 저서, 평론과 논문, 회고록, 증언, 수기, 자료집으로부터 도움을 받았다. 필자나 편집자들께 감사의 말씀을 드린다. 황인성 학형은 원고를 읽고 평을 해주었다. 감사의 마음을 전한다.

6월 항쟁의 혜택을 가장 많이 받았다고 볼 수 있는 20대 대학생 가운데 6월 항쟁을 모르는 학생이 절반을 넘는다고 하는데, 이 책이 6월 항쟁 연구를 포함해 6월 항쟁에 대한 관심을 갖게 하는 데 일조했으면 좋겠다. 6월 항쟁에 관한 생생한 체험을 담은 수기나 증언이 많이 나와 6월 항쟁에 대한 이해를 풍성하고 생동감 있게 해주기를 기대해본다.

끝으로 이 책을 출판해주신 돌베개 출판사의 한철희 대표와 편집·교정, 사진 수집에 노고를 아끼지 않은 소은주 팀장, 김태권 님, 그 밖의 편집진에게 감사드린다.

2011년 9월
서중석

목차

제1장

박종철 고문사망과
동시다발 시위의 등장

1
박종철 고문사망

"누가 너를 앗아갔는가"

1987년 1월 20일 정오쯤 앳되디앳된 한 학생의 영정이 서울대 언어학과 사무실에서 나와 아크로폴리스 광장을 지나 학생회관 2층 라운지에 모셔졌다. 육중한 교문 앞에는 전경 기동대 수백 명이 진을 치고 있었다. 영정 속 학생의 추모제는 묵념으로 시작되었다. 곧이어 〈꽃상여 타고〉라는 노래를 합창하더니 한 여학생이 '서울대 언어학과 일동'의 이름으로 조시 「우리는 결코 너를 빼앗길 수 없다」를 낭송했다. 앞의 두 절만 인용하자.

오늘 우리는
뜨거운 눈물을 삼키며
솟아오르는 분노의 주먹을 쥔다.
차가운 날
한 뼘의 무덤조차 없이

언 강 눈바람 속으로 날려진
너의 죽음을 마주하고
죽지 않고 살아남아 우리 곁에 맴돌
빼앗긴 형제의 넋을 앞에 하고
우리는 입술을 깨문다.

누가 너를 앗아갔는가
감히 누가 너를 죽였는가
눈물조차 흘릴 수 없는 우리
그러나 모두가 알고 있다.
너는 밟힌 자가 될 수 없음을
끝까지 살아남아 목청 터지도록
해방을 외칠
그리하여 이 땅의 사슬을 끊고
앞서 나아갈 너는
결코 묶인 몸이 될 수 없음을

여기저기서 흐느끼는 소리가 났다. 그것은 통곡처럼 들렸다. 뒤이어 조사를 읽자 장내는 또다시 슬픔이 물결치면서 울음바다가 되었다. 지난 1986년 4월 전방입소 반대를 외치며 분신하여 산화한 김세진의 어머니 최순정의 조사였다. 그것은 차라리 절규였다.

어미들의 가슴이 천 갈래 만 갈래 찢어지는 듯하고나. 어버이들이 저지른 죗값을 어이해 꽃다운 나이의 너희들이 희생의 제물이 된단 말이냐. 저들도 자식을 키우는 사람일진대……

1987년 1월 20일 서울대 학생들이 학생회관 2층에서 고문으로 사망한 박종철 군의 추모제를 끝낸 후 박 군의 영정을 앞세우고 교문까지 침묵시위를 벌이고 있다.

　　마지막으로 학생들은 〈그날이 오면〉을 함께 불렀다. 식이 끝나자 민주화실천가족운동협의회(민가협) 어머니들 30여 명이 영정 앞에서 "철아! 다 잊어버리고 잘 가그래이"라고 외치며 울음을 터뜨렸다. 추모제에 참가했던 일행은 아크로폴리스 광장에 모여 있는 1,000여 명의 학생들과 합류했다. 학생들은 '살인정권타도를 위한 관악 2만 학우 궐기대회'라고 쓴 플래카드 앞에서 전두환 정권을 성토하다가 영정을 앞세우고 교문 앞으로 이동했다.

　　영정 속의 앳된 학생은 서울대 언어학과 3학년 박종철(당시 21세)이었다. 나흘 전 그의 육신은 재가 되어 '한 뼘의 무덤조차 없이' 임진강 한 줄기 '언 강 눈바람 속으로 날려'졌다. 박종철의 같은 과 선배 장지희가 쓴 조시 「우리는 결코 너를 빼앗길 수 없다」에서 묘사된 바처럼 박종철은 한 줌 재가 되어 '언 강 눈바람 속으로 날려'졌지만, 끝내 죽지 않고 살아남았다.

그는 '밟힌 자가 될 수 없'었고, '묶인 몸이 될 수 없'었다. '끝까지 살아남아 목청 터지도록' 외쳤다. 역사상 최대 규모의 6월 항쟁은 이렇게 박종철과 함께 시작되어 활화산처럼 타올랐다.

박종철의 젊음은 그가 평소에 즐겨 부르던 〈그날이 오면〉에 잘 드러나 있듯이 '헛된 꿈'이 아니었다. 그를 앗아간 자들이 비겁하게 그의 죽음의 진실을 기만하려 한 것이 더욱 큰 분노를 불러일으킨 것이다. 6월 항쟁은 그의 곁에 있던 학생들뿐만 아니라 '광주 그날'에 등장했던 분노한 민중이 또다시 역사의 한가운데로 뛰어들어 일으킨 것이었다. 학생도 민중도 한 덩어리가 되어 6월의 거리에서 다시 새 사람으로 태어나는 것 같았다.

'탁' 치니 '억' 하며 죽었다

엄청난 격랑을 몰고 온 박종철의 죽음도 하마터면 전두환 정권에 의해 묻히거나 변색될 뻔했다. 역사는 필연과 우연이 실타래처럼 얽히고설킨다고는 하지만, 6월 항쟁이라는 장대한 파노라마는 4월 혁명처럼 필연에 우연이 가미되었다. 그것의 단초인 박종철의 죽음이 알려진 데에도 우연의 요소가 녹아들어 있었다.

1987년 1월 15일 오전 10시경 중앙일보 사회부 신성호 기자는 대검찰청 청사에서 한 검찰 간부로부터 우연히 "경찰들 큰일 났어!"라는 말을 들었다. 그것이 실마리가 되어 서울대 언어학과 박 모라는 학생이 경찰에서 조사받다 사망했다는 사실을 알아냈다. 쇼크사로 보고되었다는 것이다. 바로 서울대를 통해 박종철이라는 이름을 알아냈다. 신성호 기자는 돌아가던 윤전기를 세워 기사를 배치했다. 이렇게 해서 1월 15일자 석간—『중앙일보』와 『동아일보』는 당시 석간으로 발행되었다—중 오후 4시경에 받아볼 수 있는 2판인 서울과 수도권의 가정배달 신문 및 일부 가판에 박종철 사망기사가 실렸다. 생각해보면 대단한 특종이었으나 사회면 2단 기사로 나간 것이 전부였다.

동아일보는 이 보도를 보고 긴급히 취재에 나섰다. 그리하여 1월 15일자 지방판에 사회면에서 두 번째로 크게 기사를 내보냈다. 특종은 중앙일보가 했지만, 정작 큰 사건으로 다룬 것은 동아일보였고 이 기사는 외신으로까지 나갔다. 아니나 다를까, 국가안전기획부는 신속하게 공보처를 통해 '보도지침'을 각 언론기관에 내려 보냈다.

1987년 1월 16일 『동아일보』 사회면에 실린 박종철 사망사건 기사.

사회면에 4단 이상 쓰지 말라는 '지시'였다.

이렇게 사건화가 되었는데도 검찰과 경찰 관계자들은 이날 오후 내내 아는 것이 없다고 잡아뗐다. 저녁때가 되어서야 강민창 치안본부장이 입을 열었다.

14일 아침 8시 10분경 하숙집에서 연행했는데, 밤사이 술을 많이 마셔 갈증이 난다며 물을 여러 컵 마신 뒤 심문 시작 30분 만인 오전 11시 20분경에 수사관이 주먹으로 책상을 '탁' 치며 혐의사실을 추궁하자 갑자기 '억' 하며 책상 위로 쓰러져 긴급히 병원으로 옮기던 중 차 안에서 숨졌다.

이승만이 사사오입四捨五入 개헌을 하고 나서 '사사오입'이라는 말이 이승만과 자유당을 조롱하는 말로 널리 사용되었는데, 전두환 정권 때는 '탁' 치자 '억' 하고 쓰러졌다는 명언이 나온 것이다.

1월 20일에 서울대 언어학과 사무실에서 추모식장까지 박종철 영정을 들고 가게 되는 정덕환은 이날 1월 15일자 『중앙일보』 기사를 우연히 봤다. 그리고 과 친구들과 울면서 술을 마시며 울분을 삭히느라고 어쩔 줄 몰라 했다. 그렇지만 당시 신문을 굵직굵직하게 도배질하던 학생공안 사건이나 긴국대 사태 등을 자주 보던 때여서 친구의 죽음도 일과성으로 묻힐 거라고 생각했다. 박종철의 죽음이 엄청난 파장을 일으켜 역사의 전환점이 되리라고는 전혀 예상하지 못했다.

1월 16일자 조간은 물론이고 저녁에 『중앙일보』를 본 사람도 이 사건이 곧 묻힐 거라고 생각했다. 더구나 이 사건이 변색되어 있다고는 상상도 못했다. 다만 치안본부 직원들이 박종철이 안치된 영안실 주위에 있던 보도진을 비롯한 외부인의 출입을 막았다는 기사나, 기독교교회협의회NCC 고문폭력대책위원회(위원장 김상근 목사)에서 김근태 고문 사건 등 치안본부에 의해 계속되어온 고문사례에 비추어볼 때 쇼크사라는 치안본부 설명은 납득할 수 없다면서 고문살인정권의 퇴진을 요구하는 성명을 냈다는 기사가 눈길을 끄는 정도였다.

하지만 이날 『동아일보』 기사를 읽은 사람들은 뭔가 심상치 않은 낌새를 눈치 챘다. 우선 10, 11면에 관련 기사가 꽤 많았다. 11면은 사이드톱에 제목이 6단이나 되었고, 기사는 무려 10단이었다. 15일 밤 9시 5분에서 10시 25분까지 한양대 부속병원에서 안상수 검사의 지휘하에 황적준 집도로 사체부검을 했는데, 사체 오른쪽 폐에서 전기충격 요법이나 인공호흡 시 생길 수도 있는 출혈반이 발견되었다는 것, 부검을 지켜본 박종철의 삼촌 박월길이 머리 한쪽에서 피멍자국을 보았고 뒤통수·목·가슴·하복부·

사타구니 등에 여러 군데의 피멍자국이 있었다고 말했다는 것이 주된 내용이었다. 분명 쇼크사가 아닌 고문사로 볼 수 있는 내용이었다.

『동아일보』는 이 날짜 사설에서 당국의 발표가 경악과 의문을 북돋우고 있다고 지적했다. 부검에 참여한 가족들이 사체 온몸에서 수십 군데 피멍자국을 봤다고 말한 것도 그렇고, 멀쩡한 청년이 갑자기 사망한 것도 상식으로는 정부 발표에 배치된다고 논박했다. 이 사설은 왜 박 군 죽음이 외부에 알려지지 않도록 숨겨왔는지 모르겠다며, 비극의 반복을 막고, 자식 가진 부모들의 마음을 달래주기 위해서라도 사실을 숨김없이 밝히라고 역설했다. 할 말을 다 한 셈이었다.

여성들의 신속한 항의시위

전두환 정권은 다른 사건과 달리 민주화운동단체들이 신속하게 움직이는 것에도 긴장했다. 벌써 15일 오후 8시경 구속자 가족 등 20여 명이 기독교회관에 모여 박종철 죽음에 대한 철야항의농성을 벌였다. 이들은 "박 군만이 아니라 치안본부에서 조사 중인 우리의 가족들도 생명의 위협을 느끼고 있다"고 주장하면서 구속자 석방을 요구했다.

다음 날인 1월 16일 오전 10시 남영동 금성극장 앞에 50여 명의 여성들이 모여 부근에 있는 치안본부 대공분실을 향해 행진했다. 손덕수가 시를 썼고, 박영숙이 성명서를 읽었다. 기독교회관에서의 농성이나 남영동 대공분실 앞에서의 시위나 모두 여성－어머니들이 중심인 것이 눈길을 끌었다.

남영동 시위는 경찰이 미처 대처를 하지 못해 20분간이나 이례적으로 '장시간' 투쟁을 할 수 있었다. 이 시위에서는 아무도 구속되지 않았다. 반면 그날 오후 5시 30분 민가협 관계자 40여 명이 남영동 대공분실 앞에서 약 30분간 농성을 했을 때에는 경찰이 잽싸게 16명을 연행했다.

　노동운동후원회 사건 관련 구속자 가족들도 성명을 발표했다. 기독교
교회협의회 고문폭력대책위원회에서도 신속히 대응했다. 기독교학생총연
맹KSCF 대학생 30여 명은 기독교회관에서 오후 9시부터 다음 날 오전까지
'박종철 형제의 죽음을 애도하며 살인정권의 회개를 촉구하는 철야기도
회'를 가졌다.

　이날 오전 서울대 언어학과 사무실에 빈소가 차려졌다. 외부 인사로는
역시 민주화운동유가족협의회(유가협) 회원이 먼저 찾아왔다. 미국의 움직
임도 빨랐다. 16일 미 국무부는 "이 조사가 철저히 진행되기를 기대하며
잘못이 발견될 경우 법의 완벽한 조치를 적용하기 바란다"라는 성명을 냈
다. 미국도 이 사건이 미칠 파장을 일찍 알아챈 것이다.

"철아, 잘 가그래이……, 이 아부지는 아무 할 말이 없다이"

　1월 16일 오전 8시 25분 박종철의 시신은 경찰병원 영안실에서 벽제화
장장으로 떠났다.

　부산에서 방이 두 개 있는 13평형 관사에 살고 있는 어머니 정차순(당
시 54세)은 1월 12일 하숙비를 언제 부쳐줄 수 있느냐는 박종철의 전화를
받았다.[1] 그것이 막내의 마지막 목소리일 줄은 꿈에도 몰랐다.

　1월 14일 저녁 7시쯤 전화가 걸려온 뒤 한 사람이 찾아왔다. 9시 30분
쯤에는 서울 대공에서 왔다는 사람이 박종철의 부친 박정기(당시 57세)에
게 다짜고짜 서울로 가자고 말했다. 박정기는 부산시 수도국 양수장 말단
직원으로 30년간 근무하고 있었다. 밤 10시경 기차를 탔는데, 동행인이 거
듭 "큰마음 먹으라"고 말해서 박정기는 자식이 죽었을지도 모른다는 생각

1987년 1월 24일 고려대 교문 앞에서 서울 시내 9개 대학 700여 명의 대학생들이 박종철 군 추모제를 마친 뒤 시위를 벌였다.

이 들었다고 한다.

1월 15일 새벽, 서울에 도착하자 동행인은 박정기를 바로 남영동 대공분실로 데려갔다. 박정기는 그곳에서 아들 박종철에게 수사관이 수배 중인 박종운이 어디 갔느냐고 물으면서 책상을 탁 치니 박종철이 쓰러져 죽어버렸다는 얘기를 들었다. 도저히 믿을 수 없었다. 그러나 운이 나쁘면 그럴 수도 있겠다고 생각했다. 마음이 다급해 아들이 있는 병원으로 가자고 경찰에게 졸라댔지만 그들은 오후 3시까지 보내주지 않았다.

박종철의 어머니 정차순도 부산에서 올라와 영안실에서 통곡을 하고 몸부림을 치다 기절했다. 독실한 불교신자였지만, 어머니는 무덤은 있어야 한다고 외치며 화장을 반대했다. 그러나 아버지는 저들의 강력한 '요구'에 동의했다.

다음 날인 1월 16일 벽제화장장으로 떠나려는 운구차를 붙잡고 어머니는 "내 눈에 흙이 들어가기 전에 화장은 못한다"며 울부짖다가 또 기절했다. 기자들이 몰려왔으나 바라만 볼 뿐이었다. 저들은 기절해버린 어머니를 이름도 알 수 없는 어느 병원에다 처박아놓고 서둘러 차를 몰았다. 9시 10분 화장장에 도착해 두 시간 남짓 화장이 계속되는 동안 아버지는 아들 영정 앞에서 정신 나간 사람처럼 혼잣말을 했다.

'이 아비는 할 말이 없다이'라는 제목으로 『동아일보』 황열헌 기자가 1월 17일자 '창'란에 쓴 글은 자식 가진 사람들로 하여금 가슴을 서미는 슬픔과 아픔을 느끼게 하기에 충분했다. 이 기사는 화장 이후의 상황을 다음과 같이 적어두고 있다.

아버지 박 씨는 아들의 유골가루를 싼 흰 종이를 풀고 잿빛가루를 한줌 한줌 쥐어 하염없이 (임진강) 샛강 위에 뿌렸다. '철아, 잘 가그래이……' 아버지 박 씨는 가슴속에서 쥐어짜는 듯한 목소리로 말했다. 아버지 박 씨는 끝으로 흰 종이를 강물 위에 띄우며, '철아, 잘 가그래이……, 이 아부지는 아무 할 말이 없다이……'라고 통곡을 삼키며 허공을 향해 외쳤다. 이를 지켜보는 주위 사람들은 흐느끼거나 눈시울을 붉혔다.

'하늘이여, 땅이여, 사람들이여'

상황은 급박하게 돌아가고 있었다. 1월 17일 전두환 정권은 더 이상 사인을 '쇼크사'로 우길 수 없게 되었다. 남영동 대공분실에서 외부인으로는 최초로 박종철을 본 오연상(중앙대 부속 용산병원 내과의)의 검안소견서가 신문에 보도되었다. 소견서는 고문, 그것도 물고문 같은 것이 있었음을 짐작게 했다. 14일 오전 11시 45분에 처음 보았을 때, 박 군은 이미 숨진 상태였고, 또 박 군의 복부가 확연히 드러날 정도로 부푼 상태였으며, 청진기 진단 결과 복부에서 꼬르륵 하는 물소리가 들렸다고 밝힌 것이다. 이 밖에도 박종철이 조사받던 2평가량의 방바닥에 물기가 있었다는 오연상의 증언도 보도되었다. 물고문 아니고는 있기 어려운 일이었다. 32세의 젊은 나이라지만 용기 있는 발언이었다.

1월 17일자 『동아일보』는 여러 면에 걸쳐 박종철 사건을 다뤘다. 특히 김중배 논설위원의 칼럼 '하늘이여, 땅이여, 사람들이여'는 두고두고 읽혔다. "하늘이여, 땅이여, 사람들이여. 저 죽음을 응시해주기 바란다. 저 죽음을 끝내 지켜

하늘이여 땅이여 사람들이여

1987년 1월 17일 『동아일보』 김중배 논설위원의 칼럼 '하늘이여, 땅이여, 사람들이여'. 이 글은 국민들의 심금을 울리며 6월 항쟁의 도화선이 되었다.

주기 바란다. 저 죽음을 다시 죽이지 말아주기 바란다"로 시작되는 이 칼럼에서 김중배는 "그의 죽음은 이 하늘과 이 땅과 이 사람들의 회생回生을 호소한다"고 절규했다. 거짓의 하늘도 사라지게 하고, 거짓의 땅도 파헤쳐지게 하고, 거짓의 사람들도 다시 태어나게 해 자유와 민주주의를 소생시키는 것이 박종철, 그의 죽음을 살리는 길이라고 외쳤다. 그러기 위해서 그를 죽음에 이르게 한 '사인'死因을 파헤쳐 되풀이될 수 없는 그 '사인'을 죽여야 한다고 강조했다. 도대체 경찰이 책상을 '탁' 하고 한 번 쳤더니 '억' 하고 쓰러졌다는 것이 말이 되는 소린가. 또한 김중배는 연행 시간과 장소

도 박종철의 하숙집 주인의 진술과 어긋나며, 사망 전후의 병원 이송 여부와 사망의 경과도 애당초 발표와는 다르다고 일갈했다. 이 칼럼은 "이제 박종철, 그의 죽음 앞에서 '하늘이여, 땅이여, 사람들이여'의 호곡이 피어난다. 그 호곡을 잠들게 하라. 새로운 하늘, 새로운 땅, 새로운 사람들이 피어나게 하라. 그것이 그의 죽음을 영생으로 살리는 길이다"로 끝맺는다.

이러한 『동아일보』의 기사와 칼럼은 다른 신문들로 하여금 엉거주춤한 상태로 눈치를 보면서 따라오지 않을 수 없게 했다. 이제 월요일인 19일부터는 더 많은 지면이 할애될 터였다.

신민당의 호응―민주대연합으로

야당인 신민당도 17일부터 태도가 달라졌다. 16일만 해도 1986년 12월 24일 이민우 신민당 총재의 내각제 긍정적 검토 발언으로 시작된 '이민우 파동' 이후 첫 당직자 간담회가 있었는데도 이 문제를 다루지 않았다. 박찬종 인권위원장이 자발적으로 자신과 장기욱 의원 등 모두 5명으로 조사단을 구성한 것을 추인하는 선에서 간담회를 마쳤다. 그러다가 박종철 죽음이 '단순한 사망이 아니다'라는 방향으로 가닥이 잡혀가자 17일에야 확대 간부회의를 열고 대변인이 성명을 발표하는 등 부산을 떨기 시작했다. 신민당은 임시국회 소집을 요구하기로 하고, 그와 함께 국회의 국정조사권 발동을 위한 진상조사 특별위원회를 구성하자고 주장했다.

신민당과 민주화추진협의회(민추협)는 1986년 2월 12일 2·12총선 1주년을 맞아 1,000만 직선제개헌서명운동을 벌여 대대적인 호응을 받았다. 그렇지만 5·3인천사태 이후 내각책임제 개헌을 목표로 한 '합의개헌'이 여당에 의해 추진되었고, 이것에 미국의 레이건 행정부가 은연중 가세한 데다가, 그해 크리스마스이브에 이민우가 내각제 개헌을 검토할 수 있다는 이른바 '이민우 구상'까지 발표해 야당가는 뒤숭숭했다. 신민당의 실질적 지도자이자 민추협 공동의장인 김영삼과 김대중은 이민우의 주장을 제압하려 했으나 뾰족한 수가 없어 고민 중이었다. 그런데 '박종철 죽음'이 '박종철 사건'으로 진전되면서 양 김은 재야와 공조하여 이 사건에 직선제 개헌투쟁을 접목시켜 정면공세로 나아가게 되었다. 드디어 국면 돌파의 혈로가 뚫린 것이다.

1월 17일 오전 '고문 및 용공조작 저지 공동대책위원회'(고문공대위)는 박종철 사건 관련 고문폭로대회를 열기로 결정했다. 고문공대위는 민주화운동청년연합(민청련) 의장 김근태가 박종철이 물고문으로 사망한 치안본부 남영동 대공분실에서 혹독한 고문을 당한 사실이 폭로되면서 만들어졌다. 민주통일민중운동연합(민통련) 등 재야단체와 천주교·개신교·불교 등 종교계, 언론·여성운동 관계자, 구속자 가족, 신민당·민추협의 정치인이 1985년 11월 4일 발족시킨 이 단체는 주로 부천경찰서 성고문 사건 등 인권탄압에 공동대응을 해왔다. 이 단체는 야당과 재야민주 세력이 함께 참여했을 뿐만 아니라 1986년 하반기 격렬한 풍랑에 마주치면서도 계속 역할을 수행해왔다는 점에서 특기할 만했다. 이 시기 각 부문 실무대표로 민통련 성유보, 개신교 황인성, 천주교 이명준, 민가협 인재근, 여성운동 이미경, 신민당·민추협의 김도현·김병오·이규택·한영애 등이 만났고, 김종철·이해찬·김동완·인명진·이길재 등도 함께 논의했다.

같은 날인 1월 17일 오후 2시 서울대 언어학과에서는 학과 차원의 추모제를 열었다. 이날 저녁 언어학과 사무실 앞 복도에 '박종철 군의 죽음에 분노한다'라는 대자보가 나붙었다. 이 대자보에는 "지난 85년 우종원 학형의 의문의 죽음과 수많은 민주투사들에 대한 잔혹한 고문, 살인행위를 접하고, 박종철 학형의 죽음을 또다시 겪으면서 현 정권의 폭력에 대해 끓어오르는 분노를 느끼지 않을 수 없다"는 내용과 함께 "이것은 결코 한 개인의 죽음일 수 없으며 민주화운동 전반에 대한 살인행위"라는 말이 쓰여 있었다.

1986년 11월의 건국대 사태가 말해주듯 학생들은 그해 5·3인천사태 이후 끊임없이 붙잡혀갔고, 수배당하고 투옥되었다. 또한 거의 매일같이 대문짝만하게 신문지면과 텔레비전 화면을 장식한 공안 사건을 접하면서 악몽에 시달렸다. 언제 어디서 군홧발에 걷어차일지, 끌려가 어떤 고문을 당할지 알 수 없었다. 대학기는 탈진상태나 다름없었다.

전두환 정권의 쉴 새 없는 공격에 많은 학생들이 어떻게 해야 좋을지 전망이 보이지 않는 상황에서 좌절과 무력감을 느끼며 겨울방학을 맞았다. 그런데 이때 박종철이 서울대민주화추진위원회(민추위, 일명 깃발) 사건으로 수배 중인 5년 선배 박종운(사회학과)의 거처를 대라는 대공분실 경찰의 물고문으로 사망한 것이다. 그의 죽음은 학생들 누구한테나 자신의 현실이 될 수 있었다. 학생들은 그의 사망 이후 정국이 무섭게 변하는 것을 목도했다. 얼어붙은 교정은 〈친구〉, 〈그날이 오면〉을 부르면서 다시 조금씩 움직이기 시작했다.

2
전두환의 초강경 밀어붙이기가 부른
예기된 죽음

"신민당이 잘 걸려들었다" — 유성환 의원 전격 구속

박종철의 죽음은 우연일까. 전두환은 1987년 2월 2일 청와대 수석비서관회의에서 사고라는 것은 항상 일어나기 마련이며, 경찰이 10만 명이나 되는데, 그 사람들도 인간이니 실수할 수도 있다고 말했다. 그는 박종철의 죽음에 대해 사람 사는 사회에서 언제나 일어나기 마련인 자동차 사고나 화재 같은 사고에 지나지 않는다고 떠들었다. 그러나 치안본부 관계자들이 박종철 사망 사실이 알려지자 "최근 대공수사 2단(남영동 대공분실)이 공을 세우는 데 급급했다"고 말한 것에서 보듯, 이것은 우연히 일어난 사건이 아니었다. 전두환이 경찰이 고문으로 학생을 죽인 사건을 자동차 사고 같은 것으로 치부하며 초강경 탄압으로 몰아붙이는 상황에서는 필연적으로 발생할 수밖에 없었다.

전두환 정권은 1986년 5·3인천사태 이후 학생운동 관계자, 재야인사, 노동운동 관계자들에 대해 일제히 수배령을 내렸다. 5월 4일과 6일 두 차례에 걸쳐 서울노동운동연합(서노련) 활동가 10여 명이 납치·실종되었다. 이후에도 수십 명이 서울 송파에 있는 국군보안사령부(보안사)에 연행되어 12명이 기소되었다. 이들은 보안사에서 전기고문·물고문 등의 고문을 심하게 받았다(서노련 사건).

전두환 정권은 5월 5일 학생운동 양대 세력인 반미자주화 반파쇼민주화 투쟁위원회(자민투)와 반제반파쇼 민족민주 투쟁위원회(민민투)를 용공좌경단체로 규정하고 주모자 27명을 수배했다. 6월 2일에는 5·3인천사태 배후조종사로 45명을 시목해 특별검거령을 내렸다.

박종철 사건과 흡사하게 수배자를 찾는 과정에서 6월 4일 권인숙이 연행되었고, 7월에 들어서면서 부천서 성고문 사건이 세상에 알려지게 되었다. 당국은 '성적 모욕'은 없었다고 주장하면서, 거꾸로 민주화운동 세력이 성을 혁명의 도구로 삼고 있다고 비난했다.

8월 26일 경찰이 전국 34군데 서점을 압수수색하고 13명의 서적상 대표를 연행했다. 같은 달 30일 대검찰청은 자민투·민민투와 관련해서 39개 대학에서 180명을 검거해 169명을 구속했다고 발표했다.

10월 5일 아시안게임이 끝나자 예상대로 전두환 정권은 한층 더 폭압적으로 나왔다. 모든 수단과 방법을 동원해서 민주화운동 세력을 말살하겠다는 초토화 작전을 벌인 것이다.

10월 13일 신민당의 김현규 의원이 이른 아침부터 밤늦게까지 계속되는 스포츠 방송에 의한 대중조작, 영동 일대의 호화 유흥업소 어디에서든 볼 수 있는 황색주의 등 정부의 3S(스포츠·섹스·스크린)정책이 쏟아낸 우민정책의 범람을 신랄히 비판했을 때만 해도, 여당 의원들은 국회 내에서 야당 의원을 공격하는 선에서 끝냈다.

그러나 이튿날인 10월 14일, 유성환 의원이 국회 본회의에서 한 발언은 새로운 국면으로 접어들게 하는 계기가 되었다. "총리! 우리나라의 국시國

是는 반공입니까? 반공을 국
시로 하면서 올림픽 때에는 동
구 공산권 나라들도 참가시킬
것입니까? 나는 반공정책을
없애자는 말이 아닙니다. 그것
은 오히려 발전시켜야 합니
다"라고 말한 것에 이어 "이
나라의 국시는 반공이 아니라
통일이며, 어떤 체제도 민족에
우선할 수 없습니다"라고 말
했다. 그는 또 "부천 성고문
사건은 반문명적·반인간적 천
인공노할 범죄이며, 이미 자식
을 교육하고 있는 모든 학부모
들로 하여금 이 땅에서 살아갈
희망을 잃게 하고 있습니다"

용공발언으로 감금 조치된 유성환 의원의 강남구 방배동 자택 앞. 수많은 전경들이 유 의원의 집 주변을 지키고 있다 (1986. 10. 15).

라고 토로했고, "부정·사기 공사가 어떤 것인지를 알지 못하는 사람은 한
국독립기념관에 와보십시오"라는 말도 했다. 유성환 의원의 발언은 앞서
언급한 김현규 의원의 발언처럼 전두환 정권의 아픈 곳을 잘 찔렀다고 볼
수 있는 상식적인 주장이었으며, 따라서 신민당 역시 당의 의견이라고 옹
호한 것은 자연스러운 일이었다.

그런데 다음 날 정부는 유성환 의원 체포동의요구서를 국회에 제출했
다. 전두환은 자신이 무슨 짓을 하고 있는지, 얼마나 불법 무도한 짓을 하
고 있는지 차분히 돌아볼 겨를이 없었다. 다만 어떤 수단과 방법을 동원해
서라도 그해 봄에 야기된 개헌 정국을 뒤집어엎고, 다음 해에 있을 차기 대

통령 선거를 자신의 복안대로 몰고 가야 한다는 생각만이 그의 텅 빈 머릿속을 가득 채우고 있을 따름이었다.

유성환 의원 국회 발언을 듣는 순간 전두환은 드디어 기회가 왔다고 판단했다. 그의 공보비서가 편집한 『전두환 육성증언』에 따르면 그는 유성환이 자신의 그물에 걸려들었다며 쾌재를 불렀다고 한다. 10월 16일 김윤환 정무1수석비서가 유 의원 제명동의안이 통과되기 어렵다고 보고하자, 전두환은 어떤 식이 되든지 간에 처리되어야 한다고 지시하고 "이번에 신민당이 잘 걸려들었다. 내가 성국을 주도해서 긴장시킬 수 있는 방안이 없겠느냐 생각해오던 차였는데, 유성환이가 도와주는 셈"이라고 말했다. 그러고는 "야당보고 총사퇴하라고 해요. 그러면 국회를 해산시킬 필요도 없고 잘된 거지, 뭐"라고 말도 안 되는 소리를 늘어놓았다. 이처럼 전두환은 부끄러움을 모르는 사람이었다.

10월 16일 국회의장 이재형이 경호권을 발동해 야당의 출입을 봉쇄했다. 여당인 민주정의당은 유성환 의원의 발언이 국가보안법 위반이라며 체포동의안을 단독으로 기습 통과시켰다. 다음 날 유 의원은 전격적으로 체포·구속되었다. 발표할 원고를 대정부 질문 직전에 기자들에게 배포하는 것은 40년 동안의 관행으로 당연히 면책특권에 포함되는 행위였다. 하지만 전두환에게는 '기다리던 차에 잘 터진 사건'에 지나지 않았다.

비상조치 시나리오 작성

1986년 가을 언제부턴가 전두환은 비상수단으로 친위쿠데타 같은 것을 구상하고 있었다. 9월 26일 안기부장 장세동, 육군참모총장 박희도, 보안사령관 고명승 등이 모여 '비상시국대비 조치 방안'을 보고하는 준비 모

임을 가졌다.[2]

　유성환 의원이 전격 구속되자 전두환은 재빨리 그다음 단계로 들어갔다. 10월 18일 안기부, 행정부와 청와대, 민정당 고위간부들이 회동했고, 이 자리에서 장세동이 '비상선진계획'을 설명했다. 계엄령 선포를 향해 구체적인 작업들이 진행되었다. 그리하여 11월 5일 비상계엄을 포함해 '비상선진계획'을 집행하는 일정안이 비밀리에 마련되었다.

　언론에는 일체 보도되지 않았지만, 10월 22일 전두환은 11월 4일의 미국의회 중간선거에서 공화당이 승리하면 11월 7일 비상조치와 계엄령을 선포하여 국회를 해산하고 정당 활동을 정지시키겠다고 언명했다.[3] 뿐만 아니라 전두환은 비상조치 직후에 김대중에게 "군에서 죽이기로 했으니 정계 은퇴하지 않으면 수감하겠다"고 경고하도록 보안사령관에게 지시하고, 건국대 사태 직후인 10월 30일에는 김대중과 김영삼을 연행·수사하는 것에 대해서 언급했다. 11월 2일 장세동은 11월 8일 밤 11시에 비상국무회의를 소집하고 자정을 기해 국회를 해산한 후 계엄을 선포하면서 비상조치를 발표하고 11월 16일 '민주정치발전 국민회의'를 발족시킨다는 전두환의 '지침'을 자신의 특별보좌관으로서 비상선진계획안을 짜는 데 참여한 박철언 등에게 전달했다.[4] 제2의 5·17쿠데타였다.

　비상조치 또는 친위쿠데타는 애당초 현실성에 문제가 있었고, 미국 중간선거에서 상·하원 모두 민주당이 압승하여 레이건 행정부가 궁지에 몰리는 등 국내외적인 여건도 작용해 구체화되지는 못했다. 그러나 이 '쿠데타 모의'는 이 시기 전두환의 대응방식을 잘 보여주고 있다는 점에서 주목할 만하다. 유성환 의원 구속, 건국대 사태, 4·13호헌조치도 이 같은 전두환의 대응방식이 표출된 것이었다. 이 계획안은 안기부나 경찰, 행정부, 여당에 대해 어떤 수단과 방법이라도 좋으니 단호히 대처하고 밀고 나가라는 전두환의 의지를 극단적인 방식으로 과시한 것이었다. 그들은 전두환의 지시나 명령을 이전보다 한층 더 철두철미하게 받아들여 강경하게 밀어붙이는 수밖에 없었다. 또 이 계획안은 야당이나 민주화운동권으로 은밀히 흘러들어가 1980년 5·17쿠데타 직후의 공포 분위기를 떠올리게 함으로써 그들로 하여금 지레 움츠러들게 해 전두환의 정국 운영에 저항하지 못하게 하려는 의도가 숨겨져 있었다. 뿐만 아니라 전두환·신군부헌법에 의해 새 대통령을 선출할 수 있는 분위기를 조성해보려는 의도가 은연중 작용하고 있었다.

'야당 데모' 아닌 '정부 데모'

11월 29일 저녁 전두환은 노태우 대표위원 등 민정당 중앙집행위원 전원과 상임위원장을 불러 식사를 하면서 11월 초에 비상조치를 취하려고 했다고 '털어놓고', 국회법과 재판법 두 법만은 이번 회기 내에 반드시 통과시키라고 지시했다. 그는 비상조치를 써서 소기의 목적을 달성할 수도 있지만, 국회에서 국회법을 통과시켜 야당이 의사진행을 방해하지 못하도록 해야 하고 그러한 짓을 하는 자는 국회의원을 못해먹게 해야 한다고 역설했다. 그리고 우리 재판법이 아주 엉터리인데, 재판정에서 피고인이나 그 가족들이 재판을 방해하는 것을 막고, 일본처럼 궐석재판도 할 수 있게끔 해야 한다고 강조했다. 전두환은 그 뒤에도 여러 차례에 걸쳐 두 법을 통과시키라고 독려했다. 이 지시는 민정당 간부들은 물론이고 비서관들도 너무 황당하다고 보았기 때문인지 별반 논의가 되지 않았다. 그러나 다른 지시는 100퍼센트 이상 초과 달성했다는 것을 11월 29일에 분명히 보여주었다.

11월 29일은 신민당이 중심이 되어 '대통령직선제 개헌 쟁취 및 영구

김영삼 신민당 고문이 상도동 자택을 나서 신민당 서울대회가 열리는 옛 서울고등학교로 가려 했으나 전경들이 막아서자 항의하고 있다(1986. 11. 29).

집권 음모 분쇄 범국민대회'가 광화문 부근 옛 서울고 자리에서 열릴 예정이었다. 그 직전에 열린 전군지휘관회의는 국민대회에 대한 으름장으로 비쳤다. 이미 강민창 치안본부장은 25일 국민대회를 불법집회로 규정했고, 대회 참가자들을 집시법 위반으로 처벌할 것임을 경고했다.

대회를 앞둔 29일 이른 아침부터 옛 서울고 부근과 서울 요소요소에는 지방에서 차출한 7,000여 명을 포함해 3만 2,000여 명의 경찰 병력이 쫙 깔렸다. 김영삼 신민당 고문은 전날 밤 9시부터 연금되었고 재야인사 20명과 학생 35명도 연금되었다. 마포 신민당 당사는 이미 압수수색 영장이 발부된 상태였고 당사 앞 차도는 봉쇄되었다. 야당 의원 집결지인 종묘 등에서 경찰과 충돌이 빚어졌고, 대회장 주변에서는 경찰이 식당과 다방의 손님까지 연행해 시민들의 항의가 빗발쳤다.

이날 1만 5,000여 명이 시내 곳곳에서 산발적으로 시위를 벌였고 2,255명이 연행되어 27명이 구속되었다. 미국 언론은 최대의 경찰 동원으로 정부의 강경 결의를 과시한, '야당 데모'가 아닌 '정부 데모'였다고 보도했다.

3일 후인 12월 2일 새벽 3시경 신년 예산안과 21개의 법안이 국회 민정당 사무실에서 2분 만에 단독 처리되었다. 이날 신민당 의원 90명 중 87명이 의원직 사퇴서를 제출했지만 그런 것에 눈 하나 깜짝할 전두환이 아니었다. 이미 11월 28일에 국무총리 노신영과 민정당 대표위원 노태우 등이 참석해 당정회의가 열렸고, 전두환은 김윤환 수석비서관을 통해 "회기 중 거리에서 불법시위를 하는 신민당을 12월 1일 법원에 '해산 제소'하는 방안을 검토하라"는 지시를 한 바 있었다. 전두환이 날짜까지 지정해주었지만 이 지시 또한 '비상조치와 병행해야 한다', '시기상조다' 등의 논리로 보류되었다. 1979년 8월 박정희 정권이 야당 원외지구당 위원장으로 하여금 신민당 총재단 직무정지 가처분신청을 내게 했던 것을 연상시키는 지시였다.

끝이 보이지 않는 초토화 작전

유성환 국시발언 사건을 전후해 장기불법구금, 고문, 폭행·폭력과 연결되어 있는 사건이 잇따라 터졌다. 특히 학생과 관련된 사건은 대개 어마어마한 좌경용공 사건으로 발표되어 텔레비전 화면과 신문지면을 도배했다.

당국은 북의 『민주조선』 기사를 그대로 실었다는 서울대 대자보 사건 관련자들이 10월 16일 검거되었다고 발표했다. 이른바 자민투의 상부조직이라는 구국학생연맹(구학련) 사건이었다. 10월 18일 치안본부 대공수사단은 대학운동권 출신들이 노동현장에 침투해 조직했다는 전국노동자연맹추진위원회(전노추) 관련자 7명을 구속하고 영등포산업선교회 실무간사

신철영 등 107명을 수배했다. 10월 24일 서울지검 공안부는 서울대 등 9개 대학 좌경운동권 출신들이 마르크스레닌주의ML당을 결성하려 했다면서, 대학생·교사·근로자 등 101명을 적발하여 13명(여성 4명)을 구속했다고 발표했다.

ML당 사건 직후 발생한 건국대 사태는 전두환 정권의 속성을 잘 보여준다. 이 사건은 밀어붙이기식 공세를 뛰어넘어 함정에 몰아넣고 사건을 키워 일망타진한다는 수법이 적용되었다. 10월 28일 27개 대학에서 온 약 2,000여 명의 학생[5]이 '전국 반외세반독재 애국학생 투쟁연합(애학투) 결성식 및 친미·독재 타도와 분단 이데올로기 분쇄를 위한 실천대회'라는 긴 이름을 가진 모임에 참석했다. 사전에 이 모임을 알고 있었던 경찰은 최루탄을 쏴 학생들을 학교 건물 안으로 몰아넣었다. 도서관에 있던 건국대생들도 덩달아 그물에 갇힌 신세가 되었다. 3박 4일에 걸친 '공포의 농성'이 시작되었다.

10월 31일 7,950명의 경찰이 헬기에서 최루탄을 발사하는 등 육·해·공 작전을 펼친 결과 1,525명이 연행되고 1,288명이 구속되었다. 일제강점기와 해방 후를 통틀어 단일 사건으로는 최대의 구속 사건이었다. 11월 3일 강우혁 정무2수석비서관이 건국대 사건은 '공산혁명분자 폭력난동 사건'으로 명칭을 통일해서 쓰겠다고 보고하자, 전두환은 학생들을 집회 및 시위에 관한 법률로 걸지 말고 방화, 파괴, 침입 등의 죄목을 적용하라고 상세히 지시했다. 집시법을 적용하면 정치범이 되기 때문이었다. 장세동은 11월 15일 안기부 간부회의에서 건국대 사태와 관련해 "한두 명 정도에게는 사형선고까지 고려하라"고 지시했다.[6]

며칠간 숨 좀 돌리려고 하자 11월 12일에는 반제동맹당 사건이 발표되었다. 16명이 검거되고 20여 명이 수배된 것으로 발표된 이 사건의 피고인들은 나중에 치안본부 경기도경 대공분실에서 고문기술자 이근안 등 12명의 형사들로부터 한 달 동안 날개꺾기, 관절꺾기, 통닭구이, 고춧가루 물고문 등을 당했다고 이들을 고소했다.

전두환 정권의 폭압은 끝이 보이지 않는 것 같았다. 11월 7일 청계피복 노동조합 등 14개 노동조합에 해산령을 내린 것에 이어 11월 8일에는 재야 단체의 구심점 역할을 해온 민통련 본부 및 서울지부 등 산하 4개 지부에 대해 해산명령을 내렸다. 그리고 12일 새벽 경찰은 해머와 산소 용접기까지 동원해 민통련 본부 사무실 문을 부수고 난입해 농성 중인 50여 명을 몰아내고 사무실을 강제 폐쇄했다.

한국기독교교회협의회는 11월 18일 서울 연동교회에서 목회자 1,500여 명 등 1,800여 명이 참석한 가운데 '나라와 민족을 위한 성회'를 열었다. 성회 도중 목회자 150여 명이 민정당 당사 앞에서 군사독재 퇴진을 외치며 시위를 벌이자, 경찰은 쇠파이프와 몽둥이로 목회자들을 난타하고 구둣발로 짓밟고는 52명을 연행했다. 이 과정에서 목회자 3명이 실신하기도 했다.

포복절도할 사기극 '김일성 사망설'

전두환 정권은 대북공안 사건도 연출해 민주화운동 세력의 약화를 기도했다. 이러한 사건은 40년간 반공·냉전 이데올로기에 순치되어온 대중들에게 잘 먹혀들었다.

10월 30일 이규호 교통부장관은 대북성명문을 통해 금강산댐 건설을 중지하라고 요구했다. 전두환 정권은 북이 이 댐을 무너뜨리면 200억 톤의 물이 방류되어 63빌딩 중턱까지 차오를 수 있다고 주장했다. 북의 수공작전이 핵무기보다 위력적이라고 연일 보도되었다. 1988년 올림픽을 방해할 목적이라고도 했고, 살수대첩을 모르냐는 역사문답도 나왔다.

金日成 銃맞아 被殺

"休戰線放送" 列車타고가다 銃擊받았다.
전방 北傀軍 營內에 일제히 半旗올려
"軍部중심 심각한 權力鬪爭 진행중인듯"

全前線서 업적찬양방송 "金正日을 수령으로" 내용도 엇갈려

주체 보도기관 침묵
金章 警戒태세 밝힌

朝鮮日報
1986年
11月17日
号
外

北傀 金日成이 총맞아 피살됐다 는 소식이 17일 알려져……

1986년 11월 17일 '김일성 총 맞아 피살'이라는 제하의 『조선일보』호외. 전두환 정권은 지속적으로 대북공안 사건을 연출하여 민주화운동 세력의 약화를 기도했다.

전두환 정권은 여기서 멈추지 않았다. 이에 대응할 만한 댐을 건설하기 위해 성금을 내야 한다는 것이었다. 그해 연말까지, 그리고 다음 해 초봄까지 수공작전과 성금, 평화의 댐 착공식 보도가 지칠 줄 모르고 계속되었다.

금강산댐 사건은 김영삼 정부에 들어와 그 실상이 드러났다. 1993년 감사원은 전두환 정권이 국면 전환을 위해 금강산댐의 저수량을 엄청나게 부풀렸다고 발표했다. 이 댐은 최대 저수량이 59.4억 톤이었고 보통 때에는 그 절반도 안 되었다.

11월 중순에는 깜짝쇼랄까 포복절도할 사건이랄까, 갑작스럽게 김일성 사망설이 불거졌다. 1976년 1월 박정희의 '영일만(포항) 석유' 발표 때처럼 장기간은 아니었지만, 김일성 사망설은 대중들을 히스테릭한 흥분상태로 몰아넣기에 충분했다. 11월 17일 10시 45분 국방부는 "북한 측 확성기에서 김일성이 총격으로 사망했다는 방송이 들려왔다"라고 발표했다. 이 뉴스는 석간신문에 김일성 사망설로 크게 보도되었다. 다음 날 아침 조간신문들은 일제히 '설'을 빼고 더 충격적으로 보도했다. 그러나 불과 몇 시간도

지나지 않아 김일성이 건재하다는 사실이 밝혀졌다.

1976년 당시 박정희는 설사 영일만이나 포항에서 석유가 나오더라도 소량밖에 안 된다는 것을 훤히 알고 있었다. 그래서 주위에서 발표를 말렸는데도 유신체제에 대한 반감을 돌리기 위한 정치적 목적으로 발표를 했는데, 금강산댐 사건의 경우 전두환이 얼마나 의도적으로 발표하게 했는지 다각도로 검토할 필요가 있다.[7] 그는 11월 16일 네 차례에 걸쳐 보고를 받고 북의 심리전으로 파악하고 대비하라고 지시했으며, 17일 월요일 오전 10시부터 열린 김일성 사망설에 따른 대응책 논의를 위한 비상국무회의를 주재하면서 신빙성이 없다고 피력했다. 그런데도 그는 이 자리에서 김일성 사망설이 확인은 안 되었지만 '보도는 필요하다'고 말했다.[8] 국방부는 10시 45분 앞에서 언급한 대로 발표했고, 그때부터 신문과 텔레비전은 제정신이 아니었다. 조간신문들은 타스 통신이나 로이터 통신 등의 소식을 분명히 접했을 텐데도 사실처럼 보도했다. 특히 일부 신문은 40년 동안 휘둘러 온 반공·냉전 이데올로기를 한꺼번에 극대화하려는 듯 선정적으로 보도해서 대중의 감정을 자극했다. 대중 역시 진실이 무엇인지는 아랑곳하지 않았다. 이들의 흥분은 좀처럼 가라앉지 않았다. 모두가 집단최면에라도 걸린 것 같았다.

공포의 대상 남영동 대공분실

12월 13일 한 신문은 1986년 시국 관련 구속자는 2,400여 명으로 1981년 1월부터 1985년 10월에 걸쳐 구속된 1,186명의 두 배가 넘는 수라고 보도했다. 1987년 2월 다른 한 신문은 1986년에 시국사범으로 검거된 사람은 7,250명이었고 이 중 4,610명이 구속되었다고 보도했다. 대검 분석에 의하

면 구속자 수는 그 전해의 2.5배
나 되었다. 학원 소요 관련 입건
자는 더욱 증가해 3,068명으로
그 전년 대비 340.5퍼센트였고,
학원 시위 관련자는 4,545명을
검거해 2,531명이 구속된 것으
로 발표되었다. 1986년에 얼마
나 많은 학생들이 끌려가 구속
되었는지를 잘 말해주는 숫자
다. 이해에는 좌경용공 관련자
도 2,335명이 검거되어 1,838명
이 구속되었으며(이 중 국가보안

박종철 고문사망 사건이 발생한 남영동 전 치안본부 대공
분실.

법 위반이 375명), 노동현장 위장
침투자도 282명을 검거해 162명
을 구속한 것으로 나타났다.[9]

　전두환은 개헌 정국에 휘말리자 민주화운동 세력을 초토화시키기 위해
자신이 동원할 수 있는 모든 자원을 활용하고자 했다. 상황이 어떠한지 냉
정히 살펴보지 않고 계속 "돌격 앞으로!"를 외쳤다. 1986년 하반기에 수배
와 연행, 구속, 고문이 더욱더 빈발했다.

　그것은 필연적으로 박종철 고문사망을 불러오게 되어 있었다. 전두환
은 자신의 무분별한 몰아붙이기 공세가 오히려 파국을 불러일으킬 것이라
는 점을 이해하지 못했다. 파국의 시작은 빨랐다.

　꽃다운 나이의 대학생을 숨지게 한 것은 전두환의 무분별한 지시 때문
만이 아니었다. 전두환은 자신과 꼭 닮은 사람들을 핵심 요직에 앉혔다. 박
종철 고문사망에는 전두환의 분신인 안기부장 장세동과 비슷하게 전두환

1988년 7월 26일 국회의원들과 보도진에게 공개된 치안본부 대공수사단. 박종철 군이 고문당했던 509호실에 들른 야당 의원들이 당시의 모습을 재연하고 있다.

의 지시를 받들어 오로지 강경 일변도로 나갔던 내무장관 김종호의 행태나 포상 또는 진급을 위해 '공'을 세우는 데 급급했던 대공 수사관들의 자세도 한몫했다.

유성환이 체포된 다음 날인 10월 18일 장세동 등 안기부 간부들과 행정부의 고위관료들이 회동해 전두환이 지시한 비상조치 문제를 논의하는 자리에서 김종호는 그러한 조치 후에 정계개편까지 해야 한다고 역설했다. 신민당의 직선제개헌쟁취 범국민대회가 경찰에 의해 봉쇄된 다음 날인 11월 30일에 열린 당정 조찬회에서도 치안총수인 김종호는 전날 대회가 심장부에서 궐기하여 폭동화를 기도한 것이 명백하다며 그것은 내란 기도이므로, 이번 기회에 김대중과 김영삼을 구속하는 문제를 검토해야 한다는 강경론을 또다시 폈다.

10월 17일 치안본부에서는 전국대공과장회의를 소집해 주요 수배자

54명을 조속히 체포하라고 지시했다. 그런데도 수배자 검거 실적이 오르지 않자 12월 1일 다시 같은 회의를 열어 10일까지 검거하지 못하면 간첩이 통과했거나 은신한 지역의 경찰국장과 서장을 문책하는 예에 따라 문책하겠다는 초강경 지침을 시달했다. 그리고 1987년 1월 7일 전국 경찰서장·대공과장 연석회의를 열어 3월 개강 전에 모두 검거하라고 독려했다.

내무장관 김종호는 박종철 고문사망 하루 전인 1월 13일 내무장관으로서는 처음으로 박 군이 사망한 남영동 대공분실에 들러 격려와 함께 예의 지침을 다시 내렸다. 주요 수배자 검거에는 특진과 격려금이 있어 경쟁적인 공 다툼 분위기가 조성되어 있었다. 황광우는 내무장관이 대공분실에 직접 들러 지시를 한 것은 한두 명쯤 죽여도 괜찮다는 살인허가증이 아니었겠느냐고 반문했다.[10]

남영동 대공분실에서 활동한 치안본부 대공수사 2단은 치안본부와 따로 떨어져 있었고, 외부인의 출입이 일체 통제된 상태에서 '임무'를 수행했다. 대공수사 2단은 치안본부에서 치외법권적 존재였다. 그도 그럴 것이 그곳은 김종호 후임인 정호용 내무장관이 비밀히 얘기한 바와 같이 소속은 치안본부로 되어 있었지만 안기부에서 관장했고, 예산이나 업무지시도 안기부에서 내려왔다. 남영동 대공분실은 오래전부터 공포의 대상이었다. 천주교 정의구현사제단의 한 성명서에는 이렇게 쓰여 있다.

언제부터인가 '남영동'으로 통칭되는 치안본부 대공수사 2단은 학생과 노동운동가를 비롯, 유신시대 이래 민주·민족·민중운동에 헌신해오고 있는 사람들에게는 공포의 대상이 되어 있습니다. 그 공포는 용공조작에 대한 것과 그것을 위한 정신적·육체적 고문에 대한 것이며, 학생운동단체 및 재야 민주·민중운동단체의 용공조작 사건의 대부분이 여기서 조사, 조작, 발표되어왔습니다.[11]

3

새로운 사태
―추모·항의의 물결과 어머니들의 분노

전두환 정권의 집요한 은폐·조작 기도

전두환의 초강경책은 필연적으로 죽음을 부르게 되어 있었다. 전두환 정권은 꽃다운 나이의 한 젊은이를 고문으로 숨지게 한 것에서 멈추지 않았다. 조직적으로 박종철 고문사망 사건을 은폐하고 조작하기 위해 정권이 총동원되었다.

전두환 정권은 박종철을 물고문으로 사망케 한 뒤 처음에는 가족한테만 알리고 외부에는 사망 사실 자체를 숨기려고 했다. 1월 15일 아침부터 형사 3명이 경찰병원을 지키며 기자들의 접촉을 방해한 것도 그 때문이었다. 검찰과 경찰 관계자들은 이날 오후 늦게까지 모른다고 잡아뗐다. 그러다가 15일자 석간신문에 사망 사실이 보도되자 저녁때가 되어서야 강민창 치안본부장은 '탁' 치니 '억' 하고 쓰러졌다고 '해명'했다. 그때부터 당국은 고문사가 아니라 쇼크사였다는 쪽으로 몰고 가기 위해 안간힘을 썼다.

전두환 정권은 고문 사실을 알고 있는 사람들을 협박하거나 회유했다.

박종철의 삼촌 박월길이 사체의 피멍자국을 얘기하자 경찰이 그를 잡아넣겠다고 위협했다. 그들은 특히 의사들을 집요하게 협박하고 회유했다. 박 군이 가혹행위, 그것도 물고문으로 사망했을 거라고 생각하게 만드는 데 중요한 역할을 한 것이 외부인으로는 최초로 박 군의 시신을 본 의사 오연상의 검안서와 증언이었다. 그것이 1월 16일자 신문에 보도되자 오 씨에게 "왜 입을 함부로 놀리느냐", "조사실 바닥에 물기가 있는 것을 당신이 정말 봤느냐"는 등의 협박전화가 빗발치듯 걸려왔다. 오연상은 17일 밤 치안본부 요원 2명과 함께 집을 나가 치안본부 특수대와 검찰에서 철야로 참고인 진술 등의 조사를 무려 9시간이나 받았다. 다음 날 새벽 4시쯤 귀가한 그는 오전 10시경 집을 나가버렸다. 얼마나 심한 고통을 당했으면 가출을 해버렸을까.

그가 집을 나가버리자 그날부터 이제는 그의 행방을 추적하는 기사가 매일같이 보도되었다. 마침내 그가 나타난 1월 27일, 한 석간신문은 그의 출근을 사회면 톱으로 다뤘고, 다른 한 석간신문은 그다음 날 오연상과의 인터뷰 기사를 상세히 실었다. 전가의 보도처럼 휘둘렀던 전두환 정권의 보도지침 위력도 이때만큼은 먹혀들지 않았다.

박종철의 사체를 부검했던 황적준 박사도 1월 15일 밤에 협박과 회유를 당했다. 그는 그 내용을 일기장에 썼다.

나중에 공개되었지만, 그의 일기장은 당시 경찰 최고위간부들이 이 사건을 조작·은폐하기 위해 혈안이 되어 있었다는 사실을 속속들이 보여준다. 1987년 1월 15일자 일기에는 대공업무의 대부로 통했던 치안본부 5차장 박처원이 경찰이 박종철을 고문한 것을 부인한 사실이 적혀 있고, 그다음 날 일기에는 박처원이 모든 외상을 감정서에서 삭제할 것을 요구하면서 검찰도 협조할 테니 걱정하지 말라고 말한 사실이 기술되어 있다. 16일 15시 20분경에는 강민창 치안본부장을 비롯하여 5차장, 4차장, 2차장이 함께 찾아와 무리한 요구를 했고 19일까지 감정서의 내용을 쇼크사로 보고할 것을 강요받았다. 16일 16시 30분경에는 강민창이 100만 원이 들어 있는 봉투를 건네며 은혜를 잊지 않겠다고 말했으며 1월 18일에도 감정서 변조를 강요받았다고 일기장에 기술했다.

아무리 치안본부 고위층이 총동원되어 진실을 은폐·조작하려 해도 결국 손바닥으로 하늘을 가리는 짓에 지나지 않았다. 1월 16일자 『동아일보』도 치안본부 관계자들과 전두환 정권의 가슴을 서늘하게 했지만, 1월 17일자 『동아일보』는 김중배 칼럼과 사설, 보도기사를 통해 고문사라는 것을 더욱 설득력 있게 주장했다. 월요일인 19일은 다른 조간신문도 동조해 긴 지면을 할애했고, 관련 사설도 썼다.

결국 1월 19일 오전 강민창은 조한경 경위와 강진규 경사를 특정범죄가중처벌법 위반 혐의로 구속했다고 발표했다. 가혹행위에 의한 사망을 인정한 것이다. 『동아일보』는 이날 사설에서 "차마 믿기조차 어려운 이 같은 고문 진상에 국민들은 치를 떨 뿐"이라고 토로하면서 그래도 고문사망 사건을 뒤늦게나마 밝힌 것은 전례가 없는 일이라고 지적했다.

그러나 고문사망 사건의 진상이 제대로 밝혀진 것은 아니었다. 당시 신문은 이 사건을 검찰로 넘기지 않고 경찰한테 맡긴 것이 이상하다고만 보도했는데, 경찰 고위층에서 중대한 음모가 있었다는 것은 넉 달 후인 그해 5월 18일에 가서야 대대적으로 폭로되어 전두환 정권을 궁지에 몰아넣었다. 그런데 이때도 진상이 다 밝혀진 것은 아니었다. 강민창 치안본부장은 황적준이 병원에 사표를 낸 직후인 1988년 1월에 그의 일기장이 공개되자 그제야 구속되었다.

그런데 경찰 고위층만 박종철 고문사망을 은폐·조작한 것이 아니었다. 전두환 정권이 총동원되어 이 사건을 은폐·조작한 것이었다. 이 부분은 뒤에 가서 다시 살펴보도록 하겠다.

전두환과 노태우·민정당의 미묘한 입장 차이

박종철 고문사망 사건이 발생한 지 6일이 되는 1월 20일 결국 전두환은 이 사건에 대해 유감을 표시하고, 내무장관과 치안본부장을 해임했다. 그리고 그 후임에 각각 정호용, 이영창을 임명했다.

내무장관에 정호용이 기용된 것에 당시 언론은 뜻밖의 인물이라는 식으로 썼을 뿐 그것이 갖는 의미를 제대로 보도하지 못했다. 더구나 운동권은 그가 특전사 사령관으로 광주학살과 관련이 있다고 보고 있어서 내무장관이 된 것에 좋은 이미지를 가질 수 없었다. 하지만 전두환, 노태우와 육사 11기 동기로 육군참모총장을 지낸 정호용은 '노태우 대통령 만들기'와 연결되어 있었고, 전두환·장세동에 맞설 수 있는 배짱도 있었다. 정호용은 1987년 5월 18일 박종철 고문사망 범인 은폐조작 사건이 폭로되었을 때 물귀신 작전으로 장세동을 안기부장에서 끌어내리는 '특별한 임무'를 수행한다.

내무장관까지 바뀌고, 더 나아가서 정호용이 그 자리를 차지하게 된 데는 전두환과 노태우·민정당 사이에 미묘한 입장 차이가 작용했다. 양자의 입장 차이는 정국이 격랑에 휩싸일 때마다 표출되었고, 이것은 결국 정국에 적지 않은 파장을 일으켰으며 6월 항쟁에 하나의 변수로 작용했다.

민정당의 사정은 아주 복잡했다. 민정당 간부들은 이승만의 사사오입 개헌으로 자유당이 끔찍스러울 정도로 조롱의 대상이 되어 괴로움을 당했던 것과 비슷하게, 부천서 성고문 사건에 대한 전두환 정권의 말도 안 되는 파렴치한 대응이 얼마나 민정당을 곤혹스러운 지경으로 몰아넣었는지 조금은 알고 있었다. 민정당은 차기 대통령 문제도 있고, 총선도 치러야 했다. 그런데 박종철의 죽음에 대한 국민들의 태도가 심상치 않았고, 언론의 태도도 전과는 달랐다.

1월 17일 오전 내무장관 김종호, 법무장관 김성기 등 정부 측과 이춘구 민정당 사무총장 등이 당정협의를 가졌다. 이 총장은 가혹행위가 드러나면 관련자들을 엄단해야 한다고 주장했고, 다들 그렇게 하자는 데 의견을 모았다. 이 무렵 청와대 수석비서관들은 치안본부장을 경질하는 선에서 매듭을 짓고자 했으나, 이 총장은 내무장관 경질까지 요구했다.

사안이 중요하다고 판단한 수석비서관들은 이 총장에게 청와대로 찾아갈 것을 건의했고, 이 총장은 1월 19일 전두환을 만나 직접 얘기했다. 한참 후에야 전두환이 동의했지만, 후임으로 전두환이 못마땅하게 생각하는 정호용을 추천하자 고개를 저었다. 다음 날 이춘구는 노태우 민정당 대표와 함께 청와대로 들어가 다시금 정호용을 추천했다. 그제야 전두환은 마지못해 받아들였다.[12]

'노태우 대통령 만들기' 멤버인 정호용이 내무장관에 기용된 것도 중요했지만, 1987년 정권교체기에 전두환과 입장 차이가 있는 노태우가 추천한 사람이 들어갔다는 것도 의미가 있었다.

신민당은 개헌 정국이 안개 속을 헤매며 혼미를 거듭하고 있는 상황에서 이 사건을 계기로 인권 문제를 적극적으로 부각시키고자 했다. 그렇지 않아도 1, 2월 겨울철에는 움츠러들기 쉬운 국민들의 정치의식을 높이는 계기로 삼자는 것이었다. 그리하여 3월 이후 치르기 마련인 여당과의 개헌 대회전에서 우위에 서고자 했다.

신민당은 1월 19일 내무장관과 치안본부장의 파면을 요구했고, 국회 내에 국정조사 기능을 가진 고문 사건 진상조사 인권특별위원회 설치를 요구하기로 했다. 민추협은 김대중·김영삼 공동의장의 참여하에 20일 농성에 들어갔고, 신민당은 특위 설치에 대해 여당과 이견을 좁히지 못하자 28일 농성에 돌입했다.

1월 30일 특위 설치가 무산되고 국회는 변칙적으로 폐회되어 농성을 풀었지만, 야당은 더욱 강력한 투쟁을 벌이기로 했다. 5·3인천사태와 그 이후의 정세로 민주대연합이 와해되었는데, 박종철의 죽음을 계기로 재야 단체·학생들과 함께 공동투쟁을 벌이기로 한 것이다. 이제 이전과는 다른 민주대연합이 가동되기 시작했다.

바닥에 떨어진 검찰의 처신

전두환 정권은 계속 어릿광대나 다름없는 우스운 짓을 하고 있었다. 1월 23일 검찰은 검찰과 경찰 관계자들만 참석한 가운데 남영동 대공수사 2단 조사실에서 박종철 고문사망 사건 실황조사를 비공개로 실시했다. 이것은 수사관례를 어긴 것으로, 기자나 일반인 참관을 배제함은 물론 이미 구속 된 조한경 등 2명의 경찰관조차 참여시키지도 않은 어이없는 실황조사였 다. 현장검증 아닌 현장검증을 한 것이다. 이는 사건을 한층 더 의혹 속으 로 밀어 넣는 처사였는데, 이 내용을 사회면 톱으로 보도한 『동아일보』는 그 옆에 박종철의 누나가 보내온 "죽음으로 이 땅에 공헌한 동생을 잊지 말아주기를 부탁한다"는 아픔의 글을 실었다. 톱 기사 아래에는 천주교 정 의구현사제단의 '고문 책임자 엄단하라'는 성명을 실어 '현장검증' 기사 내 용은 더욱 볼썽사나운 모습이었다. 사건을 은폐하고 범인을 축소·조작해 야 했기 때문에 일어난 궁색한 짓거리였다.

1월 24일 검찰은 조한경 등 2명의 경관을 기소했는데 공소장이 경찰의 발표와 거의 같았다. 다만 사건 수사가 경찰에서 검찰로 넘어오면서 박종 철이 '참고인'으로 대공분실에 끌려간 것이 새롭게 밝혀졌을 뿐이다. 경찰 은 박종철을 '피의자 겸 참고인'이라고 주장해 가혹한 고문을 했다는 비난 을 얼버무리려고 했지만, 박종철은 피의자 신문조서를 받은 적도 없었고

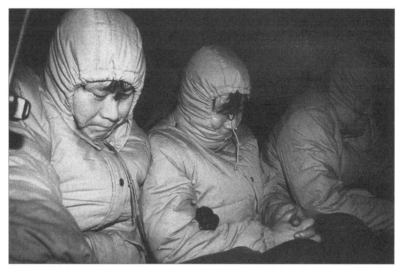

박종철 고문사망 사건의 피의자 조한경 경위와 강진규 경사를 태운 차량에 동승한 호송 경찰들. 경찰은 보도진이 피의자들을 식별할 수 없도록 피의자들과 똑같은 복장을 한 20여 명의 경찰관들을 2대의 차량에 나눠 태우고 서대문경찰서로 이송했다(1987. 1. 19).

자술서만 두 차례 썼는데, 그것도 시위에 관한 것이 아니라 피신 중인 박종운에 관한 것뿐이었다.

23일의 '현장검증'과 24일의 기소는 관계기관 대책회의 지시를 맹목적으로 따른 것으로, 그때까지 보여주었던 권력의 하수인다운 짓이었지만, 때가 때인지라 훨씬 더 추하게 비쳤다. 한 검사는 "부천서 성고문 사건 교훈이 엊그제 같은데 국민들이 (검찰 기소장을) 얼마나 믿을지 의문"이라고 토로했다. 국회에서는 '얼굴 없는 수사'를 하지 말고 현장검증을 다시 하라고 아우성이었고, 언론은 밀실만 확인한 꼴이라며 부검 결과도 공개한다고 해놓고 공개는커녕 담당 검사들의 얼굴도 볼 수 없을 정도로 장막 뒤에 가리기에 급급해 하며 식언을 거듭한다고 검찰을 질타했다. 언론은 이와 함께 연행 시간, 상처 문제, 물고문 횟수 등 갖가지 의혹을 다시 거론했다.

연합시위와 철야농성의 부활

전두환 정권이 은폐와 축소·조작에 골몰하고 있는 사이에 항의의 파고는 점점 더 높아졌다.

얼어붙은 동토凍土지대였던 대학가는 박종철 죽음이라는 비보를 듣고 '살인정권'에 대한 분노가 커져갔다. 이 분노는 추모집회로부터 시작되었다. 1월 16일 서울대 언어학과 사무실에 빈소가 차려지고 17일 학과 차원의 추모제가 열렸다. 19일 일요일에는 더 많은 학생과 사회인사가 빈소를 다녀갔다. 이날 고려대에 박종철 분향소가 설치되었고, 200여 명이 교내에서 항의시위를 벌였다. 연세대·이화여대·서강대에는 대자보가 붙었다.

서울대에서 추모제와 시위가 열렸던 1월 20일에는 여러 대학에서 추모 침묵시위가 있었다. 서강대에서 100여 명의 학생이 추도식을 가진 후 시위를 벌였고, 성균관대에서도 항의집회가 있었다. 이날 연세대에 분향소가 마련되었고, 다음 날 300여 명의 학생들이 추모제를 지내고 침묵시위에 들어갔다. 같은 날 동국대 학생 400여 명도 추모제 후 침묵시위를 벌였고, 한양대에서는 200여 명의 학생들이 추모제 및 고문 사례 폭로·규탄대회를 열고 교내에서 시위를 했다.

전국 17개 대학에서 1,000여 명이 항의시위를 벌인 23일부터 학생들의 시위 양태가 달라졌다. 고려대 민주광장에서는 1986년 11월 28일 건국대에서 결성식을 가졌던 전국 반외세반독재 애국학생 투쟁연합(애학투) 서울 동부지구 소속 고려대·건국대·한국외국어대·경희대 등 9개 대학 700여 명의 학생들이 모여 추모제를 열고 교내 시위를 벌였을 뿐 아니라 이 가운데 300여 명이 동아리방에서 다음 날 오전까지 철야농성을 계속했다. 연합시위와 철야농성이 부활한 것이다. 이날 추모제를 찾은 이문영·김충렬·이상신 교수 등 5명의 고려대 교수는 분향을 한 후 다시 서울대로 향해 언어학과 사무실 빈소를 찾아 조위금을 전달했다. 그러나 서울대 교수들은 18일까지 단 한 명도 언어학과 사무실을 다녀가지 않았다. 23일까지 양병우 교수 등 극소수가 분향했을 뿐이었다. 23일에는 서울대·중앙대·단국대 등 서울 시내 6개 대학 학생 200여 명이 중구 신당동 중앙시장 앞에서 격렬한 항의 '가투'를 벌였다.

일파만파로 번진 종교인 추도집회

박종철 고문사망 사건은 종교인들의 비상한 관심을 끌었다. 일요일인 1월 18일 천주교 김수환 추기경은 명동성당 주일 정오미사에서 인권을 유린한 고문행위에 의로운 분노를 느껴야 한다고 역설했다. 개신교의 원로 함석헌과 김재준 목사는 "박 군의 사망은 인간으로서 존엄과 도덕적 양심을 깡그리 잃어버린 것"이라고 분노에 찬 성명을 냈다.

이 무렵 교회와 성당에서는 예배나 미사 때 교직자의 다수가 설교 중 박종철 죽음을 통분의 심정과 분노로 애도했다. 평소에 시국 문제를 언급하지 않았던 보수적 성향의 교회도 분노의 목소리를 냈다. 1월 22일 한국기독교청년회·기독교학생총연맹 소속 대학생 200여 명이 추모예배 후 시위를 벌였다. 다음 날 한국기독교교회협의회 가맹단 6개 교단장은 '고문철폐를 위한 캠페인'을 전 교회적으로 벌이겠다는 성명을 냈다.

불교계가 적극적으로 나선 것도 의미가 있었다. 1월 21일 서울불교청년회 회원 300여 명이 조계사 대웅전에서 '고 박종철 법우 추모 및 고문치사 규탄법회'를 가진 데 이어 22일에는 정토구현전국승가회에서 항의성명을 냈다.

박종철의 사망 소식을 접하고 어머니들이 가장 먼저 투쟁에 나섰는데,

명동성당에서 김수환 추기경의 집전으로 거행된 고 박종철 군 추도미사(1987. 1. 26).

21일에 23개 여성단체로 구성된 여성단체연합 생존권 대책위원회 관계자 50여 명은 남영동 금성극장 앞에서 추모행사를 갖고 시위에 들어갔다. 이들 회원은 검은 옷에 베수건을 쓰고 조사를 낭독하고 시위를 해서 한층 주목을 끌었다. 이 단체에 소속된 여성평우회, 민주화실천가족운동협의회 등의 회원 100여 명은 그 부근 갈월동 일대에서 "박종철을 살려내라", "폭력정권 물러나라"고 외치며 시위를 벌였다. 22일에는 민주헌정동지회 회원들이 농성을 벌였고, 민주언론운동협의회, 민주교육실천협의회, 구속학생학부모협의회에서도 항의시위를 하거나 성명을 냈다.

박종철 사망 후 두 번째 맞는 일요일인 1월 25일, 각 교회와 사찰에서는 그의 죽음을 헛되게 해서는 안 된다며 추모집회가 잇따라 열렸다. 서울 새문안교회는 2만여 명의 교인이 추모예배를 가진 뒤 청년 신도들이 '땅들아 통곡하라 민족이여 울분하라'는 제목의 유인물을 돌렸으며 영락교회에서도 교인 2만여 명이 애도했다. 구세군 강남영문에서는 추도기도를 올렸고 대한기독교감리회에서는 성명을 발표했다.

전태일기념사업회와 영등포산업선교회 등 9개 노동단체 회원 300여 명은 영등포 성문밖교회에서 추모식 및 고문살인정권 퇴진을 위한 노동자대회를 열고, 박종철 영정과 "죽음이 두려우랴 노동해방 쟁취하자" 등 2개의 대형 플래카드를 앞세우고 횃불을 들고 시위를 벌였다. 대학생불교연합회(대불연) 학생 100여 명은 개운사에서 추모법회를 가졌다.

천주교 정의구현사제단은 살벌한 유신정권에 맞서 정면으로 독재정권 타도투쟁을 벌임으로써 박정희의 가슴을 서늘하게 했는데, 천주교는 박종철 고문사망 사건에 대해서 적극적으로 나섰다. 1월 19일 천주교 평신도사도직협의회는 전날 일요일인 18일에 있었던 김수환 추기경의 강론을 적극 지지하면서 고문근절을 위해 각 성당에서 1월 25일 미사를 봉헌하며 특별 기도회를 열 것을 결의했다. 22일에는 천주교 사회운동협의회(천사협)에서 불법 구금되어 있는 사람들에 대한 철저한 공개수사와 신변안전 여부 공개를 촉구했다. 24일 정의구현사제단은 이 땅이 제2의 아르헨티나가 되어서는 안 되며, 그러기 위해서는 전두환과 그 측근들이 마음을 비우고 퇴진해야 한다는 성명서를 발표했다. 25일 김승훈 신부가 집전한 홍제동성당 등 서울교구 각 본당과 인천교구 답동성당에서는 주일미사를 추모미사로 봉헌했고, 정의구현사제단과 천주교 정의평화위원회(정평위)도 교구별로 추모미사와 기도회를 봉헌했다.

다시 떠오른 의문의 변사체

천주교 정의평화위원회는 1월 26일 명동성당에서 김수환 추기경, 윤공희 대주교, 지학순 주교 등 100여 명의 사제단이 공동 집전하는 박종철 추도와 고문근절을 위한 인권회복 미사를 열었다. 이 미사는 이후 천주교가 2·7추도대회, 5·18박종철 고문사망 은폐조작 폭로, 6월 항쟁에서 어떠한 역할을 맡을 것인지를 예감케 했다.

이날 미사가 끝나자 정평위는 고문추방과 불의 감시를 위해 교회가 맡아야 할 부분을 어떤 어려움이 있더라도 기꺼이 수행하겠다고 다짐했고, 2,000여 명의 신자들은 박종철 초상화와 대형 십자가를 든 150여 명의 사제단과 수녀들을 앞세우고 명동 일대를 돌며 1시간 동안 침묵시위를 가졌다.

같은 날 박종철의 부모가 사는 부산교구 주교좌 중앙성당에서도 정평위 주관으로 30여 명의 사제가 공동으로 집전했고, 미사가 끝난 후 대학생 300여 명이 독재타도를 외치며 시위했다. 부산교구 소속 울산성당에서는 가톨릭농민회 등 여러 단체의 공동주관으로 추모미사를 열고 촛불시위와 가두연좌농성을 벌였다.

1월 26일 인천교구에서는 답동성당 등 3개 성당에서 추모미사에 이어 진혼제를 열었다. 전주교구에서도 정평위 주최로 익산 창인성당에서 500여 명의 신도가 참여한 가운데 사제 8명이 공동으로 추모미사를 집전했고, 규탄대회를 가졌다.

전국 각 교회와 사찰에서 추모와 회개를 위한 기도회와 법회를 열었지만, 전두환 정권은 변하지 않았다. 부천서 성고문 사건과 똑같은 사고와 방식으로 대응했다. 서울대는 1월 26일 언어학과 사무실에 설치된 분향소를 폐쇄했다. 경찰은 고문 항의집회를 열 수 없다고 하면서 이날 '박종철 군 국민추도회 준비위원회'를 봉쇄하기 위해 기독교회관에 300여 명의 전경을 배치했고, 김대중 등 재야인사들을 가택 연금했다. 같은 날 CBS 〈고문은 사라져야 합니다〉라는 프로그램이 생방송 중에 중단되는 사태가 벌어졌다.

외부인으로는 최초로 박종철 사체를 본 오연상은 후일 인터뷰에서 "경찰이 박 씨가 고문 도중 이미 숨진 것을 알았더라면 외부 의사를 부를 필요도 없이 시체를 처리했을 것"이라고 말한 바 있다. 의사가 시체를 봤기 때문에 경찰이 '의문사'로 만들 수 없었을 것이라는 지적이었다.[13]

추모와 항의의 소용돌이 속에서 1980년대에 발생한 여러 의문사의 진상 문제가 다시 등장한 것은 너무나 당연했다. NCC인권위원회는 1월 20일 기자회견에서 "이 사건을 계기로 민주화운동 과정에서 실종돼 의문의 변사체로 발견된 사람들에 대해서도 철저한 조사가 있어야 한다"라고 강조했다.

1월 26일자 한 신문에는 특별취재반 방담으로 "경부선 영동 황간역 사이에서 변사체로 발견된 서울대 우종원(당시 23세, 사회복지학과 81학번)과 지난해 부산 송도 매립지 앞바다에서 몸에 콘크리트 조각을 매단 채 변사체로 발견된 서울대 김성수 군(당시 19세, 지리학과 1학년) 등도 경찰은 모두 자살로 사건을 종결했으나, 유가족들은 아직도 숱한 의혹을 품고 있습니다"라고 말한 내용이 실렸다.

같은 날 국회 본회의 대정부 질의에서 야당은 우종원·김성수의 의문의 죽음과 함께 1986년 6월 군복무 시 북한 삐라를 소지했던 데 대한 조사로 연행된 뒤 전남 여천의 야산 동굴에서 변사체로 발견된 노동자 신호수 등의 의문사를 재수사하라고 다그쳤다. 그러나 이 역시 소귀에 경 읽기였다.

"자식을 키우는 것이 두렵다"

전두환·신군부체제에서는 숱한 비리와 의문사 사건이 꼬리에 꼬리를 물고 일어났는데, 박종철 고문사망 사건만은 다른 사건과 달리 발생하자마자 즉각적인 추모와 항의의 물결이 거세게 일어나고 격렬한 투쟁이 전개되었다. 또한 경찰과 검찰, 집권당까지 5공 출범 이후 최대의 타격이라며 당혹감을 감추지 못하고 사건의 결과가 어떻게 될지 어쩔 줄 몰라 했다. 심지어 전두환도 이 사건은 경찰이 본의 아니게 실수한 경우라고 자위하면서

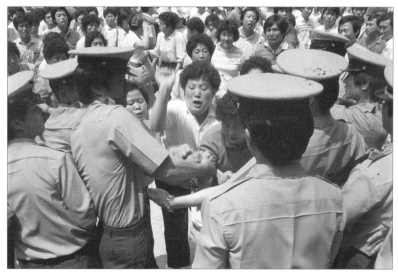

1987년 6월 17일 고문살해 경관 1차 공판이 열린 서울지법 앞에서 방청하려는 민가협 회원들과 이를 막는 경찰들. 박종철의 죽음은 이 땅의 모든 부모들에게 결코 남의 일로 여겨질 수 없었다.

도, 바로 그 실수 때문에 "정국이 아주 유리하게 가다가 상황이 확 바뀌었다"라며 낭패감을 드러냈다. 왜 이러한 일이 일어났을까. 이처럼 전두환 정권이 수많은 의문사 중에서도 왜 유독 박종철 고문사망 사건에 쩔쩔맸는지 살펴볼 필요가 있다.

박종철을 애도하는 2·7추도시위에서 3·3국민대회에 이르기까지 시민들은 과거와 다른 반응을 보였다. 또 6월 항쟁에는 여성을 포함해 많은 시민들이 참여했다. 이러한 일은 과거의 시위에서는 찾아보기 힘들었다.

1월 15일 이 사건이 보도되자마자 신문사로 많은 전화가 걸려왔는데, 특히 자녀를 둔 여성들의 전화가 빗발쳤다. "가슴이 떨려 밤잠을 이룰 수가 없었다", "언제까지 이런 일을 겪고 살아야 하느냐" 등 모두 분노의 음성이었다. 고문에 대해서는 국민적 응징이 있어야 한다는 전화도 걸려왔다.

대학생을 자식으로 두었음 직한 연령인 52세의 한 주부는 "이 땅의 어느 부모에게도 이번 일은 결코 남의 일로 여겨질 수 없을 것"이라 말하고, "자식을 키우는 것이 두렵다"며 울먹이기도 했다. 대학생이나 학부모뿐만 아니라 전화를 한 미국과 일본의 동포 상당수도 "이 일은 누구에게라도 닥칠 수 있는 일"이라고 말했다.

박종철 고문사망 사건이 학생·부모 할 것 없이 국민적 분노를 불러일으킨 것은 이 사건이 자신들에게도 언제 닥칠지 알 수 없는 일이기 때문이었다. 시위 주동자로 끌려가거나 수배된 학생은 그렇게 많지 않았다. 물론 이 사건을 보고 수배자 또는 '정치범'을 자식으로 둔 부모는 몹시 불안했고 치가 떨렸다. 그래서 1월 15일에 신문을 보자마자 항의하러 달려간 것이다.

그런데 박종철은 피의자로 끌려간 게 아니라 수배된 학생을 찾아내기 위해서 참고인으로 끌려갔을 뿐이었다. 참고인으로 끌려가는 것은 모든 학생들에게 해당될 수 있었고, 또 대학생을 자식으로 둔 모든 부모한테도 마찬가지였다. 이 때문에 이 사건은 이 땅의 어느 부모에게도 결코 남의 일로 여겨질 수 없었고, 가슴이 떨려 잠을 이룰 수가 없었던 것이다. 1980년 5월 광주의 참극을 몸소 지켜봤던 윤공희 대주교가 1987년 2월 4일 광주 남동교회에서 한 다음과 같은 강론은 학생과 부모의 심금을 그대로 대변했다.

이 참혹한 사건 이후 대부분의 대학생들은 길을 걷다가도 누군가 자기를 불러 세우면 까닭 없이 놀라야 했고, 한밤중에 누군가 대문을 두들기면 공포에 떨어야 했습니다. 그 누구라도 영문도 모른 채 끌려가 고문기술자들의 손에 의해 참변을 당한 뒤 '차가운 한 뼘의 무덤조차 없이 언 강 눈바람 속으로 날려진' 박종철 군이 안 된다는 보장이 없기 때문입니다. 또한 이 땅에서 대학생 자녀를 둔 학부모들은 자식이 소식도 없이 집에 들어오지 않는 날이면 '혹시 어느 기관에 끌려가 아비지옥의 고통을 당하고 있지나 않을까' 하고 전전긍긍해야 했습니다. 그 자식이 똑똑해서 못된 자식인 경우엔 더욱 가슴을 저며내는 참담한 심정으로 밤을 지새워야 했습니다. 그 어떤 부모라도, 한 줌의 재로 변한 자식의 시신을 강물에 뿌리면서, '철아, 잘 가 그래이. 이 아부지는 아무 할 말이 없다이―' 하며 절규하는, 박종철 군의 부모가 되지 않으리라는 보장이 없기 때문입니다.

이처럼 고문이라는 비인간적인 범죄를 서슴지 않는 공권력으로 말미암아, 이 나라에서 대학생들이 순수한 열정으로 나라와 국민과 민주주의를 사랑하는 일마저 두려운 일이 되어버렸고, 부모들이 자식을 똑똑하게 키우는 일마저 슬픈 일이 되고 말았습니다. (……) 박 군의 죽음이 결코 남의 일이 아니라는 것을…….

'아는 것이 병'이라는 병든 땅

전두환은 5·3인천사태 이후 고문과 수배, 탄압과 봉쇄로 초강경 공세를 펼쳐 정국이 자신에게 유리하게 돌아가다가 뜻하지 않은 경찰의 실수로 수세에 몰렸다고 탄식했다. 그러나 거듭 강조하지만 박 군의 죽음은 윤공희 대주교가 말한 대로 고문이라는 비인간적인 범죄를 서슴지 않는 공권력으로 말미암아 필연적으로 발생할 수밖에 없었다.

부천서 성고문 사건의 피해자 권인숙은 자신의 항소심 첫 공판에서 간결하게 지적했다. 성고문 경관을 처벌했다면 박종철은 죽지 않았을 것이라고. 김수환 추기경 또한 1월 26일 명동성당 추모 및 인권회복 미사에서 박종철 고문사망은 우연이 아니라고 강조했다. 그것은 연속적으로 일어난 수많은 고문사례 중 하나라는 것이다. 김 추기경은 이날 "이 정권의 뿌리에 양심과 도덕이 도대체 있느냐, 아니면 총칼의 힘뿐이냐 하는 회의마저 근본적으로 야기되지 않을 수 없다"라고 개탄했다. 그래서 김중배는 『동아일

1987년 2월 7일 광교 조흥은행 앞에서 '우리 아들 박종철을 살려내라'고 쓰인 피켓을 들고 오열하는 할머니.

보』칼럼 '하늘이여, 땅이여, 사람들이여'에서 "이제 거짓의 하늘은 사라져야 한다. 거짓의 땅도 파헤쳐져야 한다. 거짓의 사람들도 다시 태어나야 한다"라고 외친 것이다.

부모들이, 특히 어머니들이 박종철의 죽음에 오열한 것은 그만큼 자식을 위해 정성을 바쳤기 때문이었다. 가난한 부모들이 더 그러했지만, 많은 한국의 부모들이 언젠가부터 자식을 위하는 일이라면 자신은 희생해도 좋다는 생각을 가지게 되었다. 그것이 교육열로 연결되어 자식을 교육시키는 데 온갖 희생과 어려움을 마다하지 않았다.

박종철의 아버지는 30년 동안 수도국 양수장 말단직원으로 근무했고, 방 2칸의 13평형 관사에 살고 있었다. 이렇게 어렵게 살았지만, 어머니 정차순은 종철이가 고3이 되어 아침 6시에 학교에 가기 때문에 5시에 일어나 도시락과 간식을 준비했다. 또 아들이 밤 12시 넘어까지 학교 도서실에서 공부하곤 해서 아침에 도시락을 두 개 싸주는 대신에 저녁때는 따뜻한 밥과 국을 직접 싸들고 학교까지 갔고, 밤 12시 반이 되어 아들이 돌아오면 그때까지 기다려 맞았다. 하늘 아래 어느 나라 땅에 이렇게 정성을 다하는 부모가 있을까.

1월 17일자 『동아일보』 '창' 란에 실린 '이 아비는 할 말이 없다이'에는 가슴을 에는 대목으로 가득 차 있지만, 비수로 날카롭게 양심을 찌르는 소리가 한 대목 들어 있다. 15일 경찰병원 영안실에서 황열헌 기자는 경찰이 분향실 안으로 못 들어가게 막자 분향실 안을 향해 유가족 없느냐고 소리를 질렀다. 그러자 누이가 나왔고, 그 뒤를 이어 아버지 박정기가 실성한 모습으로 분향실 밖으로 나왔다. "뭐요. 뭘 쓰고 싶소. 우리 자식이 못돼서 죽었소." 박 씨는 내뱉듯 외쳤다. 황 기자가 "아드님을 왜 못됐다고 하십니까"라고 묻자 그는 "이놈의 세상은 똑똑하면 못된 거지요"라고 고함지르듯 말하고 고개를 떨군 뒤 딸을 데리고 들어갔다.

"이놈의 세상은 똑똑하면 못된 거지요"라는 말 속에 한국의 20세기가 고스란히 함축되어 있다면 지나친 말일까. 20세기 전반 일제강점기에 똑똑한 자식에게 모든 희망을 건 부모가 있는 것 없는 것 다 팔아 도회지나 일본의 학교로 자식을 보냈는데, 어느 날 그 자식이 옥에 갇히고, 모진 고문으로 병신이 다 되어 집에 돌아왔을 때 부모의 심정은 어떠했을까. 자식이 부모의 바람대로 출세의 길을 가지 않고, 억압당하고 뼈 빠지게 일만 하는 못사는 동포를 위해 투쟁한다고, 그리하여 신사회를 건설하겠다고 무슨무슨 결사체를 만들었기 때문이었다. 이 무렵 언젠가부터 아는 것이 병이고 모르는 것이 약이라는 말이 나돌았다. 있는 것 없는 것 다 바쳐 공부를 시키지 않았더라면 아무 일도 없었을 터였다.

'아는 것이 병이고 모르는 것이 약이라는 이 속언은 해방이 되자 금언이자 명언이 되었다. 유신체제, 전두환·신군부체제에서 똑똑한 자식은 두려움의 대상이 될 수 있었다. 데모에 나서기 때문이었다. 박종철의 어머니 정차순도 대학생들의 데모가 걱정이 되어서 아들에게 늘 데모하지 말라고 당부했다. 눈이 나쁜 아들이 "렌즈를 끼고 있어서 데모도 할 수 없어요"라고 말하기에 그런 줄만 알았는데, 어느 날 연행되었다는 소식을 들었던 것이다.

참 기가 막히고 하늘이 캄캄하더군. 쥐꼬리 같은 월급을 이리 쪼개고 저리 쪼개서 저를 공부시키고 있는데, 데모라니……, 부아가 치밀더군. 엄마, 아빠 고생은 티끌만큼 생각하지 않는 놈이다 싶고 이런 놈을 공부시키느라 이리 뛰고 저리 뛰어다닌 게 억울한 거야.

자식에 대한 야속한 마음이 절절히 배어 있다. 부모들은 데모를 하면 빨갱이로 몰릴 수 있다는 점 때문에 더욱 두려워했다. 일제강점기에도 빨갱이로 몰리는 것이 어떻다는 것을 알았지만, 해방이 되고 나서는 더욱 심했다. 전쟁이 나자 똑똑한 사람이 많이 들어가 있었던 보도연맹원이 빨갱이로 몰려 곳곳에서 집단학살을 당한 것을 모두 다 입을 꾹 다물어서 그렇지 그 시대를 산 사람은 다 알고 있었다. 또 박정희가 유신체제를 수호하기 위해 극단적인 반공교육을 특히 텔레비전을 통해서 했기 때문에 빨갱이로 몰리는 것이 얼마나 두려운 일인지를 부모들은 잘 알고 있었다.

"눈물뿐인 이 나라의 꽃이 되어라"

그런데 1980년대에 MT를 갔다 온 자식이 가지고 있는 책이 텔레비전에서 의식화교육이 어떻고 하면서 비춰준 책들과 비슷해 보였을 때 부모들은 기겁하지 않을 수 없었다. 이와 같이 의식화교육을 받은 사람들이 데모를 한다고 텔레비전은 해설하고 있지 않은가. 더구나 1986년에는 저러다 텔레비전 자체가 빨갛게 물들어버리는 것이 아닌가 싶게 학생 좌경용공 사건이 빈번히 보도되었다.

특히 1980년대에는 많은 가정에서 부모와 자식 간에 언쟁이 끊이지 않았다. 어떤 어머니는 "세상에 니가 빨갱이라니. 힘들여 공부시켜놨더니 공산당에 속아 나라의 역적이 되다니" 하면서 데모에 나서지 못하게 나무랐다. 아예 병무청에 쫓아다니면서 강제로 휴학시켜 군대에 보냄으로써 후환을 없애겠다는 부모도 있었다.

데모를 하겠다는 자식도, 그 데모를 한사코 말리려는 부모도 결연한 모습이었고 필사적이었다. 한 부모는 딸이 데모에 못 나가도록 방에 가두어놓고 두 손과 두 발까지 묶어놓았다. 그러나 탈출한 딸은 데모를 하다가 붙잡혀갔다. 아버지가 면회만 가면 반성문을 쓰라고 하니까, "그런 말씀 하시려면 면회 오시지 마세요"라고 말하고 "사회의 민주화를 위한 저의 당찬 의지를 북돋아주기 위해서 오시는 거라면 마음도 가볍고 또 무척 기쁘겠지만, 저를 다른 모든 것으로부터 차단시키려고 하신다면 저는 그런 것들을 생각만 해도 슬퍼지고 안타까워질 겁니다"라는 편지를 보냈다.[14]

박종철은 그 여학생과는 조금 달랐다. 박종철이 구속되자 어머니는 반성문을 쓰라고 성화였다. "어떻게 너만 생각할 수 있느냐. 한 번만 더 일을 저지르면 내가 먼저 죽어버리겠다." 종철은 불쌍한 엄마 고생 안 시키겠다고 그렇게 안 쓰려던 반성문까지 쓰고 집행유예로 풀려났다.

1970~1980년대에 대학생을 둔 부모들은 불안한 시국에 대부분 마음을 졸였지만, 박종철 고문사망 사건이 터질 무렵은 불안과 두려움으로만 끝나지 않았다. 언제 어떻게 공권력과 맞닥뜨릴지 알 수 없었다는 것은 통계가 말해준다.

1986년의 경우 시국사범이 그 전의 5년 동안보다 2배나 많았지만, 이점은 연행자도 비슷했다. 1986년에 연행된 사람들은 2만 2,000명이었다. 서울대생의 경우 1,523명이 연행되었는데, 전체 학생수의 6.9%였다. 10여 명 중 1명은 연행된 경험이 있었다. 2학년 학생은 10명에 2명 꼴로 연행되었고 데모에 참여한 학생은 이보다 몇 배 또는 몇십 배였을 것이다. 서울대에서 연행된 1,523명 중 451명이 구속되었다.[15]

한 신문 사설에서 주장한 바대로 박종철은 고유명사가 아니라 보통명사가 되었다. 박 군 죽음에 가슴이 떨려 잠을 이룰 수 없었던 학부모들이 적지 않았던 것은 이유가 있었다.

1월 20일 서울대에서 열린 박종철 추모제에서 한 어머니는 "어미들의 가슴이 천 갈래 만 갈래 찢어지는 듯하고나. 어버이들이 저지른 죗값을 어이해 꽃다운 나이의 너희들이 희생의 제물이 된단 말이냐"라고 말하며 울먹였다. 1월 17일자 『동아일보』 '창'에는 마지막 대목이 특히 가슴을 찡하

게 울린다. 아버지 박 씨가 임진강 샛강에 흰 종이를 띄우며, "철아, 잘 가
그래이ㅡ. 이 아부지는 아무 할 말이 없다이"라고 통곡을 삼키며 허공을
향해 외친 것이다.

박 씨의 외마디 비명소리나 다름 없는 이 말을 그의 "우리 자식이 못돼
서 죽었소. 똑똑하면 못된 거지요"라는 말과 함께 되새겨볼 필요가 있다.
박 씨의 이 말에는 한국 근현대사를 살아온 서민들의 민중의식이 짙게 배
어 있다.

왜 아무 할 말이 없다고 했을까. 그것은 "어버이들이 저지른 죗값을 어
이해 꽃다운 나이의 너희들이 희생의 제물이 된단 말이냐"라는 한 어머니
의 말 속에 함축되어 있다.

박종철의 어머니는 아들이 구속되었을 때 처음에는 아들이 잘못한 것
인지, 정부에 잘못이 있는 것인지 알 수가 없었지만, 반성문을 쓰라고 닦달
했다. 그 어머니가 불과 몇 달도 안 되어 구속된 다른 학생의 어머니처럼
아들이 민주화에 한몫을 했다고 믿게 되었다. 죽음의 공포에 질려 치안본
부 밀실에서 몸부림쳤을 막내가 떠오르면 미칠 것 같았지만, 종철이의 한
을 조금이라도 풀어주고자 남편과 함께 민주화의 길에 나섰다.

이 땅의 어머니들은 이제 '우리의 자식'이 된 종철이가 "척박한 이 땅,
마른 줄기에서 피어나는/눈물뿐인 이 나라의 꽃이 되어라"(장지희, 「우리
는 결코 너를 빼앗길 수 없다」)라는 염원으로, 박종철의 사망이 보도된 그날
부터 종로5가 기독교회관, 그 무서운 남영동 대공분실 앞, 구치소와 교도
소 앞, 재판정, 그리고 2·7추도대회, 3·3평화대행진, 6월의 거리에서 더욱
당차게 앞장서서 싸웠다.

거짓으로 점철된 이 땅이었지만 박종철의 죽음은 거짓으로 묻힐 수 없
었다. 1970~1980년대 민주화운동에 숨어서 큰 역할을 한 김정남이 『진실,
광장에 서다』에서 지적한 대로, 그의 죽음은 고비고비마다 부활하여 저 장

엄한 6월 항쟁으로 피어났다.

프랑스혁명과 4월 혁명 그리고 6월 항쟁

박종철의 죽음 이후부터 6월 항쟁에 이르기까지 이 땅의 어머니들이 보여준 투쟁은 프랑스혁명, 그리고 그보다는 약했지만 4월 혁명에서의 어머니들 역할과 견주어볼 수 있다. 3·1운동은 고종의 죽음이, 6·10만세운동은 순종의 죽음이 없었더라면 그날 일어나지 않았을 터인데, 한 학생의 죽음이 결정적 계기가 되었다는 점에서 4월 혁명과 6월 항쟁은 너무나 닮았다.

1789년 7월 14일은 잘 알려져 있듯이 프랑스혁명 기념일이다. 이날 무장한 폭도들이 파리 동부에 있는 요새이자 악명 높은 감옥이었던 바스티유를 습격했다. 그렇지만 바스티유에 수감되어 있던 죄수는 고작 7명이었는데, 그중 5명은 사기죄로 투옥된 범죄인이었고, 다른 2명은 정신병자여서 바스티유 습격으로 큰 사태가 벌어졌다고 볼 수만은 없었다. 물론 사람들이 들끓는 속에서 불안스러운 공기가 감돌고 있는 파리의 노동자지구를 괴물과 같이 음산하게 내려다보는 바스티유 요새의 점령은 파리 시민들로 하여금 앙시앙 레짐(구체제)의 굴레에서 벗어났다는 해방감을 느끼게 해주었으나, 그렇다고 새로운 혁명적 변화가 일어났다고 보기도 어려웠다.

엉거주춤한 상태에서 변화는 어머니들에 의해 일어났다. 바스티유 요새를 습격한 그해에 파리 사람들은 빵을 사기 위해 줄을 섰지만, 빵은 턱없이 부족했다. 부녀자들은 베르사유 궁전으로 가자고 아우성쳤다. 베르사유 궁의 주인인 마리 앙투아네트 부부한테 빵을 달라는 말을 하기 위해서였다. 프랑스와 사이가 나쁜 오스트리아 합스부르크가 황녀 출신이어서도 인기가 좋을 수 없었지만, 파리 주민들한테 마리 앙투아네트는 사치스러운 생활로 미움을 받았고, 그 때문에 덤으로 음탕하다는 소문까지 나 있었다.

국민들이 빵이 없다고 아우성치자 앙투아네트는 그러면 케이크를 먹게 하면 되지 않느냐고 말한 것으로 전해져 부녀자들은 더욱 분통을 터뜨렸다. 1789년 10월 5일 부녀자들은 비를 맞으며 베르사유궁으로 행진해 국왕 부부한테 빵을 달라고 하면서 파리로 갈 것을 요구했다. 당황한 루이 16세는 다음 날 앙투아네트, 아이들과 함께 군중들을 따라 파리로 갔다. 얼떨결에 파리 시민의 포로가 된 것이다.

4·19혁명은 제2차 마산항쟁이 없었더라면 일어나지 않았거나 늦춰졌을 것이다. 4월 18일 이전에 대학생들은 제2차 마산항쟁에 해인대 학생들이 참여한 것을 제외하면 데모에 나서지 않았다. 3·15 제1차 마산항쟁을 제외하면 그때까지의 시위는 고등학생이 중심이었다.

4월 11일부터 13일에 걸친 제2차 마산항쟁은 3월 15일 시위에서 실종된 16세의 소년 김주열의 시체가 중앙부두에 떠오른 것에 의해 촉발되었다. 김주열은 전북 남원에서 마산상고를 들어가기 위해 3월에(당시는 4월에 개학했음) 마산에 와 있었다. 그의 시체가 도립병원에 안치되자 3·15시위 이후 경찰의 고문과 빨갱이몰이, 실종으로 흉흉해진 민심을 자극했고, 순식간에 자식을 둔 부모와 학생들이 몰려들었다. 이들은 약속이나 한 듯이 "고문경관 찾아내라"고 절규하며 시위를 시작했고, 그 뒤를 부녀자들이 눈물을 흘리며 뒤따랐다. 부녀자들은 "죽은 내 자식을 내놓아라", "나도 죽여달라"고 외치며 그동안 보복이 무서워 참았던 분노와 울음을 한꺼번에 터트렸다.

시위는 다음 날 더욱 확대되었다. 시민들은 학생들의 시위를 뒤따르면서 "자식을 지키자"라고 외쳤다. 저녁 7시 통금 사이렌이 울렸지만, 1만여 명의 성난 군중들이 시위에 나섰다. 야간시위에는 부인들이 많았다. 11일과 12일 시위에는 마산여고·마산제일여고 등 여학생들이 시위에 많이 참여한 것도 인상적이었다. 13일에는 김주열에게 바칠 꽃을 든 성지여중·고생과 마산여고생들이 중심이었다.

김주열의 처참한 시신과 4월 11일부터 13일까지 3일간이나 계속된 제2차 마산항쟁을 보고서 대학생들은 더 이상 좌시할 수 없었다. 그들은 이제는 나서지 않으면 안 된다는 각오를 하지 않을 수 없었다.

달라지는 양심 ─ 용기 있는 사람들

박종철 고문사망 사건에 학생·시민이 폭넓은 공감대를 형성하게 된 데에는 신문이 큰 역할을 했다. 1월 16, 17일자 『동아일보』를 손에 든 독자들은 일찌감치 이 사건이 어떠한 의미를 가진 사건인지 짐작할 수 있었다. 19일자 『동아일보』에는 2면 사설에 이어 3면 기사 전부와 5면과 10면 대부분이 이 사건과 관련된 기사가 실렸다. 특별취재반이 편성되어 '고문, 사라져야 한다'는 캠페인이 시작되었고, 박종철이 고문당하는 장면을 묘사한 일러스트가 등장한 것도 이목을 집중시켰다. 이 신문은 2·7추도대회까지 심층보도를 했다. 『동아일보』의 보도 태도는 한국 언론의 생리를 반영해 약하기는 했지만 다른 신문에 파급되었다.

신문이 박종철 고문사망 사건을 비중 있게 다룰 수 있었던 것은 다른 사건과 달리 전두환 정권이 보도통제를 하기 어려운 사안이었다는 점과 함께 독자들의 분노가 영향을 미쳤기 때문이다. 경찰의 고문사망 사실이 밝혀지면서 "이럴 수가 있느냐", "끝까지 파헤쳐 상세히 보도하라"는 독자들의 전화가 하루 종일 빗발쳤다.

1986년 1년 내내 계속된 'KBS시청료 거부운동', 민주언론협의회(민언협)의 보도지침 폭로와 제도언론 비판에 자극을 받으면서 언론인들, 그중에서도 1970~1980년대에 대학을 다녔던 일선기자들의 자괴감도 진실 보도로 나아가게 한 원동력이었다. 전두환 정권의 보도지침에 따라 시민을 오도하는 범죄에 더 이상 가담해서는 안 된다는 그들의 의식이 2·12총선이 있었던 1985년과 1986년을 보내며 점차 굳어졌다. 동아일보의 경우 김중배 논설위원 외에도 남시욱 편집국장 등 일부 간부가 용기가 있었고, 정구종 사회부장이 적극적이었다. 그럼에도 일선기자들은 기사가 더 크게 나가지 않는다고 불만을 제기했다. 1월 17일 급기야 동아일보 데스크는 '확인된 사실은 모두 쓰라'는 지시를 내렸다.

오연상, 황적준 등 의사들도 용기가 있었다. 오연상은 처음에는 자세한 내용을 밝히기를 꺼렸지만, 부검의가 고문 징후가 있다고 말한 것이 보도되자 용기를 얻었다. 그는 잇따라 오는 격려와 협박전화를 피해 잠적을 하기도 해 화제의 인물이 되었다. 황적준은 감정서를 쇼크사로 보고할 것을 강요받았으나 끝까지 거부했다.

박종철의 하숙집 주인 박경호(당시 29세) 부부도 당국으로부터 피해를 당할 수 있었는데도 박 군이 집을 나간 사실을 아는 대로 얘기해 용기 있는 시민으로 칭송을 받았다. 하숙집 여주인은 법정에 증인으로 나와서도 사실대로 말했다.

김은호 회장의 우직한 뚝심이 크게 작용했지만, 대한변호사협회(변협)도 1986~1987년에 인권보호에 적극적이었다. 박종철 고문사망 사건 직후 고문추방운동을 벌였고, 1월 27일에는 공청회를 열어 고문에 대한 사회적 관심을 높였다. 변협은 고문치사에 사형을 선고해야 한다고 주장하고 특별법 제정을 역설하기도 했다.

4

동시다발 시위
—2·7추도대회와 3·3평화대행진

새로운 투쟁방식의 등장

고문 및 용공조작 저지 공동대책위원회(고문공대위)에서는 1987년 1월 17일에 박종철 고문사망 사건 관련 고문폭로대회를 열기로 결정했으나 구체적인 방안은 내놓지 않았다. 1월 20일 고문공대위는 서울에서 음력설인 29일 이전에 고문종식을 위한 국민대회를 개최하기로 했다. 이에 따라 20일부터 26일까지 1주일간을 박종철 추모기간으로 정하고, 신민당 중앙당사와 전국 지구당사, 재야단체 사무실 등에 분향소를 설치하고 추모예배를 갖기로 결정했다. 그리고 이 추모기간에 국민 모두가 가슴에 검은 리본을 달아줄 것을 호소했다. 그렇지만 이 결정은 잘 지켜지지 않았다.

이 과정에서 고문폭로대회라는 구태의연한 명칭보다는 박종철 고문사망에 대한 국민추도회로 명칭을 바꾸고, 국민추도회를 주최하는 단체도 새로 조직하자는 것으로 의견이 모아졌다. 박종철 고문사망에 대한 분노가 국민적 규모로 확산되는 현상을 포착한 것이다. 실무는 고문공대위 실무대표들이 계속 맡았다.

1월 24일 계훈제 민통련 의장 권한대행, 송건호 민언협 의장, 김재준·박형규 목사, 박찬종 의원 등은 박종철 군 국민추도회 준비위원회 발기식을 갖고, 26일 기독교회관에서 김재준, 함석헌, 김대중, 김영삼, 지학순, 문익환 등 28명의 발기인이 참석한 가운데 박종철 군 국민추도회 발족식을 거행하려 했다. 그러나 경찰의 원천봉쇄로 26일 발족식은 성사되지 못했다.

이 무렵 실무대표들은 고문 수사에 분노하는 사회 각계의 움직임을 집결시키고 시민들이 국민추도회에 직접 참여하는 방식을 모색했다. 이는 특정 민주운동 세력이 일방적으로 시민의 의사를 대변하는 방식을 넘어서서 박종철 고문사망 사건으로 들끓고 있는 민심을 운동으로 담아내자는 문제의식에서 나온 결정이었다. 그리하여 국민 한 사람 한 사람을 추도위원으로 모셔 국민추도회를 거행하자는 방식을 구상하기에 이르렀다. 실무대표들은 새로운 사태에 따라가는 것이 아니었다. 그들은 새로운 사태에 부응해 운동방식을 한 단계 높이는 아이디어를 짜낸 것이다.

1월 27일은 과거의 투쟁방식과 사뭇 다른 새로운 형태의 투쟁이 제시되었다는 점에서 대단히 의미 있는 날이다. 그것은 국민운동본부를 매개로 한 6월 항쟁으로 이어질 수 있는 투쟁방식이었다.

이날 민추협 사무실에서 김대중, 김영삼, 계훈제, 조남기, 송건호, 박영숙 등은 전날 열지 못한 '고 박종철 군 국민추도회 준비위원회' 발족식을 갖고, 2월 7일을 박 군에 대한 국민추도일로 선포하고, 이날 오후 2시에 명동성당에서 박 군의 추도회를 개최함과 동시에 전국 각지에서 추도식을 거행한다고 발표했다. 6월 항쟁을 승리로 이끈 동시다발 시위투쟁이 드디어 모습을 드러낸 것이다. 민추협 공동의장 김대중·김영삼도 3월에 있을 본격적인 직선제 개헌 공세의 전 단계로 재야의 강경투쟁에 보조를 같이하는 데 적극적이었다. 준비위원회는 1차로 각계 대표 9,782명을 준비위원으로 위촉했다고 밝혔다.

준비위원회에서 2월 7일 국민추도회 참가요령을 제시한 것도 특기할 만하다. 참가요령으로는 '·모든 국민은 2월 7일 오후 2시 각자의 위치에서 추도묵념을 올린다. ·이날 박 군을 추도하는 뜻에서 검은색 리본이나 흰색 리본을 단다. ·모든 자동차는 이날 오후 2시에 추도경적을 울린다. ·모든 교회·사찰 등 종교기관에서 이 시간에 추도타종을 울린다' 등으로 정했다.

박정희·유신체제나 전두환·신군부체제에서는 경찰에 의해 시위가 초기 단계에서 원천 봉쇄되었는데, 드디어 그것을 타개할 방안을 찾아낸 것이다. 십수 년간 계속되었던 고난의 투쟁에서 얻은 노하우가 쌓이고 쌓여 폐쇄된 공간에서 시위 효과를 최대화할 수 있는 방안을 실무대표들이 찾아낸 것이다. 이러한 투쟁방식의 성공 여부는 전국 각 지역 민주화운동단체와 학생들의 활동 못지않게 시민들의 자발적인 참여와 종교계의 능동적인 호응에 달려 있었다.

준비위원회에서 준비위원이 9,782명이라고 발표하자 여러 민주화운동단체 관계자들은 물론이고 일반 시민들도 준비위원으로 참여하겠다는 의사를 표명해왔다. 일반 시민을 직접 참여시키자는 실무대표들의 야심 찬 의도는 맞아떨어졌다.

실무대표들은 한 걸음 더 나아가 추도성금 모금에 착수했다. 기독교회관 부근에 있는 몇몇 은행에 계좌를 개설하여 계좌번호를 언론에 알려주었는데, 일부 언론이 이를 보도해주었다. 어느 정도 모금이 될지는 자신할 수 없었지만, 상징적 효과는 있을 것으로 생각했다. 깜박 잊고 있다가 실무자들이 통장을 정리해보았더니 적지 않은 사람들이 5,000원, 1만 원 등 돈을 보내왔다. 큰돈은 아니었지만 실무자들은 한껏 고무되었다. 2월 5일까지 628건에 241만 5,000원이 답지했다.

준비위원회에서는 선전 슬로건을 '고문 없는 세상에 살고 싶다'로 정했다. 시위에서 비폭력적·평화적 모습을 부각시켜 전두환 정권의 폭력성을 더욱 뚜렷이 드러내자는 데에도 의견을 모았다.[16]

2월 2일 2·7추도대회 준비위원회는 고문 및 위원장단 연석회의를 열고 당국의 봉쇄 등 어떤 조건 아래에서도 평화적 추도대회를 치를 것을 다짐했다. 또 이 국민추도회는 서울뿐 아니라 직할시·도청 소재지, 기타 지방 등에서 거행할 것임을 다시 한번 밝혔다. 그리고 이날 1만 2,282명의 준비위원이 추가되었다는 발표가 이어졌다.

2·7추도대회는 종교계의 역할이 충분히 감안되어 동시다발 시위, 행동지침 등이 마련되었다. 일제강점기 무단통치하에서는 종교계와 학교만이 집회를 가질 수 있어서 3·1운동에 종교계가 적극 참여했는데, 종교계는 2·7추도대회와 그 이후의 투쟁에서도 학생들과 함께 중요한 역할을 수행했다. 2·7추도대회 준비위원회 발표가 나오자 즉각 천주교 쪽에서 호응을 보내왔다.

2월 4일 정의구현사제단은 2월 2일의 추도회 준비위원회 결의를 전폭적으로 지지하면서, 정부와 일부 언론이 주장하듯 명동성당 측이 장소 사용을 불허했다고 발표한 적은 없다고 밝혔다. 그리고 전국의 사제단 여러분은 추도회 준비위원회에서 마련한 참가요령에 따라 적극 참가하고, 추도회에 참가할 수 없는 경우 모든 성당은 2월 7일 오후 2시 정각에 타종하고 신자들은 1분간 묵념하도록 권고했다. 이와 함께 정의구현사제단은 사제단이 모든 신자들에게 2월 한 달 동안 검은 리본을 달도록 권고할 것을 당부했다.

천주교 측은 1월 26일 이후에도 여러 성당에서 추도미사를 봉헌했다. 27일 원주교구는 사제단 공동으로 특별미사를 열었으며, 2월 2일 마산교구는 장병화 주교를 비롯한 교구 사제단 공동집전으로 미사를 봉헌하고 결의문을 채택했다. 이날 대전에서는 대전교구 정의구현사제단을 포함한 16개 민주화운동단체로 구성된 '고문 및 폭력 저지 공동대책위원회' 주최의 '박종철 군 추모 및 고문살인 종식을 위한 범국민대회'를 기독교연합봉사회관에서 가지려다 경찰의 저지로 무산되자 서대전사거리에서 강행했다. 중앙에서와 비슷한 단체가 대전에서 조직된 것이다.

정의구현사제단이 성명서를 발표한 2월 4일 광주교구 정의평화위원회 주최로 윤공희 대주교를 비롯해 성직자·수도자·신자 등 2,000여 명이 남동성당에서 미사를 올리고, '박종철 고문살해 사건에 대하여'라는 성명서를 채택했다. 같은 날 원주교구에서도 지학순 주교 주례로 추모미사를 봉헌한 뒤 신자들이 십자가를 앞세우고 원동성당 밖으로 진출하기도 했다.

NCC도 적극적이었다. 2월 3일에 NCC 산하 경기도 성남·광주지역 기독협의회에서는 추모예배를 가진 뒤 신자 100여 명이 성남시청 앞까지 가두시위를 벌였다.

한편 서울대 교수들은 박종철 고문사망 사건에 너무 무심하다는 말을 들었는데, 일부 교수들이 2월 2일경부터 박종철을 추모하기 위한 활동을 벌이기로 했다. 그 방법으로 교수들은 자신의 연구실을 지키기로 의견을 모으고 5일 밤 100여 명의 교수가 밤 9시까지 퇴근하지 않았다. 2월 3일 한신대 교수단 54명은 '우리의 견해'를 발표해, 새로운 민주정권을 창출하기 위한 범국민운동을 벌이자고 호소했다. 덕성여대 교수 10명도 2월 6일 성명서를 발표했다.

서울대 당국은 2·7추도대회로 비상이 걸렸다. 참가 예상 학생 408명을 지도교수 호별 방문으로 설득하는 등 특별 지도하여 추도회 저지에 총력전을 펴기로 했다는 기사가 2월 3일자 한 신문의 사회면 톱을 장식했다.

원천봉쇄

2·7추도대회 준비위원회는 2월 5일 당국의 원천봉쇄로 추도회가 무산된다면 목적을 달성할 때까지 계속해서 제2, 제3의 집회를 열기로 결정했다고 밝혔다. 대회장은 천주교 측 사정에 의해 명동성당에서 본당 옆에 있는 문화관으로 바뀌었다. 2월 6일 준비위원회는 2·7추도대회 일정과 함께 준비위원이 모두 7만 2,674명으로 늘어났다고 발표했다.

이 일정에 따르면 서울의 경우 민통련·민가협·NCC·민추협·민주헌정연구회 등 5개 단체가 중심이 되어 충무로, 삼일빌딩, 중앙극장 앞 등 5개 방향에서 명동성당 쪽으로 향하기로 했다. 경찰이 저지할 경우에는 각 단체별로 남대문시장 등 10개 지역에 재집결해 노상추도집회를 열기로 했다. 전남은 22개 단체 주최로 전남도청 앞 YMCA에서, 부산은 대각사에서, 대구는 YMCA에서, 전주는 엠마뉴엘 교회연합에서, 대전은 대흥동성당에서, 청주는 사직동성당에서, 무안은 무안성당에서 대회를 열기로 했다. 시간은 지역 사정에 맞춰 오후 2시와 7시에 각각 열기로 했다.

전두환 정권은 1986년 가을처럼 강공·강압 일변도로 나왔고, 다시 비상조치 카드를 꺼내 만지작거렸다. 안기부장 장세동은 2월 1일 이해구 1차장에게 "내란적인 사태가 벌어질 경우 김영삼, 김대중을 구속하고 핵심 측근들도 구속시켜 도태시킬 준비를 하라"고 지시하고 비상조치·계엄으로 정국을 안정시키면서 권력승계 문제에 현행 헌법을 어떻게 구체화시킬 것인지도 연구하도록 지시했다. 2월 5일 전두환은 노태우 민정당 대표에게 개헌 정국의 주도적 운영을 위해 국회법과 형사관계법의 개정을 검토하라고 지시했다. 2월 6일 2·7추도대회를 하루 앞두고 열린 대책회의에서 장세동과 안기부 서울분실장은 거듭해서 원천봉쇄를 주장했다.[17]

경찰은 '11·29대통령직선제 쟁취 및 영구집권 음모 분쇄 범국민대회'

박종철 군 추모대회가 열릴 예정인 명동성당 일대를 봉쇄하고 있는 전경들. 주변 상가들도 만일의 사태에 대비해 셔터 문을 내리고 임시휴업에 들어갔다(1987. 2. 7).

에서와 똑같은 원천봉쇄 방식으로 대처했다. 경찰은 2월 초부터 재야단체 압수수색에 들어갔고, 곧이어 검문·검색을 강화했다. 서울시경은 2월 5일 밤 1만 6,000여 명의 경찰을 동원해 세종로, 종로, 명동 일대, 을지로, 남영동 등 2,700여 곳에서 일제히 검문·검색했다.

2월 6일 아침 7시부터 명동성당 일대에 사복 경찰 150여 명을 배치했으며 성당 앞에서 성당 근무자 이외의 성당 출입자를 검문·검색했다. 이날 명동 일대 통행인이 대폭 줄었고, 김대중·함석헌 등 주요 인사들이 가택 연금되었다. 서울에서는 경찰 1만 3,000여 명이 중심가 등 2,500여 곳에 배치되어 밤에 이틀째 3시간 동안 일제 검문·검색을 벌였다. 전국적으로 이틀째 대학수색이 실시되어 이날 105개 대학이 심야수색을 당했다. 택시의 경우 273개 회사에서 2월 7일 오후 교대 근무시간을 2시간 앞당겨 1시까지 돌아오게 하고, 추도회 시간에 명동 일대는 되도록 운행하지 말라고 지시했다.

예상 밖의 시민 호응

2월 7일이 왔다. 총 경찰 병력 12만 명 가운데 5만 3,660명이 투입되었고,[18] 이 중 3만 6,000명이 서울에 배치되었다. 명동 일대에만 전경 기동대 등 8,000여 명의 병력이 깔렸다. 서울대 관악 캠퍼스에는 1개 중대가 정문 주위에 배치되었는데 학생 출입이 한산했다. 김영삼·김대중 등 20여 명이 가택 연금되었고 전국 공안검사들은 대기령 상태였다. 대검은 추도회에 따른 연행과 신병 처리를 48시간 내에 하라고 지시했다.

명동은 경찰에 의해 철옹성처럼 3겹, 4겹으로 에워싸였다. 진고개(명동)에 일본인들에 의해 시가지가 형성된 이후 최대의 경찰 병력이 투입되어 요소요소에 진을 쳤다. 경찰은 오전 8시경부터 입구에 위치한 코스모스백화점 등 명동 진입로를 '전경의 벽'으로 차단했다. 명동 부근 지하철역 5개소, 버스정류장 20개소, 인근 주차장 5개소가 폐쇄되었다.

명동성당 문화관 부근에 있는 계성여중·고 등 4개교는 휴교였다. 일부 직장에서는 아예 출근을 시키지 않았다. 100여 개의 은행, 증권회사, 단자회사, 무역업체, 섬유업체 등은 출퇴근 시간을 1~2시간 앞당겨 명동 금융가는 마비되다시피 했고, 결재를 늦추거나 출장을 나가 수금하기도 했다. 이 일대 고층건물 옥상은 점거농성시위 등을 하지 못하도록 봉쇄되었고, 3,000여 개의 상점이 문을 닫는 등 철시해 오전 10시까지 10퍼센트밖에 문을 열지 않았다. 노점상이나 잡상인들은 구역 밖으로 쫓겨났다. 숨 막힐 듯한 추도 주말이었지만, 명동 일대에는 정적만 감돌았다.

도심 곳곳에서 검문이 있었다. 시민들이 검문을 기다리느라고 20미터쯤 줄을 서기도 했고, 출근길에 늦는다고 경찰과 승강이를 벌이기도 했다.

추도회 시작 3시간 전인 오전 11시경 명동성당 입구에 '파티마성모의 푸른 군대', '기도로 세계 평화'라고 쓰인 푸른색 어깨띠를 두른 성당 직원이 나타나 추도회에 참석하려는 신도와 시민들을 안내하려고 했으나 경찰이 저지했다. 추도회 시간이 임박하자 경찰 간부가 "지금부터 성당 직원들과 기자들도 명동성당 입구를 통과시키지 말라", "성당 주변 골목에 서 있는 한두 사람까지도 모두 쫓아 보내라"고 지시했다.

낮 12시 50분경 명동 입구 롯데쇼핑 앞길에서 시민과 재야인사 200여 명이 경찰과 몸싸움을 벌였다. 경찰이 최루탄을 쏘아대자 길 맞은편 국민은행 앞에 모여 있던 시민들이 "쏘지 말라"고 고함을 치면서 "우우우" 하고 야유를 퍼부었다. 경찰은 야유를 퍼붓는 시민들을 향해 최루탄을 쏘아 댔다.

이날 시민들의 표정은 전해의 11월 29일과 달랐다. 시위대에 박수를 보내거나 시위대열에 직접 뛰어들어 참여하는 등 호응도가 높았다. 시위자가 연행되면 "우우우" 하는 야유를 던지며 경찰에게 달려들어 연행되는 사람을 빼내기도 하고, 시위자들을 격려하기도 했다. 광교 시청 일대에서 경적이 일제히 터져 나온 것에 주최 측도 놀랐고, 신민당도 고무되었다. 시내 곳곳에서 평화적 추도대회의 시위 모습을 한눈에 느낄 수 있었다. 시민들은 전경들을 설득하기도 하고 전경 모자에 꽃을 달아주기도 했다.

서울 20여 곳에서 노상추도식과 시위가 계속되었으나, 명보극장 앞이나 종로2, 3가에서 있었던 시위를 빼놓고는 한 차례 투석도 없었다. 나무 십자가와 박종철 사진, 노란 국화 송이를 들고 있는 시위자들이 눈에 많이 띈 것도 특색이었다. 공안 관계자들은 길가 곳곳에서 시민들이 박수를 보내는 모습을 보며 예상 밖의 사태라고 말하면서 심각한 표정을 지었다.

가두추도회, 약식추도회

오후 1시경 플라자호텔에서 조선호텔·롯데호텔 앞, 을지로 입구에 이르기까지, 그리고 광교 일대에서 시민과 학생 2,000여 명이 명동성당으로 향하려다 경찰의 제지를 받아 쫓겼고, 일부 학생과 시민들은 산발적으로 시위를 벌였다. 신민당 의원과 당직자, 민추협 관계자들, 재야인사들도 검은 리본을 달고 명동성당으로 향하다가 제지당했다.

오후 1시 10분경 1,000여 명의 학생과 시민들이 명동 입구에서 중앙우체국까지 늘어서 있다가 경찰의 해산작전으로 흩어졌다. 그중 300여 명이 남대문시장으로 쫓겨갔다가 100여 명은 남대문에서 신세계백화점 앞에 이르는 도로에서 시위를 벌였고, 200여 명은 미도파백화점 부근에 있던 학생과 시민 100여 명과 함께 한국은행에서 시청 앞으로 통하는 간선도로를 막고 시위를 벌였다.

남대문시장 일대에서는 오후 1시 30분부터 8시까지 숨바꼭질 시위가 계속되었다. 상인들은 최루가스에도 불구하고 자리를 뜨지 않았다. 경찰 진입로를 가로막으면서 "학생들이 무슨 죄가 있느냐", "경찰은 물러가라"고 외쳤고, 학생들이 연행되는 것을 몸으로 저지했다. 사복 차림의 무술경관들은 학생들과 몸싸움을 벌였다. 무술경관들이 대학생으로 보이면 마구잡이로 연행하고 불응하면 주먹을 휘두르는 바람에 연행당한 학생들 상당수가 얼굴에 타박상을 입었다.

1시 30분경 중구 초동 쌍용빌딩 앞 사거리에 학생 400여 명이 '파쇼하에 개헌반대, 혁명으로 제헌의회'라고 쓰인 플래카드를 들고 성당 쪽으로 진출하려다 경찰이 제지하자 돌과 화염병을 던지며 시위를 벌였다. 종로3가 단성사 앞 시위는 아주 격렬했다. 경찰이 무차별적으로 최루탄을 퍼부었고, 사복 체포조를 풀어 시위 학생들을 거칠게 끌고 갔다. 시위 중에 종로

3가파출소 내부가 불탔다. 돈화문 앞에서 종로3가 쪽으로 향하며 시위를 벌이던 학생 100여 명도 경찰 제지에 흩어졌다.

추도회 시간인 오후 2시 서울·부산 등 각지에서 임시 노상추도회와 추도미사·예배가 열렸다. 민추협 회원들이 서울시청 옆 플라자호텔 쪽으로 밀려나 인근 주차장에서 노상추도회를 갖자 부근에 있던 승용차와 택시에서 일제히 경적이 울렸다.

이민우 신민당 총재 일행 100여 명은 한국관광공사 앞에서 추도식을 열었다. 그때 광교사거리에서 신호에 걸려 서 있던 차량 100여 대에서 일제히 3분여 동안 경적이 울렸다. 근처에서 추도식을 치르고 있던 이민우 신민당 총재가 추도사 낭독을 중단할 정도였다.

김상근·김동완·오충일 목사 등 NCC 소속 목회자 50여 명, 장을병 교수를 비롯한 준비위원과 시민 500여 명은 오후 2시 삼일빌딩 앞으로 집결해 명동성당으로 향하다가 제지를 받자 가두추도회를 가졌다.

명동성당 일대는 원천 봉쇄되어 미리 들어가 있던 사제단 80여 명과 시민·학생 등 800여 명이 참석한 가운데 추도미사와 약식추도회로 대신했다. 대회장은 문화관에서 성당 본관으로 다시 변경되었다. 오후 2시 박종철 나이에 맞춰 21번 타종하자 구내에 있던 10여 대의 승용차가 경적을 울렸다. 추도미사는 김승훈 신부 등 50여 명의 사제단이 공동 집전했고, 미사 강론은 문정현 신부가 맡았다. 정상모 민언협 사무국장이 고은의 시를 대독했다. 시 낭독이 끝나자 추도식은 성당 정문 앞으로 옮겨 거행되었다. 주요 인사가 연금당했거나 들어올 수 없어서 예정된 추도사는 대개 대독을 해야 했다. 추도회는 4시 15분까지 계속되었다.

추도회를 마치고 귀가하던 수녀들이 로얄호텔 앞길에서 "우리가 이겼다"라고 외치자 한 시민이 박수를 보냈다. 그러자 경찰이 양팔을 꺾어 끌고 가려 했다. 이에 시민들이 "영장 없이 임의 동행하지 말라"고 소리치면서 10여 분간 '농성시위'를 벌였다.

시민들 가슴 울린 애절한 타종

지방도 경찰이 원천봉쇄 작전을 폈다. 박종철의 고향 부산 대각사 주변은 아침 7시경부터 명동 일대처럼 정·사복 경찰 2,000여 명이 겹겹이 에워쌌다. 대구 YMCA강당은 새벽부터 경찰이 징악해 출입을 통제했다. 부산·광주·인천에서도 검문·검색이 행해졌고, 부산에서만 208명이 연행되었다.

부산에서는 오전 7시부터 경찰이 광복동 미문화원 일대의 도로변 주차를 금지시켰고, 미문화원 남포동 일대의 버스정류장을 폐쇄시켰다. 경찰이 삼엄한 경계망을 펴자 유니백화점과 500여 점포가 철시했다.

대각사 주위에서는 계속 몸싸움이 벌어졌다. 낮 12시 30분 신민당 청년당원들이 대각사로 들어가려다 제지당했고, 20분 후에 역시 당원들과 학생들이 대각사로 향하다가 경찰과 몸싸움을 벌였다. 오후 1시 20분경 창선동 국민은행 앞에서 수백 명의 학생들이 '종철이를 살려내라'는 플래카드를 앞세우고 시위를 하면서 남포파출소에 돌을 던졌다.

오후 2시 송기인 신부 등 부산민주시민협의회(부민협) 회원, 신민당 당원, 구속자 가족 30여 명과 산발적 시위를 벌이다 합류한 학생·시민 300여 명은 남포동 부산극장 앞에서 추도식을 가졌다. 김재규 부민협 사무국장이 전두환 정권을 규탄했고, 이어서 노무현·김광일 변호사가 연설을 했다. 뒤늦게 출동한 경찰이 최루탄을 난사하자 추도식에 모인 사람들은 시위에 들어갔다. "독재타도", "고문추방" 등을 외치며 시위대가 제일극장을 돌아 국제극장 쪽으로 나아가자 많은 시민들이 가담했다. 시위대 행렬은 급속도로 불어나 충무로에서 시청으로 이어진 간선도로를 가득 메웠다. 또 다른 시

박종철 군의 추도일, 경찰의 저지로 추모제에 참석하지 못한 어머니 정차순 씨와 누나 은숙 씨가 부산 괴정동 사리암에서 울부짖으며 종을 치고 있다(1987. 2. 7).

위대는 광복동 거리에서 1시간 동안 시위를 벌였다. 오후 5시까지 도심 곳곳에서 시위가 벌어졌다.

박종철의 어머니 정차순은 2월 6일 서울에 올라갔으나 큰아들이 2·7추도대회에 참석하지 않는 것이 좋겠다고 말했다. 곧 형사들이 따라붙어 7일 아침 떼밀리다시피 부산에 내려와 그 길로 사리암에 갔다. 전경들이 절 입구에 진을 쳐 친척들도 사리암에 들어오지 못하게 막았다. 스님들이 무서워 종을 못 치자 어머니와 누나 둘이서만 추도타종을 했다. 모녀가 슬픔과 통분을 삼키며 울부짖으면서 종을 치는 사진이 또다시 시민들의 가슴을 울렸다.[19]

광주에서는 광주 YMCA회관이 원천 봉쇄되자 건너편 대한투자회사 앞에 집결되어 있던 3,000여 명 중 재야인사·시민·학생 1,500여 명이 함성을 지르며 대회장 진입을 시도했지만 저지당했다. 오후 2시 시내 교회와 성당 등 30여 곳에서 종이 울렸고, 같은 시간에 지나가던 승용차들이 경적을 울리자 시민들이 박수로 화답했다. 2시 20분경 광주은행, 세무서, 관광호텔 앞에서 1,500여 명이 시위를 벌였다.

대구의 경우 YMCA회관이 봉쇄되어 노상에서 즉석추도회를 열었으나 경찰의 최루탄 난사로 중단되었고, 오후 2시 범어동성당과 대명동성당에서 추도미사를 올렸다.

인천에서는 천주교 인천교구 가톨릭회관 6층에서 오후 2시부터 옥외방송을 통해 약 1시간 40분 동안 추도식을 가졌다. 수원교구에서는 40개 본당에서 21번 타종을 했고, 춘천교구에서는 오후 2시 죽림동성당에서 사제 7명의 공동집전으로 추도미사를 올렸다. 전주교구는 군산 오룡동성당에서 문규현 신부 집전으로 추도미사를 가졌다.

경찰은 2월 7일 민주화운동단체 사무실 4개소, 교회와 성당 13개소, 신민당 당사 52개소 등 전국 69개소에서 추도집회가 있었고, 8개 도시에서 798명을 연행했다고 발표했다. 2·7추도대회로 구속된 사람은 2월 11일까지 34명이었다.

성공한 새로운 형태의 시위투쟁

언론에서 2·7추도대회라고 부른 '고 박종철 군 국민추도회'는 1960년 3, 4월 항쟁부터 그 전해까지 있었던 시위와는 다른 형태였다는 점에서 특기할 만하다. 새로운 투쟁방식과 시위문화가 나타났고, 시민의 참여가 두드러졌다.

2·7추도대회는 동시다발의 형태로 전국 주요 지역에서 추진되었다. 고문공대위 실무대표들이 실무를 맡은 국민추도회 준비위원회에서 2·7대회

에 이르기까지 준비일정을 잡아나갔고, 시민 준비위원, 추모성금 등의 아이디어를 냈으며, 2·7대회 참가요령과 선전 슬로건을 정했다. 또한 지방의 민주화운동단체 또는 단체 연합회 등과 협의해 그 지방 추도회 대회장을 잡았고, 서울의 경우 신민당·민추협·재야단체들의 집결지를 정했다.

전두환 정권의 원천봉쇄로 대회장에서의 추도회는 성공하지 못했지만, 차량경적, 타종 등의 참가요령을 포함해 상당 부분이 실현되었다. 학생들이 조직적으로 연계되지는 않았지만, 재야단체와 야당이 긴밀히 연합해서 대회를 준비하고, 천주교 등 종교계가 적극 호응해서 2·7투쟁에 나선 것도 과거에는 없던 일이었다. 주최 측이 전두환 정권의 폭력성과 학생·재야단체에 대한 악선전에 맞서 비폭력투쟁을 주장한 것도 제헌의회 등 일부 학생운동 세력을 제외하고는 2·7시위투쟁에서 대체로 지켜졌다.

부산과 광주에서도 그랬지만, 서울의 여러 시위 현장에 시민들의 참여가 두드러졌다는 점도 부마항쟁·광주항쟁을 제외한다면 4월 혁명 이후 아주 보기 드문 현상으로 전두환 정권의 가슴을 내려앉게 했다. 시민들은 준비위원에 다수 참여했고, 시위 대열에 박수를 보내며 격려하는 것은 물론, 직접 시위 대열에 합류하는 것도 서슴지 않았다. 또한 시민들은 경찰의 학생·시민 연행에 야유를 보내거나 항의하고, 시위를 진압하는 경찰의 활동을 방해하기도 했다. 심지어 경찰과 몸싸움을 벌이며 연행자를 '구출'하기도 했다. 택시와 버스 등 차량들이 참가요령에 맞춰 학생시위대의 권유에 따라 서울·부산·광주의 여러 곳에서 경적을 울리며 호응한 것도 놀라운 일이었다.

신민당은 시민들의 호응이 예상보다 훨씬 큰 것에 고무되었다. 5·3인천사태에서처럼 야당과 재야·학생 사이에 분열이 나타날 것이라는 우려를 씻어낸 것도 다행이었다. 신민당은 전두환 정권과 타협 없이 더욱더 강경투쟁에 나설 것을 다짐했다.

전두환 정권의 회심의 카드

그러나 전두환 정권과 민정당에는 회심의 카드가 있었다. 이미 전두환 정권은 2월 초까지 '제헌의회그룹 사건', '구국학생연맹 배후 사건', '안산 노동자 해방투쟁위원회 사건', '혁명공채 사건', '노동운동후원회 사건', '전국적 정치신문 발간기도 사건' 등을 발표해 민주화운동 세력을 고립시키는 한편 민주화운동 세력과 야당을 분열시키려 했다. 하지만 박종철 고문사망 사건에 묻혀 별다른 효과를 보지 못했다. 그런데 이번 사건은 그보다 월등히 위력이 있는, 금강산댐 사건이나 김일성 사망 사건과 맞먹거나 그보다 더 효력이 있는 사건이었다.

일요일 하루 쉬고 월요일인 2월 9일에 나온 신문들은 일제히 그해 들어 최대 규모로, 1면부터 여러 면에 걸쳐 대문짝만하게 북의 김만철 일가 11명이 전날 밤 김포공항에 도착한 사실을 보도했다. 청진항을 출발한 지 24일 만이었다.

이 사건은 김 씨 일가가 북을 탈출해 일본에 머무는 과정에서 이미 여러 차례 크게 보도된 바 있었다. 2·7추도대회를 희석시키고 국민의 관심을 다른 곳으로 쏠리게 하기 위해, 전 대통령이 나카소네 일본 수상에게 이 문제에 특별한 관심을 가지고 있으니 김 씨 일가를 보내달라고 요청해 2월 8일 타이베이를 거쳐 서울에 오게 된 것이다.

2월 11일 청와대에서 정주영·정수창 등 재계의 거물들이 평화의 댐 성금으로 73일 동안 모두 605억여 원이 걷혔다고 보고하자, 전두환은 김만철의 탈출기는 세계적인 드라마 작품이 될 것이라고 흐뭇해했다. 그는 이 자리에서 김 씨 문제로 북과 충돌할 뻔했다는 얘기도 보탰다.

김만철 일가의 입국으로 '2·7분위기'가 달라지지 않겠느냐는 민정당 간부들의 기대는 적중 이상의 성과를 거뒀다. 2월 9일 이후 오랫동안 김 씨

특별기 편으로 김포공항에 도착하여 사진 세례를 받고 있는 김만철 씨 일가(1987. 2. 8). 김 씨 일가의 입국 배경에는 2·7추도대회를 희석시키고 국민의 관심을 돌리려는 전두환 정권의 노림수가 있었다.

일가의 서울 나들이 등 관련 소식이 텔레비전과 일간지를 가득 메웠다. 2·7추도대회의 후속으로 2월 8일 성공회 추모미사에 김성수 주교와 박형규 목사 등 500여 명이 참석해 횃불순행을 한 것이나, 2월 9일 '고 박종철 군 국민추도회 준비위원회'가 고문 공동위원장단 명의로 2·7국민추도회의 전국 상황을 종합한 발표문을 발표한 것도, 또 준비위원회에서 이날부터 박종철 49재인 3월 3일까지를 박 군을 추모하고 민주화를 다짐하는 '고문추방 및 민주화를 위한 국민결의기간'으로 선포한 것도 눈에 띄지 않았다. 심지어 2월 17일 국민추도회 준비위원회에서 공동위원장단 회의를 열고 3월 3일에 '고문추방 민주화 국민평화대행진'을 하기로 결정한 뉴스도 『동아일보』 1면 맨 끝 한 귀퉁이 1단을 차지했을 뿐이었다. 그 반면 사회면 톱으로 대학생들의 출석 성적을 철저히 반영하고 시위 전력이 있는 대학생들의 졸업을 어렵게 하겠다는 기사가 실렸다. 신문은 박종철 고문사망 사건 이전으로 되돌아갔다. 김만철 일가 탈북 사건으로 사회 분위기가 반전된 면도 있었지만, 언론도 제자리로 돌아갔기 때문이었다. 보수적인 신문이 갖는 생리현상이자 한계였다.

불교계의 49재 준비와 3·3평화대행진 행동지침

49재는 망자亡者에 대한 불교계의 빼놓을 수 없는 의례다. 박종철 가족은 독실한 불교신자여서 박 군 고문사망 사건은 불교계가 민주화운동에 관심을 갖게 하는 데 촉진제가 되었다. 이미 1월 20일 조계종 총무원장 서의현은 조계사에서 3월 3일에 49재를 범종단적으로 치르겠다고 발표한 바 있었다. 그렇지만 서 원장은 권력의 압력을 이기지 못해 2월 18일 발표에서 49재를 부산 사리암에서 치르겠다고 말을 바꿨다.

이에 반발해 정토구현전국승가회(지도위원 지선, 의장 청화), 민중불교운동연합(의장대행 고광진), 한국대학생불교연합회(회장 강태진) 등 불교단체는 '고 박종철 영가 49재 봉행준비위원회'를 구성하고 3월 3일 조계사에서 치를 것을 결의했다. 49재 봉행준비위원회는 3월 3일 오전 11시에 조계사로 모일 것, 전국의 모든 사찰과 암자에서 49재를 봉행함과 동시에 11시에 타종할 것을 제안했다. 그리고 이틀 전인 3월 1일 부천 석왕사에서 위의 불교단체들이 연합해 '고 박종철 군 천도재 및 진혼굿'을 열었으나 경찰이 봉쇄하는 바람에 제대로 진행하지 못했다.

한편 신민당·민통련 등 49개 정당·단체로 구성된 '고 박종철 군 국민추도회 준비위원회'는 2월 23일 공동위원장단 연석회의를 열고 고문추방 민주화 국민평화대행진 행동지침을 발표했다. 준비위원회는 3·3평화대행

명동 입구에서 시위 학생을 연행하는 전경. 박종철 군의 49재가 열리는 동안 전국 주요 도시에서는 '고문추방 평화대행진'이 이어졌다.

진이 도보로 평화적인 행진을 하는 '평화적인' 시위임을 강조하고, 박종철 등 고문희생자들에 대한 추모이자 불법연금·강제연행·검문검색에 대한 거부이자 고문근절을 위한 운동이며, 고문살인 사건, 고문용공조작 사건의 진상규명과 책임자 처벌을 요구하는 데 목적이 있다고 밝혔다. 그리고 3월 3일 낮 12시에 3·1운동 진원지인 파고다공원을 향해 시민들이 서 있는 그 자리에서 인도를 따라 행진을 시작하자고 호소했다. 그리고 오후 1시 파고다공원에 모여 추도묵념, 애국가 제창, 만세삼창으로 끝맺음하기로 했다.

2월 27일에는 더 구체적인 행동지침이 발표되었다. 3월 3일 정오부터 1시까지 시민들이 소형 태극기를 들고 파고다공원을 향해 평화대행진을 하는데, 공동위원장 37명은 서울역, 을지로 입구, 명동성당, 광화문, 종로 3가, 종로5가 등 6개 지점에서 인도 맨 앞에 서서 행진한다는 것이 주된 내용이었다.

천주교의 민주화와 회개를 위한 9일 기도회

언론에는 잘 보도되지 않았으나, 3월 3일 이전에도 천주교계와 개신교계, 재야인사, 학생들은 박종철의 죽음을 헛되이 하지 않기 위해서 고문종식과 민주화를 요구하는 추도집회를 열거나 시위를 벌였다.

김수환 추기경은 2월 14일 최근에 발생한 고문 사건, 복지원 사건 등 우리의 어두운 현실과 관련해서 모두의 회개를 촉구하는 '민주화와 회개를 위한 9일 기도회'를 2월 28일부터 3월 8일까지 전국의 모든 본당과 신학교 및 수도단체에서 가질 것을 요청했다. 천주교 사제 전체가 참여하자는 대단한 제안이었다.

다음 날 대구에서 열린 평신도사도직협의회 정기총회에서는 2월 28일부터 3월 8일까지 9일간 교회 내 모든 집회 시작 전에 화살기도를 봉헌하고, 그와 함께 9일간 묵주기도를 올리며 특별 절제 시기로 삼자고 결의했다. 안동교구는 그 이전인 2월 9일 교구 사제 공동집전으로 추도회를 갖고 시위를 벌였다. 청주교구는 2월 10일 사제 20여 명과 신자 700여 명이, 대전교구는 11일 정의평화위원회 주최로 미사와 추도식 등을 가졌다.

2월 16일에는 보수적인 교구로 알려진 대구교구의 김천·왜관·구미 사제단 30여 명이 공동으로 집전하여 추모회를 갖고, "살인고문 자행하는 독재정권 물러가라", "독재타도" 등의 구호를 외치며 야간에 횃불시위를 벌였다. 안동교구 의성성당에서도 2월 18일 사제 8명이 추모미사를 공동 집전하고 '군부독재 물러가라' 등의 피켓을 들고 시위를 했다.

9일간의 회개주간에도 고문종식을 요구하는 추모미사와 시위가 있었다. 3월 2일 서울·춘천·원주 교구의 정의구현사제단은 합동으로 춘천에서 추모미사를 가졌고, 같은 날 안동교구 상주 남성동성당에서 추모미사 및 고문규탄대회를 열고 1,000여 개의 고무풍선에 유인물을 매달아 날렸다.

개신교계에서도 연합 또는 단독으로 추도회를 열고 시위를 벌였다. 2월 15일 청주 명암교회에서 청주지역 인권위원회 등의 주최로 고문폭력 추방 및 추도대회가 열렸고, 16일에는 태백시 상장 중앙교회에서 기도회가, 또 부산 중부교회에서 연합기도회가 열렸다. 17일에는 충남 온양교회에서, 18일에는 인천 제일장로교회에서 기도회가 열렸다.

경찰은 어디에서나 대량 동원되어 병력이 시위대보다도 월등히 많기가 일쑤였다. 2월 15일 구로3동 신우감리교회에서 열린 추모기도회 참석자는 약 80명이었는데 경찰은 1,200여 명이나 배치되었다. 22일 전국목회자정의평화실천협의회, 한국기독청년협의회 등 8개 단체 회원과 학생 100여 명은 서울 제일교회에서 추모기도회를 열려 했으나 경찰 1,200여 명이 신자와 학생의 접근을 막으며 방해해 무산되었다. 그러자 이들은 흰 십자가와 태극기, 대형 플래카드를 앞세우고 찬송가를 부르면서 "종철이를 살려내라"는 구호를 외치며 시위를 벌였다.

노상에서 49재 천도재 거행

민추협 사무실에서 갖기로 한 '고문살인 용공조작 등 인권탄압 폭로규탄대회'에 대한 경찰의 탄압방식은 3·3평화대행진에 대해서도 2·7추도대회와 똑같은 방식으로 대응할 것임을 예고했다. 2월 25일 이 대회를 원천봉쇄하기 위해 6,600여 명이나 되는 경찰이 민추협 사무실 일대에 배치되어 도로를 차단하고 차량과 행인의 출입을 막았으며, 15개 건물의 옥상 비상구를 폐쇄했다. 물론 김대중 민추협 공동의장은 가택에 연금되었고 사무실은 봉쇄되었다. 김영삼 공동의장과 간부들은 사무실 빌딩 앞에서 "독재타도", "고문추방" 등을 외치며 경찰과 몸싸움을 벌였다.

경찰은 3·3평화대행진 전날 밤 9시부터 12시까지, 3월 3일 새벽 4시부터 7시까지 1만 2,000여 명의 병력을 동원해 서울 시내 곳곳에서 검문·검색을 했다. 3일 오전 세종로, 종로, 서울역, 시청 앞 광장, 파고다공원 등 사대문 안 18곳에 8,000여 명의 경찰을 배치하는 등 서울에 2만 2,000여 명, 전국에 6만여 명의 병력을 동원했다. 도심에 있는 5층 이상의 건물 옥상은 완전히 봉쇄되었고 휴지통도 모두 치워졌다. 파고다공원 정문인 삼일문 기둥에는 또다시 '내부 수리 중'이라는 '안내문'이 나붙었다.

조계사는 3월 2일 밤부터 출입이 통제되었지만, 3일 새벽 5시 30분경부터 20분간 60여 명이 간신히 참석해 본당 안에 마련된 고 박종철 군 제단에서 49재 천도재를 지냈다. 종로2가, 파고다공원 부근, 종각 지하상가는 모두 철시해서 휴일과 다름없는 한산한 모습이었다.

조계사 정문은 아침 일찍부터 오전 내내 출입이 통제되었다. 불교 5개 단체가 주동한 49재 봉행준비위원회의 지도위원 지선 스님 등 승려 20여 명과 민중불교운동연합·대학생불교연합회 소속 30여 명이 10시 55분경 조계사 입구에서 경찰과 몸싸움을 벌였다. 11시경 부근 골목에 있던 신도 등이 합세해 200여 명이 되었으나 경찰의 벽을 뚫지 못해 11시 40분경 가나약국 앞길에서 노상 49재 천도재를 5분 정도 거행했다.

고려대생 500여 명은 9시 40분경 교내에서 1시간 동안 국민대행진 참가 결의대회를 가진 뒤 학교를 빠져나와 세운상가 쪽으로 향했다. 연세대 학생 300여 명도 출정식을 갖고 신촌로터리로 빠져나오려다 경찰에 의해 저지당했다.

신민당 이민우 총재와 당 간부들은 11시 20분경 당원 50여 명과 함께 파고다공원을 향해 나섰으나 경찰에 의해 차단당해 당사 계단에서 49재를 지냈다. 종로4가 로터리 주변에 있던 신민당 내무·국방 위원회 소속 의원 등 30여 명은 종묘공원과 세운상가 일대의 골목길에서 갑자기 쏟아져 나와 애학투 명의의 유인물 500여 장을 뿌리며 시위하다 경찰에 쫓긴 학생 200여 명과 합세해 소형 태극기와 십자가를 흔들며 역시 파고다공원 쪽으로 향했다. 그러나 최루탄을 쏘아대는 경찰에 의해 곧 해산당했다. 경찰은 학생이건 시민이건 10명 이상이 모이는 곳에는 예외 없이 최루탄을 터뜨려 초동에 진압하고자 했다.

민추협은 3월 2일 소형 태극기와 비둘기가 그려진 '평화의 기'를 각각 1,000여 장씩 제작해 배포했으나 3일 평화대행진은 성공하지 못했다. 민추협 회원 200여 명은 11시 50분경 종로1가 인도에서 행진하려 했으나 경찰에게 제지당했다. 이들 중 일부는 마침 노상에서 49재를 지내고 무교동 쪽으로 나온 승려, 불교청년단체 회원, 학생 100여 명과 합세하여 '고문추방', '평화대행진', '독재타도'라고 쓴 풍선 50여 개를 날리며 남쪽 인도를 따라 광교 쪽으로 행진했다.

11시 50분경 종로4가, 세운상가 부근 골목에 있던 고려대생 등 대학생 300여 명이 태극기를 흔들고 애국가를 부르며 종로3가 쪽으로 가두시위를 벌이다 해산당했다. 12시 20분경 청계4가, 아세아극장 앞길에서 학생, 노동자, 민통련 회원 등 500여 명의 시위대가 시위를 벌이자 10여 분 만에 학생 등 1,500여 명이 합세해 2,000여 명이 40여 분간 가두시위를 벌였다. 부근의 육교 상가 주변에 있던 1,000여 명의 시민들은 시위 광경을 지켜보면서 시위대가 구호를 외칠 때마다 박수로 화답했다. 또 경찰이 최루탄을 발사하고 학생들을 뒤쫓아 잡을 때에는 "우우우!" 하고 야유를 보냈다.

종로 일대에서 청계4가에 이르는 지역에서의 시위는 평화적이었으나 오후 1시 20분경부터 제기동과 경동시장에서 서울대·고려대·외국어대·동국대·서울시립대 등 11개 대학 제헌의회 계열 학생과 노동자 등 500여 명은 화염병을 던지며 10여 분간 격렬한 기습시위를 벌였다.

종로3, 4가에서 학생들은 때때로 시민들의 박수를 받으며 오후 4시경까지 기습시위를 계속했다. 4시 이후에는 30~50명의 학생들이 떼를 지어 다니며 을지로2, 3, 4가 일대에서 저녁까지 산발적으로 시위를 하는 것으로 서울의 3·3평화대행진 시위는 끝났다.

부산시경은 4,600여 명의 정·사복 경찰을 시내 곳곳에 배치했다. 사리암에서는 박종철의 부모와 가족, 친지들과 조계종 총무부장 향봉, 해인사 주지 명진, 통도사 주지 청하 등 400여 명이 모인 가운데 49재를 4시간 동안 진행했다. 오후 5시경 미화당백화점 부근에서 500여 명의 학생들이 시위했고, 6시경에는 대각사 앞에서 부산민주시민협의회 등 7개 단체 회원과 학생들이 대행진을 시도했다. 같은 시간 동양관광호텔 부근 등 여러 곳에서 학생들이 산발적인 시위를 벌이다 7시 20분경 해산했다.

광주의 경우 광주사암연합회 주최로 원각사에서 50여 명이 오전에 고 박종철 군 49재를 지냈다. 학생 200여 명은 오후 4시 40분경 백운동로터리에서 대형 태극기를 앞세우고 행진하려다가 경찰에 의해 해산당했다. 8시 40분경 전남대 학생 150여 명은 태봉동파출소에 화염병을 던져 유리창을 깨고 집기를 불태웠다. 시위는 9시경 끝났다.

대구에서는 4,000여 명의 경찰이 오전 11시부터 대행진 출발지인 대구백화점으로 통하는 길을 봉쇄했다. 오후 2시경 800여 명의 시민과 학생들이 백화점 부근에서 가두행진을 시작하자 곧이어 더 많은 시민이 동참해 1,500여 명으로 불어났으나 경찰의 무차별 최루탄 난사로 해산되었다. 7시경에는 런던제과 사거리에서 600여 명의 시민이 행진했다.

대전은 대행진 장소가 봉쇄되자 낮 12시경 500여 명이 중앙데파트 앞에 모여 시위를 했다. 전주에서는 대행진이 무산되자 목회자·재야단체 회원·학생 등 200여 명이 산발적으로 시위를 벌였다. 3월 9일 전주교구 문정현 신부 등 3명의 사제는 전주의 3·3대행진 중에 발생한 경찰의 폭력 사태에 항의해 무기한 단식에 들어갔다. 이날 마산교구 사제단 공동 집전으로 진주에서 추도미사가 열렸다.

3·3대행진은 교도소에서도 호응해 전국의 교도소 양심수들이 3월 7일까지를 애도기간으로 정하고 단식에 들어갔다.

3월 3일 전국 46개 대학에서 6,000여 명의 학생이 교내에서 49재 대행진 출정식을 가진 후 시위에 나섰다. 3·3평화대행진은 부산 사리암 49재를 제외하고는 경찰의 봉쇄로 원래 의도대로 진행되지 않았다. 학생이건 시민이건 2·7추도대회보다 참여자가 적었고, 더 평화적이었다. 서울의 경우 추도준비위원회 명의의 '우리는 왜 행진하는가', '고문추방 민주화 국민평화대행진 결의문', 애학투 명의의 '독재정권은 타도되어야 한다' 등 10여 종 1만 5,000여 장의 유인물이 뿌려졌는데 분량이 많은 것은 아니었다. 경찰은 3·3평화대행진에서 439명을 연행해 20여 명을 구속했다.

6월 항쟁으로 가는 길 열리다

2·7추도대회와 3·3평화대행진은 6월 항쟁의 기본 틀을 제시해주었다는 점에서 의의가 크다. 학생들의 참여가 약하기는 했지만 야당과 재야, 종교 세력, 학생이 민주대연합을 형성했다. 각 지역의 민주화운동 세력이 단합한 기구를 만들어 통일적으로 움직였고, 행동지침에 따라 차량이 경적을 울렸으며, 교회와 성당은 타종을 했다. 집행부에서 평화적 시위를 강조한 것도 6월 항쟁과 흡사했다. 적지 않은 사람들이 두 대회를 통해서 용기를 얻었고 고무되었다. 이들은 전두환 정권의 폭압을 뚫고 민주화로 나아갈 수 있는 길이 열렸다는 자신감을 어느 정도 가질 수 있었다.

이 시기 학생들은 투쟁의 방향을 교내 문제에 집중하고 있었다. 3월 9일 서울대 대학신문은 사복 경찰관의 신분증 제시 요구를 거부하자는 캠페인을 벌였다. 3월 15일 대구교대생 300여 명은 3·3평화대행진 때 무차별 연행되었다가 풀려난 두 학생을 학교에서 제적 처분한 것에 항의하는 교내 시위를 가졌다. 대구교대생 100여 명은 3월 30일에도 시위를 벌였다.

부산대 총학생회 간부들은 4월 1일부터 학보사 기자 강제 퇴임 조치 등에 항의하는 단식농성을 벌였다. 서울대에서는 학교의 부당 학사징계에 대항해 서울대생 400~500명이 4월 1~3일에 걸쳐 항의시위를 벌였다. 4월 2일부터 경희대와 서울시립대에서도 이러한 항의시위가 있었다.

건국대 사건 등 관련 부당 학사징계에 대해 철회를 요구하는 학생들의 집회 규모는 점차 커져 4월 7일 부산대에서는 7,000여 명이 모였고, 연세대에서는 4월 8일에, 서울대에서는 4월 9일과 10일에 집회와 시위가 있었다.

제2장

호헌철폐투쟁으로의 전환과
학생운동의 변화

1

전두환의 성급한 4·13호헌조치

4월 13일에 일어난 세 가지 사건

1987년 4월 13일 석간신문들은 세 개의 주요 기사를 실었다.

국시는 반공이 아니라 통일이라는 국회 본회의 발언으로 구속된 유성환 의원이 반년 만에 유죄 선고를 받았다. 전두환은 야당에 본때를 보여주고 기선을 제압함으로써 정국의 주도권을 쥐겠다는 생각으로 면책특권도 무시하고 유 의원을 국가보안법 위반으로 구속시켰다. 검찰은 논고에서 "유 의원의 행위는 우리 사회의 사상적 혼란을 가중시키고 좌경 경계심을 이완시킨 중대한 범죄"를 저질렀다며 3년을 구형했다.

4월 13일 서울지방법원은 원고 사전 배포는 면책특권이 아니라면서 5·3인천사태 등과 관련된 부분이 용공성이 인정된다고 하여 징역 1년에 자격정지 1년을 선고했다. 그 검찰에 그 법원이었다.

유 의원 사건은 6월 항쟁 이후인 1991년 11월에 가서야 다른 판결이 나왔다. 항소심 선고공판에서 재판장은 "유 의원이 국회 대정부 질문 원고를

기자들에게 원내 발언에 앞서 배포한 행위는 헌법 제45조에 규정된 국회
의원의 면책특권의 대상에 포함돼 재판 대상이 될 수 없다"고 공판기각이
판결되었다. 대법원도 1992년 9월 공소기각 판결을 내렸다. 유 의원 사건
은 구속부터 판결에 이르기까지 수많은 시민들의 분노를 자아냈다.

같은 날인 4월 13일 김영삼 중심의 통일민주당 발기인대회가 민추협
사무실에서 열렸다. 원래 대회 장소로 허락을 받았던 YWCA대강당 출입
문이 봉쇄되는 바람에 어쩔 수 없이 장소를 바꿔야 했다. 대회에서는 직선
제 개헌과 비폭력투쟁을 다짐하고 위원장에 김영삼을 선출했다.

김대중과 김영삼은 1986년 12월 24일 신민당 총재 이민우가 민주화 7개
항을 선행 조건으로 내각제에 대해 협상할 용의가 있다는 이른바 이민우
구상을 발표한 이후부터 이민우가 장기집권을 전제로 추진하고 있는 민정
당의 내각제 개헌과 타협하려는 의사가 있는 것이 아닌가 하는 의심을 품
고 이민우 구상 철회를 강력히 요구했다. 이민우 구상에 대해서는 재야에
서도 몹시 반발했다. 재야에서는 이민우 구상을 야당 내부만 분열시키려는
것이 아니라 야당과 재야를 국민과 떼어놓고, 야당과 재야 사이를 이간질
시키려는 전두환 정권의 간교한 정치공작의 산물로 받아들였다. 김대중·
김영삼과 재야는 이민우 구상을 직선제개헌운동과 민주화운동을 혼란에
빠뜨리는 아주 고약한 장애물로 인식했다.

이민우 구상으로 당이 심한 내분에 휩싸이자 4월 8일 김영삼·김대중은
신당 창당을 선언했고, 신민당 의원의 대다수인 74명(김영삼 상도동계 40명,
김대중 동교동계 34명)이 탈당한다고 발표했다. 4월 9일 74명의 의원 가운
데 63명(상도동계 33명, 동교동계 30명)이 참석한 가운데 창당 준비위원회
가 열렸다.

4월 13일은 1월 14일 박종철의 죽음, 5월 18일 박종철 고문사망 은폐조
작 폭로, 6·10국민대회 등과 함께 한국 민주화 여정에서 잊을 수 없는 날

1987년 4월 13일 『경향신문』 1면에 실린 전두환의 개헌 논의 중지 선언. 전두환은 88올림픽 때까지 개헌을 유보하고 현행 헌법(5공 헌법)으로 대통령 선거를 치르겠다는 이른바 호헌조치를 발표했다.

이다. 이날 전두환은 호헌조치를 발표했다. 전두환은 이날 특별담화를 통해 "이제 본인은 임기 중 개헌이 불가능하다고 판단하고 현행 헌법에 따라 내년 2월 25일 본인의 임기만료와 더불어 후임자에게 정부를 이양할 것"이라고 밝혔다. 개헌 논의는 88올림픽 뒤에 생각할 일이 되었다.

호헌조치의 결정 시기

전두환은 이 결정이 얼마나 심각한 파장을 몰고 올지 짐작이라도 했을까. 4·13호헌조치는 같은 날 발기인대회를 가진 통일민주당이나 민주화운동 세력뿐만 아니라 전두환 정권과 같은 통치방식은 이제는 바뀔 때가 되었고, 따라서 대통령 선거방식도 바뀌어야 한다고 생각했던 일반인들에게도 충격이었다. 또 민정당으로서는 자신들이 그때까지 주장해왔던 합의개헌 논의를 일순간에 부정하는 조치였다.

4·13호헌조치가 있기까지 민정당은 합의개헌을 성사시키기 위해 노력하는 것처럼 보였다. 2월 하순 이춘구 민정당 사무총장은 개헌 문제에 여야 간 합의가 되지 않으면 6, 7월에 헌법 규정에 따라 합법적으로 개헌을 하겠다고 언명했다. 그는 호헌은 개헌과 본질적으로 배치되는 개념이므로 일단 개헌을 방침으로 정한 정부·여당이 하책下策인 호헌을 추진할 이유가 없다고 설명했다. 그는 어떤 경우도 호헌은 없을 것이라고 단언했다.[1] 전두환이 3월 25일 민정당 주요 당직자를 청와대로 불러 노태우 민정당 대표에게 대야對野 협상 권한 등 정국 주도권을 부여하겠으며, 사면·복권 문제를 포함해 민주화 조치에 재량권을 부여하겠다고 말한 것이 크게 보도된 것도 여야 합의개헌을 논의하는 데 노태우에게 힘을 실어주겠다는 의미로 생각하기 쉬웠다. 전두환의 발언에 대해 민정당 측에서 "개헌 정국의 타개를 위해 민정당에 자율성을 부여하고 특히 노 대표가 전권을 가지고 모든 일을 처리하라는 뜻이 담겨 있다"고 설명한 것도 같은 뜻으로 이해될 법했다.

민정당 당직자들 사이에는 이춘구처럼 합의개헌을 위해 노력해야 한다는 주장도 있었으나 전두환의 생각은 달랐다. 사실 호헌조치가 확정된 상태에서 발표 시기만 정해지지 않았을 뿐이었다. 3월 25일 청와대 회동이 중요한 것은 이 자리에서 전두환이 노태우를 후계자로 결정했다는 것을 밝힌 것과 다름없기 때문이다. 노태우는 이날 건배를 제의하면서 "영광스런 자리를 마련해주셔서 (……) 충성을 다짐, 끝까지 모시고 중단 없는 전진, 각하와 더불어 모든 영광 나누기를 다짐합니다"라고 황공하다는 표현을 거듭 썼다.[2]

3·25회동 이후에도 민정당은 합의개헌에 노력하고 있는 듯한 발언을 했다. 노태우는 3월 30일 민정당 당직자회의에서 "4월은 합의개헌 성사를

위해 전력투구해야 할 결정의 시기"라고 말했다. 그러나 이 시기에 민정당은 합의개헌을 하려는 어떠한 성의도 보이지 않았다.

4·13호헌조치가 나오게 된 요인에 관해서는 지금까지 몇 가지 주장이 있다. 언론이나 민주화운동권에서는 4·13호헌조치가 2·7추도대회나 3·3국민대행진을 대규모 경찰 병력으로 봉쇄한 것에 자신이 생겨서 나왔다고 보는 시각이 있다. 덧붙여 새 학기가 시작되었는데도 대학이 별다른 움직임을 보이지 않은 것이 또 다른 배경으로 작용했다는 주장도 있다.

한편 김영삼·김대중이 신당 창당을 선언한 것이 자극을 주어 전두환이 호헌조치를 했다는 주장도 있다. 4월 13일에 통일민주당 발기인대회가 열리기는 했지만, 신당 창당은 전두환이 호헌조치를 내리는 데 구실이 되었을 가능성이 더 크다. 통일민주당 발기인대회는 호헌조치를 취할 날짜를 정하는 직접적 계기가 되었다.

전두환이 호헌조치를 결정한 시점에 대해서는 박철언과 김성익의 기록이 상세하다. 박철언은 호헌조치를 발표하기 거의 두 달 전인 2월 17일, 장세동 안기부장이 개헌 정국의 조기 종결을 위한 통치구상안과 관련하여 대통령 담화문에 포함시킬 요지에 대해 지침을 내렸다고 증언했다. 거기에는 더 이상 개헌 문제로 시간을 허송하고 국력을 낭비할 수 없다는 내용이 포함되어 있었다. 2월 21일 박철언이 노태우를 만났을 때, 노태우는 전두환으로부터 88올림픽 이후에 개헌하겠다는 것을 포함해 현행 헌법을 국민에게 묻는 '전격적·기습적 국민투표'를 준비하라는 지시를 받았다고 얘기했다. 2월 23일 전두환은 노태우, 장세동을 만나 국민투표는 하지 않기로 했고 개헌 논의를 유보하는 내용의 특별선언만 하기로 했다고 자신의 복안을 설명했다. 그리고 3월 중으로 국회법과 재판 관련 법안을 통과시키고 5월에는 국회의원 피선거권을 제한하는 법안을 통과시키라고 지시했다. 세상 민심이 어떻게 돌아가는지도 모르고 또다시 초강경책을 지시한 것이다. 3월

통일민주당 당사 입주식에서 테이프 커팅 후 당원들에게 손을 들어 인사하고 있는 김대중과 김영삼(1987. 6. 30). 신민당이 '이민우 구상'과 이철승 등의 내각제 개헌 주장으로 내분에 빠지자, 김영삼과 김대중은 새로운 야당을 만들기로 합의하고 1987년 4월 통일민주당을 창당했다.

9일 김성익 비서는 전두환으로부터 '개헌 논의 중지 선언'에 대비한 담화문 초안을 작성하라는 지시를 받았다. 그때 전두환은 김성익에게 안기부장이 자신의 지시에 의해서 작성한 초안을 가져왔다고 덧붙였다.

여기서 한 가지 의문이 든다. 전두환이 합의개헌을 파기하고 호헌으로 돌아섰을 때 이춘구 민정당 사무총장은 호헌은 개헌과 본질적으로 배치되므로 호헌을 추진할 이유가 없다고 말한 대목이 그것이다. 어떻게 전두환과 다른 주장을 할 수 있었을까? 당시 권력층 내부에는 합의개헌은 벌써 물 건너갔으며, 퇴임 후 전두환의 안전을 확고히 보장할 수 있는 호헌으로 후계구도를 굳히겠다는 전두환 및 장세동 등 무단파의 구상과 달리, 민심의 동태를 주시하면서 그간 민정당이 합의개헌을 계속 주장했고 개헌은 변동하기 어려운 대세이기 때문에 여야 합의가 되지 않으면 6, 7월쯤에 '합법개헌'을 추진하는 것이 바람직하다는 이춘구 등의 판단이 있었다. 전자는 김대중·김영삼을 정치권에서 배제하고자 했고, 후자는 그것은 현실적으로 불가능하다고 판단했다. 이춘구는 '노태우 대통령 만들기'의 핵심 인물로, 박종철 고문사망 사건 인책 문제와 관련해 내무장관까지 경질할 것을 주장했을 뿐만 아니라 내무장관에 정호용을 기용하도록 한 장본인이었다.

3월 28일 전두환은 자신은 애초부터 개헌을 원하지 않았다고 털어놓으면서 비서, 경호실장 등과 호헌조치 초안을 1차로 검토했다. 이때까지도 호헌조치 발표일은 잡히지 않았다.

4월 8일 김영삼·김대중이 신당 창당을 선언하자 성질 급한 전두환은 이종률과 김성익 두 비서를 즉시 불렀다. 그리고 신당을 창당하여 독자적 교섭단체를 구성하고 당명을 붙이고 한다는데 금주에는 다 하지 못할 터이니, 다음 주 월요일인 4월 13일에 호헌조치 발표를 하는 것이 좋겠다며, 그에 대한 담화문을 최종 재가했다.

전두환의 지시에 따라 민정당은 즉각 신당 창당 작업을 비난했다. 4월 9일 이례적으로 특별성명을 내 신당 창당 선언은 여당의 합의개헌 말살 기도이기 때문에 합의개헌이 좌초된 것으로 간주하겠다고 나섰다. 다음 날 저녁 무렵부터 김대중 집에 사복 경찰 200여 명, 전경 400여 명이 배치되었고 외부와의 연락도 차단했다. 공공연한 협박이었다. 4월 12일 전두환은 수석비서관을 전원 배석시킨 가운데 특별담화 녹화에 들어갔다.

정부·여당에 대한 미국의 호의적 태도

4·13호헌조치는 강경 일변도인 안기부장 장세동의 진언도 작용했다고 하지만, 전두환은 성급한 호헌조치로 스스로가 한낱 무부武夫에 지나지 않음을 만천하에 드러냈다. 이전에도 전두환은 민정당 당직자들이 국회법이

나 재판법은 말도 꺼낼 수 없는 상황이어서 에둘러 안 된다고 얘기해도 계속 통과시키라고 억지 지시를 했는데, 그와 비슷하게 중대 시국에 처해서 차분하게 생각하지 않고 '먼저 보고 먼저 쏴라', '돌격 앞으로'와 같은 선제 공격 정신에만 충만해 있었다.

개헌은 대부분의 국민이 지지하므로 호헌조치를 내리려면 신중에 신중을 기하고 국민투표와 같은 여러 장치를 마련한다고 해도 쉽지 않은 문제였다. 최대한 호헌조치 발표 시기를 늦추어 노력할 만큼 노력했지만 이제는 도저히 시간이 촉박해서 어쩔 수 없다고 한다든가 등등 여러 가지 방안을 모색해봐야 했다.

그런데 전두환은 신당 창당 소식이 알려지자마자 더 이상 참지 못하고 기선을 제압한답시고 통일민주당 발기인대회가 열리는 날에 호헌조치를 발표해버렸다. 전두환은 차지철 비슷하게 박정희의 총애를 받았으면서도 유신 말기에 박정희가 문제가 많았다고 비난했는데, 그 자신도 유신 말기의 박정희를 닮아가고 있었다.

전두환이 호헌조치를 발표한 데에는 미국의 태도에 대한 오판도 한몫했다. 1986년부터 한국에서 여야 간에 개헌 문제가 첨예하게 부딪치자 미국은 한국 문제에 관심을 쏟게 되었다. 그해 5월 8일 방한해 총리를 방문할 때 폭발물을 탐지하는 개를 데리고 와 비웃음을 사기도 했던 슐츠 미 국무장관은 직선제만이 민주주의 요소라고 보지 않는다고 천명했다. 또 이민우 신민당 총재가 미국에 오자 아미티지 미 국방부 차관보는 야당은 5·3인천사태 등에서 보인 학생들의 극렬한 주장에 분명한 입장 표시가 있어야 한다고 '조언'했다.

가을에 야당이 개헌 특위에 불참함으로써 여당 주도에 의한 여야 합의 개헌이 난관에 봉착했다. 하지만 12월 24일 이민우 구상이 공표되자 미국은 그것에 호의를 표시했다.

방한 중인 슐츠 미 국무장관(왼쪽)이 최광수 외무장관과 만나 악수하고 있다(1987. 3. 6). 여야 개헌 문제가 한 창 부딪칠 무렵인 1986년 5월 방한한 슐츠는 직선제만이 민주주의의 요소라고 보지 않는다는 미국의 입장을 밝혀 전두환 쪽에 힘을 실어주었다.

'마주 보고 달리는 두 기관차'를 '조정'하기 위해 미국은 적극 개입했다. 1987년 2월 6일 시거 국무부 아시아-태평양 담당 차관보는 한미협회에서 '여야 간의 합의개헌'을 촉구했다. 며칠 후 릴리 주한 미대사는 이민우와 김영삼을 만나는 등 분주하게 움직였다. 3월 4일 내한한 클라크 국무부 부차관보는 김영삼·김대중 등 여야 정치인을 만난 뒤 대화하기 쉬운 것부터 풀어나가면 되지 않겠느냐고 하면서 이민우 구상에 관심을 보였다.

대단히 민감한 시기였던 1987년 3월 6일 슐츠 미 국무장관이 한국에 오자 그가 어떻게 나올지 여야와 언론 모두 신경을 곤두세웠다. 슐츠 역시 야당의 굴복을 의미하는 여야 간의 타협을 권했다. 한 신문은 슐츠의 방한이 남긴 파장을 "전두환 정부—평화적 정치 발전 지지에 안도, 민정당—이민우 구상 소생 가능성 기대, 신민당—고무와 실망을 동시에 안겨줘"로 묘사했다. 김대중·김영삼은 몹시 실망했다. 양 김의 직선제 개헌 주장에 거리를 둔 미국의 입장은 전두환이 신당 창당에 맞춰 호헌조치를 할 경우 미국이 강력히 반대하지는 않을 것이라는 판단이 자리 잡을 수 있게 했다.

2

호헌철폐투쟁의 배경 1
─본격적 시민운동의 대두

시민은 있으나 시민사회는 형성되지 않은 이유

6월 항쟁의 가장 큰 특징의 하나는 시민들이 적극적으로 참여했다는 점이다. 그러한 움직임은 박종철 고문사망 사건 이후의 사태 진전에서도, 4·13호헌조치 반대운동에서도 드러나고 있었다. 이러한 시민들의 참여의식이 어떠한 계기와 과정을 거쳐서 형성되었는지는 6월 항쟁을 이해하는 데 대단히 중요하기 때문에 호헌철폐투쟁의 배경으로 제2절에서는 시민의식의 변화와 시민운동에 관해, 제3절에서는 개헌 문제에 관해 살펴보도록 하겠다.

전두환의 4·13조치는 하나의 불씨가 온 초원을 불태우듯 거센 호헌철폐투쟁을 불러일으켰다. 이와 같은 거센 호헌철폐투쟁이 전개된 데에는 시민들의 의식이 달라지고 있다는 점이 기본적인 동인으로 작용했다. 시민들의 의식은 1985년 2·12총선에서 유권자 의식으로 발현되었고, 그 뒤의 KBS시청료 거부운동, 『말』지의 '보도지침' 폭로, 부천서 성고문 사건 등에 크게 자극을 받아 차츰 고양되었다.

전두환은 2·7추도대회나 3·3평화대행진이 막대한 물리력 동원으로 봉쇄된 것만 유리하게 평가하고 서울과 부산, 광주 거리에서 보인 시민의 표정이 예전과 다르다는 것에는 신경을 쓰지 않았다. 시위 현장에서 시민들은 과거처럼 방관자로서 쳐다보는 존재가 아니었고, 시위에 호의적이었으며 적극 가담하기도 했다. 여러 곳에서 시위대에 박수를 보냈고, 학생들과 하나가 되어 경찰과 몸싸움을 벌이기도 했으며, 경찰이 최루탄을 쏘거나 학생들을 연행하면 "우우우" 하고 야유를 보냈다. 심지어 시위자가 연행되면 달려들어 빼내기도 했다. 경적을 울린 차량도 적지 않았다.

4월 혁명 이후 학생시위가 끊이지 않았지만, 부마항쟁과 광주항쟁을 제외하면 2·7추도대회 이전에는 시민들이 방관하는 경우가 대부분이었다. 시위에 호의적이더라도 혹시 권력으로부터 피해를 받게 될지 모른다고 생각해 거리를 두었다. 그런 사람들을 '방관형 시민'이라고 할 수 있을 것이다. 그런데 2·7추도대회와 3·3평화대행진에서는 과거와 사뭇 다른 현상이 나타났다. 능동적이고 적극적으로 자신의 의사를 표시하고 행동하는 '참여형 시민'이 출현한 것이다.

한국은 관존민비官尊民卑라고 불리는 관 우위의 사회가 오랫동안 지속되었고, 권력이 일제의 유산과 미군정의 현상유지 정책, 극우반공 세력의 반공주의·권위주의에 의해 과대 성장해 시민사회가 정상적으로 형성되기 어려웠다. 이승만은 집권 초기부터 일정한 연령에 이른 성인이 가입하게 되어 있는 국민회, 일정한 연령 이상의 부인이 가입하게 되어 있는 대한부인회, 청년이 가입하게 되어 있는 대한청년회, 유일한 노동단체인 대한노총, 유일한 농민단체인 대한농총 등의 총재였다(대한부인회는 그의 부인 프란체스카가 맡기도 했다). 한마디로 이승만 정권은 일종의 두령국가였다. 자유당 정권은 이들 5개 단체를 자유당의 기간단체—실제는 산하단체였다―라고 주장했다.

자유당 정권에서 어민단체건 교원단체건 미용사단체건 거의 모든 단체는 관으로부터 자유롭지 못했다. 간부가 대개 자유당과 관련이 있기도 했지만, 권력이 인허가권을 쥐고 있었고 단체를 운영하는 데도 관과 밀착되어 있었으며 어떤 형태로든지 관과의 관계를 무시할 수 없었기 때문이었다. 따라서 이승만 정권하에서는 야당과 일부 언론기관(사상계사 등 포함)등 소수만이 자율적이었다. 지식인, 예술인도 상당수가 어용 노릇을 하거나 1960년 4·25대학교수단 데모가 있기 전까지 침묵을 지켰다.

장면은 부통령 후보일 때 관권으로부터의 독립을 공약했지만, 정권을 잡은 뒤에는 별다른 노력을 하지 않았다. 그렇지만 허정 과도정부와 민주당 정권 시기에는 교원단체나 노동단체 등 일부 단체가 어느 정도 자율성을 가지고 있었다.

박정희 정권은 군사 정부로부터 유사 민간인 정부로 넘어간 이후에도 대통령의 권한을 계속 강화한 행정 독재국가였고, 중앙정보부가 정보 수집과 사찰로 시민사회를 감시한 정보국가였다. 평가교수단이 아니더라도 지식인의 비판적 기능이 약했다. 이 때문에 산업화가 급속히 진행되고 있었는데도 시민사회는 몹시 취약했다.

유신독재 시기에 시민사회의 취약성은 더욱 심했다. 영역이 넓어지고 있던 대중문화도 권력의 통제하에 놓였다. 신군부정권은 이른바 3S(스포츠, 스크린, 섹스)정책을 펴면서 대중문화 조작에 힘을 쏟았다.

몰매 맞는 KBS 편파방송

그러나 1985년 2·12총선 이후, 특히 1986년에 들어서면서부터 시민사회가 조금씩 달라지고 있었다. 민주화운동단체의 폭도 넓어졌지만, 과거에는 민주화운동단체라고 보기 어려웠던 단체에서도 민주화운동단체와 비슷한 목소리를 내는 경우가 많아졌다. 전두환 정권이 독재권력을 유지하기 위해 이미 시대에 뒤떨어진 낡은 방식의 홍보·선전, 대중문화 조작, 부천서 성고문 사건 같은 철면피한 정책을 쓴 것이 거꾸로 시민의식을 활성화하는 촉진제가 되었으며 나아가 민주화운동의 폭을 넓히는 데도 기여했다.

KBS시청료 거부운동은 캠페인의 규모나 기간, 시민들의 참여 정도로 볼 때 한국 최초의 본격적인 시민운동으로 평가할 만하다.

언론 통제는 박정희 유신정권 후기가 강도가 더 높았지만, 전두환·신군부도 언론 통제 정책을 강력히 펼쳤다. 1980년 언론을 통폐합했고, 이 과정에서 KBS가 초대형 언론 독점기관으로 성장했다. KBS는 MBC 주식의 70퍼센트, 서울신문 주식의 99퍼센트, 연합통신 주식의 30퍼센트 등을 소유해 주요 언론기관을 통제할 수 있었다. 그리고 KBS 사장은 문공부장관 제청에 의해 대통령이, 이사는 사장의 추천으로 문공부장관이 직접 임명했다. KBS는 명실공히 전두환·신군부정권의 막강한 선전기관이었다.[3]

KBS의 편파방송 중 사람들 입에 가장 많이 오르내린 것이 9시 땡전뉴스였다. 저녁 9시 '땡' 하면 "전두환 대통령은……"이라는 말로 뉴스가 시작되어서였다. KBS는 1985년 2·12총선 유세장에서 몰매를 맞았다. "도대체 KBS의 9시 뉴스를 믿는 사람 있으면 손들어보시오"라고 야당 후보가 외치면 여기저기서 "아니오"라고 소리를 질렀다.

KBS가 과도하게 편파적이다 보니 오히려 전두환 정권에 악영향을 끼치는 경우가 적지 않았다. 2·12총선에서 신당 바람이 거세게 불어 정권에

야합한 야당이 무력해지고 선명야당이 제1당으로 떠오르자 2월 14일 청와대에서 비서실장 주재하에 수석비서관회의를 열어 총선 결과를 토의했을 때에도 방송 문제가 제일 크게 대두될 정도였다. 그 자리에서 KBS의 땡전뉴스 장면에 전두환에게 90도로 절하는 모습, 전두환 발언에 대한 장·차관들의 필기 장면 등이 문제가 있었다는 지적이 나왔다.[4]

시민들은 KBS의 편파성을 피부로 느끼고 있어서 다른 어떤 문제보다도 심각하다고 생각했다. 한 신문의 국민의식 여론조사에 의하면 민주화 우선순위로 가장 높은 것이 언론 자유 보장으로 38.9퍼센트였고, 평화적 정권교체는 25.5퍼센트에 머물렀다.[5] 대학생들의 불신은 훨씬 높았다. 고려대의 신문방송연구소가 1985년 8월에 서울 6개 대학, 각 지방 5개 대학 등 11개 대학의 학생 600명을 상대로 조사한 것에 따르면, 언론이 맡은 바 역할을 못하고 있다는 설문에 92.6퍼센트, 언론 자유가 위협받고 있다는 항목에 99퍼센트, 텔레비전 보도 내용과 현실 간 격차가 크다는 항목에 81.2퍼센트가 동조했다.[6]

최초의 본격적 시민운동인 KBS시청료 거부운동

KBS시청료 거부운동은 도시민들로부터 시작된 것이 아니었다. 이상하게 생각할지 모르지만 농촌에서 먼저 일어났다. 1980년 KBS가 농지세 왜곡보도 등 농정에 관해 편파보도를 하자 전라도의 여러 농촌지역에서 반발이 일었고, 1985년 4월에 전북 완주군 고산에서 주민들과 천주교 고산성당, 가톨릭농민회가 한데 뭉쳐서 시청료 거부운동을 벌였다.

KBS시청료 거부운동이 범시민운동으로 일어난 것은 1986년이었다. 1985년 여름 여성단체연합회·기독교청년협의회·민청련·민언협 등의 단

1986년 KBS시청료 거부운동 당시 성남 주민교회 여신도들의 거리 캠페인.

체에서 KBS시청료 거부운동이 일어났을 때만 해도 그다지 주목을 받지 못했다.

그러나 그해 8월 27일 NCC 시국대책회의에서 KBS시청료 거부운동을 벌이자는 논의에 이어, 교회·여성·청년운동 단체 대표들이 중심이 되어 1986년 1월 KBS-TV시청료거부 기독교범국민운동본부가 발족되었다. 운동본부는 20개 시·도에 지역본부를 설치했다. 4월 1일 'KBS-TV를 보지 않습니다'라는 운동본부의 취지문과 부착용 전단이 대량 배포되면서 범국민적 운동으로 확산되었다.

4월에 들어와 KBS시청료 거부운동은 각계로 번져나갔다. 4월 9일 천주교 정의평화위원회가 시청료납부 거부운동을 지지했다. 다음 날 천주교 평신도사도직협의회에서 거부운동에 적극 동참할 것을 선언하면서 스티커 30만 장을 전국에 배포했다.

이어서 문화계에서 나섰다. 민주언론운동협의회(민언협), 민중문화운동협의회(민문협), 자유실천문인협의회(자실) 등 3개 단체가 공동성명을 냈다. 또 3월 8일 한국여성대회에서 'KBS시청료 납부를 거부한다'는 성명서를 낸 것에 이어 4월에는 23개 여성단체가 KBS−TV시청료 폐지운동 여성단체연합을 결성하고 4월 25일에는 시청료 폐지 촉진대회를 열었다. 다음 날 YMCA연맹 전국대회에서 시민운동으로서 거부운동을 벌일 것을 결의했다. 6월에는 조계종 총무원·중앙종회·포교원·25교구본사연합회, 불교신문사, 대학생불교연합회, 서울불교청년회에서 참여했다.

기독교범국민운동본부에서 나눠주던 시청료 거부운동 스티커.

KBS시청료 거부운동은 민통련, 민청련 등 재야단체나 학생들보다도 주로 종교단체, 여성단체, 문화단체에서 앞장서고 여기에 시민이 참여하는 방식으로 전개되었다. 문화단체에서 편파보도와 함께 민중민주운동에 대한 왜곡보도 중지와 민중언론, 출판, 문화에 대한 탄압 중지를 요구하고, 여성단체에서 KBS가 여성을 성적 대상화하고 있는 점과 광고방송이 퇴폐적인 소비문화를 조장하는 점에 대해 비판한 것도 관심을 끌었다. 전두환정권은 시청료가 잘 걷히지 않자 조세 또는 다른 공과금에 병행해 통합고지서를 내겠다고 했다. 그러자 시청료 거부운동단체는 일이 하나 더 늘어 통합고지서 발부 반대운동까지 벌였다.

KBS시청료 거부운동은 빠르게 확산되었다. KBS에 날마다 항의전화가 빗발쳤다. 시민들은 너도나도 자기 집 대문과 자동차 문에 "상업광고·편파

보도 KBS-TV의 시청료를 낼 수 없습니다"라는 스티커를 붙였다. 거부운동단체에 대한 격려전화와 성금, 각종 우편물이 쇄도했다.

민정당도 정부도 놀라 대응책을 세운다고 부산을 떨었다. 1986년 KBS 시청료 징수 실적은 목표액보다 26.4퍼센트가 미달되었고 징수율도 1985년의 88.2퍼센트에서 72.4퍼센트로 낮아졌다. 시청료 징수 차질로 KBS는 부대사업을 축소하고 감량경영을 하지 않을 수 없었다. 1987년에는 징수율이 더욱 낮아져 63.9퍼센트에 머물렀다.[7]

전두환의 가슴을 서늘케 한 KBS시청료 거부운동은 한국 최초의 본격적인 시민운동이자 민주화운동으로 역사적인 자리매김을 하게 되었다.

'보도지침' 폭로의 충격

1984년 12월에 창립된 민언협이 1985년 6월 '민주·민족·민중 언론을 향한 디딤돌'을 표방하면서 창간한 『말』지 1986년 9월호에 보도지침이 폭로되었다. 이 사건은 제도언론계에 신선한 충격을 주었고, 특히 젊은 기자들로 하여금 각성·분발하게 했다.

보도지침은 전두환 정권의 언론통제 실상을 적나라하게 보여주었다. 전두환·신군부는 1981년 1월 문공부에 홍보조정실을 두었다. 홍보조정실은 10·26사태 이후 계엄사령부의 검열지침에 따라 언론을 검열하던 기능을 이어받아 언론을 통제했다. 1985년 10월 홍보조정실이 홍보정책실로 이름을 바꿔 매일 각 언론사에 '가이드라인'으로 보도지침을 내려 보냈다.

이 보도지침이 세상에 폭로된 것은 한국일보 김주언 기자가 1985년 10월 19일부터 다음 해 8월 8일까지의 보도지침을 모아둔 사본철을 발견했기 때문이었다. 1986년 9월 6일 『말』지에서 특집호로 『보도지침, 권력

과 언론의 음모』가 발간되어 대학가
와 재야, 종교단체에 배포되었다. 대
단히 용기 있는 시민정신이었다. 9월
9일에는 민언련과 천주교 정의구현사
제단이 공동으로 보도지침을 공개하
는 기자회견을 가졌다.

보도지침은 전두환 정권이 얼마나
자상하게 언론 배급을 해주었는지를
잘 보여준다. 기사를 어느 면에 몇 단
크기로 싣고, 제목은 '이런' 표현 대
신 '저런' 표현으로 뽑되(또는 뽑지 말
고), 두 줄 정도로만 하고, 사진은 사
용하지 말고(또는 폭력 장면 사진은 쓰

전두환 정권의 언론통제의 실상을 최초로 고발한
『말』지 1986년 9월호.

고), 공안사건 등 사건에 대한 당국의 분석 자료는 간지間紙에 실으라고 아
주 친절하게 지시했다. 기사 크기에 대한 지시도 다채로웠다. 조그맣게, 조
용히, 너무 흥분하지 말고, 크지 않게, 눈에 띄게, 돋보이게, 균형 있게, 적
절하게 등등. 보도지침에는 1단 기사 지시가 많았다. 그냥 넘어가자니 마
음이 안 놓이고, 그대로 두자니 눈치 없이 2~3단으로 키울지 모른다는 걱
정이 들어서였다.[8]

보도지침의 예를 두 가지만 들어보자.

필리핀에서 독재자 마르코스 대통령을 축출하려는 시위가 격렬히 일어
나자 언론이든 민주화운동 세력이든 전두환 정권이든 유난히 크게 관심을
쏟은 것은 이유가 있었다. 독재자 마르코스의 행적이나 행태가 박정희나
전두환과 유사한 면이 너무 많았던 것이다.

필리핀의 '피플 파워'people power는 한국 민주화운동의 대리전쟁이었

다. 학생들과 민주인사들은 필리핀의 민중혁명이 실패한다면 당분간 우리 민주주의는 곤경에 처할지 모른다는 두려움을 가지고 있었고, 똑같은 이유로 전두환 정권은 그것이 실패하기를 간절히 바라고 있었다. 그러므로 피플 파워 또는 민중혁명으로 마르코스 정권이 뒤집어지느냐에 시선이 집중될 수밖에 없었다.

이러한 상황에서 1986년 1월 24일 "필리핀 대통령 선거전 보도에서 '코라손 여사 이야기'를 부각시키지 말 것"이라는 보도지침이 내려왔다. 남편 아키노가 마르코스와 대결하기 위해 급거 귀국하다가 변을 당해 서거하자 그의 부인 코라손이 민주주의 세력의 지지하에 대통령 후보로 나왔는데, 코라손에 관해 잘 써주지 말라는 주문이었다. 28일자에서는 "필리핀 선거 기사, 너무 크게 취급하지 말 것"이라고 지시했다. 2월 7일자는 "필리핀 선거 관련 기사는 1면에 싣지 말고 외신면에 실을 것"이었다.

"세계 독재자 시리즈를 싣지 말 것"

1986년 2월 7일 필리핀 대통령 선거에서 마르코스는 부정선거로 재선되었고, 대통령 당선을 기정사실로 굳히려 했다. 부정선거를 규탄하는 피플 파워가 이때부터 거세졌다. 당연히 전두환 정권의 불안과 우려가 더욱 커질 수밖에 없었다. 2월 10일자 보도지침은 "필리핀 선거 관련 기사 1) 1면에 내지 말 것, 2) 가급적 간지의 한 면으로 소화시키되 여러 면으로 확대 보도하지 말 것, 3) AFP통신의 '가상 시나리오'와 '미·일·유럽에서 본 필리핀 선거', '정국 전망' 등은 박스기사로 싣지 말 것"을, 그다음 날에는 "필리핀 관계 기사는 외신면에 축소 보도할 것"을 지시했다.

피플 파워가 절정으로 치달으면서 1986년 2월 25일 밤 마르코스가 말

"마르코스는 떠났다… 필리핀萬歲"

초조한 취임 9時間만의 深夜탈출

코라손 "기나긴 고 대통령宮 경비軍

1986년 2월 25일 마르코스의 탈출로 끝난 필리핀의 민중혁명 '피플 파워'. 26일자 『동아일보』는 여러 면에 걸쳐 이 필리핀 사태를 집중 보도했다.

라카냥 궁에서 허둥지둥 도망치자 더욱 불안해진 전두환 정권은 훨씬 자세한 보도지침을 시달했다. 2월 25일자는 "필리핀 사태 1면 톱기사로 올리지말 것"이었는데, 27일에는 다음과 같았다.

필리핀 사태 1) 1면 3단 정도로 취급하고 나머지는 간지에 싣되, 4면(외신면)과 5면(체육면)에만 한정시킬 것, 2) 국내 정치인들의 개별적인 논평은가급적 보도하지 않도록 하고 대변인 논평만 실을 것, 3) 해설, 좌담 등에서'시민불복종운동'을 우리 현실과 비교하거나 강조하지 말 것, 4) '세계 독재자 시리즈', '마르코스 20년 독재' 등의 시리즈를 싣지 말 것.

1986년 4월 KBS시청료 거부운동이 활발해지자 내려온 보도지침도 홍미룹다. 4월 한 달에만 일곱 차례나 지침이 시달되었다.

- 4월 1일 기독교교회협의회(NCC) KBS-TV시청료납부 거부운동을 4월 초부터 개시하고 세미나 등도 개최할 예정이라고 발표. 이 사실을 보도하지 말 것.
- 4월 7일 신민당의 KBS법 개정 추진사항은 보도하지 말 것.
- 4월 11일 KBS-TV시청료 거부운동은 가급적 보도하지 말 것.
- 4월 15일 KBS TV시청료 거부 운동 관계 기사는 자제해주기 바람.
- 4월 16일 KBS운영 관계 기사, 제목에서 '국민들의 여론을 수렴해서'라는 표현을 쓸 것.
- 4월 23일 기독교의 KBS-TV시청료 거부운동 추진본부에서 당국에 공개 질의한 사실은 사회면 1단으로 보도하기 바람.
- 4월 29일 금일부터 KBS-TV시청료 관계 기사 및 'KBS'라는 표현도 일체 쓰지 말 것.

피플 파워가 승리하자 김영삼 신민당 고문은 3·1절을 맞아 "이번 필리핀의 민주화는 필리핀 국민의 위대한 승리일 뿐만 아니라, 전 세계 자유민의 승리"라고 피력했다. 학생, 민주인사 외에도 기독교 관계자와 신자들이 특히 그랬지만, 많은 시민들이 필리핀의 피플 파워로부터 힘과 용기를 얻었다. 『말』은 매호마다 지면을 크게 할애하여 필리핀 사태를 보도했는데, 세계 어떤 지역보다도, 미국 정부 못지않게, 어쩌면 미국 정부보다 더 크게 한국의 민주화운동 세력이 필리핀의 피플 파워에 각별한 관심을 가진 것은 당시의 상황과 관련이 깊다.

민주화운동은 1984년 유화국면과 다음 해의 2·12총선, 1986년 봄의 개헌운동을 통해 각 부문별로 크게 확대되고 이념적으로도 심화되었다. 학생운동이 활성화되었으며, 재야운동의 구심점으로 민통련이, 청년운동단체로 민청련이 조직되었다. 또 노학연대가 강화되는 가운데 노동운동이 농민운동과 함께 발전했고, 교육민주화운동, 여러 문화·예술 각 부문에서의 민주화운동이 활발히 전개되었다.

이렇게 민주화운동이 거세게 확대·심화되어가고 있어서 필리핀에서 벌어지고 있는 마르코스 독재 타도시위와 피플 파워의 물결은 민주화운동세력에게 역동적인 힘으로 작용했다. 또한 필리핀의 민주화운동은 전두환 정권만 골머리를 앓게

전두환 정권의 보도지침을 폭로하여 구속된 한국일보 김주언 기자. 전두환 정권이 보도지침을 통해 사실상 언론의 제작까지 전담한 사실이 폭로되면서 세상은 발칵 뒤집혔다.

한 것이 아니었다. 미국의 대한對韓 정책에도 두통거리였다. 미국은 필리핀과 한국은 다르다며, 필리핀의 피플 파워가 한국에 전이되는 것을 두려워했다.

필리핀의 민중혁명에는 하이메 신 추기경 등 천주교계가 중요한 역할을 했는데, 한국의 천주교계와 개신교계도 직접적으로 그 영향을 받았다. 1986년경에 종교계가 활발히 민주화운동에 참여한 것은 필리핀의 민주화운동이 진전된 데 힘입은 바가 컸다.

보도지침이 폭로되자 전두환 정권은 1986년 10월에 김태홍 언민협 사무국장, 신홍범 조선일보투쟁위원회 실행위원, 한국일보 김주언 기자를 차례로 구속했다. 이들의 구속과 재판은 국제적으로도 문제가 되었다. 1987년

5월 25일 동아일보 기자 133명은 '민주화를 위한 우리의 주장'이라는 성명을 내고 구속된 언론인의 석방을 요구했다. 5월 27일 결심공판에서 김태홍, 신홍범, 김주언에게 각각 징역 3년이 구형되었다. 선고 재판을 앞둔 5월 29일 한국일보 기자 150명은 '현 언론 상황에 대한 우리의 견해'를 발표하면서 이들의 석방을 촉구했다. 5월 31일에는 구속된 3명에게 가톨릭자유언론상이 주어졌다. 6월 3일 김태홍은 징역 10월에 집행유예 2년, 김주언 기자는 징역 8월에 집행유예 1년을 선고받았고 신홍범은 선고유예 판결을 받아 석방되었다.

부천서 성고문 사건

부천서 성고문 사건은 한 여대생의 용기 있는 행동이 어떻게 한 사회를 변화시키는 데 기여할 수 있는지를 잘 보여주었다. 이 사건은 경찰 하위직에서부터 검찰 간부, 권력의 정상에 이르기까지 인간이 얼마나 추악하게 타락할 수 있는지를 보여줌으로써 민주화운동을 고양시켰고, 여성들의 폭넓은 사회운동 참여를 이끌어냈다.

서울대 의류학과에 다니던 권인숙은 4학년이던 1985년 봄, 허명숙이라는 친지 이름으로 경기도 부천에 있는 가스배출기 제조업체에 취직했다. 그런데 다음 해 6월 4일 부천 아파트 자취방에서 경찰에 끌려갔다. 권 양은 다른 사람의 주민등록증을 가지고 취업한 '위장취업자'임을 순순히 밝혔다.

1980년대 중반에는 몹시 열악한 작업장에서 고된 노동을 하는 노동자와 고통을 함께 나누고 그들의 권익을 지키기 위하여, 또 새 세상을 만들 수 있는 변혁의 주체로서 그들의 역량을 규합하기 위하여 다른 사람의 주민등록증을 가지고 취업하거나 그것을 변조해 취직하는 대학생들이 경인지역에만 수천 명에 달했다. 뜨거운 혁명적 열정이 질풍노도처럼 퍼져나간 시기라고 할 만했다.

전두환·신군부는 수구체제를 보위하기 위해 입법회의를 통해 노동관계법을 개악하고 민주노동조합을 파괴하고 블랙리스트를 만들어 돌리고 '위장취업자'를 단속해 노동운동의 확산을 저지하고자 했다. 전두환 정권은 공장에서 지나치게 친절하거나 겸손한 자, 자주 술을 마시러 가자고 하는 자, 오른쪽 손가락 셋째 마디에 굳은살이 박힌 자, 그리고 안경을 쓰거나 말을 잘하는 자, 생활이 너무 검소한 자 등이 '위장취업자'일 수 있다는 공문을 발송하여 자체 감시 기능을 강화하도록 조처했다.'

그러나 경찰이 1986년 6월 경인지방 노동자들의 자취방을 덮친 것은 '위장취업자'를 잡기 위해서가 아니라 1계급 특진의 포상이 따르는 5·3사태 수배자들을 체포하기 위해서였다. 권인숙이 경찰서에 끌려온 다음 날부터 담당 형사가 5·3사태 수배 노동활동가에 관해서 묻기 시작했고, 3일째부터는 말로 표현할 수 없는 추악한 성적 고문을 가했다.

6월 16일에 권인숙의 신병이 교도소로 옮겨졌다. 권 양의 얘기를 들은 교도소 내 70여 명의 양심수가 부천서 담당 형사 문귀동의 구속을 요구하며 무기한 단식투쟁에 들어갔다. 권인숙도 6월 28일부터 단식에 돌입했다.

여대생 성고문은 어제오늘의 일이 아니었다. 1984년 9월 전두환의 방일저지 집회에 나갔다가 연행된 경희대 여학생 3명은 경찰서 유치장에서 전경으로부터 알몸인 상태로 성추행을 당하자 11월에 기자회견을 가졌다. 여대생들이 자주 성폭력을 당하자 그해 11월에는 민불련 여성위원회에서 여대생추행사건대책위원회를 구성했다. 1985년 1월 2·12총선을 앞두고 여성평우회 등 87개의 여성단체가 모인 '올바른 투표권 행사를 위한 여성 대표자 간담회'에서 제시한 요구 조건의 7항은 "여대생 추행 사건과 같은 여성에 대한 공권력의 성적 폭행을 중지하라"였다.

1986년 7월 3일 권인숙은 자신에게 성적 고문을 저지른 경장 문귀동을 고소했다. 이날로 권 양은 공·사문서 위조 혐의 등으로 구속되었고, 다음 날 문귀동은 권인숙을 명예훼손 혐의로 맞고소했다. 7월 5일 조영래 등 9명의 변호사가 "인간의 존엄성을 최고의 이념으로 삼고 있는 법치국가에서 야만적이고 비인간적인 만행이 제도적으로 자행"되는 것을 더 이상 묵과할 수 없다면서 문귀동과 부천경찰서 서장 옥봉환 등 6명을 인천지방검찰청에 고발했다.

부천서 성고문 사건이 알려지면서 인천과 서울에서 잇따라 규탄집회가 열렸다. 7월 1일 천주교 정의평화위원회, NCC인권위원회, 여성단체연합회, 천주교 수녀장상연합회, NCC고문대책위원회, 정토구현전국승가회, 천주교 사회운동연합 등이 공동대책위원회를 발족시켜 '천인공노할 성고문을 규탄한다'는 성명을 발표했다.

권력은 어디까지 타락할 수 있는가

파문이 일자 검찰은 부천서 성고문 사건을 상당히 깊게 조사한 것으로 알려졌는데, 7월 16일 발표는 전연 달랐다. 각 신문 1면에 실린 대로 "성적 모욕 없었고, 폭언 폭행만 있었다"는 것이었다. 검찰은 권인숙이 성적불량 대학생, 가출 대학생으로 급진좌경사상에 물들어 혁명을 위해 성적 수치심까지 이용하는 거짓말쟁이라고 비난했다. 적반하장 격에 후안무치하고 철면피하기가 이만저만이 아니었다.

7월 17일 각 신문 10면에 똑같이 보도된 '공안당국의 분석'은 우선 괴문서라는 의심을 지울 수 없다. '공안당국의 분석'이라고만 되어 있을 뿐 공안당국이 어떤 곳인지 정체를 밝히지 못하고 있기 때문이다. 그만큼 자신들이 떳떳하지 못하다는 것을 소위 공안당국이 자인한 것이다.

아무튼 이 문서는 파렴치한 '주장'을 한층 상세히 늘어놓았다. 핵심만 얘기하면 다음과 같다. "1) '용공·좌경·급진' 학생운동 세력은 혁명을 위해서는 성을 도구화한다. 2) 피해자 권 양은 급진좌경노선을 신봉하는 행동대원이다. 3) 따라서 권 양의 성모욕 주장은 사실이 아닌 조작이다." 그럴싸한 '3단 논법'까지 동원해 성을 혁명의 도구로 이용했다는 이 주장은 권인숙의 변론대로 '악의에 가득 찬 조작'이었다.

전두환 권력은 이러한 추악한 행위가 어떠한 결과를 가져올지를 생각하기보다는 성을 혁명의 도구로 이용했다고 각종 매체를 활용해 선전하면 된다는 사고를 지니고 있었다.

부천서 성고문 사건에 대한 보도지침은 전 정권이 이 사건을 어떻게 조작하려고 하는지 그 흉물스러운 속마음을 잘 드러내주었다. 공안당국이 배포한 분석 자료 중 '사건의 성격' 부분에서는 친절하게도 '혁명 위해 성까지 도구화'라고 제목까지 뽑아주고, 검찰 발표 내용은 반드시 전문을 그대로 싣되, 시중에 나도는 반체제 측의 고소장(변호인단의 고발장) 내용이나 NCC, 여성단체 등의 사건 관련 성명은 일체 보도하지 말라고 시달하는 등 매우 자세하다. 앞부분만 옮겨보자.

• 7월 9일 부천서 형사의 여 피의자 촉행(추행) 사건은 당국에서 조사 중이고 곧 발표할 예정. '성폭행 사건'으로 표현하면 마치 기정사실화한 인상을 주므로 '성폭행 주장 관련'으로 표현 바꾸도록.

• 7월 10일 부천서의 '성폭행 사건'

1) 현재 운동권 측의 사주로 인해 여성이 계속 허위 진술.

2) 검찰에서 엄중 조사 중이므로 내주 초 사건 전모를 발표할 때까지 보도를 자제해줄 것.

3) 기사 내용에서 '성폭행 사건'이란 표현 대신 '부천 사건'이라고 표현하기 바람.

- 7월 11일 부천서 성폭행 사건. 검찰 발표 때까지 관련된 모든 기사를 일체 보도하지 말 것. 부천 사건의 검찰 발표 시기에 관한 것이나 부천 사건 항의시위, 김대중의 부천 사건 언급 등 이와 관련된 일체를 보도하지 말 것.

- 7월 12일 '부천 성고문' 관계는 발표 때까지 일체 보도 자제 요망.

- 7월 15일 '부천 성고문 사건'은 계속 보도를 자제할 것. 오늘 기독교교회협의회(NCC) 등 6개 단체에서 엄정 수사와 관련자 처벌을 촉구했는데, 이 사실을 보도하지 말 것.

- 7월 16일 부천 성폭행 사건, 계속 발표 때까지 보도를 자제할 것.

- 7월 17일 부천서 성고문 사건 보도지침

1) 오늘 오후 4시 검찰이 발표한 조사 결과 내용만 보도할 것.[10]

2) 사회면에서 취급할 것(크기는 재량에 맡김).

3) 검찰 발표 전문은 꼭 실어줄 것.

4) 자료 중 '사건의 성격'에서 제목을 뽑아줄 것.

5) 이 사건의 명칭을 '성추행'이라고 하지 말고 '성모욕 행위'로 할 것.

6) 발표 외에 독자적인 취재 보도 내용은 불가.

7) 시중에 나도는 '반체제 측의 고소장 내용'이나 'NCC여성단체 등의 사건 관계 성명'은 일체 보도하지 말 것. (……)

권인숙의 옥중 메시지

7월 17일 '공안당국의 분석'이 신문에 나오자 다음 날 조영래를 필두로 한 9명의 변호사는 '검찰 발표에 대한 변호인단의 견해'를 발표해 "권 양은 부천경찰서 내에서 필설로 이루 형언할 수 없는 천인공노할 추악한 성고문의 만행을 당하였다. 이 전대미문의 만행의 진상이 백일하에 공개되고 그 관련자들이 남김없이 의법 처단되기 전까지는 우리들 변호인단은 물론이요, 이 나라의 모든 국민과 산천초목까지도 결코 잠잠하지 않을 것"이라고 천명했다.[11]

7월 19일 '고문 및 용공조작 공동대책위원회'(고문공대위) 주최로 명동성당에서 고문·성고문·용공조작 규탄 범국민대회가 열렸다. 뜨거운 한여름에 집회 참가자들은 자욱한 최루탄 연기에 휩싸여 집회를 원천 봉쇄하려는 경찰과 몸싸움을 벌였지만 끝내 대회를 열지 못했다.

7월 21일 김수환 추기경이 명동성당에서 '여성과 가난한 이들의 생존권과 인권해방을 위한 미사'라는 주제로 한 강론에서 "저는 이번 사건은 불행히도 그 희생자인 권 양의 고소와 변호인단의 고발장에 기재된 내용이 사실이었다는 것을 믿어 의심치 않습니다"라고 밝혔다. '진실' 문제로 격돌이 벌어지고 있을 때 추기경의 이러한 발언은 큰 힘이 되었다.

7월 26일 옥중에서 권인숙은 다음과 같은 메시지를 내보냈다.

저는 지금 이 세상이 진실이 거짓을 이길 수 있는 세상임을 모든 사람들이 확인할 수 있도록, 이번 저의 싸움이 거기에 하나의 증거가 될 수 있다면 좋겠다는 희망밖에 없습니다. (……) 저는 이 사건을 폭로할 때부터 이미 수치심을 다 버렸습니다. (……) 이제 와서 이 사건을 더 이상 거론하지 않고 유야무야 파묻어버린다는 것은 이미 한 번 죽었던 저를 두 번 죽이는 결과밖에 되지 않습니다. 저는 저의 모든 것을 내던지고 진실을 밝히기 위하여 싸울 것입니다.

이틀 후인 7월 28일자로 되어 있는, 권인숙이 감방에서 법정에 제출하기 위해 쓴 변론서에도 당시 학생들이 무엇을 고민했고 어떻게 살려고 했는지가 절절히 담겨 있다.

> 중·고등학교 선생님들은 한결같이 유신헌법을 한국적 민주주의의 토착화된 산물이라고 극구 칭찬했었고, 저는 박정희가 죽을 때까지 대통령을 했으면 좋겠다고 몇 번이나 친구들과 얘기했는지 모릅니다. 그러던 제가 반 친구들과 다 같이 '대통령 서거' 소식에 접해서 마치 부모님 초상이라도 난 듯이 엉엉 통곡을 했던 것은 어쩌면 자연스러운 일이었을 것입니다. (……)
> 이 땅은 한 청년이 자신의 몸을 불사르는 통렬한 고발에도 치유될 수 없을 만큼 심각하게 병들어 있었고, 이 땅의 많은 사람들은 해방 이후 계속되어 온 좌절의 역사와 군부독재의 머리만 바꾸는 철통같은 아성에 대해 패배감과 현실 안주감에 빠져 있었던 것입니다. (……)
> 소위 공안당국이 의식화·좌경화되었다고 몰아치는 우리는 다만 이 땅의 아픔과 현실의 엄청난 억압과 횡포를 아는, 즉 진실을 아는 사람들일 뿐이라는 것을 말입니다. (……)
> '가슴을 손등으로 몇 번 가볍게 친 적밖에 없다'는 발표와 함께 '혁명을 위해 성적 수치심마저 팔아먹는 운동권의 악의에 가득 찬 조작'이라는 그야말로 악의에 가득 찬 조작극을 보았을 때, 저는 저 검은 정권에 의해 또 한 번의 강간을 당한 느낌이었습니다.[12]

폭력과 거짓 선전으로 권력을 만들고 유지시켰던 전두환 정권은 무서운 여성을 만났다. 대단히 단단한 여성과 싸우게 된 것이다. 큰 키에 유난히 호리호리하여 무척이나 여리게 보이는 그 여대생은 후안무치한 전두환 권력의 두꺼운 낯가죽을 송두리째 벗겨내 파렴치하고 철면피한 속살을 여지없이 폭로했다.

옥중에서 메시지가 나온 다음 날부터 여성단체를 주축으로 한 종교계의 규탄기도회가 7월 27일 서울 성공회 집회를 시작으로 청주·익산·부산·대전·광주에서 잇따라 열렸다. 7월 27일 그날 서울 성공회교회에서 성고문추방기독교대책위원회 주최로 성고문 규탄기도회가 열렸을 때 경찰은 성직자들을 폭행하면서 사제관에 난입했다. 다음 날에는 고려대 여학생 3명이 부천서 성고문 사건에 항의해 인천지검 건물에 불을 질렀다.

그런가 하면 성폭행을 당한 여성들이 당당하게 고발하는 사례가 증가했다. 여성들은 부천서성고문대책위원회를 중심으로 단결했고, 점차 다른 재야단체와 연대를 강화하면서 민주화운동에서 빼놓을 수 없는 한 축이 되었다.

조영래 변호사의 변론요지서

8월에도 규탄대회는 계속되어 14일 신민당·민추협의 '고문·성고문·용공조작 범국민 폭로대회'에 많은 시민들이 신민당 당사 밖에서 스피커에 귀를 기울였다. 이날 민주언론운동연합은 부천서 성고문 사건과 관련해서 '제도언론' 간부들이 당국으로부터 '촌지'를 받아먹은 것을 폭로·규탄하는 집회를 열었다. 정경유착 못지않게 썩을 대로 썩어 있는 검檢·언言의 '검은 유착'에 대한 민주언론의 엄중한 항의였다. 박정희 정권이건 전두환 정권이건 독재정권에서 인간의 타락과 추악함은 끝이 보이지 않는 것 같았다. '보도지침'에 맞춰 보도하는 데서 한 걸음 더 나아가 촌지까지 받아먹은 것이다.

9월 1일 조영래를 비롯한 변호사 166명은 문귀동에 대한 검찰의 기소유예 결정과 관련해 검찰의 기소독점주의 남용을 견제하고 수사권력의 고

질적인 인권침해를 근절하기 위해 법원에 재정신청을 제출했다.[13] 그런데 10월 31일 서울고등법원은 고발장의 내용 대부분을 사실상 인정했으면서도, "문귀동이 손으로 그녀의 음부를 만지고 자신의 성기를 꺼내 그녀의 음부에 대어 수차례 비비는 등 성추행을 했다"는 권인숙의 진술은 관련자들이 부인하고 있고 증인이 없으므로 이를 인정할 수 없고, 그러므로 문귀동에 대한 검찰의 처사는 정당하다고 하면서 재정신청을 이유 없다고 기각했다. 문귀동과 이 사건 관련자들이 부인하는 것은 상투적인 수법이고, 밀실에서 저질러진 일이어서 증인이 있을 수 없는데도 어이없는 판결을 한 것이다.

11월경 변호사들은 대법원에 재정신청 특별항고를 하는 한편 11월 21일 변론요지서를 작성했다. 인권변호사로 활약했고, 『전태일 평전』의 저자이기도 한 조영래가 작성한 이 변론요지서는 오래 기억할 만한 명문으로 알려져 있다. 그 일부를 인용해보자.

권 양—우리가 그 이름을 부르기를 삼가 하지 않으면 안 되게 된 이 사람은 누구인가? 온 국민이 그 이름은 모르는 채 그 성만으로 알고 있는 이름 없는 유명인사, 얼굴 없는 우상이 되어버린 이 처녀는 누구인가? 그녀는 무엇을 하였는가? 그 때문에 어떤 일을 당하였으며, 지금까지 당하고 있는가? (……) 우리는 깊은 분노로 말합니다. 이 재판은 거꾸로 된 재판입니다. 여기에 묶여 서서 재판받아야 할 것은 이 연약하고 순결무구한 처녀가 아니라 바로 이 처녀에게 인간의 탈을 쓰고서도 차마 상상할 수 없는 추악한 만행을 저지른 문귀동 (……) 아울러 문귀동의 범행을 교사, 방조하였던 모든 사람들, 문귀동을 비호하고 그 범행을 은폐하려고 들었던 모든 사람들이 그 책임의 경중에 따라 여기에 서서 재판을 받아야 할 것입니다.

부천 성고문 사건 피해자 권인숙과 담당 변호사 조영래(1989. 6. 13).

12월 1일 인천지법은 권인숙에게 징역 1년 6월을 선고하고는 도망치듯 법정을 빠져나갔다. 재판장이 재판 도중 권인숙의 진술을 막는 것을 보고 한 학생 양심수의 어머니 이중주가 분노해 "성고문 범죄자를 비호하고 피해자를 재판하는 게 사법부냐?"라고 고함을 질렀다. 법정 정리에게 끌려나갈 때 이중주는 교도관의 모자를 벗겨 재판부를 향해 던지며 "이 더러운 군사독재의 시녀들아!"라고 외쳤다. 그녀는 이틀 후 서대문구치소에 수감되었다.

1987년 3월 28일 서울고법은 원심의 판결은 정당하다면서 원심대로 1년 6월을 선고했다. 재판 뒤 구속자 가족 50여 명은 〈우리 승리하리라〉를 부르고, "강간범 문귀동을 처단하라" 등의 구호를 외치며 법원 구내에서 40여 분 동안 시위를 벌였다.

전두환과 그 밑에서 크고 작은 권력을 움켜쥔 자들은 2·12총선에서 민심의 추이를 알 수 있었고, 1986년 봄 개헌 정국과 KBS시청료 거부운동에서 시민들의 의식이 달라지고 있음을 충분히 피부로 느낄 수 있었는데도 그럴수록 더욱 거세게 눌러야 한다고 신앙처럼 생각했다. 그래서 부천서 성고문 사건이 발생했을 때에도 시민들의 커가는 분노에는 아랑곳하지 않고 성을 혁명의 도구로 이용하려 했다고 오히려 민주화운동 세력을 몰아세우면 된다고 생각했다. 전두환 정권은 5·3인천사태 이후 비판 세력을 더욱 더 용공좌경, 극렬, 폭력 등의 이미지를 덧씌워 초강경 탄압을 가하고 국민을 우롱하는 억지 조작과 선전을 해댔다.

1987년 2월 27일 항소심 첫날 재판에서 권인숙은 "성고문 경관을 처벌했더라면 박 군은 죽지 않았을 것"이라고 말했지만, 전두환과 그 밑에 있는 자들의 작태가 끝내 박종철 고문사망 사건을 불러왔다. 그리고 박종철 고문사망 사건과 이 사건 이후 드러난 시민의 분노를 또다시 외면하고 결국 4·13호헌조치로 나갔다.

3

호헌철폐투쟁의 배경 2
—직선제 개헌에 달아오른 민심

오욕의 개헌 역사

개헌 문제는 화약고와 비슷했다. 1987년에 들어와 박종철 고문사망 사건으로 개헌 문제는 비켜나 있었는데, 4·13호헌조치로 전두환 자신이 그 뇌관에 불을 지폈다. 전두환이 호헌조치를 하자 호헌철폐투쟁이 요원의 불길처럼 확산되었다. 시민들은 더 이상 '체육관 대통령 헌법'에 우롱당하는 것을 원하지 않았다. 전두환은 김대중·김영삼이 선명하게 직선제 개헌 쟁취투쟁을 벌이기 위해 신민당을 깨고 신당 창당 수순을 밟자 기선을 제압한다고 호헌조치를 발표했지만, 그것은 직선제 개헌을 바라는 민심에 불을 질러 직선제 개헌투쟁을 한층 더 강화시켰다.

그러나 민주화운동 세력 모두가 2·12총선 직후부터 직선제를 받아들인 것은 아니었다. 민주화운동 세력은 개헌 문제를 둘러싸고 불꽃 튀기는 논쟁을 벌였다. 민주대연합이 이루어지는 데는 많은 우여곡절을 거쳐야 했다. 이 절에서는 호헌철폐투쟁과 6월 항쟁의 배경을 이해하는 데 중요한,

오욕으로 점철된 헌정사를 간략히 뒤돌아보고, 2·12총선 이후 전개된 개헌 논쟁에 대해서도 살펴보자.

그다지 길지 않은 헌정사는 7월 17일 제헌절만 되면 언론에서 판에 박듯이 한탄한바 그야말로 '수난의 연속'이었고 '형극의 길'이었다. 이승만, 박정희, 전두환의 통치를 거치면서 자유·평등의 민주주의 헌법은 만신창이가 되었다.

헌정 4년도 안 되어 일어난 첫 번째 불명예스러운 개헌 파동이 다름 아닌 직선제 개헌을 하기 위해서였다는 것은 참으로 아이러니한 일이다. 처음부터 영구집권의 야욕이 있었던 이승만은 1952년 국회에서 대통령으로 선출되는 것이 불가능해지자 직선제 개헌을 들고 나왔다. 그리하여 백골단, 땃벌떼, 민중자결단 등의 얄궂은 이름으로 괴한들이 동원되어 국회를 협박하고 전시 수도 부산에 계엄령이 선포되어 부산정치파동이 일어났다. 국회 회기 중에 국회의원들을 국제공산당 관계자로 체포하고 국회의 계엄령 해제 결의를 묵살하는 등 헌법을 유린했다. 결국 직선제를 골자로 한 발췌개헌안이 '기립표결'로 통과되었고, 한국전쟁의 와중에 딱 10일간의 선거운동 기간을 거쳐 이승만이 대통령에 '당선'되었다. 이승만 집권기에는 1986~1987년 개헌 정국과 정반대로 야당이 이승만 독재를 막기 위해서 내각책임제를 실시해야 한다고 주장한 것도 역사의 아이러니다.

두 번째 개헌은 첫 번째 개헌이 있은 지 불과 2년 후인 1954년에 있었다. 그해 치러진 5·20선거에 처음으로 정당추천제를 실시했던바, 초대 대통령에 한해 대통령 중임 제한을 철폐한다는 개헌안에 찬성하는 자에게만 자유당 공천을 주었다. 독재를 하기 위해 민주주의 정당제가 도입된 것이다. 이것 또한 기구한 민주주의 역사의 한 페이지였다. 경찰선거라고도 불리는 5·20선거로 자유당 의석수를 크게 확보하고 무소속을 끌어들여 초대 대통령에 한해 대통령 중임을 허용하는 개헌안을 11월 27일 국회에서 표

초대 대통령에 한해 중임금지 제한을 철폐한다는 개헌안이 1표 차이로 부결되었는데, 이틀 후 자유당이 사사오입이라는 억지 주장으로 '개헌안 부결 번복 가결 동의안'을 통과시키자 민주당의 이철승 의원(왼쪽)이 단상에 뛰어올라 가결을 선포한 최순주 부의장의 멱살을 잡고 거세게 항의하고 있다(1954. 11. 29).

결에 붙였다. 그렇지만 1표 차이로 부결되어 사회를 보던 자유당 소속 국회부의장이 부결되었다고 선포했는데도, 사사오입이라는 기막힌 숫자풀이가 등장했고, 부결 이틀 후 자유당은 개헌안 부결 번복 가결 동의안이라는 희한한 동의안을 기습적으로 통과시켰다.

이승만에게 직선제는 독약이라는 것이 드러났다. 사사오입 개헌이 있은 지 불과 이태 뒤에 치러진 1956년 정부통령 선거에서 야당 후보인 신익희·조봉암의 돌풍으로 '국부'라는 이승만의 이미지는 돌이키기 어려운 상처를 입었다. 신익희 후보가 중도에 사망하고 이승만과 조봉암의 대결로 좁혀졌는데, 지독한 개표 부정이 있었는데도—그래서 선거 후 조봉암은 "투표에 이기고 개표에 지고"라는 명언을 남겼다—조봉암 표와 신익희 추모 표를 합하면 이승만 표에 육박하는 결과가 나왔다. 놀란 이승만과 자유당은 박정희처럼 '유신쿠데타'는 생각지 못하고, 그 대신 1960년 3·15정부통령 선거에 부정선거로 대처함으로써 스스로 몰락을 자초했다. 직선제로 영구집권을 꾀하다가 직선제로 망한 것이다.

1960년 6월 15일에 통과된 내각책임제 개헌안은 6월 항쟁 이후의 헌법처럼 여·야 합의의 산물이었다. 부정선거 원흉 등을 단죄하기 위한 개헌안도 여·야 합의로 민의원·참의원 양원을 통과해 그해 11월 29일 공포되었다. 이는 이승만 등 반민주 행위자, 부정선거 관련자, 부정 축재자 등을 징치할 수 있도록 혁명 입법을 제정해야 한다는 거센 여론에 따른 것이었다.

체육관 대통령이 지배한 암흑시대 17년

헌정은 13년 만에 5·16군부쿠데타로 중단되었다.

박정희는 이승만의 전철을 그대로 밟았다. 그는 1967년 망국적인 6·8 부정선거를 통해 의석수를 확보했다. 그리하여 1969년 9월 14일 여당 측은 농성하고 있는 야당 의원들에게 표결을 '고지'하지 않고 본회의장을 슬며시 빠져나와 엉뚱하게 제3별관에서 새벽 2시 50분경 의사봉도 없어 주전자 뚜껑으로 두드려 3선 개헌안을 변칙 '통과'시켰다.

그러나 우리 헌법은 그보다 더 참담한 운명이 기다리고 있었다. 1972년 10월 친위쿠데타로 헌법이 정지되고 비상국무회의 의결과 국민투표 형식을 빌려 유신헌법이 만들어진 것이다. 1971년 대통령 선거 유세에서 김대중 후보가 이번에 정권교체를 하지 못하면 영구집권의 총통제가 실시되어 다시 선거도 없을 것이라고 경고했지만, 1971년 대통령 선거에 기겁을 한 박정희는 대통령 자리를 빼앗길지도 모르는 위험한 직선제를 피해 통일주체국민회의(통대)라는 허수아비 기구를 통해 체육관 대통령이 되는 길을

유신헌법이 공포된 1972년 12월 27일, 서울 장충체육관에서 열린 제8대 대통령 취임식에서 박정희가 취임 선서를 하고 있다.

택했다.

박정희의 유신체제는 긴급조치 발동에 의해 유지되었다. 긴급조치는 유신헌법을 부정·반대·비판하는 행위에 대해 군법회의에서 징역 15년(긴급조치 1호) 또는 사형(긴급조치 4호)을 선고할 수 있도록 했다. 뿐만 아니라 긴급조치 9호는 유신헌법을 부정·반대 또는 개정·폐기를 주장하는 내용을 일체 보도하지 못하게 했고, 그러한 내용이 들어 있는 유인물을 소지하고 있어도 처벌을 받을 수 있게 했다. 그야말로 캄캄한 암흑세상이 온 것이다.

1979년 김재규 중앙정보부장의 10·26거사로 유신체제는 종말을 고했지만, 유신헌법도 체육관 대통령도 사라지지 않았다. 대통령 권한대행 최규하가 12월 6일 유신헌법에 따라 통대에 의해 대통령에 선출되었다.

그렇지만 1980년 '서울의 봄'을 맞아 개헌 논의가 급물살을 타 1월 16일에 열린 국회개헌특별위원회 주최의 첫 공청회에서 각계 대표들은 대통령 중심제와 직선제를 압도적으로 지지했다. 3월 24일 국회 헌법개정특위 권력구조소위원회는 대통령을 직선제로 선출하고, 임기를 4년으로 하되, 1차에 한해 중임할 수 있도록 하고, 이 부분만은 개정할 수 없게 하는 조항을 신설키로 합의했다. 공화당과 신민당은 대통령직선제를 불변의 원칙으로 확정한 것이다.

그러나 1979년 12·12쿠데타에 이어 1980년 5·17쿠데타로 신군부는 권력을 완전히 장악했다. 전두환은 최규하를 밀어내고, 8월 27일 유신헌법에 의한 통대선거로 세 번째 체육관 대통령이 되었다. 전두환·신군부는 유신헌법에 안주하기가 껄끄러웠던지 새 개헌안을 만들었다. 1980년 10월 22일 국민투표로 확정된 이 헌법은 대통령 임기를 7년 단임으로 하고, 통대 의장인 대통령이 국회의원의 3분의 1을 선임하던 방법 대신 국회 의석의 3분의 1을 배정한 전국구 의원을 여당이 3분의 2 이상 차지하도록 했다. 이것은 약간의 차이가 있으나 변형된 유신헌법에 지나지 않았다.

2·12총선에서의 선명야당 돌풍

전두환과 신군부헌법은 1985년 2·12총선에 의해 거센 도전을 받았다. 전두환은 김영삼·김대중을 여전히 정치활동 피규제자(미해금자未解禁者)로 묶어놓고, 선거구민이 한 사람이라도 투표소에 덜 오기를 바라는 마음에서 2월 12일 '동토의 선거'를 치렀다.

김영삼계와 김대중계는 모처럼 단합해 1984년 5월 18일 조직한 민주화추진협의회(민추협)를 기반으로 신한민주당(신민당)을 창당했다. 신군부는 얕은꾀를 써 정당을 만들 때 과거에 존재했던 당명을 사용하지 못하게 했

민중의벗 金大中 선생

1982년 말 신병 치료차 방미했다 귀국한 김대중 전 신민당 대통령 후보를 환영하기 위해 김포 가두에 운집해 있던 학생들과 이들을 저지하는 경찰들(1985. 2. 9).

다. 이 때문에 유권자들이 친밀감을 가질 수 있는 신민당이나 민주당이란 당명을 야당에서 사용하지 못했는데, 신한민주당이란 당명을 씀으로써 자연스럽게 신민당으로 부르게 되어 예전의 신민당 이미지를 되살리게 했다.

2·12총선에서는 그 누구도 예상치 못한 민의의 돌풍이 불어 10여 일의 짧은 유세기간 동안 대도시의 수많은 유세장이 김대중·김영삼을 지지하는 인파로 뒤덮였다. 선거 결과 서울에서 민정당은 27.0퍼센트의 득표밖에 못 했는데, 신민당이 41.7퍼센트를 득표하는 등 대도시에서는 신민당 말뚝만 박아놓아도 1위로 당선되었다. 제1야당이었던 민한당은 여지없이 '사쿠라 정당'으로 몰려 신민당에 크게 뒤졌고, 얼마 후 풍비박산이 되어 당선된 의원도 대다수가 신민당으로 옮겼다.

직선제 개헌은 5년 만에 2·12총선에서 다시 제기되었다. 1985년 1월 신한민주당 창당준비위원장 이민우는 연두 기자회견에서 대통령직선제 개헌을 촉구했다. 1월 18일 신민당이 창당된 뒤 발표된 신민당의 10개항 총선 공약의 첫 번째가 직선제 개헌이었다. 그렇지만 2·12총선에서 개헌 문제는 크게 부각되지 않았다.

2·12총선 이후 신민당은 직선제 개헌안 문제를 꺼냈다. 5월 20일 이민우 총재는 국회에 직선제개헌특별위원회를 둘 것을 제의했다. 8월 1일 열린 신민당 임시전당대회에서 이민우 총재는 "우리의 제1차 목표는 국민이 자신의 정부와 통치권자를 자유롭게 선택할 수 있도록 하는 개헌투쟁"이라고 못 박았다. 그다음 날 임시전당대회에서 김영삼·김대중은 신민당 상임고문에 추대되었다. 양 김은 이미 3월 6일 전두환 정권에 의해 해금 조치를 받은 바 있었다.

개헌 문제에 대해 여야가 명백히 상반된 입장을 가지고 있다는 것은 10월 14일 3당 대표 국회연설에서 드러났다. 노태우 민정당 대표는 현행 헌법을 지켜 합헌적으로 정권을 교체해야 한다고 피력하고, 야당이 개헌안을 발의할 수 있는 의석도 가지고 있지 못하면서 개헌을 관철하겠다고 하는 것은 의회주의 절차를 무시하고 불법적인 수단을 동원하려는 것이 아니냐고 반문했다. 신군부헌법은 대통령 또는 국회 재적의원 과반수의 발의로만 개헌을 제안할 수 있게 하여 사실상 야당에 의한 개헌 발의를 불가능하게 했는데, 그것을 빙자해 개헌 논의를 봉쇄하겠다는 주장이었다.

신민당과 민추협은 1979년 10·26사태 이후 국회헌법개정특별위원회에서 합의한 바 있는 대통령중심제, 곧 대통령직선제로 개헌하자고 역설했다.

대통령직선제는 김대중이 강력히 주장했다. 김대중의 개헌 핵심 요지는 10월 유신으로 인해 불법적으로 중단된 제3공화국 헌법으로 돌아가자는 것이었다.

김영삼은 김대중과 똑같은 견해를 갖고 있지는 않았다. 그는 1985년 6월 1일 민추협에서 낸 『민주통신』제2호에서 "대통령직선제가 국민 다수의 바람이긴 하지만, 내각책임제도 배제하지 않고 한번 생각해봐야 한다"고 피력했다.[14]

김대중과 김영삼이 똑같은 생각을 갖고 있지 않은 것은, 개헌 문제에 대해 국회에서 여당과 대화를 트기 위해서는 여당을 끌어당길 수 있는 것이 있어야 한다는 김영삼의 생각도 작용했지만, 두 사람의 개성이나 기질도 영향을 미쳤다.

김대중은 대중연설이 뛰어났고 설득력도 탁월해, 대중적 정치가로서 출중한 면모를 지니고 있었다. 그 점은 국회연설과 야당 대변인으로서의 활약, 1971년 대통령 선거 유세와 국회의원 선거 지원유세에서 확연하게 드러난 바 있었다. 특히 1971년 대선과 총선의 두 차례에 걸친 선거는 그에게 자신감을 심어주었다.

김영삼은 대중연설을 잘하는 편이 아니었고, 또 논리적으로 자세하게 설명하고 설득하는 타입이 아니었다. 그렇지만 정치적 감각과 승부수 파악은 천부적으로 탁월했으며, 대의명분에서 지지 않으려 했고, 난관 돌파력이나 결단력, 추진력이 강했다.

그렇지만 김영삼도 그의 정치적 대행자인 이민우가 1985년 10월 국회 대표 연설에서 신군부에게 탈취당한, 1980년 '서울의 봄'에 합의했던 대통령직선제 추진을 명확히 언명한 것을 보면 이때쯤에는 개헌에 대한 입장이 확고해졌다는 것을 알 수 있다.

학생운동권과 재야의 개헌론

야당은 직선제 개헌을 민주화의 핵심으로 이해했고, 개헌 문제를 중심으로 민주화운동을 폈다. 그러나 학생운동권이나 재야는 2·12총선 직후인 5월에 미문화원 점거 사건이 일어날 때만 해도 개헌 문제에 관심이 없었고, 보수정치 세력들이 권력 장악을 둘러싸고 벌이는 정치놀음이라는 생각이 많았다. 학생들이나 재야는 정치판을 부정적으로 보았고, 정치와는 거리를 두어야 자신들의 순결성이 유지될 수 있다고 생각했다. 하지만 2·12총선에서 직선제 개헌을 내세운 신민당이 제1야당이 되었고, 대중들이 개헌 문제에 관심이 많다는 것을 무시할 수는 없었다. 개헌 문제에 대해 학생운동권은 자신의 논리를 제시하지 않으면 안 되는 상황에 직면한 것이다.

개헌 문제에 대한 학생운동권의 대응은 다양했고, 달이 바뀔 때마다 주장하는 바가 조금씩 달라졌다. 개헌투쟁 무용론이 반제론과 맞물려 제기되기도 했고, 일각에서는 직선제 개헌론이 제기되기도 했다. 1985년 7월의 '민중·민주화운동 탄압 저지투쟁', 8월의 '학원안정법 저지투쟁'에 이어 2학기에 들어와 9월에 민주제 개헌이 제기되었는데, 이것이 이 시기 학생운동권을 대표하는 개헌론이 되었다.

민주제 개헌은 직선제 개헌과는 거리가 먼 주장이었다. 서울대에서 9월 13일자로 나온 『민주선언』 창간호에서 학생들은 전두환 정권을 퇴진시키고, 노동자·농민·빈민·청년·학생 대표자가 참여하는 헌법제정의회에서 '민주제 헌법'이 제정되어야 한다고 주장했다. 또 야권의 우유부단하고 타협적인 성격의 폭로를 개헌운동 목표의 하나로 설정했다. 야권은 제휴의 대상이 아니라 배격이나 타격의 대상이었다. 거의 같은 시기에 서울노동운동연합(서노련) 신문도 대통령직선제에 그치는 개헌투쟁이 아니라 민중이 참여하는 헌법제정민중회의에서 민주헌법을 제정할 것을 역설했다.

10월 5일 서노련 인천노동자복지협의회 등 4개 노동운동단체는 '전국 노동자 민중·민주·민족통일 헌법쟁취위원회'를 결성해 삼민헌법 쟁취를 주장했다. 학생들 또한 이 시기에 삼민헌법 쟁취투쟁을 벌일 것을 선언했다. 그것은 9월에 제시한 민주제 헌법보다 구체적이었다. 학생들은 삼민헌법 쟁취투쟁에서 민중 중심의 헌법을 쟁취하고, 민족과 자주를 팔아먹는 매판헌법과 민족통일을 가로막는 분단헌법을 철폐하자고 주장했다.

학생들은 11월에 파쇼헌법 철폐투쟁을 들고 나왔다. 제5공화국 헌법 곧 파쇼헌법 철폐투쟁을 제시해 대중 설득 구조를 광범위하게 창출하고 보수야당과의 이념적 차별성을 정립해야 한다는 주장이었다.

전학련의 '민중·민주정부수립과 민족자주통일을 위한 투쟁위원회' 산하 '파쇼헌법철폐투쟁위원회' 소속 서울 시내 14개 대학생 180여 명은 11월 18일 가락동 민정당 중앙정치연수원을 3시간이나 점거함으로써 파쇼헌법 철폐투쟁을 '행동'으로 보여주었다. 11월 21일에는 10개 대학 2,000여 명의 학생과 시민이 참여해 서울대에서 '독재 종식과 제5공화국 헌법 철폐를 위한 범국민토론회'를 가졌다. 다음 해인 1986년 2월 4일 서울대에서는 15개 대학 1,000여 명이 '86년 전학련 파쇼헌법 철폐 신년 투쟁대회 및 개헌 서명운동 추진본부 결성대회'라는 이 대회 사회자조차 외기 어려운 긴 이름의 집회를 가졌다.

재야단체를 대표하는 민통련은 학생들과 비슷한 주장을 했으나 다른 점도 있었다. 민통련은 1985년 11월에 전두환 정권의 퇴진을 촉구하는 투쟁에 무게를 두면서 민주제 개헌을 제시했다. 그리고 직선제 개헌은 민족의 자주적 통일, 민중생존권 확보, 인권수호라는 궁극적 목적을 위한 하나의 수단이라고 밝혀 야당의 직선제 개헌론에도 융통성을 보였다. 민통련은 11월 20일 민주헌법쟁취위원회를 조직했다.

1986년 들어와 불붙은 개헌 논의

국회에 개헌 특위를 설치하려는 야당의 노력은 전두환 정권의 반대로 1985년이 다 가도록 실현되지 못했다. 1986년에 들어서면서부터 개헌 논의와 개헌운동이 불붙었다.

전두환 대통령은 1986년 1월 16일 국정연설을 통해 헌정제도의 변경은 난국을 초래한다며 1989년까지 개헌 논의를 유보해줄 것을 요구했다.

전두환이 개헌 논의를 유보하자고 요구한다고 하여 야당이 따를 리는 만무했다. 국회에 개헌 특위가 설치되지 못하자 야당은 즉각 장외개헌투쟁에 나섰다. 2·12총선 1주년이 되는 날인 1986년 2월 12일 신민당은 민추협과 함께 전격적으로 1,000만 개헌서명운동에 돌입했다.

전두환 정권은 예상대로 강경 탄압으로 맞섰다. 2월 10일 대검찰청은 모든 종류의 개헌서명운동에 대해 집시법, 도로교통법, 경범죄처벌법, 형법, 광고물에 대한 관리법 등을 적용하겠다고 발표했다. 동시에 치안본부는 수배자 특별검거령을 내려 개헌운동을 위축시키려 했다. 2월 14일 김성기 법무장관은 개헌 서명과 관련해 모든 범법행위에 단호히 대처하겠다고 으름장을 놓았다. 개헌 서명과 관련해 신민당·민추협 관계자, 학생들이 연행·구속되고, 신민당 중앙당사와 전국 지구당 사무실이 봉쇄됐다. 민추협 사무실도 압수수색을 당하고 12일 동안 봉쇄됐다.

그렇지만 정부와 여당은 무턱대고 개헌 논의를 거부하는 것만이 능사는 아니라고 생각했다. 1986년 2월 18일 노태우 민정당 대표는 개헌서명운동의 즉각 중지를 전제로 국회에서 개헌을 논의하자고 제의했다. 마르코스가 마닐라 대통령궁으로부터 도망치기 하루 전인 2월 24일 전두환은 노태우와 이민우 등 정당 대표들을 만나 개헌은 1989년에 가능하지만 그 전에 대통령중심제 등 여러 개헌안을 논의할 특위를 국회에 설치할 필요가 있다고 피력했다. 이는 1월 16일 국정연설에서 한 걸음 물러선 것이었다.

전두환과 여당이 장내로 끌어들이려 한다고 해서 주춤할 야당이 아니었다. 야당은 오히려 전두환과 여당을 더욱 세차게 몰아세울 필요가 있다고 판단했다. 3월 7일 신민당 이민우 총재와 김영삼·김대중은 전두환·여당의 1989년 개헌 제의를 전면 거부하고 1987년에 직선제로 대통령 선거를 실시할 것을 주장했다.

전국을 뜨겁게 달군 개헌 열기

야당의 장외투쟁은 1986년 3월 11일에 개시되었다. 이날 서울에서 개헌추진위원회 서울시지부 결성대회와 함께 중앙당 현판식을 가졌다. 개헌의 열기는 3월 23일 열린 부산지부 결성대회와 현판식에서부터 타올라 광주에서 절정에 달했다. 부산에서도 수만 명이 모였지만, 5·18민중항쟁의 상징적 장소인 광주 전남도청 앞 분수대로터리와 그 일대에 3월 30일 시민과 학생들이 빼곡히 들어찼다. 일부 상가는 철시했고, 한때 도심지 주요 거

종로 흥사단 본부 강당에서 개헌추진본부 서울시지부 결성대회를 개최한 후 신민당 이민우 총재(앞줄 왼쪽에서 여섯 번째)와 김영삼 상임고문 등 당원, 재야인사들이 인의동 중앙당사까지 도보로 행진하고 있다(1986. 3. 11).

리는 교통이 마비되었다. 광주항쟁의 그날을 되새겨보려는 듯 항쟁 이후 최대의 인파가 항쟁의 그 거리에 다시 집결했다.[15]

　김대중은 경찰의 강제 귀가조치로 광주대회 참가가 좌절되어 부산대회처럼 녹음된 축사로 대신했다. 오후 6시가 되어도 사람들이 지부결성 대회장을 떠나지 않자 김영삼 당고문을 선두로 당원과 시민들은 1킬로미터 떨어진 신민당 광주 제1지구당 사무실까지 행진을 하여 현판식을 가졌다. 학생들은 밤 9시 30분 넘어서까지 시위를 벌였다.

　4월 5일에 열린 대구대회에는 부산보다 더 많은 인파가 몰렸고, 4월 19일 대전대회에도 대구대회 때와 비슷한 인파가 몰렸다. 4월 26일의 청주대회에도 수만 명이 모였다. 직선제 개헌에 대한 열기는 뜨거웠다.

　신민당의 개헌추진위원회 지부결성대회 및 현판식만 뜨거운 것이 아니었다. 개신교에서 추진한 개헌서명운동도 계속 확대되어 NCC에 의해 3월

17일에 1,050명, 4월 26일에 2,748명의 목회자 서명 명단이 공개되었고, 3월 14일 NCC시국대책위원회에서는 차기 정권은 새 헌법에 의해 선출되어야 한다는 시국선언문을 발표했다.

천주교계도 가만히 있지 않았다. 천주교 정의평화위원회는 3월 4일 개헌 필요성을 역설했다. 김수환 추기경이 3월 9일 개헌은 빨리 할수록 좋다고 천명한 것은 큰 반향을 불러일으켰다. 천주교계는 4월 14일 명동성당 개헌 서명 신도 3,130명의 명단을 1차로 발표했다. 4월 24일 천주교 전주교구 사제 53명이 시국선언을 했다.

대학교수들의 시국선언

또 하나의 큰 파장은 지식인들로부터 왔다. 1986년 3월 28일 이문영 등 고려대 교수 28명은 '현 시국에 대한 우리의 견해'를 발표해, 개헌에 대한 요구를 자유롭게 표현할 수 있어야 하며 개헌은 국민 모두의 요구라고 강조했다.[16] 이것은 1980년 봄에 있었던 '지식인 134인 시국선언', 1985년 8월 교수 14명의 학원안정법 반대 서명 이후 처음 있는 일로서, 고려대 교수 선언은 1986~1987년을 장식한 교수들의 시국선언 기폭제가 되었다.

이어서 4월 3일에는 한신대 교수 42명, 4월 11일에는 성균관대 교수 35명과 서울대 교수 48명, 4월 16일에는 전남대 교수 43명과 감리교신학대 교수 10명, 4월 18일에는 영남대 교수 50명과 연세대 교수 32명, 4월 25일에는 충북대 교수 32명과 숭전대 교수 14명이 시국선언에 참여했다. 이 기간에 한국외국어대·계명대·이화여대·울산대·부산여대·동의대·경기대·경남대·전북대·인하대·서강대 교수들도 시국선언을 했고, 4월 28일에서 29일에 걸쳐 장로회신학대·덕성여대·경북대·경희대·충남대·원광대·경상대 교수들도 시국선언을 했다.

그리하여 5월 15일 방송통신대까지 포함하면 3월 28일부터 29개 대학에서 783명의 교수가 참여했다. 서울지역이 13개 대학에 304명, 지방이 16개 대학에 479명이었다. 6월 2일에는 23개 대학 264명이 '교수연합 시국선언'을 가졌다. 대학원생도 시국선언에 참여해 4월 15일 성균관대를 비롯해 한국외국어대·서울대 대학원생들이 시국선언에 나섰다.[17]

다시금 전두환은 한 걸음 물러서지 않을 수 없었다. 4월 30일 전두환은 3당 대표와 회담을 가졌다. 이 회담에서 전두환은 여야가 국회에서 합의하여 헌법 개정안을 내놓으면 반대할 생각이 없다고 하여 '89년 개헌' 주장을 철회했다. 그리고 개헌 가두서명을 중단할 것을 요구하고 직선만이 '민주'고 간선은 '비민주'라고 하는 것은 온당치 않다고 주장했다.

전두환 정권으로서는 어떻게 해서든지 야당을 장외투쟁에서 원내로 끌어들이는 것이 중요했다. 그것은 동시에 야당과 재야·학생들을 분리·분열·대립시키는 효과를 가져올 터였다.

개헌운동은 어떠한 사태를 몰고 올지 알 수 없었다. 1985년 9월에 경향신문사에서 제11회 국민 여론조사를 한 것을 공표하지 못하게 하고 '대외비'로 분류해 비밀에 부쳤다. 전두환 정권·수구 세력으로서는 무척 꺼림칙하고 뒤가 켕기는 내용이었기 때문이었다. 현재가 '위기 상황인가'라는 물음에 대해 67~74퍼센트가 '심각한 위기' 또는 '대체로 위기'라고 답변했고, 대통령직선제 개헌에 찬성하는 사람이 63.0퍼센트였는데, 현행 헌법 지지는 13.8퍼센트밖에 안 나왔다. 지지하는 후보에 대해서는 73.4퍼센트가 정치인 출신에 응답했고, 4.6퍼센트만이 군부 출신에 동의했다. 민정당 지지자는 20.1퍼센트였는데 신민당 지지자는 41.4퍼센트인 것도 전두환 정권의 가슴을 서늘하게 했다. 심지어 광주사태에 대한 정부 발표를 '별로 안 믿는다'에 37.3퍼센트, '전혀 안 믿는다'에 20.7퍼센트가 응답한 것도[18]

1986년 3월 이문영 등 고려대 교수의 시국선언은 1986~1987년 교수들의 시국선언 기폭제가 되었다. 사진은 1987년 6월 19일 고려대 이문영(맨 앞 오른쪽)·이상신·권창은·김경근·김우창 교수 등 18명이 고려대 본관 앞 광장에서 시국성명을 내고 학생들과 함께 농성을 벌이고 있는 모습.

몹시 꺼림칙했다. 그런데 새해에 들어서면서 개헌서명운동이 종교계에서도 벌어지고 야당의 장외투쟁에 수만 명의 군중이 몰려드는가 하면, 광주대회에는 10만 명이 넘는 인파가 들어차 '5월의 그날'을 상기시킨 것이다.

언젠가부터 전두환 정권은 새해가 되면, 그중에서도 3·1절, 4·19, 5·18이 들어 있는 봄과 초여름이 다가오면 불안해하고 긴장했다. 특히 1986년의 신년은 1985년 새해 못지않게 불안했다. 그러나 뜻밖에도 전 정권이 야당에 대해 공세를 취하고 운동권을 탄압할 수 있는 절호의 기회가 찾아왔다.

새로운 국면—5·3인천사태

5월 3일 토요일 오후 2시에 인천시민회관에서 열릴 예정이었던 신민당의 개헌추진위원회 경기지부 결성대회는 비상한 관심을 모았다. 야당은 지방에서의 여세를 몰아 수도권에서 큰 규모의 개헌투쟁을 벌이고자 했다.

그렇지만 우려할 점도 있었다. 4월 5일 있었던 대구집회에서부터 민통련 대구지부를 비롯한 재야와 학생운동권단체들은 조직적으로 모여 대회장 밖에서 '장외집회'를 갖고 시위를 벌이고 있었다. 이들은 야당과 다른 주장을 펴고 있어 신민당의 개헌 대회는 이원적으로 열리고 있었다.

더구나 수도권은 학생운동권이 밀집한 지역이었다. 1986년 들어와 서울대를 중심으로 반미자주화투쟁이 강렬하게 전개되고 있는 것도 신경이 쓰였다. 4월 28일 전방입소훈련 거부투쟁 과정에서 반미자주사상이 강렬했던 서울대생 김세진과 이재호가 신림동사거리에서 몸에 석유를 붓고 분신하여 끝내 사망하고 만 극도로 격앙된 분위기도 있었다.

4월 29일 전국 30개 대학에서 3,000여 명이 연세대에 모여 '전국 반제 반파쇼 민족민주투쟁 학생연합'(민민학련) 발대식을 열고 시위를 벌였다. 이날 신민당의 이민우 총재와 김대중 민추협 공동의장, 민통련의 문익환 대표가 한자리에 모여 '민주화를 위한 국민연락기구'(민국련) 회의를 열고 학생들의 반미·반핵·민족자주화 투쟁을 지지하지 못한다고 선언했다. 이 선언은 즉각 학생운동권과 재야의 반발을 사 5월 1일 민통련은 4월 29일의 선언을 부정하고 민국련에서 탈퇴한다고 발표했다. 4월 30일 전두환과 3당 대표와의 회담에서 전두환이 임기 내에 개헌을 할 수 있다고 밝힌 것도 운동권으로 하여금 전부터 두려워했던 여야 대타협 쪽으로 가는 것이 아닌가 하는 의구심을 갖게 했다.

5·3인천대회를 맞으면서 재야와 학생운동권은 흥분과 긴장이 교차했

고, 투지로 불탔다. 그들은 5·3인천대회에 자신들의 역량을 총동원해 근래에 와서 '뚜렷이' 형성된 자신들의 정치이념을 강력히 부각시키고자 했다. 대회장은 주위에 공장이 밀집된 지역이어서 노동자단체들도 이날의 집회에 각별한 의미를 부여했다. 운동권은 5·3인천대회를 일종의 결전장으로 간주했다.

'혁명적 열기'를 몰고 인천으로, 인천으로

민통련은 3·30광주집회를 보고 상황이 서명운동이라는 낮은 차원을 뛰어넘어 '민중궐기'라는 보다 높은 차원으로 상승하고 있다고 판단했다. 그리하여 1986년을 '반독재 민주화투쟁의 승리의 해'로 규정하고, "군사독재 물리치고 민주정부 수립하자"는 일치된 구호로 군부독재 세력에 강력한 타격을 가해야 한다고 판단했다. 그들은 5·3인천집회에서 평화시위를 벌이되, 사람들이 많이 몰릴 인천시민회관 앞 사거리에서 신민당 행사가 끝난 후 농성에 들어가 야간까지 이어져 횃불시위를 벌인다면 전국이 '변혁적 공간'으로 넘어갈 수 있다고 판단했다. 민통련은 기관지 『민중의 소리』를 5만 부나 찍었다.

서울노동운동연합(서노련)과 인천노동운동연합(인노련)은 민통련과 비슷하게 부산·광주·대구 등지의 개헌 집회가 신민당의 의도와는 달리 민중들에 의해 차원 높은 반군사독재투쟁으로 발전했다고 평가하고, 노동자가 주인이 되는 새 세상을 건설하기 위해 신민당을 포함한 모든 현실정치권 세력의 반민중·반민주·반민족성을 폭로하는 한편, 민중·민주·민족의 삼민헌법을 쟁취하는 것을 투쟁 목표로 설정했다. 두 노동운동단체는 인천대회를 노동자가 독자적으로 정치세력화하는 '결정적 계기'로 보고 신민당의 기회주의적 속성을 폭로하는 데 주안점을 두었다.

학생운동권의 의식도 급속히 급진화되었다. 중요 학생운동단체의 하나인 민민투는 주요 도시에서의 신민당 개헌 집회에 참가한 대중들의 분위기를 '혁명적 열기'로 파악했다. 민민투는 4월 29일 민민학련을 결성하면서 신민당으로 대변되는 자유 부르주아는 군사독재타도를 전면에 내걸지 않는다고 비판하고, 혁명적 민중은 '개헌'이 아니라 혁명적 방식으로 획득하는 헌법제정 민중회의에 의한 '제헌'을 요구한다고 역설했다. 5·3인천대회에 참여하라고 독려한 선배 대학생들은 전 국민적 무장봉기가 일어날 것이며, 수도권에 위수령이 내려질 것에도 대비해야 한다고 말했다.[19] 또 하나의 중요한 학생운동단체인 자민투는 친미독재타도를 투쟁 목표로 내세웠다.

5월 3일 여러 단체 정파의 사람들이 몰려들었다. 이미 정오 무렵 신민당 행사장인 인천시민회관 앞 사거리는 시민과 학생들로 가득 찼다. 웬일인지 경찰은 불심검문도 하지 않았고 출입을 통제하지도 않았다.

정오가 조금 지나 민통련 산하 인천지역사회운동연합(인사련) 쪽의 사람들이 주안성당에서 나오면서 시위는 시작되었다. 석바위 쪽에서도 한 무리의 노동자들이 구호를 외치며 주안사거리로 들어왔다. 거의 동시에 학생들이 행진해 왔다. 오후 1시를 전후해서 여러 단체 정파들이 제각기 한 자리씩 차지해 연설 무대를 설치하고 차례로 연설을 한 뒤 시위를 벌였다. 시위대는 3,000명을 넘나들었다.

격렬한 반미 구호

이민우 신민당 총재와 김영삼 고문은 11시경 주안에 도착해 오후 1시 30분경 500미터 떨어진 대회장까지 가두행진에 나섰지만, 경찰과 공방전을 벌이고 있는 시위대에 둘러싸여 입장을 할 수 없었다. 대회장 진입이 불가능해지자 당 지도부는 일단 가까운 신민당 지구당사로 향했다. 이로써 이날의 대회는 무산되었다.

인천시민회관 대회장 안에는 정오 이전에 이미 당원과 시민들로 가득 찼다. 신민당은 옥외 스피커를 통해 "당 지도부의 진출을 위해 길을 열어달라"고 호소했고, "폭력을 부르는 폭력을 쓰지 말고 이성과 냉정을 찾자"고 외쳤다.

얼마 후 대회장은 아수라장이 되었다. 최루탄 가스가 가득 들어찬 것이다. 이 최루탄에 대해 한 신문은 경찰이 쏘았다고 보도했지만, 다른 한 기록에는 어느 학생이 최루탄을 집어넣어 사람들을 밖으로 나오게 했다고 쓰여 있다. 1~2시간 뒤에 주안역에서 올라올 학생 주력부대를 제시간에 시민회관 광장으로 집결시키려면 광장에 사람들이 많아야 했기 때문이라는 것이었다.[20]

민주화운동단체의 통일적 활동은 엄두도 내기 어려웠다. 시위대 구호가 단체마다 달랐다. 시민회관 앞 도로 위에서 '민주화촉진 인천시민대회'를 연 민통련은 "군부독재 타도하고 민주정부 수립하자"고 외쳤다. 화염병과 보도블록으로 무장한 학생들과 서노련은 "미국의 사주에 의한 개헌 술책 폭로한다", "속지 말자 신민당 몰아내자 양키놈", "민중 고통 해결 못하는 개헌 술책 속지 말자"라고 외치며, '살인정권 전두환 일당과 미제놈들'을 몰아내고 인천을 '해방구'로 만들기 위해 경찰과 격렬한 전투를 벌였다. "미제 축출", "파쇼 타도", "민주헌법 쟁취" 등의 간단한 구호도 나왔다. "노동운동 탄압하는 독재정권 타도하자", "미일 외세 몰아내고 민중정권 수립하자", "친미로 망한 나라 반미로 되살리자", "광주학살 사주한 미국놈을 몰아내자", "이원집정부제 강요하는 미국은 물러가라", "학살 원흉 처단하고 신민당 배격하자", "일어서자 노동자여! 무장하자 노동자여!", "가

자! 해방구 인천으로", "철천지원수 미제와 그 앞잡이 깡패적 반동정권의
심장부에 해방의 칼을 꽂자" 등의 구호도 나왔다.

시민회관에서 울려 퍼지는 고성능 마이크 소리, 조율되지 못한 채 각
단체가 목이 터져라 외쳐대는 구호 속에서도 '반미'와 신민당에 대한 '대
타협 성토'만은 뚜렷한 흐름을 이루었다. 신민당은 동네북처럼 얻어맞았
다. 미국의 도움 없이는 정권 장악이 불가능하다고 생각하고 전두환 정권
과 보수대연합을 꾀하는 기회주의자로 매도당했고, 신민당의 개헌서명운
동과 각 지부 결성대회도 도매금으로 비난받았다.

주안사거리에 있는 민정당 지구당사 2, 3층 유리창이 모두 깨졌고, 화
염병을 던져 3층 내부가 일부 불타 검은 연기가 치솟았다. 이 무렵부터 노
동운동단체와 학생들이 돌과 화염병을 던지는 폭력적 시위로 변했다. 신민
당 승용차 1대에서도 검은 연기가 피어올랐다. 시민들이 뿌연 최루가스의
독한 연기를 마시며 어디로 갈지 몰라 몰려다녔다. 수만 명 인파가 시위를
지켜보았고 부근 상가는 철시했다.

노동자단체 중에는 '삼민헌법 쟁취'를 주창한 서노련·인노련 말고도
인천기독노동자연맹이 시위에 나섰고, 반제반파쇼 노동자투쟁위원회(반반
노투) 이름의 유인물도 다량 살포되었다. 반반노투에서는 흰 천에 붉은 글
씨로 '헌법제정민중회의 구성하자'는 대형 플래카드를 20여 개 앞세우고
투쟁에 임했다.

학생운동권 중 민민투는 신민당을 공격하면서 "헌제민회" 또는 "제헌
의회 소집"을 외쳤다. 서울대의 구국학생연맹(구학련) 등 자민투 계열은
"미제 축출", "반전반핵"이 주된 구호였다. 민청련은 민통련 산하단체인데

1986년 5월 3일 인천시민회관에서 열린 신민당 개헌 추진 집회에 모인 학생과 시민들. ▶

도 신민당과 민통련의 제휴를 비판하고, 민민투의 민민학련과 함께 '군사독재 타도하고 헌법제정 민중회의 소집하자'를 주된 슬로건으로 내세웠다. 이날 뿌려진 유인물은 재야단체 10여 종, 노동운동단체 10여 종, 학생운동단체 15종 등 50종 정도였다.

오후 3시가 조금 넘을 무렵 민통련을 대표해 장기표가, 서노련을 대표해 김문수가 만나 공동집회를 열어 함께 투쟁하자고 합의했다. 그러나 민통련에서 서노련 시위대가 들어올 수 있도록 공간을 비워주는 순간 서노련 시위대가 스크럼 대열로 그냥 지나가버리는 바람에 민통련 집회만 엉망이 되었다. 김문수 측은 인천에서 끝장을 보자는 입장이었고, 계속 평화적 집회를 유지하고 농성으로 가야 한다는 민통련이 신민당의 아류로 보였다.[21]

5시쯤 경찰의 다연발 최루탄 발사로 주안사거리 시위는 진압되었지만 저녁 늦게까지 주안과 제물포·동인천 일대에는 산발적인 시위가 계속되었다.

당국은 319명을 연행해 22명을 즉심에 돌렸고, 168명을 훈방 조치했으며, 129명에 대해 구속영장을 청구했다.

5·3인천투쟁에 대한 상이한 평가

5·3인천사태에서 민주화운동단체들은 저마다 자신의 정치 선전을 내세우며 서로 주도권을 쥐려고 했다. 그들은 각각 따로 움직였고, 연설 무대도 단체별로 따로 마련해서 대중선동을 했다. 그러나 자발적으로 개헌집회에 참여하려는 대중들 입장에서는 도대체 왜 이러한 일이 일어나는지, 왜 각각 따로 노는지, 왜 저마다 다른 구호를 외치는지 알 수 없었다. 이렇게 대중들의 혼란만 가중되는 상황에서 각 단체들은 대중들을 자신의 진영으

로 끌어들이지 못했다. 그러다 보니 주로 자신이 끌고 온 운동권의 시위에 머물고 말았다.

5·3인천투쟁은 1980년 광주항쟁 이후 최대의 가두투쟁으로, 군사독재 정권의 간담을 서늘하게 했다는 평가도 있고, 민주화운동사에서도 한 획을 긋는 투쟁으로, 민족민주 세력의 힘을 유감없이 과시했다는 평가도 나왔다. 또 인천에서 여한 없이 싸워봤다는 사람들도 있었다.

그러나 적지 않은 5·3인천투쟁 참여자들은 현실에 뿌리를 두지 않은, 급속히 형성·고양된 관념적 급진성에서 벗어나는 데 수개월 또는 수년이 걸렸다. 민주화운동단체는 5·3사태에 대해 보여준 보수언론의 차가운 시선도 감내해야 했지만, 전두환 정권의 홍보 선전과 폭우같이 쏟아지는 모진 탄압에 시달려야 했다. 1986년 들어 공세적이었던 민주화운동 세력과 야당은 5·3인천사태 이후부터 그해가 끝날 때까지 수세를 벗어날 수 없었다.

기다렸다는 듯이 KBS와 MBC에서는 불타는 민정당 당사와 경찰차, 보도블럭 등이 나뒹구는 인천시민회관 일대의 모습을 연이어 방영해 시위대의 폭력성을 부각시키는 데 열을 올렸다. 경찰은 민민투·자민투 등을 용공조직으로 규정하면서 인천사태를 극렬 좌경용공 폭력 세력에 의한 난동으로 몰아갔다.

보수언론의 시선도 험악했다. 야당의 개헌서명운동, 개헌추진위 지부 결성대회에 다른 신문보다 호의적으로 보도했던 한 신문은 5·3인천시위를 반정부·반미·반야反野라고 규정했다. 그리고 인천시위는 시위 군중과 경찰의 충돌, 방화, 폭력의 '과격성' 시비의 차원을 넘어선 것이라고 지적했다. 이를테면 기존의 가치나 기성세대 전체가 도마 위에 오르는 순간이었다는 것이다. 한 걸음 더 나아가 이 신문은 '민주 세력'에 대한 개념 정립 등 '민주화' 추진, 전략상의 본질 문제까지 한꺼번에 재고再考 대상으로 대두되었다고 피력했다.[22] 표현은 부드러웠지만 비판적 수준을 넘어선 목소리였다.

상처뿐인 신민당, 신이 난 민정당

제일 난처한 입장에 빠진 것은 당국이 아닌 신민당과 김영삼·김대중이었다. 이들은 '우군'에 의해서 잔치판이 깨졌을 뿐 아니라 아주 심하게 비난받고 매도당했다. 여느 보수 세력 못지않게 충격을 받았을 터이고, 당혹감을 어쩌지 못했다.

이민우 신민당 총재는 5월 5일 기자들에게 "어디가 어떻게 잘못되었는지 곰곰 생각 중"이라고 답답함을 토로했다. 그렇다고 운동권을 정면으로 비난할 수도 없었다. 벙어리 냉가슴 앓는 심정으로 김영삼과 김대중은 미리 자파와 조율한 후 5월 6일 인천대회 유산流産은 경찰의 최루탄 발사 때문이라고 지적하면서, 과잉 진압으로 사태가 악화되었다고 전두환 정권을 비난했다. "'일부' 청년들의 과격한 슬로건은 기본적으로 민주화가 계속 지연한 데서 비롯된 좌절감과 분노의 발로"라는 설명이었다. 그리고 대동大同을 취하고 소이小異를 버림으로써 모든 민주인사 및 재야단체와 연대 투쟁한다고 밝히고, 지부 결성대회와 현판식을 계속하겠다고 발표했다.

지부 결성대회와 현판식은 5월 10일에 마산, 5월 31일에 전주에서 열렸다. 전주대회에는 대구나 대전대회와 비슷한 규모의 인파가 몰려들었고 김영삼의 정치적 기반이라고 볼 수 있는 마산대회에도 수만 명이 몰려왔으나 전처럼 신이 나지 않았고 무언가 맥 빠진 느낌을 지울 수 없었다. 미국의 태도도 신민당으로서는 곤혹스러웠다. 5월 15일 아미티지 미 국방부 차관보는 신민당에 대해 학생들의 극렬한 주장에 분명한 입장 표명이 있어야 할 것이라고 언명했다.

신난 것은 민정당이었다. 야당의 개헌지부 결성대회 열기에 눌려 풀이 죽어 있었던 민정당은 즉각 공세를 취했다. 월요일인 5월 5일 시국 수습을 위한 정당·사회단체 연석회의를 제의하는가 하면, 그때까지 신민당이 제

플라자호텔에서 노태우 민정당 대표위원(왼쪽)과 이민우 신민당 총재(가운데)가 만나 인천사태를 논의한 후 걸어 나오고 있다(1986. 5. 29). 정국 운영에 유리한 지점을 차지한 노태우 대표위원의 표정은 밝은 반면, 이민우 총재의 얼굴은 침통하다.

안했으나 외면했던 노태우 대표와 김영삼 고문의 회담을 추진하겠다고 나섰다. 또 5월 7일에는 갑자기 서둘러 당내에 헌법 특위를 구성하더니만, 전과는 반대로 야당에 대해 국회 내에 헌법 특위를 구성하자고 재촉해댔다. 5월 8일 민정당·신민당·국민당 3당 대표는 시국 수습 방안을 논의했다.

여당은 '대타협'을 하자고 촉구하고 전두환 정권은 대탄압으로 나왔다. 한쪽으로는 어루만지고 다른 한쪽으로는 때리는 수법이었다. 전 정권은 5월 5일 자민투·민민투 관계자 27명을 수배한 것에 이어 장기표 등 민통련과 재야 관계자 37명에 대해 수배령을 내렸다. 이로써 1986년 상반기에 수배자는 400여 명이나 되었다.

6월 2일 치안본부는 5·3사태 배후인물로 45명을 지목해서 특별수배령을 내렸다. 특진이 딸린 특별수배령이 내린 사람을 체포하기 위해 경찰은 혈안이 되어 수도권 지역 내 수배자 거주지와 주변 사람들을 이 잡듯이 뒤지고 다녔고, 그런 와중에 부천서 성고문 사건이 발생했다는 것은 앞에서 기술한 대로다. 그리하여 7월 9일 현재 문익환·장기표·김문수 등 172명이 검거되어 구속 기소되거나 수사를 받았다. 5월 4일과 6일 두 차례에 걸쳐 보안사에 끌려간 서노련 활동가 10여 명은 물고문·전기고문 등 듣도 보도 못한 혹독한 고문을 당했다.

전두환이 내각제 개헌안을 내놓은 의도

야당은 5월 3일 인천 시위에 참여한 운동권을 비난하지는 않았지만, 운동권이 강도 높게 신민당을 비난·매도하고, 반미 구호를 외친 것에 마음이 편할 리 없었다. 야당은 운동권과 보조를 맞춰 개헌투쟁을 한다는 것에 회의적이 되었다. 김대중은 음으로 양으로 연결되어 있었지만, 김영삼은 운동권과의 결속력이 그다지 두텁지 않았다. 중요 도시에서의 개헌 추진위원회 지부 결성대회가 끝나가고 있었기 때문에 다른 방안을 강구할 필요도 있었다.

5월 24일 김영삼은 한 외신 기자와 가진 인터뷰에서 국회 헌법특별위원회에 참여할 의사를 비쳤고, 5월 27일 김영삼·김대중은 신민당이 국회 헌특에 참여할 의사가 있다고 전격적으로 밝혔다. 원내에서 개헌 문제를 정치적 협상으로 새롭게 풀어나가겠다는 주장이었다. 김영삼은 정치권이 개헌을 주도해야 하며, 여당이 개헌안에 대해 백지상태일 때 개헌 문제를 논의하는 것이 직선제 개헌을 관철시킬 수 있는 방법이라는 논리를 제시했다. 신민당은 헌특 참여의 전제 조건으로 제기했던 김대중 사면 복권, 곧 김대중의 정치활동 허용 요구도 철회했다.

야당이 헌특에 참여하는 논리로 여당이 백지상태와 다름없이 뚜렷한 개헌안을 아직 가지고 있지 않다는 점을 내세웠지만, 여당은 이 시기에 이미 개헌안을 가지고 있었다. 5월 22일 안기부장 특별보좌관 박철언은 장세동 안기부장으로부터 전두환이 향후 5년 동안 지방자치단체장은 선거하지 않고 시·도의회만 구성할 것이며, 내각책임제로 개헌한다는 사항을 전달받았다. 내용도 뼈대가 갖춰져 있었다. 박철언은 즉시 개헌에 대비한 준비 작업에 착수했다.

5월 29일 노태우 민정당 대표와 이민우 신민당 총재는 6월 임시국회에서 헌법개정 특별위원회를 구성할 것에 합의를 보았다. 헌특 구성 문제를 앞두고 노태우는 자신들의 복안이 내각제라는 것은 밝히지 않았지만, 직선제는 나라를 망치고 극심한 사회 혼란을 야기한다고 강조해 신민당의 직선제 개헌을 정면으로 반박했다. 다음 날 임시국회는 헌특 구성결의안을 통과시키고 폐막했다.

부천서 성고문 사건이 수면 위로 떠오르던 7월 7일 청와대에서 당·정·청 핵심 인사들이 모여 내각제 개헌안을 야당에 제시하되, 야당이 거부할 경우 기존 헌법으로 차기 대통령을 선출하고 88올림픽을 치른 다음 국민의 뜻을 물어 개헌을 하겠다는 정국 운영 방안에 합의했다. 야당이 내각제를 받아들일 리 만무한 이상 사실상 헌특이 필요 없다는 것이 명백해졌다.

회의가 끝나자 전두환이 들어와 "타결된다는 전제하에 준비하지 말고 안 된다는 전제로 준비하라"고 역설하고, "더 이상 타협이 어렵다고 판단하는 시기가 중요하다. 호헌 논리는 내가 제시하고 당이 뒤따라 홍보하고, 야당의 비민주적 자세를 성토해야 한다"고 말했다. 이어서 "민정당이 20년은 집권해야 한다"고 속마음을 털어놓았다.[23] 이처럼 4·13조치와 같은 호헌조치는 일찍부터 전두환에게 그림자처럼 따라다니고 있었다.

노태우의 증언에 따르면 전두환이 내각제 구상을 내놓은 것은 1986년 4월 21일 유럽 순방에서 돌아온 직후였다. 전두환은 돌아오자마자 호헌의

당위성을 역설하던 노태우 민정당 대표위원을 불러 내각제를 하자고 주장했다. 노태우가 어정쩡한 반응을 보이자 전두환은 민정당 당직자들을 별도로 소집해 정식으로 검토하라고 지시했다. 당직자들 역시 내키지 않은 표정이었다. 그러자 전두환은 내각제를 밀고 나가라고 엄명을 내렸다.[24] 전두환이 누구한테 얘기를 듣고 내각제를 내놓았는지는 알 수 없지만 그 의도는 이승만 정권 말기에 자유당이 마련한 내각제 개헌 의도와 비슷하다고 볼 수 있다. 전두환·민정당 간부든 자유당 간부든 직선제로 대통령(또는 정부통령)을 선출하는 것은 위험하다고 판단했다. 다수당이 되는 것은 선거법이나 부정선거 방법으로 얼마든지 보장받을 수 있으므로, 내각제로 하면 영구집권이 가능할 것으로 내다봤다. 박정희·유신체제나 전두환·신군부정권의 선거제도에 따르면 여당이 3분의 2나 그것에 가까운 의석수를 확보할 수 있었다. 또 전두환의 내각제는 퇴임 후 안전을 확고히 보장하는 것과 연계되어 있었다.

자유당의 경우 문제는 이승만이었다. 이승만은 헌법과 법치주의를 유린하고 부산정치파동을 일으켜, 원내 자유당과 민국당 등 다수파 의원들의 내각제 개헌안을 좌절시키고 발췌개헌으로 직선제를 만들었기 때문에 내각제라면 아주 질색이었다. 또 이승만은 혼자만의 절대권력을 편집증적으로 갈구했다. 때문에 권력의 분산과 연결되어 있는 내각제를 몹시 싫어했다. 이 때문에 이승만 눈치를 보고 있었던 자유당의 1950년대 말 내각제 개헌안은 실상 대통령에게 많은 권한이 실려 있는 변종 내각제로 선거 형태만 다를 뿐이지 대통령제와 비슷했는데도, 이승만이 내각제를 배척해 결국에는 국회에 상정조차 되지 못했다. 따라서 1960년 정부통령 선거에서 이승만·자유당에게 영구집권을 보장할 수 있는 방법은 부정선거밖에 없었다.

국회 개헌 특위의 좌초와 김대중의 대통령 불출마 선언

1986년 7월 7일 여권이 일단 내각제 개헌안으로 정리한 지 20여 일이 지난 7월 30일 국회 헌법개정 특별위원회 제1차 전체 회의가 열렸다. 8월 16일 청와대에서 민정당의 개헌안 최종 보고회가 있은 지 이틀 후인 8월 18일 민정당은 5공화국의 대통령에 비견할 수 있을 정도로 권력이 총리에게 집중되어 있고 정국 안정을 최우선시했으며 내각제인데도 국회 기능이 약한 내각책임제 헌법 개정 요강을 발표했다. 한 신문이 평한 대로 변형된 '대통령제'였다. 이날 민정당 개헌안 요강 작성 소위원회 위원장 이치호 의원은 전두환의 퇴임을 염두에 두고 설정한 국정자문회의에 자문 기능뿐만 아니라 심의 기능까지 추가할 것을 고려 중이라고 설명했다. 그리고 8월 23일에 민정당 사무총장으로 이춘구가, 원내총무로 이한동이 임명되어 노태우 대표에게 힘이 실렸다. 8월 26일에 경북고 동기인 김윤환이 정무 제1수석이 된 것도 노태우에게 유리했다. 이날 표류를 거듭하던 국회 개헌 특위는 내각제 개헌안과 직선제 개헌안의 제안 설명을 들었으나 개헌 공청회 중계 문제로 여야가 맞섰다.

처음부터 국회 개헌 특위는 성과를 거둘 수 없었다. 아시안게임 종료를 앞둔 9월 26일 장세동 등이 회동해 '비상시국 대비 조치 방안' 보고 준비를 위한 조찬 모임이 있었던 것에 이어 오후에는 전두환이 장세동 안기부장, 박희도 육군참모총장, 박철언 등을 불러 비상조치로 계엄령을 선포해 군을 출동시키는 것에 관해 지시를 내렸다. 판을 싹쓸이하겠다는 것이었다.

청와대 회동을 아는지 모르는지 9월 29일 이민우와 김영삼, 김대중은 3자 회합을 갖고 국회 개헌 특위 활동을 중단하겠다는 결정을 내렸다. 정국은 가파른 대치 국면으로 접어들고 있었다.

이민우가 국회에서 대통령직선제와 내각제에 대한 국민투표, 곧 선택적 국민투표를 하자고 제안한 10월 10일 전두환의 극비 지시에 따라 박철언은 비상조치를 위한 스케줄 작성에 들어갔다. 10월 14일 국회 본회의에서 유성환 의원의 국시 발언이 있자 전두환은 '쾌재'를 부르면서, 유 의원을 새벽에 전격 체포토록 해 정국을 극도로 긴장시켰다.

전두환의 난폭한 행위는 거기서 멈추지 않았다. 10월 말 건국대 사태가 발생했다. 10월 30일 전두환은 장세동을 통해 비상사태 시 김대중과 김영삼을 보안사에서 연행해 안기부에서 수사하라고 지시했다. 11월 2일에도 장세동을 통해 11월 8일 자정을 기해 국회를 해산시키고 계엄을 선포하면서 비상조치를 발표할 예정이라고 밝히고, 김대중을 정계에서 은퇴시켜 재수감과 외국행 중 택일하도록 하겠다는 지침을 내렸다. 이러한 지침은 '극비'의 형식을 취했지만 외부로 흘러나가도록 되어 있었다. 그리하여 야당으로 하여금 1980년 5·17쿠데타 이후의 공포 분위기를 상기시켜 전두환 자신의 의도대로 정국을 이끌어가려 했다. 대단히 살벌한 분위기였다.

11월 5일 김대중은 현 정권이 대통령직선제를 수락한다면 사면·복권이 되더라도 대통령 선거에 출마하지 않겠다는 불출마 선언을 했다. 유성환 사건, 건국대 사태에 이어 시중에 '비상조치 선포', '친위쿠데타', '김대중 재수감' 등의 설이 돌고 있는 미증유의 중대 국면에서 김대중이 결단을 내린 것이다.

김대중은 성명서에서 "(전두환 정권이) 모든 민주 세력에 대하여 1980년과 똑같은 처절한 집중 공격을 가하고 있다. 그들이 동원하고 있는 수법도 그때와 마찬가지로 용공 세력의 일소라는 구실을 내세우고 있다"고 지적했는데, 김대중은 전두환이 1980년에 저질렀던 것과 똑같은 짓을 할지도 모른다는 위기의식을 강하게 가지고 있었다.

이 무렵 전두환이 막무가내로 몰아붙이기만 할 수 없는 상황이 발생했다. 11월 4일 치러진 미국 중간선거에서 상·하원 모두 민주당이 석권함으로써 레이건 집권 이후 6년에 걸친 공화당의 의회 지배에 종말을 고하게 되었다.

전두환 정권은 달라지지 않을 수 없었다. 박철언은 미 의회 선거 결과로 권력 핵심의 분위기가 상당히 바뀌었고, 겉으로는 여전히 비상조치 발동도 언급했지만, 그해 연말까지 별다른 조치가 없었다고 회고했다.

몰아치는 검은 폭풍에 정신을 차릴 수 없었던 신민당은 난데없이 '이민우 구상'이란 복병이 출현해 혼선을 거듭하고 심한 내분에 휩싸였다. 12월 24일 이민우 신민당 총재는 송년 기자회견에서 지방자치제 실시, 언론 자유 보장, 공무원의 정치적 중립, 구속자 석방과 사면·복권 등 7개항의 민주화가 이루어지면 내각제 개헌안을 긍정적으로 검토할 수 있다는 '이민우 구상'을 발표했다. 김대중은 12월 26일 직선제 없이 7개항만 있으면 민주주의가 된다는 것은 어림없는 소리라고 이민우의 주장을 비판했다.

전두환, 돌아올 수 없는 다리를 건너다

문자 그대로 다사다난했던 1986년이 가고 새 대통령을 선출하는 대단히 중요한 해인 1987년을 맞았다. 1월 7일 김대중과 김영삼은 이민우 구상이 내각제와 협상하겠다는 뜻을 담고 있는 듯한 세간의 오해를 불식시켜야한다는 데 의견을 같이한다고 발표했다. 이날 이민우는 민주화 7개항이 직선제 개헌 당론과 무관하다고 거듭 밝히고 지방으로 훌쩍 떠났다. 이철승을 비롯한 신민당 비주류는 이민우 구상을 지지하고 나섰을 뿐만 아니라 내각제로 개헌해야 한다고까지 주장했다.

전두환 대통령은 1월 12일 국정연설에서 끝내 여야 합의가 이루어지지 않으면 중대 결단을 내려야 할 것이라고 협박했다. '중대 결단'은 국회 해산도 포함되는 것으로 알려졌다. 김영삼은 1월 11일 산행을 하면서 숙고를 거듭했고 박종철이 고문으로 사망한 다음 날인 1월 15일 이민우와 만나 직선제 개헌론에 합의했다는 합의사항을 발표했다. 이민우가 굴복한 것이지만 비주류는 물러서지 않고 김영삼과 김대중을 공격하고 나섰다.

전두환의 초강경 초토화 공세는 박종철 고문사망 앞에서 맥없이 무너져내렸다. 크게 위축되었던 야당은 고양된 분위기에서 정치공세를 펴며, 5·3인천사태 이후 있었던 앙금을 털고 민주대연합을 앞장서서 제기했다. 야당으로서는 박종철 고문사망에 대한 국민적 분노를 개헌 문제에 연계시켜 체육관 대통령이나 변형된 내각제가 생겨나지 않도록 하는 것이 중요했다. 1986년 9월 29일 야당의 헌특 불참 결정을 주도한 바 있는 김대중계는 박종철 고문사망 사건을 계기로 당 주도권을 잡고 국회 헌특의 무용론을 강력히 폈다. 김영삼·김대중은 선택적 국민투표를 요구하는 한편, 여권이 이민우 차원을 넘어서서 자신들과 직접 대화하라며 실세 대화를 주장했다. 야당은 헌특에 참여하기 전처럼 장외투쟁을, 그것도 이제는 민주대연합을 이루어 펼쳐나갔다.

더 나아가 김영삼·김대중은 회색지대에서 헤매고 있는 이민우 신민당 총재와 여당과 비슷한 주장을 하면서 자신들을 공격하고 있는 이철승 등 당내 비주류를 배제하고, 직선제 개헌투쟁을 선명히 전개하기 위해 4월에 들어와 신당 창당을 선언하고 4월 13일 통일민주당 발기인대회를 가졌다. 그러자 기다렸다는 듯이 전두환이 합의개헌을 위해 노력했다는 시늉도 별반 보이지 않은 채 통일민주당 발기인대회 날에 맞춰 호헌조치를 발표했다.

성급한 4·13호헌조치는 실질적으로 여권의 내각제 개헌이나 '이민우 구상'에 호의적이었고 합의개헌을 종용했던 미국에도 불만을 안겨주었다. 4·13조치 직후 미 국무부는 다음 정부가 개방적이고 넓은 기반을 갖는 것이 중요하다고 생각한다고 논평하는 등 개헌 논의 중단에 유감을 표명했다.

역사는 신묘하게 전개될 때가 있다. 4·13호헌조치는 3·3평화대행진 이후 뚜렷한 이슈가 없어 약화되었던 민주화운동을 크게 자극했다는 점에서도 중요하지만 5·3인천사태 이후 잠복해 있던 개헌 열망을 일깨웠다는 점에서 대단히 중요한 역할을 했다. 4·13호헌조치는 박종철 고문사망 사건에 대한 항의투쟁으로 전개되어온 민주화운동을 일거에 개헌투쟁으로 전환시켰다. 이러한 대전환을 다른 사람도 아닌, 신군부정권 탄생의 주역인 전두환이 열어놓았다는 것은 역사의 아이러니가 아닐 수 없다. 개헌투쟁은 투쟁의 초점을 명확히 할 뿐만 아니라 1986년 봄의 개헌 열풍이 말해주듯 국민을 결집시키는 위력이 있었다. 그러한 위력은 새 대통령을 뽑아야 할 시기였기 때문에 한층 더 커질 수 있었다. 전두환은 자신도 모르는 사이에 다시는 돌아올 수 없는 다리를 건넌 것이다.

2·12총선에서 드러난 전두환·신군부정권에 대한 반감과 유권자 의식, 1986년 KBS시청료 거부운동, 『말』의 '보도지침' 폭로, 부천서 성고문 사건 등을 통해 고양된 시민의식, 1986년 3∼4월 김대중·김영삼의 직선제 개헌투쟁에 달아오른 민심이 박종철 고문사망 사건에 대한 국민적 분노, 1972년 10월 유신쿠데타 이후 내재해 있던 민주화 열망과 결합되어, 전두환의 성급한 4·13호헌조치는 각계각층의 호헌철폐투쟁, 군부독재타도투쟁 및 직선제 쟁취투쟁을 촉발시켰고, 그것은 6월 항쟁으로 나아가는 큰 길을 열었다.

4

호헌철폐투쟁

신당에 대한 탄압—'용팔이 사건'

전두환은 4·13호헌조치에 이어 4월 14일 언론기본법 개정, 지방자치제 실시 검토를 내각에 지시했다. 4·13호헌조치가 강압 통치를 계속하겠다는 것이 아니고 서서히 민주화로 나아가는 과정으로 받아들이라고 내놓은 기만적인 사탕발림이었다.

호헌조치 초기에는 그것을 지지하는 단체들이 꽤 있었다. 4월 14일에 전국경제인연합회·대한상공회의소·중소기업중앙회가, 15일에는 한국반공연맹이 환영 성명을 발표했다. 16일에는 한국무역협회·광복회·대한노인회·대한상이군경회·대한전몰군경유가족회·이북5도민회중앙연합회·미망인회가 지지성명을 냈다. 대한증권업협회·농협중앙회·한국기독교멸공협의회·한국관광협회·한국경영자총협회·재향군인회·경우회·6·25참전동지회 등이 그 뒤를 이었다. 경제단체와 관변단체가 대부분인 것이 특징이다.

이들 단체는 3선 개헌, 유신쿠데타, 인도차이나 사태, 신군부 집권과

1987년 4월 24일 '괴청년'으로 불린 폭력배 조직원 100여 명이 통일민주당 서울 관악지구당을 습격했다. 세칭 '용팔이 사건'으로 난동의 배후에는 전두환 정권이 있었다.

같은 사태가 일어났을 때 자주 등장했던 단체들로, 4·13호헌조치가 안정과 경제발전을 위해 필요하며, 민족을 위한 결단이라고 지지 이유를 제시했다. 정쟁으로 국력을 소모해서는 안 된다는, 자주 내세우던 논리도 다시 출현했다.

전 대법원장 이영섭이나 공화당 의장이었던 윤치영처럼 단체가 아닌 개인으로 지지한 경우도 있었다. 서울신문처럼 노골적으로 지지한 신문도 있었지만, 은근슬쩍 지지 쪽으로 독자들을 유인하는 기사를 교묘하게 배치한 신문도 있었다.

김성기 법무장관은 호헌조치에 반대하는 집단행동에 강력 대처하라고 전국 검찰에 특별지시를 내렸는데, 전두환 정권이 신당에 대해 혹독한 탄압을 가한 것도 호헌조치 반대운동에 대한 으름장이었다. 4월 13일 통일민주당 발기인대회에서는 비폭력투쟁으로 민주화를 이룩하자고 다짐했지만, 전 정권은 김대중 자택을 봉쇄하고 가족을 포함해 누구도 출입을 못하게 막았다. 4월 15일에는 1년여 전의 유인물 배포 혐의로 이철 의원을 전격 기소했다. 다음 날 중앙선거관리위원회는 김대중은 당원의 자격이 없으므로 정치활동을 하지 못한다고 발표했다.

김영삼은 현행 헌법에 따른 대통령 선거를 거부할 것임을 명백히 천명하고 당국이 창당대회 장소를 불허하고 자금원을 봉쇄하고 있다고 비난했다. 신당에 참여한 김용오 의원이 구속되었고, 대회 장소를 구하지 못해 창당대회가 연기될 것으로 보도되었다. 신당 창당을 하기 위한 지구당대회의 경우 백주에 잇따라 각목과 쇠파이프로 무장한 괴한들이 나타나 대회장을 점거하여 난동을 부리는 바람에 식당에서 대회를 치르기도 했다. 세칭 '용팔이 사건'이 일어난 것이다. 이 사건은 김영삼·김대중과 대립한 신민당 비주류에서 동원한 것으로 보도되었지만, '백주의 난동' 배후에는 안기부 등 전두환 정권이 있다는 것은 쉽게 알 수 있었다. 이러한 폭력 사태는 전두환 정권의 폭력성을 한층 더 부각시켰다.

전두환 정권의 방해 책동 속에서 신당은 4월 29일 소속 의원 67명으로 원내교섭단체 등록을 했고, 5월 1일 가까스로 민주통일당(민주당) 창당대회를 열어 김영삼을 총재로 선출했다. 민주당은 5월 8일 소속 의원 67명 전원이 4·13개헌유보조치 철회 건의안을 제출했다.

민주당이 창당된 이후에도 속이 훤히 보이는 저질 탄압이 계속되었다. 검찰은 김영삼 총재의 취임사와 민주당 정강정책이 국가 모독이라고 단정 짓고 계속 소환 으름장을 놓아 한동안 검찰의 소환과 민주당의 소환 불응의 공방전이 벌어졌다. 정권의 공격을 받으며 김영삼 총재는 호헌조치 철회를 요구하면서도 여러 차례 회담 형식에 구애됨이 없이 실세 간에 대화를 통해 난국을 풀어가자고 제의했으나, 민정당은 민주당을 대화의 상대로 인정하려 하지 않았다. 전두환과 민정당이 상식을 잃은 비열한 태도를 보일수록 호헌조치에 대한 시민들의 반감과 분노는 커져만 갔다.

4·19 수유리 시위

4·13호헌조치에 대한 반대 성명은 그날부터 쏟아져 나왔다. 4월 13일 대한변호사협회가 국민의 합의가 이루어진 개헌은 어느 누구도 중지시킬 수 없다고 발표했고, 전북인권선교협의회도 반대 의사를 분명히 했다. 4월 13일 정오 서울대에 4·13조치를 비난하는 대자보가 붙었고, 같은 날 연세대와 고려대에도 대자보가 붙었다.

4월 14일 전국목회자정의평화실천협의회(목협)는 전두환 정권 퇴진을 요구했고, NCC는 4·13조치에 반대하는 성명을 냈다. 민통련도 4·13조치를 비난했고, 광주 NCC인권위원회, 기독교장로회 전북노회도 호헌조치를 반대했다. 이날 천주교 김수환 추기경은 부활절 메시지를 통해 헌법 개정의 꿈이 기만과 당리의 술수 아래 무참히 깨어졌지만 실망하지 말자고 호소했다.

4·19혁명 기념일이 가까워지자 4월 16일 경찰은 18일부터 전국에 갑호비상령을 내린다고 발표했다. 같은 날 천주교 서울교구 정의평화위원회에서, 이튿날인 17일에는 기독교감리회 선교자유수호대책협의회에서 호헌조치를 반박하는 성명을 냈다.

대학에서의 시위가 4월 15~16일경부터 부쩍 많아진 것도 호헌조치와 무관한 것이 아니었다. 4월 16일에는 서울 7개, 지방 16개 등 23개 대학이 교내에서 시위를 벌였다. 그다음 날에는 전국에서 40개 대학이 격렬한 시위를 벌였다.

4월 19일 오후 2시 수유리 4·19공원묘지에서 기념식이 있은 뒤 민통련 등 26개의 재야민주화운동단체 회원과 대학생 4,000여 명은 그 자리에서 별도의 기념식을 가졌다. 4시 20분경 3,000여 명이 가두로 진출하여 '독재타도', '민주쟁취' 등이 쓰인 플래카드를 앞세우고 유인물을 뿌리며 스크럼을 짜고 시위를 벌였다.

경찰 2,500여 명은 32연발 다탄두 최루탄을 집중 발사해 시위대를 해산시키고 358명을 연행했다. 3·3평화대행진이 있은 지 오랜만의 가두시위였다. 그날 민주언론운동협의회, 민중문화운동협의회, 자유실천문인협회 등 6개 단체는 호헌 획책 분쇄, 장기집권 저지투쟁에 나설 것임을 선언했다.

천주교 사제들과 개신교 목회자들의 단식기도

4월 21일 천주교 사제들의 단식투쟁과 4월 22일 대학교수들의 시국선언문 발표는 모두가 기다렸다는 듯 순식간에 큰 호응을 얻어 4·13호헌조치 철폐운동을 한 단계 끌어올려 고양시킨 기폭제가 되었다.

민주화실천가족운동협의회에서 4·13조치가 반민주적 폭거라는 성명을 낸 4월 21일, 천주교 광주대교구 소속 신부 19명이 '직선제 개헌을 위한 단식기도를 드리며'라는 제하의 성명을 발표하고 29일까지 단식에 들어갈 것임을 밝히자, 천주교 사제들과 개신교 목회자들이 잇따라 호응투쟁에 들어갔다.

천주교 전주교구·18명도 4월 24일부터 5월 4일까지 단식에 들어갔다. 서울대교구 소속 사제 62명은 4월 27일부터 명동성당에서 '호헌철폐 및 민주개헌을 간구하는 단식기도를 시작하면서'라는 성명을 내고 5월 4일까지 단식에 들어갔다. 같은 날 전남목회자 정의평화실천협의회 소속 20여 명도 단식기도에 들어갔다.

천주교 사제들과 개신교 목회자들의 단식투쟁은 일파만파로 확대되었다. 4월 29일 천주교 안동교구에서 17명이 무기한 단식기도에 들어갔다. 원주교구에서는 4월 29일부터 5월 5일까지 16명, 인천교구에서는 4월 30일부터 5월 6일까지 36명, 춘천교구에서는 15명, 마산교구에서는 5월 1일부터 11명, 부산교구에서는 5월 3일부터 30명, 5월 4일부터는 대구교구에서 12명, 대전교구에서 29명이 단식투쟁을 벌였다. 5월 6일에는 수원교구 일부 사제, 5월 11일에는 청주교구 사제 10명이 단식기도에 동참했다.

또 4월 24일에 가톨릭노동청년회 전남연합회, 가톨릭농민회 전남연합회 등 전남지역 13개 재야단체들이, 4월 25일에 광주 가톨릭신학대 대학원 부제 18명이, 4월 27일에 광주교구 수녀 79명이, 원주교구 수녀 21명이 단식기도에 들어갔다.

5월 4일 천주교 정의평화위원회가 명동성당에서 '정의 평화 미사'를 가졌던바, 윤공희 대주교는 강론에서 현 정권에 대한 도덕성과 정통성에 근원적인 물음을 제기했다. 미사 후 정의구현전국사제단은 대통령직선제 민주개헌 서명 신부 571명의 명단을 발표했다.

개신교 목사들은 5월에 들어와 단식기도가 많아졌다. 5월 4일 서울 목협 목회자 30여 명이 삭발 후 무기한 단식기도에 들어갔고, 같은 날 인천지역 인권선교위원회 20여 명, 부산 목협 목회자 10여 명도 무기한 단식기도에 돌입했다. 5월 6일에는 강원하 목사 등 14명이 춘천에서 단식농성에 들어갔고, 5월 7일에는 예장 목협 목회자 30여 명과 대전지역 목회자들이 단식기도에, 5월 10일에는 이리·익산 인권선교협 목회자 13명과 재야인사가 단식농성에, 5월 13일에는 청주지역 목회자 20명이 단식기도에, 5월 14일에는 감리교 청년전국연합회 임원 등 10여 명이 단식기도에 돌입했다.

4·13호헌조치에 대한 반대 성명은 4월 22일 이후 더욱 확대되었다. 이날 함석헌·박형규·계훈제·송건호 등 재야인사 28명은 기독교회관에서 '폭력 호헌 저지, 민주개헌 관철을 위한 국민운동을 염원하면서'라는 성명을 발표하고 농성에 들어갔다. 이들은 24일 오전까지 농성을 벌이고, 24일 오후부터는 농성방법을 바꾸어 재야단체별로 돌아가며 철야농성을 하기로

호헌 발표 직후 정의구현사제단은 명동성당 교육관에서 '호헌철폐와 민주개헌을 간구하는 단식기도'에 들어 갔다(1987. 4. 27).

결정해 5월 11일 해산할 때까지 18개 단체 435명이 농성에 참여했다.

　같은 날인 4월 22일 한국기독교장로회(기장) 전남노회에서, 4월 23일 에는 여성단체연합, 천주교 정의구현사제단, 5·18광주의거유족회와 광주 의거청년동지회에서, 4월 24일에는 전남사회운동협의회 등 14개 재야단체 와 NCC인권위원회에서, 4월 28일에는 천주교 서울대교구 평신도사도직협 의회, 광주 가톨릭대학 신학생들이 호헌조치 반대 성명을 냈다. 4월 29일 에는 자유실천문인협회 회원들이 '4·13조치에 대한 문학인 193인의 견해' 를 발표했는데, 30일에 13명이 추가되어 206명이 되었다. 29일 천주교 정 의평화위원회에서도 성명을 냈다.

　4월 30일에는 한국기독청년협의회와 한국기독학생회총연맹이 호헌조 치를 비난하는 성명을 내고 농성에 들어갔으며, 울산지역의 신·구교 성직 자들과 제3세대당 지구당 위원장들도 성명을 발표했다. 정토구현전국승가회 등 불교 관련 4개 단체는 철야농성에 들어갔다.

일파만파로 번진 대학교수 시국선언문

4월 22일부터 시작된 대학교수들의 성명은 학생들에게 직접적으로 영향을 주었고, 파급력 또한 적지 않았다. 1986년 개헌서명운동이 벌어질 때 가장 먼저 시국선언문을 발표했던 고려대 교수 30명이 4월 22일 개헌 중단을 납득할 수 없다는 성명을 냈다. 4월 28일에는 광주 가톨릭대에서 학장 등 교수 16명이, 그다음 날에는 서강대 교수 28명이 성명을 냈다. 4월 30일에는 성균관대 교수 43명, 가톨릭대 교수 15명이 성명을 발표했다. 서울대에서는 122명의 교수들이 성명을 냈다.

5월에 들어와서 대학교수들의 시국성명이 부쩍 늘었다. 5월 4일 한국외국어대에서 33명, 전남대에서 60명, 한신대에서 42명, 강원대에서 40명의 교수가 4·13호헌조치를 반대하는 성명을 냈다.

5월 6일에는 중앙대 55명, 국민대 23명, 서울시립대 17명, 경기대 20명, 전북대 50명, 인하대 28명의 교수가 개헌을 촉구했다. 그 뒤를 이어 5월 7일에 경북대 57명, 계명대 56명, 원광대 45명, 전주대 19명, 덕성여대 14명의 교수가, 5월 8일에 성심여대 28명, 강릉대 11명, 부산대 40명, 경남대 35명, 동국대 14명, 영남대 65명의 교수가, 5월 9일에 연세대 40명, 건국대 22명, 숭실대 21명, 울산대 35명, 목포대 20명의 교수가 시국선언에 나섰다. 그후로도 교수들의 시국선언은 계속되어 경희대 22명, 단국대 24명, 충북대 36명, 청주대 29명, 청주사범대 15명, 경상대 38명, 한남대 24명, 동아대 12명, 감리교신학대 12명, 한국방송대 18명, 부산여대 14명, 경원대 10명, 부산 수산대 31명, 대전대 12명, 이화여대 17명, 한양대 42명, 창원대 13명의 교수가 4·13호헌조치 반대 성명에 동참했다. 고려대 등 일부 대학원생들은 교수들의 시국선언을 지지하는 성명을 냈다.

문인협회의 호헌 지지 성명

5월에 들어와 호헌조치 반대, 개헌 지지 성명을 내는 층이나 직업의 폭이 넓어져 그야말로 각계각층에서 시국선언에 참여했다. 5월 2일에 민족미술협의회 등 6개 문화단체가, 5월 6일에는 연극연출가·평론가·극작가 등 연극인 18명이, 다음 날에는 해직교사 58명이 시국성명을 냈다. 해직교사 17명은 성명 발표 후 시한부 단식농성에 들어갔다.

5월 7일에는 전국금융노조연맹 소속 13개 노조가 한국노총의 4·13호헌조치 지지를 반대하는, 다소 '이색적인' 성명을 발표했다. 같은 날 화가·미술평론가·조소공예가·사진작가·만화가 등 미술인 202명은 4·13호헌조치의 무조건 철회를 요구했다.

5월 8일에는 유병찬 기독교장로회 총회장 등 인천지역 목회자 185명이 직선제 개헌을 촉구하는 성명을 냈다. 5월 11일에는 감독·조감독·시나리오 작가·배우·영화음악 작곡가·촬영기사 등 영화 부문에 종사하는 다양한 영화인 97명이 성명을 냈다.

성직자, 지식인, 문화인들의 호헌조치 반대와 개헌 지지 성명이 쏟아져 나오자 5월 7일 노신영 총리가 단식과 서명을 계속할 때에는 조치가 있을 것이라고 위협했다.

그 무렵부터 이열치열 방식인지 4·13조치 직후처럼 호헌 지지 활동이, 그것도 문화·예술·교육 단체를 통해 나타났다. 5월 8일 예술문화단체총연합회(회장 조경희)는 '현 시국에 처한 예술인의 견해'를 통해 "일부 정치인과 예술인이 국론을 분열시키는 행위에 심각한 우려와 유감을 표명한다"
고 밝히고, "정치적·사회적 혼란을 배격"한다고 강조했다. 대한반공청년
회도 성명을 냈고, 한국반공연맹과 대한반공청년회 관계자들은 김영삼 민
주당 총재 집 앞에서 시위를 벌였다. 5월 9일에는 한국대학교육협의회(회
장 김치선 숭실대 총장)에서 대학교수들의 자제를 촉구한 것이 『조선일보』
에 3단 기사로 보도되었다. 이 중 한국문인협회 결의문이 특히 주목받을
만했다.

4월 29~30일에 문인 206명이 성명을 낸 것에 이어 문화예술인들의 성
명이 나왔는데, 5월 9일에 이채로운 성명이 나왔다. 김동리가 이사장인 한
국문인협회에서 "사회 일각에서 사회 혼란을 야기하고 있는 비국민적 행
동에 대해 유감스럽게 생각한다. 이들 중 문인은 전체 문인 가운데 극소수
이지만, 문학과 자유에 대한 그들의 양식을 개탄하지 않을 수 없다"는 결
의문을 내놓았다. 해괴하고 기이한 느낌을 받을 수도 있겠지만, 이른바 순
수 문인들이 걸어온 과거의 행위를 되돌아볼 때 자연스러운 일이었다.

이 결의문에 '비국민적 행동'이라는 말이 사용되었는데, 이 말은 일제
말에 일제의 황국신민화 정책과 군국주의 침략전쟁을 반대하던 사람들에
게 사용되었고, 해방 후에는 극우반공 세력이 비판 세력을 지칭해 사용하
기도 했다. 거슬러 올라가면 '순수 문인' 중 다수가 일제의 군국주의 침략
전쟁을 찬양하고 전쟁터로 가 '황군 위문'에 나섰다. 나치 협력자와 다를
바 없는 침략전쟁 협력자이자 군국주의 파시즘에 경도된 '순수한' 사람들
이었다.

박종화·김동리·모윤숙·김말봉 등은 자유당 말기에 '만송족'으로 명성
을 얻었다. 당시 문단을 쥐락펴락하던 이들이 1960년 3·15정부통령 선거
에서 자유당 부통령 후보인 만송 이기붕과 대통령 후보인 이승만을 미화·
찬양하는 글을 언론에 잇따라 써낸 것이다. 1960년대에는 '순수문학'과

'참여문학'의 논쟁이 있었다. 그런가 하면 일부 문인들은 유신정권과 전두환·신군부정권에 대해서 다른 관변단체와 비슷하게 호의적이었다.

인기 있는 호헌 반대 1단 기사

5월 13일에는 NCC 소속 6개 교단 목사와 신부 등 성직자와 전도사 및 신도 1,200여 명이 '나라를 위한 철야기도회'를 열자 경찰 및 전경 75명이 40여 명의 목회자를 끌어내면서 무차별적으로 주먹질과 발길질을 해 중경상자가 10여 명 발생했다. 경찰은 취재하던 기자들의 취재수첩을 빼앗으며 이들에게도 발길질을 해댔다. NCC시국대책위원회는 5월 21일 서대문경찰서 서장 등 폭행 가담자 전원을 검찰에 고발했다. 개신교 각 단체의 개헌 촉구 성명과 단식기도회·단식농성 등은 이 시기에도 끊임없이 계속되었다.

5월 15일 연극인 105명이 성명을 발표했다. 이날 미술인 33명은 호헌조치 철회를 요구하는 성명을 내고 2차 서명에 들어갔다. 5월 16일에는 대한불교 조계종 승려 751명이 호헌 반대 성명을 발표했다.

승려들의 호헌조치 반대, 개헌 지지는 다른 요인에 의해서도 촉진되었다. 5월 18일 광주 원각사에서 5·18추모법회를 열 때 경찰이 법당에 최루탄을 퍼부은 것에 대해 5월 20일 중앙승가대생 170명을 비롯해 민불련·대불련·정토구현승가회·동국대불교학생회 회원들이 단식농성을 벌이거나 항의집회를 가진 데 이어, 25일에는 법주사 56명, 해인사 75명, 운문사 비구니 200명, 동학사 비구니 114명, 직지사 75명 등의 학인 승려들이 종교·집회 자유 보장, 4·13호헌조치 철폐와 민주화 조속 실현, 박종철 고문 은폐 사실 철저 규명 등을 요구하며 단식기도에 돌입했다.

1987년 5월 21일(위)과 30일(아래) 『동아일보』 사회면에 1단 기사로 실린 출판인들과 창원대 교수, 부산 치과의사들의 시국성명. 호헌조치를 반대하는 각계각층의 성명은 대개 사회면 1단 기사로 났는데, 독자들은 궁금해 하며 이 기사들을 찾아 읽었다.

5월 21일에는 출판인(발행인·편집인·영업인) 359명이 시국성명을 냈고, 같은 날 민주화운동유가족협의회에서도 성명을 발표했다. 5월 25일에는 작곡가 25명이, 5월 28일에는 대구지역 공연예술인 41명이, 29일에는 부산 치과의사 16명과 대구의 연극인 등 공연예술인 41명이 성명을 발표했다.

언론계에서도 동참했다. 5월 25일 동아일보 기자 120명이 '민주화를 위한 우리의 주장'을 통해 4·13조치 철회와 언론 자유 보장을 요구했다. 서울신문 편집국 기자들의 4·13조치에 대한 반대 성명서에 이어 언론계에서 나온 두 번째 성명이었다. 한국일보에서는 5월 29일 145명의 기자가 '현 언론 상황에 대한 우리의 견해'를 발표해 개헌을 촉구했다. 6·10국민대회 이틀 전인 6월 8일에는 대구매일과 코리아타임스 기자들이 현 시국과 언론 상황에 대한 견해를 발표했다.

6월에 들어와서도 시국선언은 계속되었다. 6월 1일 부산·경남 지역 약사 37명, 6월 4일 서울·경기 지역 치과의사 66명, 6월 5일에는 연주인과 가수 등 대중 연예인 88명, 변호사 74명, 광주지역 미술인 51명, 한의사 49명, 수도권 지역 치과의사 66명이 호헌조치 반대 성명을 냈다.

한편 5월 12일에 미 상원 외교위원회에서는 4·13조치와 관련해서 전두환 정권의 개헌 논의 중단 결정에 대해 재고를 촉구하는 결의안을 찬성 12표, 반대 6표로 통과시켰다. 미국 하버드대학 유학생 54명과 교포 학생 12명 등 66명이 6월 14일 시국성명을 발표했고, 광주지역 공인중개사 28명도 6월 13일 성명을 냈는데, 이 부분은 4·13호헌조치 반대운동으로 넣을 수도 있겠고 6월 항쟁의 한 부분으로 다룰 수도 있겠다.

4·13호헌조치를 반대하고 개헌을 촉구하는 각계각층의 성명은 대개 사회면 1단 기사로 났다. 그렇지만 많은 독자가 궁금해 하며 찾는 인기 있는 1단 기사이기도 했다. 학생들은 자신의 학교에서 누가 서명했고, 몇 명이나 서명했는지에 신경을 쓰기도 했다.

성명을 낸 단체 하나라도 더 실어주려고 애를 쓰는 신문이 있는가 하면 문인협회 성명 등 호헌조치 지지 성명에 무게를 실어주려는 신문도 있었다. 성명 참가자들이 늘어나 같은 계통에서 성명을 낼 때 미술인이나 영화인처럼 세분해서 내기도 했고, 지역별로 구분해서 내기도 했다. 천주교 신학대 대학원생인 부제나 신학대 학생, 수녀들처럼 사제들의 단식기도를 지지한다거나 동참하는 형식으로, 또는 옥중 단식하는 강희남 목사를 지지하는 방식으로 개헌에 대한 의사를 표명하는 경우도 많았다.

서명자들은 불이익을 받게 된다고 당국이나 소속 기관에서 협박을 했지만, 무슨 사정이 있어서 서명을 못했을 경우 추가로 이름을 넣어달라고 요구하기도 했다. '예술인', '문화인' 등 사회에서 잘 사용하지 않는 호칭으로 시국성명을 낸 경우도 많았다.

6월 1일 전두환 대통령은 수석비서관회의에서 시국선언 교수가 50개 대학 1,527명으로 전체의 7퍼센트이며, 서명 교수 중 50퍼센트가 조교수 이하 소장학자들이고, 문화예술계는 1,031명이 시국선언에 참가했으며, 신부는 1,200명 중 353명이 서명했다는 보고를 받았다. 지식인과 문화예술인이 시국선언에 적극 참여한 것이 눈에 띈다. 그렇지만 양적으로 시국선언에 가장 많이 참여한 쪽은 천주교계·개신교계·불교계의 성직자와 승려, 신자였다. 그야말로 3·1운동처럼 각계각층이 참여했다고 볼 수 있다.

시국선언 참여자 또는 참여층은 6월 항쟁에서도 학생들과 함께 주도적인 역할을 할 것임을 시사했다. 특히 천주교·개신교 쪽이 많은 것은 6월 항쟁에서 천주교와 개신교 측이 장소를 빌려주는 차원을 넘어서 성직자뿐 아니라 신자들도 적극 참여할 것임을 예고했다. 또 개신교 쪽이 특히 그러했지만, 보수 교단이 확연히 눈에 띌 정도로 상당수가 시국선언에 참가한 것이 관심을 끈다.[25]

전두환은 6월 1일 수석비서관회의에서 흥미 있는 발언을 했다. 전문을 옮겨보자.

연중 정국 상황의 추세를 보면 3월부터 6월까지 정부·여당이 늘 수세적 처지에 놓입니다. 6월을 고비로 후반기부터는 항상 정부·여당이 정국을 주도, 정책을 인식시켜서 7월부터 새해 1, 2월까지 밀고 나가다가 3월부터 6월까지 수세에 몰리는 과정이 반복되는 것 같아요. 내가 지난 6년간 보니 그래.

전두환의 발언은 사실과 약간 차이가 있다. 1985~1987년은 대개 1월부터 고전을 면치 못했고, 7월부터 밀고 나갔다는 것은 공권력을 총동원해서 혹독하게 탄압한 것에 지나지 않았다.

위의 발언은 4·13호헌조치로 수세에 몰렸다는 점이 내포되어 있음을 감지할 수 있게 한다. 전두환은 비상조치의 보도寶刀를 만지작거리며 혹독한 탄압을 벌이다가 그 여파로 박종철 고문사망 사건이 발생함으로써 정국이 반전되었다. 뿐만 아니라 그 사건은 전국 동시다발의 새로운 시위 양태와 민주대연합을 촉발시켜 6월 항쟁으로 나아가는 길을 닦아놓았다. 박 군 사건이 일반 사람들한테 잊힐 만하자 성급하게 호헌조치를 취함으로써 정세는 돌이키기 어려운 쪽으로 가고 있었다. 6월 항쟁으로 가는 또 하나의 큰 디딤돌을 마련해준 것이다.

5

학생운동 노선의 변화
—야당 비판에서 민주대연합으로

1987년 신학기에 자취를 감춘 정치적 투쟁

부마항쟁·광주항쟁을 제외한다면 6월 항쟁에서 과거 민주화운동과 크게 차이 나는 점은 시민들의 적극적인 참여였다. 그렇지만 6월 항쟁에서 투쟁을 선도하거나 주도한 것은 학생들이었다. 그런데 학생운동권은 1986년까지 야당에 대단히 비판적이었고, 민주대연합에 그다지 열성을 보이지 않았다.

학생운동권이 1985년 2·12총선 유세장에서 김대중·김영삼의 신당 후보를 지원한 것은 어떻게 보면 대단히 이례적이었다. 하지만 그것은 야당 후보를 지지해서가 아니라 '미·일 파쇼정권'의 장기집권 음모를 분쇄하고 대중들의 정치의식을 고양시키기 위해서였다. 그 이후 개헌 문제가 제기되자 학생운동권은 야당을 혹독히 비판하면서 직선제 개헌론과는 다른 개헌 주장을 폈고 5·3인천사태에서 야당은 거의 모든 운동권에서 두들겨 맞은 동네북이었다.

그러한 학생운동권과 야당의 관계가 1987년에 들어와 바뀌었고, 학생들은 6월 항쟁에서 직선제 개헌 쟁취를 들고 나왔다. 6월 항쟁이 그토록 거대한 민중시위로 확대될 수 있었던 것은 학생들이 민주대연합에 적극적이었고, 시위 구호가 "호헌철폐", "독재타도", "직선제 쟁취"로 단순화된 것이 중요한 이유였다.

무슨 사정이 있어서 학생운동권은 이처럼 크게 변화했는가. 1987년에 들어와 5월까지 무기력한 모습을 보여주던 학생들이 어떻게 6월 항쟁에서 '가두투쟁'의 주역이 될 수 있었을까. 이 점과 관련해 6월 항쟁에서 학생운동의 주도권을 쥐었던 NL(민족해방)계에 초점을 맞춰 학생운동의 변화를 살펴보자.

여기에 한 가지 더 살펴볼 것이 있다.

4·13호헌조치 반대, 곧 호헌철폐 및 민주개헌 운동이 각계각층에서 뜨겁게 일어나고 있는데도 1987년 3~5월에 학생들의 움직임은 상대적으로 미약했다. 이 시기에 학생들은 호헌철폐 가두투쟁도 거의 벌이지 않았고 학내 시위나 활동에서조차도 호헌조치가 주요 이슈로 떠오르지 않았다. 6월 항쟁의 주역이라면 안 그랬을 터인데 하는 의문이 생기지 않을 수 없다.

그것만 이상한 게 아니다. 학생들은 박종철 고문사망 사건에 대해서도 상대적으로 별다른 '투쟁'을 하지 않았고, 학생들이 동원되기 좋은 신학기를 맞아서도 대개가 학내 문제를 가지고 시위를 했을 뿐이었다. 6월 항쟁에서 보여준 어떠한 어려움도 돌파할 수 있다는 학생들의 가열한 투지, 그 중에서도 '가두투쟁' 이미지와는 도무지 맞아떨어지지 않는다.

이러한 학생들의 움직임은 전두환을 안심시켜 4·13호헌조치로 나가게 하는 데 어느 정도 기여했다. 그런가 하면 6월 항쟁 직전부터 학생들은 민주대연합에 1986년까지의 학생운동과는 큰 차이가 나게 대단히 적극적이었다.

1987년 신학기에 주요 대학 학생회장단이 견지했던 것은 대중노선이었다. 이 시기 대중노선은 학생운동이 엘리트 중심의 운동에서 벗어나 정치적인 문제나 반독재 민주화운동을 학생대중 중심의 운동이 되도록 하기 위해 제시되었다는 것으로는 설명이 되지 않는 부분이 있다. 왜냐하면 당시 학생회장단은 정치투쟁, 그것과 직결되어 있는 가두투쟁에 거리를 두었고, 학내 문제 중심의 교내투쟁에 치중했다. 그와 함께 5월 투쟁도 비정치적인 각종 문화행사 중심으로 전개했다. 이러한 활동이 대중노선의 중심을 이루고 있었다.

왜 그 이전의 정치적 투쟁과는 다른 활동이 대학가에 지배적인 노선으로 자리 잡았을까. 이 문제를 이해하기 위해서는 1987년 이전의 학생운동을 뒤돌아볼 필요가 있다.

대중적 공개조직 결성

'언더'에서 비공개조직으로 활동하던 학생운동권이 부분적으로 공개적인 모습을 보이며 대중적인 조직을 한 것은 1983년 12월 유화국면이 나타나면서부터였다. 1984년 새 학기를 맞아 각 대학에서는 공개조직을 결성했다. 3월 9일 서울대에서 학원자율화추진위원회(학자추)가 결성된 것을 시작으로 하여 이화여대와 고려대에서 학자추가 조직되었다. 연세대와 성균관대는 학원민주화추진위원회(학민추)를 조직했다.

서울대의 경우 공식조직인 학도호국단은 상대적으로 안정적인 학내 일상투쟁을 담당하게 한다는 계획 아래, 학자추를 조직해서 학도호국단과 보조를 맞추면서 대학 자율화의 완전한 실시, 강제징집·지도휴학 철폐투쟁, 관제언론 규탄투쟁 등을 맡도록 했다. 서강대는 투쟁의 공간, 대중활동의 공간을 만들어내기 위해 과 학회와 서클, 학내 언론기구가 연합해 학자추를 조직했다.

학도호국단, 학자추와 같은 공개조직을 매개로 대학 간 연합투쟁의 단초가 마련되었다. 또 학생운동의 민중지향 과제가 밀실의 좁은 공간을 벗어나 대중적 실천 단위의 기초로서 민중생활조사위원회가 만들어지기도 했다.

대중조직활동은 성공적이라는 평가를 받지 못했다. 유화국면이라는 새로운 환경에 저합한 대중조지이 생겨난 것이 아니라 유화국면 이전의 조직과 투쟁방식이 확대 재생산된 면이 많았다. 공개조직이 띄워졌지만, 학생운동조직은 여전히 지하조직이었고, 지하조직에서 파견한 비공개지원조직이 공개조직을 이끌어갔다. 지하조직이 공개적인 활동을 하는 조직으로 전면 재편되지 않고, 공개조직과 비공개조직을 병행하면서 여전히 운동의 중심은 지하조직에 있었다.

그렇다 하더라도 '학생대중'들은 학자추 집회에 적극적으로 참여했다. 1984년 4월 12일 서울대 학자추가 마련한 집회에는 2,000여 명의 학생들이 모여 시위를 못하게 심어놓은 아크로폴리스의 장미를 뽑아냈다. 아크로폴리스는 다시 학생운동의 명소로 등장했다. 도서관의 철책도 잘라냈다.

4월 13일에는 전국에서 55개 대학이 학원민주화를 요구하며 시위 농성을 벌였다. 4월 17일 고려대생 1,500여 명이 강제징집 철폐 등을 외치며 가두시위를 벌였고, 4월 19일에는 17개 대학 학생들이 4·19기념집회를 가졌다.

5월 15일 서울대·고려대 학생들은 노동3권 보장 등을 외치며 가리봉 5거리, 부천역 등지에서 시위를 벌였다. 드디어 노학勞學 연대가 거리에 모습을 드러낸 것이다. 그것은 최초의 '민중지원투쟁'으로 평가받았다. 5월 16일에는 전국 26개 대학에서 광주학살 규탄대회와 가두시위가 있었다.

4·19를 중심으로 한 4월 투쟁, 5·18을 중심으로 한 5월 투쟁이 자연스럽게 일체를 이루어 캠퍼스의 봄 투쟁(춘투)으로 발전했다.

1984년 2학기에 들어와 학도호국단 대신 고려대·연세대·서울대에서 잇따라 총학생회가 부활했다. 10월에 들어와 서울대·연세대·성균관대·고려대 등에 반독재 민주화투쟁위원회가 만들어졌다. 이들 4개 대학의 반독재 민주화투위가 주축이 되어 학생의 날인 11월 3일 전국 민주화투쟁 학생연합이 조직되었다. 같은 날 전국 각 대학 학생회의 협의체로 전국대학생대표기구회의가 탄생했다. 후자는 11월 20일 전국학생총연맹으로 이름을 바꾸었다.

전국학생총연맹은 학생대중의 합법조직이었고, 전국 민주화투쟁 학생연합(민투학련)은 실질적 투쟁을 담당한 투쟁조직이었다. 그러나 민투학련은 11월 14일에 있었던 민정당 중앙당사 점거투쟁 이후 약화되었고, 전국대학생대표기구회의-전국학생총연맹 또한 대중적 학생조직으로서 역할을 수행하지 못했다.[26]

총선 거부론과 총선 참여론

1984년 연말이 다가오면서 대학가는 2·12총선 대응책을 두고 논쟁이 가열되었다. 선거 거부론과 선거 활용론의 논쟁이었다.

선거 거부론에서는 다가오는 총선은 민정당과 군부의 장기독재로 가는 포석에 지나지 않고, 김영삼·김대중의 신당은 미·일과 야합할 가능성이 있으며, 총선은 주요 정치인을 묶어놓은 미해금 문제, 선거과정의 법적 절차의 문제 등으로 인해 합법성이 없고 집권당의 승리가 보장되어 있다는 점을 역설했다. 그것에는 무엇보다도 의회주의는 개량주의에 지나지 않고,

모순의 궁극적 해결은 의회정치의 과정에서는 불가능하며, 기층 민중의 역량 강화가 중요하다는 것이 기본 전제로 깔려 있었다.

선거 활용론은 선거제도는 자본주의 사회에서 내부의 계급 모순이 격화되자 반체제운동을 체제 내로 흡수하는 장치지만, 대중의 치열한 민주주의 투쟁의 산물이라는 점을 경시해서는 안 된다고 강조했다. 그리고 다가오는 총선이 불법 쿠데타에 의한 정권 장악의 대내외적 정당화를 목적으로 하고 있고, 장기집권 체제 구축을 위한 사전 작업이기는 하지만, 총선투쟁을 통해 대중의 정치의식을 고양시킬 수 있으며, 전두환 정권과 여당에 대해 폭로·선전을 해낼 수 있는 중요한 기회이자 민주화와 민중 문제를 부각시킬 수 있는 기회로 활용할 수 있다는 점을 중시했다.

선거 거부론은 야당과의 제휴 거부론으로, 선거 활용론은 야당과의 제휴 투쟁론으로 논쟁이 이어졌다. 야당과의 제휴 투쟁론은 야당의 이념적 한계와 기회주의적 속성을 간파해야 함과 동시에 다가오는 총선에서 야당과 신군부의 갈등이 주요한 측면이 된다고 하여 전술적 유연성을 강조했다.[27] 그들은 대중적 관점에 맞는 슬로건을 제시하고, 야당의 정치운동을 포함한 모든 부문과 연대를 구축하여 적을 분쇄해야 한다고 역설했다. 이러한 논리는 민주연합론으로 이어질 수 있었다.

1984년 연말만 해도 한때 총선 거부론이 힘이 있었으나 1984년 연말과 1985년 연초에 대세는 총선 참여론으로 기울었고 학생들은 대거 총선 유세장에 나타났다. 총선 거부론이건 참여론이건, 야당과의 제휴 거부론이건 제휴론이건 김대중·김영삼과 비슷하게 2·12총선에서 엄청난 바람이 불 것이라는 점은 전혀 예상치 못했다.

학생들은 '전국대학연합 선거대책위원회'를 만들고, 1월 14일 서울대에서 '민주총선 쟁취 학생연합' 제1차 보고대회를 열어 '총선투쟁'에 나섰다. 총선투쟁은 1985년 1월 16일 서울대생들의 신민당 당사 농성 및 그에 대한 보고대회, 1월 24일 서울대생의 가두홍보투쟁, 1월 25일 영등포 영보극장 부근에서의 가두시위, 1월 29일 연세대에서의 민주총선 쟁취 학생연합 2차 대회 및 교내 시위, 2월 5일 민주제도 쟁취를 위한 국민대회 참가 및 가두시위 등으로 이어졌다.

학생들은 유세장을 돌면서 군부독재 재집권 결사반대, 민정당·민한당 반대, 민중생존권 쟁취를 주요 구호로 내세웠다. 학생들은 "KBS 9시 뉴스(또는 땡전뉴스) 믿는 사람 손들어보라", "요즈음 박사 위에 육사가 있다더라", "헌법에는 대한민국이 민주공화국이라 했지만 실제는 군사공화국이다"라고 소리 지르면서 계속 구호를 외쳤다. 대도시의 민정당·민한당 후보들은 학생들이 연호하며 일제히 "우-우-우" 하고 야유를 보낼 때 폭음이 울리고 고막이 찢어지는 듯하여 무어라고 응수해야 할지 당황해서 어찌할 바를 몰랐다. 학생들은 대도시 유세장 곳곳에서 바람을 일으키고 다녔다.

전학련과 삼민투의 등장

선거가 끝나고 새 학기가 시작된 지 한 달이 넘은 1985년 4월 17일 전국학생총연맹(전학련)이 새로이 조직되었다. 전학련은 1984년에 만들어진 전국대학생대표기구회의-전국학생총연맹보다는 실질적인 전국적 연합기구였고 짜임새가 있었다. 전학련은 전국을 4개 지역으로 나눈 지역별 학생연합과 서울을 4개 지구로 나눈 지구별 평의회를 갖추어 연합의 틀을 강화했다.

4월 29일 전학련 서울지구 남부평의회 1차 대회가 열렸고, 곧이어 전학련 서울지구 동부지역 평의회, 전학련 서울지구 북부지역 평의회, 전학련 서울지구 서부지역 평의회가 결성되었다.

5월 7일에는 전학련 산하조직으로 민족통일 민주쟁취 민중해방 투쟁위원회(삼민투)가 조직되었고, 삼민투 산하에 광주학살 진상규명위원회, 광주학살 원흉처단위원회, 광주민중항쟁 계승위원회를 두었다.

4월 19일 학생들은 전학련 주최로 4·19기념행사를 치르고 시위를 가졌다. 이날 집회·시위로 32개 대학의 학생 361명이 경찰에 연행되었다.

5월 10일 서울 시내 15개 대학 6,000여 명의 학생들이 광주항쟁 진상보고대회를 열어 진상규명을 요구하고 시위를 벌인 데 이어, 5월 17일에는 전국 80개 대학에서 광주민주화운동의 진상규명을 요구하는 시위가 열렸다.

5월 23일부터 26일까지 서울대·연세대·고려대·성균관대·서강대 학생 73명이 서울 미문화원에서 농성을 벌이며 "1) 광주학살 지원 책임지고 미국 행정부는 공개 사과하라. 2) 미국은 전두환 군사독재정권에 대한 지원을 즉각 중단하라. 3) 미국 국민은 한미관계의 올바른 정립을 위해 노력하라" 등을 요구하고 국민대토론회를 제의했다. 서울 미문화원 점거농성으로 학생운동권의 요구사항이 국내외에 처음 공개적으로 알려졌다.

전학련은 삼민투의 서울 미문화원 점거농성투쟁으로 명성을 얻었다. 이 농성투쟁은 전두환·신군부정권이 들어선 이후 학생운동 가운데 가장 큰 '각광'을 받았다. 국내 언론에서 크게 다루었을 뿐만 아니라 해외 언론도 탔다. 전 정권이 삼민투를 좌경·용공·불순 세력으로 몰아붙였는데도 카페 종업원 아가씨까지 이들의 피신을 도왔고, 자신이 삼민투 위원장이라며 민주 헌금을 걷고 다니는 사기꾼까지 나타날 정도였다.[28]

6월 7일에는 전학련 주최로 학생·재야단체 인사·시민 등 6,000여 명이 참가해 '광주민중항쟁 및 군부독재에 대한 범국민 자유토론대회'가 열렸다. 그러나 학생운동은 10월 29일 서울대 지하운동조직인 민주화추진위원회(민추위) 사건으로 26명이 구속되어 타격을 입었다.

학생운동은 1985년에 더욱 고양되고 있었지만, 몇몇 소수 대학들이 주도하고 있었고, 또 그 대학들은 지하조직으로 연결된 소수 활동가들이 주도하고 있었다. 전학련에 대해 일반 학생들의 기대가 적지 않았지만, 전학련이나 미문화원 점거농성으로 명성을 얻은 삼민투는 새롭게 대중성을 띤 학생운동의 중심이 아니었고, 지하조직의 지도에 따르면서 대외적으로 공개적인 투쟁조직을 대표하는 기구로서의 성격이 강했다.[29]

"미국에 대해 불타는 적개심을 가져라"

1985년 학생운동은 전학련과 삼민투로 대표되었고, 가을에 접어들면서 대학가에 불어닥친 개헌 논의도 '헌법제정의회' 구성, '삼민헌법 쟁취 투쟁' 등과 같이 이들의 주장이 부각되었다.

그러나 학생운동권에는 이해 10월경부터 나중에 반제민족해방론으로도 불리는 '반제투쟁론'이 태풍의 눈으로 급속히 떠오르고 있었다. 여기서 말하는 제국주의 국가는 일본도 포함되지만 주로 미국을 가리켰다. 반제투쟁론은 반미투쟁론에 다름 아니었다.

이들의 주장에 따르면 개헌은 미제의 식민지 파쇼체제 안정화에 다름 아닌 것으로, 당면한 투쟁은 반파쇼투쟁이나 반파쇼투쟁의 한 부분인 개헌투쟁보다 본질적인 투쟁인 반미자주화투쟁으로 전환시켜야 한다는 것이었다.

학생운동권에 엄청난 지각변동을 몰고 오게 될 반제민중민주주의론 AIPDR으로 불린 이 이론은 자신의 주장을 담은 팸플릿 말미에 "미국에 대해 불타는 적개심을 갖지 않는 사람은 운동을 할 생각을 하지 말라"고 하여 큰 파문을 일으켰다. 일각에서는 적개심만으로 운동이 되겠느냐고 빈정댔고 아예 '괴물'로 치부해버리기도 했다. 아무도 이 괴물이 학생운동권에

주류로 등장해 막강한 영향력을 행사하리라고는 예상하지 못했다.[30]

이승만 정부 수립 이래 30여 년 동안 이승만과 박정희는 비판할 수 있어도 미국은 성역 중의 성역으로 감히 반미 문제를 꺼낼 수 없었는데, 미국이 광주 참극에서 신군부를 지원하고, 피 묻은 총칼로 정권을 잡은 전두환 정권을 지지하면서 상황이 바뀌었다. 학생들은 전두환 정권의 탄생에서부터 강렬한 혐오감과 적대감을 가지고 있었다.

반제혁명론에서는 전두환 정권을 '미 제국주의'의 대리인이라고 주장했다. 전두환이 신군부헌법으로 대통령에 선출되기 직전 미국을 방문한 것은 미국으로부터 '승인'을 받는 행위로, 한미 간의 종속관계를 잘 보여주는 것으로 이해되었다. 다시 말해서 레이건이 미 대통령으로 취임한 1981년 1월 21일 다음 날에 전두환의 방미가 발표되고 이어서 김대중을 사형에서 무기징역으로 감형하는 절차를 밟은 뒤 계엄령을 해제하고 1월 28일 미국에 가 레이건을 만난 것은 그때까지 전두환이 한 행위와 곧 있을 전두환의 대통령 선출 및 취임에 대해 미국이 지지하는 절차를 밟은 것으로, 한미 간의 특수한 관계를 잘 보여주는 예라고 생각한 것이다.

전두환은 1월 28일에서 2월 7일까지 방미 일정을 마치고 돌아와 2월 25일 5,000명이 넘는 선거인단에 의해 대통령으로 선출되는 절차를 밟았다. 그 뒤 3월 3일 취임식을 가졌고, 이로써 제5공화국이 공식 출범했다.

중요한 시기에 대통령이 미국을 방문하는 것은 박정희·이승만 시기에도 있었다. 박정희는 1961년 11월 일본을 거쳐 미국에 갔다. 쿠데타에 대한 지지를 받기 위해서였다. 1965년 한일협정 조인(6월 22일) 직전인 5월에 미국을 방문한 것은 한일 문제 외에도 베트남 파병 문제가 있었다. 그리고 3선 개헌안이 국회에서 통과 절차를 밟기 보름 전인 1969년 8월 20일에 미국을 방문해 미국이 자신의 3선 개헌을 지지한다는 것을 과시하면서 귀국했다.

이승만 또한 초대 대통령에 한해 중임 제한을 철폐하는 헌법 개정안이 '사사오입 개헌'이라는 위헌적인 방식으로 국회에서 통과 절차를 밟기 불과 몇 달 전에 미국을 방문했다. 이승만의 대통령 재임 중 있었던 유일한 방미였다.

한국군에 대한 미국의 작전권 통제 등 한미 간의 군사적인 관계나 경제·문화·정신 상태에서 미·일 의존적이라는 점도 반제민족해방론에 서 있는 여러 유인물에서 예속성의 증표로 강조되었다. 더 나아가서 이러한 한미관계는 해방 후 미군이 한반도에 들어올 때부터 있었던 것으로 확대 해석되었다. 이러한 논리에서는 분단이나 분단을 이용한 정권안보 논리, 반통일적인 정책 등을 모두 미국과 관련해 일어난 것으로 이해하려 했다.

반제혁명론자들은 한국의 보수 세력은 머리털부터 발끝까지 철두철미 사대주의에 찌들 대로 찌든 외세의존 세력, 곧 미·일 의존 세력이라고 역설했다. 그들에게서는 인간이나 민족에 있어서 소중한 자주성이나 주체성을 찾아볼 수 없다는 점도 자주 지적되었다.

미국은 10·26사태 이후에도 한국인을 낮추어보고 있었다. 한국인은 민주주의나 인권을 얘기할 만한 수준에 있지 못하고, 그저 '팍스아메리카나'의 안보체제에 기여하면 된다고 생각해 문민정권 출현에 부정적이었고 군부정권 등장에 호의적이었다. 이러한 미국의 한국관은 주한 미군사령관과 주한 미대사의 한국인 비하 발언에 그대로 드러났다. 1980년 8월 위컴 주한 미군사령관이 LA타임스와의 인터뷰에서 "한국인의 국민성은 들쥐와 같아서 누가 지도자가 되든 그 뒤를 따라갈 것이고, 한국인에게는 민주주의가 적합지 않다"고 말했다. 1982년 2월 주한 미대사 워커가 민주화를 주장하는 지식인과 학생들을 가리켜 '버릇없는 애새끼들'이라고 발언했다. 이러한 한국인 비하 발언도 반미 감정을 부채질했다.

반미 활동은 이미 1980년에 일어났다. 1980년 12월 미국 국방장관 브

라운이 방한하는 것에 맞춰 가톨릭농민회 회원 정순철이 광주 미문화원에 불을 질렀는데, 이 사건은 크게 주목받지 못했다. 인명 피해가 없었고, 전두환 정권이 이 문제가 알려지는 것을 꺼렸기 때문이었다.

부산 미문화원 방화사건의 상징성

1982년 3월에 일어난 부산 미문화원 방화사건은 80년대 반미자주화투쟁에 한 획을 긋는 역사적 사건이었다. 이 사건의 주동자들은 '미국은 더 이상 한국을 속국으로 만들지 말고 이 땅에서 물러가라'는 유인물에서 "이제 우리 민족의 장래는 우리 스스로 결단해야 한다는 신념을 가지고 이 땅에 판치는 미국 세력의 완전한 배제를 위한 반미투쟁을 끊임없이 전개하자"고 호소했다.[31]

부산 미문화원 방화로 학생 1명이 사망하는 등 인명 피해가 있었다. 전두환 정권은 천주교 민주화운동의 상징적 교구인 원주교구에 방화사건을 주동한 학생 문부식이 피신한 사실을 알게 되자, 반미운동을 뿌리 뽑고 원주교구와 천주교 민주화운동 세력을 고립시키기 위해 텔레비전과 신문을 동원해 이 사건을 엄청난 반국가 시국사범 사건으로 대대적으로 확대 선전했다. 그때까지만 해도 일반인들에게 반미운동은 이단시되었는데, 부산 미문화원 방화사건으로 더욱 위험시되었다. 천주교 민주화운동 세력 또한 상당 기간 곤경에 처하지 않을 수 없었다.

부산 미문화원 사건이 일반인들에게는 위험시되었지만, 그 사건 관계자들은 조금도 겁먹지 않았고 의연했다.

이미 1980년 12월 광주 미문화원에 방화한 정순철은 법정에서 광주민중항쟁 당시 미국이 전두환 군부정권을 지원한 것은 자유민주주의의 우방으로서 미국에 걸었던 국민들의 기대를 배신한 것이라고 미국을 질타했다.

1982년 8월 부산 미문화원 사건 재판 최후진술에서 김은숙은 "나는 이 문화원 방화를 통해 광주사태로 죽어간 사람들의 이름을 빌려 전두환 군부정권을 고발하고 싶었다. 전두환을 위해 기도했다는 종교인과 지식인 역할을 못한 지식인들을 이 자리에서 재판부에 고발하고 싶다"라고 말해 놀란 어머니가 법정 뒤편에서 "은숙아!"라고 외마디소리를 지르

1982년 3월 18일 불타는 부산 미문화원. 부산 미문화원 방화사건은 1980년대 반미자주화투쟁에 한 획을 긋는 역사적인 사건이었다.

며 퇴장했다. 다른 피고인들도 방화로 희생자가 나온 데 대해서는 죄스러움을 밝혔지만, 자신들의 행위에 대해서는 당당하게 최후진술을 했다.

개신교 보수교단이 운영하는 고려신학대 학생 문부식·김은숙이 부산 미문화원 방화사건을 주도했고, 이 사건에 여러 여학생이 관여했다는 것은 학생운동이 소수 엘리트의 전유물이 아니라는 점을 보여주었다는 점에서 대단히 상징적이었다.

반미자주화운동은 파급력이 아주 컸다. 이슬람교도에게 반미투쟁이 성전인 것처럼, 학생들에게도 반미투쟁은 성전으로 비쳐졌다. 부산 미문화원 방화사건은 감수성이 예민한 일부 학생들에게 미국과 전두환 정권에 대한 분노가 한층 더 타오르게 하는 계기가 되었다. 여러 면에서 부산 미문화원

방화사건은 1980년대 학생운동에서 하나의 전기가 되었다.

반미자주화운동의 계보

대학가에서 반미운동은 점점 보폭을 넓혀가고 있었다. 광주에서 이제는 분단, 이승만·박정희와 미국과의 관계 등 현대사 전반에서 미국의 책임을 물었다. 서유럽과는 달리 한국에서 진보운동은 민족주의와 밀착된 경우가 많았다.

일제강점기에 많은 사회주의자들이 민족주의 성향을 지니고 민족해방투쟁의 대열에 나섰다. 해방 후 좌우 어느 쪽도 사회주의와 민족주의가 결합된 경우가 많았다.

한국전쟁 이후 대부분의 진보주의자들은 민족주의 성향을 지니고 있었고 그 점은 진보당의 경우도 예외가 아니었으나, 워낙 냉전-진영 논리가 횡행하고 있어서 미국 비판에는 신중을 기했다. 그 점은 4월 혁명 시기의 혁신계도 마찬가지였다.

그렇지만 학생들은 달랐다. 1961년 2월 8일 체결된 한미경제협정에 반대한 전국학생 한미경제협정반대 투쟁위원회는 2·8협정이 예속적·식민지적 불평등 협정이라고 규정하고, 더 나아가 '미국 정부에게 보내는 메시지'에서 "일본 제국주의자들의 뒤를 이어 우리 조국의 절반에 진주한 미국이 매족적·반민족적 일부 분자들과 우리의 조국을 분할했다"라고 주장했다.

서울대 학생회가 1961년 4·19혁명 1주년을 맞아 발표한 '4·19 제2선언문'에서는 반봉건·반외압세력·반매판자본의 3반운동을 일으켜 민족혁명을 펼쳐나가야 한다고 선언했다.

그해 5월 5일 19개 대학에서 참여한 민족통일 전국학생연맹 결성준비대회 공동선언문에는 민족해방론적 통일관이 총괄적으로 표출되던바, 4월 혁명을 계기로 민족·대중 세력은 매판관료 세력을, 통일 세력은 반통일 세력을, 평화 세력은 전쟁 세력을 압도하게 되었다고 주장했다. 그리고 식민주의와 군사기지적 예속 체제를 거부하고 국내의 매판관료 세력을 타도하여 민족자주의 독립노선 위에 경제적 번영을 도모하고자 하는 알제리·콩고·쿠바·라오스 및 여타의 민족해방투쟁을 열렬히 성원한다고 선언했다.

반미운동은 5·16군부쿠데타 이후 장기간 일어나지 않았다. 1964년 3월 24일부터 6월 3일 사이에 있었던 한일회담 반대운동은 한일회담의 막후 세력인 미국에도 비판의 화살이 겨냥되어야 했지만 매판자본·매판문화를 배격하고 박정희의 '민족적 민주주의' 장례식을 치르는 수준에서 끝냈다. 또한 "박 정권 타도!"의 구호도 나왔지만 반미 구호는 수면 위로 떠오르지 않았다. 쿠데타가 일어나면서 혁신계 인사와 진보적 학생운동 리더들이 대거 체포되었고 한국인에 대한 미군의 잇딴 린치와 총격에 분격한 학생들의 시위를 군사정권이 혹독하게 탄압한 것을 생생히 기억하고 있었기 때문이었다.

수면 아래 숨어 있었던 반미운동은 광주 참극을 겪으며 4월 혁명기와는 비교가 안 되게 거대한 회오리바람으로 부활했다. 1980년대 중반 이후의 반제민족해방론은 4월 혁명기의 반제민족해방론에 맞닿아 있었고, 그것을 한층 더 진전시킨 것이었다.

반제투쟁론의 학생운동 주류 비판

부산 미문화원 방화사건에 대한 혹독한 탄압과 여론몰이로 학생운동은 위축되었으나 1982년 4월 22일 강원대에서 학생들이 학생회관 창틀에 올라서서 반미 구호를 외치며 성조기를 불살랐다. 성조기 소각사건이 일어난 것이다.

1982년 가을을 맞으면서 서울대·연세대·고려대·성균관대·이화여대 등 여러 대학 학생들이 종로 거리를 꽉 메우며 연합시위를 벌인 9·24가두 투쟁이 출현하는 등 학생운동은 이제 1980년 5·15서울역 회군 당시의 활기를 되찾았다.

이 무렵 반미운동은 몇몇 팸플릿을 통해 점점 논리가 구체화되었다. 1983년 벽두에 배포된 「인식과 전략」은 한국 사회의 기본 모순을 미·일 제국주의와 한국 민중 간의 민족 모순으로 파악했다. 따라서 군부 파쇼는 제국주의의 대리 세력으로 지목되었다.

1985년 9월 '구미유학생 간첩단사건'의 '주범'으로 발표된 김성만이 작성한 「예속과 함성」은 민족 분단, 제주 4·3학살, '친미 예속정권 수립' 등 굵직굵직한 문제에서 미국의 역할과 책임을 '추궁'하고, 예속과 분단의 현실을 극복하기 위해서는 단순히 독재정권의 타도로 되는 것이 아니라 미제국주의 세력을 축출해야 한다는 논지를 폈다. 이 글에서도 남한 정부는 '신식민지 현지대행 기관'에 지나지 않는다고 주장했다.

1985년 10월 이후 반제투쟁론은 1985년 하반기까지 학생운동에 지대한 영향을 미친 삼민혁명론을 비판하고 나섰다. 삼민혁명론은 반외세투쟁과 반군사독재투쟁에서 반파쇼 민주전선을 현실적인 전선으로 설정함으로써 반제투쟁을 회피하거나 소홀히 했다는 것이다.

1985년 11월 18일에 전학련의 '민중·민주정부 수립과 민족자주 통일을 위한 투쟁위원회' 산하 '파쇼헌법철폐 투쟁위원회' 소속 14개 대학 180여 명이 투입된 민정당 중앙정치연수원 점거농성투쟁, 전학련-삼민투 주최의 마지막 작품으로, 1986년 2월 4일 서울대에서 15개 대학 1,000여 명의 학생들이 가졌던 '86년 전학련 파쇼헌법철폐 신년투쟁대회 및 개헌서명운동 추진본부 결성대회'에 대해서도 비판했다. 후자의 경우 경찰이 교문으로 학생들이 들어가는 것을 통제하지 않다가 집회 도중에 학내로 들어와 242명이나 연행했는데, 이러한 대량 연행 피해를 본 것에 대해서도 비판이 제기되었다.

이 무렵의 단체 이름이나 집회 이름을 보면 너무나 길고 복잡해 다 외우려면 학생들의 머리가 띵할 지경이었고 학생운동 이론가들조차 다 외울 수 없어 약칭으로만 얘기하는 경우가 많았다. 이론 또는 논리도 알아듣기 힘들었다. 학생운동의 추상성과 번쇄성, 현학성이 엿보이는 대목이다.

이재호, 김세진의 분신 사망

현대사를 미제와 한국 민중 간의 투쟁의 역사로 인식하고, 반군사독재 투쟁의 수준을 넘어 반미투쟁을 벌여야 한다는 반제민중민주주의혁명론 AIPDR은 1986년에 들어와 민족해방민중민주주의혁명론NLPDR으로 알려졌는데, 이 계열의 학생운동이 드디어 부산 미문화원 방화사건의 정신을 계승한다는 의미에서 방화사건 4주년을 맞는 1986년 3월 18일 학생들 앞에 모습을 드러냈다.

이날 서울대에서 100여 명의 학생들이 모여 반전반핵 평화옹호 투쟁위원회(반전반핵 투위)를 발족시켰다(위원장 이재호). 발족식은 극도의 보안 속에서 준비되었고, 긴장된 분위기에서 신속히 집행되었다. 쏟아지는 빗속에서 이재호가 "반전반핵 양키고홈", "민족생존 위협하는 핵기지를 철수하라", "친미독재 타도하고 미 제국주의 몰아내자"는 구호를 선창하면 학생들이 따라 외쳤다. 그 당시로는 구호 하나하나가 대단히 충격적이었다. 야당과 언론을 포함해서 기성세대 대부분에게 마른 하늘에 날벼락이 치는 것 같은 소리로 들릴 수밖에 없었다.

그로부터 11일이 지난 3월 29일 서울대에 구국학생연맹(구학련)이 조직되었다. 구학련은 자신을 혁명적 대중조직으로 규정하고 청년학생을 혁명적 인텔리로 키워낼 것을 다짐했다. 그리고 강령의 첫 번째로 "미제의 신식민지 파쇼통치 분쇄"를 제시했다. 구학련은 중국 인민해방군의 전신인 팔로군과 비슷하게 '일상생활 수칙' 같은 것을 두어 '품성'을 중시한 점에서 다른 단체와 달랐다.

4월이 오자 반미자주화 반파쇼민주화 투쟁위원회(자민투)가 발족했고, 자민투 기관지로『해방선언』이 나왔다. 구학련은 비밀조직이어서 공안당국으로부터 '조직'(구학련)을 보호하고, 조직의 투쟁 방향성을 집약하여 학생대중에게 제시하고, 투쟁을 현장에서 지도할 공개적인 투쟁기구로 자민투를 띄운 것이었다. 구학련은 비공개 활동을 하는 사람만을 조직원으로 했기 때문에 총학생회 간부뿐만 아니라 자민투 위원장도 구학련 조직원이 될 수 없었다.

서울대 총학생회와 자민투는 4월 초에 전개된 성균관대 2학년생들의 전방입소 거부투쟁을 예의 주시했다. 이들은 전방입소 훈련은 대학생에 대한 미 제국주의의 용병교육이며 식민지 노예교육이라고 규정했다.

총학생회 간부, 자민투의 산하기구가 된 반전반핵투위 위원장 등으로 구성된 특별위원회('전방입소훈련 전면 거부 및 한반도 미제 군사기지화 결사 저지를 위한 특별위원회')는 4월 27일부터 서울대 의대 연건캠퍼스에서 농성하려던 계획이 실패로 돌아가자 28일 서울대 2학년생 400여 명과 함께 신림사거리에 모였다. 3층 건물 옥상에서 반전반핵투위 위원장 이재호와 서울대 자연대 학생회장 김세진이 "양키의 용병교육 전방입소 결사반대"를 선창하자 도로에 연좌한 학생들이 따라 외쳤다.

이때 경찰이 학생들을 구타하며 연행했고, 이재호·김세진도 연행하려

서울대학교에서 수많은 학생들이 참석한 가운데 열린 고 김세진 군의 장례식. 학생들이 김 군의 영정을 앞세우고 교정을 돌고 있다(1986. 5. 6).

하자 두 학생은 온몸에 시너를 뿌리고 경찰에게 가까이 오면 분신할 것이라고 소리쳤다. 그러나 경찰은 그러한 외침에 아랑곳하지 않고 두 학생에게 접근했다. 그들은 저승사자처럼 두 학생을 분신으로 몰고 갔다. 두 학생은 몸에 불을 붙이며 구호를 외치다 처절하게 쓰러졌다. 그야말로 목숨을 건 반미투쟁이었다. 이를 지켜본 400여 명의 학생들은 이들의 이름을 부르며 목이 터져라 구호를 외쳤다. 김세진은 5월 3일, 이재호는 5월 26일 숨졌다. 구학련 중앙위원들은 "우리가 동지를 죽였다"며 사퇴했다.

학생운동에 고개 내민 대중노선과 직선제 개헌

구학련이 결성될 무렵에는 부산·광주·대구 등 각지에서 직선제 개헌에 대한 시민의 호응이 대단했지만, 구학련은 초기에 모든 역량을 반전반핵투쟁에 집중했다. 5·3인천집회에서 조직원을 총동원하여 "친미로 망한 나라, 반미로 되살리자", "민주헌법 쟁취하여 친미독재 타도하자", "파쇼헌법 철폐하고 민주헌법 쟁취하자"고 외쳤다.

이날 구학련이 외친 민주헌법에는 직선제 개헌이 포함될 수 있었지만 반미 구호에 묻혀버렸고, 구학련 집회는 반미투쟁의 선전장으로만 비쳐졌다.

대중노선을 중시했던 구학련은 헌법제정민중회의, 곧 제헌의회 소집을 시종일관 주장하고 나선 민민투와는 달리 4월 말부터 개헌투쟁의 구체적 슬로건으로 직선제 개헌을 내놓았다. 직선제는 가장 광범위하게 대중을 결집하고 투쟁을 불러일으킬 수 있는 요구이고, 대중의 의식 수준이 낮고 주체 역량이 미흡한 상황에서 군사독재타도의 실질적 대안이라고 인식했다. 또한 직선제투쟁은 미국의 군부정권 지원의 실체를 폭로할 수 있다는 논리도 폈다.

그러나 직선제는 보수야당의 주장으로, 그것에 따라간다는 것은 개량주의라는 비난을 받을 수 있었고, 구학련 내부에서도 '직선제 만능론'이라고 비판받아 뚜렷하게 직선제 개헌을 주장하지 못했다.

직선제 개헌은 야당과의 연합을 가능하게 할 수 있는 지름길이었다. 그렇지만 반미에 질겁하고 있는 야당에게 설령 학생들이 직선제를 주장했다 하더라도 학생운동에서 직선제 개헌보다 반미투쟁이 더 선명하게 부각되고 있는 한, 야당은 선뜻 학생운동과 연대하려 하지 않았을 것이다.

여름방학을 맞아 구학련—자민투는 반파쇼 민주화투쟁을 전면에 내세우고 반미 자주화투쟁을 배합하겠다고 주장하면서 당면한 투쟁 과제로 민주헌법 쟁취투쟁, 고문 및 용공조작 저지투쟁, 서울 아시안게임 반대투쟁, 조국통일 촉진투쟁 등을 제시했다.

자민투는 국회 헌특 제1차 전체회의가 열린 7월 30일에 '조국통일 촉진투쟁 위원회 발족식 및 헌특 분쇄를 위한 궐기대회'를 가졌고, 8월 1일에는 고려대에 13개 대학의 학생이 모여 '헌특 분쇄를 위한 100만 학도 궐기대회'를 열었다. 한양대에서도 비슷한 집회를 가졌다. 8월 17일에는 노학연대투쟁으로 부평에 있는 미군기지를 습격하면서 "조국통일 가로막는 미국놈들 몰아내자", "헌법특위 분쇄하고 민주헌법 쟁취하자"는 구호를 외쳤다.

실제 국회 개헌 특위는 아무런 진전을 볼 수 없었고, 김대중·김영삼·이민우는 9월 29일 개헌 특위 활동 중단을 선언했지만, 학생과 야당은 보조를 맞출 수 없었다. 더욱이 10월 13일 서울대 대자보 사건이 터져 양자의 거리는 한층 멀어졌다. 북한에서 나온 『민주조선』 사설을 일반 학생이 다니는 곳에 그대로 전재했다는 것 자체가 사회에서 큰 충격으로 받아들여졌다. 구학련에서는 북한 바로알기 운동의 첫 시도로 반공 이데올로기에 대해 충격요법으로 대응해보자는 의도에서 나왔다지만, 그렇지 않아도 탄압할 만한 큰 사건을 찾고 있었던 전두환 정권에 좋은 빌미가 되었다. 5월부터 구학련 관계자들이 계속 체포되었는데, 서울대 대자보 사건으로 구학련은 조직 와해의 위기를 맞았다. 이로써 서울대 학생운동의 역량이 현저히 약화되었다.

양대 학생운동단체의 반목과 대립

1986년 3월 18일 반전반핵 투위가 발족하고 얼마 후 구학련과 자민투가 조직된 것은 서울대에서 두 개의 학생운동 대오가 꾸려진다는 것을 의미했다. 자민투가 만들어진 4월 반제반파쇼 민족민주 투쟁위원회(민민투)가 조직되었고, 민민투 기관지로서 『민족민주선언』이 발간되었다. 그리고 각 대학 민민투의 연합조직으로 전국 반제반파쇼 민족민주 학생연맹(전민학련 또는 미미학련)이 4월 29일 연세대에서 결성되었다. 전민학련은 전학련-삼민투의 정통적 계승자임을 자임했다.

학생운동조직은 학생들에게 권위주의적으로 군림하기도 했지만, 한 캠퍼스 내에서 학생운동이 두 조직으로 나뉜 것은 고려대의 경우와 같이 반목과 대립을 불러오기도 했다. 5월 8일 고려대에서 같은 시간에 두 개의 투위가 발족했다. 발족하면서 한쪽이 다른 투위 쪽으로 가서 시비를 걸고 다투는 사태가 발생했다. 후배들은 그 모습에 몹시 실망했다.

5월 셋째 주 전방입소 거부투쟁의 방향을 둘러싸고 고려대에서 싸움이 재연되었다. 한쪽에서는 주한미군 철수투쟁을, 다른 쪽에서는 헌법제정 민중회의를 들고 나왔다. 두 투위의 반목에 대한 실망이 커지자, 집회를 열어도 100명 정도밖에 참여하지 않았다. 두 지도부는 책임을 통감하고 방학 동안에 통일 단결해 후배들에게 힘을 불어넣자고 다짐하면서 단일 대오를 만들어내기에 이르렀다. 8월 10일 고려대 연합집회에서는 "대동단결", "대동투쟁"이라는 구호가 끊임없이 나왔다.[32]

자민투는 처음 서울대에서 조직되었을 무렵 서울대에서는 우세했지만 타 대학에는 민민투만 있었다. 자민투는 다른 대학에 조직을 심기 위해 유인물을 보내는 등 선전 사업을 벌였다. 전민학련의 두터운 벽을 뚫기가 어려워 보였는데도 여름방학을 거치면서 많은 대학이 자민투 노선으로 전환했다. 구학련과 같은 성격의 조직이 만들어져 고려대에서는 애국학생회, 연세대에서는 반미구국 학생동맹이 출범했다.

자민투 노선이 민민투 노선을 제압하게 된 데는 민민투의 제헌의회 소집론보다 자민투의 반제투쟁론이 훨씬 단순해서 이해하기 쉬웠던 점도 작용했다. 제헌의회 소집 주장을 이해하려면 머리를 싸매고 책을 읽어야 한다는 말이 나돌 정도로 설명이 쉽지 않았고, 러시아혁명에 대한 일정한 소양도 갖추고 있어야 했다.

민민투는 5·3인천집회의 상황을 혁명적이라 파악했고, 그래서 전 국민적 무장봉기가 일어날 것이라는 다소 추상적인 주장을 했는데, 반제투쟁론은 현실과 관련해서 설명하기가 쉬웠을 뿐만 아니라 한국 현대사를 통해서 주장하기 쉬웠다는 점도 난해하고 추상적인 민민투 논리보다 강점이었다. 일부 민민투 이론가들이 뻣뻣하고 잘난 체하며 권위적인 반면, 자민투에서 품성론을 중시한 것도 학생들한테 호소력이 있었다.

자민투의 논리는 학생운동권뿐만 아니라 재야운동권에도 빠르게 파급되었다.

문제는 반제투쟁론이 민민투의 제헌의회 소집론보다 야당이나 보수언론, 일반 시민들에게 더 큰 반발을 불러일으킬 수 있다는 점에 있었다. 제헌의회 소집론은 어려워서 무슨 소리인지 알아들을 수 없었지만, "양키 고 홈" 같은 주장은 보수 세력에게는 절대로 용납될 수 없는 위험한 주장이었다.

그런데도 자민투가 그러한 구호를 외친 것은 학생운동의 성격을 반영하는 측면이 있다. 학생들은 노동자, 자본가, 중간층 등 기성세대와 달리 사회적·물질적 이해관계에 일정한 거리를 두고 학창생활을 하기 마련이다. 이러한 학생들이 폭압적인 정권과 싸우기 위해서는 강렬한 정치이념 아래 헌신적인 사명감을 요구할 수 있는 정신적·지적 자극이 있지 않으면 안 되었다.

그렇다고 하더라도 전두환 정권을 미국의 대리정권으로 몰아붙인 것은 심한 주장이었다. 일반적으로 전두환 정권에 대해 학생들의 혐오감이나 적대감이 강했지만, 그보다 더욱 강한 적개심을 타오르게 하려면 전두환 정권이 미국의 대리정부라고 하는 식으로 전두환 정권의 도덕성·정통성을 완전히 깔아뭉개는 충격요법과 같은 논리가 필요했기 때문에 그러한 주장이 나오지 않았을까.

한 걸음 더 나아가 반제투쟁론자들은 일반 시민들도 '진실'을 알아야 한다고 생각했고, 극단적인 방법을 써서라도 반공 이데올로기를 부수지 않으면 안 된다고 사고했다. 그것은 북한 바로알기 운동과 표리관계에 있었다.

반제투쟁론은 지나치게 과장하거나 단순화된 주장이 많았는데, 이러한 사고는 박정희 반공정책의 부산물일 수 있었다. 이승만이 반공체제 강화와 자신의 정권 유지를 위해서 끊임없이 중·고등학생들을 거리로 내몰아 "북진통일", "반공방일"을 외치게 하여 시위를 '연습'시킨 것이 1960년 3~4월 학생 데모로 나타나 이승만 정권이 무너졌다는 주장도 있지만, 박정희의 극단적인 반공교육을 받아서 사고가 단순해진 것이 손쉽게 반제혁명론을 받아들이게 하는 데 일조했다고 볼 수도 있다.

1960년대와도 다르게 박정희는 유신체제를 지키기 위해 초중고교의 교실과 복도를 온통 반공포스터 등으로 가득 채우고 이승복 동상을 세우는 등 비인간적인 반공·반북 교육으로 북에 대한 불타는 적개심과 증오감을 갖게 만들려 했지만, 포스터에 그려진 그림이나 표어 또는 글은 본 적도 없고 갈 수도 없는 금단의 땅에 관한 것이어서 실감하기 어려웠다. 하지만 반제투쟁론에서 주장하는 것들의 상당수는 중고등학교나 대학을 다니면서 어느 정도 겪거나 느꼈던 것들이어서 비록 과장되고 단순화되었더라도 가슴에 와 닿을 수 있었고, 박정희·전두환 정권에 대한 적개심으로 바뀔 수 있었다.

건국대 애학투 집회에서 직선제 개헌안 제시

구학련은 방학 중에 많은 대학의 운동권이 자민투 노선으로 기울자 민민투 조직을 끌어들여 전민학련을 대신하는 새로운 조직을 만들고자 했다. 먼저 서울·경기를 동부·서부·북부·남부 등 4개 지역으로 나누어 조직했다. 10월에는 새로운 조직 결성 문제가 구체적으로 논의되어, 새 단체 이름을 전국 반외세반독재 애국학생 투쟁연합(애학투)으로 정했고, 당국이 눈치 채기 어렵고 평지에다가 출입구가 많아 드나들기가 용이한 건국대에서 10월 28일 결성식을 열기로 했다. 애학투 발족선언문에 서명한 대학은 22개로 자민투보다 민민투가 더 많았고, 부산대 자민투, 인천대 민민투 등 지방대학도 일부 가담했다.

10월 28일 건국대에서 '전국 반외세반독재 애국학생 투쟁연합 결성식 및 친미독재타도와 분단 이데올로기 분쇄를 위한 실천대회'라는 아주 긴 이름을 가진 집회에 27개 대학에서 약 2,000명의 학생이 참가했다.

1장에서 언급한 대로 경찰은 학교에 들어오고 있는 여러 대학 학생들에 대해 검문·검색을 하지 않았다. 키워서 일망타진하기 위해서였다. 전두환은 대통령 선거가 있는 1987년에 개헌과 대통령 선거 문제를 둘러싸고 여야 간에 사생결단의 대격돌이 벌어질 것으로 예상하고, 사전정지 작업으로 특히 10월부터 재야·학생운동권과 야당에 대한 초강경 탄압에 나섰고, 학원에 대해서 초토화 작전을 폈다. 10월 중순에 이미 유성환 의원을 감옥에 보냈는데, 건국대 집회가 열린 것이다.

2시간 동안 건국대에서 집회가 진행되고 나서 전두환과 레이건, 일본 수상 나카소네, 주한 미대사 릴리 등의 허수아비 화형식을 열고 마지막으로 구국행진이 선포된 순간 경찰 병력이 정문과 후문 등 여러 곳에서 들이닥쳤다. 그리고는 이전과 달리 저녁이 되었는데도 에워싼 병력을 철수시키려 하지 않았다.

학생들은 농성이 있을 거라고는 전혀 생각지 못한 채 집회에 나왔다. 경찰의 포위에 일부 학생은 담을 넘거나 해서 피신했지만, 대부분의 학생은 떠밀려서 어쩔 수 없이 이 건물 저 건물로 들어가 계획에 없던 농성에 들어갔다. 당국의 1단계 작전이 성공한 것이다.

2단계는 시키지 않아도 잘되어갔다. 건국대농성 사건에 대해 텔레비전 방송뿐만 아니라 일반 신문들도 과격용공 분자의 점거난동 사건으로 대대적으로 보도했다. 본의 아니게 농성에 참여하고 있던 학생들은 텔레비전 화면에서 자신들의 농성이 미리 계획된 것으로서 공산혁명 분자들의 점거농성이라고 보도하는 것을 두 눈으로 보았으나 항의할 방법이 없었다.

건국대 부근에서는 정체불명의 차량들이 "공산당은 반드시 망한다"는 방송을 하고 다녔다. 특히 언론에서는 '반공 이데올로기 분쇄 투쟁선언문'에 "6·25는 범민족적인 해방전쟁"이라고 쓰여 있는 것과 관련해, '해방투쟁 대자보 등장'으로 크게 뽑았다. "해방의 민주의 그날을 위해 최후의 일인까지 핏빛 눈초리로 저들을 응시하며 저들에게 분노의 화살을 박자"는 벽서도 문제가 되었다. 농성장에서 학생들은 손나발을 만들어 "애국시민 여러분, 우리는 빨갱이가 아닙니다. 우리는 민주주의를 꿈꾸는 애국학생들입니다"라고 거듭 외쳤지만 헛수고였다.

언론은 자신들의 입맛에 맞는 것만 과장하여 보도했다. 그렇지만 애학투의 유인물 가운데에는 6월 항쟁으로 이어지는 것들이 있었다. '전두환 일당 장기집권 음모 분쇄와 민주 제 권리 쟁취 투쟁선언문'에서 학생들은 "직선제 쟁취투쟁은 지금 대중운동의 수준에 있어서 대중투쟁을 행동화시키기에 유용한 슬로건인 것입니다"라고 주장했다.

'신민당에 보내는 공동투쟁 시안'에서는 "5월 이후 우리 민주화운동 세력은 효과적으로 전두환 일당 타도투쟁을 전개하지 못했다"고 자아비판을 한 뒤, "신민당의 직선제 쟁취의 투쟁에 지지를 보내며…… 함께 뭉쳐 투쟁의 횃불을 높이 올립시다"라고 호소했다. 또 "그간의 오해와 불신을 민주화의 제단 앞에서 깨끗이 씻어버리고 군사독재정권의 장기집권 음모 분쇄투쟁을 비타협적으로 전개해나갑시다"라고 말했는데, 김대중·김영삼의 마음에 쏙 드는 주장이었다. 많은 우여곡절을 거쳐, 박종철 고문사망 사건 직후 현실화된 민주대연합 논리의 틀이 학생운동 주류로부터 나왔다. 학생들은 남북공동 올림픽 개최도 제안했다.

전두환 정권의 초토화 작전 — '건국대 사태'

3단계는 체포 작전이었다. 10월 29일 일부 농성장은 단수·단전이 되었고 외부와의 전화도 끊겼다. 식량도 문제였다. 전혀 예상치 못한 일이어서 공포감에 휩싸인 학생도 있었다.

10월 31일 학생들의 4~5배가 되는 7,950명의 무장한 경찰 병력이 육·해·공 작전을 펼쳤다. 학생시위 진압에 최초로 등장한 헬기 2대가 제일 먼저 중앙도서관 위에서 사과탄과 소이탄을 퍼부었고, 밑에서 소방차가 물을 뿌렸다. 그 뒤를 따라 보병인 전경들이 진입했다. 학생회관 건물에는 영화의 한 장면처럼 헬기가 투항을 권유하는 전단을 뿌리며 방송했다.

이날 경찰이 옥상을 향해 쉬지 않고 최루탄을 퍼붓자 견디다 못한 학생들이 백기를 흔들며 '투항'했다. 교양학관 농성장에도 헬기에서 SY-44탄을 쏘고 경찰은 최루탄을 퍼부었다. 옥상은 수공 작전으로 물이 흥건했다.

학생들의 지휘부가 있고 약 460명이 농성 중인 본관도 헬기에서 최루탄이 발사되었다. 그리고 이때 경찰이 진입했다. 학생들은 격렬히 저항했으나 모두 체포당했다. 사회과학관도 헬기에서 최루탄이 발사되면서 작전

전국 26개 대학 자민투와 민민투 소속 학생 1,700여 명이 4일째 점거농성 중인 건국대의 본관 건물에 소방관들이 고가 사다리차로 물을 뿌리고 있다(1986. 10. 31). 이날 경찰의 육·해·공 작전에 투입된 병력은 무려 7,950명이었다.

이 시작되었다. 학생들은 백기를 흔들며 살려달라고 소리쳤지만 경찰의 최루탄 발사와 몽둥이질은 멈추지 않았다.

아침 10시 20분경 작전은 끝났다. 집회가 시작된 지 만 3일 만이었다.

'황소 30'으로 명명된 작전에서 1,525명이 연행되었고 이 중 1,288명(추가구속 23명)이 구속되었다. 연행자 중에는 애학투와 관련이 없는 건국대 학생들도 있었고, 학생이 아닌 경우도 있었다. 연행된 학생 53명은 부상·화상으로 경찰병원으로 후송되었다.[33]

11월 15일 안기부 간부회의에서 장세동은 "건국대 사태를 계기로 데모하는 학생들은 공부를 안 시키겠다는 의지를 과시해야 한다. 건국대 사태와 관련해 한두 명 정도에게는 사형선고까지 고려하라"고 지시했다. 구속수감 중인 1,288명의 학생 중 893명이 기소유예로 풀려나고 395명이 기소되었다. 어느 것이나 기록적이었다.

건국대 사태가 학생들에게 준 상처와 피해의식

건국대 사태는 학생들에게 큰 상처를 입혔다. 자유와 민주주의에는 피의 냄새가 짙게 배어 있다지만, 사실 1986년은 적지 않은 학생들에게 악몽과 같은 두려운 해였고, 정신적으로 견디기 힘들었던 괴로운 해였다.

4월 이재호와 김세진이 신림사거리 3층 건물 옥상에서 경찰이 올라오면 분신하겠다고 외치는데도 전두환의 경찰답게 저승사자처럼 접근함으로써 두 사람의 몸이 절규 속에 타들어가는 모습을 지켜본 친구와 수백 명 후배들의 가슴은 어떠했을까. 인간에 대한 절망과 비애, 끝이 보이지 않는 권력의 포악성, 피해갈 수 없는 상황, 더욱 깊이 수렁에 빠지는 것 같은 피해의식, 부모의 눈총까지.

두 사람과 가까이 지냈던 한 학생은 "인생이란 뭔지"라며 자신들이 술마시며 자주 했던 말이 실감났다고 했다. 죽음은 너무나 가까이 있었고 언제 찾아올지 알 수 없는 두려운 존재였다. 진지하게 헌신적으로 살지도 못하고 죽지도 못하는 자신이 부끄럽기도 했다. 많이 듣고 읽었던 '과학적 인식'이란 무엇인가에 대한 고민과 회의도 들었다.

1986년은 서울대에서 휴학이 가장 많았던 해였다. 학교 앞 술집에는 노랫소리가 사라졌고 술만 먹으면 울곤 하는 학생이 늘어났다. 학교가 무서워 나오기 싫다는 학생도 있었다. 가을이 깊어질수록 인생에 대한, 또 대학생활에 대한 고민과 불안, 걱정이 커졌고 두려움과 염증이 깊어졌다.[34]

서울대가 아니더라도 1986년의 대학가는 낭만, 고독, 사랑이 자리 잡을 수 있는 공간이 매우 좁았다. 시위에 나가지 않더라도 학회나 서클 활동에 여념이 없었다. 세미나도 많았다. 오픈과 언더 활동을 함께했던 학생들은 일주일에 서너 번 세미나에 참석해야 했다. 그 자리에 참석하면 선배들로부터 읽어오라는 것 안 읽어왔다고 비판받거나 공부 안 한다고 구박받기가 일쑤였다. 연애는 부르주아의 사치라는 말도 많이 들었다. 여러 가지로 정신적·육체적 압박이 심해서 운동권 학생들의 몸과 마음은 지칠 대로 지쳐 있었다.

건국대 사태 때 전두환 정권 수뇌부의 지휘 아래 헬기가 동원되고 최루가스가 하늘을 뒤덮고 소방차에서는 물을 뿜어대는 육·해·공 작전과 연행·구속은 처음 겪는 학생들에게는 너무나 무시무시했다. 이 일로 많은 학생들이 정신적·육체적으로 고통스러워했다. 이러한 진압작전은 텔레비전에 그대로 나와 학생뿐만 아니라 일반인들에게도 두려움을 주었다. 구속되지 않은 학생들은 수배자로 쫓기는 생활을 했다.

건국대 사태 관련 학생들을 용공좌경으로 몰아세운 것이 학생들과 각 대학 조직에 준 타격도 컸다. 그렇게 된 데는 일반 대중의 입장에서 볼 때 반미와 연북聯北 주장이 급진적이었던 점이 작용했다. 프락치 문제 역시 학생들을 괴롭혔다. 구학련 내부에도 학생 프락치가 버젓이 활동했지만, 당연히 체포되어야 할 일부 학생들이 체포되지 않으면서 프락치 문제가 심각하게 제기되었다.

이화여대 학생운동은 이 사건으로 위기를 맞았다. 이화여대에서만 70여 명의 학생들이 연행·구속되었다. 수많은 활동가를 잃은 이화여대 교정에는 가을바람만이 스산한 겨울을 재촉했다. 운동권에서는 조직을 보호하기 위해 이 사건을 학생회가 주동한 것으로 하고, 수배 중인 총학생회장이 보내서 건국대 사건에 참여한 것으로 입을 맞추기로 했다.[35]

새로운 대중노선으로 선회

많은 대학에서 학생운동 조직 역량이 약화되고 학생대중의 지지기반도 무너졌다. 한양대의 경우 84학번 학생운동 활동가가 100명가량 있었으나, 건국대 사태로 50여 명이 구속되면서 현저히 약화되어 11월 총학생회 선거에서 "선거에 후보를 내야 하는가?"라는 말이 나올 정도로 상황이 어려웠다.

이러한 상황은 전두환 정권의 계속적인 공세와 10월 13일 대자보 사건으로 구학련 조직이 치명타를 입은 서울대에서 더욱 심각했다. 당시 한 공안당국자가 "서울대 학생운동은 향후 10년 동안 재기하지 못할 것이다"라고 말할 정도로 학생운동 지도부뿐만 아니라 저학년 학생까지 구속되었다. 학생운동 지도부는 타개책에 대해 고민하지 않을 수 없었다.[36]

이러한 타개책으로 대중노선이 강조되었다. 구학련도 자신을 혁명적 대중조직으로 규정하고 대중노선을 강조했지만, 정예 또는 전위들의 모임이었지 대중조직이 아니었다. 선도투쟁과 연결되어 화염병 사용을 당연시했던 과감한 투쟁 대신에 비폭력이 강조되었고, 학생운동의 중심을 총학생회·과학생회·동아리를 중심으로 한 대중적 학생회 조직에 두었다. 대중적 학생회를 통해 대중의 의식을 고양시키고 대중의 지지를 끌어내야 운동 역량이 제대로 클 수 있다는 논리였다.

건국대 사태로 자민투와 민민투, 곧 NL과 CA의 갈등이 또다시 심해진 상태에서 11월 일부 대학에서 학생회장 선거가 치러졌다. NL노선을 표방한 총학생회 후보들은 비폭력 평화투쟁, 학원민주화, 민주정권 수립 등을 공약으로 내놓았다. CA노선을 제시한 총학생회 후보들은 1987년 대통령 선거 기간을 혁명적 시기로 규정하고 헌법제정을 위한 제헌의회 소집투쟁, 그와 연결된 폭력투쟁도 불사하는 적극적 투쟁을 공약으로 내놓았다. 선거 결과 NL노선의 후보들이 대거 당선됨으로써 학생들이 민주대연합에 중요한 한 축으로 동참할 수 있게 되었다.

건국대 사태의 후유증에서 헤어나지 못하고 있었던 학생운동은 겨울방학을 맞으면서 급격히 침체됐다. 학생들에게 1987년의 시작은 기쁘고 활기찬 것이 아니었다. 전두환 정권의 선전이 먹혀들어선지 학생들에 대한 시민의 반응도 싸늘했다.

그렇지만 해야 할 일을 안 할 수는 없었다. 대학에 들어오는 신입생들을 맨 처음 만나게 되는 1월 초순 대학 원서접수 기간에 여러 대학에서 유인물이 돌았고 원서접수 창구 부근에 대자보가 붙었다.

1월 6일에 선보인 고려대 '전학련 건설준비위원회' 명의의 '수험생 여러분에게 드리는 글'에서는 "대학의 학문과 사상이 한갓 자위 수단으로 전락하고 있는 이때에 신식민지 노예교육 제도의 철폐로 자주민주 통일을 이룩하자"고 호소했다.

서강대와 성균관대에는 총학생회 명의의, 고려대와 서강대에는 애학투 명의의 대자보가 붙었다. 한국외국어대에는 1월 5일부터 붉은 현수막에 "구국의 의지 부여안고 해방의 이문벌로 치달려보자"는 문구가 쓰여 있었다.

1월 8일 서강대에는 애학투와 민민투의 글들이 경쟁하듯 나돌아 눈길을 끌었다. 원서접수 창구, 학생식당 앞에는 애학투 명의의 '4천만 국민에게 드리는 신년사', '내각제 개헌을 통한 영구집권 음모 분쇄하자'와 민민투 명의의 '사랑하는 젊은 아우에게'라는 제하의 대자보가 붙었다. 수험생 학부모에게 보낸 민민투 명의의 유인물에는 '정답만을 강요하는 굴종적 수동적 자세에서 능동적 주체적 삶을 살자'라고 쓰여 있어 눈길을 끌었다. 이화여대의 경우 어느 과로 원서를 넣을지 눈치 지원에 쩔쩔매는 원서 접수장과 교정에서 민민투 측이 지원자들에게 나누어주는 '대학이 우리를 부른다'는 제하의 유인물을 직원들이 수거하느라고 진땀을 뺐다. 학생 50여 명은 아예 접수장 입구에서 핸드마이크로 〈아침이슬〉 등을 부르며 연좌농성을 벌였다.

서울대 졸업식장에서 터져 나온 야유소리

변화는 1월 중순에 왔다. 자신의 퇴임 후 안전을 보장해줄 수 있는 후계자를 만들기 위한 전두환의 초강경 공세는 결국 한 학생을 고문으로 죽이고 말았다. 1년 전처럼 전두환은 다시 수세에 몰렸고, 박종철 고문사망 사건에 대한 거대한 추모 물결 속에서 야당과 재야민주화운동 세력, 학생들은 민주대연합을 어느 때보다도 탄탄하게 형성했다. 같은 노선이랄까 한마음으로 민주연합을 이뤄낸 것은 처음 있는 일이었다.

차갑게 얼어붙은 동토의 땅에서 동료 학생의 죽음에 분노로 치를 떨면서 학생운동은 조금씩 회복되고 있었다. 곱지 않던 일반인들의 눈도 달라졌다. 1987년 1월 20일경부터 여러 대학에서 추모제가 치러졌고, 23일경부터는 여러 대학이 연합시위를 하면서 철야농성에 들어갔다. 전민학련 소속 10여 개 대학 학생 300여 명은 "치솟는 분노를 제헌의회 소집투쟁으로"라는 '순발력' 있는 구호를 외치며 박 군 죽음에 항의하는 기습시위를 벌였다. 그렇지만 대개의 경우 과거와 달리 선도적이지 못했고, 다른 민주화운동단체에 비해 활기나 활력이 강한 것은 아니었다.

2·7추도대회에 많은 학생들이 가두투쟁에 나섰고, 이전과 다르게 대부분의 학생들이 평화투쟁을 다짐했는데, 상대적으로 볼 때 학생들의 시위 규모가 큰 것은 아니었다. 그러나 2·7투쟁에서 학생들은 귀중한 힘을 얻었다. 시민들의 표정이 여태껏 보아왔던 것과 달랐다. 민주화를 희구하는 모습이 역력했고, 학생운동을 성원하는 모습도 뚜렷했다.

서울대 대운동장에서 열린 제40회 서울대 졸업식에서 박봉식 총장이 식사를 하기 위해 연단에 오르자 졸업생들이 〈아침이슬〉 등을 부르며 야유를 보냈고, 손제석 문교부장관의 치사가 시작되자 퇴장해 졸업식장이 텅 비어 있다(1986. 2. 26).

2·7추도대회 이후 그달이 다 가도록 학생들의 동태는 별다른 것이 없었다. 오히려 박종철 고문사망 이후 교직원들의 움직임이 더욱 부산해진 것이 눈에 띄었다. 개학을 앞두고 무슨 사태가 일어나지 않을까 해서였다.

서울대의 경우 학생운동 주동 예상자 462명 등 764명에 대해 개별 면담을 한 것으로 보도되었다. 교수 면담과 '수련회'도 강화하기로 했다. '순화'가 불가능한 학생들은 제적·징집 등으로 일반 학생들과 격리시키기로 했다. 새 학기에 수업 일수가 적으면 시험을 보지 못하도록 출석을 성적에 철저하게 반영한다는 방침도 세웠다.

서울대 교직원들의 우려는 부분적으로 현실화되었다. 2월 26일 서울대 졸업식장에 박봉식 총장이 졸업식사를 읽기 위해 단상에 올라오자 "우우우" 하는 야유가 터져 나왔다. 학사 수여 대상자 대부분과 석사 수여 대상자 일부가 등을 돌리고 돌아앉은 채 박종철이 즐겨 불렀던 〈친구 2〉와 〈아침이슬〉, 〈님을 위한 행진곡〉 등을 불렀다. 이 모습을 지켜보던 일부 재학생과 학부모들이 박수를 보냈다. 손제석 문교부장관의 치사가 시작되자 졸업생들은 더 큰 목소리로 "물러가라" 등의 야유를 보내면서 식장을 떠났다.

"대학이 너무 조용해요"

새 학기가 시작되었는데도 학교는 조용했다. 3·3평화대행진에 전국 44개 대학이 교내에서 출정식을 갖고 시위를 하기 위해 가두에 나섰지만, 대부분의 학생들은 침묵으로 이날을 보냈다. 한 신문은 서울대에서 30여 명의 학생들이 평화대행진 참가를 권유하다가 그만두었다고 전하면서, 서울대·고려대·연세대·이화여대에서 정상적인 수업이 이루어졌다고 보도했다.

다른 한 신문은 3월 4일자에서 전년에 거부투쟁이 크게 전개된 바 있는 전방입소교육 신청자가 많아서 고려대·연세대·서강대에서 90퍼센트를 넘어섰다고 보도했다. 서울대만 마감 하루 전에 13퍼센트에 머물렀다는 보도였다. 이 신문은 전방입소교육이 선택과목으로 바뀌자 자발적으로 참여하려는 심리가 작용했다는 분석까지 내놓아 학생운동 활동자들을 더욱더 답답하게 했다.

학생시위는 3·3평화대행진 이후 3월 중순까지도 민민투가 강했던 성균관대에서 3월 18일 200여 명의 학생들이 민민투 위원장 취임식 및 제헌의회 소집 실천대회를 열면서 격렬히 시위를 한 것을 제외하면 이렇다 할 만한 것이 없었다. 3월 20일 서울대에서 16개 대학 800여 명이 최루탄에 맞서 돌과 화염병을 던지며 격렬히 시위를 벌였는데, 이들도 제헌의회 쪽이었고, 따라서 이날도 이들은 제헌의회 소집을 요구했다.

이처럼 학생시위가 적었던 것은 새 학기를 맞으며 전열을 정비하기 위한 측면도 있었을 터이고, 일부 대학에서 학생회장 선거가 있다는 점도 작용했다. 3월에 서울대·고려대·연세대 등에서 있었던 총학생회장 선거도 NL계가 휩쓸었다.

그렇다고 하더라도 학생시위는 너무 적었다. 경찰이나 교육 당국은 그간의 탄압으로 학생운동권 조직의 90퍼센트가 와해된 것이 이러한 상황을 낳았다고 판단했다.

시위가 없다 보니 신문에서조차 화제 반 의아심 반으로 학생들의 동태를 취재한 기사를 내보냈다. 박종철 고문사망 사건을 심층 취재해 대대적으로 보도하는 데 일익을 맡았던 한 신문사 사회부장은 '대학가의 새 바람'이라는 박스기사에서 대학가에 과격시위가 없고 총학생회가 활성화되고 있으며, '대중성 확보'에 최우선을 두고 있다고 기술했다. 이것은 대학에 온건노선이 돌아온 것으로서 '말 없는 다수'가 전열前列에 나선 것이라고 분석했다. 그러면서 경찰이나 교육 당국의 학생운동권 와해 평가는 성급한 것으로 지금 대학은 휴화산과 같다고 결론을 내렸다.

당국은 여전히 강공으로 몰아붙였다. 3월 20일 서울대 연합시위에도 2,500여 명의 경찰을 투입했다. 검찰은 3월 24일 학원소요를 주동한 학생 등 시국 사건 관련자 108명에 대해 수배령을 내렸고, '시국 수배자'에 대한 기습 검문을 폈다.

2~3월에 학생시위가 적었던 것은 전두환이 4·13호헌조치를 내리는 데 한몫했다. 전두환은 3월 19일 내무장관과 시·도지사 오찬에서 "4월 말까지 넘어가야 확실히 알겠지만, 학교가 요즈음 조용한 것 같아요. 우리는 학생 데모가 연례행사야. 학교가 조용하면 우리나라는 다 조용해요"라고 말했다.

실제로 4·13호헌조치가 발표될 때까지 학생들의 가두시위는 찾아보기 힘들었다. 호헌조치가 내려졌는데도 전남대에서 격렬히 시위를 벌이고, 경상대·서울시립대에서 시위한 것을 제외하면 대학가는 대체로 조용했다. 이는 1980년대 학생운동사에서 대단히 이례적인 일이었다.

학사징계로 진통 겪는 대학가

대학은 달라지고 있었다. 3월의 총학생회장 선거에서 정치적 공약이 줄어들고 그 대신 학생회 기능을 회복하겠다는 약속이 많았다.

총학생회 발대식을 축제 분위기에서 연 것도 달랐다. 1987년 3월 24일 고려대에서는 총학생회장이 취임선서를 낭독할 때 팡파르가 울려 퍼졌고, 그 자리에 있었던 1,500여 명의 학생이 일제히 환호성을 질렀다. 취임식장에는 각 학과별 이름이 적힌 대형 깃발이 펄럭이며 연달아 폭죽이 터졌다. 고려대의 경우 총학생회장 선거 투표율도 61퍼센트나 되어 학생들의 참여 의식이 크다는 것을 보여주었다. 행사는 2시간 이상 계속되었다.

4월이 오자 대학은 건국대 사태 등으로 대규모 징계를 한 것에 대해 철회할 것을 요구하는 등 학내 문제로 진통을 겪었다. 4월 2일 서울대 학생과 학부모 130명은 구속학생 징계 철회를 요구하며 철야농성을 벌였다. 서울대에 이어 건국대·서울시립대에서 항의가 일어났고, 경상대·울산대·부산 동의대 등 지방대에서도 들고일어났다.

징계 문제가 시위의 확산을 가져올 것 같자 문교부에서 각 대학에 대해 중징계를 당한 학생들의 반성 여부를 보아가며 징계로 인한 후유증 해소책을 강구하도록 지시한 것에 이어 무기정학 조기 해제는 학교에 맡기겠다고 언명했다. 전두환 정권으로서는 징계 문제가 확대되어 시위가 4·13조치 반대투쟁으로 옮겨가는 것을 막는 게 중요했다.

4월 9일 서울대 학생들은 "부당징계 철회하라", "총장은 각성하라" 등의 구호를 외치다가 기습적으로 본부 건물을 점거했다. 학생들의 점거농성에 경찰 병력이 무려 5,000여 명이나 투입되어 화염병과 돌을 던지며 맞서는 학생들을 강제 해산시켰다. 다음 날 비상 학생총회가 열렸을 때 학교가 징계 철회를 약속했다고 보고했다. 학생들은 이제 미제와 군부파쇼 축출에 전력을 기울이자고 외치며, 릴리 주한 미대사 등 3명의 허수아비 화형식을 가졌다.

4월 15일 경북대에서도 학생들이 총장실을 점거하고 총장 퇴진 등을 요구했다. 같은 날 전남대 학생들은 총장 부속실을 점거, 철야농성을 벌이며 학사징계 완화 등을 요구했다. 제주대에서도 여러 날에 걸쳐 교내 시위와 중간고사 거부 등이 있었다.

가장 큰 규모의 학내 분규는 부산대에서 발생했다. 3월 초부터 부산대에서는 부산대 신문사 편집권 독립을 요구하며 싸우다가 4월 2일부터는 총학생회장 등이 단식농성에 돌입했다. 4월 8일에는 과 총회와 단과대학 총회를 열고 1만여 명의 학생들이 대운동장에 모여 시험 연기와 수업 거부를 결의했다. 부산대 사태는 4월 17일 총장이 학생들 앞에서 직접 요구사항을 들어주기로 약속함으로써 일단락되었다.

전두환 정권은 4·13호헌조치 며칠 만에 4·19혁명 기념일이 있는 것을 우려하여 철저히 대비했다. 4월 15일 서울 시경은 교내 진입을 서장 결정으로 하도록 지시했고, 15일 밤에 19개 대학을 일제히 검색했다. 다음 날 경찰은 시위에 대비해서 53개 대학을 수색했다. 문교부는 4·19혁명 기념일을 앞두고 시위 때문에 휴강해서는 안 된다고 지시했다. 경찰은 4월 18일 오전 9시부터 21일 오전 9시까지 전국 경찰에 갑호비상령을 내렸다.

그렇지만 4·19혁명 기념일에도 전두환 정권이 '우려'할 만큼 규모가 큰 시위는 일어나지 않았다. 4월 16일 서울 7개 대학, 지방 16개 대학에서 학내 문제로 교내 시위가 있었고, 17일에는 전국 40개 대학에서 집회가 있었다. 4월 19일 4·19묘소에서의 시위는 예년과 비슷했다.

이해의 4·19는 예년과 다른 점이 있었다. 4·19를 맞아 여러 대학에서 기념 활동을 벌였지만, 호헌철폐 등과 연결시켜 시위투쟁을 벌인 경우는 많지 않았다. 4월 16일 연세대·서강대 등 서울 서부지역 9개 대학생 3,000여 명이 연세대에서 4·19문화제 행사를 연 것도 과거에 볼 수 없는 일이었다.

4월 23일 박종철 사망 100일을 맞아 부산 사리암에서 가족과 친지들이 백재百齋를 가졌다. 서울대에서는 이날 검은 리본을 달기로 했고 추모식도 열기로 했으나, 어머니 정차순과 누나 박은숙은 교문 통제로 교내에 들어가지 못했다. 고려대에서는 200여 명이 백일재를 가진 뒤 침묵시위를 벌였다.

4월 28일은 1년 전에 이재호·김세진이 신림사거리에 있는 3층 건물 옥상에서 분신한 날이었다. 4월 27일 서울대 학생 2,000여 명이 이재호·김세진 분신 1주기 추모식 및 전방입소 철폐 실천대회를 가진 뒤 600여 명이 철야농성에 들어갔고, 다음 날에는 400여 명이 위령제를 가졌다. 연세대와 고려대에서도 각각 1주기 추모식이 있었다.

시대는 바뀐다 — 행동하는 시민이 학생운동 역할 맡아

3·3평화대행진의 후속시위도 없었고, 4·13호헌조치와 4·19혁명 기념일이 겹쳐 전두환은 그 점을 각별히 걱정했는데, 이와 관련된 시위도 별반 없었다. 박종철 백일재에도, 이재호·김세진 분신 1주년에도 시위는 적었다. 이처럼 시위가 적어진 것은 NL계 학생회의 태도가 영향을 미쳤다.

서울의 주요 대학을 대부분 장악했던 NL계 학생회 간부들은 선도적 정치투쟁노선에 비판적이었다. 그들은 2·7추도대회나 3·3평화대행진에 참여할 경우에도 평화적 가두투쟁을 강조했다.

그들은 학내 민주화투쟁의 강화, 문화행사의 활성화와 총학생회의 강화를 대중노선으로 이해했고, 3월에 총학생회를 구성할 때부터 학생운동의 '대중성' 강화에 역점을 두었으며, 학회 활성화를 중시했다. 그래서 선거운동에서도 정치적 주장보다 학생대중의 정서에 호소할 수 있는 문화선전대를 만들었고, 로고송도 등장했다.

고려대의 예가 보여준 대로 학생회 출범식도 투쟁 선포식이 아닌 대동제와 축제 형식으로 치렀다. 4·19행사도 학술강연회, 세미나, 시국풍자, 개사곡 경연대회, 판화, 사진전, 마라톤대회 등 문화와 학술 부문에 치중했다.[37] 일각에서는 이러한 학생회 활동에 대해 "총학생회는 이불 속에서 투쟁을 외치는가" 하고 비아냥거렸다.[38]

역사의 기로에 처한 중대한 시기에 학생운동이 소극적이었는데도 어떻게 6월 항쟁으로 진전되도록 운동이 고양되었을까.

3월 19일 전두환이 "학교가 조용하면 우리나라가 다 조용해요"라고 말한 대로, 과거 같으면 학생운동이 무력하면 다른 투쟁이 약화되었을 터였다. 그렇지만 전두환은 과거에 살고 있었다.

시대는 역동적으로 바뀌고 있었다. 1986년경부터 시민의식이 눈에 띄게 바뀌고 있었는데, 이 시기에는 비록 다수는 아니었지만 행동하는 시민들이 역사의 전면에 떠오르고 있었다. 6월 항쟁의 또 하나의 주역이 생성되고 있었던 것이다. 과거와는 달리 대학이 조용해도 민주화운동은 쉼 없이 전개되고 있었다. 정당다운 정당, 시민다운 시민이 없었을 때나 학생운동이 민주화운동의 중심일 수 있었다. 그러나 이제 시대가 확실히 달라지고 있었다.

당시 고려대 총학생회장 이인영이 밝힌 바와 같이, 전국 각 대학 교수들의 시국선언 등 정국이 격동의 소용돌이에 휩싸여 있었지만, 학생회는 일반 학생들의 참여가 제약된다는 이유로 가두시위나 연대시위는 가급적 자제했다. 그런데도 천주교와 개신교 측의 성직자와 신자, 대학교수, 문화인, 언론인, 재야단체, 여성단체, 정당에서는 4·13호헌철폐투쟁을 줄기차게 벌였고, 5·18박종철 고문사망 은폐조작 폭로가 터졌을 때는 다시 운동을 한 차원 높이는 활동을 전개하면서 국민운동본부를 조직하고 6·10국민대회를 가질 것을 결의했다.

전두환이 파악한 것과 같은 세상이었더라면 4·13호헌조치나 5·18고문사망 은폐조작 폭로, 6·10민정당 대통령 후보 선출이 큰 저항이나 반응 없이 넘어갈 수 있었겠지만, 과거에 학생운동이 했던 역할을 이제는 상당 부분 행동하는 시민이 하게 되었다. 이처럼 6월 항쟁으로 진전되도록 추동하는 힘이 민주화 열망 속에 새롭게 쌓여갔다.

예년과 달랐던 5월 투쟁

1987년 4·19혁명 기념일 이후 학생회 지도부는 내부조직 정비 및 강화에 힘썼다. 4월 말경 서울지역을 동부·서부·남부·북부 지구 등 4개 지역으로 구분했다. 문제는 '대학 간 조직을 어떠한 방식으로 할 것인가'였다. 이들은 너무 높여 조직하지 말고 '연합'보다 한 단계 낮은 협의회 수준으로 묶는 것이 좋겠다고 판단했다.

5월 8일 연세대에서 2,000여 명의 여러 대학 학생들이 모인 가운데 서울지역 대학생대표자협의회(서대협) 결성식을 가졌다. 18개 대학의 학생대표들이 직접선거 방식으로 의장에 이인영 고려대 총학생회장을, 부의장에 이남주 서울대 총학생회장을 선출했다. 6월 항쟁의 서울 시위에서 중요한 역할을 맡게 될 서대협 결성식이었지만, 기존 언론은 해왔던 방식대로 이것을 묵살했다. 서대협 결성식에 참석한 18명의 각 대학 총학생회장은 당연한 행사인 양 5월 12일 경찰에 의해 긴급 수배되었다.

서대협이 결성된 날로부터 꼭 일주일이 되는 5월 15일 5·18광장에서 전남대·전북대·전주대·원광대·전주우석대 등 5개 대학 학생 700여 명이 모여 5월제 선포식에 앞서 호남 학생연합 건설준비위원회를 조직했다.

5월 투쟁의 서막은 5월 6일 조선대학교에서 조선대·전남대 학생들이 "총장 물러가라"고 외치면서 시작되었다. 다음 날 전남대생 800여 명은 "민주헌법 쟁취" 등의 구호를 외치며 시위를 벌였다.

서울에서 5월 투쟁은 연세대에서 가열하게 전개되었다. 5월 9일 연세대 개교 102주년 기념 마라톤대회 중 500여 명의 학생이 서대문구청 앞에서 "독재타도", "호헌철폐"를 외치며 시위를 벌였고, 같은 날 학생회관에서 '호헌철폐와 독재종식을 위한 단식기도'를 시작했다.

5월 13일에 5일째 단식기도 중인 36명의 학생을 경찰이 연세대 교내로 난입해 연행하면서 시위는 확대되었다. 이날 학생들이 시위를 벌이고, 무기한 수업 거부를 결의한 이래, 여러 날에 걸쳐 수천 명의 학생들이 구속학생 석방과 호헌조치 반대 시위를 벌였다.

5월 투쟁은 5월 14일부터 커졌다. 서울 15개 대학 3,300여 명과 지방 19개 대학 6,500여 명이 호헌철폐를 외치며 시위에 들어갔다.[39] 다음 날인 5월 15일에는 전국에서 36개 대학 1만 3,000여 명이 교내에서 시위했다.

가장 큰 시위는 5·18항쟁 7주년이 되는 1987년 5월 18일에 일어났다. 연세대 학생 1,000여 명이 시위를 벌였고, 전북대·한양대·성균관대·전남대 등 전국에서 62개 대학 2만여 명이 시위에 참가했다. 서울대는 5월 16일 교내에서 1,000여 명이 "독재타도"를 외치며 시위한 것에 이어 5월 18일 저녁에 2,000여 명이 교내에서 횃불시위를 가졌다. 5월 17일 광주에서는 네 차례에 걸쳐 가두시위가 있었고, 5월 18일 추모시위를 위해 거리로 나간 1,000여 명의 학생이 경찰과 충돌했다.

학생회에서는 5·18광주항쟁 계승 주간에도 광주항쟁 관련 강연회나 심포지엄, 체험자 증언, 광주항쟁 재현극, 진혼굿, 사진전, 비디오 상영, 모의 대통령 선거, 개사곡 경연대회 등 각종 문화행사와 대중교육 프로그램을 중심으로 진행했다.

많은 대학에서 광주학살 규탄 성토와 교내 시위가 벌어지기는 했지만 개별적 시위에 그쳤고, 광주항쟁의 의의 계승과 호헌철폐라는 과제를 결합시키는 대중적 정치투쟁은 이루어지지 않았다. 5월 투쟁은 대중성 회복론이라는 기조를 벗어나지 못했다.

1987년 5월 투쟁에 대해서는 상반된 평가가 있다. 5월 투쟁이 종교계와 지식인 등의 호헌철폐투쟁에서 드러난 뜨거운 열기와 연결되지 못하고 대중성 회복론을 벗어나지 못한 것에 대해 당시 학생운동 주도 세력은 대중교육 프로그램에 관한 학생대중의 자발적이고 적극적인 참여가 확대되었다고 적극적으로 평가했다. 그렇지만 이에 대한 반론도 만만치 않다. 대중교육 프로그램에서 주도 세력이 기대했던 바와 같이 학생대중들의 자발적이고 적극적인 참여가 이루어지지 않았다는 것이다. 그리고 학생운동 핵심부가 학생대중의 정서가 호헌철폐와 장기집권 반대를 성토하는 방향으로 비등해지고 있는데도 고집스러울 정도로 문화행사 등에 치중해, 5·18광주항쟁 계승 활동은 '광주학살 진상규명', '학살원흉 처단', '미국의 해명' 등을 요구하며 미문화원을 점거하여 농성을 벌이거나 대규모 연합집회나 시위를 전개했던 예년의 투쟁에 비해 현저히 낮은 수준의 투쟁에 머물렀다는 것이다.[40]

서대협 최초의 가두투쟁

　서대협 쪽의 학생운동 세력은 5월 23일에 와서야 1987년 1월 박종철 고문사망 사건 이후 처음으로 총력을 기울여 가두투쟁에 나섰다.[41] 민통련은 5·18박종철 고문사망 은폐조작 폭로로 여론이 들끓고 있었던 5월 23일 탑골공원에서 '광주민중항쟁 7주년 범국민 민주영령 추모대회'를 가지려 했으나 경찰의 저지로 무산되었다.

　그동안 가두투쟁에 소극적이었던 서대협은 이 추모대회에 총력을 기울여 참여했고 이날의 투쟁을 대단히 높이 평가했다. 서대협 의장 이인영은 5·23탑골공원 앞 가두시위가 전면적으로 대중조직을 재구축하는 데 몰입했던 학생활동가 역량을 기축으로 학생운동 전반이 대對 사회·정치 투쟁으로 질적 전환한 기폭제로서, 이 투쟁으로 학생운동투쟁의 형태 전환이 완결적으로 이루어졌다고 높이 평가했다.

　1987년에 들어 학생운동이 일대 전환을 하여, 그간 대중사업의 활성화를 통한 대중조직과 총학생회 강화가 있어왔는데, 그것을 기반으로 한 5·23투쟁에서 구호와 비폭력 결사저항의 투쟁 형태가 완결적으로 이루어졌고, 그것이 6월 항쟁 초반에 강력한 폭발력을 띤 비폭력투쟁으로 발전했다는 주장이었다.

　5·23대회를 앞두고 각 대학에서는 과별·단대별 조직 단위에서 간부들은 혈서로 맹세하고 집단적으로 투쟁 결의를 다졌다. 건국대 투쟁에서 막 집행유예를 받고 나온 학생에게도, 수배 중인 학생에게도 예외 없이 투쟁에 참여할 것을 요구했다.

　모두 다 '옥쇄'를 각오하고 주동자 신호에 따라 시위 현장에 뛰어들었다. 돌·화염병·각목 등 어떤 형태의 무기도 지니지 못하게 했기 때문에 1천 몇백 명이 연좌로 저항하고, 구호는 오직 "호헌철폐", "민주쟁취"로 단일화했다.

드디어 비폭력 결사투쟁이 시작되었다. 경찰이 연행하려 하자 학생들은 옆 학생과 팔깍지를 끼고 도로에 드러누웠다. 학생들은 비가 내리는데도 '연와'連臥로 쇠사슬처럼 단결해 맞섰다. 한 사람씩 연행하기 위해 전경들이 방패로 학생들의 팔다리를 내리찍자 연도에 있던 시민들이 "우우우" 하는 야유와 함께 전경들에게 거칠게 항의했다. 시민들의 성원에 학생들은 감격했다. 이날 경찰 약 1만 5,000명이 동원되어 종로3가 일대를 원천 봉쇄했고 1,284명을 연행해 6명을 구속했다.[42]

6월 항쟁 가두투쟁 전위조직으로서 서학협 탄생

대학가 시위는 5월 18일 박종철 고문사망 범인 은폐조작 폭로가 있은 지 1주일이 되는, 그리고 전북대에서 총학생회장 등 9명이 삭발한 뒤 단식 농성에 들어간 5월 25일경부터 많아졌다.

이날 전국 24개 대학에서 박종철 사건 조작 규탄, 호헌철폐를 외치며 시위가 벌어졌다. 5월 26일 서울대생 300여 명은 호헌철폐, 박종철 사건의 철저한 규명 등을 요구하며 3일간 수업을 거부하기로 결의했다. 성균관대·한양대·동국대·전북대에서도 동맹휴학을 결의했다. 이날 전국 23개 대학에서 교내 시위를 벌였다.

5월 27일 서울대 시위에는 5,000여 명이나 모여 전날에 이어 고문범인 은폐조작 규탄대회를 가졌고 이 중 1,000여 명은 가두시위에 나섰다. 경찰에 의해 해산이 된 뒤에도 학생들은 삼삼오오 짝을 지어 신림사거리까지 가서 차도로 뛰어나가 연행되는 순간까지 구호를 외쳤다. 이날은 전국에서 집회와 시위를 가진 대학이 27개로 늘어났다.

서울지역 대학의 투위 연합체로 만들어진 서학협을 중심으로 6·10국민대회를 향한 '총궐기' 준비가 진행되었다. 사진은 6·10국민대회를 위해 시내로 진출하려던 연대생들이 전경들에 의해 길이 봉쇄되자 신촌사거리에서 연와시위를 벌이는 광경이다.

5월 28일에도 서울대에서 시위가 있었다. 이날 고려대에서는 '대자보 백일장'이 열렸다. 1학년생들이 백일장에서 기지를 발휘했는데, "두환아! 종쳤데이. 아무 소리 말고 미련 없이 잘 가그래이" 등이 상을 받았다.

전국 29개 대학의 대학생들이 시위를 벌인 5월 29일 서울대 등 서울 시내 대학생들이 '호헌철폐와 민주개헌 쟁취를 위한 서울지역 학생협의회'(서학협, 회장 연세대 정성원)를 조직하고 "고문추방", "호헌철폐" 등의 구호를 외치며 시위에 들어갔다.

서학협을 조직하는 데는 산고가 많았다. 학생들은 서대협을 조직하면서 호헌철폐투쟁을 효과적으로 전개하기 위한 상설 투쟁조직을 신설하기로 했다. 이 경우 선도투쟁을 주로 수행했던 삼민투와 같은 투쟁위원회라는 명칭은 쓰지 않기로 했다.

이 투쟁조직은 총학생회·서대협 등과의 조직적 위상을 둘러싸고 많은 논란이 있었으나 국민운동본부 발족을 전후하여 각 대학별 특별위원회 또는 투쟁위원회 연대 틀 모색에 박차를 가해 국본 발족 이틀 후에 서울지역 대학의 특위와 투위 연합체로서 서학협이 뜨게 되었다. 그리고 그 산하에 '6·9, 10 총궐기 위원회'가 만들어져, 6·10국민대회를 향한 '총궐기' 준비가 진행되었다. 이들은 6월 항쟁 내내 '현장 지도'를 맡아 각종 전술을 짜내면서 거리에서 목이 터져라 외치며 시위투쟁을 선두에서 이끌어갔다.

부산에서는 6월 1일 6·10국민대회에서의 학생 결집과 민주화운동 세력과의 제휴를 위한 대학 간 연대 틀로 '부산지역 총학생회협의회'(부총협)를 결성했다.

학생운동 투쟁력이 강화된 계기

민주화운동에서 늘 가장 왕성하게 전개되었던 학생운동이 정작 1987년 3~5월에는 지지부진해 종교계와 지식인, 문화인들의 호헌철폐운동이 없었더라면 6월 항쟁으로 진전하는 데 상당히 큰 차질을 빚을 수 있었다는 점은 앞에서 이미 지적한 바 있다. 그러면 어떻게 해서 학생들이 다시 투쟁력을 갖춰 6월 항쟁의 주력군으로 등장할 수 있었을까.

서대협이 총력을 기울여 동원했음에도 5·23탑골공원 앞 시위에 1천 몇백 명 또는 2,000명 안팎의 학생들이 참여했을 뿐이었다. 그런데 그 뒤 어떤 계기가 있었기에 6월 항쟁에 서울에서만 수만 명 또는 그 이상의 학생들이 대거 참여해 우박처럼 쏟아지는 최루가스를 이겨내며 격전에 격전을 거듭 치러 끝내는 6·29항복을 받아내는 데 중요한 역할을 해낼 수 있었을까.

이에 대한 중요한 계기는 1987년 7월 기독교사회문제연구원(기사연)에서 펴낸 『6월민주화대투쟁』에 적절히 지적되어 있다. 이 보고서에서는 5월 투쟁과 박종철 고문사망 은폐조작 폭로를 계기로 학생운동이 변화하기 시작했다고 지적했다. 그리고 이 시기 학생운동의 특징으로, 첫째 비정치적인 학내 대중노선에 맞춰져 있던 운동의 중심 이슈가 5·18박종철 고문사망 은폐조작 폭로를 계기로 정치성이 크게 증폭되어 '고문·학살 정권' 규탄과 군부독재정권 타도로 옮겨졌다는 점을 들었다. 둘째는 원문 그대로 옮겨보자.

둘째로 학생대중들의 참여도 면에서 보면 정치성의 증폭과 함께 대중들의 참여도 현저히 적극화되었다는 점에 주목해야 한다. 이 점은 행사나 집회에 참여하는 학생들의 숫자가 고문 은폐조작 폭로 이후 크게 증가된 것에서 단적으로 드러난다. 이 현상은 4·13 이후 종교계를 포함한 각계의 시국성명과 단식기도로 표출된 대중의 민주화 열기와 고문 은폐조작 폭로에서 분출된 국민대중의 분노에 힘입은 바 크지만, 한편으로는 학생대중들의 잠재적 정치의식이 학생운동 지도부의 기대 이상으로 높은 수준에 있었다는 사실의 반증이기도 한 것으로 볼 수 있을 것이다.

이 보고서는 세 번째 특징으로 조직적 측면에서는 학생 세력을 결집하고 타 부문과 제휴하는 연대 틀로 서학협·부총협 등이 결성된 것을 제시했다.

학생들은 박정희의 유신정권과 전두환·신군부정권에 대해서 대단히 비판적이었고 혐오했으며 적대시하기까지 했다. 그렇지만 학창시절이기도 하고 인생에 대한 꿈과 기대를 가지고 있었기 때문에 고민이 많았고, 고난의 길을 피할 수 있으면 피하려고도 했다. 또 1986년 4월 신림사거리에서 두 학생이 불에 휩싸여 쓰러질 때에 분노도 컸지만, 죽음이 너무도 가까이 있다는 것에 두려움도 느꼈다. 전두환 정권의 포악한 공세로 1986년 한 해

동안 연행·수배·구속·고문이 끊이지 않았고, 때문에 학생들이 움츠러드는 것은 어쩔 수 없는 일이었다.

이러한 상황에서 바로 옆에 있던 또 한 명의 학우 박종철이 고문으로 사망했을 때 얼어붙은 학원에서 학생들은 착잡한 심정일 수밖에 없었다. 그렇지만 친구의 죽음으로 언어학과 학우들과 울분에 싸여 밤늦게까지 술을 마셨던 정덕환은 "당시는 건국대 사태, 신길동 가투와 같은 커다란 공안사건 등이 터지는 때라서 그 일도 그렇게 일과성으로 묻힐 거라고 생각했다. 그것이 이후 엄청난 파장으로 역사의 물줄기를 돌리는 사건이 되리라고는 당시 아무도 예상하지 못했다"라고 토로한 바처럼, 많은 학생들이 박종철 고문사망에 대한 항의도 일과성으로 끝날 것이라고 생각했다. 그런데 놀랍게도 언론이 사건을 파헤쳐 진실을 보도하기 시작했고, 여성계·종교계 등에서 거센 항의가 잇따랐으며 야당도 적극 호응하는 것을 목도하고 용기를 얻었다.

4·13호헌조치에 대한 반응도 놀라웠다. 각계각층에서 호헌반대 성명과 단식투쟁이 잇따라 일어났는데, 과거에는 찾아보기 힘든 현상이었다. 전년 봄에 야당의 개헌추진 지부결성대회에 인파가 몰려든 것과 함께 교수들의 시국선언이 있었지만, 4·13호헌조치에 대한 반응은 그보다 월등히 폭이 넓고 규모 또한 컸다.

그러다가 학생들은 5·18박종철 고문사망 은폐조작 사건이 일파만파로 확대되는 과정을 보았을 때, 그러면서 국민운동본부가 결성되고 6·10국민대회가 마련되는 것을 보았을 때 '잠재적 정치의식'으로도 표현된 학생들의 민주화투쟁 의식이 한껏 고양되고 참여의지가 강렬해진 것은 당연한 추세였다.

학생들이 박종철 고문사망 은폐조작 폭로가 큰 쟁점이 된 이후 민주화투쟁의 대열에 적극 나서게 된 데에는 미안함이나 죄책감도 작용했다. 일제강점기 학생·청년의 반제항일 변혁운동, 4월 혁명, 그 이후 학생운동에서 학생들은 어느 계층보다도 강한 정의감, 뜨거운 인간애(동포애)를 지니고 있음을 보여주었다. 그래서 한국의 학생들은 마땅히 해야 할 일을 하지 못했을 때에 미안함이나 자괴감, 자책감으로 고민하지 않을 수 없었다.

특히 호남 출신이 더 심했지만, 1980년대에 학교에 다니면서 광주에 대해 무언가 갚아야 할 것이 있다, 죄를 지은 것 같다, 미안하다는 생각에 휩싸여 있는 학생들이 많았다. 5월 그날이 올 때마다 격렬한 시위가 전개된 것은 그러한 마음의 빚과 무관하지 않다.

많은 대학생들이 박종철 고문사망 사건을 접했을 때 무엇인가를 하지 않으면 안 된다고 생각했다. 2·7추도대회나 3·3평화대행진에서 시민들이 성원할 때 용기를 얻기도 했지만, 자신들의 투쟁이 미약한 것은 아닌가 하는 자책감도 들었다.

4·13호헌조치에 각계가 궐기하고 있는데, 학생들이 침묵을 지키고 있는 것에도 자괴감을 가졌다. 그러면서 5월 투쟁의 한가운데에서 박종철 고문사망 은폐조작 폭로가 있었고, 언론이 대서특필하면서 정권이 큰 타격을 받고 있는데 우리가 더 이상 가만히 있을 수는 없지 않느냐는 생각이 평소의 민주화 열망과 결합되어 드디어 6월 항쟁으로 표출된 것이다.

6월 9일 이한열이 최루탄을 맞아 빈사상태에 빠진 것도 학생들의 가슴을 무겁게 누르며 가열한 투쟁에 나서게 하는 한 축으로 작용했다.

6

박종철 고문사망 은폐조작 폭로의 파장

'박종철 군 고문치사 사건의 진상이 조작되었다'

역사의 힘은 무섭다고 할까. 1987년 새해가 시작되면서 박종철 고문사망 사건으로 초강경 공세를 벌이던 전두환 정권이 수세에 몰리고 6월 항쟁으로 가는 큰 길이 열렸는데, 5·18박종철 고문사망 은폐조작 폭로로 전두환 정권의 도덕성은 치명타를 입었다. 그 반면 민주 세력은 한층 더 공고한 민주대연합으로 폭넓게 결집했고, 6·10국민대회로 시민·학생들이 총궐기하게 되었다.

1987년 5월 18일 오후 6시 30분 명동성당에서는 '광주민중항쟁 제7주기 미사'가 열렸다. 2,000여 명의 신자와 재야인사들이 참석한 가운데 김수환 추기경의 강론과 미사가 끝나자 뒤이어 김승훈 신부가 정의구현사제단을 대표해서 숙연한 자세로 제단에 올라가 십자가 앞에 절을 하고 떨리는 목소리로 '박종철 군 고문치사 사건의 진상이 조작되었다'는 제목의 글을 읽어 내려갔다. 듣는 사람들이 귀를 의심할 정도로 놀라운 내용이었다. 김

'광주민중항쟁 제7주기 미사'에서 김승훈 신부가 박종철 고문사망 사건이 축소·조작됐음을 폭로하는 내용의 글을 낭독하고 있다(1987. 5. 18).

신부는 말을 에둘러 하지 않고 첫마디부터 직설적으로 핵심을 찔렀다.

1. 박종철 군을 직접 고문하여 죽게 한 하수인은 따로 있다. 박종철 군을 죽음에 이르게 한 범인으로 구속, 기소되어 재판 계류 중에 있는 전 치안본부 대공수사단 5과 2계 학원분과 1반장 조한경 경위와 5반 반원 강진규 경사는 진짜 하수인이 아니다. 박종철 군을 직접 고문하여 죽음에 이르게 한 진짜 범인은 학원분과 1반 소속 경위 황정웅, 경사 방근곤, 경장 이정오로서 이들 진범들은 현재도 경찰관 신분을 그대로 유지하고 있다.

김승훈 신부는 사건의 조작·연출을 경찰 고위간부가 맡았음을 명료히 밝혔다. 치안본부 대공수사 2단장 전석린 경무관, 5과장 유정방 경정, 5과 2계장 박원택 경정과 홍승상 경감 등이 그들이었다. 검찰 또한 실체적 진실을 알고 있었으면서도 사건을 조작하는 데 협력하고 동조했음을 지적했다.

김승훈 신부는 이 사건의 조작에 개입한 모든 사람은 처벌되어야 한다고 역설하고, 강민창 당시 치안본부장 역시 사건은폐 및 범인조작에 개입한 흔적이 확실하다고 밝혔다. 그리고 전·현직 내무장관의 개입 또는 묵인 여부 역시 밝혀져야 한다고 강조했다. 거짓으로 점철된 이 땅이지만, 진실이 낱낱이 밝혀지는 것만이 차가운 날 '한 뼘의 무덤조차 없이 언 강 눈바람 속으로 날려진' 박종철의 죽음을 헛되이 하지 않는 길이기 때문이었다.

전두환 정권은 1987년 1월 19일 박종철 고문사망 사건을 발표하면서 뼈를 깎는 반성과 분발을 국민에게 약속했음에도 사건조작, 진상은폐, 범인조작에 골몰했다는 것이 김승훈 신부의 폭로로 명백해졌다. 그야말로 허위와 협잡, 기만과 거짓의 부도덕한 정권이라는 것이 다시 한 번 백일하에 폭로된 것이다.

전두환 정권은 박종철 사망이 신문보도 등으로 사고사로 은폐시킬 수 없게 되자 할 수 없이 고문사망이라는 점만은 인정을 했지만, 고위책임자의 지시하에 범인을 축소·은폐·조작한 것이다. 그러다 보니 검찰 수사도 하나마나 한 것이 되었다. 1월 23일 남영동 대공수사 2단 조사실에서 범인 현장검증을 한다는 것도 구속된 조한경·강진규가 나오지 않고, 기자나 일반인들한테 공개하지 않은 채 검찰과 경찰 관계자만 참석해 범인 없는 현장검증이 되어버렸다. 그리고 5·18은폐조작 폭로 때까지 첫 공판도 열지 못했던 것이다.

시민들은 박종철의 죽음과 1년 내내 개헌을 하겠다고 약속하고는 전두환이 끝내 호헌조치를 한 것에 분노했는데, 박종철 고문사망 사건을 은폐하고 범인을 조작한 것에 다시금 분통이 터지지 않을 수 없었다.

진실이 광장에 서기까지

정의구현사제단의 발표는 조한경·강진규 진술을 바탕으로 했고, 범인이 조작되었다는 점을 강조하다 보니, 두 사람이 박종철 고문사망 사건에서 맡은 역할이 애써 축소되거나 경미한 것으로 되어 있다. 또 반금곤이 방근곤으로, 이정호가 이정오로 잘못 적혀 있는 것은 있지만 전체적인 개요는 정곡을 찌르는 것이었다.

김승훈 신부가 함세웅 신부로부터 5월 18일에 있을 미사에서 '특별한 성명'을 발표해달라는 부탁을 정식으로 받은 것은 5월 17일 저녁이었다. 내용이 내용인 만큼 보안에 철저할 수밖에 없었기 때문이었다.

이 성명이 세상에 모습을 드러내게 된 데에는 두 신부 외에 이부영, 김정남 등의 숨은 노력이 있었다. 6월 항쟁으로의 길은 5·3인천사태와 관련된 전두환의 초강경 탄압정책과 연결되어 있다. 부천서 성고문 사건과 박종철 고문사망 사건 은폐조작 폭로 모두 5·3수배자와 연관이 있다. 이부영도 민통련 간부로 5·3인천사태로 수배 중이었고, 김정남은 이부영에게 편의를 마련해주었다는 혐의로 수배를 받고 있었다.

그러다 이부영이 감옥에 갇혔고, 얼마 후 조한경과 강진규가 그가 갇혀 있는 영등포교도소에 들어왔다. 그리고 두 사람이 감옥에 면회 온 가족에게 억울하다고 말하다가 가족 면회가 금지되었으며, 경찰 간부들이 찾아와 회유했다는 얘기를 교도관을 통해 들었다.

이부영은 2·7추도대회를 맞아 20일간 단식에 들어갔다. 그는 단식하면서 쇠창살을 통해 "두 분도 박종철 군의 영혼 앞에 참회하고 그 넋을 위로하시오. 나는 두 분을 미워하지 않습니다. 박종철 군이 그렇듯이 두 분도 전두환 군사독재의 희생자들입니다"라고 소리쳤다. 그러면서 이부영과 두 경관이 가까워졌고, 두 경관으로부터 자세한 얘기를 들은 이부영은 잘 아는 교도관의 도움을 받아 세 통의 편지를 썼다. 그것을 5·3사태로 수배 중인 민통련 간부 장기표를 숨겨주었다고 하여 역시 수배를 받고 있던 전 교도관 전병용을 통해 수배 중인 김정남에게 전했다. 3월 중순께였다.

전병용은 그 편지를 김정남에게 전해주고 이틀 뒤엔가 체포되었으니, 생각해보면 전두환 정권을 뒤흔든 큰 사건이 아슬아슬하게 이루어진 셈이었다. 두 경관은 3월 7일 의정부교도소로 이감되었기 때문에 더 이상 이부영과 만날 수 없었다.

인권변호사, 천주교, 재야를 연결 지으며 막후에서 중요한 활동을 해온 김정남은 이부영의 편지에다가 여러 자료를 통해 얻은 정보를 덧붙여 4월 말경 성명 초안을 작성했다. 김승훈 신부가 읽은 성명서는 이 초안을 정의구현사제단에서 검토한 것이었다.

문제는 어떻게 세상에 알리느냐였다. 임시국회에서 야당 의원의 본회의 대정부 질의를 통해 공개하는 방법도 생각해봤으나, 야당 의원들은 거꾸로 자신을 '시험'에 들지 말게 해달라고 사정했다. 전두환이 워낙 살벌하게 신당을 몰아세우고 있던 터라 야당 의원으로서 꺼릴 수밖에 없는 분위기이기도 했지만, 김정남이 이와 같은 정보를 어떻게 얻었는지 그 경위를 야당에 밝힐 수 없다는 점이 야당으로 하여금 발표하기 어렵게 작용하기도 했다. 김정남은 고심 끝에 함세웅 신부와 김 추기경에게 편지를 썼다. 사실 제보자가 수배 중인 김정남이라고 밝혀도 좋다고 하면서 발표해달라고 졸라댔다. 발표자가 구속될 가능성이 컸기 때문에 사제단은 무척 조심스러워했으나 '5·18광주민주항쟁 7주기 미사'를 봉헌하고 이어서 성명을 발표하기로 결정했다.[43]

초대형 특종 보도

5·18고문사망 은폐조작 폭로가 폭발적 위력을 갖게 된 데에는 박종철 고문사망 사건 때와 마찬가지로 언론이 상당히 큰 역할을 했고, 민정당·노태우 쪽이 은폐조작 관련자 처벌과 고위책임자 문책 인사를 강하게 주장한 것도 어느 정도 작용했다. 학생들도 대개 그렇지만, 일반 대중은 언론이 얼마만큼 진실을 보도하느냐에 따라 크게 영향을 받는다.

처음에 일간지는 5·18고문사망 은폐조작 폭로 성명을 간단히 전달하는 수준에 머물렀다. 『동아일보』는 5월 19일자 석간에서 사회면 사이드 톱으로 '5·18추모시위 경찰 충돌'이라는 제목을 뽑고 여러 관계 기사를 배치했는데, 그중의 하나가 명동성당 미사였다. 김수환 추기경의 강론을 싣고 나서 정의구현사제단 명의로 '박종철 군 고문치사 사건의 진상이 조작되었다'는 유인물을 낭독했다면서, 진짜 범인은 조한경·강진규 두 사람이 아니라 학원 문화1반 소속 3명의 경관으로 "현재 경찰관 신분을 그대로 유지하고 있다"고 주장한다고 전했다. 일단 한 신문이 사실을 보도하면 다른 신문이 따라가지 않을 수 없다. 『조선일보』는 다음 날에야 사회면 한쪽 귀퉁이에 1단 제목으로 사제단 성명에 대해 『동아일보』와 거의 같은 내용의 기사를 실었다.

언론이 아주 낮은 비중으로 사제단 성명을 다룬 것은 사제단 성명을 믿을 수 없었기 때문이라고 볼 수는 없다. 당시와 같은 비상시국에서 권위 있는 장소에서 사제단 이름으로 나온 것인데도 언론이 중요한 사안으로 생각하지 않았다는 게 이상하다. 보도지침 때문이거나 사안을 좀더 알아볼 필요가 있다고 생각했기 때문일 수도 있고, 그도 저도 아니면 사안을 묵살하고 싶었기 때문이었을 것이다.

부천서 성고문 사건의 피해자 권인숙이 국가를 상대로 하여 5,000만 원국가배상을 신청한 사건에 국가배상심의회에서 '이유 없다'고 기각한 5월 20일, 검찰과 경찰은 사제단의 주장은 '상식적으로 불가능한 일'이라고 말하면서도 '이상하게도' 자체 조사에 나서겠다고 말했다. 흥미로운 것은 1960년 3월 3일 민주당에서 '자유당의 경찰·공무원 선거 대책'이라는 자료를 입수해서 폭로했을 때, 그리하여 『동아일보』를 비롯해 여러 신문에서 여러 면에 걸쳐 본문을 그대로 실어주는 등 대대적으로 보도했을 때, 최인규 내무장관이 민주당이 공표한 것은 허위 자료라고 주장하면서도 끝내 민주당을 고발하지 않았던 것과 비슷하게, 사제단 발표에 대해 허위 사실 유포 등의 혐의로 고발하겠다고 으름장을 놓지 않고 자체 조사를 하겠다고 한 점이다.

그런데 『동아일보』는 5월 20일 안상수 검사로부터 "'공범이 더 있을지도 모른다'는 주장은 몰라도 진범이 조작됐다는 주장은 전혀 터무니없는 것"이라는 대단히 중요한 사실을 들었다. 그래서 그것을 신문 중 유일하게 사회면 1단 기사로 보도까지 했는데, 안상수가 한 말 중 "공범이 더 있을지도 모른다"고 말한 부분이 얼마나 중요한지를 그만 놓치고 말아서 이 문제를 더 이상 다루지 않았다.

하지만 초대형 폭탄과 다름 없던 사제단 성명이 그대로 묻힐 수는 없었다. 독재권력의 내부에도 민주화를 바라는 사람들이 있기 마련인데, 동아일보 김차웅 차장은 용기 있는 취재원이 귀띔해줘서 치안본부 5차장 박처원 치안감이 참석한 경찰간부회의에서 범인의 축소조작이 모의됐다는 대형 특종을 따냈다.

김차웅의 대형 특종은 『동아일보』 5월 22일자 1면에 '관련 상사上司 모임에서/범인축소 조작모의'라는 초대형 가로 제목으로 뽑혀 머리기사로 다루어졌다. 세로 제목은 '박종철 군 고문치사 경관 3명 더 있었다'였고, 사이드 제목은 '물고문 범인 추가 구속'이었다. 사제단 폭로가 진실이었다는 것이 입증되었다.

5월 22일자 『동아일보』는 1월 19일자에서 박종철 사건을 다룬 것처럼 대대적으로 범인축소조작 사건을 다루었다. 2면 사설에서는 국정조사권 발동을 주장했고 칼럼란인 '여록'餘錄도 대부분을 이 사건에 할애했다. 5면에는 김승훈 신부와 조한경 경위 인터뷰 등을 실었고 10, 11면도 거의 전부를 관련 기사로 채웠다.

김영삼 민주당 총재는 이날 조작에 대한 인책으로 내각 사퇴를 요구했고 국회를 열어 국정조사권을 발동할 것을 역설했다. 그는 개헌은 9월까지 합의만 보면 정치 일정에 지장이 없다고 단언하고 다시금 호헌론에 쐐기를 박았다. 이쯤 되면 검찰도 최소한의 사실은 '공개'할 필요가 있었다.

5월 23일자 『동아일보』도 22일자처럼 이 사건을 크게 다루었다. 1면 톱 기사로는 김성기 법무장관, 서동권 검찰총장이 경찰의 범인축소은폐를 석 달 전부터 알고 있었다는 내용이었다. 관련 사설이 두 개나 실렸는데 한 사설의 제목은 '국민 속이고 우롱한 죄—정부 전체가 크게 책임을 져야 한다'였고, 다른 하나는 '거짓말 거짓말 거짓말'이었다.

또한 김중배 논설위원은 '지하의 진실은 폭발한다'라는 제하의 칼럼에서 "그렇다. 아무리 거짓과 속임수의 먹구름이 가려도 진실은 끝내 묻혀지지 않는다. 영혼과 살아남은 양심의 이슬을 먹으면서도 자라난다. 마침내는 지각을 뚫고 폭발한다"고 썼다.

이 날짜 신문에서 『동아일보』가 정의구현사제단을 6단 박스기사로 소개한 것도 이채로웠다. 재야단체를 이렇게 크게 다룬 것은 1980년 5·17쿠데타 이후 처음 있는 일이 아니었을까. 서대협이 조직되었을 때만 해도 한 줄조차 할애하지 않았는데, 박종철 고문사망 사건 직후처럼 신문이 명백하게 달라지고 있었다. 다른 신문도 1월 중·하순의 그때와 비슷했다. 약간 멀찍이 거리를 두면서 『동아일보』를 엉거주춤 뒤따라갔다.

대공對共 대부代父 박처원 치안감 구속

일반 대중들은 정의구현사제단의 진상 폭로와 언론의 잇딴 대서특필로 큰 충격을 받았다. 민주화운동 세력은 쾌재를 불렀고 용기가 배가했다. 학생들은 더 이상 가만히 있을 수 없다고 생각했다. 대학가는 달아올랐다. 민주화운동단체와 정계의 움직임이 심상치 않았다. 민주당은 23일 거듭 내각 총사퇴를 주장했다. 5월 24일 130일 만에 박종철 고문사망 사건 현장검증이 실시되었다. 26일에는 대대적인 내각 개편이 이루어졌다.

5월 29일 치안본부 5차장 박처원 치안감 등 3명이 구속되었다. 대검 수사 발표에 의하면 1월 15일 박원택 경정이 고문 관련자 5명에게 상호 약속대로 '조서받는 역할을 연습'하도록 했고, 1월 17일에는 유정방 경정이 "너희 두 사람이 속죄양이 되어야겠다"라고 말하며 조한경 등 2명이 범행을 뒤집어쓰도록 회유·설득했다.

그다음 날 조한경과 강진규가 '사후 보장'이 미덥지 않아 허위로 자백할 것을 망설이자 동료 10여 명이 "바깥 걱정은 하지 않아도 된다"고 안심시켰고 박 치안감이 직접 설득했다. 그러나 구속된 이후에도 조한경·강진규가 억울하다는 주장을 하자 박처원은 여러 가지 방법으로 이들을 회유했다.

2월 19일 유정방 등 6명이 면회 갔을 때 조한경이 "양심선언을 하겠다"고 나섰다. 이들은 박처원에게 보고했다. 박처원은 3월 8일 직접 면회를 가서 설득하는 한편, 조한경·강진규 두 사람 명의로 각각 5,000만 원짜리 장기예금에 두 계좌씩 가입하여 4월 2일 면회장에서 예금증서를 보여주며 장래 문제는 걱정 말라고 설득했으나 결국 정의구현사제단에 의해 진상이 폭로되고 말았다.

대검 발표가 은폐조작을 다 밝힌 것은 아니었다. 대검 중앙수사부장 한

치안본부 5차장이었던 박처원 치안감이 법원에서 열린고 박종철 군 고문사망 사건 항소심 공판에 출두하고 있다(1988. 3. 4).

영석은 강민창 전 치안본부장은 그만둘 때까지 몰랐을 것이라고 주장했다. 그러나 제1장에서 언급한 바와 같이 강민창은 처음부터 이 사건의 은폐조작에 관여했다는 것이 1988년 1월 12일 황적준이 일기장을 공개함으로써 드러났다. 강민창은 3일 후인 1월 15일 직무유기와 직권남용 혐의로 구속되었다.

박종철 고문사망 은폐조작의 최고 책임은 경찰 고위간부의 선을 넘어 권력의 핵심 또는 최상층부에 있었다. 6월 22일 정의구현사제단은 재판이 진행 중인 '박종철 고문치사 은폐조작 사건'과 관련하여 '진실이 밝혀지기보다는 은폐되고 있다'는 제하의 장문의 성명을 발표해 조목조목 문제점을 따졌다.

정의구현사제단은 이 성명에서 1987년 1월 17일에 관계부처 장관과 유관기관 책임자가 참석한 정부대책회의에서 내무장관과 치안본부장 로비로 박종철 사망 사건을 검찰을 제치고 범행을 저지른 경찰에서 자체 조사하도록 결정함으로써 은폐조작이 이루어질 수 있었다고 지적했다. 따라서 1월 17일의 정부 대책회의 전 과정이 밝혀져야 사건의 진실이 밝혀질 수 있다고 강조했다.

진실은 그 뒤에 가서야 밝혀졌다. 박종철 사건과 권인숙 사건의 경우 검찰의 수사 기능이 사실 은폐와 축소조작으로 변질된 것은 배후에 관계기관 대책회의라는 전두환 정권의 악명 높은 정권안보기구가 있었기 때문이라는 점이 드러났다(이 기구는 박정희 정권 때부터 있었다).

박종철 사건의 경우 1987년 1월 17일 장세동 안기부장이 진상이 밝혀질 경우 정권이 큰 타격을 입을 것이라고 판단해 진상을 은폐키로 하고, 안기부차장에게 관계기관 대책회의를 열어 사건의 은폐·축소조작과 국민의 추모 및 항의집회 봉쇄를 논의하라고 지시했다.

안기부차장은 내무장관, 검찰총장, 청와대 사정담당 수석비서관, 법무부 치안본부의 수뇌 또는 기관장이 참여한 관계기관 대책회의에서 이 사건의 조사를 검찰이 아닌 치안본부가 담당하도록 했을 뿐만 아니라 사건의 은폐와 축소조작, 국민들의 추모 및 항의집회 봉쇄 등을 논의하도록 했다. 이에 따라 고문행위 중 약간의 구타와 물고문만을 시인하고 전기고문 사실을 부인하여 고문의 잔혹성을 은폐하기로 했다.[44]

이 사건의 진상은 이후 조금 더 자세히 밝혀졌다. 2009년 진실·화해를 위한 과거사정리위원회에서는 이 사건에 대한 은폐가 사건 발생 당일 치안본부가 박종철 사체를 화장해 사건을 은폐할 목적으로 검찰에 품신하는 과정에서부터 진행됐으며, 1월 중에 관계기관 대책회의가 최소한 2회 이상열린 것으로 확인된다는 등 이 시기 장세동이 주재한 관계기관 대책회의의 활동에 대해 보다 상세한 조사 결과를 발표했다. 그러나 박종철 고문사망 은폐조작 진상은 아직도 밝혀지지 않은 게 적지 않을 것이다.

5·18고문사망 은폐조작 폭로는 민주화에 의미 있는 부수 효과를 가져왔다. 박처원은 1950년대 사찰계 시절 이래 대공경찰을 상징하는 인물로 대공경찰의 대부로 알려졌는데, 그의 구속과 남영동 대공분실의 단죄는 정권의 안보·강화를 위해 고문 등 온갖 인권유린을 자행하며 수많은 공안 사건을 만들어낸 대공경찰에 회복하기 어려운 타격을 안겨주었다. 자업자득이었다. 그들은 전두환 정권에 들어와 서울에서 학림 사건, 전민노련 사건,

부산에서 부림 사건, 대전에서 한울회·아람회 사건, 공주의 금강회 사건, 전주에서 오송회 사건 등을 조작했다.[45]

대대적인 문책 개각

5월 26일의 문책 개각은 규모가 컸고 중요한 변화를 보여주었다. 국무총리에 노신영이 물러나고 이한기가 들어섰으며, 안기부장은 장세동이 물러나고 국세청장인 안무혁이 임명되었다. 내무장관에는 고건 민정당 의원, 법무장관에는 정해창 대검차장, 부총리에는 정인용 재무장관, 재무장관에는 사공일 청와대 경제수석, 법제처장에는 김종건 사정수석, 검찰총장에는 이종남 법무차관, 치안본부장에는 36년간 경찰에 몸담아온 권복경, 서울시경국장에는 조종석이 임명되었다. 경제 관료도 이동이 있었지만 권력의 핵심이라고 할 만한 자리가 싹 바뀌었다.

총리가 한때 전두환이 자신의 후계자로 고려한 적이 있고, 전두환·장세동과 호흡이 맞았던 노신영이 물러나고 이한기로 바뀐 것은 의외였다. 그는 5·16군부쿠데타가 발생했을 때부터 군사정권과 관계가 있었고, 전두환 정권이 출범하면서 감사원장이 되었다. 그리고 민정당 후원회장이었고 한 대학에 대우교수로 강의를 나가고 있었는데, 사람들은 그가 왜 감사원장이 되었는지도 몰랐고, 그가 민정당 후원회장이라는 것은 민정당에서조차 모르는 사람들이 적지 않았다. 학자 출신의 이한기는 온후하다는 평을 받고 있었다. 광주지역 출신이라는 점도 고려된 것으로 보도되었다.

한 신문에서 "이번 인사의 의외는 아무래도 그동안 국정의 실질적 운영에 핵심 역할을 해온 장세동 안기부장의 퇴진"이라고 썼듯이, 정치권이 아니더라도 언론이건 일반인들이건 5·26개각에서 가장 놀란 것은 장세동이 물러났다는 점이었다.

장세동은 전두환 정권 전반기 3년 7개월은 청와대 경호실장으로, 후반기 2년 3개월은 안기부장으로 전두환을 받들어왔다. 그러나 그 이전에도 1967년부터 전두환을 5번이나 가장 가까운 자리에서 보좌했다. 전두환이 수경사 30단장일 때는 작전장교였고, 육참총장 수석부관일 때는 육본 인사참모부 장교였으며, 연대장 시절엔 그 연대 정보주임을 했고, 특전사 여단장일 때는 대대장을 했으며, 경호실 차장보를 맡았을 때는 작전보좌관 및 수경사 30경비단장을 지냈다.

전두환과 장세동이 각각 '오야붕'과 '꼬붕'으로도 불릴 만큼 장세동은 전두환의 심복 중의 심복으로, 바늘 가는 데 실 가듯이 늘 따라다녔다. 전두환 정권 시절 전두환을 '왕'으로 떠받들었고, 전두환이 물러난 후에도 그를 위해서 감옥에 대신 들어가는 것도 마다하지 않았다.[46] 특히 2년여의 안기부장 시절 그는 전두환과 함께 극단적인 강경 정책을 펴온 장본인이었다.

새 내각에 상대적으로 온건파들이 자리에 앉았고, 칼자루를 쥔 권력의 핵심이 모두 바뀐 것은 6월 항쟁과 같은 대규모 시위에 과거와는 다르게 대응할 수밖에 없게 되었음을 시사한다. 전두환-장세동을 축으로 한 일사불란한 초강경 공세가 갑자기 눈앞에 다가온 6월 항쟁에서 달라질 수 있었다. 또 군의 출동과 같은 비상조치에 대해서도 얼마든지 다른 태도로 나올 수 있었다.

장세동을 물러나게 한 정호용의 물귀신 작전

5·18고문사망 은폐조작 폭로 직후만 해도 '대폭 물갈이'는 야당의 공세용 주장 정도로 생각했다. 그러나 5월 22일 언론에서 대대적으로 보도할

박종철 고문사망 은폐조작 사건에 대한 수습책으로 전두환 정권은 5·26개각을 단행했다. 사진은 신임 이한기 총리(왼쪽)와 노신영 총리가 종합청사에서 열리는 이취임식장으로 입장하는 모습(1987. 5. 28).

무렵부터 여권 내부가 달라지기 시작했다. 5월 22일에는 고위급 당정 회의가 두 차례나 열렸다.

범인 은폐조작과 관련해 오전 회의에서는 경찰관 공범 3명을 추가로 구속하는 선에서 수사를 종결 지으려 했지만, 오후 회의에서 분위기는 싹 달라져 '상급자의 축소 조작 모의여부 수사'로 급선회한 것으로 알려졌다.

민정당의 노태우 대표와 이춘구 사무총장은 정부 측 책임을 추궁하면서 최단시일 내에 단호하게 처리할 것을 요구했다. 이때쯤 법무장관, 검찰총장의 인책 문제가 대두되는 등 내각이 대폭 개편해야 한다는 주장이 나왔다.

그렇지만 장세동까지 인책의 범위에 포함시키는 데는 정호용의 물귀신 작전이 영향을 미쳤다. 5월 23일 안가회의에서 정호용 내무장관은 공신력을 상실한 내각이므로 총리·안기부장을 포함해 내각 총사퇴를 하자고 주장했으나, 장세동은 대폭 개각은 대통령에게 부담을 준다는 특유의 불충不忠 논리를 펴며 반대했다. 다음 날인 5월 24일 정호용과 이춘구는 김성기 법무장관을 은밀하게 만났다. 그 자리에서 정호용은 이렇게 말했다.

박 군을 치사케 한 치안본부 대공팀은 경찰 소속이나 실제 안기부가 관장하고 있지 않습니까. 예산이나 업무 지시가 안기부로부터 나옵니다. 구속된 경찰관들에게 제시했다는 1억 원짜리 예금통장이 사실이라면 이는 안기부 정보비를 통해 몰래 쓴 것으로 봐야지요. 그런 점에서 안기부장이 책임을 져야죠. 경찰 측에만 책임을 물으면 설득력이 떨어집니다.

5월 25일 김성기 법무장관이 청와대에 들어가 검찰 수사를 보고할 때 책임 소재를 분명히 해달라고 말하라는 요청이었다. 전두환은 25일 아침 까지도 장세동을 경질할 생각이 없었지만 권력교체기에 노태우 측의 강한 요구를 무시할 수는 없었다.[47]

3월 25일 전두환은 민정당 당직자들 앞에서 노태우에게 정국을 이끌어 가는 데 필요한 모든 권한을 주겠다고 약속하면서 자신의 후계자로 그를 선택했음을 시사했지만, 장세동을 계속 두둔하면서 자신의 말대로 노태우 에게 힘을 실어주지는 않았다.

그렇지만 장세동은 큰 실수를 잇따라 저질렀다. 결과적으로 장세동은 신민당 내분 조장과 신당 창당 방해 공작에 완전히 실패했다. 더군다나 엄 청난 정치적 오산이었던 4·13호헌조치를 강력히 주장해 전두환으로 하여 금 밀어붙이게 한 것은 입이 열 개라도 할 말이 없었다.

이런저런 이유로 장세동의 독주에 당뿐만 아니라 청와대 비서실이나 정부 내 다른 쪽에서도 불만이 커가고 있었는데, 2주밖에 남지 않은 6·10 민정당의 대통령 후보 지명대회를 앞두고 전두환은 더 이상 노태우 쪽의 주장을 외면할 수는 없었다. 그리하여 어쩔 수 없이 자신의 분신을 잘라내 지 않을 수 없었다.

5·26개각은 노태우 중심으로 여권을 개편한 것으로, 그를 중심으로 결 속하라는 인상을 주었다. 이춘구와 절친한 관계인 안무혁이 요직 중의 요 직인 안기부장에 임명된 것도 그러한 뜻으로 읽혔다.

천주교 정의구현사제단과 언론에 의한 박종철 고문사망 은폐조작 폭로
는 4·13호헌조치 이후 각계각층이 참여한 호헌철폐투쟁을 호헌조치 이전
에 전개되었던 박종철 사망사건 항의투쟁과 결합시켜 더욱 발전·고조시켰
다. 학생들과 시민들의 가슴은 점점 더 뜨거워지고 있었다. 5·26개각과 안
기부장 교체도 6월 항쟁에 유리한 국면을 조성했다.

제3장

6·10국민대회에서
6월 항쟁으로

1
민주헌법쟁취 국민운동본부의 발족

강고해진 민주대연합

정국이 숨 막히게 돌아가는 가운데 5월 27일 6월 항쟁에서 구심점 역할을 할 민주헌법쟁취 국민운동본부(국본)가 탄생했다.

4·13호헌조치 반대운동이 각계각층으로 확산되고 격렬해지자 2·7추도대회와 3·3평화대행진을 준비했던 실무대표들은 5월 들어 더욱 긴밀히 만났다. 이들은 자신들이 속한 민통련을 비롯한 재야·언론 단체, 개신교계, 천주교계, 정당 등의 지도부나 중견간부들 사이에서 논의된 의견을 다른 부문의 실무대표들과 만나 교환하고 협의했다.

호헌철폐·민주쟁취 운동을 진전시키기 위한 새로운 조직 틀을 어떻게 짤 것인지가 이 시기 논쟁의 핵심이었다. 개신교 측은 통일민주당과는 투쟁 과정에서 협력관계를 갖되 새로 조직할 단체에 직접 들어오는 것은 찬동하지 않았다. 그러나 민통련은 국민대중의 참여를 적극적으로 끌어들이기 위해서는 정치인의 책임 있는 연합전선 참여가 필요하다고 역설했다.

초기에는 민주당도 1986년의 경험 때문인지 재야와 직접적으로 한 조직에서 같이 활동하는 것을 망설였다. 여러 차례에 걸친 협의 끝에 모든 민주 세력을 망라하자는 천주교 측의 의견이 받아들여졌다. 대중노선을 주장한 학생들로서는 이 단체에 적극 참여하거나 협력하게끔 되어 있었다. 드디어 4월 혁명 이후 가장 강력한 민주대연합이 이루어지게 된 것이다.

명칭도 논의되었다. 그때까지 그때그때의 사안에 대처하기 위해 각종 대책위원회가 많이 조직되었지만, 호헌철폐·민주쟁취 공동투쟁은 상당 기간의 투쟁을 요구하는 것이어서 '위원회'나 '연합'이 아닌 '운동본부'로 하는 것이 좋겠다는 개신교 측의 제안에 대체로 동의가 이루어졌다.[1]

호헌철폐·민주쟁취를 위한 공동투쟁기구는 부산에서 먼저 조직되었다. 5월 20일 부산 당감성당에서는 부산민주시민협의회(부민협)와 종교계, 통일민주당, 학생과 재야, 노동자 등 100여 명이 '호헌반대 민주헌법쟁취 범국민운동 부산본부'를 결성했다.

나중에 전국적 통일성을 기하기 위해 '민주헌법쟁취 국민운동 부산본부'로 개칭한 이 단체는 5월 20일 발표된 선언문에서 부산지역 민중민주화운동단체와 애국적 인사들이 이 단체를 조직했음을 밝히고 5월 항쟁을 계승하여 군부독재를 타도하자는 깃발을 선명히 내세웠다.

부마항쟁이 일어난 곳이자 박종철의 고향인 부산에서 이러한 단체가 출범했다는 것은 부산지역이 6월 항쟁에서 대단히 중요한 역할을 할 것임을 예고했다. 국민운동 부산본부의 상임집행위원장은 노무현이, 상임집행위원은 김상찬·문재인 등 16명이 맡았다.

6월 10일에 맞춰 규탄대회 갖기로

같은 날인 5월 20일 밤 서울 우이동 개나리산장에 각 부문을 대표하는 15명 내외의 실무대표들이 모였다. 이들은 새 단체의 명칭을 '호헌철폐 및 민주헌법쟁취 국민운동본부'로 정하고, 발기인대회는 5월 27일에, 결성대회는 그다음 날인 28일에 하기로 합의했다.

발기선언문, 국민에게 드리는 메시지, 결의문 등 문건 작성과 각 부문에서 올라온 발기인 명단 취합 등 일체의 준비는 성유보·황인성·이명준·김도현 등 4명의 준비팀에게 위임되었다. 대회 장소 결정은 개신교 측에 맡겼고, 그 장소를 대회 개최 직전인 27일 오전 8시에 각 부문 연락 책임자에게 통보해주기로 했다. 황인성이 실무대표인 개신교 측에서는 교계 원로들이 상의해 이미 5월 중순경 정의평화실천 목회자협의회 명의로 기독교회관 내에 사무실을 계약해두었다. 문제는 발기인대회 장소였다.

5월 23일에 또 하나의 회합이 열렸다. 정의구현사제단에 의한 5·18박종철 고문사망 은폐조작 폭로가 있자 재야인사들이 다시 바쁘게 움직이기 시작했다. 언론이 은폐조작 사건을 대대적으로 보도하던 23일 박형규·송건호·장을병 등은 기독교회관에 모여 2·7추도대회, 3·3국민대행진을 주최하고 3월 4일 해체되었던 '박종철 군 국민추도회 준비위원회'의 준비위원 135명 중 이민우 신민당 총재를 제외시킨 134명 명의로 '박종철 군 고문살인 은폐조작 규탄 범국민대회 준비위원회' 결성을 결의했다.

이 준비위원회는 김대중·김영삼·김수환 등의 고문 12명, 공동위원장 35명, 집행위원 87명으로 구성되었다. 준비위원회는 23일 발표된 '고문살인 사기정권은 즉각 퇴진하라'는 제하의 성명을 통해 6월 10일에 전 국민 규탄대회를 개최할 것을 선언했다. 아직 공식 공표되지는 않았으나 이때쯤 6월 10일에 민정당이 대통령 후보를 지명한다는 것이 일부 재야인사들에게 알려져 있었다. 국본 준비팀은 발기인대회와 결성대회 날짜는 잡았지만 아직 국민대회 날짜는 정하지 않은 상태였다.

이 시기 호헌철폐·민주쟁취 운동은 거대한 하모니가 자연스럽게 이루어지고 있었다. 호헌철폐·민주쟁취 투쟁이 서명운동·단식투쟁으로 각계각층에서 요원의 불길처럼 타오르고 있었고, 그러한 와중에 정의구현사제단에 의한 고문사망 은폐조작 폭로가 정국을 강타했다. 바로 그 시기에 호헌철폐·민주쟁취 투쟁기구 결성이 논의되어 국민운동본부 발기인대회와 결성대회로 나아가고 있었다.

그러한 상황에서 별도로 재야인사들이 주축이 되어 박종철 군 고문살인 은폐조작 규탄 범국민대회 준비위원회가 만들어져 민정당 대통령 후보 지명대회에 맞춰 6·10규탄대회를 잡기에 이르렀다. 뒤에서 누가 시키지도 않았는데, 6월 항쟁으로 가는 큰 길이 오케스트라가 심포니를 연주하듯 거대한 하모니를 이뤄 자연스럽게 이루어지고 있었다. 5월 27일 국민운동본부 발기인대회와 결성대회에서는 박종철 군 고문살인 은폐조작 규탄 범국민대회 준비위원회가 결정한 6·10대회를 이어받게 되어 있었다.

경찰이 모른 국본 발기인대회

호헌철폐 및 민주헌법쟁취 국민운동본부 발기인대회는 예정대로 5월 27일에 거행되었다. 1986년 하반기 주요 집회처럼 2·7추도대회든 3·3평화대행진이든 대개가 경찰에 의해 원천 봉쇄당했는데, 이날 집회만은 신기하게도 계획대로 치러졌다.

이날 새벽 6시부터 황인성은 비밀리에 교섭해둔 성공회대성당 주변과 향린교회 주변, 복음교회와 기독교회관이 있는 종로5가 주변 등을 둘러보고 7시쯤 오충일 목사와 상의해 발기인대회 장소를 향린교회로 정했다. 다른 중간 집결지에 모인 사람들에게 연락이 가 8시쯤 모두 다 향린교회로 모였다. 명동성당·성공회대성당·기독교회관 외에도 여러 곳에 경찰이 배치되었으나 놀랍게도 향린교회만은 아무도 없었다.

5월 27일 8시경 2,191명의 발기인 중 약 150명이 모여 발기인대회를 열었다. 발기인은 민통련·민가협·농민·여성·문화예술·언론출판·노동·교육·문인·청년·도시빈민 등 각 부문 대표가 943명, 각 지역 대표가 352명, 그리고 천주교 253명, 개신교 270명, 불교 160명 등 종교계 대표가 683명이었으며, 정치인도 213명이나 되었다.

호헌철폐 및 민주헌법쟁취 국민운동본부 결성대회는 5월 28일에 열기로 되어 있었으나 정권의 방해를 감안해 발기인대회에 이어 바로 열었다. 결성대회에서 조직의 명칭이 너무 길다는 의견이 나와 호헌철폐를 빼고 민주헌법쟁취 국민운동본부(이하 국본)로 확정하고, 임원 선출에 들어가 함석헌·홍남순·강석주·문익환·윤공희·김지길·김대중·김영삼을 고문으로 추대했다. 그 아래에 각 지역과 부문을 대표하는 100여 명의 공동대표를 두고, 그들 중에서 박형규·김승훈·지선·계훈제·이우정·송건호·박용길·고은·양순직·김명윤·한승헌 등 11명을 상임공동대표로 선출했다. 그리고 실무를 맡을 상임집행위원을 각 부문별로 2명씩 32명을 선출했다(상임집행위원장 오충일).

이날 결의문에서 국본은 4·13선언은 건국정신과 민주화를 부정하므로 무효임을 선언하고 이를 실천하기 위한 국민적 행동을 조직·전개하며, 현행 헌법·집시법·언론기본법·형법·국가보안법의 독소 조항과 노동법 등 모든 악법의 민주적 개정과 무효화를 위한 범국민운동을 실천할 것임을 천명했다. 국본은 자신의 임무가 민주헌법쟁취로 끝나는 것이 아니라 민주화를 실질적으로 이룰 수 있는 악법 개정 또는 무효운동까지 전개할 것임을

가택연금을 피해 대회장인 대한성공회에 들어가 6·10국민대회 진행절차를 상의하고 있는 국본 상임공동대표들. 앞줄 왼쪽부터 앉아 있는 순서로 진관, 양순직, 계훈제, 박형규, 지선, 김명윤, 김병오, 오충일 씨(1987. 6. 9).

분명히 했다.

그와 함께 광주사태, 박종철 고문사망·부천서 성고문과 고문 범인 조작, 장영자 사건 등 권력부패 사건에 대한 역사적 범죄 진상규명 국민운동을 벌이고, 민주인사에 대한 석방·복권을 위한 범국민운동을 전개할 것임을 밝혔다. 그리고 모든 탄압 정치와 공권력의 독가스탄 발사와 폭력 행정을 즉각 중단할 것을 엄중히 요구하고, 시청료 거부운동, 특정 신문과 신문인 규탄운동 등 자유언론쟁취 국민운동도 계속 확대할 것임을 다짐했다.

국본이 출현함에 따라 5월 15일에 조직된 '충북지역 장기집권 호헌책동 분쇄 투쟁위원회', 5월 20일에 조직된 '호헌반대 민주헌법쟁취 범국민운동 부산본부', 5월 25일에 조직된 '호헌반대 민주헌법쟁취 전북연합' 등은 명칭을 재조정했다.[2] 이 밖에도 도 단위 연합체가 결성되었던 전남(5·18), 대구·경북(5·21)도 명칭을 재조정했다. 국본 충남본부, 국본 경남본부, 국본 강원본부는 각각 5월 28일, 6월 4일, 6월 10일에 결성되었고, 경기도와 제주도, 인천, 서울은 6월 26일까지 시·도 단위 본부가 결성되지 않았다.

6월 항쟁 시기까지 국본 지방지부가 결성된 곳은 경남 울산지부(6월 초), 전북 군산·옥구지부(6·10), 익산지부(6·22), 경남 진주지부, 경북 포항·영일지부(6·26) 등이 있다. 안동은 6·10국민대회를 '민주헌법쟁취 국민운동 경북북부지구 공동위원회' 이름으로 치렀다. 다른 지역은 대개 그 지역 실정에 맞게 연합체나 협의체 등을 구성해 6월 항쟁에서 국본의 결정이나 지침에 따랐다.

국본과 학생운동의 관계는 지역에 따라 차이가 있었다. 5월 29일 서울지역 학생협의회(서학협)가 발족했을 때, 서학협은 발족 선언문을 통해 국본 가입 의사를 밝혔으나 국본은 받아들이지 않았다. 그러나 5월 20일에 출범한 국본 부산본부에는 통일민주당 1·2·3·6지구당과 함께 부산지역 총학생회협의회(부총협)가 가입했다. 대개 지방의 경우 시차는 있지만 학생운동단체가 운동본부에 가입했고, 설령 가입하지 않았더라도 서울처럼 긴밀한 협조 관계를 유지한 것으로 보인다.

마주 보고 달리는 국본과 민정당의 6·10대회

국본은 5월 23일 박종철 군 고문살인 은폐조작 규탄 범국민대회 준비위원회에서 민정당 대통령 후보 지명대회 날인 6월 10일에 전 국민 규탄대회를 열기로 한 것을 명칭만 '고문살인 은폐규탄 및 호헌철폐 국민대회'로 바꿔 치르기로 했다.

그러나 그날 몇 시에 국민대회를 열 것인지에 대해서는 의견이 달랐다. 민추협은 민정당 전당대회 시간인 오전 10시에 맞춰 하는 것이 민정당 대통령 후보 지명대회를 정면으로 부정하는 것이 될 뿐만 아니라 국내외 언론 효과도 극대화시킬 수 있다고 주장했다.

문제는 다수의 시민이 자발적으로 참여해야 한다는 데 있었다. 오전 10시는 민정당 지명대회에 대항한다는 의미는 있지만 시민들이 참여하기가 쉽지 않은 시간이기 때문에 퇴근시간이 좋다는 의견이 많아서 오후 6시로 결정이 되었다.

최대한 많은 시민들의 참여를 끌어들이기 위해 노래는 애국가와 운동가요 대신 〈우리의 소원은 통일〉로 하되, '통일' 대신 '민주'로 바꿔 부르기로 했다. 주로 외칠 구호는 "호헌철폐, 독재타도"로 정했고, 그와 함께 "민주헌법 쟁취하여 민주정부 수립하자", "행동하는 국민 속에 박종철은 부활한다", "고문 없는 세상에 살고 싶다"도 구호로 정했다.

또 여성들이 고난과 평화를 상징하는 의미로 보라색 스카프 또는 손수건을 흔들도록 했고, 운전자들이 오후 6시에 경적을 울리도록 홍보하기로 했다. 거리로 나오지 못한 시민들을 위해서는 각 가정에서 오후 9시 '땡전뉴스'를 시작하는 것에 맞춰 일제히 소등하는 방안을 제시했다. 시위는 '비폭력 평화주의'여야 한다는 원칙을 특별히 강조했다.[3]

6월 2일 전두환 대통령이 노태우 민정당 대표위원을 차기 대통령 후보로 공식 추천했다. 그다음 날인 6월 3일 민정당 중앙집행위원회에서 노태우 대표를 대통령 후보로 제청해 민정당은 6·10대통령 후보 지명대회 수순을 밟았다. 그로부터 이틀 뒤인 6월 5일 국본은 고문과 공동대표 명의로 「6·10국민대회에 즈음하여 국민에게 드리는 말씀」과 「6·10국민대회 행동요강」을 발표했다.

「6·10국민대회 행동요강」

1. 당일 10시 이후 각 부문별, 종파별로 고문살인 조작 규탄 및 호헌철폐 국

민대회를 개최한 후 오후 6시를 기하여 성공회대성당에 집결, 국민운동본부가 주관하는 국민대회를 개최한다.

2. (1) 오후 6시 국기하강식을 기하여 전 국민은 있는 자리에서 애국가를 제창하고, (2) 애국가가 끝난 후 자동차는 경적을 울리고, (3) 전국 사찰, 성당, 교회는 타종을 하고, (4) 국민들은 형편에 따라 만세삼창(민주헌법쟁취 만세, 민주주의 만세, 대한민국 만세)을 하든지 그 자리에서 1분간 묵념을 함으로써 민주쟁취의 결의를 다진다. (5) 국민대회는 우천불구 진행한다.

3. 경찰이 폭력으로 대회 진행을 막는 경우, (1) 전 국민은 비폭력으로 이에 저항하며, (2) 연행을 거부하고, (3) 연행된 경우에도 일체의 묵비권을 행사한다.

4. 전 국민은 오후 9시부터 9시 10분까지 10분간 소등하고 KBS · MBC 뉴스 시청을 거부함으로써 국민적 합의를 깬 민정당의 6 · 10전당대회에 항의하고 민주쟁취 의지를 표시할 수 있는 기도, 묵상, 독경 등의 행동을 한다.

5. 대회가 만에 하나 경찰의 폭력에 의해 무산되는 경우 부분별 · 단체별로 교회, 성당, 사찰, 기타 편리한 장소에서 익일 아침 6시까지 단식 농성한다.

6. 8, 9일 양일간 전 국민은 6 · 10국민대회 참여를 권유하고 상호 격려하는 '전 국민 전화걸기 운동'을 전개해주기 바란다.

7. 또 한번 부탁하거니와 6 · 10국민대회는 철저하게 평화적으로 참여해주시기를 바라며 폭력을 사용하거나 기물 손괴 등을 자행하는 사람은 국민대회를 오도하려는 외부 세력으로 규정한다.

8. 하오 6시부터 성공회대성당에서 진행될 국민대회 식순은 추후 발표한다.

9. 각 도시 등 지방에서도 위와 같은 행동요강으로 국민대회를 진행하되 시간과 장소는 지역의 편의에 따라 할 것이며 각계각층이 총망라하여 준비

위원회를 구성하여 국민대회를 가져주기 바란다.

전국 22개 지역에서 동시다발로 대회 열기로

경찰은 6월 7일부터 검문·검색을 강화했고 인쇄소 등에는 관련 유인물을 만들지 말도록 지시했다. 6월 8일 내무·법무 장관은 합동으로 6·10국민대회를 강행하면 엄단하겠다는 담화를 발표했다. 경찰은 이날 민추협과 110개 대학을 야간에 수색하여 시위용품을 압수했다. 전국 경찰은 6·10갑호비상에 들어갔다.

국민대회 전날인 6월 9일 치안본부는 재야인사 연금, 대회 원천봉쇄를 전국에 지시하고 단순 가담자도 연행하겠다고 발표했다. 이날로 부산에서 약 110명, 춘천에서 30여 명이 연금조치를 당했고, 재야 6개 단체가 수색을 받았으며, 광주 금남로 일대가 전면 통제되었다.

경적을 울리지 못하도록 버스회사와 택시회사에 차량경음기를 떼어내고 기사 교대시간을 바꾸도록 지시했다. 행인들의 애국가 제창을 막기 위해 오후 6시에 하던 애국가 옥외방송도 금지시켰다.

김영삼 민주당 총재가 다시금 전두환에게 6·10민정당 전당대회를 취소하고 실질적 대화를 갖자고 제의한 6월 8일, 국본 실무자들은 광화문 부근에 있는 한국여성단체연합 사무실에 모여 서울 성공회대성당, 부산 남포동 대각사 등 각지의 집결지를 결정·발표하고, 6월 10일 행사시간을 청주 오후 3시, 안동 오후 4시, 울산과 성남 오후 7시, 나머지 지역은 오후 6시에 한다고 발표했다.

국본과 민주당은 어떻게 하면 일반 시민들의 동조와 동참을 극대화하고, 국민운동으로 발전시킬 수 있을지에 모든 노력을 기울였다. 6월 9일 국본은 정읍·청양·논산·거창 등지에서 새로 참여하여 6일 10일에 서울 등 22개 지역에서 국민대회를 치른다고 예고했다. 서울 등 22개 지역은 거의 모든 중요 지역이 망라된 것으로 그동안 민주화운동이 폭넓게 확산되었음을 말해준다.

2
아아! 이한열

학생들의 단식농성·삭발농성·하루 한 끼 굶기 운동

6·10국민대회의 열기를 한껏 고조시키고 학생들의 대거 참여를 유도하기 위해 6월 1일부터 서울지역 대학생대표자협의회(서대협) 결의로 '호헌철폐와 독재종식을 위한 단식농성'이 서대협 소속 13개 대학 총학생회장과 학생회 간부 20여 명의 참여 아래 각 대학별로 시작되었다. 이날 고려대 학생 200여 명은 총학생회장이자 서대협 의장인 이인영의 석방을 요구하며 시위를 벌였다. 이날부터 고려대에서는 6월 17일 이인영이 구속 취소 조치로 석방될 때까지 '지도자 구출투쟁'을 벌였다.

6월 3일 이화여대생들이 호헌철폐를 위한 하루 한 끼 굶기 운동을 전개했다. 모금액은 철거민들을 위한 성금으로 사용했다. 이날 전국 24개 대학 5,000여 명이 호헌철폐 교내 시위를 벌였다.

6월 1일부터 시작된 각 대학 학생회 간부들의 단식농성은 계속 확산되어 6월 4일에는 고려대·연세대·이화여대·서강대 등 17개 대학에서 120명이 참석했다. 이들은 강의실과 식당, 교정을 돌면서 6·10국민대회 참여를 호소했다.

각각의 대학에서 시한부 투쟁을 전개하다가 6월 5일 각 대학 총학생회장 15명을 포함해 20여 개 대학에서 700여 명이 고려대에 모여 철야농성을 벌이며 6·10국민대회 참가 대책을 논의했다. 이날 고려대 총학생회는 '고문·인간성의 종말'이라는 슬로건 아래 고문 특집 전시회를 열었다.

다음 날인 6월 6일 고려대 대운동장에는 서울대·연세대 등 서울지역 29개 대학 2,000여 명이 모여 학생들의 대중성과 투쟁성을 강화하기 위해 서대협 주관으로 '서울지역 대학연합 대동문화제'가 열렸다.

5월에 이어 6월에 퍼져가던 대학생 삭발식이 6월 7일 더욱 규모가 커져 한신대생 300여 명, 전북대 9명, 한양대 5명, 연세대 4명, 원광대 5명이 '삭발농성'을 벌였다. 6월 8일에는 서울지역 7개 신학대 학생들이 6·10국민대회 적극 동참을 촉구하는 기독 학생 결의문을 발표했고, 이화여대 졸업생 100~200여 명도 '민주개헌을 촉구하는 이화여대 동문의 시국견해'를 발표했다.

6월 9일 서울·부산 등 대학가 곳곳에서 6·10국민대회 참가 결의대회가 열렸다. 이 무렵 서울대에서는 새로운 발명품이 나왔다. 학생들은 대량으로 구호 등을 작성해야 하기 때문에 비용이 많이 들어서 고민하고 있었는데, 미술대생들이 구원의 손길을 뻗친 것이다. 처음에는 구호를 새긴 도장을 파서 도화지에 찍는 방법으로 '대량생산'을 했는데, 실크스크린이라는 새로운 기법을 창안해 성조기와 민정당기 등을 제작한 것이다.

서학협의 6·10대회에 임하는 자세와 슬로건

서학협에서 정한 6·10국민대회에 임하는 학생들의 자세와 행동원칙, 슬로건은 6월 항쟁 기간에 서울지역에서 학생들이 어떠한 정신자세로 어떻게 싸웠는지, 정당성·정통성이 없는 폭력정권에 대한 시위투쟁의 노하우가 10여 년간 얼마나 많이 축적되었는지를 이해하는 데 도움을 준다.

6·10대회에 임하는 자세

1. 조국의 운명이 청년학도의 어깨 위에 있음을 자각하고 결사 항전의 자세로 싸워나갑시다.
2. 우리에겐 역사와 조국이 부여하는 정당성이 있음을 확신하고 언제 어디서나 우리의 주장을 떳떳하게 외칩시다.
3. 이 땅의 주인은 5,000만 국민임을 명심하고 끝까지 국민과 함께 헌신적으로 싸워나갑시다.

행동원칙

1. 여타의 불심검문·연행에 떳떳이 거부하고 연행 시에는 묵비권의 행사와 함께 단식에 들어갑시다.
2. 개인행동을 절대 삼가하고 삼삼오오 짝을 이루어 행동합시다.
3. 경찰의 폭력적인 집회 방해에 몸으로 맞서 헌신적으로 싸웁시다.
4. 들고 나간 태극기는 길가에 절대 버리지 맙시다.
5. 우천과 폭염에 대비한 다목적용 우산을 들고 나갑시다.
6. 탄압의 빌미가 될 행동은 적의 사주를 받은 행위로 간주합시다.
7. 각 학교별로 교기와 플래카드 및 홍보 매체를 지참하여 적극적으로 활용합시다.

8. 애국가 제창 직후에는 시청 앞 거리로 달려나갑시다.

9. 해산되기 전까지 어떠한 일이 있더라도 자의적으로 돌아오지 않도록 하고, 해산 후에는 각 학교별로 철야투쟁을 통해 반독재 싸움의 의지를 모읍시다.

슬로건

1. 호헌책동 분쇄하고 민주개헌 쟁취하자!

2. 장기집권 획책하는 군부정권 타도하자!

3. 군부독재 끝장내고 민주정부 수립하자!

4. 직선제 쟁취하여 군부독재 심판하자!

5. 미국은 독재지원 내정간섭 즉각 중단하라!

6. 100만 학도 단결했다 군부독재 각오하라!⁴

이한열, 최루탄 맞아 중태에 빠지다

6월 9일에 있은 각 대학의 6·10국민대회 참가 결의대회에서 경찰의 과잉 대응으로 연세대 학생 이한열이 중태에 빠진 것은 6월 항쟁의 불꽃을 계속 지피는 활화산으로 승화했다. 전두환 정권의 초강경 탄압의 연속선상에서 박종철이 사망한 것이 6월 항쟁의 문턱까지 군부독재타도 민주정부 수립투쟁을 이끌어왔고 끝내 6·10국민대회를 갖게 했는데, 또 한 학생이 중태에 빠졌던바 박종철의 죽음과 함께 6월 항쟁 기간 내내 투쟁을 타오르게 하는 데 기축적인 힘으로 작용했다.

연세대생들의 투쟁 열기가 높았던 것은 5월 13일 경찰이 난입하여 학생들을 연행한 것이 계기가 되었다. 5월 9일 연세대 교수 40명이 '헌법 개정과 정부가 할 일에 대한 우리의 제언'이라는 시국성명서를 발표하자 그 날로 단과대 학생회장, 서클연합회 회장, 종교부장 등이 호헌철폐를 요구하며 단식농성에 들어갔다.

사태가 심각하게 돌아가자 경찰은 5월 13일 새벽 5시에 학교에 난입해 단식농성을 하던 학생 36명을 연행했다. 이날 연세대생 1,000여 명이 연행 학우 석방을 요구하는 플래카드를 앞세우고 호헌철폐 등의 구호를 외치며 시위에 들어갔다. 이틀 후인 5월 15일에 연세대생이 무려 4,000여 명이나 집결해 구속 학생에 대한 대책을 토의했다. 이때부터 학생들은 과별 토론회, 수업 거부, 총학생회 집행부의 삭발식 등을 통해 투쟁의 열기를 고조시켰다.

연세대 학생들은 중·고등학생들에게도 민주투쟁에 함께할 것을 권유하기로 했다. 6월 5일 연세대 총학생회는 14개 고교와 한 중학교에 6·10범 국민대회에 참가할 것을 권유하는 유인물을 배포했다.

6월 9일 오후 2시 연세대 민주광장에서는 '구출 학우 환영 및 6·10대회 출정을 위한 연세대 총궐기대회'라는 플래카드가 나부끼는 가운데 과별·단대별·서클별로 학생들이 뜨거운 박수를 받으며 입장했다. 민가협의 구속자 어머니들이 많이 참석해 분위기가 더욱 고조되었다.

'호헌철폐와 민주화 실천을 위한 특별위원회' 위원장이 6·10국민대회 참가를 독려하는 성명서를 읽고 민가협 어머니가 연설을 할 무렵 학생들은 "사람 사는 세상이 돌아와 너와 내가 부둥켜안을 때……"라는 노래를 불렀다. 어머니의 말씀이 끝나자 학생들은 스크럼을 짜고 "호헌철폐, 독재타도"를 외치며 교문 쪽으로 향했다. 백골단이 교문 주변으로 접근했고, 전경들은 최루탄을 쏠 자세에 돌입했다.

교내 시위를 할 때 백골단이 기습해서 지도부나 학생들을 연행하는 일이 자주 있어서 그것을 막기 위해 각목이나 화염병으로 무장한 학생들이 전면에 배치되었는데, 주로 날렵하고 사명감이 높은 2학년 학생이 맡았다. 상경대 경영학과 이한열도 이날 그 임무를 맡아 30~40명의 학생들과 함께 전경들과 가장 근접한 위치에서 공방전을 주고받았다.

지랄탄과 사과탄이 시위대를 향해 날아오고 백골단이 괴성을 지르며 돌진해 학생들이 교문 안쪽으로 밀렸다. 기껏해야 마스크에다 치약을 바른 상태에서 눈을 뜰 수 없게 하고 구토증까지 일으키는 최루탄이 무수히 날아오는 것에 대항한다는 것은 보통 힘든 일이 아니었다.

교정이 순식간에 뿌옇게 변하면서 학생들의 대열이 무너졌지만 학생들은 다시 대오를 지어 노래를 부르고 함성을 지르며 화염병에 불을 붙여 달려 나갔다. 화염병으로 위협을 가하기 위해서는 최대한 전경들 쪽으로 가까이 접근해야 했다. 전경들에게 가까이 다가가는 순간 사과탄이 날아오고 전경과 백골단이 돌을 던지기 때문에 위험하기 짝이 없었지만, 전면에 배치된 학생들이 이렇게 싸우지 않으면 전경들이 교내 끝까지 쫓아와 학생들을 연행하기 때문에 필사적으로 맞설 수밖에 없었다.

50여 명의 학생들이 화염병을 던지며 교문 밖 5미터 지점까지 진출했다. 그러다 경찰의 최루탄 난사에 쫓겨 학교 안쪽으로 뛰어 들어가는 순간 "쐐액" 하는 소리와 함께 SY-44 총류탄 10여 발이 뿌연 하늘을 가르며 학생들에게 직격으로 날아왔고, 이 중 하나가 이한열의 머리를 강타했다. 오후 5시 5분경이었다.

"한열이를 살려내라!"

뒤따르던 학우가 수위실 부근 교문 바깥쪽에 쓰러진 이한열의 몸을 일으켰지만, 대형 걸개그림에 묘사된 것처럼 이한열의 몸은 축 늘어졌고, 뒷

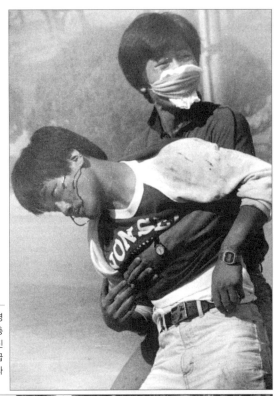

1987년 6월 9일 오후 5시 5분경
연세대 정문 주변에서 경찰의 총
류탄에 맞아 피를 흘리며 쓰러진
이한열(위)을 동료 학생들이 급
히 세브란스병원으로 옮기고 있다
(아래).

머리에서부터 나온 피가 얼굴로 흘러내렸다. 코에서도 피가 났다. 학우는 이한열을 안고서 사방을 둘러보았지만 최루탄은 그치지 않고 우박 쏟아지듯 퍼붓고 있었다.[5]

교정 옆의 세브란스병원 응급실에 5~6명의 학생들이 이한열을 업고 도착하자 의사와 간호사는 학생들이 묻혀온 최루가스 때문에 눈을 제대로 뜨지 못하고 피하다가 가까스로 치료를 시작했다. 의사가 눈을 뜨라고 소리쳤지만 이한열은 의식을 잃기 시작했고 몸도 점차 굳어지는 것 같았다. 학생 500여 명이 병원 측에 사실 확인을 요구하며 밤샘농성에 들어갔다.

이날부터 연세대 학생들은 낮에는 시위를 하고 밤에는 병원에 몰려와 이한열을 지키며 경비를 섰다. 주경야독이 아니라 주투야수晝鬪夜守라고나 할까.

많은 시민들이 병원을 찾았다. 병원 식당 아주머니들은 경비 서는 학생들을 위해서 식사를 준비했고, 밤에 귀가한 학생들은 부모님과 함께 김밥을 싸서 다음 날 아침 병원을 지키는 학생들에게 주었다. 일반 학생들과 잘 어울리지 않던 연세대 운동선수들도 단체로 병원에서 경비를 섰다.

신문은 처음 며칠 간은 매일같이 사회면 3, 4단을 이한열 병세 기사로 할애하다가 1, 2단으로 줄였으나 중계 보도하듯 계속 이한열의 병세를 보도했다.

학생들과 시민들은 이한열이 사경을 헤매는 것에 안타까워하며 거리로 나섰다. 시위 대열에서는 "한열이를 살려내라"는 구호가 계속해서 터져 나왔다. 이한열의 입원 소식을 접하면서 하이힐 신고 귀걸이 단 여학생들도 시위에 참여했고, 간호대 여학생들은 구급함을 들고 시위 대열을 따라다니며 부상당한 학생들을 돌봤다.

민중화가 최병수는 병원에 찾아와 학생들과 함께 "한열이를 살려내라"고 새긴, 이한열이 최루탄에 맞아 쓰러지는 장면을 판화로 제작했다. 이 판

1989년 연세대 도서관 앞에서 열린 이한열 열사 3주기 추모집회. 이한열의 최루탄 피습을 담은 민중화가 최병수의 걸개 그림은 6월 항쟁 당시 학생들에게 슬픔과 분노를 일으키며 투지를 북돋아 주었다.

화는 수건에 새겨지기도 했고, 대형 걸개그림으로도 사용되었다. 학생회관
에 걸려 있는 10×7.5미터의 대형 걸개그림은 학생들에게 슬픔과 분노를
일으키며 투지를 북돋아주었다. 이한열 판화는 그해 6월과 그 뒤 시위투쟁
의 상징이 되었고, 체 게바라의 사진과 그림처럼 오래오래 학생들과 민중
의 가슴속에 살아 있었다.[6]

3

6·10고문살인 은폐 규탄 및
호헌철폐 국민대회

축제 속의 대통령 후보 '선출'

6·10만세운동이 일어난 지 만 61년이 되는 1987년 6월 10일 두 개의 열차가 마주 보고 달려오고 있었다. 양쪽은 상대방을 무시한 채 제 갈 길을 달리고 있었다.

이날 잠실체육관에서는 주한 외교사절, 전직 국회의장·대법원장·국무총리 등과 당원·대의원 등 1만여 명이 참석한 가운데 오전 10시부터 5시간에 걸쳐 민정당 전당대회가 열렸다. 대학생들 시위에 대비해 체육관 대회장으로 통하는 길목마다 전경을 깔아놔 삼엄한 분위기였다.

바깥 움직임이 신경 쓰이기는 했으나 전당대회장 안은 시종일관 축제 분위기 같았다. 먼저 당 중앙집행위원회에서 대통령 후보로 제청한 노태우 대표위원에 대한 투표로 들어갔다. 투표가 예정시간보다 20분 일찍 끝나 멈칫하다가 준비된 여흥시간을 가졌다.

MC 임성훈의 사회로 가수 조영남·정수라·이선희·조용필 등이 노태우

서울 잠실체육관에서 열린 민정당 제4차 전당대회. 전두환 대통령이 차기 대통령 선거 민정당 후보로 공식 선출된 노태우 대표의 손을 들어주며 축하하고 있다(1987. 6. 10).

가 평소에 즐겨 부르는 〈베사메무초〉와 〈선구자〉, 〈경복궁 타령〉 등을 불렀다.

개표가 끝났을 때 대의원들의 열렬한 환호와 〈대통령 찬가〉 합창이 울려 퍼지는 가운데 전두환 대통령이 대회장에 들어왔고, 이어서 개표 결과가 발표되었다. 이때 장내는 열광의 도가니에 휩싸였다. 노태우는 후보 수락 연설에서 "양대 국가 대사가 성공한 뒤 국민적 여망인 합의개헌을 반드시 성취해낼 것임을 다짐"했고, "그때 가면 사회적 분위기와 야당의 정치관에도 큰 변화가 일어나 우리 당의 당론인 의원내각제 개헌안이 기필코 관철될 것으로 믿는다"고 말했다. 양대 국가 대사란 88년 대통령 교체와 올림픽을 가리켰다.

연설은 기대했던 것보다 들어 있는 내용이 없었다. 도대체 나중에 개헌 논의를 재개하면 야당 정치관에 큰 변화가 일어나 의원내각제 개헌안이 기필코 관철될 것이라는 논리는 황당하기 그지없는 엉터리 주장이었다.

전두환은 치사를 통해 "어떤 명분에서도 정치권 밖에서 폭력으로 혼란을 조성하는 일은 평화적 정권교체를 방해하는 행위로서 어떤 희생이 있더라도 단호히 대처할 것"이라고 6·10국민대회를 겨냥해 으름장을 놓았다.

노태우가 후계자가 된 배경

전두환은 한때 노신영을 자신의 후계자로 삼으려 한 적이 있었다. 그래서 국무총리도 시켰지만, 그 경우 12·12쿠데타 동지들이 받아들이려고 하지 않을 것이 뻔했다. 퇴임 후 자신의 안전을 지켜줄 것이라는 점도 불확실했다. 장세동도 후계자가 될 것이라는 얘기가 떠돌았다.

전두환·신군부정권을 탄생시킨 12·12쿠데타는 전두환 혼자 한 것이 아니었다. 주먹 세계와 비슷하게 쿠데타 주동자들한테는 그들 나름의 '의리'가 있었다. 그 경우 전방 사단 병력을 이끌고 서울에 들어와 도저히 있을 수 없는 행위를 저지른, 그래서 12·12쿠데타에서 전두환 다음의 주역이라고 볼 수 있는 노태우가 후계자가 되는 것은 그들 세계에서는 당연했다. 그렇기 때문에 전두환 다음에 노태우가 다음 대통령이 될 것이라는 얘기가 초기부터 항간에 나돈 것은 자연스럽다면 자연스러운 일이었다.

전두환은 5공 헌법이 아니더라도 박정희처럼 장기집권을 할 수 없게되어 있었다. 그는 단임을 지킬 수밖에 없었는데, 퇴임과 관련해서 전두환에게 가장 중요한 문제는 자신의 '안위'였다. 12·12쿠데타, 5·17쿠데타 때문에도 '안위'를 생각하지 않을 수 없었지만, 특히 광주학살은 그의 뇌리를 떠날 수 없었다. 자신이 물러나면 광주학살 문제가 크게 불거질 수 있었고, 그 경우 후임자가 자신을 '정치의 제물'로 삼는 것은 자연스러운 일이었다.

그는 권좌에서 물러난 지 얼마 안 되어 자신과 부인, 형제 등 일족이 줄줄이 감옥에 들어가고 백담사에 유폐되리라고는 전혀 생각하지 못했다. 그러나 퇴임 후의 안위와 관련해서 노신영과 노태우 중 누가 더 믿을 수 있는지 여러 가지로 따져봤다. 그 경우 광주학살 문제에서 '공동책임'이 있기 때문에, 그리고 자신과 수십 년간 친구이자 정치적 동지였기 때문에도 노태우가 자신을 배신할 것이라는 생각은 좀처럼 하기 어려웠을 것이다. 더구나 노태우는 신군부 실력자들이 즐비하게 있는 TK사단의 적자라고 할 만했고, 여러 면에서 자신과 비슷한 정책을 펼 것으로 생각할 수 있었다. 장세동은 자신의 안위와 관련해서 확실히 믿을 수 있는 부하였다. 그렇지만 12·12쿠데타 주동자 서열에서 한참 밀려나 있었고, 자신과 이미지가 너무 비슷해 호감을 사기 어려운 데다가 장관이나 당 간부를 맡은 적도 없었다.

노태우는 1987년 6월 이전에 전두환과 후계자 문제에 대해 구체적인 내용을 주고받지 않았다고 말했는데, 전두환이 후계자 문제를 구체화한 것은 4·13호헌조치 담화문 초안을 작성하던 그해 3월에 들어와서였다.

이때 장세동은 노신영 등이 당내 민주주의 명분 아래 대통령 후보 경선을 할 경우 대미 문제나 내각제에 혼선을 일으킬 수 있다고 지적하면서 노신영 문제가 심각하다고 전두환에게 보고한 것을 3월 24일 노태우의 측근 중의 측근인 박철언에게 말해주었다. 1987년 1~2월경 전두환의 장남이 미국에서 편지로 후계자로는 노태우가 적합하다고 조언한 것도 영향을 미쳤다.

다음 날인 3월 25일 전두환은 노태우에게 정국 주도권을 부여했다. 이로써 노태우가 후계자라는 것이 가시화되었다. 전두환은 노태우를 차기 대통령 후보로 추천하는 행사를 치르기 하루 전인 6월 1일, 지도자는 군부의 지지를 받지 못하면 정권을 유지할 수 없다면서 자신이 보안사령관으로서 알고 있었던 유신 말기의 상황을 공보비서 김성익에게 다음과 같이 말했다. 박정희의 말로末路뿐만 아니라 자신의 말로, 곧 6월 항쟁에서 끊임없이 나돌던 비상조치설과 관련해서도 여러 가지로 생각케 하는 의미심장한 발언이었다.

공화당 때는 군부가 흔들렸다. 장기집권, 부정부패 때문에 박 대통령까지 군부의 존경을 받지 못했어. 그게 부마사태 때도 나타난 거다. 부산에 계엄령을 선포해도 제어가 안 됐었다. 그때 경찰이 데모 진압을 안 하려고 했었어. 김재규가 그런 군부의 동향을 보고 박 대통령을 시해한 것이다.

텔레비전과 일부 언론은 4·13호헌조치의 후속으로 민정당 전당대회에서 대통령 후보를 지명한 것을 기정사실화하려고 안간힘을 썼다. 『조선일보』는 다음 날 조간에서 5면의 4분의 3을 할애하여 "참고 들을 줄 아는 극기의 농민 아들"이라고 미화하는 등 노태우 민정당 대통령 후보의 인생 역정과 정치철학을 좋게 써주는 기사로 메웠다. 그와 함께 "1987년 6월 10일, 이날은 '어떤 의미'(따옴표는 필자)로는 우리 정치사에 기억되는 날로 기록될 듯싶다. 우선 1인 장기집권의 타성에 종지부를 찍고 (……) 일부 재야 세력을 비롯한 야권에서 무어라 하던 이날을 기해 평화적 정권이양의 전통이 세워질 수 있게 되었다는 점은 건국 이래……"라고 기술하여 전적으로 찬양하기에는 무언가 켕긴다는 인상을 주는 글을 쓰기도 했다. 그만큼 6월 10일의 상황은 『조선일보』조차도 마음 놓을 수 없게 했다.

민정당 당대회에서 전두환이 정권을 평화적으로 이양하는 이정표를 세우게 되었다고 말할 때 노태우는 감격스러운 마음을 가눌 길이 없었다고 회고하면서도, "하지만 이와 달리 국민들의 반발은 절정을 향해 치닫고 있는 듯했다"고 토로했다. 그 같은 느낌을 전두환이든 여권이든, 전두환 정권을 지지해온 언론이든 모두 다 전혀 예상치 못했던 6·10시위의 엄청난 파고를 목도하면서 강하게 갖지 않을 수 없었다.

민주 새벽의 그날을 앞당기기 위해

당국은 서울에 160개 중대 2만 2,000여 명의 경찰을 배치하는 등 전국에 5만 8,000여 명의 병력을 동원했다. 전국에서 재야인사 등 700여 명이 가택 연금된 것으로 보도되었다.

6·10국민대회 대회장인 성공회대성당으로 통하는 3개의 골목은 오전 8시부터 철제 바리케이드가 쳐진 채 전면 통제되었다. 또한 경적을 울리지 못하도록 버스회사와 택시회사에 차량경음기를 제거하고 운전기사 교대시간을 바꾸도록 지시하고, 각 기업체에 회사원이나 노동자들을 오후 6시 이전에 조기 퇴근시키도록 독려했다. 애국가 제창을 막기 위해 일선 동사무소, 파출소, 각급 학교에 매일 오후 6시 국기하강식에 맞춰 확성기를 통해 애국가 옥외방송을 해오던 것을 중단토록 지시했다.

성공회대성당에서는 민정당 전당대회 시간에 맞춰 오전 10시경 각 종교계 대표 및 재야인사 등 6명이 대성당 종각에 올라가 "4·13호헌조치에 의한 대통령 후보 선출은 무효"라고 선언했다.

성공회대성당에는 가택연금이나 대성당 봉쇄를 피해 6월 7일부터 박형규·계훈제·양순직·김명윤·오충일·금영균·제정구 등 국본 간부 20여 명이 미리 들어가 대회를 준비하고 있었다.

비슷한 시각에 종로5가에 있는 기독교회관 312호 국본 사무실의 스피커에서 「국민합의 배신한 4·13호헌조치는 무효임을 전 국민의 이름으로 선언한다」는 제하의 '고문살인 은폐 규탄 및 호헌철폐 국민대회' 선언문 낭독이 울려 퍼졌다. 이 선언문은 언론사와 주요 단체에 이미 배포되어 있었다.

꽃다운 젊은이를 야만적인 고문으로 죽여놓고 그것도 모자라서 뻔뻔스럽게 국민을 속이려 했던 현 정권에게 국민의 분노가 무엇인지를 분명히 보여주고, 국민적 여망인 개헌을 일방적으로 파기한 4·13폭거를 철회시키기 위한 민주장정을 시작한다. (……) 세계의 양심과 이성이 우리를 격려하고 민주 제단에 피 뿌린 민주 영령들이 우리를 향도하며, 민주화 의지로 사기충천한 온 국민의 민주화 결의가 큰 강줄기를 형성하니 무엇이 두려운가. 자! 이제 우리의 자리를 박차고 일어나 찬연한 민주 새벽의 그날을 앞당기자.

"이 땅에 진정한 민주 헌법을 확립하고 민주 정부를 수립하기 위해 온 국민이 참여할 수 있는 평화적인 모든 수단과 방법을 총동원할 것" 등의 결의문도 낭독되었다.

오전 9시 30분쯤 김영삼 총재 등 민주당 지도부는 민추협 사무실에 도착했다. 민정당 전당대회 시간에 맞춰 민주당·민추협은 '영구집권음모 규탄대회'를 가졌다.

김영삼 총재는 개회사에서 "지금 이 시간 민정당은 4,000만 국민의 뜻을 무시한 채 치욕스럽고 부끄러운 돌아올 수 없는 다리를 건너고 있습니다. 4·13조치의 지속과 일방적인 정치일정의 강행은 이 정권의 불행이자 비극입니다"라고 역설했다.

이미 9시부터 민추협 옥외 마이크에서는 카랑카랑한 여성 당원의 목소리로 "민주헌법 쟁취하여 민주정부 수립하자", "행동하는 국민 속에 박종철은 부활한다" 등의 구호가 계속 외쳐졌다.

규탄대회 도중 민주당에 이한열이 사망한 것으로 잘못 전해져 대회 순서에 이한열 추모 묵념 순서가 급히 추가되었다. 규탄대회가 끝난 후에도 민주당은 이한열 사망 여부를 확인하느라 분주했다. 서대문경찰서 서장은 민주당을 찾아와 대회 도중 "연세대 이한열 군이 새벽 6시에 사망했다"고 말한 것은 유언비어 유포라면서 김영삼 총재를 면담하겠다고 떼를 썼다.

규탄대회가 열리는 동안 대회장에 못 들어간 200여 당원들은 "더 이상 못 속겠다. 거짓 정권 물러가라"는 구호를 외치며 시위를 벌였고, 이 장면을 수백 명의 시민들이 지켜보느라 무교동 일대는 큰 교통 혼잡에 빠졌다. 경찰과 당원 간에 밀고 밀리는 몸싸움에서 경찰이 밀리면 일부 시민은 박수를 보냈고, 경찰이 당원을 연행하면 야유를 보냈다.

6월 10일 각 대학은 전날에 이어 학생들의 참여를 최대화하기 위해 출정식을 가졌다.

한양대는 전날에 학생들이 적게 모여 오전 일찍부터 출정식에 나오도록 독려했다. 처음에는 300명 정도밖에 안 되어 비관적인 생각이 들기도 했는데, 300명이 한 줄로 늘어서서 교내를 돌자 무려 2,000명 가까이 늘어났다. 출정식을 마치고 각 과별로 다시 '오더를 때리고' 거리로 나가는데, 참여하지 못한 학생들이 미안해하면서 휴지와 마스크 등을 전달하여 연대의 마음을 표했다.

연세대는 오후 2시경부터 3,000여 명이 민주광장에 모여 전날 시위로 위독한 이한열에 관한 보고대회 겸 출정식을 가졌다. 이한열이 중태여서 모두 비장한 마음이었다. 학생들은 5명이 한 조를 짜서 거리로 나섰다.

한국외국어대는 오후 2시에 2,000여 명이 모여 출정식을 치르고 교문에서 격렬한 시위를 벌였다. 이 과정에서 한 학생이 직격탄을 맞고 두개골이 파열되었다. 경희대도 오후 2시에 2,000여 명이 출정식을 가졌다. 서울시립대의 경우 출정식을 마치고 거리로 나갈 때 학교는 텅 비어 있었다. 일부 학생들은 시위에 참여하지 않았지만 학교를 비우는 것으로 '동참' 의사를 밝힌 것이다.

이날 서울에서는 26개 대학에서 학생 1만 여 명이 출정식에 참여했다. 지방까지 합치면 80여 개 대학에서 출정식을 갖고 거리로 나섰다.

경찰은 3시경부터 개최지에 있는 버스정류장과 지하철역 봉쇄에 들어갔다.

6·10시위를 포함해 6월 항쟁 시위를 기술하기에 앞서 시간 표기와 관련해 언급해둘 것이 있다. 6월 항쟁 시위는 거의 다 오후와 자정에서 그다음 날 상오 2~3시 사이에 일어났다. 따라서 6월 항쟁 기간에 오후에 일어난 시위에서 시간을 표기할 때 특별한 경우를 제외하고 '오후'라는 말을 빼고 쓸 것이다. 자정부터 그다음 날 새벽 이전까지는 '상오'라고 쓸 것이다. 이 시기에는 88올림픽을 대비해 서머타임제를 실시하고 있었다. 그래서 오후 6시는 지금의 오후 5시에 해당한다. 6월은 1년 중 낮이 가장 긴 달이다. 이 점도 염두에 두면서 시위 상황을 이해하면 좋을 것이다.

남대문시장에서 숨바꼭질 시위 시작

아침 6시 55분에 서울대생들이 봉천파출소를 습격하기도 했지만, 6·10 시위는 4시 45분경 을지로 입구 로터리에서부터 시작되었다. 서울대·성균관대·총신대 학생 500여 명이 〈우리의 소원은 민주〉를 부르며 "독재타도", "호헌철폐" 구호를 외치자 맞은편 롯데쇼핑센터 앞에 모여 있던 군중들이 태극기를 흔들며 호응했다. 학생들이 차도를 점거해 연좌농성에 들어가자 경찰이 사과탄을 마구 쏴 5시 10분경 시위대는 명동 일대로 퇴각했다.

5시경부터 이태영·이우정 등 여성단체 회원과 민가협 회원 등 200여 명이 태평로 삼성 본관 빌딩 앞에서 "성공회 쪽으로!"라는 구호와 함께 성공회대성당을 향해 가두행진을 벌였다. 최루가스를 막기 위해 투명 랩으로

신세계백화점 앞 분수대에서 수많은 시민·학생들이 호헌철폐와 독재타도 구호를 외치며 시위를 벌이고 있다 (1987. 6. 10).

눈을 덮어 뒤로 묶고 치약을 눈 가장자리에 잔뜩 발라 '완전무장'한 여성들은 백전노장답게 경찰이 최루탄을 쏘아대도 흩어지지 않고 길바닥에 주저 앉아 노래 부르다 경찰에 의해 강제 해산당했다. 이 과정에서 구속자 가족 3명이 최루탄 파편을 맞아 한일병원으로 옮겨졌다.

비슷한 시간에 민주당 당원과 민추협 회원, 시민들 1,000여 명도 코오롱빌딩 앞에서 시청 쪽으로 행진하다가 경찰에 밀려 해산했다. 국본에 참여한 한승헌·강신옥·고영구·황인철·홍성우·하경철·조영래·이상수 등 변호사 27명은 세종문화회관 뒤편 변호사회관에서 성명서를 낭독한 뒤 성공회대성당 쪽으로 행진하다가 5시 30분경 태평로파출소 앞에서 경찰과 몸싸움을 벌여야 했다. 이들은 다시 변호사회관으로 돌아와 다음 날까지 농성을 벌였다. 민족작가회의 소속 문인들은 조흥은행 본점 앞에 집결해 연로한 분들을 앞세우고 행진했다.

5시 35분경 김영삼 총재와 의원들, 민추협 회원 등 50여 명이 노란색 완장을 차고 차량 3대를 앞세워 군중 450여 명과 행진을 벌였다. 이 무렵 지하철 1호선 서울역, 지하철 2호선 을지로입구역 등 11개 역이 폐쇄되었다.

5시경부터 학생시위의 규모가 커지고 거세졌다. 이 무렵 남대문 일대에 모여 있던 학생 2,000여 명이 시청 쪽으로 진출하면서 도로를 점거하자 경찰이 일제히 최루탄을 쏟아 부어 시위대는 남대문시장 쪽의 대도상가, 중앙상가 및 퇴계로 일대로 퇴각했다. 학생들은 밀리면서도 300~500명 단위로 집요하게 경찰에 대항하며 시위를 벌였다. 5시 20분경 남대문극장 앞에 집결한 시민·학생 3,000여 명이 시경 앞 도로를 5분간 점거했다가 밀려났지만, 산발적인 가두점거 시위는 7시경까지 계속되었다.

남대문시장 상인들은 쫓기는 학생들을 상점으로 피신시킨 뒤 셔터를 내려주기도 하고, 아예 가게 문을 닫고 시위에 참여하기도 했다. 6월 항쟁기에 건물 사이사이의 미로에서 쫓고 쫓기며 벌이게 되는 남대문시장 일대에서의 숨바꼭질 시위가 시작된 것이다.

5시 30분경에는 삼성 동방빌딩 쪽에서 200여 명의 학생이 시청 쪽으로 진출하려다가 서부역 쪽으로 물러났다. 5시 50분경에는 새로나백화점 뒤에 모여 있던 시민·학생 2,000여 명이 신세계백화점 한국은행 쪽으로 나오다가 경찰과 충돌했고, 명동 엘칸토와 제일백화점 부근에서도 1,000여 명의 학생들이 시위를 벌였다.

6월 항쟁을 특징짓는 '사고성 투쟁'도 일찍 나타났다. 5시 6분경 경희대·외국어대 학생 500여 명은 성북에서 인천 사이를 운행하는 전동차를 신이문역에서 가로막아 세우고 전원 승차하여 남영역에서 하차하면서 "호헌철폐" 등의 구호를 외치며 가두진출을 시도했다. 학생들은 경찰에 밀려 대치하다가 철로변 자갈을 집어던지는 등 30여 분간 격렬한 시위를 벌였다. 이로 인해 열차 운행이 중단되는 사태가 벌어졌다. 학생들은 증강된 경찰의 최루탄 공세에 용산과 서울역 두 방향으로 이동했다. 서울역 방향의 시위대는 5시 58분경 서울역으로 들어오던 특급열차를 정차시킨 뒤 일시 점거했다가 서부역 방향으로 이동하면서 시위를 벌였다.

차량경적 속에 6·10국민대회 거행

6시 6·10국민대회가 성공회대성당에서 거행되었다. 대성당 화성기에서 애국가가 울려 퍼졌고, 종루에서 종이 42번 울렸다. 1945년 해방 이후 42년간 분단 독재의 사슬에서 신음했던바, 이 사슬을 끊고 민주주의 새날을 열자는 염원이 담긴 종소리였다. 각 성당과 교회에서도 42번 종이 울렸다.

성공회대성당 종소리에 부근에 있던 버스와 승용차에서 일제히 경적이 울렸다. 버스 안의 손님들은 박수로 화답하거나 손을 흔들었다. 남대문 쪽에서 광화문 방향으로 달리던 민주당 의원들이 탄 차량 10여 대가 경적을 선도하자 그 일대 차량 수백 대가 이에 호응해 태평로 일대는 30여 분간 경적소리가 끊이지 않았다. 연도의 시민 1,000여 명은 태극기를 들고 환호하며 박수를 보냈다. 일부 시민은 차량에 경적을 울리라는 신호를 보내며 "으쌰으쌰" 하고 외쳤다.

신세계·미도파·롯데 백화점 앞, 명동 을지로 입구에서도 시민들이 애국가를 합창했고, 차량이 3분간 경적을 울렸다. 종로 일대를 지나던 차량들도 요란스럽게 경적을 울렸다. 같은 시간 시내 곳곳에서 시민들이 삼삼오오 모여 애국가 합창을 했고, 태극기를 흔들었다.

김영삼 총재 일행은 성공회대성당 정문 앞에서 잠시 몸싸움을 벌이다 삼성 본관 빌딩 앞으로 후퇴했다. 김 총재가 성공회대성당 앞에서 승리의

1987년 6월 10일 오후 성공회대성당 앞뜰에서 재야인사 등 40여 명이 참석한 가운데 6·10국민대회가 진행되었다.

V자를 그려 보일 때 마침 후보 지명 축하 연회장인 힐튼호텔로 가던 노태우 민정당 대표의 차가 지나갔다.

대성당 안에서는 약 70명쯤 모여 오충일 상임집행위원장의 사회로 국민대회가 진행되었다. 고문살인 및 4·13호헌조치를 규탄하는 결의문을 개신교·불교·천주교·원불교·민주당·민통련 대표가 읽었다. 마지막으로 민통련 부의장인 계훈제가 만세삼창을 선창하는 것으로 1시간 남짓의 식이 끝났다.

남대문시장 상인들 외에도 여러 지역 상인들이 시위에 가담한 것도 특기할 만한 현상이었다. 청계 고가도로 주변 상인 300여 명 등 시민 1,000여 명은 학생들과 합세했고, 청계상가·을지로3가·서울운동장 앞 상인들도 시위를 벌였다. 을지로5가 국립의료원 앞 상인 100여 명은 리어카 3대를 앞세우고 시위를 했다.

광교에서는 목사 약 50명이 행진을 했고, 광교에서 조흥은행 사이, 한전에서 프린스호텔 사이, 동아일보사 앞에서도 시위가 벌어졌다. 7시경 제일은행 앞에서는 3,000여 명의 학생과 시민이 플래카드와 태극기를 앞세우고 시위를 했고, 명동성당에서 미사를 마친 신부·수녀 500여 명도 시위를 벌였다. 명동 유네스코 건물 앞에서도 학생 400여 명이 시위를 했다. 세운상가 육교를 점거했던 학생과 시민들은 을지로6가를 향해 행진했다.

최대의 격전지 — 롯데쇼핑에서 회현 고가도로 사이

이날 최대의 격전은 서머타임을 실시하고 있어 훤한 대낮인 7시 20~30분경부터 어둠이 깔린 9시 20~30분경까지 롯데쇼핑센터에서부터 신세계백화점, 이 백화점 뒤의 퇴계고가도로, 회현 고가도로 일대에서 전개되었다.

남대문 쪽 입구의 회현 고가도로는 이미 6시 30분경부터 학생 500여 명이 점거해서 연좌농성을 벌이다 물러났는데, 7시 20분경에는 퇴계고가도로를 100여 명의 학생들이 점거했고, 그 아래에 200여 명의 학생들이 남산 쪽에 모여 있었다. 같은 시각 학생과 시민 3,000여 명이 롯데백화점 앞 차도를 점거했다. 학생과 경찰은 투석과 최루탄으로 공방전을 벌였다. 이 와중에 롯데쇼핑 유리창 일부가 파손되었다.

7시 30분경 회현동 일대의 학생·시민 3,000여 명이 퇴계고가도로를 점거하고 남산3호터널에서 신세계로터리에 걸쳐 운집해 있던 시위대와 함께 경찰에게 돌을 던졌다. 학생들의 투지는 하늘을 찌를 듯했다. 경찰이 아무리 최루탄을 쏟아 부어도 끄떡하지 않고 경찰에 대항했다.

드디어 전경 저지망이 붕괴되어 경찰 병력이 일제히 100미터 후퇴했

1987년 6월 10일 신세계백화점 일대에서 시위하던 학생들이 전경들에 밀려 회현동 남산3호터널 입구에서 대치하고 있다.

다. 그 순간 한국은행 경비를 맡은 전경 40여 명이 미처 퇴각하지 못한 채 시위 군중에 둘러싸여 구타당했으나 비폭력을 외치는 시위대에 의해 풀려났다. 시위대는 신세계백화점 앞 분수대 일대를 점거했고, 길이 막힌 버스들은 그 자리에 서 있었다.

이때 새로운 시위문화가 출현했다. 학생들이 버스 유리창에 여러 가지 구호를 써 붙이고 즉석에서 만든 종이 플래카드를 끼워놓았다. 한 학생이 버스 위에 올라가 시위를 이끌어가자 모두들 환성을 올렸다.

남산3호터널과 신세계로터리에서 롯데쇼핑 앞에 이르는 대로는 인산인해였다. 2만여 시위대가 계속해서 "호헌철폐", "독재타도"를 외치는 모습은 그야말로 장관이었다.

500여 명의 학생들은 증강된 경찰에 밀려 퇴계로2가 쪽으로 후퇴하다가 그곳에 있는 파출소를 점거해 각종 시위용품을 소각했다. 시위대는 증원된 경찰에 밀려났으나 곧 신세계백화점 쪽 시위대 2,000여 명이 밀려들어 퇴계로2가파출소를 다시 점거했다. 이때 전경 20여 명이 시위대에 붙잡혀 무장 해제되었다.

어둠이 깔리면서 학생·시민들은 남대문시장 쪽에 이르기까지 퇴계로2가를 완전히 점거했다. 분위기가 고조된 가운데 이곳 시위는 9시 20분경까지 계속되었다. 고가도로 위나 남산 쪽으로 쏘아대는 하얀 최루가스가 네온사인과 어울려 예광탄처럼 보이기도 했다.

9시를 전후해 새문안교회 앞에서는 한신대 교수 등이, 프린스호텔 앞에서는 학생·시민들이 시위를 벌였다.

퇴계로 일대의 격렬한 저녁시위에서 제헌의회계 학생들은 대단히 이색적인 존재였다. 약 800명의 이들 시위대는 일반 학생시위대와 떨어져 시위를 벌이며 "제헌의회 소집" 구호를 계속 외쳤다. 이들은 한때 충무로5가파출소를 점거해 각종 장비를 불태웠다.

6월 항쟁에서 제헌의회계 학생들은 서울에서 큰 시위가 있을 때마다 일반 학생시위대와 멀찍이 떨어져 독자적으로 움직였다. 이들은 독자적 시위로 자신들의 주장을 펼치려고 했지만 별다른 반응이 없었고, 시민들로 하여금 그저 이상하다는 생각이 들게 했다.

힐튼호텔 리셉션장의 최루가스 눈물

이날 최대의 효과를 가져온 것은 퇴계로 힐튼호텔 부근의 시위였다. 8시 50분경 2,000여 명의 시위대가 민정당 대통령 후보 지명대회 리셉션이 열리고 있는 힐튼호텔 쪽으로 행진했다. 이들은 9시 30분경 해산했다. 이 부분은 뒤에서 다시 살펴보자.

9시 20분경 경찰이 퇴계로 방면에서 총공격에 들어간 후 시위는 다소 주춤해졌다. 다만 밤 10시경 종로2가에 갑자기 2,000여 명의 학생들이 몰려들어 관철동 일대의 골목에서 "호헌철폐"를 외치며 11시경까지 쫓고 쫓기는 시위를 벌였다. 시위가 수그러들자 경찰은 20~30명씩 대오를 지어 행진하다가 도로변의 청장년을 무차별 연행하면서 폭행했다. 하이에나와 같은 짓이라 할 만했다.

거리로 나왔던 많은 시민들이 뜨거운 가슴을 안고 아쉽게 발걸음을 집으로 돌렸는데, 학생들은 학교로 돌아가거나 귀가하면서 정말 뿌듯한 심정이었다. 난생처음으로 시위다운 시위를 했기 때문이다. 학생들은 이렇게 큰 시위가 전개되리라고는 전혀 예상하지 못했다. 4월 혁명이나 광주항쟁에 대해서 얘기를 듣거나 비디오를 통해서 보기는 했으나, 이러한 시위는 본 적이 없었다. 그들은 생각지도 않게 역사의 한 획을 긋는 시위에 참여한 것에 대해 드높은 자부심을 가졌다.

한 서울시경 간부는 1980년대 들어 가장 규모가 큰 가두시위라고 말했지만, 이날 서울 시위는 1960년 '피의 화요일'이었던 4·19시위 이후 서울에서 있었던 시위 중 최대 규모의 격렬한 시위였다. 이승만이 물러난 '승리의 화요일'인 4월 26일은 시위가 그다지 격렬하지 않았고, 1964년 6·3시위는 규모가 작았다. 1980년 5·15서울역 회군의 경우도 격렬한 시위가 없었다.

6월 11일자 『조선일보』가 밤이 되면서 시위가 가열해져 경찰이 인력이 딸려 진땀을 뺐다고 보도할 정도로 경찰은 기진맥진했다. 한 경찰 간부는 "경찰로서 가장 힘들고 길게 느껴졌던 하루였다"고 털어놓았지만, '무장해제'를 당한 것 말고도 이날 경찰은 도처에서 시민과 학생들한테 곤욕을 치렀다.

밤 9시 20분경 종각 앞 부근에서 경찰이 "몸에서 사과탄 냄새가 많이 나 이상하다"며 대학생 차림의 한 20대 청년을 연행하려 하자 근처에 있던 시민 100여 명이 격렬히 항의하고 적극 저지해 30분 만에 놔주지 않을 수 없었다. 40대 시민 한 사람은 "지금 서울 시민들 가운데 몸에서 최루가스 냄새가 나지 않는 사람이 어디 있느냐. 너희들이 마구잡이로 최루탄을 쏘아대고 그 냄새가 몸에 배었다는 이유만으로 무조건 청년을 연행하는 것이 말이 되냐"고 호통쳤다. 전경들은 "우리는 연행할 의무가 있다"고 대꾸하자 60대의 한 할아버지가 "자네들도 집에 가면 저 청년과 다 형제들 아니냐. 시위도 다 끝나가는데 과잉 충성을 할 필요가 있느냐"고 타일렀다.

이날 최대의 곤욕을 치르고 마음이 무거워진 것은 힐튼호텔 민정당 리셉션에 참석한 인물들이었다. 이 부분에 대해서는 노태우의 증언이 있다. 그는 부인과 대통령 후보 지명 축하 리셉션에 참석하기 위해 연희동 자택에서 중앙청, 남대문을 지나 힐튼호텔에 들어설 때까지 시위가 계속되는 것을 목도했다.

노태우 내외가 호텔에 들어서자 안에서까지 가스 냄새가 나고 있었다. 참으로 착잡하지 않을 수 없었다. 그가 6·29선언을 결심하게 된 결정적인 계기가 힐튼호텔로 가는 승용차 안에서였다고 말한 것은 과장임이 분명하지만, "집에 돌아와서부터 나는 깊은 고민에 빠지지 않을 수 없었다. 그날 밤 거의 한숨도 자지 못했던 것으로 기억한다"는 말 자체는 사실일 것이다. 이날 시위를 보고 전두환은 어땠을까. 잠을 편히 잤을까. 그렇다면 바보 아닌가.

부마항쟁을 상기시킨 부산과 마산 시위

5시 30분경 경찰 1차 저지선인 부산 광복동 로얄호텔 앞에 500여 명이 모이자 경찰이 최루탄을 발사해 시위대가 시청 쪽으로 밀렸다. 같은 시간에 창선동 뒷골목과 남포동, 국제시장 입구 쪽에 모여 있던 시위대가 대각사 쪽으로 진출하려다 경찰과 대치했고, 부산역에 집결한 시위대는 KBS로 진격해 투석전을 벌여 경찰 1개 중대가 도피했다. 이때 경찰이 최루탄·사과탄을 무차별 난사했고, 백골단이 29명을 연행했다.

6시 '박종철 고문살인 은폐규탄 및 호헌철폐 부산시민대회'가 경찰의 원천봉쇄로 대각사에서 열리지 못하자 국기하강식에 맞춰 대각사 외곽지대 여러 곳에서 애국가를 합창하고 "독재타도", "민주헌법 쟁취"를 외치며 시위를 벌였다.

8시 30분경 흩어졌던 자갈치시장, 충무동로터리, 가톨릭센터 앞 시위대 1,000여 명이 보수동로터리에 집결해 경찰과 격렬한 투석전을 벌여 전경 1개 소대를 무장 해제시켰고 전경차 1대를 탈취했으며, 보수동로터리 입구에 걸려 있는 상징물을 불태웠다. 최루탄 난사로 부상자가 속출하자 8시 50분경에는 민정당 윤석순 의원 사무실에 돌을 던지고 기동대 버스 1대를 불태웠다. 9시경에는 민정당 곽정출 의원 사무실 앞 초소를 격파하고 격렬한 투석전이 있은 뒤 30여 분간 연좌시위에 들어갔다. 10시경 경찰의 최루탄 발사와 투석전으로 자갈치시장 일대가 가스에 뒤덮였고, 자갈치시장 아줌마들이 최루탄 난사에 집단 항의했다.

학생들은 1979년 부마항쟁에서처럼 태극기를 들고 이곳저곳에서 〈흔들리지 않게〉라는 노래를 부르며 시위대를 형성했다가 경찰의 공격에 흩어지는 '동시다발의 기동성 시위'를 11시 넘어서까지 벌였다. 11시 시위를 마친 국본 간부와 학생 등 100여 명은 보수동 중부교회에 모여 시한부 농성에 들어갔다.

마산 시위는 다른 지방과 달랐다. 6시 3·15의거탑 앞에서 시작하려던 시위가 경찰의 봉쇄 작전으로 실패하자 경남 국본은 인근 남성로 반도안경 앞에서 '더 이상 못 속겠다 거짓 정권 물러가라'라는 플래카드를 펼치고 대회를 시작했다. 그러자 곧 백골단이 쏜살같이 달려들어 10여 명을 연행해버렸다. 학생과 노동자들은 투석으로 맞서며 시위대를 형성하여 1,500여 명이 되었다. 이들은 경찰 저지선을 돌파해 경찰 버스 1대를 전소시키고 공설운동장 쪽으로 진출했다.

마침 마산 공설운동장에서는 한국 A팀과 이집트 팀이 대통령배 축구 시합을 벌이고 있었다. 6시 50분경 시위대가 운동장 안에 들어가려고 하자 운동장 경비 경찰이 당황하여 최루탄을 발사했다. 최루가스에 이집트 선수들이 떼굴떼굴 굴렀고, 거리로 쏟아져 나온 시민들은 운동장 앞 16차선 도로를 점거했다.

관중 일부가 대형 태극기를 앞세운 시위대에 합류해 3만여 명(『대투쟁』, 『말』)[7]으로 불어난 시위대는 자유수출지역으로 이동하며 "최저임금 보장", "근로기준법 파업권 쟁취", "쪽발이는 물러가라" 등의 구호를 외쳤다. 이 과정에서 자유수출지역 후문이 부서졌고, 양동파출소가 불탔다. 시내로 돌아오다 민정당 사무실에서 전두환 사진, 민정당 기旗 등을 끄집어내 불태운 시위대가 오동동 다리에서 경찰과 대치했을 때는 3만 5,000여 명으로 늘어나 있었다(『말』).

경찰이 최루탄을 퍼붓자 시위대는 분산하여 시내 곳곳에서 시위를 벌였다. 북마산·오동동 파출소가 불탔고, KBS 보도용 차량 1대가 "보도도 제대로 안 하면서 무슨 취재냐"고 항의를 받다가 화염병 투척으로 전소되었다. 코아양복점 앞에 모인 군중 5,000여 명은 '박 군 고문치사 은폐조작 규탄 및 직선제 쟁취를 위한 시민토론회'를 열기 위해 연좌농성에 들어갔다. 그러나 경찰이 최루탄을 쏘아대자 시민·학생들이 시청 유리창에 돌을 던졌고, MBC 건물에도 화염병을 던졌다. 지산동파출소도 불탔다. 부마항쟁에서의 1979년 10월 18~19일 밤을 연상케 하는 시위였다. 다음 날 상오 2시 30분경까지 산발적으로 시위가 벌어졌다.

마산 시위에는 마산·창원 지역뿐만 아니라 진주·고성·함안·진해·함양·거제 등 인접한 시·군 지역의 주민·농민과 경상대 학생들이 다수 참여했다. 가톨릭농민회 경남연합회 회원들도 농촌에서 올라왔다.

진주는 주력이 마산으로 가 200여 명의 학생들이 간소하게 규탄대회를 열었다. 경상대 총학생회장과 사회과학대 학생장은 삭발을 했고, 이들과 서클연합회 회장 등은 단식투쟁에 들어갔다.

노동자가 많은 울산은 지역 특성상 다른 곳보다 1시간 늦은 7시부터 8개 민주단체 회원, 민주당 당원, 청년, 학생, 노동자 등 약 500명이 태극기를 흔들고 애국가를 부르며 행진했다. "뭉치자, 싸우자, 승리하자", "군부독재 타도된다 미국은 개입 말라" 등의 구호를 외치자 연도에서 시민들이 박수를 보냈다. KBS 7층 건물에 걸린 현수막이 화염에 휩싸이자 시민들은 "와!" 하고 함성을 질렀다. 신정파출소가 파괴되었고, 민정당 경남 제2구 당사, 경찰서 등에도 돌이 날아들었다.

여순사건 이후 최초의 시위

광주에서는 3시부터 전남도청에서 한국은행 광주지점 앞과 금남로4가 사이의 도로가 차단되었다. 대회장 일대는 4,000여 명의 경찰에 의해 원천봉쇄되었다. 일부 택시는 경음기 연결 부분을 떼어냈다.

5시 30분경 중앙로사거리에 모인 3,000여 명의 시민·학생들이 '더 이상 못 속겠다 거짓 정권 몰아내자'는 플래카드를 앞세우고 전경들과 몸싸움을 벌였다. 광주 출신 연세대생 이한열의 중태 소식이 알려지면서 시민들은 "이한열을 살려내라"는 구호를 연창했다.

6시 가톨릭센터와 중앙교회에서 녹음된 타종을 방송하고 옥외방송으

광주 금남로 신한은행 앞에서 벌어진 6·10국민대회에서 시위대와 전경이 대치하고 있다(1987. 6. 10).

로 애국가가 울려 퍼지자, 시민들이 애국가를 따라 부르며 5,000여 명으로 불어나 "호헌철폐", "독재타도" 등의 구호를 외쳤다.

시위대는 〈우리의 소원은 통일〉, 〈5월가〉 등을 부르며 "호헌이 웬말이냐 4·13조치 철회하라", "광주학살 배후조종 미국놈은 물러가라" 등의 구호를 외치며 시위하다가 경찰이 공격하면 흩어지기를 반복했다.

8시경 하교한 중·고교생과 퇴근한 노동자들이 시위대에 합세하여 중앙대교를 사이에 두고 5만여 명으로 늘어났다(『말』). 시위대는 경찰의 최루탄 발사에 물을 뿌려 대항했다. 9시경 광주공원 광장에서 연좌하여 대중집회가 열렸고, 그 뒤에도 계속 흩어졌다 모이기를 반복하며 시위를 벌였다. 규모가 큰 시위는 자정이 지난 12시 40분경까지 이어졌고, 다음 날 새벽 5시 30분경에야 완전히 끝났다.

목포에서는 5시 20분경부터 시위가 시작되었다. 시위대가 "4천만을 우롱하는 전두환은 퇴진하라", "미일 외세 물리치고 민족자주 이룩하자" 등의 구호가 적힌 피켓을 들고 가두행진을 하자 시민들이 가세해 6시 20분경에는 1,500여 명으로 불어났다. 다방 아가씨들이 얼음과 삶은 달걀을 갖다 주었다.

시내 곳곳에서 시위를 벌이던 시민·학생들은 8시에 연합예배와 미사를 위해 각각 연동교회와 연동성당 쪽으로 이동했다. 10시경 예배와 미사를 끝내고 다시 시위가 계속되었다.

1948년 10월 여순사건 이래 시위가 거의 없었던 순천에도 시위 바람이 불었다. 6월 9일 청년들이 '나라를 위한 기도회'를 열어 다음 날 투쟁을 다짐했고, 6월 10일에는 3시 30분경부터 순천대에서 학내 시위가 있었다. 학생들은 6시 30분경부터 시내로 진출해 산발적으로 시위를 벌였다.

6월 항쟁의 꽃 '대중집회'

대구에서는 5시 30분경부터 시위가 벌어졌다. 6시 대회장인 중앙공원 구舊런던제과 앞에서 500여 명의 시민·학생들이 애국가를 부르자 경찰이 사과탄을 퍼부었다. 시위대는 6시 20분경 대구역과 한일로 사이로 모이면서 수천 명으로 불어났으나, 경찰의 강력한 저지로 분산해서 시위를 벌였다. 8시 20분쯤 다시 시위가 커져 서문시장 앞에서 5,000여 명의 시위대가 20분간 대중집회를 열고 즉석 연설을 했다. 상인을 비롯한 시민들은 아쉬운지 집회를 계속할 것을 요구했다.

시위대는 8시 20분경 연행 버스를 공격해 연행자 전원을 '구출'했고, 동인파출소 유리창을 부수었다. 8시 45분경에는 시청 버스 1대와 소형차 1대가 부서졌고, 8시 55분경에는 5,000~1만 명에 이르는 시위대가(『대투쟁』) MBC 앞에서 경찰 '닭장차' 1대를 부수고 경찰과 대치했다. 시위대는

대구 시내 중심가에서 유연창 목사와 6·10국민대회 지도부가 시위를 준비하고 있다(1987. 6. 10).

서문시장 등 5개 지역으로 분산해서 11시 40분경까지 시위를 벌였다.

경주에서는 동국대 경주캠퍼스 학생 100여 명이 5시경 군부독재 화형식을 열고 거리로 나와 자정까지 시위를 했다. 경주에서는 처음 보는 학생 시위여서 시민들의 관심을 모았다. 시위 중 파출소와 경찰 백차, KBS 취재 차량 유리창이 깨졌다.

가톨릭농민회가 강한 안동에서는 4시에 안동역 광장에서 3,000여 명이 모여 시민대회를 열었다. 가톨릭농민회 회원들도 다수 참여했다. 시민들은 경찰의 진압 장비를 뺏기도 했다. 경찰은 5시경에 진압을 포기했다. 안동 경찰서 경찰 주력이 대구로 차출을 가는 바람에 인근 지역의 나이 먹은 경찰이 동원되어 시내 지리도 잘 몰라 우왕좌왕하는 모습이었다. 6시 해산식을 가진 뒤 천주교 신자·농민·학생 등이 연행자 석방을 요구해 밤 11시경 연행자 전원이 석방된 것도 특기할 만했다.

포항에서는 7시 30분경부터 죽도시장에서 1,500여 명이 성토대회를 가진 뒤 시위를 벌였다.

파출소와 대공상담소, KBS를 공격하다

전주에서는 5시에 개신교 목사와 청년들이 전북일보사 앞에서, 가톨릭 농민회 회원과 신부 등은 가톨릭센터에서 발대식을 갖는 등 여러 곳에서 발대식을 개최했다. 6시 백제로사거리에서 자동차 경적의 호응을 받으며 도민대회를 열었다. 경찰이 최루탄을 발사하면서 시위대는 팔달로와 공설 운동장 쪽으로 나뉘어 행진하며 경찰과 투석전을 벌였다. 이 와중에 경찰 오토바이 2대와 경찰 봉고차 1대, 태평동파출소가 불탔다. 시위대는 안전 기획부 대공상담소, KBS 방송국에 돌을 던졌고, 서노송동파출소를 공격했다. 이들은 11시 10분경까지 시위를 계속하다가 만세삼창과 함께 자진 해산했다.

익산(당시 지명은 이리)에서는 원광대생 2,000여 명이 시내로 진출해 4시 경 미도백화점 앞에서 대중집회를 가졌고, 6시경 다시 모현아파트 앞 도로 위에서 규탄대회를 가진 뒤 행진에 들어갔다. 창인동성당에서 연좌시위를 하며 5,000여 명의 시민·학생이 2차 규탄대회를 가진 뒤 합세한 수천 명의 시민들과 함께 9시경 수출자유공단으로 들어가 "노동3권 보장하라"는 구호를 외치며 '공단 내 노동자 탄압 규탄대회'를 가졌다.

군산에서는 40년 만에 시위가 벌어졌다. 시위는 5시 20분경 시작되었다. 시위대는 6시에 봉쇄된 월명동성당 부근 도로에서 연좌하며 시민대회를 가진 뒤 7시에 2,000여 명의 시민들이 시청 앞에서 시위를 벌이다가 KBS 앞에서 왜곡·편파 보도를 규탄했다.

1960년 3월 8일 대전고 학생들의 시위 이후 큰 시위가 거의 없었던 대 전은 6월 항쟁을 맞으며 크게 달라졌다. 대회장이 원천 봉쇄되자 5시 30분 경부터 시민·학생들은 성심당제과 앞 등 3곳에 집결해 대회장인 가톨릭문 화회관으로 행진하면서 경찰과 충돌했다. 6시 5분경부터 가톨릭문화회관에서 도민대회 옥외방송이 시작되었다. 7시 46분경 중앙시장 부근 차도로 시민들 2,000여 명이 몰려오는 것을 경찰 지휘차가 제지하자 시민들은 "세금으로 무슨 짓을 하느냐"며 지휘차 헤드라이트를 깨버렸다. 경찰이 후퇴해 약 1만 명의 시위대가 중앙로로 진출했다. 경찰이 중앙로를 차단하고 사과탄과 지랄탄을 난사하자 시위대는 흩어졌다 다시 모이면서 자정까지 시위를 계속했다.

단국대 천안캠퍼스에서는 단국대·호서대·상명여대·순천향대 학생 600여 명이 3시부터 출정식을 가졌다. 대회장인 오룡동성당이 봉쇄되자 시청 앞 노상에서 대회가 치러졌다. 미도백화점 앞에서는 농민 300여 명이 풍물놀이·개사곡 경연대회·정치연설 등으로 진행된 민주 마당놀이 집회를 가졌다. 8시 30분경에는 천안역에서 기독서점에 이르는 도로를 시민·학생·농민이 가득 메웠다.

청주에서는 다른 곳보다 이른 2시에 대회를 가지려 했으나 대회장인 제일교회가 봉쇄되어 가두에서 학생·시민·농민들이 최루가스를 맞으며 진행했다. 박수를 보내던 시민들 수백 명도 참여했다. 시위대는 때로는 투석전을 벌이며 청주우체국·청주극장·시외버스터미널·충북체육관 앞 등 15군데에서 시위를 벌였다.

춘천에서는 대회장인 죽림동성당이 봉쇄당해 종교계 인사 50여 명만이 대회를 치렀다. 강원대생 500여 명이 밤 12시 가까이까지 교문에서 경찰과 대치하며 가두진출을 시도했으나 실패했다.

원주에서는 400여 명의 학생들이 산발적으로 시위를 벌였다.

경인지역 노동자 합세

인천에서는 노동자들의 참여가 두드러졌다. 6시에 부평시장 입구에서 애국가가 울려 퍼지자 택시기사들이 경적시위를 했고, 600여 명이 '미국은 군부독재 지원을 중단하라'는 플래카드와 십자가를 앞세우고 행진을 시작했다. 백마장으로 향했을 때 시위 군중은 2,000여 명으로 늘어나 있었다. 잔업을 하던 노동자들은 공장 옥상과 창가에서 박수를 보내며 성원했다.

7시부터 공단 일대의 노동자들이 퇴근하면서 시위 인원은 급증했다. 노동자가 합세한 시위대가 "노동3권 쟁취", "민주노조 결성", "잔업철폐", "임금인상" 등의 구호를 외치자 부근 노동자들이 손뼉을 치며 호응했다. 9시경 1만여 명의 시위대가(『대투쟁』) 청천시장 앞에서 7개 단체가 연합한 인천공동대책위원회의 주최로 제3차 대중정치 집회를 열고 전두환 화형식을 가졌다. 주민들은 시위대에 음료수와 물을 제공하며 뜨거운 반응을 보였다.

수원에서는 4월 혁명 이후 최초의 가두시위가 벌어졌다. 6시경 전경들에게 포위된 1,000여 명이 남문 주변의 시장에서 연좌하여 대회를 열었고, 같은 시간에 5군데에서 평화행진이 전개되었다. 이들은 최루탄 난사에 영동시장 안으로 들어가 1시간가량 쫓기며 시위를 벌였다.

7시 30분경 화성역 쪽으로 시위대가 재집결했고, 갈수록 합세하는 시민들이 늘어나 시위대는 3,000여 명에 이르렀다. 9시경 수원역에 다시 집결해 도청까지 행진했다. 특히 독재정권에 대한 항의 표시로 삭발을 한 한신대생들이 경찰에 많이 연행되었다.

1971년 8월 광주대단지 사건이 벌어진 바 있는 성남은 6월 항쟁에서 잇따라 대규모 시위가 전개되어 민주화운동의 또 하나의 성지가 되었다. 지역적 특성으로 7시부터 인하병원 앞과 종합시장 앞에서 대회가 시작되

성남시청 앞 경적시위에 참가한 성남지역 택시 노동자들(1987. 6. 10). 6월 항쟁 기간 동안 잇따라 대규모 시위가 벌어진 성남은 민주화운동의 또 하나의 성지였다.

었다.

시위대가 경찰과 몸싸움을 반복하는 동안 시민들이 계속 참여해 8시 반경 시청 앞에는 3만여 명의 시민·학생이 운집해(『말』) 시민대회 행사를 치르고 토론을 벌였다. 9시 20분경 시위대가 다시 2만여 명으로 확대되면서(『대투쟁』) 초등학생과 할아버지가 태극기와 플래카드를 들고 선두에 서서 시청 앞 광장으로 전진했다. 경찰 병력은 시위대에 파묻혀 보이지 않았다.

시청 앞에서 경찰이 비폭력 평화시위를 외치는 시위대에 페퍼포그를 쏘자 시위대는 시청 앞 신호등을 사이로 둘로 나뉘어 경찰을 포위하며 항의했다. 수적 열세에 놓인 경찰은 최루탄 발사를 포기했고, 시민들은 도로에 앉아 집회를 열었다.

10시 25분경 경찰이 작전을 개시해 최루탄이 빗발치듯 쏟아지자 흩어지는 과정에서 많은 사람들이 부상을 당했다. 시청 앞 광장에서 전경 1개 소대가 꼼짝 못하고 갇혀 있었지만 시민들은 손대지 않았다.

아무도 예상 못한 6·10국민대회의 위력

6·10국민대회는 민주화운동사뿐만 아니라 근현대사에서도 한 획을 그었다. 3·1운동 이후 같은 날 여러 장소에서 이렇게 많은 시위가 벌어진 적이 없었다. 4·19혁명의 경우 서울과 부산, 광주 등지에서 대규모 시위가 있었고 사망자도 많았지만 6·10국민대회처럼 많은 지역이 참여하지는 않았다.

정치인과 재야인사·학생들이 혼연일체가 되어 시위투쟁을 벌인 것도 아주 드문 일이었다. 2·7추도대회, 3·3평화대행진과도 달랐다. 놀라운 것은 일부 도시에서는 시민들이 방관하기도 했지만, 대부분의 도시에서 시민들이 적극적으로 시위 모습을 지켜보고 시위대의 일원이 되었으며, 시위대원에게 음료수와 먹을거리를 제공했다는 점이다. 이러한 모습은 부마항쟁과 광주항쟁을 제외하면 찾아볼 수 없는 현상이었다. 주요 도시에서 많은 차량이 경적을 울렸다는 점도 주목된다.

정부 수립 후 처음으로 반정부 시위를 한 지역도 있었다. 4월 혁명 이후 처음으로 시위를 벌인 곳은 여러 지역이었다. 익산·천안·수원·춘천도 시위가 드문 지역이지만, 대전이나 전주 같은 도시도 그다지 큰 시위가 없었던 지역이다. 경남 서부지방의 경우 학생과 농민들이 마산에 와서 함께 싸우고 대전이나 안동도 부근의 활동가들이 함께 참여했다.

이날 경찰은 20개 도시 106개 장소에서 1만 8,550명이 시위에 가담했고, 시위 운집 인원은 3만 9,500명이라는 묘한 통계를 내놓았다. 국본 상임집행위원이었던 황인성은 전국 22개 지역에서 24만 명이, 역시 상임집행위원이었던 유시춘은 22개 지역에서 30만 명이, 한국기독교사회문제연구원의 『6월 민주화대투쟁』에는 22개 지역에서 40만 명이 참여한 것으로 기술했다.[8]

대중집회나 시국토론회는 광주항쟁의 경우를 제외하면 시위 역사에서 아주 드문 일이었는데, 이날은 서울·마산·대구·광주·성남·인천·군산 등 많은 도시에서 열렸고, 그것도 운동의 자연스러운 발전 현상으로 열렸다는 점이 특기할 만하다.

마산·안동·전주·천안 등 농민운동이 활발했던 곳은 농민들이 다수 참여했다. 농민운동은 1980년대 들어서면서부터 가톨릭농민회를 중심으로 활발히 일어났는데, 농민들이 이번에는 민주화운동에 적극 참여한 것이다. 마산 시위대는 자유수출지역에서, 익산 시위대는 수출자유공단에서 노동자 권리를 옹호하는 투쟁을 벌였다. 인천에서는 퇴근한 노동자들이 시위에 적극 참여했다. 농민·노동 운동 관련 구호와 함께 여러 지방에서 반미 구호가 나온 것도 눈여겨볼 부분이다.

6·10국민대회에서 시위대는 민주주의와 자유를 쟁취하기 위해 단 한 걸음도 물러서지 않겠다는 결연한 자세를 보여주었다. 특히 서울에서 7시 20~30분경부터 9시 20~30분경에 있었던 퇴계로 신세계백화점 일대에서의 격렬한 투쟁은 그러한 결의를 확고히 보여주었다.

국본의 평화투쟁 호소에도 불구하고 서울과 부산·대구·마산·전주 등 여러 지역의 시위에서 공권력을 부정하고 그것에 도전하는 투쟁을 벌였다는 것도 중요하다. 치안본부는 11시 30분 현재 14개 파출소가 부서지거나 내부가 불탔고 경찰·소방서 차량 8대가 공격받아 3대가 전소되었으며 전주시청 등 4개 지역 공공건물 유리창이 깨진 것으로 집계했다. 이 밖에도 KBS, 민정당 당사 등 여러 곳이 타격을 받았다. 서울에서 학생들이 전동차를 '점거'하고, 특급열차를 정차시킨 것도 전두환 정권을 당황하게 했다.

경찰이나 언론, 여당 등을 적대시한 것은 박정희 유신정권, 전두환 정권이 자초한 일이지만 공공성이 그만큼 무너져내렸다는 점에서 두려운 현상이었다. 경찰은 처음으로 규모가 큰 전국 동시다발의 시위를 경험했다. 이 때문에 정권 안보에 절대적으로 중요한 위치에 있는 서울에서 격렬한 공방전이 벌어지고 있는데도 서울에 지원 병력을 보낼 수 없었다. 2만 2,000여 명이 배치된 서울과 부산·성남 등 몇몇 지역에서는 경찰이 무장해제를 당하는 등 경찰력만으로 6·10국민대회에 대응한다는 것은 무리라는 점이 확연히 드러난 것이다. 마산 시위는 부마항쟁을 방불케 했다. 안동에서는 아예 일찌감치 경찰이 진압을 포기했다.

4

명동성당농성투쟁과 넥타이 부대

민중, 역사의 전면에 등장하다

4·13호헌조치와 관련해서도 언급했지만, 역사는 신묘한 데가 있다. 이성의 간지라고 할까, 전혀 계획하지도 예상하지도 않은 사태가 발생해 역사를 새로운 상승 국면으로 끌고 가는 경우가 있다.

국본 측이나 학생들, 전두환 정권과 민정당 관계자 그 누구도 6·10국민대회가 그렇게 큰 규모로 일어날 것이라고 예상하지 못했지만, 더더구나 6·10국민대회가 일회성 시위로 끝나지 않고 6월 항쟁으로 진전되리라고는 아무도 예상치 못했다.

6·10국민대회 시위투쟁에 참가한 사람들은 모처럼 시위다운 시위를 해봤다고 느껴 모두들 뿌듯한 심정이었다. 이들은 군부독재타도, 민주화 쟁취에 얼마간 자신감을 가졌다. 학생뿐만 아니라 시민들도 수십 년 만에 또는 태어나서 처음으로 엄청난 규모의 시위를 지켜보았다. 이들은 한 치도 물러서지 않고 최루탄에 맞서 화염병을 날리며 싸우는 격전의 현장을

경험하면서 이것이 역사의 현장이구나, 역사는 이렇게 이루어지는구나 하는 느낌을 받았다.

그렇지만 이들 중 어느 누구도 '역사의 현장'이 그 밤으로 이어질 줄은 몰랐다. 서울이든 부산·대전·수원·진주 등의 지방이든 여러 지역에서 원천봉쇄에 대한 항의 표시로, 또는 아쉬움을 이기지 못해 철야농성을 벌였다. 그리고 10시경에 서울대·고려대·연세대·국민대 등 서울 시내 8개 대학의 학생 2,500여 명이 했던 것처럼 군부독재 종식과 연행 학우·시민의 즉각 석방을 요구하며 철야농성을 벌이기도 했다. 그렇지만 이들도 6월 항쟁으로 이어지는 투쟁이 계속해서 일어날 것으로는 생각지 못했다.

역시 철야농성에 들어간 민주당·민추협 간부들은 "시민 호응이 어느 때보다도 뜨거웠다. 이렇게 위대한 국민이 있는데도 아직 민주화를 이룩하지 못해 죄송스러울 뿐"이라고 말하고 다음 행동은 논의해서 결정하겠다고 말했다. 국본은 어떠한가. 황인성은 이렇게 말한다.

국민운동본부는 이날 전국적인 대회 진행 상황이 2·7, 3·3대회를 훨씬 뛰어넘은 성공적인 대회임을 확인했지만, 이날 점화된 불꽃이 바로 전국에서 2주일 이상 타오르는 독재타도의 화염으로 변화될 것이라고까지는 예상치 못하고 있었다. 다만 6·10대회로 국민의 호헌철폐 의지를 강력하게 표출시키는 계기는 마련하되, 지도부의 구속 등을 초래하고 전 민주 세력과 군사정권과의 대치선이 더욱 첨예화되는 속에서 계획적이고 체계적인 투쟁을 전개하지 않으면 안 될 것으로 예상되었다.

6·10국민대회가 6월 항쟁으로 상승·확대될 수 있었던 것은 그것이 명동성당농성투쟁과 넥타이 부대 시위로 이어졌기 때문이었다. 물론 명동성당농성투쟁과 넥타이 부대 시위가 가능했던 것은 6·10대회가 있어서였다.

그러나 대단히 아이러니한 일이지만 명동성당농성투쟁이 운동권에 의해 조기에 해산될 뻔했던 것을 생각하면 '역사의 방향'이 참으로 무섭다는 생각이 든다.

명동성당농성투쟁의 지속을 주장했던 사람은 대체로 활동가나 학생운동 지도부와는 거리가 있는, 문자 그대로 시민과 일반 학생으로 구성된 민중이었다. 민중은 6·10대회 이전은 물론 6·10대회에서도 활동했지만, 이 경우에는 국본이나 학생운동 지도부의 지침·지휘에 따라 참여한 경우가 많았다.

민중이 지역이나 시위 장소에 따라서 6·10대회에서도 주역으로 활동했지만, 특히 명동성당농성투쟁이나 넥타이 부대 시위에서 주역이었다는 점에서 그 이전의 투쟁과 차이가 있다. 그 어느 때보다 선명히 등장한 것이다.

새로운 투쟁의 기점이자 구심점

명동성당은 이전에도 여러 차례 민주화운동의 성지 역할을 했지만, 천주교 측은 자신들과 전혀 무관하게 벌어진 농성투쟁이 명동성당을 6월 항쟁 최고의 명소로 꼽게 하는 데 어느 누구도 주저하지 않게 할 것이라는 점을 짐작조차 하지 못했다.

명동성당은 6·10국민대회 시위투쟁의 주전장인 을지로와 명동 입구 부근에 위치하고 있어서 이 일대에서 싸우던 시위대가 명동성당 쪽으로 퇴각하는 것은 자연스러운 일이었다.

4시 넘어 경찰의 무차별 최루탄 발사로 이미 명동성당 안으로 학생·시민이 밀려들어왔다. 이들은 1986년 연말부터 천막농성을 벌이던 상계동 주민 73세대 200여 명이 명동성당 입구에서 6·10대회를 약식으로 치를 때 이들 주민과 조우했다.

7시 30분경에도 수천 명이 명동성당 입구에서 시위를 벌였고, 8시 30분경에는 전경이 이미 명동성당을 봉쇄했기 때문에 시위 군중이 공사 중인 성당 옆 계성초등학교 담을 넘어 성당 안으로 들어왔다. 명동성당 마당과 입구, 주변은 시위대와 상계동 주민, 미사를 보러 온 신자, 주변 사무실과 상가에서 일하던 사람들 및 경찰 병력으로 가득 찼다.[9]

명동성당농성투쟁은 9시 55분경 시위대가 횃불을 들고 시위를 하면서 본격적으로 시작되었다. 이 무렵 경찰이 명동 일대의 교통을 차단함에 따라 경찰과 접전을 벌이다 밀리던 시위대가 명동성당 안으로 들어왔다. 800여명으로 불어난 시위대는 맹렬하게 화염병을 던지고 투석전을 벌이면서 경찰과 팽팽히 대치했다.

다음 날 11시경 출근과 등교 때문에 시위대 일부가 성당을 나가려 했다. 그러자 성당 주변을 빼곡히 둘러싸고 있던 수천 명의 전경들이 이들을 모두 연행하려고 나섰다. 이에 반발한 시위대가 11시 30분경 투석전으로 격렬하게 경찰에 대항했다.

경찰 저지선을 뚫은 시위대는 부근에서 떼어온 입간판과 상가 문짝으로 중앙극장 쪽과 로얄호텔 쪽에다 바리케이드를 쳤다. 이 과정에서 일부 시위 참가자가 빠져나갔다. 시위대는 성당 옆에 있는 문화관 문을 뜯고 들어가 철야농성을 준비했다.

11일 상오 3시까지 공방전을 벌이다가 시위대는 인원 점검을 했다. 대학생 500여 명, 노동자 30여 명, 상계동 주민 80여 명, 일반 시민 150여 명 등 모두 760여 명이었다.

시위대의 모습은 처절한 전쟁터에서나 볼 수 있는 바로 그 몰골이었다. 신발을 잃어버려 맨발로 최루가스 자욱한 시멘트 바닥을 걸어다니는 사람, 안경이 깨져 앞을 못 보는 사람, 최루탄에 맞은 여러 형태의 부상자들, 이들 모두 다 시위하느라 식사도 못한 채 지칠 대로 지친 모습이었다.

이들은 농성이 여러 날 갈 것이라고 생각하지 않았지만 경계조·규찰조·간호조 등으로 나누어 재배치하고, 학생 대표 4명과 노동자·도시 빈민·일반 시민 대표 3명 등 7명의 대표를 뽑았다.

하루 종일 격렬한 시위로 힘이 소진될 대로 소진된 시위대와 경찰이 잠시 휴식을 가질 수 있었던 상오 4시부터 시위대는 농성 해제 문제를 두고 토론을 벌였다.

명동성당농성투쟁은 계획에 따라서 시작된 것이 아니고 자연발생적으로 이루어졌다. 이들은 경찰의 봉쇄가 풀릴 경우 바로 해산할 것인지 투쟁을 계속할 것인지에 대해서도 계획한 바가 없었다.

농성 해제 문제에 대한 토론은 명동성당농성 5박 6일 동안 중요한 고비마다 있었고, 그것은 6월 항쟁의 전체 국면에 영향을 미쳤다. 일부 학생들은 다음과 같이 해산을 주장했다.

비폭력 평화시위라는 6·10대회의 주장과 원칙이 옳았음은 시민들 호응으로 입증되었다. 따라서 철야농성은 11일 (오전) 10시경에 끝내자. 6·10대회를 개최한 국본과 서대협에서도 해산이 타당하고, 이 싸움에 대중 동원이 어렵다는 판단을 전해왔다. 지금은 대중적 열기를 명동성당이라는 한정된 좁은 틀에 가둘 것이 아니라 각 캠퍼스에 보고해서 대중과 함께할 부분을 찾아야 한다.

시민 측과 비집행부의 일반 학생들은 농성 해산에 반론을 제기했다.

역사의 진행은 우리 예측대로만 진행되는 것이 아니다. 이 농성은 아무리 계획되지 않은 것이라 할지라도 6·10 이후 새로운 투쟁의 기점과 구심점이 되어야 한다. 80년 5·15의 서울역 퇴각을 상기하자. 명동성당은 경찰 공격이 어려우므로 가장 완벽한 농성장이다. 학교라는 장소를 가진 학생과 달리 많은 시민들은 항시적인 투쟁의 공간이 주어지는 것이 아니다. 학생들 중심의 사고는 곤란하다. 시민·학생이 함께한 이 농성은 귀중한 기회다. 이 계기를 활용해야 한다. 해산하면 어렵게 끌어올린 투쟁의 열기를 어떻게 다시 끌어올릴 수 있을지 누구도 예측할 수 없다.

토론 도중 국본 대변인 인명진이 "6·10국민투쟁은 6월 10일 24시를 기해 종결되었고, 명동농성투쟁은 국본과 무관하다"고 발표한 내용의 기사가 실린 신문이 전달되자 분위기가 험악해지면서 한때 국본 성토장이 되기도 했다. 이러한 상황에서 민주당 장기욱 의원이 시위대를 격려하기 위해 방문했으나 정치인 혐오증도 작용해 성당 밖으로 쫓겨났다.

농성시위대도 상계동 주민도 수녀도 모두 혼연일체

성당 마당과 도로에서 밤을 새운 시위대는 새벽 6시에 집회를 다시 시작했다. 직장을 가진 시민 등 많은 사람들이 빠져나갔다. 해산과 농성 지속을 주장하던 양측은 "농성 해제는 군부독재에 대한 무원칙한 타협이자 굴복이다. 결집된 힘을 보여주면서 사태의 관망에 필요한 시간을 확보해야 한다"며, 최소한 12일 정오까지 농성을 계속한다는 절충안에 도달했다.

날이 밝아오자 300명쯤 남은 시위대는 100여 명씩 어깨동무를 하고 성당 입구 도로에 나와 구호를 외치며 시위를 벌였다. 오전 10시 15분경 시위대는 해방춤을 추며 레이건·전두환·노태우의 허수아비를 중앙극장 쪽과 로얄호텔 쪽의 바리케이드 앞에 내놓고 각각 화형식을 가졌다.

이에 자극을 받은 경찰이 10시 55분경 최루탄을 난사하며 바리케이드를 무너뜨리고 성당 안으로 들어오면서 잠시 시위대가 밀렸다. 그러나 로얄호텔 쪽과 중앙극장 쪽에 대한 경찰의 협공은 돌과 화염병으로 맞선 시위대의 완강한 저항에 부딪쳐 경찰이 또다시 밀려났다. 학생들은 성당에서 꺼내온 앰프와 스피커로 전두환 정권을 타도하자는 방송을 했다.

오후 1시경에는 로얄호텔 옆길에 있는 리어카와 철제 테이블 등으로 바리케이드를 다시 복구했다. 최루가스에 명동 일대의 행인들은 눈을 뜰 수 없을 정도였고, 상가의 절반은 철시한 상태였다. 성당 측은 화염병과 최루탄이 우박처럼 퍼붓는 '전투'에 당황했고, 시위대에 대해 불편함을 말하기도 했다. 당시의 '격전'이 『말』에는 이렇게 쓰여 있다.

전투는 조직적이었고 훌륭했다. 투석조組가 던지고 엎드리면 화염병조組가 일어나 던지고, 최루탄이 날아와 맞아도 후퇴하지 않았다. 특히 일반 시민들은 앞장서서 싸웠고 그 용감무쌍함은 '죽음을 각오한 헌신'이었다.

경찰은 성당 측에 전원 연행하겠다는 방침을 통고했다. 성당 측은 일반 근무자를 퇴근하게 하고 성당 문을 닫았다. 오후 2시경 경찰은 최루탄을 퍼부으며 맹렬히 공격해왔다. 50미터쯤 앞으로 진출해 있던 바리케이드가 순식간에 무너졌다. 시위대는 성당 정문 앞까지 밀렸다.

성당 전체가 최루가스에 뒤덮여 숨을 쉴 수 없었고 부상자가 속출했다. 성당에 왔다가 엉겁결에 갇힌 신자들과 시민들은 최루가스로 범벅이 되었고 도처에서 비명소리가 나 아비규환의 생지옥 같았다.

경악을 금치 못한 명동성당 김병도 주임신부가 학생들이 설치한 확성기를 통해 격노한 음성으로 "당신들이 명동성당에서 이렇게 최루탄을 쏘는 것은 예수께 총부리를 대는 것이다. 만일 계속해서 최루탄을 쏜다면 전두환 정권이 가톨릭교회에 도전하는 것으로 간주할 것"이라고 경찰에 강력히 경고했다.

강경한 항의에 놀라서 경찰이 잠시 성당 입구 밖으로 철수하면서 오랜만에 '휴식'이 찾아왔다. 무엇보다도 호흡 곤란자, 수포 발생자와 부상자들을 치료하는 것이 중요했다. 수녀들도 나섰고, 일부 심한 환자들은 백병원으로 옮겼다. 이 소식을 들은 간호대 등 여러 의료 관련 학교 학생들이 달려왔다. 최루탄 파편이 눈에 박힌 숭실대생 임병진은 급히 병원으로 실려 갔으나 실명하고 말았다.

시위대는 상계동 주민들과 함께 최루탄과 화염병, 돌을 치웠다. 시위대는 농성을 계속하는 것으로 결정했다. 대략 학생 400명, 시민 100명이 남아 있었다. 이들은 그 자리에 있던 40대 중년 남자가 한 말을 잊을 수 없었다. 그것을 『말』은 다음과 같이 전하고 있다.

더 이상 학생들을 희생시킬 수는 없다. 우리 시민들이 희생이 돼서 이 군부독재를 끝장내야 한다. 저들은 학생들을 극렬주동자로, 우리 시민들은 단순 가담자로 분류할 것이다. 그리고 학생들을 구속시킬 것이다. 우리가 앞장서자. 그리고 전 국민의 동참을 호소하자.

넥타이 부대 출현

명동성당 바깥에서도 다시금 조금씩 시위의 열기가 끓어오르고 있었다. 11일 오전부터 서울대생 500여 명이 나선 것을 비롯해 서울시립대·경희대·한양대·외국어대 등 서울 동부지역 학생들이 '명동 출정식'을 갖고 명동 쪽으로 향했다.

명동에서는 이날 점심시간에 넥타이 부대 시위가 등장했다. 금융기관이 밀집되어 있어 점심시간에 수천 명의 사무원이 쏟아져 나오는데, 경찰이 골목 일부를 차단해 혼란이 벌어졌다. 12시 조금 지나 경찰이 서울극장 유네스코회관 부근에 모인 시민들을 향해 사과탄을 발사했다. 500여 명의 넥타이를 맨 시민들이 잠시 밀리는 듯했는데, 누군가가 "호헌철폐"를 외치자 "독재타도"로 호응하면서 시위대로 돌변했다. 경찰이 잇따라 사과탄을 터뜨려 미도파백화점 쪽으로 밀어붙였지만 넥타이 부대는 〈통일의 노래〉를 부르고 "호헌철폐", "독재타도"를 외치며 흩어지지 않았다. 서울극장 유네스코회관 주변은 1시간 동안 넥타이 부대 시위가 계속되었다. 이 시위는 점심시간이 끝나면서 소멸되었다.

오후 2시경 충무로 제일백화점 앞길에서 외국어대와 서울시립대 학생 300여 명이 명동성당농성 지지 및 '합류' 시위를 벌였다. 신세계백화점 앞에서도 명동성당에 있는 학우를 지원하자는 시위를 벌였다.

3시 15분경 동부지역 대학생 500여 명은 명동성당 쪽으로 가려다가 경찰이 최루탄을 쏘아대자 남대문시장 안으로 들어가 대형 플래카드를 앞세우고 연좌농성을 벌인 뒤, 노래와 구호를 부르며 수십 명씩 짝을 지어 시장 바닥을 휘젓고 다녔다. 시장은 4시경 대부분이 철시했다. 5시경 다른 쪽에서 온 학생들과 시장에서 시위하던 학생 등 1,000여 명의 학생들이 명동 새로나백화점 앞에서 다시 집결했지만, 경찰이 최루탄을 발사해 남대문시장으로 들어갔다. 학생들은 10여 차례에 걸친 전경의 최루탄 발사에 화염병으로 맞서며 격렬한 싸움을 벌이면서 숨바꼭질 시위를 계속했다. 시장 구조가 미로처럼 복잡하고 남대문·명동·퇴계로 쪽으로 빠져나갈 수 있어 경찰이 대처하기가 힘들었다.

상인들이 학생시위에 적극 동조해 경찰은 더욱 큰 곤욕을 치렀다. 시장 상인들은 6·10대회 날처럼 셔터를 내리고 학생들을 숨겨주기도 했고, "쏘

지 마", "쏘지 마"를 외치며 최루탄을 발사하는 경찰에게 강력히 항의했다. 이들은 "먹고살게 해달라"고 소리 지르며 불만을 터뜨렸다. 6시경 경찰이 철수하자 100여 명의 상인이 가두에 나와 경찰에게 피해보상을 요구하며 실랑이를 벌였다. 경찰이 최루탄으로 강제 해산시키는 과정에서 시계상 최 모 씨가 최루탄에 맞아 눈 부근이 2센티미터쯤 찢어진 것에 상인들이 항의 하기도 했다.

명동 일대는 하루 종일 통행이 마비상태였다. 상가는 철시했고, 인근 학교는 단축수업을 했다. 국민투자신탁·제일증권 등 20여 개의 금융·증권 회사가 문을 닫아 고객이 불편을 겪었다.

학내에서도 시위가 있었다. 경찰은 서강대에서 1,500여 명, 연세대에서 1,000여 명, 서울대에서 200여 명이 시위를 벌이는 등 서울 18개 대학을 포함해 전국 38개 대학에서 1만 1,270명이 시위한 것으로 발표했다. 고건 내무장관은 전두환 대통령에게 서울에서 21개 대학 1만 2,000명이 교내 출정식을 갖고 명동으로 향했고, 22개소에서 4,700여 명이 가두시위를 벌 였으며, 시민들이 주변에서 관망하다가 박수로 호응하거나 경찰에 야유를 보냈다고 보고했다. 장관의 보고보다 경찰의 발표가 크게 축소되어 있는 것이 눈에 띈다.

이날 고려대생들은 이인영 총학생회장의 석방을 요구하며 학기말 시험 을 거부해 응시 대상자 6,335명 중 806명만 시험에 응했다. 서강대·세종대 등도 구속학생 석방을 요구하며 시험 거부투쟁을 벌였다. 서울의 주요 대 학은 대부분이 학기말 시험을 거부하고 나섰다.

▶ 6·10국민대회 당시 명동 일대를 수놓은 학생과 직장인들이 한데 섞인 시위대.

지원시위와 시민들의 함성

동부지역 대학 등 서울의 여러 대학에서 자신들을 구출할 출정식을 갖고 도심으로 진출하고 있다는 소식은 성당시위대를 고무시켰다. 6시경에는 미도파백화점과 백병원 쪽에서 수많은 시민과 학생들이 손을 흔들며 성당농성투쟁을 성원하는 시위가 벌어졌다. 시민들의 환성과 최루탄 터지는 소리가 농성시위대를 자극했다. 지원시위와 시민들의 함성은 미도파백화점·백병원·롯데호텔·퇴계로 일대 등 성당 주변 도처에서 일어났다.

지원시위대가 명동 상가 부근까지 올라오자 농성시위대는 성당 입구의 바리케이드를 넘어서서 로얄호텔 쪽의 명동거리로 진출했다. 경찰은 농성시위대와 지원시위대가 합세하는 것을 저지하기 위해 안간힘을 다했다. 성당 부근까지 진출한 지원시위대가 몸부림을 치면서 경찰한테 끌려가는 모습은 농성자들을 더욱 뜨겁게 달구었다. 공방전은 야간으로 이어졌다. 밤 9시 경찰의 유도 작전에 말려들어간 농성시위대 80여 명이 경찰에 연행되었다.

김병도 명동성당 주임신부는 직선제 개헌을 위해 단식투쟁에 돌입했던 50여 명의 수도권 사제들을 성당 지하 회의실로 소집했다. 사제들은 농성투쟁 방식에 변화가 있어야 한다는 점을 지적하고, 경찰의 교회 내 무차별 최루탄 투척에 대한 강력한 항의의 표시로 철야농성을 하기로 결정했다. 그리고 집행위원을 선정해 시위대의 '안전 귀가'를 위해 날마다 미사를 드리기로 했다.

오후 11시경 검찰·경찰 긴급회의에서 명동성당농성투쟁에 대한 강경 탄압 방침이 다시 확인·발표되자 농성시위대 전체회의가 긴급히 열렸다. 이들은 자정을 넘기며 회의를 계속해 모두 다 끝까지 싸울 것을 결의했다. 그들은 농성장인 문화관을 나와 성당 입구에 연좌했다. 바리케이드 경비도 강화했다.

상계동 철거민들은 전날처럼 솥이란 솥은 다 걸어놓고 라면을 끓였다. 뿐만 아니라 빨래도 해주고 잠자리도 제공했다. 특히 명동성당 청년단체연합회(명청련) 회원들은 시위대가 성당 안에 들어온 이후 조를 편성해 한시도 쉬지 않고 부상자 간호와 필요한 물품 수집 제공 등 모든 뒷바라지를 도맡아 했다. 명동성당농성투쟁은 시위대와 명청련 회원 등 성당 측, 상계동 철거민들의 합작품이라고 볼 수도 있었다.

명동성당농성 사태에 국본과 서대협은 당황했다. 6·10대회의 성과가 명동성당농성투쟁으로 어떻게 될지 알 수 없다고 생각했기 때문이다. 계획에 없던 투쟁으로 파장이 커질 경우 애초의 계획에 차질을 빚을 수 있다고 생각해 고민에 빠졌다.

서대협 지도부는 학생이든 시민이든 자신들이 통제할 수 없는 대중들의 투쟁에 대해서는 거부감 같은 것이 있었다. 그들은 이 투쟁이 빨리 끝나 자신들과 국본의 페이스대로 호헌철폐투쟁이 이루어지길 바랐다. 국본이나 서대협 관계자들은 명동성당농성으로 뜻하지 않은 비상사태가 초래될지도 모른다는 불안감도 있었다.

2,300여 명의 경찰이 명동성당 주변을 에워쌌다. 언제 공방전이 있었느냐는 듯 명동 일대는 적막에 휩싸였다. 농성장에 쏘아대는 경찰 조명차의 불빛만이 새벽을 지켜주고 있었다.

시위 없던 지방에서 시위 커져

6월 11일 시위는 지방에서도 계속되었다.

대전에서는 오후에 충남대·목원대·한남대에서 '6·10보고 및 규탄대회' 등의 집회를 가졌다. 한남대·목원대 학생들은 가두로 진출해 시위를 벌였고, 충남대 학생 200여 명은 철야농성에 들어갔다.

전주에서는 저녁에 공설운동장에서 야구가 끝난 뒤 관중 500여 명이 경찰과 투석전을 벌여 형사기동대 미니버스가 반파되었다. 규모가 큰 시위는 전주에서 가까운 익산에서 있었다. 오전 11시에 교내에서 규탄대회를 가진 원광대생들은 3시부터 7시까지 역전, 뉴타운·이도 백화점 등지에서 시민들이 참여한 가운데 수천 명이 산발적으로 시위를 벌였다.

여순사건 이후 6·10대회 이전에는 시위가 거의 없었던 순천에서 전날에 이어 학생들이 오전부터 연행자 석방을 요구하는 시위를 벌였다. 6시경 시위 학생 수가 1,000여 명을 넘어서자 경찰은 연행자를 모두 석방했다.

6월 10일 해방 이후 처음으로 시위가 있었던 경주에서는 이날도 동국대 경주 분교생들이 시내 7군데에서 밤늦도록 시위를 벌였다.

6월 10일에는 그동안 시위가 없었던 안산에서 이날 낮 12시경 학생·시민 수천 명이 안산 시민대회를 개최했다. 6시경 경찰이 쏜 최루탄에 흩어지다가 다시 모여 집회를 열고 시위를 하는 등 다음 날 상오 1시까지 경찰과 공방전을 벌였다. 뒤늦게 퇴근한 노동자와 주민들이 집회와 시위에 합세했다.

11일 시위는 순천·경주·안산을 제외하더라도 그때까지 큰 시위가 드물었던 익산·대전·전주 등지에서 벌어졌다는 점에서 주목할 만하다. 시위는 진정의 기미를 보이기는커녕 오히려 확산되고 있었고, 그것도 국본과 관련 없이 자발적으로 일어나고 있었다. 전두환 정권으로서는 두려운 현상이었다.

11일자 조·석간도 3, 4단 기사로 이한열이 위독한 상태라고 보도했다.

잊을 수 없는 아름다운 '사건'

12일 상오 4시 김병도 명동성당 주임신부의 서울교구 사제단회의 비상 소집에 달려온 40여 명의 신부들은 "위험을 피해 온 사람들을 쫓아낼 수 없다. 그리고 도덕성과 정통성을 잃은 현 정권에 대한 농성 학생들의 민주화투쟁은 정당하며 이에 적극 지지·동참할 것이다. 또한 사제의 양심으로 이들을 끝까지 보호할 것이다" 등 4개항을 결의했다. 천주교 사제들이 공식적으로 농성투쟁을 지지한 것이다.

오전 11시경 명동성당 구내방송에서는 사제들의 확고한 투쟁 방침이 발표되었다. 서울교구 정의구현사제단은 성명서 「우리의 바람과 고발」에서 앞의 4개항과 거의 유사한 내용의 농성투쟁 지지와 농성시위대 보호를 천명하면서, 학생들에게 폭력 사용의 자제를 호소하고 정권의 무차별 최루탄 발사의 폭력성을 성토했다. 사제단은 11일 성당 내 최루탄 발사는 양심의 보루마저 무너뜨린 폭거로 단정했다. 그와 함께 오늘(12일) '민주화와 성역 침해 항의기도회'를 갖고 계속하여 6월 15일까지 명동성당에 남아 기도를 바칠 것이며, 6월 15일 오후 8시에는 명동성당에서 전국 차원의 기도회를 개최할 것임을 밝혔다. 농성하는 젊은이들을 대신해 이제는 사제들이 싸우겠다는 뜻으로 읽힐 수 있는 성명서였다. 40여 명의 신부들은 무차별 최루탄 발사에 항의해 시한부 동조농성에 들어갔다.

천주교 측의 지지를 얻은 농성시위대는 농성투쟁을 가톨릭 측과 협의해 이끌어갈 것을 결의했다. 농성시위대는 폭력적 시위를 자제하자는 쪽으로 의견을 모아갔다. 정오경 시위대는 성당 입구의 방어용 바리케이드만 남겨놓은 채 3군데의 바리케이드를 철수하고 최루탄 파편과 돌로 어지럽게 뒤덮인 거리를 청소했다.

점심때 농성시위대에게 잊을 수 없는 '사건'이 발생했다. 민주화운동사에 아름다운 기억으로 떠올려지는 사건이었다. 담장을 사이에 두고 명동성당에 이웃한 계성여고생들이 점심 도시락을 걷어 가슴을 뭉클하게 하는 사연과 함께 농성장으로 보낸 것이다. "언니 오빠들이 하시는 일이 훌륭한 일이라는 것을 저희는 압니다. 힘내세요. 저희들은 언니 오빠를 사랑합니다", "원하는 것이 이루어질 때 웃으며 보고 싶습니다. 안녕. ―동생들이 보냅니다" 등 민주화운동에 동참하는 여고생들의 마음이 소녀답게 담겨 있는 예쁜 글들이었다.

가슴 벅찬 시위대도 계성여고생들에게 답장을 써 보냈다. 계성여고생들은 시민들의 지원품을 전달하는 역할도 맡았다. 물론 더 많은 전달은 전경으로부터 점검을 덜 받기 마련인 수녀들의 몫이었다. 당국은 계성초등학교, 계성여중고 수업을 가정학습, 야외과학실습, 수영급수 심사 등으로 대치하도록 했다.

명동 일대를 수놓은 감동의 파노라마

6월 12일 12시 45분경 농성시위대는 대열을 갖춰 명동거리로 나서기 위한 시위를 벌였다. 최루가스와 땀으로 범벅이 된 데다 허기에 지치고 햇볕에 검게 그을린 시위 대열이 나타나자 명동 일대는 거대한 축제를 치르는 듯했다.

거리를 가득 메운 시민들이 박수를 보내고 환호하면서 농성시위 대열에 합류하여 애국가를 부르고 만세삼창을 반복했다. 이뿐만이 아니었다. 주변 건물의 창문이 활짝 열리면서 시민들이 두루마리 휴지를 통째로 뜯어 거리로 날려 보냈다. 명동 일대가 온통 하얀 꽃으로 뒤덮였다. 어떤 이들은 옥상에 올라가 손을 흔들기도 했고, 또 어떤 이들은 지붕 위로 올라가 시위를 지켜보기도 했다.

시민들은 명동성당에 접근하거나 담벼락을 통해 빵·김밥·초코파이·비스킷·돈 봉투·의약품·속옷·양말·우유 등을 던져 넣었다. 의약품이나 박카스, 화장지도 꽤 많이 들어왔다. 어떤 때는 이곳이 농성장이 맞나 싶을 정도로 지원품이 수북할 때도 있었다. 그만큼 상인이나 사무원, 일반 시민들의 농성에 대한 '공감'이 컸다. 계성여고생들처럼 농성을 지지하는 여사무원들의 쪽지가 전달되기도 했다.

시위대 중 일부가 명동성당 옆 주차장에서 잠시 휴식시간을 갖고 흥겨운 어깨춤으로 심신을 달래고 있다(1987. 6. 11).

시위대는 감격에 북받쳤다. 우는 학생들도 있었다. 성금도 들어왔다. 농성 5박 6일 동안에 거의 2,000만 원이 답지했다. 토큰이나 회수권, 시계, 귀금속을 보낸 사람들도 적지 않았다.

낮 12시 50분경 점심시간에 나온 명동 일대 사무원들이 유네스코회관 앞에서 경찰이 통행을 제한하자 이에 항의하면서 시위를 벌였다. 시위대가 2,000여 명으로 늘어나자 전날처럼 〈통일의 노래〉, 〈선구자〉 등을 부르며 "독재타도", "호헌철폐" 구호를 외쳤다. 인근 빌딩 옥상에서도 시민들이 호응을 했고, 상가 종업원들도 박수로 동조했다. 같은 시각에 충무로 제일백화점 앞길에 있던 1,500여 명의 시민들도 함께 구호를 외쳤다.

점심시간이 훨씬 지난 오후 2시경 명동 입구에서부터 신세계백화점 앞 사이의 연도에 2,000여 명의 시민들이 모였다. 부근에 있던 은행·증권회사·보험회사 사무원들이 대부분이었다. 이들은 명동성당 쪽을 주시하더니 조금 있다가 상업은행 쪽에서 "독재타도"라는 구호가 울려 퍼지자 함께 따라 외쳤다. 경찰이 명동성당 시위대와 합세하지 못하도록 길목으로 밀어붙이자 아쉽다는 듯이 사무실로 들어갔다. 본격적인 넥타이 부대의 등장이었다.

능동적이고 적극적인 시민들의 시위 참여

6월 항쟁을 지켜본 많은 사람들에게 6·10대회나 명동성당농성투쟁은 마음속에 생생히 살아남아 있어도 6월 12일의 시위에 대해서는 기억이 지워져 있을 것이다. 그렇지만 어떤 면에서 전두환 정권은 6·10국민대회보다도 6월 12일 시위에 더 큰 충격을 받았을 수 있다. 명동 일대를 온통 수놓은 남녀 사무원과 상인, 일반 시민들의 호응투쟁 때문만이 아니었다. 바로 시민들이 더 이상 며칠 전의 시민들이 아니었기 때문이다.

11일에 이어 12일 오후부터 늦은 밤까지 명동 일대에서는 학생들의 농성투쟁 동조시위가 전개되었다. 오후 4시경 서울대가 '연행 학우 석방', '명동성당농성 지원' 등을 요구하는 집회를 갖고 시내에 진출한 것을 비롯해 외국어대·서울시립대 등 20여 개 대학의 학생들이 시내로 나왔다.

12일의 시위는 치고 빠지는 수법이 한층 눈에 띄었다. 을지로 입구에서 시위를 벌이던 학생 500여 명은 경찰이 최루탄을 쏘며 몰려오면 재빠르게 흩어졌다가 5분도 채 안 되어 다시 돌아와 도로를 점거하고 시위를 계속했다.

이날 명동에는 넥타이 부대가 큰 규모로 출현하고 시민들의 반응이 아주 뜨거웠는데, 다른 곳에서도 명동 비슷하게 시민들의 호응이 과거 어느 때보다도 적극적이었다. 시위 양상이 분명히 변하고 있었다. 놀라운 현상이었다. 6·10대회에서도 민중은 갖가지 형태로 자신의 의사를 표현했는데, 이제 민중은 능동적이고 적극적인 행위로 자신의 의사를 실현시키고자 했다.

시민들은 시위대에 합세해 재빨리 흩어졌다 다시 모이기도 했고, 박수로 호응하기도 했다. 소공동 지하상가의 한 금은방 주인은 아예 셔터 문을 닫고 화장지를 상자째 들고 나와 최루가스에 눈물을 흘리며 지나가는 사람들에게 한 움큼씩 뜯어 나눠주었다. 5시 20분경 신세계백화점 앞에서 불심검문을 받던 학생이 연행되자 시민 50여 명이 "왜 데리고 가!" 하고 고함치며 이 학생을 낚아채 백화점 안으로 피신시키고 경찰과 대치했다. 경찰은 스스로 물러났다.

6시경 시청 민원실 앞길에서 시민 1,000여 명은 대치 중인 학생들을 향해 최루탄을 쏘려는 경찰을 일순간에 에워싸고 최루탄을 쏘지 못하게 몸으로 막았다. 이들은 경찰과 지원 전경의 최루탄에 흩어지기도 했으나 다시금 100여 명이 몰려나와 무차별 최루탄 발사에 격렬히 항의했다.

6시경 1,000여 명의 대학생들이 청계천1, 2가에서 시위를 벌이자 삼일고가도로를 달리던 차량들이 일제히 정차하고 내려 운전자든 손님이든 고가도로 위에서 시위 현장을 내려다보는 통에 한동안 교통이 마비되기도 했다. 택시기사와 승객은 시위 대열이 커지자 박수를 보냈다. 6시 20분경에 조선호텔 앞에서 학생 200여 명이 〈흔들리지 않게〉를 부르며 시위를 벌이려 하자 그 일대에 모여 있던 시민 2,000여 명이 일제히 박수로 화답했다.

2,000여 명의 학생들이 청계천2가부터 광교사거리에 이르는 12차선 100여 미터를 완전히 점거하고 전경 10여 명을 에워싸 방석모와 방패를 빼

앗아 불태웠던 6시 50분경, 미문화원 앞에서 학생 5~6명이 연행되자 건너편 백남빌딩 앞에서 지켜보던 시민 100여 명이 항의하다 경찰의 최루탄에 달아났다.

7시 35분경 시청 앞, 플라자호텔 앞, 백남빌딩 앞 지하도 등에서 시민 500여 명은 학생들이 플라자호텔 앞으로 나오는 것을 보고 환호성을 질렀다. 이들은 2시간 동안이나 그 일대에서 학생들의 움직임을 지켜보고 있었다. 경찰이 이들에 대해 최루탄을 쏘자 이들은 욕설을 하며 거세게 항의했다. 플라자호텔·조선호텔 입구나 객실 창을 통해 외국인들이 호기심 어린 눈으로 쳐다보며 연신 카메라를 눌러댔다.

8시 35분경 500여 명의 학생들이 필동파출소를 둘러싸고 돌을 던졌다. 같은 시각 일부 학생은 프레스센터까지 진출했고, 대한문 앞에서 구호를 외치기도 했다. 10시 50분경 신세계백화점 쪽으로 진출을 기도하다 길이 막히자 충무2가파출소 방범초소를 전소시켰다.

시위가 벌어진 곳곳에서 경찰의 최루탄 발사와 학생 연행에 시민들이 항의하는 모습은 12일에는 조금도 진기한 현상이 아니었다. 이날 늦은 밤까지 도심지 곳곳에서 산발적으로 시위가 있었는데, 연행자 437명 중 시민이 110명(나머지는 학생)이나 되는 것을 보아도 이날 시민이 얼마나 적극적으로 민주화운동에 참여했는지를 일깨워준다.

12일 시위는 11시 40분경까지 계속되었다. 이날 외국어대와 경희대 시위로 6·10대회 때처럼 성북과 청량리 사이의 전동차 운행이 17분간 중단되었다.

연세대에서는 6월 11일 1,000여 명이 이한열 부상 관련 집회를 가진 데이어 12일에는 2시에 민주광장에서 6,000여 명이 모여 비폭력집회를 열었다.

12일에는 부산과 마산에서도 시위가 있었다. 부산지역 총학생회협의회

(부총협) 소속 대학생 1,500여 명은 부산수산대에서 연합집회를 가진 후 가두로 진출해 시민들과 함께 시위를 벌였다. 8시 45분경에는 학생들이 대통령배 국제 축구경기가 열리고 있는 구덕운동장 앞에서 시위를 벌였다. 관람객의 합세를 유도하기 위해서였다. 경기는 최루가스로 20~30분간 중단되었다. 시위는 부평동 국제시장 등 여러 곳에서 9시경까지 계속되었다. 이전까지 경찰이 사용한 다탄두 지랄탄은 32연발이었는데, 이날 처음으로 부산 시위에 64연발 다탄두 최루탄이 등장했다.

이날 마산대생들도 밤밭고개 국도에서 시위를 벌였다. 익산에서는 원광대생들이 2차에 걸쳐 가두시위를 전개했다.

경찰은 12일에 전국 37개 대학에서 2만 800여 명이 시위를 한 것으로 집계했다.

11일보다 기사 비중이 적어졌지만 이날도 신문들은 이한열의 병세를 보도했다. 연세대생 300여 명은 철야로 병실을 경계했다. 그들은 부모님 보호 담당, 경비 담당, 농성 학생 보급 담당으로 역할을 나누어 병실을 지키며 이한열의 회복을 기원했다. 국본은 이한열 사건 관련 성명을 내고 6월 14일을 '국민 기원의 날'로 정했다.

체제 수호를 위한 경고성 '최후통첩'

전두환 정권은 11일 관계 장관들의 심야회의에서 6·10국민대회 연행자 구속 범위와 관련해 강경노선으로 선회한 것으로 보도되었다. 경찰은 12일에 계훈제·박형규·김명윤·양순직·제정구 등 성공회대성당에서 6·10대회를 주도했던 국본 관계자 13명을 구속했다. 민통련 의장대리 계훈제는 입원해 있어 구속 집행은 보류되었다. 6·10시위로 모두 123명이 구속된 것으로 발표되었다.

조종석 서울시경 국장은 12일 명동성당농성투쟁을 '극렬분자에 의한 체제 전복적 국기문란 행위'라고 단정하고 단호히 대처하겠다는 성명을 발표했다. 정부 측 입장은 이웅희 문공장관에 의해 다음과 같이 표명되었다.

이번 6·10불법집회 및 폭력시위는 국법질서를 파괴하고 사회혼란을 조성함으로써 폭력혁명을 유도하려는 불순한 의도를 내포하고 있다. (……) 더욱이 현재 명동성당에서 좌경 운동권이 주도하고 있는 것으로 추정되는 집단 점거농성 사태와 치안질서 교란 행위를 그대로 방치할 경우 우리의 국가 기본질서는 예측할 수 없는 혼란 상황으로 빠져들게 될 것이다.

『조선일보』는 정부 관계자들의 말을 빌려 이웅희의 성명이 반정부 세력에 대한 온건 대응이 '한계'에 달한 것으로 보고 이제 '극약 처방'을 쓸 수밖에 없는 상황에서 나온 체제 수호를 위한 경고성 '최후통첩'이라고 보도했다.

전두환은 6월 11일 저녁식사를 하면서 뉴스에서 명동성당에 1,000여 명의 학생들이 들어갔다고 보도하자 대뜸 학생들을 포위해서 가두어놓고 '일망타진'했던 건국대 사태가 떠올랐다. 역시 전두환다운 발상이었다.

전두환은 정말로 명동성당농성투쟁을 건국대 사태 때처럼 다루고 싶었을 것이다. 그러나 우선 건국대와 명동성당은 '육·해·공' 작전을 펴는 데 입지 조건이 너무나 달랐다. 결정적인 차이는 그때와 6·10대회 이후의 상황이 너무 달랐다는 점에 있었다.

명동성당 농성장의 긴장

천주교 측은 명동성당농성투쟁의 정신을 살려가면서도 평화적으로 농성이 끝날 수 있도록 하기 위해 모든 노력을 기울였다. 오후 8시 명동성당에서는 사제단 주최로 신부·수녀 300여 명과 학생·시민·빈민 등 1,000여 명이 참석한 가운데 '나라를 위한 특별미사'를 가졌다.

9시 30분경부터 농성시위대는 십자가와 대형 태극기 3개를 앞세우고 성당 입구까지 평화시위를 벌이다 10시경 해산했고, 사제들은 농성기도회에 들어갔다. 12일 오후 5시경 찾아왔던 이상연 안기부 차장과 조종석 서울시경 국장이 자정 무렵에 다시 김 추기경을 찾아왔다. 이들이 압박을 가하자 추기경은 "당신들이 여기 들어와 학생들을 잡아가려면 나를 밟고 지나가라!"고 단호히 말했다.

자정 무렵 전두환 정권이 고위 당정회의를 열고 농성을 강제 진압하기로 결정했다는 정보가 입수되었다. 그리고 여의치 않은 상황이 발생하면 비상계엄령이나 위수령 등이 발동될 것이고, 벌써 효창구장에 군대가 집결했다는 소문까지 들어와 농성장에는 팽팽한 긴장감이 감돌았다. 군부쿠데타가 일어날 것이라는 소문도 돌았다.

13일 상오 1시경 성당 주변에 기동경찰 1,000여 명이 추가 배치되자 농성장에는 올 것이 왔구나 하는 생각에 긴장감과 비장함이 감돌았다.

농성장에서는 강제 진압 시 대응 방침 등을 마련하기 위해 전체 토론이 진행되었다. 토론 중 성당 후문에 공수부대가 집결했다는 소문과 함께 비상계엄설이 다시 나돌았다. 결국 이러한 소문은 프락치를 이용한 전두환 정권의 심리전으로 판단되었다.

시위 현장에 따라다니던 프락들은 명동성당농성 중인 토론장에도 잠입을 해서 과격 시위를 유도하거나 유언비어를 퍼뜨려 시위대를 당황케 하거나 사기를 떨어트렸다. 이러한 프락치 침투를 막기 위해 모두에게 전날에도 시행했던 비표를 나누어주었고, 나중에는 머리띠까지 나눠주었다. 비표가 없는 사람은 농성장 출입을 통제했다. 11일에도 학생들이 성당 안내소에서 기자들 신분을 하나하나 확인했지만, 12일에는 취재기자들의 신분증을 일일이 확인한 뒤 비표를 배당했다.

토론은 전원이 옥쇄를 각오하고 농성장을 지킬 것을 결의한 뒤 상오 2시 40분경에 끝났다. 그때 신부 5명이 농성시위대가 끌려가면 같이 끌려가겠다는 뜻을 밝히고 성당 안으로 들어왔다. 농성시위대가 일제히 박수를 쳤다.

시위 대원은 새벽이 되자 150여 명으로 줄어들었다. 경찰은 부모·형제 등 친지를 찾아내서 농성장으로 들여보내 회유와 협박을 하면서 귀가를 설득하게 했다. 농성장에서의 부모와 아들·딸의 만남은 보는 사람으로 하여금 눈시울을 붉히게 했으나, 부모의 설득에 귀가하는 학생은 없었다. 그렇지만 시위 대원들은 격렬한 투쟁으로 체력이 소모되고 식사도 제대로 못하고 잠도 자지 못해 지칠 대로 지친 모습이었다.

농성시위 대원들은 문화관 2층의 좁은 의자에서 새우잠을 청했고, 그런 자리조차 차지하지 못한 학생·시민들은 마당의 시멘트 바닥에 누워 하늘을 바라보며 눈을 붙여보려고 했다. 그런가 하면 아예 뜬눈으로 밤을 지새며 새벽을 기다리기도 했다.

바싹 얼어붙은 청와대 회의

명동성당 농성장에 경찰이 대거 투입되어 강제 진압이 이루어지지 않은 데는 미국의 영향이 작용한 것으로 믿는 사람들이 적지 않다. 『말』 제12호 (1987. 8. 1)나 한국기독교사회문제연구원에서 펴낸 『6월 민주화대투쟁』에는 12일 전두환 정권이 강경대응 방침으로 가고 있었는데, 13일 릴리 주한 미대사가 서둘러 최광수 외무장관을 통해 명동성당농성을 강제 진압해서는 안 된다고 강력히 촉구함으로써 일단 폭발 작전의 상황을 해소했다는 『워싱턴포스트』의 17일자 보도를 비중 있게 다루었다. 전두환 정권은 강경하게 나가려고 했는데 미국이 그것을 제지했다는 통속적이고 도식적인 주장은 사실과 거리가 있다.

비상계엄설이나 강제진압설과 같은 '정보'가 농성장에 계속 흘러든 것은 전두환 정권이 1986년 12월에 계산했던 바와 비슷한 효과를 노렸기 때문이었다.

하지만 전두환 정권은 6·10국민대회와 12일의 시위에 바짝 긴장하고 쪼그라들어 있었다. 6월 13일 아침 9시 10분 전두환은 관계 장관들과 청와대 비서실장·경호실장 등이 참석한 가운데 명동성당 사태를 논의했다.

이 자리에서 고건 내무장관은 11일에 이어 12일에 1만 3,000명이 교내 시위를 했고, 가두시위는 전날보다 훨씬 확대되어 83개소에서 5만 7,000명이 참여했다고 보고했다. 문제는 시민의 참여였다. 고건은 "일부 시민이 동조 가담하거나 고무하는 것이 심각한 현상입니다"라고 단도직입적으로 말했다.

6월 11일만 해도 주변에서 관망하고 손뼉을 치거나 경찰에 야유를 보내는 정도였는데, 12일에는 군중이 시위에 합세했다는 것이다. 고건은 "시민의 호응도가 두드러졌습니다"라고 보고하면서, 그러한 한 예로 6월 12일 오후 2시경에 시위대가 약이 필요하다고 하자 시민들이 즉석에서 모금을 한 것을 들었다.

시민의 호응 못지않게 심각한 문제는 진압경찰이 피로가 쌓여 있고 주변 군중들의 야유로 사기가 크게 위축되어 있다는 점이었다. 이 점까지 보고하자 전두환은 어떻게 전망하느냐고 고건에게 물었다. 고건은 시위 사태가 계속될 것이라고 비관적으로 답변했다. 전두환은 용기를 갖고 시위를 진압하라는 뜻으로 경찰이 위축될 필요가 없다고 말했지만, 고건은 "서울이 심합니다"라는 말을 덧붙이지 않을 수 없었다.

6월 10일의 시위도 그때까지 볼 수 없었던 규모였고, 그것에는 민주화의 열망이 담겨 있었는데, 명동성당농성 사태가 계속되면서 넥타이 부대가 등장하는가 하면 일반 시민들이 적극적으로 시위를 지원하고 가담하는 사태가 일어났다.

전두환은 13일 회의에서도 시위와 명동성당농성 사태가 급진좌경 세력과 반체제 세력의 연계하에 일어난 것으로 주장했지만, 사실은 무력하고 소극적으로 보였던 민중들이 역사의 주체로 능동적이고 적극적으로 스스로를 일으켜 세워 자신의 요구를 주장하기 시작한 것이었다.

이러한 모습은 광주항쟁을 제외한다면 과거에 보지 못했던 새로운 사태였다. 광주항쟁에서 민중이 나선 것에 대해서 전두환은 색안경을 쓰고 난동으로 몰아붙일 수 있었으나, 6·10대회와 그 이후 12일까지 보여준 상황은 그렇게 몰아붙이기가 쉽지 않았다.

전두환의 의기를 더욱 떨어뜨린 것은 5·25개각으로 중임을 맡은 자들이 시위에 맞서 싸워 진압하려는 의지가 박약하다는 점이었다. 다른 때 같았으면 안기부장이나 주무 장관이 충성심을 강조하면서 강경 진압하겠으니 걱정하지 말라고 나왔을 터인데, 이한기 총리, 안무혁 안기부장, 고건 내무장관, 정해창 법무장관 등 시국 관련 책임자들이 참석한 6월 13일 회의가 말해주듯 새로 '중임'을 맡은 자들은 태도가 달랐다. 오죽하면 전두환이 회의석상에서 "저들은 사생결단의 태세로 나오는데 우리는 안 그런 것 같아요"라고 말했을까.

명동성당농성 사태는 건국대 사태와 전혀 다른 점이 있었다. 천주교를 대표하는 성당이어서 성당 내부에 경찰을 투입하는 데 한계가 있었다. 6월

13일 회의에서 전두환이 언급했듯이 천주교 측에서 학생·시민의 농성 사태를 곱지 않은 시선으로 보고 있는 사람들도 있었으나, 정의구현사제단이 아니더라도 4·13호헌조치는 김수환 추기경 등 많은 천주교 사제들의 비판을 받고 있었다. 6월 13일 회의에서 전두환이 "정부로서는 명동성당 사태에 인내를 보여주도록 합시다"라고 말한 것은 아무리 머리를 써봐도 다른 뾰족한 수단이 없기 때문에 나온 발언이었다.

문제는 또 있었다. 이날 회의에서 이한기 총리가 "경찰이 진입하면 심각하니 성당 측이 자진해서 학생들을 풀게 하는 것이 좋은 방식"이라고 지적했을 뿐만 아니라 현 사태를 위기로 진단하고 있다는 점이었다. 이한기가 현 사태를 위기라고 한 것은 순리로 문제를 해결하지 않으면 더 큰 사태가 발생할 수 있음을 시사했다고 볼 수 있다. 그런데 그러한 상황 판단은 고건 등 다른 관계자들도 하고 있었다. 7년 전의 광주사태가 겹쳐 떠오르면서 전두환은 답답했고 깊은 고민에 빠지지 않을 수 없었다.

5

명동성당농성투쟁의 파장

눈물로 범벅이 된 명동성당 결혼식

13일 오전에도 농성 해제 문제는 결론이 나지 않았다. 일부 시민과 학생들은 집행부의 무계획성이나 동요에 반발했다. 왜 강력한 투쟁을 전개하지 않느냐는 불만이었다. 학생과 시민 300여 명은 오전 10시쯤 끝까지 투쟁할 것을 결의했고, 조금 지나 성당 입구로 나가서 10여 분간 "호헌철폐", "독재타도" 등의 구호를 외치며 시위를 벌였다.

정오에 농성시위대는 '명동투쟁 민주시민 학생 일동'의 이름으로 「민정당의 6·10 사기극에 철퇴를 가하는 민주화운동의 교두보 마련을 위하여」를 발표했다. 이 성명서에서 농성시위대는 6·10국민대회 등으로 구속된 국본 관계자와 시민·학생이 석방될 때까지 '이곳에서' 투쟁할 것임을 천명했다. 이 성명서 구호에는 군부독재타도, 민주헌법쟁취, 시민 동참 호소와 함께 "독재조종 호헌지지 미국놈을 몰아내자!!"가 들어 있다.

이 성명서가 발표될 무렵부터 명동성당 본당에서 결혼식이 예정되어

1987년 6월 13일 웨딩드레스 차림의 신부가 명동성당에서 결혼식을 올리기 위해 농성시위대 앞을 지나자, 시민들이 박수를 보내고 있다. 경찰은 이날 성당 측 요청을 받아들여 결혼 당사자와 하객들의 출입을 허용했다.

있던 신랑·신부와 하객들이 들어오게 되어 있었다. 성당 측의 설명과 자제 요청에 농성시위대는 4쌍의 신랑·신부와 하객들의 출입을 위해 정문에 쌓은 바리케이드의 절반을 철거하고 시위를 자제했다. 그러나 외부의 지원군 시위가 더욱 커지면서 성당은 최루가스로 뒤덮였다. 하객들은 자연스레 농성시위대 집회에 동참했고, 농성시위대의 박수와 환호를 받으며 눈물로 범벅이 된 결혼식을 치렀다. 이때부터 성당 출입이 자유로워졌고, 성금도 답지했다.

점심시간이 되자 명동 일대는 다시 민주화운동의 광장으로 변했다. 사무실과 상가 사람들 200여 명이 성당 입구 쪽으로 와 성당 앞 차도에서 농성시위대 대원들과 마주 보며 '시민과의 토론회'를 가졌다.

토론회가 진행 중일 때 서울교구 각 성당에서 온 수녀 100여 명이 성당 입구 양쪽에 열을 지어 서서 '시국을 걱정하는 평화기도회'를 열었다. 수녀들은 〈주님의 뜻을 이루소서〉 등의 성가를 부르고 주기도문을 낭독해 주변의 분위기를 비장하게 했다.

토론회를 마친 시민들은 평화행진을 벌였다.

농성시위대가 검게 탄 꾀죄죄한 모습으로 대오를 지어 성당 언덕에 오르자 전날처럼 빌딩 사무실 창문이 열리면서 박수와 함성이 쏟아져 나왔다. 사무원들이 창 너머로 던진 두루마리 휴지가 하얀 꽃비처럼 포물선을 그리며 떨어졌다.

역시 넥타이 부대는 점심을 먹고 사무실로 들어가기 전에 성당 쪽으로 몰려와 구호를 외쳤다. 남대문시장 상인들은 속옷·양말·수건 등 팔고 있던 물건을 보내왔다. 시민들의 성금이 11일까지 28만 원이었는데, 13일에는 670여만 원으로 증가했다.

전두환 정권, 사제들에게 중재 요청

이날 오후 조종석 서울시경 국장은 기자들에게 강제 연행은 없을 것이라고 밝혔다. 전두환 정권은 사제들에게 중재를 요청했다. 강제 진압을 포기한 것이 분명했다. 천주교 측도 명동성당농성 사태가 끝나기를 바랐다. 농성 사태는 천주교 측에서도 예기치 못한 일로, 교회로서는 농성자들을 보호하지 않을 수 없었지만 16일에는 천주교 정의평화위원회 미사가 예정되어 있었다.

2시경 김수환 추기경은 서울교구 소속 사제단 임시총회를 소집해 농성자들이 안전하게 귀가할 수 있는 방안을 모색했다. 같은 시간 함세웅 신부가 천주교 측을 대표해 모처에서 '전권'을 가진 정부 고위당국자와 만나고 있는 것을 기자들이 확인했다.

자정에 농성시위대는 문화관에서 전체 토론회를 가졌다. 이 토론에는 여러 재야단체, 노동단체의 간부들도 참석했다. 농성시위대가 지도부를 성토하는 발언이 많았다. 전반적으로 농성시위대는 몹시 지쳐 있었고 긴장감이 이완된 가운데, 지도부의 현장 장악력이 갈수록 떨어졌다.

이날 서울대·연세대·고려대 등 10여 개 대학 학생들이 대학별로 '6·10대회 관련 학우 석방'이나 최루탄 사용 중지를 요구하는 집회를 갖고 명동 등 시내 중심가로 나와 산발적으로 시위를 벌였다.

밤 11시쯤 종로3가 종묘 앞 공원에서는 시민들 사이사이에서 학생들이 구호를 외치며 시위를 했다. 공원에 놀러온 시민 500여 명은 최루탄 발사에 항의하며 1시간 동안 시위를 했다. 또 경찰이 최루탄 발사에 항의하는 시민 3~4명의 팔을 꺾어 경찰 호송차로 연행하자 이것에 항의하는 시민들의 시위도 있었다.

부산에서는 전날보다 시위 규모가 커졌다. 오후 7시경 병영 집체훈련을 마치고 부산역에 도착한 수산대·산업대 학생들과 이들을 마중 나온 학생들이 합세하여 부산역 앞 8차선을 점거하고 연좌농성을 벌였다.

지나가던 시민과 대합실 시민 등 1만여 명의 시민들이 학생들에게 환호의 박수를 보냈다. 얼음과자를 수십 개씩 사서 시위 학생들에게 던져주는 시민들도 있었다. 1시간여에 걸쳐 연좌농성을 벌이던 1,000여 명의 학생들은 시내로 진출하려 했으나 경찰의 무차별 최루탄 발사로 흩어졌고, 여러 명이 부상을 당하고 연행되었다. 비슷한 시간에 부산대 집회에 참가한 학생 7,000여 명 중 2,000여 명이 경찰의 저지선을 뚫고 가두로 진출해 사직동 고속버스터미널까지 진출했으나 경찰의 최루탄 발사로 해산했다.

마산에서도 전날에 이어 오후 2시경 경남대생 1,000여 명이 교내 시위를 한 뒤 교문 밖으로 나가 창동 시민극장 앞, 동성동·오동동·남성동 사거리에서 11시 30분경까지 산발적으로 시위를 벌였다.

대전에서도 매일같이 시위가 벌어졌다. 충남대생들은 2시에 비상총회를 연 뒤 교내 시위를 가졌다. 충남대생 1,000여 명과 목원대생 100여 명은 대흥동성당으로 진출해 늦은 밤까지 시위를 벌였다. 한남대생 1,000여 명은 교내 집회를 갖고 가두진출을 시도하다가 한 학생이 최루탄에 부상을 입고 입원했다. 한남대생 200여 명은 철야농성에 들어갔다.

이날도 이한열이 사경을 헤매고 있다고 보도되었다. 회복 가능성이 없다는 보도도 나왔다.

전두환 정권은 13일 어느 정도 안도의 숨을 내쉬었다. 이한기 총리는 청와대 아침회의에서 치안본부도 가고 시경도 가서 경찰을 격려하라는 전두환의 지시에 따라 치안본부와 시경을 순시했다. 그러면서 빈번한 최루탄 사고를 의식해 시위 진압 시 안전 수칙을 지키라고 지시했다.

군 수뇌부까지 참석한 청와대 회의

14일에도 청와대에서는 오전 9시 30분부터 회의가 열렸다. 이 회의에서 권복경 치안본부장은 6월 12일에 5만 7,000명이, 13일에는 1만 3,000명이 데모에 참가했다고 보고했다. 고건 내무장관은 6월 11~12일에 데모가 가속화되다가 13일은 절반으로 감소되었다고 보고하면서 경찰 능력으로 진압에 자신이 있다고 피력했다. 이들은 13일이 토요일이라는 점을 애써 간과하고 있었다.

이날 회의에는 안기부장, 외무·내무·법무·국방·문교·문공 장관과 서울시장 외에도 합참의장, 육·해·공군 참모총장, 한미연합사 부사령관, 보안사령관, 수경사령관 등 군 수뇌부가 자리를 같이했다.

이 자리에서 전두환은 경찰이 치안을 회복하지 못하면 비상조치를 발동해 휴교, 정당 해산, 헌정 일부 중단과 같은 초헌법적인 모든 조치를 취할 수밖에 없다고 말했다. 그리고 군 지휘관들에게 주요 대학에 들어갈 수 있는 군 병력을 출동 준비하라고 지시했다.

전두환이 군 수뇌부를 불러 병력 출동 준비를 하라고 지시한 것은 한편으로는 군 지휘관에게 사태의 중요성을 각인시키고 민간인 장관들에게 비상시국의 각오를 갖도록 하기 위해서였지만, 다른 한편으로는 대국민용 엄포이기도 했다. 실제로 군을 출동시키겠다는 긴박감을 이날 회의에서는 찾아보기 어려웠다. 이날 회의의 결론이기도 했지만, 전두환은 명동성당농성 사태에 대해 다음과 같이 지시했다.

명동성당은 오늘 자정을 기해 전부 풀어주시오. 안 잡을 테니 나가라고 해요. 시경 국장이 추기경을 만나자고 신청해서 오늘 저녁에 다 내보내라고 해요.

6월 14일은 일요일이었다. 14일 아침 농성시위대는 여성 약 70명을 포함해 350명 정도였다. 경찰은 미사를 드릴 수 있도록 일반 사람들이 성당을 드나드는 것을 허용했다. 농성시위대는 바리케이드를 완전히 철거했다. 아침부터 신자와 일반인들이 모여들었다.

오전 10시경부터 농성시위대 주최로 시국토론회가 성모 마당 앞에서 진행되었다. 대중집회 또는 대중토론회는 6월 10일에 여러 지역에서 있었는데, 광주항쟁에서도 있었던 시국토론회는 명동성당농성투쟁의 꽃이었다.

날짜에 따라서 모양새가 크게 달랐지만, 시민과 학생들이 토론에 적극 참여하여 의견을 개진한 것은 누구에게나 인상적이었다. 명동성당 농성장은 연설과 토론이 활발히 행해진 대중집회장이었다.

정오가 지나면서 부모와 교수들이 동원되어 귀가를 종용했다. 돌아가는 학생들은 없었으나, 부모와 자식이 서로 쳐다보면서 울음을 터트리는 장면은 보는 이로 하여금 안쓰럽게 했다.

성금을 받는 책상 앞에는 사람들이 줄을 이었다. 그 대열의 끝이 어딘지 알 수 없을 정도로 길었다. 대부분이 신자였는데, 〈우리는 주의 사랑을〉 등의 성가를 부르며 헌금하려고 가져온 돈을 아낌없이 내놓았다. 성금 외에도 격려 편지, 옷, 식료품, 쌀, 의약품도 들어왔다. 우황청심환을 가져온 수녀도 있었고, 군용 담배인 은하수를 놓고 가는 사람도 있었다.

6월 10일부터 15일까지 들어온 성금은 2,039만 원이었다. 농성자들은 쌀 구입비 20여만 원을 제외한 성금 2,000여만 원을 성당에서 천막 생활을 하고 있는 상계동 철거민과 농성 중 부상당한 사람들, 이한열, 그리고 성당 농성으로 인해 유리창 등 기물이 부서진 명동상가 상인들에게 배분하기로 했다.

김병도 명동성당 주임신부는 오후 1시 30분경 「우리 명동성당 안에 함께하는 학생, 청년, 시민 여러분」이라는 제하의 성명을 발표해 "교회는 교회 본연의 사명을 수행할 수 있도록, 또한 여러분은 여러분대로의 생활 현장에서 각자의 소명을 수행할 수 있도록 안전 귀가를 보장하는 사제단의 뜻을 긍정적으로 수용하도록 권고하는 바입니다"라고 해산을 호소했다. 천주교 측은 '안전 귀가와 명동농성 관련 구속자의 전원 석방'을 경찰이 받아들이기로 한 것은 큰 성과라는 점과 언제까지나 교회의 기능을 마비시킬 수는 없다는 점을 들어 농성시위대 해산을 종용했다.

전두환 정권의 최종 약속

14일 상오 0시 30분경 조종석 시경 국장은 해산 후 학생들을 처벌하지 않겠다는 전두환 정권의 메시지를 전달했다. 그러나 내부 조율이 되지 않아서인지 안기부 차장이 함세웅 신부와 면담해서는 안전 귀가는 보장하되 귀가 후 선별 체포하겠다는 입장을 전달했다. 오후 1시 가까이 되어 전 정권의 전권 위임자가 함 신부에게 "15일 정오까지 농성을 해제할 경우 농성시위대 전원의 안전 귀가를 보장하고 사법 조치를 하지 않겠다"는 최종 약속을 전했다. 2시경 함 신부는 농성시위대 지도부에 이 사실을 알리고 긴급히 결정해줄 것을 요청했다.

2시경부터 규모가 큰 시국대토론회가 열렸다. 시민들이 농성시위대를 보호하기 위해 성당 입구에서 집회 장소에 이르기까지 원형의 인간 바리케이드를 만들었다. 구속 학생 가족과 여성단체 회원들이 카네이션 400송이를 꽂아주고 '최루탄을 쏘지 말라'는 유인물을 전경들에게 나누어주면서 포옹했다. 서양 영화에나 나올 법한 장면이었다. 지켜보고 있던 시민들이 박수를 보냈다. 경찰 간부는 꽃을 떼버리도록 지시했다. 이 시국대토론회에서는 나이가 지긋한데도 11일부터 농성장을 한 번도 떠나지 않은 이천재의 피를 토하는 듯한 연설이 열렬한 박수를 받았다.

6시경 비가 내리기 시작할 무렵 경찰은 명동성당을 에워싸고 있는 병력을 철수하기로 결정했다. 같은 시간에 전 정권이 제시한 최종안에 대한 대응을 결정하기 위해 지도부 회의가 긴급 소집되었다. 지도부는 4시간에 걸쳐 격론을 벌인 끝에 농성 해산 쪽으로 의견을 모았으나 최종 결정은 농성자 전원 회의에서 하기로 했다.

시국토론회에 참가했던 시민들은 비가 더욱 굵어져 더 이상 앉아 있을 수 없게 되자 일어나 명동거리로 촛불행진을 벌였다. 10시경 다시 시국토론회가 열렸을 때 이상희 내무차관이 성당 마당에서 서성거리다가 사진기자의 플래시가 터지면서 시위대한테 신분이 노출되었다. 그는 흥분한 군중에 의해 끌려나오다가 "질서", "질서"를 외치며 학생들이 몸으로 감싼 덕분에 한쪽 다리를 차인 뒤 풀려났다.

밤 11시 10분경에야 토론이 끝나 200여 명의 농성 학생이 시민들에게 큰절을 올린 후 박수를 받으며 농성장으로 돌아갔다. 학생들은 질서와 비폭력을 강조했고, 시민과의 유대에 신경을 썼다. 시민들과 신자들은 "독재타도" 구호를 외치고 해산했다. 시민들 중 40여 명이 가지 않고 농성에 합류하겠다며 머리띠를 요구했으나, 프락치 침투를 우려한 집행부는 이들의 참여 요구를 거부했다. 함세웅 신부는 10시경 경찰에 병력 철수를 요구했다. 경찰은 10시 15분경부터 성당 주변을 에워싼 1,500여 명의 병력을 외곽으로 철수시키고 명동성당농성 관련 연행자 66명을 모두 훈방 조치했다.

14일은 일요일인데도 몇몇 지역에서 시위가 있었다. 부산 시내 각 대학은 이날도 대학별로 집회를 갖고 교내 시위 후 거리로 나섰다. 부산대생들이 시위를 벌인 사직구장에서는 해태와 롯데의 프로야구 경기가 벌어졌는데, 경기가 끝날 무렵 응원 구호가 "화이팅"에서 "독재타도"로 바뀌었다. 시민들은 "독재타도" 구호와 함께 〈우리의 소원〉과 애국가를 부르며 경기가 끝났는데도 경찰의 강제 해산이 있을 때까지 경기장을 빠져나오지 않았다.

인천 인하대생 1,000여 명은 비상총회를 마치고 거리로 진출해 동인천역 부근에서 경찰과 대치했다. 일부 학생은 학교로 돌아와 철야농성을 벌였다.

전주에서는 예장(통합) 전북노회 주최로 성직자·신자 등 1,000여 명이 참석한 가운데 '나라를 위한 연합예배'를 마친 뒤 태극기와 성찬기를 앞세우고 "호헌철폐", "독재타도" 등의 구호를 외치면서 도심에서 1.5킬로미터

가량 걸으며 가두시위를 벌였다. 광주에서는 문빈정사에서 불교 승려와 신도 100여 명이 시위를 벌였다. 전남대생 1,000여 명도 시위를 했다.

익산 원광대는 13일 학생회 간부들이 삭발식을 갖고 철야농성에 들어간 것에 이어 일요일인 14일에도 학생들이 경과 보고대회를 갖고 교문 밖 진출을 꾀해 학교 버스를 타고 익산역으로 나갔다.

팽팽히 맞선 해산 찬성과 반대

6월 15일은 6월 항쟁사에 한 획을 긋는 날이었다.

명동성당 농성장에서는 상오 1시 눈을 붙이고 있던 농성시위대까지 깨워 농성 해산 문제에 대한 전체 토론에 들어갔다. 농성 해제 찬성 측과 반대 측이 팽팽히 맞서 한 치도 물러서지 않았다. 천주교 측은 '15일 해산'이 확고한 입장 같아 보였다. 국본이 18일 '최루탄 추방대회'를 연다는 소식도 들어와 있었다.

농성시위대는 몇 개 조로 나누어 분임 토론의 형태로 진행하고, 조별 토론 결과 발표와 전체 토론을 거쳐 최종 결론은 농성시위대 전체의 거수 표결로 정하기로 합의했다.

상오 3시경부터 농성시위대 신원을 재점검하고 조별로 토론을 벌였다.

농성 해제를 주장하는 사람들은 농성 지도부가 농성 해제 조건으로 제시했고, 그래서 그것에 따라 함세웅 신부가 당국과 합의한 바 있는 안전 귀가, 귀가 후 연행 및 체포 구속 불가, 연행자 및 구속자 석방이 치열한 투쟁으로 얻어낸 성과고, 이제 해산을 통해 국본·천주교 측과 보다 높은 연대를 이루어내야 한다는 점을 역설했다.

농성을 계속하자고 주장하는 사람들은 군부독재와는 원칙적으로 타협

6월 15일 명동성당 농성시위대는 힘든 토론과 투표 끝에 명동투쟁 해산을 결의했다. 사진은 명동성당에 빈틈 없이 들어찬 시위대의 모습(1987. 6. 14).

이 있을 수 없으며, 타협은 안전 귀가가 아니라 호헌철폐와 구속자 석방이어야 한다, 농성을 해산하는 것은 열렬한 지지에 대한 배신이며, 지금 전국적으로 대중투쟁이 전개되어가고 있는데, 그 동인은 우리의 농성투쟁이었다, 그리고 농성 해산은 투쟁의 구심점을 상실하는 것이라고 주장했다. 의료 관계 학생들로 구성된 의료반이 가장 강경했고, 시민 팀들도 결사항쟁을 역설했다. 삭발·단식을 하자는 제안도 나왔다.

분임 토론에서는 대체로 농성을 계속하자는 의견이 우세했는데, 다수의 학생들은 치열한 투쟁을 계속해야 한다는 당위감이나 의무감과 함께 "과연 이 투쟁이 언제 끝날 것인가, 어떻게 해서 끝날 것인가"라는 점도 계속 생각하지 않을 수 없었다.

집행부는 아무래도 투쟁의 마무리에 관심이 많았다. 아침 6시경 각 조별 토론 결과를 듣고 전체 토론에 들어가자 또다시 반반으로 의견이 맞섰다. 투표 결과 213명 중 해산에 찬성 85, 반대 98, 기권 14로 농성을 지속하자는 주장이 우세했으나 과반수에 못 미쳐 다시 투표하기로 했다.

토론장 분위기를 듣고 함세웅 신부가 달려와 농성자들에게 30분 정도 그야말로 열변을 토했다. 함 신부는 "분열되지 않고 한결같은 행동, 하나의 목소리가 힘이 돼왔다. 저들이 바라는 대로 우리가 갈라지면 힘의 낭비요 소모다. 또한 여러분들은 교회의 한계와 교회의 자리를 존중해줘야 한다. 우리의 발목을 잡으면 우리가 더 일을 할 수가 없다"는 요지의 발언이었다. 명연설로 농성자들이 따라 울기도 하고 웃기도 했다.

2차 투표에서는 찬성 111, 반대 104로 해산이 우세했으나 기권자 표에 대한 이의 제기로 3차 투표를 하게 되었다.

3차 투표에는 그동안 지원체제로 되어 있어 투표에 참가하지 않았던 명동성당 청년단체연합회가 합류했다. 9시경 실시된 3차 투표는 찬성 119, 반대 94로 농성 해산으로 결판이 났다.

이렇게 결정이 나자 해산에 반대했던 학생들이 의자에 주저앉아 눈물을 흘리는가 하면 한 학생은 건물 밖으로 뛰어나와 자해 행위를 하려다가 동료들의 만류로 중단했다. 시민 팀 남자들한테서 통곡이 나왔다.

이때 김수환 추기경이 농성장에 들어와 핸드마이크로 민주주의 원칙에 따라 결정한 것과 투표 결과에 승복한 것에 감사하다는 연설을 10여 분 동안 하고 농성시위대와 악수를 나누었다. 농성자 일부는 분노를 표시하며 악수를 거부했지만, 김 추기경은 그런 것에 개의하지 않고 일일이 악수를 청했다.

농성 강행을 주장한 사람들은 격분에 차 결사항쟁을 주장했다. 우리가 설 땅이 이곳뿐이냐는 탄식도 나왔다. 장내는 소연騷然해졌고 지도부는 어쩔 줄 몰라 했다. 그때 맑은 얼굴의 젊은 여자 스님이 단상에 올라 "우리가 내린 결정을 우리 스스로가 깨면 누구더러 민주주의 하자고 할 수 있겠느냐. 우리가 왜 졌느냐. 민주투쟁은 지금부터다"라고 힘 있게 말했다. 장내는 숙연해졌다. 침묵이 흐르던 중 갑자기 일각에서 농성투쟁을 마치는 심정을 혈서를 써서 남기자고 제의했다. 20여 명이 앞다투어 나와 "독재타도, 호헌철폐"라고 혈서를 썼다.

청사에 길이 빛날 명동투쟁

낮 12시가 가까웠다. 길고 힘든 토론과 투표 끝에 해산이 결정되었다. 이별을 앞둔 농성장은 서로 뜨겁게 악수를 하며 주소를 적어주면서 다시 만날 약속들을 했고, 헤어지는 것을 무척이나 아쉬워했다.

12시 20분경 농성시위대가 스크럼을 짜고 대형 태극기를 앞세운 채 문화관 앞을 나섰다. 성당 일대는 벌써 농성 해산 소식을 듣고 찾아온 기자와 시민들로 발 디딜 틈도 없이 인산인해를 이루었다.

1시를 전후해 성당 입구 쪽 로얄호텔에서부터 코스모스백화점에 이르기까지 약 2만여 명의 시민이 운집해 학생들과 함께 구호를 외치고 애국가를 불렀다. 상인이나 일반 노동자보다 넥타이를 단정히 맨 회사원 등 화이트칼라층이 대다수를 차지했다. "호헌철폐, 독재타도"를 외치는 넥타이 부대를 향해 빌딩 사무실의 여자 사무직원뿐만 아니라 미장원의 미용사도 나와서 박수로 호응했다. 꽃다발을 던지는 여성도 있어 한 외신기자는 이곳이 서울이 아니고 파리가 아닌가 하는 생각이 들었다고 밝히기도 했다. 모두 다 들떴고 뜨거운 마음이었다.

명동성당 농성시위대는 마지막 마무리를 서둘렀다. 서울대 김영수 등학생 10명과 시민 2명은 농성 중에 구속된 동지들의 석방을 확인할 때까지 성당에 남아 단식투쟁을 하겠다고 천명했다.

6월 15일 4시쯤 농성학생들을 태운 버스가 명동성당을 떠나자 주변 1,000여 명의 시민과 학생들이 뜨겁게 박수를 보내고 있다.

해산식에서 '명동투쟁 민주시민, 학생 일동'의 이름으로 「명동투쟁을 마치면서」라는 제하의 성명을 발표했다. 이 성명에서 시위대는 "저희들이 농성을 푸는 가장 큰 이유는 명동투쟁에서 고양된 민주화투쟁의 열기를 민족민주운동 세력의 더욱 높은 연대투쟁으로 승화시켜 군부독재의 종식을 쟁취하기 위해서"라고 해산의 이유를 밝혔다. 그리고 전두환 정권 및 미국에 "1) 4·13호헌조치의 철회, 2) 6·10대회 관련 구속자 및 양심수의 전면 즉각 석방, 3) 미국의 독재 조종, 호헌 지지에 대한 즉각적인 중단"을 요구했다.

성명서 주체자의 명칭이나 성명서에서 명동성당농성투쟁이라고 하지 않고 명동투쟁이라고 한 것을 눈여겨볼 필요가 있다. 이들은 6월 10일부터 15일까지의 투쟁의 주체를 자신들로 한정하지 않았다. 넥타이 부대로 불린 남·여 사무원, 명동 일대에 진출해 싸운 각 대학의 학생들, 명동 상인, 남대문 상인, 일반 시민, 천주교 신자가 명동 일대에서 하나의 마음으로 어우러져 투쟁한 것의 한 부분으로 자신들을 자리매김한 것이다.

명동투쟁은 남대문 상인이나 계성여고생들도, 또 시청 앞 등 도심지에서 싸운 학생·시민들의 투쟁도 포함하여 6월 11일 밤부터 15일까지 명동성당농성투쟁을 구심점으로 하고 명동을 중심으로 전개된 투쟁으로 정의할 수 있다.

4시 농성시위대는 이들의 해산을 지켜보러 온 시민들의 환호와 박수를 받으며 지역별로 나뉜 3대의 버스와 2대의 봉고차에 탔다. 이들은 속옷과 양말을 빨아주고 밥도 지어주고 라면도 끓여준 상계동 철거민 아주머니들에게 허리를 깊이 숙여 감사의 뜻을 표하고 아쉬운 이별을 했다.

버스에 타면서 시위대는 햇볕에 그을린 얼굴에 눈물을 흘리며 시민들에게 손을 흔들었다. 버스가 성당 정문을 나서자 YWCA회관과 여러 금융회사 사무원들이 창문을 열고 박수로 성원했다. 시민들은 버스에 탄 시위대가 보이지 않을 때까지 손을 흔들었다. 가슴이 저리도록 여운이 남는 아쉬운 인사였다.

사제단은 각 버스에 사제 1명씩을 동승시켜 학교에 도착한 뒤 안전하게 귀가하는 것을 확인토록 했다. 남아 있던 학생 10명과 시민 2명도 모두가 무사히 귀환한 것을 확인한 후 단식농성을 풀었다.

명동투쟁으로 6월 항쟁이 있게 돼

8시 정의구현사제단 주최로 '나라의 민주화를 위한 특별미사'가 명동성당에서 거행되었다. 사제 400여 명이 참여한 가운데 김수환 추기경이 미사를 집전했다. 2시간 동안 진행된 특별미사는 10시경 영성체 의식을 마지막으로 끝났다.

특별미사를 마친 뒤 신부·수녀·신자 등 5,000여 명이 한 손에 촛불을 들고 한 손에 V자를 그리며 비가 내리는데도 중앙극장과 코스모스백화점 두 방향으로 행진을 했다. 성당 밖에 있던 학생과 시민 1만여 명이 뒤따랐는데, 인파는 곧 1만 5,000여 명으로 불어났다. 아름답고 장엄한 행렬이었다. 시위 행렬은 경찰과 대치하다 성당으로 다시 돌아와 해산했으나 1,000여 명은 밤늦도록 시위를 벌였다.

명동성당농성투쟁이 6월 항쟁에서 중요한 위치를 차지하고 있다는 점에는 이의가 거의 없지만, 그러면서도 대개는 6월 항쟁으로 가는 징검다리 정도로 이해하고 있다. 그러나 6월 10일 밤부터 6월 15일까지 지속된 명동에서의 투쟁을 중심으로 한 서울 도심지 투쟁으로서 명동투쟁은 단순히 6월 항쟁으로 가게 한 징검다리에 머무는 정도가 아니다. 명동투쟁으로 6월 항쟁이 있게 된 것이다. 명동투쟁은 6월 항쟁의 중심적 투쟁의 하나로, 6월 항쟁은 명동투쟁을 통해 구체성을 지니게 되었고 내실이 다져졌다.

명동투쟁은 호헌철폐, 군부독재타도의 강렬한 시대적 분위기에서 6·10 국민대회를 이어받아 그것을 더욱더 강력히 발전시켜야 한다는 무의식적·의식적인 역사적 힘의 결집이었다. 따라서 6·10대회에 이어 당연히 명동투쟁과 같은 형태로 표출될 수밖에 없었기 때문에 '만일'이라는 표현은 원천적으로 부적합하지만, '만일'에 명동투쟁이 없었더라면 우리가 6월 항쟁으로 부르는, 가슴을 뛰게 하는 그 위대한 항쟁이 가능했을까.

국본은 6·10대회가 2·7대회, 3·3평화대행진과는 비교가 안 되게 폭발적인 위력을 가진 민주화운동이라는 것을 지켜봤기 때문에 최루탄추방대회 같은 제2의 대회를 조만간에 지정했을 것이다. 그렇지만 명동투쟁 없는 제2의 대회는 추동력이 약할 수밖에 없었을 것이다.

명동성당농성투쟁은 6·10대회투쟁이 자연스럽게 발전한 것이다. 명동성당이 농성장이 된 것도 6·10대회 서울투쟁이 주로 을지로 입구에서부터 퇴계로·남대문시장 사이에서 전개되었기 때문이었다. 그렇지만 농성장이 교회나 다른 장소가 아니라 명동성당이 된 것은 전두환 정권에게 큰 부담을 주었음에 틀림없었다. 그런 점에서 '우연히' 명동성당이 '택해진' 것은 앞에서 언급한 '이성의 간지'나 '신의 섭리'가 또다시 나타난 경우라고 할 수 있다.

서울교구 사제나 명동성당 관계자들이 명동성당농성을 성소를 어지럽히는 행위로 보거나 성당 일정에 중대한 차질을 빚는 것으로 판단하고 일부 명동성당 관계자들처럼 전두환 정권의 '진압'에 협조적이었더라도 6월 항쟁의 양상은 달라졌을 가능성이 있다. 농성을 6월 11일이나 금요일인 12일 오전에 해산해 돌이킬 수 없는 실수를 저질렀더라면 어떻게 되었을까.

왜 의료반이 농성 해산에 가장 강력히 반대했을까. 그것은 의료반이 최루가스 자욱한 한가운데에서 부상자를 실어 나르며 어느 단체보다도 가까이에서 땀에 범벅이 된 부상자들의 상처와 투쟁의 눈빛을 수도 없이 보았기 때문이 아닐까. 명동성당 시위대의 부상 상태는 그들이 어떠한 격전을 치렀는지를 잘 말해준다.

중상 27명, 경상 224명, 수포 환자 130명, 파편 부상 5명, 찰과상 27명, 눈 부상 5명(그중 1명 실명), 절상 3명, 골절상 8명, 타박상·화상 등 73명.

명동성당농성에는 학생이나 일반 시민 외에도 노동자·막노동자·노점상·술집 웨이터·구두닦이 등이 참여했다. 엘리트 학생들로서는 접촉하기 어려운 사람들이었다. 학생들은 이들이 4월 혁명, 부마항쟁, 광주항쟁에서 일역을 맡았다는 사실을 모르고 있었다. 이 농성에서 4월 혁명에서는 대학생과 함께 주역이었던 고등학생이 3명 있었는데, 어른들의 만류로 머뭇거리면서 수녀를 따라 성당 문을 나섰다. 식당에서 일하는 17세 정도의 소녀도 3명이 있었다. 이들은 돌을 주워 나르는 것이 주 임무였다.[10]

6월 15일에 다시 전국적으로 확산된 시위

명동성당 농성시위대가 15일까지 버티다가 해산한 효과는 바로 그날부터 드러났다.

13일 토요일, 14일 일요일이 지나 15일 월요일이 다가오면서 시위는 다시 격화되었다. 14일 아침에 고건 내무장관과 권복경 치안본부장은 전두환에게 경찰은 만반의 준비를 갖추고 있으며 월요일에 12일 정도의 많은 사람이 나와도 경찰 능력으로 진압할 자신이 있다고 말했다. 그러나 대전 같은 대도시나 진주·천안 같은 중소도시에서의 월요 시위는 정부가 호언장담하며 예상한 결과와는 전혀 달랐다. 쏟아져 나온 시위대에 비해 경찰의 병력은 역부족이었다. 경찰은 시위를 막을 엄두도 내지 못했다. 도시가 시위대에 점거당하고 마비상태에 빠지는 비상사태를 맞게 되었다. 어느 나라 어느 지역에서든 군부파시스트 독재정권이 강력하게 내세우는 철벽 같은 치안 유지가 여러 도시에서 허물어진 것이다.

6월 10일부터 13일까지 계속 시위를 벌여온 대전에서는 6월 15일 도시가 상당 부분 마비되다시피 했다. 이미 오전 10시경부터 한남대생 5,000여 명이 단과대별로 대중집회를 가졌고, 일부 학생이 후문으로 나가 가두시위를 전개했다. 같은 시간 충남대에서는 8,000여 명이 비상총회를 열어 수업 전면 거부를 결의했다. 목원대생 1,000여 명과 대전대생 500여 명도 기말고사를 거부하고 민주화투쟁에 나설 것을 결의했다.

6월 항쟁 때 대전에서는 대규모 시위가 잇따라 일어났다. 유성 시내를 휩쓴 충남대생 1만여 명이 유성·대전 간 도로에서 호헌철폐를 요구하며 시위를 벌이고 있다(1987. 6. 15).

4시 충남대생 2,000여 명이 2개 대열로 나뉘어 정문과 후문 돌파를 시도했는데, 정문을 돌파하고 유성으로 진출한 것이 경찰의 허를 찔렀다. 1979년 10월 16일 부마항쟁에서처럼 경찰이 예상치 않은 지역으로 학생들이 대거 진출함에 따라 경찰은 쩔쩔매기 시작했다.

5시경 2,000여 명의 학생들이 유성파출소를 포위하고 정치집회를 열었으며, 유성극장과 전신전화국 앞에서도 각각 1,000여 명의 학생들이 대중집회를 가졌다. 학생들은 경찰과 격렬히 맞서며 유성 시가지를 점거하다시피 했다.

6시 10분경에는 가스(페퍼포그)차에 화염병을 던져 전소시켰다. 경찰의 '저항'은 현저히 약화되었고, 학생들은 유성에서 7킬로미터 떨어진 용문동4가까지 진출했다. 학생 7,000여 명은 서부경찰서 앞에서 투석전을 벌여 경찰의 무장력을 무력화시켰다. 학생들은 서대전사거리로 진출하면서 가스차 1대를 또 전소시켰다.

1만여 명의 시민들이 학생시위에 합세하고 시위가 격렬해지자 충남대 총장이 경찰과 학생 사이에 중재자가 되었고, 도경 국장과 경찰서장은 학생들이 대전역까지 평화적으로 시위하는 것을 '인정'하지 않을 수 없었다. 시위대의 긴 행렬이 지나는 곳마다 "호헌철폐, 독재타도" 함성이 진동했다. 시민들과 학생들이 도심 한복판인 중앙로를 가득 메웠고, 시위대가 대전역에 도착했을 때에는 1만 명을 넘어섰다. 시위대가 중앙로를 점거한 것은 대전 역사상 처음 있는 일이었다.

10시 지나 대전역과 중앙로 일대를 군중이 가득 메운 가운데 학생·시민 2만여 명이 '호헌철폐를 위한 범대전시민 궐기대회'를 열었다. 궐기대회가 끝난 뒤 시민과 한남대생 4,000~5,000명은 다음 날 상오 1시경까지 시위를 계속했다. 이날 대규모 시위가 장시간 있었는데도 경찰에 연행된 사람은 없었다.

단국대 천안캠퍼스 학생들은 오전 11시 30분경 집회를 가진 뒤 12시를 지나 둘로 나뉘어 시내로 진출했다. 고속도로 톨게이트 쪽으로 향했던 학생들은 고속도로를 점거하고 농성을 벌이기 위해 경찰과 투석전을 벌였다. 시위대는 전경차 1대를 포위하여 전경들을 무장 해제시킨 뒤 장비들을 불살랐으나, 경찰이 필사적으로 저지해 고속도로는 점거하지 못했다.

북일고 쪽으로 향한 다른 시위대는 북부파출소 일부를 불태우고 2시쯤 역 광장에서 시국토론회를 가진 뒤 시민들과 함께 시가행진에 들어갔다. 이 과정에서 시위대는 민정당 당사 유리창을 깨고 집기를 부수고 간판을 끌어내 불태웠다. 3,000여 명의 학생들이 천안경찰서 앞 등 도심지 곳곳에서 시위를 벌였으나 경찰은 저지할 힘이 없었다.

곳곳에서 공권력 마비시켜

부산 시위도 격렬해졌다. 오후에 부산대 6,000여 명, 산업대·수산대 각각 1,000여 명의 학생들이 교내 시위를 벌인 후 가두로 진출했다. 동아대·동의대·외국어대 학생들도 거리로 나와 6개 대학 4,000여 명이 서면 등 도심 곳곳에서 시위를 벌였다. 시위대는 부마항쟁 이후 전통적인 투쟁방식이 된, 시민의 호응 속에 경찰과 공방전을 벌이다가 200~300명이 흩어졌다 모였다 하는 방식으로 계속 싸웠다.

이날 경찰은 64발짜리 다연발 최루탄을 발사했다. 동부시외버스터미널 앞 시위에서는 경찰이 사과탄을 200여 발 쏘아대자 흥분한 학생들이 경찰을 습격해 집단 폭행했다. 10시 40분경 부산역 광장에서 2,000여 명의 시위대가 시위를 벌였고, 그중 일부가 부산경찰서와 범일파출소를 습격해 기물을 파괴했다. 11시 10분경 학생들은 부산일보사 사옥에 돌을 던져 유리창 19장 등을 박살냈다.

마산에서는 경남대생 1,000여 명이 7시경 시내로 진출해 11시 30분경까지 양덕파출소, 회원1파출소 등에 돌을 던지며 시위했다. 이날 시위에는 많은 시민들이 참여했고, 남성동파출소에 연행된 학생들을 시위대가 빼내오기도 했다.

6·10국민대회 때 주력이 마산 시위에 참여할 정도로 시위 경험이 많지 않았던 진주는 15일 경찰을 무력화시키며 격렬히 투쟁해 대전과 함께 최대의 격전지가 되었다.

오전 10시 40분경 경찰이 학생들의 협공을 견디다 못해 학교에서 철수해 시내로 간 이후부터 경상대생 3,000여 명이 쏟아져 나와 진주시청 앞과 시내 간선도로에서 시위를 벌였다. 시위대는 타 대학 학생들과 시민들의 동참을 유도하기 위해 세 갈래로 나누어 시내로 진출했다.

1987년 6월 15일 진주시청 앞에서 농성 중인 경상대학교 학생들. 이날 진주는 경찰을 무력화시키며 격렬히 투쟁해 대전과 함께 최대 격전지가 되었다.

2시경 시위대가 시청 앞에 집결했을 때 고교생·일반 시민·노동자·농민까지 합세해 3,000~4,000명이 되었고 그 일대는 '해방구'가 된 듯했다. 경찰은 시위를 통제할 능력이 없어 4시 45분경까지 진주시청 앞에서 열리는 집회를 받아들였다.

시민들이 "시장 나와라!"라고 외치자 부시장이 나와 "시장은 출타 중이다"라고 말하며 시위대에 굴복해 앰프와 스피커를 설치했다. 학생들은 "군부독재정권과 미 제국주의가 물러가지 않는 한 민주화는 요원하다. 오늘의 애국민주투쟁으로 미 제국주의를 몰아내자"고 결의했다.

대중집회는 시국토론회, 개사곡 경연대회 등의 순서로 진행되었고, 맨 나중에 전두환 허수아비 화형식을 가진 다음 행진을 시작했다. 시민들은 즉석에서 성금을 모아 집행부에 전달했고, 물·수건·담배·음료수 등을 시위대에 건넸다.

시민들은 민정당 당사에 돌을 던졌고, 중앙로터리에서 연좌시위에 들어갔다. 4·19혁명에 참가했다는 60대 할아버지가 시민들의 동참을 호소하며 "독재타도"를 외치자 모두 다 따라서 외쳤다. 7시경 시위대가 노동자들과 합세하기 위해 상평공단으로 향하자 경찰이 전력을 기울여 막았다. 11시경 시위대는 해산했다.

경찰, 6·15시위가 최고 기록이라고 발표

한편 6월 15일 광주에서는 전남대생 1,000여 명의 시위가 있었다.

익산 원광대생 3,000여 명은 교내 시위를 가진 뒤 100여 명이 열차를 타고 군산역에서 하차해 동방생명 앞까지 1킬로미터를 가두 행진했다.

대구 경북대생 1,500여 명이 오전 10시경부터 교내 시위를 벌이다 2시경 1,000여 명이 학군단 사무실에 난입해 유리창과 기물을 부수고 학군단장용 승용차 유리를 박살냈다. 6시 40분경에는 대구지역 학생들이 대구백화점 앞에 집결해 시위를 시작했다. 시위대는 200~300명으로 나뉘어 중심가를 누볐다.

경주 동국대 경주캠퍼스 학생 400여 명은 6시쯤 시내로 진출해 기습적인 가두시위를 벌였다.

한양대 안산캠퍼스 학생 1,200여 명은 지도부 연행에 항의하며 가두로 진출해 파출소 부근에 세워둔 승용차 2대를 불태우고 3대를 파손했다. 600여 명의 학생들은 안산시 중심 시가지로 나가 광명경찰서 대학동파출소까지 진출해 부근 도로에 세워둔 승용차 2대를 전소시켰다. 300여 명의 경찰이 학생들에게 최루탄을 난사하자 시민들은 도로 가운데로 나와 "쏘지 마!", "폭력 경찰 물러가라!"고 외쳤다. 안산 시내 곳곳이 최루가스로 뒤덮인 가운데 시위는 밤 10시 30분경에 끝났다.

가두로 진출한 수원 아주대생은 동수원호텔 앞에서 연좌시위를 하던 중 경찰의 직격탄에 맞아 13명이 중상, 50명이 경상을 입는 등 부상자가 다수 발생했다. 아주대생의 시위로 한때 고속도로 수원 진입로가 막혔다. 성균관대생 2,000여 명은 성대역 광장으로 진출해 경찰과 투석전을 벌이며 대치했다. 8시경에는 수원 전신전화국 앞 대로에서 학생 500여 명이 축구 관람객의 합세를 유도하며 시위를 벌였다.

인천 인하대에서는 개교 이래 가장 많이 모였다는 8,000여 명이 오전에 결의대회를 열고 오후에 시민회관 앞 주안사거리까지 진출해 한때 도로를 마비시키며 거리를 휩쓸었다. 시민회관 앞에서 시민이 합세해 경찰이 밀리면서 큰 혼란에 빠졌다.

서울에서는 명동투쟁 외에도 남대문·시경 부근에서 산발적인 시위가 있었다. 건국대생 1,000여 명이 화양동로터리를 점거하고 1시간 40분 동안 시위했으며, 을지로4가 국도극장 앞에서도, 종로3가 서울극장 앞에서도 각각 500여 명의 학생이 격렬한 시위를 벌였다.

규모가 큰 집회와 시위는 연세대에서 있었다. 연세대생 8,000여 명은 낮 2시부터 노천극장에서 세 번째 학생총회를 열어 7일째 사경을 헤매고 있는 이한열 사건의 경위와 책임자 처벌을 요구하고, 이어서 4시간 동안 신촌 일대에서 경찰과 격렬한 공방전을 벌이며 합세한 시민과 즉석 토론을 가졌다. 하필이면 이날, 6월 9일에 쓰러진 이한열을 일으켜 세웠던 도서관학과 2학년 이종창이 전경이 던진 돌에 맞아 뇌경막상 혈종, 두개골 골절, 뇌좌상을 입고 세브란스병원 응급실로 옮겨가 두 차례에 걸쳐 수술을 받았다.

경찰은 6월 15일에 서울과 부산 등의 전국 59개 대학에서 9만 200여 명의 학생이 시위를 벌이고 전국 총 140개소에서 10만 4,000여 명이 시위에 가담해 올 들어 최고 기록을 세웠다고 발표했다. 6·10시위 규모를 자의적으로 축소해서 발표했기 때문에 6·15시위 규모가 최고 기록이라고 한 것이지만, 15일의 시위 규모 또한 대단히 컸고 지방의 여러 곳에서 경찰이 저지하는 데 한계를 보였다는 점에서 전두환 군부독재정권은 큰 부담을 안게 되었다.

제4장

항쟁의 격화
—기로에 선 전두환·신군부체제

1

군부권력 궁지로 몬 '공권력 부재'

'최루탄추방 국민결의의 날' 결정

국본은 6·10국민대회 이후 향후 진로를 설정하는 데 진통을 겪었다. 소장 측은 6·10대회와 명동투쟁에서 드러난 민주화 열기를 극대화하기 위한 투쟁을 빠른 시일 내에 전개해야 한다고 주장했다. 하지만 문동환·최형우(김영삼 측)·박영록(김대중 측) 등의 노장 측은 당장 눈앞에 보이는 분위기에 좌우되지 말고 장기 프로그램을 세워야 한다는 입장이었다.

신중론은 특히 민주당 측에 의해 제기되었다. 그들은 명동투쟁과 같은 예정에 없던 투쟁이나 장외투쟁이 뜻하지 않은 사태를 몰고 올 것을 두려워하고 있었다. 김영삼·김대중 등 민주당 수뇌부는 직선제를 반드시 쟁취하겠다고 말은 하고 있었지만, 그것이 투쟁에 의해서 이번 기회에 실현될 수 있다는 믿음이나 의지는 약했다. 민주당은 이미 원내 복귀를 생각하고 있었다.

그렇지만 6·10대회 이후 표출된 명동투쟁과 지방투쟁에서의 민중과 학생들의 열기를 직간접적으로 잘 알고 있었던 국본 집행위원들은 생각이 달랐다. 그들은 명동투쟁을 일단락 짓기 위해서도, 그리고 명동투쟁을 계승하기 위해서도 또 하나의 투쟁 일정을 제시해야 한다고 판단했다.

6월 13일 공동대표와 집행위원 40여 명이 가진 연석회의에서는 합의에 도달하지 못했다. 그러나 명동성당농성 해산이 확실시된 15일 오전 국본은 다시 공동대표 회의를 열고 가까운 시일 내에 평화적인 국민 행사를 전국에서 실시할 것을 결정했다. 이날 민주당 김영삼 총재는 등원을 선언했다. 16일 국본은 6월 18일을 '최루탄추방 국민결의의 날'로 정했다.

최루탄 사용의 심각함은 이미 1960년 4월 혁명에서 드러난 바 있다. 4월 혁명을 4·19혁명으로도 부를 만큼 4·19시위는 중요한데, 4·19시위는 제2차 마산항쟁에 의해 촉발되었다. 그리고 제2차 마산항쟁은 3·15 제1차 마산항쟁에서 최루탄에 맞아 사망한 김주열 소년이 27일 만인 4월 11일 오전 11시경 중앙부두 앞 바다 위로 떠오르면서 시작되었다.

오른쪽 눈에 최루탄 쇠붙이가 박힌 김주열의 시체가 도립병원에 안치될 무렵부터 분노한 어머니들을 위시해 시민·학생이 항의의 행렬을 이루었고, 그것은 곧 시위로 변모했다. 시위는 4월 11일부터 13일까지 계속되었다. 제1차 마산항쟁보다 규모가 더 컸던 제2차 마산항쟁이 일어나자 대학생들은 더 이상 좌시·방관할 수 없었다. 그러면서 4·18고려대시위에 이어 '피의 화요일'인 4·19혁명이 일어났다.

1964~1965년에 거세게 일어났던 한일회담 반대투쟁 및 한일협정비준 반대투쟁에서도 최루탄은 문제가 되었고, 그때부터 "탄아, 탄아, 최루탄아, 8군으로 돌아가라"로 시작되는 〈최루탄가〉가 학생운동의 애창곡이 되었다.

1984년경 학생시위가 자주 일어나고 격렬해지면서부터 최루탄 사용은 매번 문제가 되었다. 이 무렵부터 1990년대 초까지 시위 시즌을 맞이한 대학가는 거의 항상 자욱한 최루가스에 뒤덮여 일반 보행자조차 숨쉬기가 힘들었다.

최루탄 피해는 6월 9일 이한열 사건이 발생하면서 더욱 국민들의 이목을 집중시켰고, 6·10대회 당일부터 최루탄 부상자가 속출하면서 신문들도 사설과 기사로 최루탄 남용을 거론했다. 시민들은 최루탄 과용에 항의시위를 벌였고, 시위에서 "쏘지 마! 쏘지 마!"라고 외치는 시민들의 고함은 어디에서나 쉽게 들을 수 있었다. 그래서인지 6월 13일 이한기 총리는 치안본부와 서울시경을 격려차 시찰하면서 최루탄 발사 안전수칙을 지키라고 타이르기도 했다.

최루탄추방운동은 1960년 4·11 제2차 마산항쟁에서처럼 여성들이 앞장섰다. 6월 8일 여성지도자협의회는 여성과 어머니들이 앞장서서 최루탄추방운동을 벌일 것을 결의했다.

국본은 6·10대회 다음 날인 6월 11일 '최루탄 희생자 대책위원회'를 구성하고 최루탄추방운동을 벌이기로 했다. 6월 12일에는 최루탄추방운동에 어머니들이 앞장서기 위해 한국교회여성연합회, NCC여성위원회, 한국여성단체연합 등 3개 여성단체가 1) 최루탄추방대회, 2) 최루탄추방 서명운동, 3) 최루탄의 피해를 알리는 전단 배부, 4) 최루탄 제조업체 및 계열사 상품 불매운동 등의 구체적인 방안을 논의했다. 같은 날 민주당은 '최루탄 문제 조사대책 특위'를 구성해 제조공장에 대해 1단계로 제조중지를 요구하고, 말을 듣지 않으면 그 공장 상품 불매운동을 벌이겠다고 밝혔다.

6월 13일 학생들은 각 대학별로 '6·10대회 관련 학우석방'과 함께 '최루탄 사용중지'를 요구하는 집회를 가졌다.

6월 16일 국본은 교회여성연합회 등 여성단체 주최로 6월 18일 오후 4시에 서울 연동교회에서 '최루탄추방 공청회'를 열기로 되어 있는 것에 맞춰 이날을 '최루탄추방 국민결의의 날'로 정하고, 여기에는 최루탄 부상자의 회복을 기원하는 뜻이 담겨 있다고 설명했다. 그리고 이날 오후 6시에 일제히 경적을 울리고 전 국민이 밤 10시에 10분간 소등을 해줄 것을 요청했다. 최루탄은 4월 혁명에서처럼 전두환·신군부체제를 뿌리째 뒤흔들 기폭제가 되어가고 있었다.

무방비 도시가 된 대전

대전은 대도시인데도 무방비 상태나 다름없었다.

6월 16일에도 경찰의 힘으로 시위를 막지 못하는 사태가 발생했다. 파출소나 관공서, 민정당 당사에 대한 시위대의 공격이 이전보다 더 무차별적으로 발생했다.

6월 16일 대전 시위는 전날처럼 경찰력을 무력화시켰다. 대전대·목원대·충남대·배재대·한남대 학생들은 6시경 유락백화점, 대전역 광장, 아카데미극장 앞 등 도심지에 집결했다.

처음에는 산발적으로 시위가 전개되다가 8시를 넘으면서 시민들이 적극적으로 가담해 시위대가 5,000~6,000명을 넘었고, 시위대가 뚫으려던 역과 도청 사이의 중앙로 진출이 가능해지기 시작했다. 9시쯤 2만여 명으로 불어난(『말』) 시위대는 도청 앞에서 시민대회를 열었다.

시위대가 2만 명을 넘어서자 중앙로를 지키던 경찰의 저지선이 무너졌고, 도청 앞에서 대전역에 이르는 1킬로미터가 순식간에 민주광장으로 변했다. 무술경찰이 도청 정문을, 전경이 시청을 경비하면서 경찰은 방관할 수밖에 없었다. 학생과 시민들은 박수를 치고 훌라춤을 추면서 "독재타도, 민주쟁취"의 구호를 계속 외쳤다. 중앙로가 시위대에 의해 점거된 것은 전날에 이어 두 번째였다.

대전 중구 유정파출소 앞에서 충남대생 1,000여 명이 모인 가운데 파출소 앞에 세워둔 경찰가스차를 불태우고 있다(1987. 6. 15). 다음 날 이어진 대전 시위에서 2만 명이 넘는 시위대가 운집하자 대도시 대전의 경찰들도 손을 놓을 수밖에 없었다.

9시 30분경 1만여 명의 학생·시민이 중앙로에서 대규모 대중집회를 열고 구호를 외치며 노래를 부르고 정치연설을 하며 토론을 벌였다. 토론에서는 도청점거 문제가 심상찮게 논의되었다. 시민들이 도청과 민정당 현판을 떼어내 군부독재 화형식을 갖기도 했다.

11시 30분경 시위대 4,000여 명이 도청을 에워싸고 점거하려 하자 경찰이 다연발탄을 무차별적으로 쏘아댔다. 부상자가 속출하여 30여 명에 이르자 시위대는 은행동파출소에 화염병을 던져 파출소장이 중상을 입었다. 중앙데파트와 역전의 교통신고센터가 부서졌고, 역전·중동·대흥동·삼성 파출소와 중구청이 공격을 받아 기물이 파괴되었다. 대통령 부인 이순자의 재산이라는 소문이 돌던 대전백화점 유리창도 심하게 파손되었다.

날을 넘긴 0시 30분경 시위가 소강상태로 접어들자 경찰이 시위 참가자들을 마구 연행하기 시작했다. 시위는 상오 1시까지 계속되었는데, 밤이 깊을수록 실업자, 룸펜 청년 등이 자주 폭력적인 양상을 띠었다.

이날 경찰은 92명을 연행했지만 학생·시민을 자극할까봐 85명을 재빠르게 다음 날 아침 8시에 석방했다. 연행자 중에는 교사·재수생·상인·무직자 등이 30명이나 되었다. 최루탄 부상자는 40명이 넘었다.

천안에서도 전날에 이어 거센 시위가 있었다. 오후에 단국대·호서대·상명여대 학생 1,500여 명이 가두로 진출해 톨게이트, 시외버스터미널, 고속버스터미널 앞과 온양나드리 방향에서 연합시위를 벌였다. 단국대생들은 이날도 고속도로를 점거하려 했으나 실패했다.

청주에서는 청주대생 300여 명이 교내에서 시위를 벌였다.

진주민란 떠오르게 한 진주시위

진주는 평소에 시위가 없었기 때문에 6월 15일 시위에 대처하지 못했던 경찰은 16일에는 요소요소에 전경과 사복경찰을 배치하고 시위에 강력히 대응해 초동에 완전 제압하려 했다. 학생회 간부 등 학생 50여 명이 연행되었고, 학생들이 도로를 점거하면 최루탄을 난사하고 사복조가 몽둥이를 휘두르며 닥치는 대로 학생들을 연행했다.

경찰의 과잉진압으로 중앙로터리 일대에서 학생들이 지하상가 공사장으로 추락하는 사태가 벌어지자 격분한 시민들이 항의했고 학생들을 따라 구호를 외쳤다. 계속되는 연행과 폭행에 학생들은 화염병을 만들 것을 결의했다.

오전 11시 30분경 경상대 칠암캠퍼스에서 시내로 진출하던 학생들은 경찰의 강력한 제지로 시내 진입을 못했지만, 1시 30분경에는 시위 인원이

3,000명으로 불어났다. 1시경 수정동으로 진출한 학생들이 수정파출소를 점거했고, 2시경 경찰이 최루탄을 난사하면서 밀어붙이자 역전파출소에 불을 질렀다. 학생들은 상평공단 쪽으로도 진출해 공단파출소와 경찰기동대 중대를 습격했다. 4시경에는 남강다리 앞에서 경찰과 대치하던 중에 KBS 기자의 카메라를 부수었다.

극적인 사태는 그 이후에 발생했다. 400여 명의 학생들이 남해고속도로를 점거하겠다면서 인터체인지 쪽으로 방향을 돌렸다. 학생들은 고속도로로 향하면서 개양검문소와 정촌파출소에 불을 질렀다.

5시 20분경 남해고속도로에 진출한 학생들이 2시간 동안 진주-하동 간에 있는 제2건설 사무소 앞에서 도로를 점거해 농성을 벌였다. 학생들은 달리는 차량을 세우고 불편을 드려 미안하다고 말하며 유인물을 돌렸다. 탑승자들은 학생들에게 박수를 보냈다.

고속도로 점거에 크게 놀란 경찰이 진압에 나섰지만 시위대한테 코를 꿴 격으로 뾰족한 방안이 없었다. 경찰은 교수들을 통해 협상을 벌였고, 지칠 대로 지쳐 있었던 학생들은 일단 연행학생 석방을 조건으로 해산하고 학교로 돌아갔다.

이날 학생 250여 명이 연행되었고, 전경버스 2대, 오토바이 2대도 파손되었다.

6월 16일 진주 시위는 '민란'을 연상시켰다. 1882년 전국 각지에서 일어난 임술년 민란 중 진주민란이 가장 규모가 크고 역사적으로 의의가 있는데, 105년 만에 진주민란을 떠오르게 하는 시위가 일어난 것이다. 진주의 대학생들은 농민 출신이 많았다. 이들은 우직한 면이 있었고 뚝심도 있었다. 진주 시위는 사회에 큰 충격을 주었다.

6월 16일에는 2시경부터 부산대·동아대·동의대·산업대·수산대·해양대·외국어대·개방대·부산여대 등 9개 대학에서 9,000여 명이 비상학생총회를 갖고 6시에 남포동에 집결하기로 결의했다.

7시경 부산지역 학생 6,000여 명이 연합시위에 들어가 남포동 거리를 뒤덮었다. 곧 시위대는 1만여 명을 넘어섰다. 9시 30분경 시위대 300여 명이 가톨릭센터 앞 유엔로를 점거해 연좌시위에 들어감으로써 교통이 마비되었다. 부산 시내 여러 곳에서 11시경까지 치열한 공방전을 벌이던 시위대는 자정을 넘기면서 최루탄 발사와 백골단의 무자비한 연행을 피해 가톨릭센터로 들어갔다.

가톨릭센터 안으로 들어온 시위대는 '자연스럽게' 농성을 결정했다. 마침 서울 명동성당농성 해산 소식을 들은 부산 국본 간부들은 명동성당농성 해산으로 시위가 약화되지 않을까 우려하면서 16일 저녁 부산 가톨릭센터에서 농성을 하자는 쪽으로 의견을 모으고 있었는데, 명동성당의 경우처럼 가톨릭센터 앞에서 고립된 시위대가 최루가스에 견디다 못해 센터 안으로 들어온 것이다. 부산 가톨릭센터 농성은 또 하나의 '태풍의 눈'이 되어가고 있었다.

마산에서는 창원대생의 시위가 있었다.

대구에서는 영남대생 2,000여 명, 경북대생 1,500여 명, 계명대생 500여 명이 각각 출정식을 갖고 연합시위를 가지려 했으나 경찰의 저지로 6시 20분경부터 시내 중심가 곳곳에서 시위를 벌였다.

학생들은 대구라는 지역적 특성을 고려해 시민들이 동참할 수 있는 분위기를 조성하려고 무척 고심했다. 동인호텔 입구 등에 '왜 우리는 싸워야 하는가'라는 대자보를 붙여 시민들의 관심을 끌었고, 시위 행진 중 연도에 늘어선 시민들에게 '6백만 대구지역 애국시민께'라는 제하의 유인물을 나누어주었다.

광주에서는 전남대생 2,000여 명이 비상총회를 개최했다. 이때 총여학생회장 박춘애를 포함해 총학생회장 등 23명이 삭발했고, 20여 명의 학생들이 '민족민주 만세', '독재타도' 등의 혈서를 썼다.

인천 주안역 앞에서는 5시경부터 학생들이 시위했고, 10시경에는 퇴근한 노동자들이 합세해 1만여 명이 시위를 벌였다(『대투쟁』).

수원에서는 아주대생 2,000여 명이 3시에 교문 밖 진출을 시도하며 시위를 벌이자 경찰이 직격으로 최루탄을 쏴 10여 명이 병원에 입원하고 약 150명이 부상을 당했다. 4시경 대학생들이 시내에서 시위를 벌이자 시민들이 합세해 남문 도로를 점거하고 연좌시위를 벌였다.

8시경 남문 부근에서 정체불명의 청년들이 학생과 시민들에게 폭력을 휘둘러 부상자가 속출하자 한신대 교수들이 자신들의 신원을 밝히며 항의했다. 그러자 수원경찰서 서장이 교수들을 연행하도록 명령해 강돈구 교무처장 등 교수 10여 명이 강제 연행되었다. 시민·학생 1만여 명은(『대투쟁』) 수원역 앞에서 밤늦게까지 대중집회를 갖고 시국토론을 했다. 다음 날 한신대 교수회의에서는 수원경찰서 서장의 지휘하에 경찰이 폭력을 휘두른 것에 대해 내무장관과 문교장관에게 항의하는 성명서 '경찰의 교수폭행에 대한 우리의 입장'을 발표했다.

서울은 6·10대회 이후 시위 규모가 가장 작았다. 3시경에 시민·학생 500여 명이 명동 주변에서 시위를 벌였다. 연세대에서는 2시에 '조국의 민주화와 이한열 군 소생을 기원하는 범연세인 기도회'가 2,500여 명의 학생과 민가협 어머니 80여 명이 참석한 가운데 열렸다.

막다른 골목으로 몰리는 군부독재

명동투쟁이 아니더라도 6월 11일부터 16일까지의 투쟁은 국본과는 아무 상관없이 전개되었다. 국본이 서대협과 함께 각별히 강조했던 비폭력도 그다지 먹혀들지 않았다.

명동성당농성투쟁도 그러했지만, 지방의 대도시든 중소도시든 학생·시민들은 투쟁을 통해 긍지와 자신감을 갖게 되었다. 평소에 서슬 퍼런 권력의 횡포에 눌려 지내던 사람들이 어느 날부터 적극적 시민 또는 민중으로 바뀌어 "호헌철폐", "민주쟁취"를 앞장서서 외쳤다.

4월 혁명 이후 오랫동안 지방 학생들은 시위는 서울이나 일부 대도시에서 하는 것이어서 자신들과는 거리가 있는 것으로 생각했고, 그래서 열등감이나 자괴감을 느끼기도 했다. 그러나 이제는 분명히 달랐다. 오히려 서울보다, 또 다른 지역보다 더 잘 싸우자는 다짐을 하기도 했고 자신들의 투쟁이 사회에 크게 알려진 것에 자랑스러워했다.

학생과 시민들은 파출소나 민정당 당사를 부수는 데 조금도 잘못했다는 생각을 갖지 않았다. "탄압하면 항쟁한다"는 말 그대로 자신들은 전두환 정권의 독재와 탄압에 항쟁으로 맞선 것이고, 그래서 공공건물이나 여당, 어용언론기관을 부수는 것은 독재를 타도하고 민주화를 성취하는 데 불가피한 일로 생각했다.

그들은 공권력을 무력화시키고 무너트리는 데 1960년 4월 26일 '승리의 화요일'처럼 승리감을, 그것도 때로는 장쾌한 승리감을 느꼈다. 6·10국민대회와 그 이후의 투쟁은 많은 경우 전근대사회의 용어를 쓰면 민란이었고, 현대사회에서 사용하는 말을 빌린다면 항쟁이었다.

김재규는 1979년 10·26사건 후 군사재판에서 중앙정보부장으로 자신이 직접 부마항쟁의 현장에 가서 진상을 파악한 결과 부산·마산의 사태는 (학생)시위대와 시민이 완전히 의기투합한 '민란'이었다고 진술하면서, "이러한 사태는 본인이 갖고 있던 정보에 의하면 서울을 비롯한 전국 5대 도시로 확산되어 연쇄적으로 일어나게 되어" 있어서 '유신의 심장'을 쏘지 않을 수 없었다고 말했는데, 1987년 6월의 상황이 그러한 형국으로 내달리고 있었다.

여당인 민정당과 야당인 민주당은 각기 다른 입장에서 난국 중의 난국을 맞았는데, 몹시 불안해한다는 점에서는 비슷했다. 야당은 학생들의 '과격시위'로 비상조치가 내려질까봐 안절부절못했고, 여당은 자신이 할 수 있는 일을, 그것이 설사 가냘픈 끄나풀이라고 할지라도 찾아보려고 애썼지만 아무 일도 할 수 없는 무력한 존재임을 새삼 느끼지 않을 수 없었다.

6월 12일 노태우는 민정당 대통령 후보에 지명되었을 때 했던 연설과 똑같이 기자회견에서 "88 양 대사 후 빠른 시일 내에 의원내각제로 여야 합의개헌을 이루기 위해 전력을 다하겠다"고 말했다. 그러한 발언은 4·13 호헌조치에서 하등 진일보한 주장이 아니었다.

6월 13일 정부와 여당은 고위 시국대책 당정회의를 열어 6·10대회와 그 이후의 시위가 "민주적 기본 질서를 정면으로 위배하고 있다"는 데 의견을 같이하고 "6·10사태는 어떤 형태로든 그 책임을 물어야 한다"고 밝혔다. 잠꼬대 같은 소리였다.

6월 15일에 와서야 민정당은 현 상태를 평화적으로 수습한다고 했지만, 수습할 방법이 없었다. 왜냐하면 민정당은 6월 16일에 와서 민주당과의 양당 회담도 아닌 4당 대표 회담을 추진하겠다고 하면서, "4·13조치를 제외한 모든 현안을 협상"할 용의가 있음을 밝혔지만, 야당은 4·13조치를 제외한다면 어떠한 협상도 필요가 없었고, 협상할 수도 없었다.

이날 민주당의 김영삼 총재는 당연하게도 "우리가 제의한 실질 대화는 여야 영수 회담"이라면서 6·10대회 관련 구속자 석방, 김대중 연금 해제와 함께 민정당의 일방적 정치일정, 곧 4·13호헌조치의 백지화를 요구했다. '4·13조치를 제외한 여야 대화'란 실질적으로 무의미했는데, 딱하게도 민정당으로서는 그런 주장을 할 수밖에 없는 처지였다.

민정당이 어느 정도 융통성을 발휘해 6·10대회 관련 구속자 석방, 김대중 연금해제를 가지고 타협하자고 하면, 민주당과 국본의 신중파에 영향을 미쳐 6월 항쟁의 전개에 미묘한 파장을 일으킬 수 있었다. 그렇지만 민정당은 그러한 융통성을 갖고 있지 못했다.

더욱이 전두환이 1986년 하반기 이래 계속해서 초강경 일변도로 몰아붙이며 4·13호헌조치를 편 것이어서 매사에 전두환 얼굴만 쳐다보던 민정당으로서는 '굴복'이라고 생각할 수 있는 타협에 응할 수 없었다. 여우나 뱀의 교활함으로 대처해도 난국을 수습하기 어려웠는데, 전두환 권력은 동맥경화증에 단단히 걸려 있었다.

전두환은 점점 더 궁지에 몰리고 있었다. 6월 15~16일 대전과 진주에서와 같은 시위에 제대로 대처하지 못하고 치안 부재 현상을 그대로 국민에게 보여준 것은 군부독재자로서는 참을 수 없는 수치요 모욕이었다. 그렇다고 비상계엄령을 내리는 것도 쉬운 일이 아니었다. 그 당시 일반인들이 생각한 것처럼 전두환 정권·여당·군부의 내부는 그렇게 단순하지 않았다. 다음 날인 6월 17일에는 치안력에 더 큰 허점이 드러날 터였다.

전두환은 정치협상이 체질적으로 맞지 않았다. 절대적 지도자의 지도력이 한 번 손상되기 시작하고, 그래서 밀리기 시작하면 벼랑 끝까지 밀릴 수 있다고 생각했다. 그는 막다른 골목에서 선택을 강요당하고 있었다.

각 대학은 8월 말에 기말시험을 보도록 하고 조기방학에 들어가라는 문교부의 종용에 따라 6월 17일 34개 대학이 조기방학을 실시했고, 15개 대학은 금명간 결정될 것이며, 서울대 등 46개 대학이 곧 뒤따를 것으로 보도되었다.

동틀 때까지 싸우는 부산 시민들의 기질

6월 17일에도 고속도로가 시위대에 의해 3시간 동안 점거되었고, 파출소 17곳, 민정당 당사 3개소, 지방 KBS 2곳이 습격당할 정도로 격렬한 시위가 진주·대전·부산 등지에서 일어났다.

부산 가톨릭센터 농성자들은 직장생활이나 개인적인 이유 때문에 장기적으로 농성을 할 수 없는 사람들을 내보내고 350명 정도의 '농성단'을 구성했다. 대부분이 학생들이었고, 시민들 중에는 회사원이 7명, 무직자가 1명, 타자 학생과 재수생 9명, 상업 2명, 농업 1명 등이 있었다. 대부분이 엉겁결에 들어온 사람들로 집에 있는 부인과 아이들이 걱정할까봐 불안해하는 회사원도 있었다.

학생들은 자체적으로 경비조를 짜고 메리놀병원 아래에 배치해 가톨릭센터 앞 거리를 '민주시민군 점령지역'으로 선포했다. 농성단은 4개항으로 된 '투쟁에 임하는 우리의 자세'와 투쟁일정표를 내붙이고, '애국시민들께 드리는 글'을 옥상에서 뿌렸다. 명동성당농성과 달리 준비된 농성이어서 조직과 선전이 착착 진행되었다.

경찰은 아침부터 최루탄을 쏘아댔다. 농성시위대는 돌을 던지며 맞서다가 경찰에 밀려 다시 센터 안으로 피신했다. 이 과정에서 농성단이 200여 명으로 줄었다. 이들은 명동성당 농성시위대들처럼 농성이 곧 끝날 줄 알았지 7일이나 갈 것이라고는 생각지 못했다.[1]

오후에 부산 시내 10개 대학 학생 7,000여 명이 각각 출정식을 갖고 2시경부터 시내로 진출해 남포동 국제시장, 보수동사거리에서 시위를 벌였다. 시민들은 1시 30분경부터 서면, 남포동 일대에 모이기 시작해 학생시위에 합류했다.

3시 30분경 부산대생 2,000여 명이 서면에서 경찰과 투석전을 벌이며

부산 가톨릭센터에 진입하여 2일째 농성을 벌이고 있는 시위대가 건물 입구에서 "호헌철폐" 등의 구호를 외치고 있다. 부산 가톨릭센터 농성시위는 6월 항쟁 과정에서 또 하나의 태풍의 눈이었다.

격렬히 시위해 중앙로의 교통이 1시간 30분 동안 마비되었다. 시위대는 남포동파출소를 습격해 파출소장 등 7명이 중경상을 입었다. 동아대생들은 충무1파출소를 습격해 연행된 학생을 '구출'했다. 또 범내골로터리에서는 학생들이 국기게양대에서 반정부 구호가 적힌 기旗로 게양식을 갖는 등 경찰력의 한계를 여러 곳에서 보여주었다.

특히 8시 20분경 시위대가 시청에 '진입'하려던 시도는 당국을 긴장시켰다. 10시 30분경 시위대는 "가톨릭센터 농성 학생·시민을 구출하자"고 외치며 가톨릭센터 진입을 시도하다가 증원된 경찰에 의해 차단되자 KBS 방송국으로 몰려가 진입을 시도했고, 그 와중에 경찰 1개 소대를 포위해 진압장비를 빼앗고 무장 해제시켰다.

10시 35분경 시민·학생 3만여 명이(『대투쟁』) 경찰과 대치한 가운데

KBS 부산방송본부 건물을 습격해 철제울타리 30개를 파손했다. 시위대는 자정까지 경찰과 전쟁터를 상기시키는 치열한 공방전을 주고받았다.

부산 국본의 한 관계자가 시민과 학생의 비율이 7:1이라고 말할 정도로 시민은 시위 군중의 다수를 차지했다. 부산 시위는 점점 8년 전의 부마항쟁을 닮아가고 있었다. 부산시경은 서울·대구·제주 등지에 병력지원을 요청했고, 최루탄 보급도 긴급 요청했다.

가톨릭센터 농성단은 이날 기자회견을 갖고, 직선제 요구가 관철될 때까지 계속 싸우겠다고 천명했다. 기자회견에는 로이터, AP, AFP 등의 통신사와 뉴욕타임스, 아사히신문, NHK 등의 언론사에서 취재 경쟁을 벌여 6월 항쟁에 대한 국제적인 관심을 느낄 수 있게 했다.

AP통신에는 재미있는 기사가 실렸다. 부산 사람들은 한번 시위를 시작하면 동이 틀 때까지 끈질기고 줄기차게 계속한다는 것과, 또 행동적인 기질이어서 고층건물에서 구경을 하다가도 흥분하면 경찰에게 물건을 던지는 등 학생들보다도 더 격렬하다는 것이었다.[2] 이러한 시위가 다음 날인 6월 18일에는 한층 더 확연하게 전개될 터였다.

이날 아침부터 수녀원과 각 성당이 순번을 정해 김밥, 주먹밥 등을 준비해주었다. 명동성당농성에서처럼 인근 국제시장 상인들과 시민들의 기증품과 성금도 답지했다. 최루가스에 견딜 수 있는 물안경, 랩, 치약 등과 여러 생활필수품들이었다.

농성학생들은 아침부터 일렬로 늘어서서 차량이나 사람들을 향해 구호를 외쳤다. 밤이 이슥해지자 여학생들은 2층 소극장 같은 데서 자고 남자들은 복도에서 새우잠을 청했다. 수백 명이 북적거리다 보니 날이 지날수록 냄새가 심했다.

고속도로·국도 막히고 철도운행 중단

진주 경상대 학생 1,200여 명은 6월 17일 2시경 가좌캠퍼스에 집결해 단과대별로 정문 진출조, 후문 쪽인 경전선 철도변 진출조, 교양학관 뒷길을 통한 남해고속도로 점거진출조 등 3개 조로 나누어 교문을 나섰다. 가장 중요한 임무를 맡은 조는 세 번째 조였는데 이들은 첫 번째, 두 번째 조가 경찰과 대치하고 있을 때 남해고속도로를 점거하게 되어 있었다.

출정하는 학생들의 모습은 1894년 갑오년 동학농민군을 떠올리게 하는 면이 있었다. 세 번째 조 300여 명은 산을 타고 넘어 4시 25분경 남해고속도로로 들어가 사천 진입로까지 진출했다. 이들과 대치한 경찰은 1,000여 명이었다.

고속도로가 두절되면서 진주에서 삼천포로 가는 국도까지 막혀버렸다. 그리하여 고속도로 12킬로미터 구간과 국도 12킬로미터 구간에 1만여 대의 차량이 장사진을 이룬 채 3시간 이상 움직이지 못했고, 기사와 승객들이 시위 현장에 몰려들었다. 이들은 시위대에 물을 건네주는 등 우호적인 모습이었다.

학생들은 고속도로에서 (주)부산광신가스 소속 8톤급 LPG 운반 트럭 2대를 앞세우고 전날인 6월 16일에 해산 조건으로 제시했던 '연행학생 전원 석방'을 요구했다. 학생들은 러닝셔츠로 횃불 수십 개를 만들어 불을 붙인 뒤 연행학생들을 석방하지 않으면 가스차를 폭발시키겠다고 위협했으나 경찰은 이날도 학생들의 요구를 거부했다.

학생들은 경찰 당국과 합의해 잠시 동안 고속도로와 진주—삼천포 간 국도 차량을 통행시키기도 했다. 그러나 고속도로 제2건설사무소까지 진출해 7시 10분경부터 그곳에서 30분간 농성했다.

8시경 시위대는 LPG 수송차에 10여 명씩 올라타 횃불을 들고 시내 쪽

6월 17일 경상대 시위 학생들은 오후 4시 25분경부터 3시간 동안 남해고속도로에서 LPG 운반 트럭 2대를 점거한 뒤 전날 해산 조건으로 제시했던 연행학생 전원 석방을 요구하며 경찰과 대치했다.

으로 나아가 시위 중이던 3,000여 명의 학생들과 합류했다. 앞에 선 학생들이 연행학생을 석방하지 않으면 가스차를 폭파시켜 모두 죽겠다고 소리치자 3,000여 명의 학생들이 "죽자! 죽자!"라고 외치며 행진해갔다.

경찰이 밀리자 학생들은 개양파출소를 불태웠다. 이때 전경들이 눈앞이 안 보일 정도로 최루탄을 쏘아대며 가스차를 급습해 차에 타고 있던 학생들을 군홧발, 각목 등으로 반죽음이 되도록 짓이기며 연행했다. 시민들은 전경이 학생들을 마구 때리자 "폭력 경찰 물러가라"고 외쳤다. 시민·학생과 전경 사이에 시가전을 방불케 하는 공방전이 벌어졌다.

8시 33분경 경찰에 밀려 후퇴하던 시위대 일부가 경상대 후문 쪽 철길로 올라가 마산발 진주행 비둘기호를 세웠다. 가스차를 폭파시켜 모두 죽겠다고 외치던 학생들이 수많은 부상자와 연행자를 버려두고 물러설 수는 없었던 것이다.

이들은 이제는 열차를 앞세워 "연행자를 석방하지 않으면 열차를 불태우겠다"고 위협하며 다시 한번 경찰과 협상을 하려고 했다. 그렇지만 기관사가 "학생들의 뜻은 알겠지만 문제를 이렇게 해결해서야 되겠느냐"고 호소했다. 학생들은 물러섰고, 45분간 멈췄던 열차는 떠났다.

경찰은 최루탄을 난사하면서 열차를 급습해 닥치는 대로 젊은 사람들을 구타했다. 국도에 있던 학생들은 8시 25분경 경찰특공대 300여 명의 기습을 받고 흩어졌다.

이날 시위에 대해 『조선일보』가 이례적으로 '남해고속도 3시간 장악─경상대생들 마─진馬─鎭─팝 열차 48분간 막아'라는 제목의 1면 머리기사로 다루고, 또 11면 머리기사로도 다루어 각별히 관심을 표명했고, 『중앙일보』 등이 사회면 머리기사로 다뤘다. 경상대는 곧장 조기방학에 들어갔다.

한편 4시경 창원대생 200여 명이 출정식을 갖고 창원 시내로 진출해 가두시위를 벌였고, 경남대생 500여 명도 마산 시내에서 시위했다. 10시경까지 시내 여러 곳에서 시위가 있었고, 마산 산호1파출소, 신마산 자산파출소, 의창군청, 노동부 마산사무소 등이 공격받았고, 경남대 앞 방범초소가 불에 탔다.

경찰과 시위대, 대전 중앙로 장악 위해 격전

6월 17일 대전 시내 각 대학은 기말시험 무기한 연기 및 조기방학에 들어갔다. 그러나 배재대·목원대·한남대·충남대 학생들은 오전 10시경부터 2시경까지 각 대학 교정에 모여 비상학생총회나 출정식을 가졌고, 일부 대학은 교내시위를 벌였다.

4시경 목원대생 1,000여 명이 교문을 돌파하면서 가두시위가 시작되었고, 기다렸다는 듯이 곧 시민들이 합세했다. 이날 시위는 중앙로를 시위대와 경찰, 어느 쪽에서 장악하느냐를 두고 여러 시간 동안 격전이 벌어졌다. 시위대는 지난 16일 자신들이 대전역과 도청 사이의 중앙로를 장악했던 승리감을 잊지 않았고 전주·청주로부터 3,000명이나 지원받은 경찰은 무슨 일이 있어도 중앙로는 빼앗기지 않으려 했다. 이날따라 경찰의 최루탄 발사가 한층 무자비해졌다.

7시 20분경 대전역 부근에 있던 시위대 1만여 명은 마침내 대전역을 장악하고 도청 쪽으로 진출하다가 홍명상가 앞에서 경찰과 격전을 벌였다. 대전역에서 중앙데파트까지 운집한 시위대는 잠깐 동안 중앙로를 장악했으나, 중앙데파트 홍명상가에서 전경과 무술경관에게 밀려 대전역으로 후퇴했다.

8시 조금 지나 전경과 백골단이 중앙로에서 대전역으로 밀렸고, 대전역에서 홍명상가를 가득 메운 시위대는 8시 20분경 대전역 광장에서 폭력정권 규탄대회를 가졌다. 8시 25분경 전경과 무술경관이 다시 대전역 광장을 장악했고, 뒤이어 홍명상가로 이동하면서 시민들에게 최루탄, 지랄탄을 무차별적으로 쏘아댔다. 그 뒤에도 10시까지 경찰과 시위대가 대전역, 홍명상가 일대를 탈환하고 재탈환하는 사태가 여러 차례 반복되었다.

10시경에는 홍명상가 광장에서, 10시 40분경에는 대전역 광장에서 불길이 치솟았다.

시위대는 7시 20분경 은행동파출소를 불태운 것에 이어 10시 30~40분경에는 역전파출소를 습격하고 경찰 오토바이를 불태웠다. 경찰이 최루탄을 쏘며 몰려오자 일부 시위대는 대전역 선로 위에서 열차운행을 중지시키고 투석전을 벌였다. 11시경에 목동파출소가 불탔고, 얼마 후 용두동파출소가 습격당했다. 그 이전인 8시 50분경에는 민정당 충남도지부가 화염병 공격을 받았고, 민정당 제1지구당과 대흥3동사무소도 공격당했다. 11시 20분경에는 300여 명의 시위대가 KBS 대전 총국을 습격했다. 시위대는 다음 날 상오 1시까지 역전파출소·중동파출소·삼성파출소·대흥동파출소를 공격하며 산발적으로 시위를 벌였다.

천안 단국대와 호서대 학생 500여 명은 3시 30분경부터 호서대 정문에서 경찰과 투석전을 벌이다 경찰의 제지로 시내로 진출하지 못하고 6시경 해산했다.

1980년대 들어 처음으로 공주에서 공주사대생 50여 명이 교내에서 호헌철폐를 외치면서 시위를 벌였다.

'비폭력이 웬 말이냐'

대구지역 5개 대학 학생 1만여 명은 5시 계명대에서 연합으로 '직선제 쟁취 총궐기대회'를 성대하게 가졌다. 6시 20분경 계산동오거리, 동원예식장 앞, 신남사거리 등 세 군데에서 300~500명씩 대오를 이뤄 가두행진을 시작하자 시민들이 참여해 7시 20분경에는 8,000여 명이 되었다. 최루탄 발사가 많아지고 시민들에게도 사과탄이 던져지자 시민들이 학생들의 "비폭력" 구호에 항의해 눈길을 끌었다.

8시 50분경에 동아백화점 앞에서 1,000여 명의 시민·학생들이 토론회를 열었다. 명동성당농성에 참여했다는 한 학생이 명동성당농성처럼 애국 시민이 민주화 쟁취에 적극 참여할 것을 호소하자 시민들이 일제히 박수를 쳤다. 남문사거리에서는 시위대가 연좌해서 〈농민가〉 등을 부르며 '해방 춤'을 추었다.

동국대 경주캠퍼스 학생 100여 명이 1시경부터 교문을 봉쇄한 경찰과 투석전을 벌였다.

전남대생 4,000여 명은 시내로 진출해 중앙초등학교 후문 앞과 그랜드호텔 앞 등 여러 곳에서 시위를 벌였다.

인천에서는 5시 30분경 소수의 학생들이 동인천역 주변 도로에 앉아 구호를 외치자 시민들이 운집하기 시작해 5,000여 명의 시민이 도로를 점거한 가운데 7시 40분경에 열린 토론회까지 모두 세 차례에 걸쳐 시민대회를 가졌다. 주위에 중·고등학교가 많아 중·고등학생도 1,000여 명이 참가했다.

9시 45분경부터는 정의평화위원회 주최의 강좌를 마친 주안1동성당 사제와 수녀, 신자 등 참석자 800여 명이 기도회를 가진 뒤 '민주헌법 쟁취하자', '최루탄 없는 세상에서 살고 싶다'고 쓰인 플래카드를 앞세우고 시민회관까지 촛불행진을 했다. 그러는 동안 행렬은 4,000여 명으로 불어났고, 노동자와 시민·학생이 주축이 되어 석바위 쪽으로 행진해 경찰과 대치한 가운데 시민대회가 열렸다.

성당 측에서는 해산을 바랐지만 시민·노동자들은 이를 무시하고 자유토론을 계속했다. 시위대 아주머니들이 최루탄을 쏘지 말라며 전경들에게 꽃을 주기도 했다. 전경은 시민들의 기세에 눌려 손을 쓰지 못하다가 11시가 지나 시위대가 '대회'를 마치고 평화대행진을 할 터이니 길을 터달라고 하자 물러섰다. 그러자 환호와 박수소리가 터져나오며 평화행진이 시작되었다.

성남에서는 경희대와 외국어대 용인캠퍼스, 강남사회복지대 등 5개 대학 500여 명의 학생들이 4시 30분경 신구전문대 운동장에 모여 경찰과 대치한 가운데 격렬히 시위를 벌인 뒤 9시경에는 시내로 진출해 2,000여 명이 시청 앞 도로를 점거하고 연좌시위에 들어갔다. 경찰이 최루탄을 쏘며 이들을 해산시키려 하자 시민들이 가세해 시위 가담자는 10시경 4만여 명으로(『말』) 늘어났다.

경찰의 무차별적인 최루탄 난사와 구타로 각막이 파열되는 등 부상자가 속출했으나 일부 학생이 돌을 던진 것을 제외하면 대체로 평화적인 시위였다. 시민들이 음료수·빙과·담배·빵 등을 사주는 모습이 많이 보였다.

한양대 안산캠퍼스 학생 200여 명은 6시 30분경 라성플라자호텔 앞에서 시위를 벌였다.

서울에서는 28개 대학 2만 7,350명이 교내집회와 시위를 하면서 다음 날의 투쟁 참여 의지를 과시했다.

"나는 카드를 다 썼어요. 이제 없어"

부산·대전·진주와 같은 대도시와 일부 중소도시에서는 여러 날에 걸쳐 규모가 큰 시위가 일어나 급기야 경찰력으로는 통제하지 못하는 사태를 맞고 있었다. 대전역에서 충남도청에 이르는, 대전에서 가장 중요한 중심도로가 시위대에 의해 장시간 점거되고, 파출소와 민정당 당사, 정권의 시녀인 텔레비전 방송사가 곳곳에서 불타거나 공격받았다. 고속도로가 장시간 점거당하고 철로운행이 중지되는 사태는 일종의 내란사태와 흡사하게 비쳐지기도 했다. 다만 무장한 반군이나 민간인에 의한 정부 공격이 아니라 민주화를 요구하는 학생들과 시민들의 충격요법으로, 엄격히 제한된 일시적 공세라는 점에서 내란과는 전혀 달랐다.

이러한 시위대의 공세에 대해 전두환 정권은 마땅한 대응책이 없었다. 최루탄으로 무장한 경찰력에 의해 예정된 시위를 원천 봉쇄하고 시위 주동자를 연금·연행했던 과거의 방식으로는 먹혀들지 않게 된 것이다. 비상조치를 내리겠다는 위협도 정치인이나 재야 신중파에게나 약효가 있지 사생결단하고 덤벼드는 시위대에게는 힘을 발휘하기가 어려웠다.

격렬한 시위, 공격적 시위에 대처할 수 있는 방안은 요구사항을 들어주거나 강경조치로 대응하는 길밖에 없는데, 전두환 정권은 강경조치를 써먹을 대로 써먹어 군의 출동을 제외하고는 남은 카드가 없었다.

6월 17일 저녁 전두환은 청와대 '안가'에 노태우와 안무혁 안기부장, 이춘구 민정당 사무총장, 이치호·현경대 의원과 비서실장, 경호실장, 김윤환 정무1장관 등을 초치招致했다. 대통령 후보로 지명된 노태우를 축하하는 축하주를 들기 위해서였다.

전두환과 노태우는 노태우가 좋아하는 〈베사메무초〉를 부르지 않고, 니나노 집에서 젓가락 두드리며 부르는, 전두환이 좋아하는 〈떠나가는 전삿갓〉(김삿갓을 개사한 것) 등 흘러간 유행가를 불렀다. 이치호가 분위기에 어울리지 않게 〈선구자〉를 부르기도 했지만 때가 때인지라 술기운이 돌기 전에 전두환은 몇 마디를 했다.

전혀 보도가 되지 않았지만, 전두환은 이 자리에서 "우리가 지금 밀리고 있다"는 표현을 두 번이나 썼다. 누가 뭐라고 하지도 않았는데, "나쁜 짓을 뭐 많이 했기에 겁이 나는 게 있느냐"는 말도 했다. 그러면서 "나는 카드를 다 썼어요. 이제 없어"라고 토로했다. 며칠 동안 혼자서 되뇌이던 말들을 털어놓은 것이다.

"나는 카드를 다 썼어요. 이제 없어"라는 독백 비슷한 푸념은 자신이 초강경책을 많이 써서 더 쓸 것이 없다는 뜻으로 들릴 수도 있지만, 6·10 대회, 명동성당농성 사태, 대전·부산·진주 등지에서의 격렬한 시위 등 자신으로서는 전혀 예상하지 못한 사태에 직면해서 아무런 대책도 떠오르지 않는다는 고백이기도 했다. 박정희처럼 막강한 권력을 휘두르며 모든 것을 좌지우지하던 전두환이었지만, 6월 10일 이후 '국가비상사태'를 맞이해서는 아무런 대책을 내놓지 못했다. 더 정확하게 말한다면 어쩔 줄 몰라 당황하기만 했을 뿐 대책회의다운 대책회의 한번 가져본 적이 없었고 KBS 9시 '땡전뉴스'를 통해서든 다른 매체를 통해서든 시위대를 설득하거나 국민을 안심시키기 위한 연설 한마디 하지 못했다. 이승만이 1950년 6월 25일 전쟁이 발발한 직후인 6월 27일 상오 2시경 국무위원에게도 국회의원에게도 군 수뇌부에도 알리지 않고 서울을 빠져나갈 때까지 대국민방송 한번 없었던 것과 비슷했다. 이는 한국 독재자들의 생태生態였다. 그것은 명령과 복종, 지시와 보고만 있었던 그때까지의 통치방식에 기인한 것이기도 했다. 뿐만 아니라 전두환이 대책을 제시하지 못한 것은 4·13조치라는 뺄 수도 박도 할 수 없는 짓을 자신이 독단으로 해놔서 어떤 타개책도 마련할 방법이 없게 되었기 때문이기도 했다. 자업자득이라고 하지만 전두환은 4·13조치 때문에 헌법 문제 또는 정치 문제에 대해 융통성 있는 방안을 제시할 수 없게 된 것이다. 전두환은 무척이나 당황스럽고 답답했을 것이다. 그렇지만 6월 17일 저녁 주연酒宴에서 전두환은 몇 번이고 시위대 쪽 주장은 들어줄 수 없음을 명백히 했다.

이 자리에서 전두환은 "군부 지지가 없으면 정권 유지가 안 돼"라는 항상 하던 말을 되풀이했으나, "우리가 과거에 하던 식, 군부를 동원하고 비상계엄을 선포하는 그런 걸 반복해서는 안 되지 않겠어"라고 반문하는 투로 말해서, 비상계엄을 선포하지 않을 것임을 시사했다. 이것도 사생결단 태세로 싸우는 명동성당농성 사태와 그와 비슷한 그 이후의 사태에 직면하고서 혼자 자문자답하며 가슴에 품고 있었던 생각이었다.

그는 새로운 대처방안 마련은 노 대표를 중심으로 해야 한다고 강조하고, 민정당이 여론을 광범위하게 수렴해서 위기를 잠재울 수 있는 방안을 마련해오라고 지시했다. 자신의 4·13조치에 대해 당이 융통성 있게 대응하라는 시사로 볼 수 있는 중요한 지시였다. 이제야 노태우와 민정당이 어느 정도 신축성 있는 방안을 강구할 수 있게 된 것이다.

전두환은 안기부장이 청와대 비서실과 협조해서 뭔가 만들어야 한다고 말하고는, "안기부를 중심으로 당과 비서실에서 우군友軍 관리를 잘하도록 해야 돼요. 군대는 내가 알아서 할 테니"라고 말해 우선은 우군 관리가 중요하다고 역설했다.

야당 정치인도 불안했다. 6월 18일 상오 민주당은 긴급 총재단회의를 열고 "우리 당은 서울을 비롯한 전국 주요 도시의 과격한 시위에 대해 그 충정은 이해하지만 그 방법에 대해서는 깊은 우려를 표하지 않을 수 없다"는 성명을 발표했다.

이는 6·10대회부터 6월 17일까지 있었던 격렬한 시위에 대한 비판이자 그날 있을 최루탄추방대회 시위에 대한 우려였고, 6·10대회와는 달리 민주당이 6·18대회에 거리를 둘 것임을 밝힌 성명이기도 했다. 1960년 4·19시위 당시 서울 거리에서 아무리 눈을 뜨고 찾아보려고 해도 수많은 군중 속에서 민주당 간부의 얼굴을 찾아볼 수가 없었던 일을 상기시켰다.

2
6·18최루탄추방대회

최루탄추방 노상공청회

국본이 '최루탄추방의 날'로 정한 6월 18일 교회여성연합회 등 여성단체 주최의 최루탄추방 공청회가 열릴 예정인 서울 종로5가 연동교회와 그 부근의 기독교회관에는 2시경부터 학생 300여 명, 여성단체 회원 300여명, 시민 400여 명이 모여들었다. 경찰은 3시 25분경 연동교회를 원천 봉쇄했고, 공청회 시작 5분 전인 3시 55분경에는 그 일대에 전경버스를 10대 배치했다.

4시경에는 "최루탄을 몰아내자", "호헌철폐", "독재타도"의 구호가 울려 퍼졌고, 이어서 이우정·박용길·박영숙 등 한국여성단체연합, 한국교회여성연합회 등 4개 여성단체 회원과 구속자 가족 등 300여 명이 '최루탄을 쏘지 마세요'라고 쓰인 어깨띠를 두르고 '삼양화학은 최루탄 생산을 중단하라', '내가 낸 세금이 우리 자녀 죽인다' 등의 피켓 30여 개를 들고서 시민·학생 등 600여 명과 연좌시위를 벌이며 노상공청회를 열었다. 4시 20분

6·18최루탄추방대회에 참가하여 플래카드를 앞세우고 종로 거리를 행진하고 있는 시위 학생들(1987. 6. 18).

경부터 공청회가 시작되어 이우정 교수가 '최루탄이 인체에 미치는 영향'
이라는 주제로 발표라기보다 설명을 하고, 조화순 목사가 '국민 생명을 위
협하는 최루탄을 추방합시다'라는 글을 읽었다.

고려대생 5,000여 명이 1시 20분경 '살인적 최루탄 추방대회 출정식'
을, 서울대생 6,500여 명은 '시험연기 결의 및 살인추방 최루탄추방 등 범
국민대회 출정식'을 갖고 교문을 나선 것을 비롯해 서울에서 25개 이상의
학교가 출정식을 갖고 명동 등 도심으로 향했다.

서대협의 주력인 서울대와 고려대의 출정식 명칭 차이가 말해주듯 이
날의 시위투쟁은 6·10대회처럼 대회 명칭이나 대회 진행 지침이 통일된
것이 아니었다. 국본의 시위 참여 방식이나 역할은 불분명했지만 학생이든
시민이든 마치 '멍석'을 깔아주기만을 기다렸다는 듯이 일제히 6·18시위
에 참여했다. 전국은 이날 활화산처럼 시위로 타올랐고 분출하는 용암처럼
들끓었으며, 시위의 함성이 진동했다.

서울에서 6·18시위는 제헌의회계가 먼저 시작했다. 동국대생과 성균관대생 1,500여 명은 3시 30분경 동국대 후문에서 화염병을 던지며 경찰을 제압하려 했다. 4시경 경찰 저지선이 뚫렸고, 학생들은 퇴계로로 쏟아져 나와 대한극장 앞을 지나 극동빌딩 앞까지 진출했다. 깨뜨린 보도블록과 각목, 철근 등으로 무장한 학생들은 "혁명으로 제헌의회를"이라는 구호를 계속 외치며 배오개길을 따라 을지로4가 로터리 쪽으로 향했다.

5시 20분경에는 최루가스 자욱한 대치선을 뚫고 경찰에게 접근해 각목과 철근을 휘두르며 경찰과 백병전이랄까 난투극을 벌여 경찰을 을지로3가까지 밀어붙였다. 시위대는 6시 15분경 충무로5가파출소를 습격해 20분간 점거하면서 유리창과 집기 등을 깨부수고 근무일지를 불살랐다.

서대협은 6시에 명동에서 '독재종식을 위한 살인적 최루탄 추방대회 행진'을 가질 예정이었지만, 그 이전에 이미 격전이 벌어지고 있었다. 처음 규모가 큰 전선은 최루탄추방 공청회가 열릴 예정이었던 종로5가를 중심으로 종로4가에서 동대문에 이르는 지역에 형성되었다. 고려대생들이 3시 50분경 경찰과 충돌했는데, 4시 지나면서 학생 2,000여 명이 종로5가에 모여들자 경찰은 100미터가량 떨어진 곳에서 최루탄을 쏘았다. 경찰은 최루탄추방 노상공청회가 열리고 있어서인지 과잉진압이나 최루탄 난사를 자제했다.

4시 40분경에 종로5가에서 6가 사이 도로변에 1만여 명의 시위 대열이 형성되었다. 곧 종로5가 전철역에서 동대문에 이르는 거리에 7,000여 명이 연좌시위에 들어갔고, 동대문에서는 2,500여 명의 시위대가 폭력이냐 비폭력이냐에 대해 토론을 벌이다가 방어를 하기 위해 무장은 불가피하다는 쪽으로 의견을 모았다.

최루탄 난사를 자제하던 경찰은 종로5가에서 6가 사이에 운집한 1만여 명의 시위대에 무차별적으로 최루탄을 쏘아댔다. 이 무렵 이 일대에 있던 일부 시위대는 청계천 쪽으로, 그곳에서 다시 을지로3가 쪽으로 이동했고, 8,000여 명의 학생·시민은 동대문 쪽으로 밀렸다. 5시 30분경 경찰은 종로 5가에 다시 모인 시민·학생 3,000여 명을 한곳에 몰아넣고 최루탄을 쏴서 해산시켰다.

최대의 격전지는 6·10국민대회와 비슷하게 을지로 입구에서 명동, 신세계백화점, 퇴계로 고가도로, 시청 앞과 남대문, 서울역 일대에 형성되었다. 이 지역에 분산되어 있던 시위대는 경찰에 밀려 후퇴와 해산을 번갈아 하면서 계속 시위를 벌였다.

5시 35분경 을지로3가에서 청계천에 걸쳐 시위 인파가 5,000여 명으로 증가하면서 경찰이 이 지역에서 퇴각했고, 학생과 시민들은 정치집회를 열었다. 6시가 가까워지면서 을지로3, 4가에 있던 2,000여 명, 퇴계로4, 5가에 있던 2,000여 명의 학생들이 신세계백화점 쪽으로 이동했고, 4,000～5,000명의 시민들이 뒤따랐다. 경찰은 명동과 신세계백화점 일대에 중점적으로 배치되어 있었고, 사복경비조도 곳곳에 있었다.

6시가 지나면서 남대문에서 신세계백화점에 이르는 길에서 검문이 심해지고 연행자가 많아졌다. 6시경 신세계백화점 앞에서 대학생들이 지구별로 모임을 가졌으나 곧 경찰에 의해 해산되었다. 같은 시간 미도파백화점 앞에 7,000여 명의 군중이 모였고 3,000～4,000명의 시민들은 미도파백화점에서 롯데백화점에 이르는 차도를 점거했다. 이 무렵 시청 앞 인도는 시민들로 꽉 차 있었다. 그러나 이때까지는 구호를 외치며 산발적으로 시위가 있었을 뿐 세력 형성은 안 된 상태였다.

서울을 진동시킨 도심지 시위대의 함성

학생들은 6시 40분경 동방플라자 앞에서 화염병을 던지며 경찰과 싸움을 벌였다. 시청 앞에서 남대문 사이에 4,000여 명의 시위대가 "호헌철폐", "독재타도"의 구호를 외치자 인파는 순식간에 1만여 명으로 불어났다. 7시 경부터 시위 대열이 커지고 구호소리도 커졌다.

같은 시간 명동성당 앞에서는 1만 5,000여 명이 집회를 가졌고, 그 아래쪽에서는 2,000~3,000여 명이 구호와 노래를 불렀으며, 제일백화점 앞에서는 6,000~7,000여 명이 연좌시위를 벌였다. 7시 30분경 가톨릭회관 근처에서 1만여 명이 구호와 노래를 불렀고, 을지로3가에서 중앙극장 앞은 집회를 열고 있는 7,000여 명의 군중으로 메워졌다. 이들 중 일부는 전투적 시위대로 변했다.

7시 30분경 북창동과 남산3호터널, 남대문시장, 퇴계로 일대의 학생 3,000여 명이 신세계백화점으로 몰려와 명동 쪽에서 오던 2,000여 명의 학생들과 합류해 삽시간에 5,000여 명이 신세계백화점 앞 도로를 완전히 점거했다. 여기에 시민들이 가세해 신세계백화점 앞 분수대 주변의 군중은 2만여 명을 넘어섰다. 6·18시위가 시작된 이래 최대 규모의 시위 대열이 형성되었다.

학생들은 계속 "비폭력!"을 외쳤으나 3,000~4,000명의 학생은 자체 무장을 하고 미도파백화점 앞에 배치된 전경 700여 명과 투석전을 벌였다. 또 시위대가 중앙우체국 앞과 신세계백화점 앞의 경찰 2개 중대 300여 명을 에워싸자 급기야 경찰은 조선호텔 쪽으로 밀렸다. 이때 2,000여 명의 학생들이 80여 명의 전경을 포위해 헬멧과 방독면, 방패 등 시위 진압용품을 모두 빼앗아 분수대 앞에서 불태웠고, 최루탄 10여 상자와 함께 무장 해제된 전경들을 분수 안으로 몰아넣었다. 최루가스와 땀으로 범벅이 된 전경들은 겁에 질린 채 엉겁결에 분수 목욕을 하게 되었다. 7시 40분경에는 회현동 쪽에서 전경버스 2대에 돌을 던져 차를 세웠다. 운전기사를 끌어내린 후 회현동 고가도로 입구로 버스를 몰고 가 바리케이드를 쳤다.

마지막 격전은 8시경부터 서울역 일대에서 전개되었다. 서울역 광장은 이미 7시 40분경부터 5,000여 명의 시민·학생들에 의해 메워졌다. 남대문 쪽에 있던 6,000여 명의 인파도, 회현동에서 해산된 사람들도, 후암동 동쪽으로 밀려났던 시위대도, 서소문에 있던 시위대도 모두 서울역으로 몰려왔다. 8시 30분경이 되자 1만여 명의 시위대가 광장 앞 도로까지 점거했고, 이로 인해 신세계백화점에서 서울역 사이의 교통이 마비되었다.

8시 20분경에는 서울역 앞 광장에서 전경이 무장 해제당했다. 8시 25분경에는 1만여 명의 시위대가 남대문경찰서를 지키던 1개 중대병력을 포위했다. 이들은 정문 셔터를 내린 남대문경찰서에 돌을 던져 대형 유리창 60여 장을 박살냈고 경찰버스를 전소시켰으며 전경 수송버스 유리창도 산산조각 냈다. 8시 40분경 병력을 지원받은 경찰이 최루탄을 퍼부으며 진격해 남대문경찰서 앞 도로를 점거했던 시위대와 격렬한 공방전을 벌였다.

경찰의 포화에 밀려 시위대는 서부역·서소문·후암동·퇴계로 등지로 밀렸다가 다시 염천교 등지에서 밀고 들어와 호남선 대합실을 점거했다. 시위대는 9시 20분경에 역전파출소 유리창을 모두 깼고, 9시 45분경에는 예비군 수송버스 1대를 불태웠다.

또한 회현동 고가도로, 서소문 고가도로, 서울역 고가도로가 한때 마비되었다. 9시 13분경 남대문 쪽 시위대가 고가도로를 점거해 고가도로 위에서 1,000여 명의 경찰과 대치했다. 서울역 광장에 있던 시위대 5,000여 명은 전경 1개 소대를 무장 해제시켰다. 9시 10분경에는 힐튼호텔 부근에서 2만여 명의 군중이 구호를 외치며 서울역 방향으로 진출하려고 시도했다.

8시 조금 지나 을지로 입구에서도 시위대 세력이 형성되었다. 8시 14분

신세계백화점 앞에서 6·18최루탄추방대회를 진압하던 전경들이 시위대에 포위되어 곤욕을 치르고 있다(1987. 6. 18).

경 시민 5,000~6,000명이 롯데백화점 앞 도로를 장악했고, 새로나백화점 앞에서는 수천 명의 시위대가 정치집회를 가졌다. 롯데백화점에서 광교에 이르는 지역은 오랜 시간에 걸친 공방전으로 전경이나 시민들 모두 다 지친 모습이었다. 광교 부근에서는 경찰이 시위대 10여 명을 연행하는 것을 보고 시민들이 구출하려다 실패했다. 10시 10분경 독립문 쪽 시위대, 서울역과 남영동 쪽에 있던 시위대가 정치집회를 열고는 6·18대회를 정리하고 해산했다.

이날도 6·10대회 때처럼 서울 중심가는 전쟁터를 방불케 했는데, 시위대와 경찰 간의 치열한 공방전이 벌어질 때마다 경찰의 통제력은 한계를 보여주었다. 여러 곳에서 학생시위대가 주도권을 행사하는 모습을 볼 수 있었다.

한 신문은 '휴지통' 란을 통해 이날 출판업자 정 모 씨(44세)가 경찰 수송버스 안에서 10여 분간 구타당한 사실을 보도했다. 한 여고생이 검문을 받다 비명을 지르자 정 모 씨가 "어린 여학생한테까지 왜 그럽니까"라고 말했던 것이다. 그 순간 사복경찰들이 경찰수송버스로 그를 끌고 가 "손님 왔다"고 소리쳤고, 경찰 10여 명이 우르르 달려들어 버스 바닥에 처박아놓고 10여 분간 마구 짓밟으며 때렸다. 그러고는 "당신 같은 자들이 학생시위에 호응한다. 앞으로는 못 본 체 조용히 다녀라"라고 충고한 뒤 풀어주었다.

신문들은 6월 17일도, 18일도 이한열이 사경을 헤매고 있다고 보도했다.

6·18부산시위 서막을 장식한 새벽의 택시시위

부산은 부산 국본이 '최루탄추방의 날' 행사를 하기 전에, 그것도 새벽 일찍부터 놀라운 사태가 전개되었다. 광주항쟁에서 공수특전단에 맞서 싸우는 데 대단한 위력을 과시해 항쟁에 중대한 전기가 되었던 1980년 5월 20일의 200여 대의 택시시위와 비슷한 택시시위가 18일 상오 부산에서 일어난 것이다.

이날 택시는 상오 1시 20분경 서면로터리에서 200여 대, 부산역과 초량삼거리에서 100여 대가 경적시위를 했는데, 2시 30분경부터 많을 때는 약 300대, 적을 때는 50여 대가 6시 30분경까지 시위를 벌였다.

상오 2시 20분경 초량동 YWCA 뒤편에 흩어져 있던 시위대를 경찰이 강제 해산시키려 하자 시위대는 초량2파출소와 초량1파출소를 차례로 습격하고 오토바이 2대를 불태웠다. 전날 자정까지 부산에서는 1만여 명의 시민·학생들이 각지에서 산발적으로 시위를 계속했는데 일부 지역에서는 새벽까지 계속되었다. 택시기사들의 시위는 시민·학생들의 시위대에 합류하면서 시작되었다.

2시 30분경 한전 부산진 지점 앞에서 50여 대, 서면로터리에서 100여 대의 택시가 손님을 기다리던 중 시위 학생들이 몰려오자 이들과 합류해 일제히 경적을 울리면서 시위를 했다. 택시기사들은 떼를 지어 다니며 도로 복판에 차를 세워 도로를 차단했고, 또 지나가던 청소트럭 3대를 강제로 정지시켜 쓰레기를 도로에 쏟아버리게 했다.

시위에 참여한 택시는 4시경에 300여 대로 늘어났다. 5시 40분경 시위 학생들이 전포동사거리의 교통초소에 화염병을 던져 초소를 반쯤 불태웠을 때 10여 명의 택시기사가 쇠파이프와 각목을 들고 나와 지나가던 차량을 정지시켰다. 경찰은 6시 30분경 사복경찰 2개 중대, 정복경찰 2개 중대를 출동시켜 택시기사들을 설득했고, 6시 40분경부터 교통 소통이 재개되었다.

그 무렵 부산에서는 '민주택시기사협의회' 회원들에 의해 밤늦은 시간에 경적시위와 노킹(엔진 조작으로 내는 폭음)시위가 종종 있었다. 이들은 기사식당에서 집결장소 등을 전달받았고, 자신들의 택시에서 휘발유를 빼내 화염병을 급조했다. 차 안에 돌을 가득 담아 나르는 기사들도 있었다. 택시기사들은 시민들이 모여 있으면 어디에서든지 쇠곤봉을 휘둘러대는 백골단 테러가 자행되고 경찰이 직격탄을 마구 쏘아 부상자가 속출하는데도 학생들이 계속 "비폭력, 비폭력!" 하고 외치는 것에 불만이었다.

차량시위의 규모가 커지자 6월 20일 부산 택시운송사업조합은 학생시위가 진정될 때까지 밤 12시부터 다음 날 4시까지 택시 운행을 중지하겠다고 밝혔다. 그렇지만 택시 입고가 시 당국이나 택시조합 의도대로 되지는 않았다.

부산을 뒤덮은 6월 항쟁 최대의 기록적 인파

부산지역 대학생 2만여 명이 부산대에 모여 부산지역 총학생회협의회연합 출정식과 대동제를 갖고 시내로 진출하면서부터 국본이 주최한 '최루탄추방의 날' 행사 및 시위가 시작되었다. 시민들도 "가톨릭센터로!", "농성학생들을 구출하자!"라는 학생들의 구호에 거리로 쏟아져 나왔다.

4시에 학생·시민 등 3만 5,000명의 시위대가 영주1파출소 등 파출소 세 곳을 습격하고 민간인 소유 트럭과 소방차를 탈취했다. 4시 30분경에는 벌써 6만여 명의 시민이 운집했는데, 시간이 지나면서 인파는 더욱 늘어나 6월 항쟁 최대의 인파가 서면 일대를 뒤덮었다. 서면로터리를 중심으로 부산상고 앞 대로와 범내골 일대의 도로까지 인파로 가득 찼다. 서면에서 부산진시장에 이르는 왕복 8차선의 5킬로미터 정도 되는 간선도로에 발 디딜 틈 없이 인파가 몰려든 것이다.[3]

학생들도 많았으나 시민들이 더 많았다. 부마항쟁 때 낮에는 학생들 중

1987년 18일 오후 서면로터리에 대거 집결한 부산산업대·동의대·부산개방대 시위 학생들. 부산에서 6월 항쟁 최대의 인파가 몰려든 이날, 부산 서면에서 부산진시장에 이르는 왕복 8차선 도로가 거대한 시위대의 물결로 가득 찼다.

심으로 시위가 벌어졌지만 저녁 이후부터는 시민들이 시위를 주도했는데, 6·18시위에서는 낮부터 주도권이 점차 시민들에게 넘어갔다. 경찰도 최루탄을 쏘아대다가 엄청난 인파에 묻혀 진압을 포기하고 말았다.

7시경 국제시장, 남포동, 보수동로터리 등지에서 시위대가 수천 명 단위로 이루어져 시청과 부영극장 쪽으로 이동하면서 시위를 벌였다. "호헌철폐", "독재타도"의 함성이 온 거리를 뒤덮었다.

500여 명의 부산대생들이 사상공단에서 시위를 벌이자 6시경부터 노동자들이 잔업을 거부하고 작업복 차림으로 시위대에 가세했다. 사상터미널에서 주례로터리에 이르는 길은 노동자와 고교생, 인근 주민들 2만여 명이 모여 시위를 벌였다.

노동자와 학생들이 주례와 가야를 거쳐 서면으로 향하면서 "호헌철폐", "독재타도" 외에도 "8시간 노동으로 생활임금 쟁취하자!", "노동자 단결하여 민주노조 결성하자!", "노동자 단결하여 살인정권·기만정권·군부독재 끝장내자"라고 외쳤다. "노동자 피땀 짜내는 독점재벌 해체하라"라는 구호도 나왔다.

8시 10분경 학생·시민 3,000여 명이 부산역 앞 8차선을 점거해 연좌농성을 벌였고, 시위대 2만여 명은 '민주의 깃발을 드높이자'라는 플래카드를 들고 서면로터리로 진출했다. 전경 4개 중대가 시위 진압이 어렵다고 보고 철수했다.

난공불락의 요새 KBS 부산방송본부 공방전

9시 30분경 시위 군중이 남포동 국제시장 부근의 초량1파출소·남포동 파출소 등 9개 파출소에 방화하고 집기를 부쉈다. 앞에서 언급했던 AP통신 보도에는 부산 시민들의 호기심과 자부심이 대단해서 위험한 시위 현장에 어린이들을 데리고 나와 구경을 할 정도로 극성이라는 기사가 있었지만, 이날 시위에는 엄마의 손을 잡고 온 아이들이 적지 않았다.

아이들은 노래를 따라 부르며 시위대를 쫓아다녔다. 초등학생, 중학생들은 시위대가 부르는 개사곡에 푹 빠져 있었다. "머리머리 대머리 이제 그만 뿅해라 / 주걱턱도 뿅뿅뿅 지구에서 떠나라"(〈나리나리 개나리〉의 개사곡으로 대머리는 전두환, 주걱턱은 그의 부인을 가리키는 듯) 등을 신이 나서 불러댔다.

한편 고등학생들로 보이는 청소년들은 전경을 향해 돌을 던졌다. 완월동 아가씨들은 담배와 김밥을 사서 보내며 "수고한다"고 격려했다. 곳곳에서 아주머니들이 지나가는 시위대에게 담배, 김밥, 랩, 물수건, 치약 등을 갖다주었다. 만 원짜리 지폐를 주고 가는 사람도 있었고, 육교 위에서 동전을 던지면 아이들이 신나서 주우러 가기도 했다.

밤 10시경 수만 명의 인파가 부산역에서 2시간 가까이 대중정치집회를 가졌다. 그렇지만 잘 이끌어가지 못해 성공적이지는 않았다.

같은 시간 서면에서 이동한 촛불시위대가 범일 고가도로를 통해 이어지는 좌천동 고가도로(일명 오버브릿지)를 통과하려 했으나 경찰의 최루탄 난사로 도로가 아수라장이 되었다. 초기에는 수적으로 완전히 열세여서 진압을 못하던 경찰이 이 무렵부터 시민들을 밀어붙이기 시작했다. 다연발 최루탄의 폭발음이 거리를 진동시켰고, 고가도로 위에 있던 시위대는 독한 최루가스에 질식된 채 갈팡질팡했다.

그때 희부옇게 최루탄에 뒤덮여 있던 오버브릿지 밑에서 한 청년이 발견되었다. 28세의 회사원 이태춘이 고가도로 위에서 떨어진 것이다. 그는 인근 재해병원에 옮겨졌으나 혼수상태였고, 6월 24일에 사망했다. 국본 주최의 '최루탄추방대회'에 참여해 최루탄 때문에 사망한 것이어서 더욱더 사람들을 안타깝게 했다.

자정을 넘기면서 시위대는 간신히 경찰 저지선을 뚫었다. 그들은 여세를 몰아 KBS 부산방송본부 앞으로 몰려갔다. 많은 사람들이 이태춘의 추락 소식을 듣고서 분노가 극에 달해 있었다. 화염병이 방송국으로 날아들어 각종 집기류가 불탔다. 그렇지만 KBS를 지키고 있던 경찰 역시 사력을 다하고 있었다.

6월 15일 시위대의 공격으로 유리창 60여 장이 깨진 적이 있어서 그 뒤급속히 경비가 강화되어 KBS 부산방송본부는 난공불락의 요새가 되어 있었다. 18일 시민들의 수에 압도된 경찰이 병력을 시청과 방송국 등 중요 건물을 지키는 것에 집중했기 때문이었다.

시위대의 화염병 공격에 대비해 중무장한 병력이 건물을 10겹 이상으로 겹겹이 에워싸 방어하고 있었다. 택시기사 50여 명이 택시로 바리케이드를 치고 시위대가 이를 이용해 공격했지만 끝내 철벽을 깨지는 못했다. KBS 앞에서 직격탄을 맞은 33세의 문철수는 병원으로 옮겨가 치료를 받았으나 19일 새벽 끝내 실명하고 말았다.

전두환 정권을 경악케 한 부산시청 공격

방송국을 점거하지 못한 시위대는 횃불시위를 벌이며 일본영사관을 급습해 유리창 42장을 깬 후 부산역으로 향했다.

19일 상오 2시 50분경 초량로터리와 KBS 사이에 있었던 시위 군중 1만여 명 중 2,000여 명은 대형 트럭, 트레일러 등 10여 대의 차량을 탈취한 후 대형 태극기와 플래카드를 앞세우고 시청으로 돌진했다. 여기에 200여 대의 택시가 합세해 시청 앞에서 700미터쯤 되는 부산세관 부근까지 진출했다.

경찰은 이곳에서 강력한 저지선을 폈다. 최루탄을 퍼부어댔으나 시위대가 물러서려고 하지 않자 대형 트럭을 동원해 길을 막은 뒤 64연발 다탄두 최루탄을 발사해 간신히 해산시켰다. 전두환 정권이 크게 위기감을 느낄 만한 상황이었다.

차량시위대는 동부경찰서·부두파출소를 비롯해 8개 파출소에 불을 지르고 집기를 파손했다. 시청에서 경찰과 공방전을 벌이던 시위대 일부는 가톨릭센터로 가 그곳에 있는 농성자들과 함께 시위를 벌였다.

어느덧 19일 새벽이 밝아오고 있었다. 이날도 역시 새벽에 중앙동사거리에서는 시위대가 바리케이드를 쳐 2킬로미터 구간의 통행이 끊겼다. 이곳에도 택시 40여 대가 몰려와 바리케이드 역할을 했다.

반反중앙 의식이랄까 반反서울 의식이 없지 않았고, 파토스적인 열정이 강한 부산 사람들은 한번 불이 붙으면 좀처럼 수그러들지 않는다고 하는데, 이번에는 불이 붙어도 단단히 붙어 활화산처럼 무섭게 타올랐다.

부산시 당국은 18일 오후에서 19일 새벽에 걸쳐 벌어진 사태를 대단히 위급한 상황으로 받아들였다. 비상조치가 취해질 것이라는 소문이 전국적으로 급속히 퍼졌다.

마산에서 경남대생 150여 명, 진주에서 진주교대생 400여 명이 시위를 벌였으며, 울산에서 울산대생 100여 명도 7시경 옥교동 일대에서 시위했다. 또한 김해 인제대생 500여 명은 1시에 시내 주요 도로에서 반정부 구호를 외치며 시위를 전개했다.

충청도 이미지를 바꾼 대전 시위

6시 30분이 조금 지나 경찰은 대전역에서 도청까지의 중앙로를 전경들의 벽으로 차단했다. 중앙로를 절대로 시위대에게 넘기지 않겠다는 결의의 표시였다.

6시 40분경 충청은행 옆, 홍명상가, 중앙시장 일대에서 시위가 커지기 시작해 7시경에는 중앙로 일대에 1만여 명의 시위대가 형성되었다. 경찰의 최루탄 공세로 대한통운 앞, 한밭식당, 중앙데파트 옆으로 밀리던 시위대는 중앙로로 진격하기 위해 경찰과 치열한 공방전을 벌였다. 이 와중에 한 청년이 경찰의 사과탄에 맞아 중태에 빠졌고, 그에게 다가가던 시민들에게도 경찰이 계속 사과탄을 던졌다. 시민들은 이 청년을 간신히 충남대 부속병원으로 옮겼는데, 중태에 빠진 이 청년에 대한 경찰의 태도가 알려지면서 시위대는 "살인 경찰 물러가라"고 외쳤고, 시위는 더욱 격렬해졌다.

대전역 광장, 시청 앞, 대전극장 일대에서 시위대가 경찰의 최루탄 난사에 맞서면서 격렬한 시위가 계속되었다. 9시 35분경 대전역 앞 광장에서 시위를 하다가 경찰에 쫓겨 철로로 밀려난 시위대가 한때 경부선 철로에 철봉과 각목 등 장애물을 놓고 시위를 벌여 15분간 경부선 하행열차의 통행이 중단되었다.

9시 45분경 중앙로 여러 곳에서 화염이 보였고, 전경들은 홍명상가 쪽을 공격했다. 10시경 선화동에 1만여 명의 시위대가 운집하기도 했으나 경찰의 지랄탄과 최루탄 발사로 대전역 주변, 원동4가, 선화4가, 안동4가로 분산해서 시위를 벌였다.

10시 17분경 대전역에서 홍등상가 사이의 중앙로는 전경들에게 장악되어, 중앙로는 인적이 끊긴 적막한 대로가 되었다. 이것 또한 대전에서는 아주 드문 현상이었다.

10시 30분경부터 시위대가 인동·대동·가상동 파출소에 불을 질렀고, 11시 30분경에는 신흥동파출소를 파괴했다. 일부 시위대는 KBS에 돌을 던졌다. 자정 무렵에 소재동파출소가 파괴되었다.

"'대구폭동' 이래 최대의 시위 인파"

민주화쟁취국민운동 경북지부 주최로 6시에 대구중앙공원에서 '살인 최루탄 추방을 위한 민주화실천 범시민대행진'을 펼치기 위해 4시 50분경부터 민가협 등의 여성 30여 명이 최루탄 추방을 위한 공청회 안내문을 돌리다가 시민들이 적극 호응하자 행사장에서 쓰려던 유인물까지 나눠주었다. 시내 곳곳에는 시민들을 설득하기 위한 대자보가 붙어 있었다.

5시경 경북대 의대생 500여 명이 대형 태극기를 앞세우고 "최루탄추방, 한열이를 살려내라"고 외치며 동인로터리를 출발하면서 시위가 시작되었다. 5시 30분경 시위대가 '눈물 없이 살고 싶다. 최루탄 정권 물러가라'고 쓰인 플래카드를 앞세우고 대회장에 들어가려 했다. 그때 민가협 어머니들이 30여 송이의 장미꽃을 전경들의 가슴과 투구, 최루탄 발사기 총구에 꽂아주며 "쏘지 마!"라고 말했다. 전경들은 숙연해졌고, 연도의 시민들은 박수를 쳤다.

한편 행사장에 들어가지 못한 시위대는 노상에서 간이공청회를 열었다. 노상공청회에서 유시민의 어머니 서동필 여사가 "경찰은 최루탄을 쏘지 말고 학생들은 돌을 던지지 말라"고 호소했다.

시위는 6시 40분경 경찰이 무차별적으로 최루탄을 쏘면서 격렬해졌다. 대구의 경우 6·10대회에서 학생들이 비폭력을 외쳤는데, 6월 17일에 최루탄과 사과탄이 난무하는데도 학생들이 '비폭력'을 외치자 시민들이 항의했다. 그 때문인지 6시 40분경부터 화염병이 등장해 삼덕파출소와 남산4동 파출소가 전소되고 7개 파출소가 파괴되었다. 남부경찰서 서장의 승용차가 화염병 공격을 받아 서장이 화상을 입었고, 몸에 불이 붙은 운전기사가 뒹굴자 시민들이 꺼주는 사건도 발생했다.

7시 20분경 로얄호텔에서부터 동원예식장 앞길을 꽉 메운 5,000여 명의 시위대는 경찰의 최루탄 난사에 돌과 보도블록으로 완강하게 맞섰다. 국세청 앞에 있던 경찰들을 향해 아주머니들이 "장사도 못하게 최루탄만 쏘냐?"고 거세게 항의했다.

꼬마들이나 노인들도 마스크와 물안경을 준비해 시위에 참여했다. 젊은이뿐만 아니라 중산층에서 가정주부까지 많은 시민들이 시위에 가세하자 경찰은 당황했다. 서문시장 앞에서 투석전을 벌이던 시위대는 소방차를 빼앗아 전경에 물세례를 퍼부었고, 옷이 물에 젖은 전경들은 행동이 느려져서 제대로 진압을 하지 못했다. 시민들은 환호성을 올렸다. 시위대는 곳곳에서 연좌해 즉석토론회를 열었고, 시민들은 음료수나 빵 등을 가져다주면서 박수를 보냈다.

시위대는 즉석모금으로 모인 돈을 가지고 핸드마이크와 스프레이를 구입해 건물 벽과 도로에 "호헌철폐 독재타도"라는 구호를 적어 시내에는 울긋불긋한 글씨들이 출렁댔다. 『말』지에 의하면 이날 모인 2만 5,000명의 시위 인파는 1946년 10월 세칭 대구폭동(10월 항쟁) 이래 최대의 시위 인파였다고 한다.

경찰은 평소에 사복을 했던 체포조까지 완전 무장해 투입하는 등 총력전을 폈으나 시위 진압에는 역부족이었다. 나중에는 최루탄이 떨어져 시위를 바라보고만 있어야 하는 상황도 초래되었다. 이날 시위로 학생·시민 40여 명, 경찰 50여 명이 부상을 입었다.

호남지역에서는 드물게 6월 10일부터 하루도 빠지지 않고 규모가 큰 교내·교외 시위를 벌였던 익산 원광대 학생들이 6시경 시내에서 재야·청년단체 회원들과 함께 창인동성당에서 최루탄추방궐기대회를 갖고 11시 30분경까지 격렬한 가두시위를 벌였다.

이날 정오에 원광대학교 재단을 맡고 있는 원불교 중앙총무 교무 김경일 등 238명이 '이 땅의 민주화를 위한 우리의 주장'이라는 제하의 성명서를 내고 4·13호헌조치 철회를 요구했다.

군산에서는 인권협의회 등 4개 단체 회원 400여 명이 6시부터 어깨띠를 두르고 군산시청 앞까지 가두행진을 벌였다. 8시에는 월명동성당에서 300여 명의 시민·신도들이 최루탄추방대회를 갖고 가두행진을 하면서 1만여 장의 유인물을 배포했다.

광주의 경우 8시경 전남대생 500여 명이 충장로1가 무등극장 앞길을 점거하면서 시위가 시작되었고 시민 3,000여 명과 함께 도심지 20여 곳에서 산발적으로 시위를 벌였다.

목포에서는 6시에 역전 광장이 봉쇄되어 300여 명이 시민회관 앞에서 집회를 열고 역전 진출을 시도했으나 실패했다. 학생·시민 1,000여 명이 다음 날 상오 3시까지 시위를 벌였고, 역전파출소가 파괴되었다.

순천대생 300여 명은 학교 앞 도로를 점거한 채 농성을 벌였다. 시민들이 박수를 치며 호응하자 경찰이 최루탄을 난사해 시민들을 해산시키려 했으나 학생들이 그 자리에 누워버리자 포기했다. 전경이 1개 중대밖에 배치되지 못했기 때문이었다.

춘천에서는 8시 30분경부터 강원대·한림대생 3,000여 명이 8호 광장 로터리, 운교로터리, 명동—도청 앞 광장 일대에서 시위를 벌였다. 시위가 시작되자 상가는 철시했고, 도심 교통이 마비되었다. 경찰이 최루탄을 마구 쏘아대자 시민들이 시위에 적극 가담했고, 11시경부터는 더 이상 참지 못한 시위 군중이 보도블록을 깨서 던지기 시작했다. 춘천에서는 보기 드문 격렬한 시위였다. 11시 30분경 8호 광장, 교통초소 유리창이 모두 깨졌다. 시위대는 헬멧과 방패 등 전경 진압장비 30여 점을 빼앗아 불살랐다. 운교동파출소와 민정당 당사, 소양로1가파출소, 도청 현관 유리창에도 돌이 날아들었다. 경찰은 늘어난 시위대와 시민들의 항의로 전의를 상실했다.

다음 날 상오 1시경 1만여 명의 시위대가 도청 앞 광장에 집결해 연좌농성을 벌였고, 200여 명의 시위대가 도청을 점거해 전두환의 대형 사진에 불을 질렀다. 상오 2시경 타 지역으로부터 병력지원을 받은 경찰은 대중집회를 열고 있는 학생·시민들을 밀어붙이기 시작해 3시경 시위는 끝났다. '감자바위'라는 애칭 아닌 애칭을 가지고 있는 강원도에서 대단한 규모의 치열한 시위를 이끈 학생들은 자긍심을 가지고 학교로 돌아가 농성을 계속했다.

원주에서는 연세대 원주캠퍼스 의대생 1,000여 명이 5시 30분경 원일로 중소기업은행 앞길에서 기습시위를 시작하자 경찰이 최루탄을 난사하고 학생 6명을 연행하면서 시위는 격렬한 양상을 띠었다. 6시경 경찰 가스차가 시위대의 화염병 공격으로 불이 붙었다. 이 무렵부터 2,000여 명의 시민들이 시위에 동참하면서 경찰이 최루탄을 쏘려 하면 "쏘지 마! 쏘지 마!"하며 경찰을 제지했다. 7시 20분경 시민들이 나 아무개 원주경찰서 서장의 멱살을 잡고 최루탄 발사에 항의했다. KBS 기자도 시위대에게 붙잡혀 봉변을 당했다.

경찰의 진압 능력이 마비되었고 시내 주요 도로는 학생들에 의해 점거되었다. 시위대는 경찰 순찰차와 민정당 당사에 돌을 던져 파손하거나 불태웠고, 민정당 당사 간판을 떼어냈다.

성남시청 앞에서 경찰 300명 자진 무장해제

6시 동수원 감리교회에서 강돈구 한신대 교무처장 등 교수와 NCC소속 목사 20여 명, 학생 800여 명, 신자 200여 명 등 1,000여 명이 최루탄 추방과 민주쟁취를 위한 기도회를 열고서 7시 30분경 남문 쪽으로 행진하다 성빈센트병원 앞에서 경찰과 대치했다. 환자와 시민들이 지켜보는 가운데 몇몇 여성이 전경의 방패에 꽃을 달아주자 경찰이 최루탄을 난사했고, 병원 안에서 이를 지켜보던 시민들이 전경들에게 돌을 던졌다. 시위대는 모였다 흩어지기를 반복하며 수원역으로 향했다. 10시 30분경 3,000여 명의 시위대가 "평화집회 보장하라"며 시위를 벌이고 집회를 이끌어갔다. 이 무렵 시민들이 대거 참여해 시위 군중은 1만여 명이 되었다(『말』).

5시 30분경 외대 용인캠퍼스, 경희대 수원캠퍼스, 경원대생 등 800여 명이 성남중앙시장 앞에서 시위를 시작했다. 9시경에는 시민·학생 1만 2,000여 명이 종합시장에서 성남우체국에 이르는 500미터 도로를 가득 메

6·18최루탄추방대회가 열리고 있는 수원 빈센트병원 앞(1987. 6. 18).

왔다. 시위대의 위세에 밀린 경찰은 길을 터주며 고개 너머 시청 앞 광장에서 휴식을 취할 뿐이었다.

한편 9시 30분경에는 노인 100여 명과 초등학생들이 대형 태극기를 들고 시위 대열의 선두에 서서 시청 쪽으로 행진했다. 시위 군중은 계속 불어나 10시 10분경에는 2만여 명(『말』, 『대투쟁』)이 종합시장에서 시청 앞에 이르는 고갯길 4차선 도로와 인도 1킬로미터를 완전히 메웠다.

시위대가 시청 앞에 도착하자 경찰이 최루탄을 난사했다. 시위 도중 주민교회 여신도 10여 명이 전경들에게 카네이션을 달아주며 "최루탄을 쏘지 말라"고 타일렀다. 10시 30분경 인하시장과 시청 쪽 시민들이 전경들을 포위해가자 수적 열세에 놓여 있던 전경들은 최루탄 발사를 중단했다. 최루탄 발사를 저지한 시민들은 페퍼포그차로 돌진해 전복시켜버렸다.

경찰이 다시 최루탄을 쏘자 시청 정문으로 몰려간 시위대는 시장 나오라고 소리쳤다. 잠시 후 경찰서장이 시청에 나타나자 시민들이 일제히 최루탄 난사에 항의했다. 한 중년 부인은 경찰서장에게 "너도 자식이 있으면 여기 데려다놓고 최루탄을 쏴봐라"라고 호통을 치고 나서 전경 대열 앞으로 가더니 방독면을 벗으라고 요구했다. 앞뒤로 둘러싼 채 최루탄 발사에 항의하는 시민들의 기세에 눌려 전경들은 하나둘씩 방독면을 벗었고 10분 후에는 300명이나 되는 전원이 방독면을 벗었다. 이날 시위대는 경찰과 공공건물 등에 돌과 화염병을 던지지 않았다.

11시경에서 12시경까지 둘로 나뉘어 있던 시위대는 각각 대중집회를 열었다. 구호로는 "독재정권타도"와 "독재지원·내정간섭하는 미국을 몰아내자"가 많이 나왔다. 자정이 지나 뿔뿔이 흩어지는 시위대를 향해 전경들이 최루탄을 쏘았고, 골목에 숨어 있던 사복형사조가 나타나 시위대를 각목으로 사정없이 구타했다.

야수 같은 경찰 폭력

인하대·인천대 학생들은 1시에 출정식을 갖고 각각 부평과 동인천으로 향했다. 6시가 지나면서 백마장 입구, 동인천역, 부평제일성결교회 앞에서 시위가 시작되었다. 부평중앙로에서 행복예식장 사이의 거리도 시위대로 꽉 찼다. 한 시민이 "전두환을 남영동으로! 이순자를 부천시로! 최루탄을 청와대로!"라고 외치자 다른 사람들이 따라 외쳤다. 전경이 최루탄을 쏘려고 방독면을 쓰면 시민들은 "방독면 벗고, 최루탄을 쏘지 말라"고 외쳤다. 전경들은 계속 시민들에게 밀렸다. 시민들은 11시 40분경 부평 개선문예식장에서 전두환 화형식을 가졌다.

백마장에서 청천동으로 향하는 시위대에 노동자들이 계속 가세했다. 자정을 조금 넘어 2만여 명의 시민·노동자·학생들이(『말』) 대중집회를 가지려 하자 경찰이 가스차를 앞세우고 밀어붙였다. 시위대는 봉고차, 택시, 승용차 등으로 바리케이드를 치고 전투조를 편성해 경찰에 대항했다. 자욱한 최루가스 속에서도 대중집회는 2시간 30분 동안 진행되었다.

상오 2시 50분경 오토바이 부대의 지원을 받은 경찰이 청천시장 쪽에서 최루탄을 마구 쏘며 밀어붙였다. 앞뒤에서 쏘는 최루탄에 급기야 시위대원들은 여기저기로 피신했지만, 많은 시민들이 부상당하고 연행되었다. 이때 연행된 한 노동자는 다음과 같이 기술했다.

버스로 끌려가는 동안 계속 발길질을 하고 머리, 가슴, 등을 몽둥이로 때리면서 '죽여버려, 죽여'를 연발했다. 버스에 오르자 입구에 5~6명이 서서 들어오는 대로 차고 때리고 지근지근 밟아댔다. 경찰서에 도착해 버스에서 내리자 50명 정도가 도열해서 내리는 사람마다 소나기 퍼붓듯 두들겼다. 여기저기서 비명소리로 가득 찼고, 전경들이 미친 듯이 괴성을 지르며 엎드리게 하고 이상한 기합을 주었다. 군대에 갔다 온 사람은 특히 많이 맞았다. 함께 잡혀간 여성 20명은 울지 않을 수 없었다. 여성들은 전경 내무반에 들어가서 다시 무수한 구타와 모욕을 당했다. 여성 중 목소리가 낮거나 미운 사람을 골라 울 때까지 가슴, 머리를 구타했다. 치마 입고 온 여성은 치마 입고 이런 데를 왔다고 욕설을 퍼붓고, 바지 입은 여성은 데모꾼이라고 당했다. 이틀 동안의 내무반 생활을 완전히 눈물과 공포 속에서 지새었다.

경찰들은 사람같이 보이지 않았다. 사복 입은 '수상한' 경찰(그들은 경찰에 고용된 깡패라는 소문도 있었다)이 특히 무자비했다. 몽둥이와 최루탄을 들고 가정집, 가게를 닥치는 대로 뒤지며 시위대로 보이는 청년들을 끌어냈다. 경찰견까지 동원되었다. 시민들은 '제2의 광주'를 보는 것 같다며 치를 떨었다.

18일 저녁과 19일 새벽에 걸쳐 노동자, 학생, 회사원 등 667명이 연행되었다. 시위대의 투지는 대단했다. 19일 상오 4시 연행을 피한 노동자·학생 250여 명이 산으로 피신했다가 6시 30분경 다시 내려와 빵을 사먹고 화염병을 만들었다. 7시경 이들 중 100여 명은 플래카드를 펴들고 청천동으로 행진하다가 청천파출소를 불태웠다.[4] 일부 시위대는 상오 3시 반까지 횃불시위를 벌였고 공단파출소를 습격했다. 800여 명의 학생들은 인하대에서 철야농성을 했다.

전두환의 표현 그대로 시위대는 사생결단하고 군부독재에 덤벼드는 사람들이었다. 아무리 야수같이 폭력을 휘둘러도 죽기 살기로 투쟁하는 데에는 대처할 방법이 없었다.

파다하게 퍼진 비상조치설

'6·18최루탄추방의 날'에 경찰은 아이러니하지만 최루탄을 가장 많이 사용했다. 시위가 많은 한국 시위사에서 유례를 찾기 힘든 대규모 인파가 부산에 모였고, 부산·대구·인천과 같은 대도시든 성남과 같은 중소도시든 경찰력이 학생·시민의 시위대에게 몰리는 현상이 여러 곳에서 발생했다.

이 무렵 비상사태설이 나돌았다. 쿠데타설은 특히 농성시위가 계속되고 있는 부산 가톨릭센터에서 먼저 나돌았다. 6월 17일에는 곧 계엄령이 발표되고 가톨릭센터에 공수부대가 투입될 것이라는 소문들이 여러 경로로 날아 들어와 가톨릭센터 쪽 역시 동요하는 모습이 역력했고, 농성자 수도 줄어들었다. 명동성당농성에서처럼 프락치 문제도 심각했다.[5]

6월 18일 계엄령설이 파다하게 퍼지는 가운데 부산 상공에는 새벽부터 군용헬기 2대와 정찰비행기 1대가 선회하고 있었다. "공수부대가 부산에 긴급 투입되었다", "공수부대가 가톨릭센터 농성학생들을 잡으러 몰려가고 있다"는 소문이 퍼졌다.

부산 시내에는 하루 종일 팽팽한 긴장감이 감돌았고, 농성장 또한 마찬가지였다. 농성장에 있던 학생들은 겁이 났지만 사생결단의 용기를 내기 위해 서로를 다독이며 용기를 갖자고 다짐했고, 옥상에 올라가 다시 태극기를 내걸었다. 분신이나 투신이라도 하겠다는 각오로 휘발유 통을 모두 옥상으로 날랐다.[6] 어딘지 알 수 없는 곳에서 부산 국본에 전화를 걸어 군이 출동하고 있다고 말해 불안감을 조성하기도 했다.[7]

6월 18일경부터 서울에도 불길한 풍문이 떠돌기 시작했다. 김대중은 동교동 자택에서 6월 20일 새벽 비상조치설에 대한 '제보'를 받았다.

정작 비상조치와 관련 있는 중요 회의는 그다음 날에야 열렸다. 청와대의 다른 중요 회의와 마찬가지로 전혀 보도가 되진 않았지만, 전두환은 6월 19일 오전 10시 30분 청와대 집무실로 안무혁 안기부장, 이기백 국방장관, 박희도 육군참모총장 등 3군 참모총장, 고명승 보안사령관, 권병식 수방사령관 등을 불러 비상조치를 전제로 한 군 병력배치 계획을 지시했다.

이러한 회의 및 결정은 강태홍 부산시장이 위급보고를 계속 올렸고, 이종구 2군 사령관이 긴급 건의해 열렸다는 주장,[8] 6월 19일 새벽에 부산시가 관할 군부대에 출동을 요청했고, 이에 따라 군에서 청와대 경호실을 통해 이를 전달한 것과 관계가 있다는 주장[9]이 있다.

전두환은 전국의 지역별 비상시 병력배치 계획과 서울지역의 병력배치 계획에 관한 보고를 들었다. 그리고 한미연합사령부에 사단의 이동을 통보하도록 함과 동시에, 대전과 대구에 1개 사단을 내려 보내고, 2개 여단은 전남 광주로 돌리며, 부산은 1개 사단과 1개 연대를 보내서 우선 부산과 대구, 마산의 시위를 진압하도록 지시했다. 이와 함께 서울은 4개 연대를 주요 대학에 배치하도록 했다.

전두환은 이 지시를 내리는 자리에서 부마항쟁, 10·26을 상기시킨 뒤, 부산·마산·대구 등의 영남 삼각형이 문제라고 지적했다. 6·10대회 이후 호남지방은 비교적 조용했기 때문에 그 지역은 문제 삼지 않았다.

출동한 군은 6월 20일 새벽 4시까지 해당 지역에 진입해 공공기관·대학·방송국 등에 배치하게 되어 있었다. 또한 대학은 휴업령을 내리고, 대학 내의 농성자를 검거하고 농성 데모의 배후 연계 사항을 밝혀 뿌리를 뽑으라고 지시했다. 전두환은 이것은 계엄령에다 플러스알파를 더한 비상조치임을 강조했다. 그리하여 밤 8시 비상 국무회의를 소집해 비상조치를 발동하는 절차를 밟고, 9시에 생방송으로 비상조치에 관한 담화를 발표한다는 것이었다.

답답한 정치권, 무능한 정치인

경찰은 '6·18최루탄추방의 날'에 전국 16개 도시 247개소에서 시위를 한 것으로 발표했고, 신문 보도 등 대개의 기록이 이를 따랐지만, 실제는 서울·부산·대전·광주·대구·인천·춘천·마산·진주·울산·김해·익산·군산·목포·순천·원주·수원·성남 등 18개 도시에서 시위가 일어났다. 경찰은 6·18시위에 8만 6,000여 명이 참가한 것으로 발표했고, 『6월 민주화대투쟁』에는 150여만 명이 참가한 것으로 쓰여 있다. 전자는 크게 축소한 것이지만 후자의 경우도 과장되었다고 볼 수 있다. 6·10시위보다 참가자 수가 더 많았고, 이날까지 1일 시위로는 역사상 최대 규모였다. 또한 부산시청, KBS 부산방송본부가 시위대에 의해 집중공격을 받았으며, 경부선이 15분간 열차운행을 하지 못했다. 경찰 발표에 의하면 파출소 21개소, 경찰차량 13대가 불타거나 파괴되었으며 1,487명이 연행되었다. 이렇게 엄청난 규모의 시위가 전국 각지에서 격렬하게 일어나고 있는데도 정국을 풀어가야 할 정치권은 여전히 무능함만 보여주고 있었다. 국회는 굳게 문을 닫고 있었고, 여당 내에서든 야당 내에서든, 여야 간이든 정치인들은 서로 물끄러미 얼굴만 쳐다볼 뿐이었다.

노태우는 이미 6월 16일에 윤보선, 최규하, 허정 등 전직 대통령 또는 대통령 권한대행을 만났으나, 그와 관련된 구체적 내용이 없는 것으로 볼 때 다분히 형식적인 '절차'를 넘어서지 못한 만남이었다.

민정당에서는 강경기조만으로는 문제를 해결할 수 없다는 분위기가 커지고 있었고, 당직자가 4·13조치도 수정 가능하다고 언급하긴 했지만, 6월 17일 밤 전두환으로부터 받은 시국 수습에 관한 '폭넓은 재량'이 18일에도 별달리 나타나지 않았다. 18일에 그저 민정당이 개헌 논의 재개를 검토하고 있다든가, 노태우·김영삼 회담을 무조건 추진한다는 정도가 보도되었을 뿐이고, 고위 당정회의에서는 여전히 4·13호헌조치를 유지하면서 야당과 협상한다는 방안 아닌 방안이 제시된 것으로 보도되었다.

민정당은 6·18시위에 간담이 서늘하고 오금이 저렸지만 4·13조치에 대해 어떻게, 얼마만큼 변경을 가할 수 있는지 자신이 없었다. 개헌 논의를 재개할 수 있다고는 했지만, 6·10전당대회 취소나 노태우의 대통령 후보 사퇴는 여전히 있을 수 없다는 것이었고, 4·13조치에 대한 사후 국민동의 절차를 거쳐야 한다는 의견이 보도된 것을 빼고는, '개헌 논의 재개' 이후 다음 단계에 대해서는 구체적으로 당의 의견이 집약된 방안을 가지고 있지 않았다.

야당은 최루탄추방대회 시위가 벌어지기 전인 6월 18일 오전에 폭력시위 자제를 요구하는 성명을 냈으나, 정국을 풀어나갈 묘책이 없었다. 4·13조치 철회와 직선제 개헌이 불변의 기본 목표라고만 되풀이할 뿐 어떻게 해야 그러한 목표를 달성할 수 있는지에 대해서는 입을 꾹 다물고 모두 전두환의 얼굴만 쳐다볼 뿐이었다.

6월 19일 오전 민주당 확대 간부회의에서 김영삼 총재는 노태우 대표와의 회담은 시간이 없다고 민정당의 제의를 거부하고, 17일 동아일보 회견을 통해 검토해보겠다고 언급한 바 있는 전두환 대통령과의 회담을 제의했다. 그리고 그 회담에서 난국을 수습할 처방을 제시하겠다고 밝혔다.

『동아일보』는 6월 18일자 석간 사설에서 일반 국민이 시위대의 호헌철폐 구호에 전에 없이 호응하는 것은 4·13호헌조치와 그에 따른 일방적인 정치일정 강행 때문이라고 진단하고, 4·13조치의 적절성에 대해 논의할 것을 제의했다.

다음 날 사설에서는 한 걸음 더 나아가 6·10사태 이후 경찰력이 학생과 시민에게 밀리고 있다는 인상을 준다고 평가하고, 미봉책을 써서 위기를 넘기려 하지 말고 민주화로의 과감한 방향전환을 꾀하여 역사발전에 발을 맞추어 나가라고 촉구했다.

다른 신문들은 대개 시위대의 목소리와 침묵하는 다수의 국민을 구분해야 한다느니 하면서 권력추종형 발언을 쏟아놓았지만, 6월 18일 시위 이후부터는 '대화로 난국을 수습해야 한다'는 논리에 초점을 맞추었다.

6월 18일자와 그다음 날 조간신문은 미국의 레이건 대통령이 전두환 대통령에게 친서를 보낼 것이라고 보도했다. 그와 함께 미 상·하원에 민주화를 촉구하는 '한국민주주의법안'이 제출되었고, 케네디 미 상원의원 등이 공동기자회견에서 한국이 민주화 중단으로 불안이 심화되고 있다면서 '미 정부의 조용한 외교'를 비판했다는 뉴스도 보도되었다.

『뉴욕타임스』는 6월 18일 1면 해설기사에서 최근의 잇딴 소요 사태로 정권이양과 올림픽의 '88 양 대사'가 순조로이 추진될지 의문이 든다고 썼다. 이러한 주장은 이전에도 있었으나 6·18시위 이후, 예컨대 미국 올림픽위원장이 미국은 위험한 지역에 선수단을 파견하지 않는다고 말하는 등 서울올림픽 개최가 어려울 것이라는 보도까지 잇따라 나왔다. 이것 또한 전두환에게 부담이 되었다. 이 당시 미국 언론은 한국 사태가 외견상 1년여 전에 있었던 필리핀 마르코스 정권의 붕괴 직전 상황과 아주 비슷하다고 보도하고 있었다.

6월 19일 빗속의 무석·무탄시위

1987년에 부산은 유난히 비오는 날이 많았다. 6월 19일도 비가 내리는 가운데 12시 50분경부터 부산 시내 10개 대학과 3개 대학 전문대생들이 시위를 벌였다. 4시 15분경 2,000여 명의 시위대가 기동 6중대 150여 명을 에워싸 최루탄 50발과 최루탄 발사기 등 진압장비를 빼앗아 광무교 밑 개천에 버렸다.

5시 10분경에는 1,500여 명의 시위대가 교통 차단기, 리어카 등을 밀며 서면로터리로 진입을 시도하다 다탄두 최루탄에 흩어졌다. 시위대 300여 명은 범일파출소를 습격해서 불을 질렀고, 다른 시위대 300여 명은 민정당 당사 제2지구당 점거를 시도하다 실패했다. 가랑비가 계속 내리자 시위대 세력은 약화되었고 11시경에는 1,300여 명으로 줄었다. 6·10시위에 이어 6월 12일부터 계속 시위를 벌였기 때문에 체력이 한계에 다다라서이기도 했다.

한편 4시경에는 가톨릭센터 농성시위대 300여 명이 건물 옥상에서 구호를 외치고 2시간 동안 자유토론을 가졌다. 한 여고생은 가톨릭센터 농성장으로 "언니, 오빠들에게 저희들은 더 이상 할 말이 없습니다. 다만 감사하다는 말 외에는……"이라는 편지와 함께 김밥, 랩 등을 보내와 시위대를 감동시켰다.

6월 19일 오후부터 부산 경남전문대생 1,000여 명 등 6개 대학 2,500여 명의 학생들이 부산진구 서면로터리의 간선도로인 중앙로를 점거했다. 시위대는 쏟아지는 비에 우산을 펴들고 농성을 벌였다.

이날 5시 20분경 전경 1명이 투신자살을 했다. 시위 진압 위로금을 가지고 고참과 언쟁을 했는데, 이 전경은 평소 동료들에게 "근무가 고돼 못 살겠다"고 말했다고 한다.

7시경 울산성당에서는 민주헌법쟁취 범시민결의대회가 열린 뒤 가두진출을 꾀했으나 경찰에 의해 저지당하자 성당 안에서 시국토론회를 가졌다.

대구에서는 5시경부터 가두시위가 시작되었다.

6시 30분경 계산동오거리에서 반월동사거리로 향하던 학생들은 적십자병원 앞에서 저지하던 전경과 15분간 대치하다 상호 간에 폭력을 사용하지 않기로 합의했다. 그리하여 전경들이 인도 쪽으로 비켜서고 시위대는 "비폭력"을 외치며 행진하는 '무석無石·무탄無彈'시위로, 시위대가 앞장서고 경찰이 뒤따르는 평화시위가 이어졌다. 시민들은 학생과 경찰 모두에게 박수를 보냈다.

7시경에는 한 여학생이 경찰에게 장미꽃 한 다발을 건네며 "최루탄을 쏘지 않아 고맙습니다"라고 말해 많은 박수를 받았다. 그러나 날이 어두워진 8시 50분경 시위대가 반월당 앞을 지나려 하자 최루탄이 날아왔다. 학생·시민들은 "쏘지 말라"고 소리 질렀고, 시위대는 보도블록을 깨 투석전에 들어갔다.

저녁 9시 뉴스에 국무총리의 '중대조치 검토' 담화가 나오자 시민들은 격분했고, 시위는 한층 격렬해졌다. 9시 20분경에는 대한극장 앞 도로와 동원예식장 부근에서 최루탄과 투석전이 맞서 1~2시간 동안 교통이 마비되었다. 동원예식장 앞길에선 전경 19명이 한꺼번에 다쳤고, 인근 동산파출소가 화염병에 전소되었다.

대전에서 전경 숨져

6월 15일부터 연일 대규모 시위가 계속된 대전은 6월 19일 7시 45분경 대전역 앞에서 시민·학생 2,500여 명이 시위를 시작했다. 이날 경찰은 시민들이 모여 있기만 하면 최루탄을 발사해 시민들의 원성을 샀다.

9시경 중앙데파트 부근에 있던 시위대 2,000여 명이 선화교 쪽으로 밀렸고, 경찰에 맞서던 시위대 500여 명이 방범초소를 파괴했다. 얼마 뒤에는 고등학생들도 시위에 가담했다. 9시 20분경 대한통운 앞에서 시민들의 합세로 시위대가 5,000여 명으로 늘어나자 경찰이 다탄두 지랄탄을 퍼부었지만 시위대는 완강히 버텼다. 원동사거리에도 5,000여 명의 시위대가 형성되었다. 9시 40분경 대한통운 앞에서 2,000여 명의 시위대가 화염병을 던지며 횃불시위를 벌였고, 10시 20분경에는 시위대가 중동파출소를 습격했다.

불상사는 시위 사고가 많이 발생했던 대전역 부근에서 11시가 조금 넘어 일어났다. 11시 7분경 시위자 6명이 버스 1대를 탈취한 뒤 30세의 채소 노점상 상인이 이 버스를 몰고 11시 10분경 대전역 앞 지하도 입구에 배치되어 있던 충남 기동2중대를 향해 돌진했다. 이때 미처 피하지 못한 3명의 전경이 중상을 입어 병원에 입원했는데, 박동진 일병(20세)은 결국 숨지고 말았다.

경찰은 시위대에게 무차별적으로 최루탄을 난사했고, 사복경찰들은 시민들을 닥치는 대로 구타하고 연행했다. 시위대는 시 외곽을 돌며 다음 날 상오 1시 30분까지 시위를 벌였고, 신안동·자양동 파출소를 불태웠다.

6월 20일 국민운동 충남본부는 '전경과 대학생을 보호합시다'라는 성명을 발표해 경찰과 시위대 양측의 폭력 사용 자제를 호소했다.

'최루탄추방의 날'에는 조용했던 청주도 6월 19일에는 격렬한 시위가 일어났다.

2시경 충북대생 200여 명이 출정식을 갖고 상당공원으로 진출하자 경찰이 공원 안쪽을 향해 최루탄을 쏘았다. 6시 30분경에는 5,000여 명의 시위대가 상업은행 앞에서 연좌시위에 들어갔고, 얼마 후 시위대는 1만여 명이 되었다(『말』).

7시 20분경 시위대가 경찰에 밀리면서 시청 유리창을 파손했고, 민정당 당사에 투석했으며, 또 다른 시위대는 남주동파출소에 불을 질렀다. 분산해서 시위를 벌이던 학생·시민들은 10시가 될 무렵 다시 합류하여 1만여 명이 되었다. 경찰에 밀리던 시위대는 사직파출소에 방화하고 전두환 사진을 불태웠으며, KBS와 충청일보사에 화염병과 돌을 던졌다.

충주에서는 과거에 시위가 거의 없었지만, 9시 30분경부터 건국대 충주캠퍼스 학생들이 2시간 동안 성내동 제1로터리 주변을 돌면서 촛불행진을 했다.

6월 19일부터 호남·강원 시위 확대돼

광주에서는 5시 10분경 시청사거리 등 10여 곳에서 시위가 시작되었다. 8시 40분경 5,000여 명으로 불어난 시위대는 경찰의 최루탄 발사로 서동오거리까지 밀렸지만, 그 사이에 시민들이 대거 참여해서 1만여 명으로 불어났고(『대투쟁』) 원각사 앞 중앙로 일대, 금남로3, 4가, 공용버스터미널, 충장로 일대에서 다음 날 아침 8시경까지 시위를 벌였다. 시위대는 계림파출소 외에도 대인·사동·충장 파출소에 돌을 던져 유리창을 깼다.

목포에서는 전날인 6월 18일처럼 역전 광장이 봉쇄된 가운데 6시경 대학생 100여 명이 수문당제과점 앞에서 시위를 시작해 400여 명이 시민회관 앞에서 대중집회를 가졌다. 사람들이 전경들을 향해 양파를 던지며 농산물값 폭락에 항의했다. 9시 30분경에는 시민 200여 명이 길가에 세워둔 전경버스를 부수었다. 11시 30분경 연동육교 밑에서 시위대 수천 명이 대중집회를 연 뒤 경찰에 격렬히 맞섰고, 용해동·남교동·연동 파출소에 돌을 던져 파출소 기물을 파괴했다.

순천에서는 여순사건 이래 거의 시위가 없었는데, 6·10대회부터 불붙기 시작해 6월 19일에는 격렬한 시위가 벌어졌다. 순천대생 2,000여 명이 5시 40분경 교문 저지선을 뚫고 축구 골대 2개를 끌고 나가 전경들을 밀어내며 시청 앞까지 진출했다. 전경들은 투석전에 밀려 도주했다. 학생들은 KBS 방송국을 점거하고 기물을 파괴했다. 시위 군중은 2만여 명으로 불어났다(『말』).

전주에서는 이상하게도 6월 18일에 시위가 없었다. 6월 19일에는 7시경 전북대생 500여 명이 팔달로에서 '전주 시민에게 드리는 글'을 뿌리면서 시위가 시작되었다. 10시경 시위대는 전북도청으로 행진했으나 경찰에게 밀렸다. 11시 20분경 시위대는 둘로 나뉘어, 한 시위대는 학동파출소를 공격해 전두환 사진을 불살랐고, 다른 한 시위대는 성당 앞에서 시국토론회를 열며 시위하다가 다음 날 상오 2시경 해산했다.

3,000여 명의 원광대생이 4시경 익산 뉴타운백화점 앞에서 시위를 벌였다.

4시 20분경 군산대생 50여 명이 역전 등지에서 시위를 시작했다. 그 뒤 300여 명으로 불어난 군산대 학생들은 시청 앞에서 시위를 벌인 뒤 10시경 일부 학생이 오룡동성당에 들어가 철야농성을 했다.

6월 항쟁 이전에는 시위가 거의 없었던 춘천에서 6월 19일에도 전날처럼 격렬한 시위가 전개되었다. 6시경 학생과 시민들은 명동로터리에 모여 국기하강식이 있을 때 육림극장 앞과 중앙로터리에 이르는 도로를 점거하고 시위를 벌였다. 9시경 시위대가 8호 광장으로 후퇴했을 때 시위대 규모는 더욱 증가해 1만여 명에 이르렀다(『대투쟁』). 시위대는 대중집회와 화형식을 가진 뒤 10시 45분경부터 분산하여 시위를 벌였다. 이때부터 화염병이 등장해 운교동파출소를 전소시켰고, 효자동·후평동 파출소에 불이 났으며, 시위 군중이 출동한 소방 차량 2대를 탈취하기도 했다. 시민 14명, 학생 31명이 연행되었고, 초등학교 3학년생이 최루탄 파편에 중상을 입는 등 중경상자가 20여 명이 되었으며 경찰 38명도 중경상을 입었다.

6월 18일 원주경찰서 서장이 봉변을 당하는 등 격렬한 시위에 진압 능력을 상실했던 경찰은 19일 내내 원주의 중요 기관만 경비했다. 시민들의 참여로 3,000명 가깝게 늘어난 시위대는 8시경부터 촛불행진을 벌였다. 시위대는 9시 40분경 KBS 입간판을 소각하고, 11시 20분경에는 민정당 당사에 피해를 입혔다.

인천에서는 대규모 시위가 있은 뒤여서 6월 19일은 오성극장 앞, 주안 사거리, 주안역 부근 공단사거리 등지에서 주로 시민집회를 가졌다.

성남에서는 6시경 50여 명의 학생들이 성호시장에 모여 시청 쪽으로 구호를 외치며 행진했고, 여기에 시민들이 합세하여 시위대는 2,000여 명이 되었다. 이들은 노동자들을 합류시키기 위해 경찰의 저지선을 돌파한 뒤 8시경 상대원 공단 입구에 도착했다. 공장 노동자들이 합세한 시위대는 5,000여 명으로 증가했고, 이들은 종합시장 앞에서 대중집회를 열었다.

9시 반경에 시위대가 시청 앞 광장으로 향했을 때는 시위 인원이 4만여 명으로 불어났다(『말』). 시민들의 기세에 당황한 경찰은 시청 앞에서 사과탄, 최루탄을 무차별적으로 쏘아댔고, 시청 관계자는 소방차 호스로 계속 물을 뿌려 연좌하지 못하게 했다. 사복형사들은 20~30명씩 떼 지어 다니며 쇠파이프를 휘둘렀다. 정 데레사 수녀도 쇠파이프와 헬멧으로 얻어맞아 연거푸 쓰러졌는데, 다시 형사들이 방패로 찍어 눌러 큰 부상을 입었다.

시위는 6·10대회 이후 가장 격렬했다. 이 와중에 성남파출소가 전소했고, 중앙·신흥·태평2동 파출소, 노동부사무소가 박살났으며, 소방차 1대가 잠시 탈취당했다. 시민·학생 부상자도 속출했다.

성남 모란과 시청 안으로 공수부대가 들어왔다는 제보가 시위대에 들어왔다. 주민들은 "제2의 광주사태가 재연되는 것이 아니냐"며 분노하기도 하고 불안해하기도 했다. 시위는 다음 날 아침 7시경까지 계속되었다.

고려대 교수들의 연좌시위

안양의 경찰 병력은 6월 18일 상당수가 부산 등 다른 지역으로 차출되었다. 그런데 시위가 거의 없었던 이곳에서 19일 8시 30분경에 주로 노동자로 구성된 시위대 50여 명이 번화가인 1번가 인도를 따라 구호를 외치면서 시위가 시작되었다. 200여 명의 경찰이 시위대 전원을 체포하려고 하면서 난투극이 벌어졌다. 주민들이 도로 한복판으로 쏟아져 나와 전경들을 에워쌌다. 안양이 생긴 이래 가장 많은 인파 같았다.

9시 30분경에는 도로에서 대중집회가 열렸고, 노동자와 노점상인이 발언을 했다. 2시간 후 연행된 시위 대원을 구출하자며 다시 경찰과 몸싸움이 벌어졌다. 자정이 지난 뒤 일부 시위대가 화염병으로 무장해 경찰과 격전을 벌이는 사이 상오 2시경 안산으로 나갔던 경찰 300여 명이 협공을 해오자 시위 군중이 흩어졌다.

천주교 수원교구 서부지역 신부 20여 명과 신도·학생 800여 명은 8시에 안산원곡성당에서 '민주회복기원 미사'를 가진 뒤 나성플라자호텔까지 1.5킬로미터를 촛불을 들고 침묵시위를 했다.

서울에서는 오전 10시경 고려대생 3,000여 명이 '최루탄추방국민대회 출정보고회'를 갖고 경찰에 투석하며 교문 밖 시위를 시도했다. 2시에는 연세대생 6,000여 명(대학원생 800여 명 포함)이 비상학생총회를 열고 이한열이 회복될 때까지 시위를 계속할 것을 결의했다.

서울대에서는 오전 10시 30분경에 3,000여 명의 학생들이 '1학년 비상학생총회'를 갖고 기초과정 기말고사를 거부했으며, 2시경에는 8,000여 명이 교내 시위를 벌였다. 같은 시각에 자연대생 5,000여 명은 비상시국에 대비한 교두보 확보를 위해 도서관을 점거했다. 이날 밤 서울대생 1,200여 명은 철야토론회에서 반독재 평화투쟁을 반미투쟁으로 승화시켜나갈 것, 방학 중에도 비상연락망을 통해 계속 투쟁할 것, 20일의 구국대법회에 참석할 것을 결의하고 조기방학 조치에 항의하는 철야농성을 가졌다.

정부는 시위를 약화시키기 위해 1969년 3선 개헌반대 시위 등에서 써먹었던 고식적인 수법을 휘둘렀다. 서울대를 비롯한 51개 대학이 시험을 연기하고 방학에 들어갔고, 33개 대학이 시험을 보고 방학에 들어가는 등 전국 103개 대학 중 84개 대학이 6월 19일까지 조기방학에 들어갔다.

4·13호헌조치에 대해 맨 먼저 시국선언문을 발표했던 고려대 교수 19명

은 2시에 민의에 지체 없이 순응할 것 등을 요구하며 연좌시위에 들어갔다. 교내에서의 시위였지만 교수들이 시위를 한 것은 1960년 4월 25일 대학교수단 시위 이래 거의 없었던 일이다. 다음 날 오전 10시 반경 고려대 윤용 교수는 혈서로 "살인정권 물러가라"고 쓴 피켓을 들고 교내를 돌며 시위했고, 300여 명의 학생들이 "독재타도" 구호를 외치며 뒤따랐다.

비상조치와 레이건 친서

6월 19일 오전 10시 30분에 전두환은 군 고위관계자들을 청와대로 소집해 군 병력 출동을 준비하도록 지시한 것에 이어, 2시에 릴리 미국 대사를 만났다. 릴리는 레이건 대통령의 친서를 전달했다. 레이건의 친서는 이미 6월 17일에 도착했으나, 릴리의 글에 의하면 청와대에서 면담을 거절해 미 대사관 던롭 정치담당 참사관이 의분을 터트리며 교섭한 결과 그제야 전달이 이루어진 것이었다.

릴리에 의하면 면담 90분 동안 전두환은 내내 굳은 표정이었고, 고뇌에 빠진 사람처럼 보였다고 한다. 친서는 계속적인 정치 발전을 위해 정치범을 석방하고 권력을 남용해 탄압한 관리를 처벌하고 자유언론의 신장을 권한 것이 주 내용이었다.

릴리는 전두환이 레이건 친서를 읽자 계엄령 선포에 대한 미국의 입장을 단호하고 분명하게 언급했다. 릴리는 전두환을 만나기 전 그날 오찬 자리에서 우연히 리브시 한미연합사령관을 만나 '친서'를 전달할 것임을 알리고, "시위를 진압하는 데 군을 동원하지 말라"고 전두환에게 강조하겠다는 자신의 의사를 알린 바 있었다. 물론 이것은 릴리가 나중에 회고록에 쓴 것이고, 그 당시에는 오전에 있었던 청와대 회의처럼 전혀 보도되지 않았다.

6월 19일 오후 2시에는 또 다른 회의가 있었다. 민정당 노태우 대표, 이춘구 사무총장, 안무혁 안기부장, 김윤환 정무1수석, 박철언 안기부장 특별보좌관 등이 청와대 인근 안가에서 당정회의를 가졌다. 이 자리에서 이춘구는 4·13호헌조치에 대해 국민투표를 부쳐 민의를 묻자고 제안했다. 이 모임에서는 비상조치를 발동하더라도 먼저 정치적 대응을 해본 후에 실시해야 하고 지금은 정치력을 보이는 것이 중요하다고 말했다. 이 모임 참석자 중 안기부장이 오전의 청와대 회의에 참석했고, 또 면면으로 보더라도 오전 회의에 대해 잘 알고 있었을 터인데도 이와 같이 얘기한 것이다. 전후 맥락을 살펴볼 때 이들은 이날 전두환이 비상조치를 내리지 않을 것이라는 것을 알고서 당정회의를 가진 것이었다.

전두환의 군 출동 준비 지시는 그날 오후 4시 30분경에 유보되었다. 계엄령 등 비상조치가 유보 또는 철회된 것이다. 그런데 일각에서는 군이 출동하지 않은 데 대해 레이건 친서나 릴리가 한 말이 중요한 역할을 한 것으로 알고 있다. 과연 그럴까.

오전 회의에 배석했던 김성익 비서는 전두환이 지시한 군 병력 출동 준비를 군의 준비태세 점검 정도로 보고 있다. 그 이유로 그는 당시 전두환의 표정에 긴박감이 감돌지 않았고, 예정대로 릴리를 만났으며, 오전 회의가 끝난 뒤 자신에게 내려온, 비상조치에 즈음한 담화문안 작성과 관련해서도 군 출동 이외에는 구체적인 것이 없었다는 점을 들었다.

나중에 상세히 분석하겠지만 이 시기에 전두환은 계엄령을 선포할 '결심'까지는 하지 않은 것으로 보인다. 아니 그보다는 군을 출동시키기가 쉽지 않았다고 말하는 것이 더 정확한 표현일 것이다. 경찰의 치안 능력 한계가 심각한 양상으로 드러나고 공권력이 거세게 도전받았던 6월 17일 저녁 민정당 당직자와 안기부장이 있는 자리에서 전두환은 "군부를 동원하고 비상계엄을 선포하는 그런 걸 반복해서는 안 되지 않겠어"라고 말해 만부

득이한 경우를 제외하면 군 출동은 자제하겠다는 의사를 내비쳤지만, 미국 때문에 군이 출동하지 않은 것은 아니었다. 6월 항쟁 이전이라면 몰라도 6월 항쟁이 전개되고 있는 상황에서 군이 출동하는 것은 쉽지 않게 되어 있었다. 6월 항쟁은 광주항쟁과 비슷하게 대단히 격렬했다. 더구나 6월 항쟁은 광주항쟁과도 다르게 전국에 걸쳐 거의 매일같이 시위가 일어나고 있었다. 군이 출동했을 경우 자칫하면 엄청난 새로운 사태를 불러일으킬 수 있었던 것이다.

미국 때문에 군이 출동하지 않은 것은 아니지만, 6월 18일 이후 미국 정부가 한국의 민주화에 영향을 미치지 않은 것은 아니다. 이 무렵 미국 정부는 한국의 민주화에 관심을 보였다. 미 하원의 '한국민주화결의안'에도 지지를 밝혔고, 한국 정부에 군 출동의 자제를 요청했다.

재미난 것은 6월 19일 슐츠 미 국무장관이 한 말에 대한 『조선일보』와 『동아일보』의 보도가 상반된다는 점이다. 『조선일보』는 6월 20일자 조간에서 시위를 진압하기 위해 계엄을 선포하더라도 미국은 제재를 가하지 않겠으며 그러한 제재는 부적절할 것이라고 말한 것으로 강조했는데, 『동아일보』는 같은 날 석간에서 '시위 억제 위한 계엄 반대 시사'라고 썼다.

미 국무부가 시위 지역에 가지 말도록 미국인의 한국 여행 지침을 발표한 것도 한국의 정정政情이 위태로운 상태에 있다고 인식하고 있음을 보여주었다.

전두환은 군 병력 출동을 유보한 대신 이한기 총리를 통해 비상조치가 내려질 수 있다는 내용의 담화를 발표하도록 했다. 오후에 이 총리는 담화에서 "과격시위, 집단난동 사태로 법과 질서 회복이 불가능해진다면 정부는 불가피하게 비상한 각오를 할 수밖에 없다고 본다"고 밝혔다.

이 담화는 박정희나 전두환의 담화와 큰 차이가 있다. 그다지 협박성이 강하지 않고, 전반적으로 강렬한 문투가 아니었다. 그러나 부산 시위 이래 비상조치가 내려질 것이라는 소문이 퍼지고 있어서 이 총리의 담화는 그러한 소문을 '유비통신' 같은 것을 통해서 계속 확산시키게 하는 효과가 있었다. 또 전두환 정권은 여러 방법을 통해 그러한 확산을 조장했다. 이 때문에도 미국의 역할이 과대평가될 소지가 컸다.

비상조치설에 얼어붙은 야당가

서대협은 6월 19일 6·18최루탄추방대회 평가회의를 가졌다. 이 회의에 비상계엄설이 전달되자 그 대책으로 "모든 학우는 매일 과별로 3시 학교 앞 다방에 모여 5시 교문 앞에 집결할 것. 무산될 경우 매일 6시 명동으로 집결할 것"을 결의했다. 1980년 5·18광주항쟁 직전 전남대 학생들이 취한 것과 비슷한 결정이었다.

국본은 6월 18일을 '최루탄추방의 날'로 정했지만, 식을 줄 모르고 계속 각지에서 분출하는 민주화 열기를 살리기 위해 그보다 더 강력한 투쟁 스케줄을 제시할 필요성을 느끼지 않을 수 없었다. 수많은 학생과 시민이 투쟁할 기회가 만들어지기를 학수고대했다. 모두 다 누가 멍석만 깔아주면 한판 싸우겠다는 투지가 불타고 있었다.

매일 장소를 옮겨 다니면서 대책을 논의하고 있던 국본 상임집행위원회에서는 최루탄추방대회 이후 전두환 정권에 타격을 줄 또 하나의 전국 동시다발 대회를 기획했다. 그래서 18일 오전에 공동대표 회의를 열어 17일 상집위에서 결정한 국민평화대행진을 실시할 방침을 확정할 예정이었으나, 신중파의 의견을 들어 그 주간에 전두환 정권이 어떠한 태도를 보이는 지를 더 지켜본 뒤 대행진의 날짜와 방법을 결정하기로 했다.

6·18대회를 지켜보고 부산 시위에 대해 상세히 알게 되면서 오히려 국

본 내부는 더욱 큰 어려움을 갖게 되었다. 19일 김영삼 민주당 총재가 전두환과의 영수회담을 제의해 정치적 타협을 모색하겠다는 입장을 분명히 밝힘에 따라, 또 비상조치설이 여러 형태로 국본 내부를 짓누르고 있어서, 정치인을 중심으로 신중론이 강한 목소리를 냈다.

이때부터 투쟁의 열기를 더욱 조직적으로 담아내야 한다는 세력과 정치 협상을 통해 파국을 막아야 한다는 야당 및 일부 대표들 사이에 의견 차이가 분명히 드러나기 시작했다. 1년 전 개헌투쟁이 5·3인천사태를 맞으면서 야당과 재야·학생운동권 사이에 어떻게 파열음이 생겼고, 이러한 갈등을 이용해 전두환이 수세에서 공세로 나와 어떻게 정국을 뒤집어놓았는지가 떠올랐다.

야당은 비상조치에 촉각을 곤두세웠다. 김대중·김영삼은 민주화의 열기가 얼마나 도도한 물결을 이루고 있는지를, 또 6월 항쟁이 1980년은 물론이고, 6월 항쟁 이전의 1987년과도 크게 다른 상황에서 전개되고 있다는 점을 냉철히 생각하지 않았다. 또 전두환 정권이 강력하고 격렬한 민주화투쟁으로 운신할 보폭이 얼마나 좁아지고 있는지에 대해서도, 그리고 광주사태를 잘 알고 있었던 전두환 정권이나 군부가 실제는 비상조치를 더 두려워할 수도 있다는 점에 대해서도 충분히 고려하지 않았다. 양 김은 그러한 점들을 객관화시켜 냉정하게 판단하기 전에 먼저 유신쿠데타, 12·12쿠데타나 5·17쿠데타를 떠올렸다. 전두환이 양동작전으로 유난히 양 김과 재야 쪽을 향해 비상조치설을 퍼뜨렸다는 점도 눈여겨보아야 한다. 이희호는 자서전 『동행』에 6월 20일 새벽 비서인 남궁진이 다급하게 방문을 두드리며 다음과 같이 말했다고 적었다.

방금 중대한 소식이 입수되었습니다. 친위쿠데타랍니다. 보안사에서 청와대에 파견나간 고위급 장교인 동창이 알려준 정보입니다. 동교동으로 올 것이라고 합니다.

이러한 정보에 태연하기란 보통 어려운 일이 아니었다. 김대중은 퍼뜩 5·17쿠데타가 떠올랐다. 그다음에 무슨 일이 일어났는지를 『동행』을 통해 알아보자.

'5·17추억'이 생생한 남편은 무척 당황한 모습이었다. 열렬한 투사처럼 알려져 있지만, 사실 그는 겁이 많은 사람이다. 반면에 오히려 나는 위기에 강하며 침착한 편이다. 우리는 저마다 수첩 등 자료를 비닐봉지에 넣어 몸에 지니고 마당으로 나갔다. 전 정권의 감시자들이 망원경으로 지켜보는 가운데 늘 하듯이 꽃나무를 여기저기로 옮기며 자료를 묻었다. 집에 있는 재료를 모두 꺼내 음식을 장만한 식탁에 비서, 기사, 가정부 등 온 식구가 둘러앉아 각자 기도하고 우리는 최후가 될지도 모르는 오찬을 들었다. 간절히 기도하는 일 말고 우리가 할 수 있는 일은 없었다.

국본 내부의 팽팽한 의견 대립

6월 19일밤 천주교 꼰벤뚜알수도원에서 상임공동대표와 상집위원 연석회의가 비밀리에 열렸다. 17일 상집위에서 결정하여 제출한 '민주헌법 쟁취를 위한 국민평화대행진' 안을 놓고 토론이 벌어졌다. 최형우·김도현 등 상도동계뿐만 아니라 양순직·한영애·설훈 등 동교동계도 비상조치의 가능성을 제기하고 영수회담을 기다려볼 것을 주장했다. 문동환·이우정 등 개신교 측도 이미 구속된 공동대표들이 신중하게 대처하라는 의사를 보내왔다고 말하면서 신중론을 폈다.

이러한 주장에 재야와 젊은이들은 영수회담이 열린다 해도 대행진 실시 계획이 야당의 협상력을 높여줄 것이라고 반박했다. 민통련 측은 민통련과 학생들만이라도 독자적으로 밀어붙이겠다고 강하게 나왔다. 이상수·김상철·박용일 등 변호사와 인명진·이미경 등 여성계 대표도 투쟁을 주장했다.

특히 설훈 등 동교동 측이 신중론을 폈다. 김도현은 동교동 측이 자신들더러 상황의 어려움을 대신 발언해달라고 말했다고 털어놓기도 했다. 재야 측은 군이 출동해도 총을 못 쏠 것이고, 총을 쏘면 '광주학살의 전국화'가 되는 것인데 88올림픽을 앞두고 그런 일이 가능하겠느냐고 반문했다.

팽팽한 대립으로 의견이 모아지지 않은 채 시간이 흘렀다. 20일 상오 2시가 되어서야 월요일인 22일까지 정부의 반응을 기다려보고 아무런 민주적 조치가 없으면 23일에 평화대행진을 실시하겠다는 계획을 공표하되, 국본 내부적으로는 이 회의에서 대행진을 실시하기로 결정한다는 절충안이 가까스로 통과되었다.

6월 20일 토요일 아침에 인명진 국본 대변인은 4·13조치 철회, 6·10대회 관련 구속자 및 양심수 전원 석방, 집회·시위 및 언론자유 보장, 최루탄 사용중지 등 4개항을 정부가 22일까지 받아들일 것을 촉구하고, 만약에 받아들이지 않으면 23일에 대행진의 구체적 날짜와 방법 및 국민행동수칙을 발표할 것이라고 천명했다.

광주지방에 20일 상오 4시를 기해 비상조치가 내려질 것이라는 '구체성'이 있는 소문이 나돌자 광주 국본은 19일 긴급 대책위원회를 열었다. 회의에서는 군이 투입되어 5월의 참극이 벌어지더라도 최후의 한 사람까지 끝까지 싸우자는 강경한 주장이 중론이었다. 이 자리에서는 만일의 사태에 대비하고 지속적인 투쟁을 위해 매일 도청 앞에서 5시에 모이자는 집회 공고안도 마련했다.

3

대규모 시위 호남지방으로 옮겨가

광주에서 새벽까지 수만 명 시위

광주는 6·10대회 이후 부산이나 대전·대구 등 다른 도시와 달리 큰 시위가 일어나지 않았다. 6월 16일 전남대 총학생회장 등이 삭발하고 특히 총여학생회장 박춘애까지 삭발을 해 23명이 결연한 자세를 보여주었지만 분위기가 달아오르지 않았다.

6월 18일 최루탄추방대회 역시 규모가 광주답지 않았다. 심지어 19일 오전 군 고위관계자들에게 출동 명령을 시달할 때에도 전두환은 부산·대구·마산의 시위 진압에 초점을 맞추었고, 광주에 대해서는 2개 여단 병력 출동 준비를 하라는 지시 외에는 다른 얘기를 꺼내지 않았다.

6월 19일부터 시위가 살아나는 것 같더니만 20일부터 광주, 아니 호남지방이 크게 달라졌다. 이때부터 대규모 시위가 연일, 그것도 밤낮으로 계속해서 전개되었다.

6월 20일 2시경 전남대 의대생 300여 명이 가운을 입고 시위를 하는 것으로 막이 올랐다. 이 시위에는 인턴과 간호사도 참여했다.

2시간쯤 지나자 광주우체국 앞, 공용버스터미널, 구역사거리, 대성약국 주변 등 여러 곳에서 학생·시민 200~500여 명이 산발적으로 시위했다. 시위는 7시 10분경 공용버스터미널에서 한미쇼핑에 이르는 도로를 5,000여 명이 점거하는 사태로 발전했다. 중앙대교 앞에서 500여 명의 학생들이 시위를 벌이자 금세 더 많은 시민들이 가세하여 1만여 명에 이르렀다.

1시간 후 중앙대교 앞 시위대는 3만여 명으로 증가해(『대투쟁』) 중앙로 앞까지의 도로를 완전 점거했다. 9시경 원호청과 광주은행 사이에 운집한 인파에 대해 한 자료에는 약 20만 명이라고 쓰여 있을 정도로(『대투쟁』) 지하상가에서 서현교회에 이르는 도로를 가득 메웠다.

10시경에는 원호청에서 대성국민학교에 이르는 도로에도 수만 명이 집결했다. 10시 45분경에 소나기가 내려 시위가 약해지는 듯싶더니 곧 금남로 일대와 중앙로에서 광주공원에 이르는 도로가 시위대로 가득 찼다. 자정이 가까워졌지만 시위는 줄어들지 않았다. 이 무렵 중앙로에서도 수만 명이 시위를 벌였고, 대한투자금융 앞에서는 1만여 명의 시민이 대중집회를 가졌다. 이때 꽹과리도 등장했다.

21일 상오 1시가 조금 넘어서자 공원 쪽 시위대가 합류해 중앙로에는 수만 명의 인파가 또다시 운집했다. 2시경에는 수만 명의 시위대가 중앙로에서 경찰의 최루탄 공격을 투석으로 맞서며 싸웠다. 경찰은 약 5분씩 다연발탄을 쏘았고, 사복연행조가 분주히 뛰어다녔다.

상오 4시 지나 호남동 천주교회 부근에서는 학생들이 비폭력을 외치는데도 시민들이 화염병 사용의 정당성을 주장하며 화염병을 만들었다. 시위는 아침 7시 지나 서현교회 앞에서 시위대가 해방춤을 추며 경찰과 쫓고 쫓기다 일단락되었으나, 일부 시위대는 오전 10시 15분경까지 서현교회 앞에서 연좌하며 시위를 계속했다.

목포에서는 어두워진 10시경 목포대생 700~800명이 연동성당에서 집회를 개최했다. 11시 지나 학생들은 용당동 3호 광장에서 시위를 한 후 용호·연호 파출소에 투석했다. 시위는 21일로 이어져 상오 1시 40분경 시민회관 앞에서 500여 명이 "독재타도" 등의 구호를 외치며 시위했다.

순천에서 오전부터 시위를 벌이던 학생·시민들은 6시 40분경에 시청 앞 광장에서 연좌농성을 벌이다가 시청 내 시장실 기물을 부수었고, 횃불시위도 벌였다.

우연의 일치랄까, 전주도 19일에 시위가 커졌는데, 6월 20일에는 한층더 규모가 커져 광주처럼 격렬한 공방전을 거듭했다.

4시 40분경 전북대생 700여 명이 팔달로에서 시위를 벌였다. 6시경 시위대는 3,000여 명으로 늘어나 관통로사거리에서 오거리에 이르는 1킬로미터 거리를 장악했다. 시청 앞에서 경찰과 대치하던 시위대는 8시 10분경 서중로터리로 이동하여 7,000여 명의 학생·시민들이 대중집회를 벌였다.

시내 전역에서 시위가 있었고, 도로에는 시위자들의 안경과 신발이 나뒹굴었다. 시청 건물 유리 18장, 고사동파출소 등이 파손되었고, 서중로터리에서 시민들이 전경들로부터 빼앗은 방패 등 진압장비 20여 점이 불탔다. 시위는 다음 날 상오 1시 반까지 계속되었다.

6·10대회 이후 거의 모든 대학에서 시위가 있었지만 익산 원광대생들처럼 하루도 빠지지 않고 시위한 경우는 부산을 제외하면 드물었다. 이들은 1시 40분경부터 시내에서 시위를 벌였다. 5시 30분경에는 3,000명이 넘는 학생·시민들이 창인동성당 앞에서 최루탄 추방과 경찰 폭력에 항의하는 '범이리(익산)시민 총궐기대회'를 가졌다. 역전파출소, 노동부 이리지방사무소, 시청 및 이리세무서의 유리창 100여 장이 깨졌고, 시청이 일부 불탔으며, 경찰 오토바이 1대가 전소되었다. 격렬한 시위는 다음 날 상오 1시 30분경까지 계속되었다.

전날 군산 오룡동성당에서 농성하던 군산대생 80여 명이 이날 오전까지 시위를 계속하다가 오후 4시경 시청 앞까지 가두행진을 하고 해산했다.

수십 대의 차량 탈취해 앞세우고 시위

대규모 시위가 계속되었던 부산은 6월 19일부터 계속 비가 내려서 6월 20일에는 규모가 작아졌지만, 비상조치설이 나도는 가운데 쏟아지는 빗줄기에도 시위는 수그러들 기미를 보이지 않았다. 시위가 시작되자 고교생들이 200~300명씩 집단을 형성해 시내로 나왔다. 반면 서울과 경상남·북도로부터 3,000명의 응원 병력이 도착한 경찰은 약 7,000명으로 증강되어 있었다. 학생 등 2만 명의 시위대는 전처럼 차량을 앞세운 격렬한 시위를 벌였다.

전포동 신호등 앞에서 재집결한 시위대는 유조차 1대, 시내버스 4대를 '징발'해 앞세우고 다시 서면로터리 진출을 시도했지만 실패했다. 7시 30분경 학생 500여 명이 부산진세무소 앞길에서 시내버스 10대를 탈취해 맞섰으나 역시 경찰의 다탄두 최루탄을 이겨내지 못했다. 충무동에서는 학생 300여 명이 5대의 차량을 탈취해 서면으로 진출했다. 일부 학생은 충무1파출소를 습격했다.

9시 30분경 전경수송 차량 1대가 화염병에 불탔다. 같은 시간 태화쇼핑앞 시위대 1,000여 명은 시내버스 30대를 앞세우고 서면로터리로 나가다가 해산당했다. 『조선일보』는 학생·시민 7,000여 명이 시내버스 48대 등 50여 대의 차량을 탈취해 이들 차량을 앞세우고 경찰 저지선을 돌파하려 했다고 보도했다.

이날 시위에는 고교생의 참가가 늘었고 종교인도 나왔다. 부산시 교육청과 각 학교에서는 가정통신문을 보내는 등 고교생의 시위 참가를 막으려 했지만, 동의공고생 200여 명 등 500여 명의 고교생들이 대학생들의 시위에 가담했다.

6일째 계속된 대구 시위는 한층 더 격렬해졌다. 처음으로 일부 시민이 각목을 들고 나왔다. 계명대와 영남대 학생 2,000여 명은 3시 30분경 태극기와 '부모형제에게 최루탄을 쏘지 맙시다'라는 플래카드를 앞세우고 시위에 나섰고, 또다시 경찰과 무탄·무석에 합의했다.

4시 30분경 민주화실천가족협의회 대구지부 어머니 30여 명이 동화백화점 앞에 집결해 최루탄 추방을 위한 가두 캠페인을 벌이면서 행진하자 시민들이 몰려나와 합세했다. 어머니들은 저지하는 전경들에게 꽃을 나눠주며 계속 행진했다.

시민들이 계속 몰려들어 중앙로 일대를 메우자 경찰이 약속을 어기고 콩 볶듯이 최루탄을 쏴댔다. 거리는 뿌옇게 변했고, 사람들은 눈물·콧물을 흘리며 이리저리 흩어졌다. 비슷한 시간에 대구백화점 앞에서 1,500여 명의 학생들이 노래를 부르며 연좌시위를 벌였다. 곧이어 시민과 학생들이 몰려들어 대구백화점과 런던제과 사이에는 시민·학생 1만 5,000여 명이 모여들었다(『대투쟁』).

집회를 마친 시위대가 구舊시립도서관 쪽으로 돌진해나가자 경찰이 무차별적으로 최루탄을 쏘았고, 이에 흥분한 시위대가 대공상담소에 돌과 화염병을 던졌다.

9시경 시위대는 다시 대구백화점 앞에서 대중집회를 열었다. 이 집회에는 회사원·노동자·상인·접객업소 종업원에다 재수생까지 참여했다. 한 학생은 형이 진압경찰로 차출되어 지금 대구에 있다며, "우리가 왜 이렇게 적이 되어 싸워야 합니까?"라고 외쳤다. 10시 40분경에는 달성파출소가 전소되는 등 4개 파출소가 불태워졌다. 시위대는 다음 날 상오 1시 조금 지나서야 해산했다.

해외에서도 '독재타도' 시위

대전에서는 6월 19일에 전경 1명이 사망했으나 20일에도 시위는 계속되었다. 10시경 시위대 1,000여 명이 건설 과정에서 시 당국의 각종 특혜를 받았고, 전두환 대통령의 부인 소유라는 소문이 파다했던 대전백화점 앞에서 "부정축재 이순자를 몰아내자"고 외쳤다. 이날 시위에는 초반부터 영세상인이나 사무직 노동자가 많았다. 대형 백화점에 대한 반발, 그것도 대통령 부인 소유라는 소문이 나 있어서 더욱 미워했는데, 그것이 이날 표출되었다.

한편 목원대생, 대전 침례교신학대생 등 50여 명은 김종필이 대전 중앙감리교회에서 '6·25상기 특별강연'을 하기로 한 것에 항의하는 시위를 벌였다. 이들은 교회 앞에서 "유신 잔당 몰아내자"는 구호를 외치며 시위했다.

2시경에는 청주에서 충북대·청주대·청주사대 학생 3,000여 명이 연합해 국민은행 앞길에서 연좌시위를 벌였다.

4시 50분경 3,000여 명으로 늘어난 시위대가 KBS 소속 승용차 1대를 전소시키고 도청 신관과 도 경찰청 차고의 유리창을 부수자, 전경이 다연발탄을 쏴 주변이 뿌옇게 변했다. 이때부터 시위대는 화염병을 사용했다. 8시 30분경 경찰이 다연발탄을 발사해 부상자가 속출하자 2,000여 명의 시위대는 투석으로 맞서며 연좌시위를 벌였다. 11시 20분경 시위대는 석교동파출소를 점거해 전두환의 사진을 찢고 기물을 파괴하고 오토바이 1대를 전소시켰다. 10분쯤 뒤에는 영운동파출소도 전소시켰다.

전날에 격렬한 시위를 벌였던 춘천에서는 한림대생들이 3시경 교문을 나와 춘천여고 앞에서 시위를 하면서 본격적인 시위가 시작되었다. 시위대는 각목과 쇠파이프로 경찰에 맞서기도 했고, 돌과 화염병을 던지기도 했다.

인천에서는 인하대생 350여 명이 시위를 했다.

9시경 성남에서는 노동자들이 주축이 되어 1,000여 명이 성호시장 앞에 모여 시위를 벌였다. 경찰의 최루탄에 맞서 돌과 화염병을 무수히 투척해 전쟁터를 방불케 했다.

'기회'를 찾고 있던 서울의 학생·시민들은 3시에 조계사에서 열릴 예정인 '민주화를 위한 구국대법회'를 주시했다. 정토구현승가회 소속 스님 등 스님 70여 명과 민불련·대불련 및 대학의 불교회원 등 신도 150여 명이 3시에 조계사 앞 큰길로 나왔으나 경찰의 원천봉쇄로 조계사에서의 집회가 불가능해지자 '민주화를 위한 구국대법회'라고 쓰인 플래카드를 앞세우고 시민들의 박수를 받으며 조계사 쪽으로 행진하다 경찰의 최루탄 공세로 15분 만에 흩어졌다. 주위에 있던 학생·시민 500여 명이 "평화시위 보장하라", "질서"를 외치며 호응했다. 경찰은 명진스님을 비롯해 10여 명을 연행했다.

3시 20분경부터 조계사 부근인 종로2가 로터리에서 서울 동부지역 학생 1,000여 명이 시위에 들어갔다. 4시 10분경 종각 지하철 지하상가에서 스님·학생·시민 100여 명이 시위를 벌였고, 그 부근에 있는 종로서적 앞에서도 "호헌철폐", "독재타도"를 외치며 시위를 벌였다.

5시 10분경에는 시위대 1,000여 명이 미도파백화점과 롯데백화점 사이에서 시위를 벌이다가 경찰의 최루탄 난사로 흩어졌다. 8시경에는 1980년대 노학연대에 의한 노동운동으로 유서 깊은 구로공단 내 가리봉오거리에서 노동자 80여 명이 '호헌철폐 독재타도'라고 쓰인 플래카드를 들고 시위했다. 이들은 경찰에 밀려 가리봉시장 안으로 퇴각했으나 상인 1,500여 명이 이들을 보호하고 나섬으로써 연행되지 않았고, 그곳에서 즉석 대중집회를 가졌다는 점도 주목할 만하다.

한편 문교부의 강력한 조기방학 권고로 이날까지 103개 대학 중 87개 대학이 여름방학에 들어갔다.

이날은 해외 두 지역에서도 시위가 있었다. 약 2,000명쯤 되는 한국인이 뉴욕의 유엔본부 함마슐트 광장에서 궐기대회를 열었다. 이들은 한국이 처한 상황에 미국이 적극적인 역할을 해야 한다고 주장하고 주한 미대사 릴리의 소환도 주문했다. 궐기대회를 마치고 조국의 군사독재 타도를 외치며 맨해튼 파크애비뉴 57가에 있는 뉴욕 총영사관까지 행진을 했다.

또 하나의 시위는 샌프란시스코에서 있었다. 약 200명의 재미 한국인들이 샌프란시스코 영사관 밖에서 "독재타도", "호헌철폐"를 외치며 시가행진을 가졌다.

"노태우 대표, 마음을 비우세요!"

민정당은 18, 19일 시위를 목도하고 태도가 달라지기 시작했다. 이제 더 이상 전두환의 얼굴만 쳐다볼 수 없는 심각한 상황으로 치닫고 있었다. 부산을 비롯해 여러 지역에서의 사태가 4·19시위를 방불케 했고, 부마항쟁·광주항쟁을 떠오르게 했다. 이들 중 상당수는 4월 혁명 후 이승만 정권의 국무위원과 자유당 간부가 어떻게 당했는지를 알고 있었다. 더구나 6월 20일은 토요일인데도 격렬한 시위가 계속되었을 뿐만 아니라 그때까지 상대적으로 조용한 편이어서 마음을 놓았던 광주·전주·익산·순천·목포 등 호남지역에서 시위가 대단한 기세로 커지고 있었다.

전두환 또한 혼자 독단적으로 대응하기에는 너무나도 위중한 상황이라는 점을 인정하지 않을 수 없었다. 차기 대권을 맡기기로 정해놓은 노태우 측이나 민정당의 의견을 고려하지 않을 수 없었다.

6월 19일 석간신문에는 민정당이 일단 민주화 조치 등을 통해 국민 여론을 최대한 누그러뜨리고, 그러한 분위기를 잡아 기존 일정대로 대통령선거를 실시하고, 새 대통령이 취임하는 88년 2월 이후의 정치일정을 명확히 한다는 복안을 세운 것으로 보도되었다.

비상조치라는 극약처방에 대해서는 일시적으로 사태 해결에는 도움이 되겠지만 '평화적 정권교체'를 통해 집권 2기를 재창출해야 한다는 입지를 위태롭게 할 것으로 20일자 석간에 보도되었다.

민정당은 비상조치를 바랄 수 없었다. 군이 전면에 나서면 노태우 정권 출현이 뿌리째 뒤틀리고 뒤집어질 수 있었고, 민정당은 1980년 5·17쿠데타 이후의 공화당 신세로 전락할 수 있었다. 민정당은 21일 의원총회를 열어 의견을 수렴하기로 했다.

노태우는 6월 17일 저녁 만찬에서 전두환으로부터 "노 후보를 중심으로 시국 수습 방안을 마련하라"는 지시를 받고, 6월 18~19일 민정당 당직자와 의원들을 만나 의견을 수렴했다. 그는 야당 대표, 종교계 지도자들을 만나서 그들의 생각을 들어보기로 했다. 6월 20일 노태우는 국민당의 이만섭 총재, 신민당의 이민우 총재와 회담을 가졌고, 김수환 추기경을 만났다. 그는 두 야당 총재에게 "본인은 대통령 후보라는 자리에 연연하지 않으며 모든 것을 걸고 정치력으로 난국을 수습하자는 각오가 되어 있다"고 말해 모종의 변화가 있을 수 있음을 시사했다.

난감하게도 이만섭이든 이민우든 노태우에게 한결같이 직선제를 받아들이라고 권했다. 김수환 추기경도 직선제만이 국민의 마음을 돌릴 수 있다며, "노 대표, 마음을 비우는 자에게 하느님은 복을 주십니다. 이 말씀을 잊지 마세요"라고까지 덧붙였다.

노-김 회담을 거부한 민주당은 20일 총재단회의에서 "현 사태를 수습하는 길은 4·13조치의 철회밖에 없으며 전 대통령이 아니면 이 문제를 해결할 사람이 없다"고 밝히고 영수회담을 다시 촉구했다.

20일 오후에 더윈스키 미 국무차관이 내한했다. 23일에는 시거 차관보가 방한할 것으로 보도되었다. 정부, 의회, 언론 할 것 없이 미국은 한국 사태에 커다란 관심을 보였다.

일요일에도 호남에서 대규모 시위

광주에서는 6월 21일이 일요일인데도 3시 30분경부터 시위가 벌어졌다. 시위대는 7시 20분경 광주공원에서 전경과 대치했을 때 1만여 명으로 불어나 있었다.

광주공원 시위에서는 놀랍게도 민민투 소속의 고교생들이 투쟁력을 과시했다. 이미 1시 20분경 국본 전남도본부로 "광주지역 고교생 350여 명이 민민투를 결성했다"고 전화해 고교생들의 활동을 예감할 수 있었다.

1960년 4월 혁명의 주역이라고 볼 수 있는 고교생들이 광주에서 시위에 참여한 것은 전날인 20일에도 그 이전에도 있었지만, 이날은 특히 더 눈에 띄었다.

6월 21일부터 매일같이 광주항쟁 시기에 낯익었던 대자보와 스티커가 시내 곳곳에 나붙었다. 대자보는 광주항쟁에서처럼 중요한 역할을 했다. 대자보 앞에는 으레 정보에 굶주린 수십 명의 시민이 모여 있었고, 그러다 보면 전두환 정권의 비정통성과 비도덕성이 화제가 되어 이내 성토장으로 변하곤 했다.

9시경 광주공원에서 밀린 시위대 3,000여 명이 일고다리에서 시위를 벌였다. 공원 주변 골목골목마다 경찰이 봉쇄했고, 군중 집결지에는 어김없이 최루탄을 쏘아댔다. 그럼에도 10시가 조금 넘어 중앙대교, 광주공원

1987년 6월 21일 오후 7시경 시민·학생 5,000여 명이 광주 중앙대교에 모여 최루탄 퇴치, 호헌철폐, 독재타도를 외치며 금남로로 진출하려다 경찰의 제지를 받자 투석전을 벌이고 있다.

일대에는 7시 20분경보다 훨씬 많은 인파가 몰렸다. 10시 30분경에는 시민들이 화염병을 만들어 이날 처음으로 투척했다. 자정을 전후해 공원 앞에 5,000여 명, 서현교회 앞에 7,000여 명의 시민이 시위를 벌였고, 중앙교회 앞에서는 부산에서처럼 택시가 중심이 된 차량시위가 있었다.

22일 상오 1시경 공용버스터미널 뒤편에서는 철근으로 무장한 고교생 50여 명이 화염병을 던지며 경찰과 격렬히 맞섰다. 1시 40분경에는 민민투 고교생이 중심이 된 100여 명의 시위대가 화염병과 철근을 들고 신역에서 공용버스터미널로 이동하면서 "시위에 가담하지 않는 자는 모두 적"이라고 외쳤다.

목포에서는 3일째 계속해서 시위가 벌어졌는데, 일요일인 이날의 시위 규모가 가장 컸다. 6시 30분경 50여 명의 학생들이 구호를 외치며 시민회관 앞으로 모이면서 시위가 시작되었다. 8시 20분경에는 목포대생들이 다시 모여 해방춤과 4박자춤을 추며 놀이마당을 벌였다. 이어서 문화패 갯돌에서 탈춤과 품바를 약식으로 공연하자 시민들이 열광적으로 호응해 시위대가 1만여 명으로 늘어났고(『대투쟁』), 시내 행진이 다시 시작되었다.

10시 30분경에는 중앙교회에서 기도회를 마친 32명의 NCC계 목사와 기독청년회 회원, 신도 등 3,000여 명이 횃불을 들고 꽹과리를 치며 평화행진을 벌여 2호 광장에 집결했다. 최루탄 난사로 부상자가 속출하자 일반 시민들이 집 밖으로 나와 항의했고, 고교생들이 폭력을 행사하려 하자 대학생들이 만류하기도 했다.

순천에서는 18일부터 시위가 불붙었는데, 이날이 가장 격렬해 서울의 일간지도 꽤 크게 보도했다. 특히 많은 고교생들이 거리로 쏟아져 나왔다. 전체 시위대 중 80퍼센트 정도가 고교생이고, 나머지 20퍼센트가 대학생과 시민들이라고 쓰여 있을 정도였다.

이날 시위는 지도부가 따로 없었지만 1만여 명의(『말』) 시위대가 질서 정연하게 움직였다. 정치꾼들이 인기 발언을 하면 심한 야유를 퍼부어 제지시켰고 난동도 규제했다.

이 시위에 학교의 저지에도 불구하고 고교생들이 대거 참여했다. 이들 고등학생들은 시위 초기에 시청 앞 나무호텔 앞에서 수천 명의 군중이 1개 소대의 전경들에게 몰리자 시위 그룹 선두에 서서 지휘했다. 고교생 100여 명은 "전경들 잡자"고 외치며 전경들을 향해 돌진했다. 도주하다가 잡힌 전경 3명은 집단폭행을 당했고 그중 1명은 중상을 입었다.

시위대는 중앙파출소 유리창을 부수고 남문파출소를 전소시켰다. 경찰 오토바이 2대도 불태웠다. 1만여 명의 시위 군중이 아래시장을 돌아 시청 앞으로 나아가자 전경·예비군·공무원들이 출동해 저지했고, 경찰은 시청 옥상에서 직격탄을 쏘다가 최루탄이 바닥나자 벽돌을 던졌다. 이날의 상황은 그야말로 전쟁터였다. 시위대는 22일 0시 10분경 경찰 1개 소대를 포위해 방석복 3개를 빼앗고 전경을 구타했다. 11시 45분경 시청 공격에 이어 22일 상오 1시 30분경 시청을 다시 공격해 유리창 345장을 박살내고 책상 등 집기를 부수거나 불태웠다. 이날 당직자 10여 명이 부상을 입었다.

상오 2시경에는 광주와 인근 고흥, 광양 등지에서 증파된 2개 중대의 전경과 방위병들이 투입되어 최루탄을 난사했고, 트레이닝복 차림의 체포조가 대거 투입되었다. 날이 희뿌옇게 밝아올 무렵 시위는 끝났다. 이 무렵 비상조치 발동설이 난무했고 시민들은 39년 전 여순사건의 악몽이 되살아나기도 했다.

제주에서는 4·3항쟁 이후 시내에서 처음으로 규모가 큰 시위가 일어났다. 제주대생 300여 명은 중앙로터리로 진출해 '민주헌법쟁취', '호헌철폐' 등의 플래카드를 내걸고 시국토론회를 가졌다. 한때 탑동까지 가두시위를 벌인 학생들은 500여 명으로 불어나 광양로터리에서 경찰과 대치하다가 민정당 당사 앞까지 갔다. 이날 시위에서는 학생들이 '비폭력'을 내세웠고, 경찰도 강제진압을 억제해서 최루탄 발사나 투석이 없었다.

'죽음인들 막으리까'

21일 전주에서는 전북대생들이 1시경부터 전주 조흥은행, 중앙시장, 남문로, 코리아극장 앞, 오거리에서 시위를 벌였다. 8시경 대통령배 축구시합이 끝나면서 시민들이 거리로 몰려나오자 시위대는 6,000여 명이 되었다. 10시 30분경에 경찰이 최루탄을 쏘지 않기로 약속하자 시위대는 "질서"를 외치며 팔달로를 거쳐 전동성당까지 가두행진을 한 뒤 전동성당 성모마리아상 앞에서 자정까지 연좌농성을 벌였다.

시민의 시위 참여에 힘을 얻은 국본 전북 본부는 6월 22일부터 28일까지를 민주화실천기간으로 선포하고 매일 6시 팔달로에 모일 것을 공표했다. 그리고 도민의 노래로 〈님을 위한 행진곡〉을 지정했다.

6월 21일 익산에서는 두 갈래의 큰 시위가 전개되었다. 4시경 이리·익산 기독교연합회 주최로 '나라를 위한 연합기도회'가 16개 교단 220개 교회의 신도와 시민·학생 2,000여 명이 참석한 가운데 열렸다. 설교는 은명기 목사가 했다. 5시경 대형 태극기와 십자가를 앞세우고, '4·13호헌철폐하고 민주헌법 쟁취케 하소서' 등 20여 개의 플래카드와 각종 피켓을 들고, "최루탄추방", "호헌철폐", "직선제 개헌", "군부독재 끝장내자"는 구호를 외쳤다. 특히 "거짓 정권 물러가라"는 구호는 설득력이 있었다. 시위 행렬 뒤에는 성경 가방을 든 할머니들이 〈죽음인들 막으리까〉 등의 찬송가를 부르며 뒤따라 한층 비장한 마음을 갖게 했다. 3만여 명이 중앙교회에서 역전, 모현동로터리를 지나 시청 앞 기독교 방송국에 이르는 3킬로미터를 행진했다(『말』).

한편 학생들은 별도로 시청 앞에서 시민 1만여 명과 함께 집회를 가졌다. 이 자리에 참석한 이리 후레아훼숀 노동자들은 자신들이 겪은 다국적 기업의 횡포와 부당해고 사례를 폭로했다. 집회가 끝나자 학생들은 경찰과 격렬히 싸우며 다음 날 상오 2시경까지 시위를 벌였다. 8시경 마동파출소가 피습당해 유리창이 모두 파손되었다.

부산의 시위 규모는 줄었지만 격정은 식을 줄 몰랐다. 부산지역 총학생회협의회 소속 10여 개 대학 4,000여 명의 학생들은 시외버스터미널, 국제시장 등지의 주요 간선도로를 점거하고 화염병과 돌로 경찰과 맞서며 가두시위를 가졌다. 시위대는 7시경 범천로터리 교통초소를 전소시켰다. 8시 10분경에는 개성중학교 뒤에 있는 철도를 점거해 연좌농성을 벌였다.

8시 30분경 부산진시장에서 1,000여 명이 시위를 벌일 때 백골단으로 불리는 체포조가 시위대를 무차별적으로 구타하면서 닥치는 대로 연행했다. 이날 연행자가 806명이라는 기록을 세운 것은 부산진시장에서의 백골단 '활약'이 큰 역할을 했다. 10시경에 시위대 200여 명은 부전2파출소, 가야1파출소를 습격해 비품과 집기 등을 불태웠고, 10시 40분경 학생 300여 명은 주례파출소 2층을 전소시켰다.

안동에서는 6시 국기하강식 시간에 맞춰 안동대·상지대·안동간호전문대 학생 70여 명이 조흥은행 앞에 모여 가두시위를 벌였다.

19일부터 연일 시위가 벌어진 청주에서는 6월 21일 7시 30분경에 청주대생 200여 명이 가두시위에 들어가 내덕파출소를 파손한 뒤 경찰과 투석전을 벌였다. 다른 한 시위대는 남주동파출소를 기습했다. 일시적으로 해산했던 시위대는 10시 30분경에 중앙로로 재집결해 시외버스터미널을 거쳐 KBS 앞으로 이동해 건물에 돌을 던지고 사직파출소에 방화한 뒤 전두환 사진을 떼어 불살랐다. 이후 이들은 충청일보사로 진출해 유리창을 깨고 부근에 있는 교통초소를 박살냈다. 이때 뒤쫓던 전경들의 최루탄 난사에 밀려 사창파출소를 방화하고 충북대로 들어갔다.

인천에서는 인하대생 등 인천지역 대학생 150여 명이 6시 30분경에 동인천역 중앙로에 모여 가두시위를 벌이다가 7시경 해산했다. 주위에서 5,000여 명의 시민이 이들을 지켜봤다.

서울에서는 기독교대한감리회 소속 신도와 학생 2,000여 명이 구국기도회를 가진 뒤 이들 중 800여 명은 5시 10분경부터 나무 십자가와 대형 태극기, '독재 물리치고 민주사회 이룩하자'라는 플래카드를 들고 1시간 동안 시위를 벌였다.

20일 뉴욕과 샌프란시스코에서의 시위에 이어 6월 21일에는 로스앤젤레스 코리아타운 부근 아드모어 공원에 1,000명 이상의 한국인이 모여 최루탄추방대회를 갖고 최루탄추방, 직선제 개헌을 요구하며 3시간 동안 가

두시위를 벌였다. 이 시위는 윤한봉이 설립한 '민족학교' 회원들이 주축을
이루었다.

4

국본의 고민과 여야 영수회담

민정당 의원총회에서 비상조치 자제 요구

'호헌철폐', '독재타도'의 시위는 시일이 지날수록 식기는커녕 더욱 거세졌다. 국본이나 야당과 상관없이 매일 각처에서 대규모로 시위가 전개되었을 뿐만 아니라 토요일, 일요일에도 대규모 시위가 6월의 거리를 뜨겁게 달구었다. 부산·대구의 영남에 이어 광주·전주·순천·익산·목포 등 호남지방에서 시위가 전에 못 보던 형세로 커져가는 것도 대단히 두려운 현상이었다. 해외에서도 시위가 일어나고 있었다. 민주화나 개헌에 대한 특단의 조치가 없는 한 시위는 결코 사그라들 것 같지 않았다. 이처럼 긴박한 위기 상황에 직면해 민정당은 6월 21일이 되어서야 당 차원의 의견수렴에 나섰다.

의원총회가 열리기 전인 아침 7시부터 연희동 노태우 집에서 노 대표와 이춘구 사무총장, 안무혁 안기부장, 김윤환 정무1수석, 박철언 안기부장 특별보좌관, 최병렬 의원이 모였다. 이들은 '4·13호헌조치'의 철회, 김대중 연금해제, 언론기본법 폐지, 대학의 자치보장, 6·10시위 관련 구속자 석방 문제에 대해 논의했다. 이날 서울 가락동 민정당 중앙정치연수원에서는 아침 9시 30분부터 무려 6시간 10분 동안이나 의원총회가 열렸다. 6·10 대회 이후 처음 갖는 의원총회였다.

의원총회는 먼저 각 시·도별 반과 전국구 3개 반 등 모두 13개 반으로 나누어 각각 분임토론을 하고 그 토의 결과를 보고하는 형식을 밟았다. 서울지역 의원들의 분임토의는 2시간 20분이나 계속되었다.

일요일 내내 열린 긴급 의총에서 이춘구 사무총장은 이번 사태가 국기를 위협하고 뒤흔들 정도의 심각한 사태임을 지적했다. 서울 출신 의원 대표 발언에서 윤길중은 비상조치는 바람직하지 않고, '우리'가 자제해야 한다는 점을 강조했다. 부산 출신 의원 대표 발언에서 곽정출은 겸허한 자세로 국민의 여론을 수렴하자며 유연성을 살려나가자고 주장했다. 전국구 출신 의원 1반 대표 발언에서 김두종은 작금의 사태는 반대 세력만의 저항이 아니며 국민들도 인식을 같이하는 부분이 있다는 점을 밝히고, 물리력이 아닌 정치력으로 국민 여론을 수렴해야 한다고 말해 역시 비상조치를 반대하고 민주화가 있어야 한다고 주장했다. 충북 출신 의원 대표 발언에 나선 정종택도 비슷한 주장을 했다. 그는 이 난국을 전화위복의 계기로 삼아야 하며 명분과 체면, 격식을 따지지 말아야 한다고 말해 4·13호헌조치가 바뀌어야 함을 시사하고, 정부와 여당이 호헌과 개헌을 멋대로 한 것이 아니냐고 비판했다.

심지어 전두환 정권의 거점인 경북·대구 출신 의원 대표 발언에서 이치호가 "현 시국은 민심이 우리 당으로부터 많이 이반했음을 보여주고 있다"고 말한 것은 민정당 의원 거의 전부가 "민심이 떠나고 있음을 알자"에 어떤 형태로든 동의하고 있음을 잘 드러낸 사례였다.

상당수의 의원들이 비상조치는 자제해야 하고, 위기를 타 넘어가기 위한 미끼라고 볼 수도 있지만, 인권·지방자치제·언론 부문에서 민주화가 어느 정도 이루어져야 한다고 주장했다. 금단의 성역인 4·13호헌조치 문제를 노골적으로 꺼내지 않았을 뿐이지 이제는 그것을 철회하고 개헌 논의를 할 수밖에 없지 않느냐는 분위기로 가고 있었다.

분임토의에서는 '직선제 수용', '과도내각' 구성과 같이 야당에서 주장하고 있는 것까지 수용해야 한다는 의견도 있었다. 서울 출신 의원의 경우 14명 중 5명이 직선제도 수용할 수 있다는 견해를 내놓았다. 직선제라도 수용할 수밖에 없지 않느냐는 의견이 나올 정도로 민정당은 6월 항쟁으로 피를 말리는 '고문'을 당하고 있었다.

분임토의 보고에서 이치호, 배명국, 박규식이 상황이 호전되지 않으면 비상조치가 불가피하지 않겠느냐는 취지로 말했을 때 일부 의원들이 묘한 표정을 지은 것은 민정당의 기류가 복잡하게 흘러가고 있다는 것을 반영한 셈이었다.

의총이 끝났을 때 일각에서 창당 이후 6년여 만에 처음으로 자유로운 분위기에서 진행된 회의였다고 토로하고, "일찍부터 이런 의견수렴 과정이 있었으면 이번 사태도 초기에 막을 수 있었을 것"이라고 말한 것은 전두환 정권이 어떠한 정권이었는지를 적나라하게 보여주는 지적임과 동시에, "민정당이 무슨 정당이냐, 거수기부대나 돌격대지" 하는 얘기가 조금도 과장되지 않은 진실임을 절절히 보여주는 발언이었다.

노태우, 전두환에게 영수회담 권유

월요일인 6월 22일자 『동아일보』 석간 1면 톱 제목은 '전 대통령 김영삼 총재 회담 곧 실현'이었다. 월요일 오전에 그동안 서로 얼굴만 쳐다보던 정계는 모처럼 변화를 맞았다. 노태우 민정당 대표는 22일 오전 청와대에 올라가 전날 의원총회에서 나온 의견을 보고하고, 개헌 논의의 재개와 함께 구속자 석방, 김대중 가택연금 해제를 건의했고, 이를 전두환이 수용했다.

노태우는 특히 전두환에게 "이러이러한 분들을 만나보시는 것이 좋겠다"고 여야 영수회담을 권했다. 『노태우 육성회고록』에 의하면, 6월 20일 이만섭이 직선제를 권했을 때 노태우가 전 대통령에게는 어림도 없다고 말하자 이만섭이 "전두환 대통령을 만나서 설득하겠다"고 말한 것을 듣고, 노태우는 자신이 만났던 야당 지도자, 종교계 지도자들을 전 대통령과 만나게 해줘야겠다고 마음먹었다. 『노태우 육성회고록』에 따르면 당시 전 대통령의 지론은 우선 발등에 떨어진 위기를 막고 보자는 것이었고, 그것도 타협이나 대화보다는 물리적인 힘으로 막아놓고 그다음에 어떻게 해봐야겠다는 생각이었다는 것이다.

6월 17일 청와대 만찬에서 전두환은 "나는 카드를 다 썼어요. 이제 없어"라고 토로했지만, 6·10대회 이후 전두환은 어찌할 바를 몰랐다. 그가 이날 만찬에서 "지금 우리가 여론에 밀리고 하니 더러 심장이 약해지는 사람들도 있는 것 같은데, 나는 나쁜 짓을 뭐 많이 했기에 겁이 나는 게 있느냐고 생각해요"라고 말한 것은 자신의 심정을 완곡히 표현한 것에 불과했다. 그는 고속도로가 점거당하고, 열차가 정지당하고, 시청과 KBS가 공격당하거나 점거당하고, 파출소와 민정당 당사가 자신의 사진과 함께 불태워지는 것을 통해 자신의 초강권 절대권력이 밑바닥부터 흔들리고 도전당하고 있다는 것을 실감했다. 그러면서도 그것에 대응할 수 있는 수단을 찾을 수 없었다. 1986년 10월부터 비상조치를 내리겠다고 몇 번이나 큰소리쳤지만 막상 '국기'가 흔들리는 초비상 시국을 만나서는 비상조치를 취할 수도 없다는 것을 알게 되었다. 군을 출동시키는 것은 섶을 지고 불에 뛰어드는 격이 될 수 있었다. 그는 자신에 대한 시중의 농담처럼 이때처럼 머리가 텅 빈 생각이 들 때도 없었다. 써먹을 수 있는 아무런 카드도 없으니 삼수갑산에 가더라도 직선제를 받아들여야 하는 것이 아닌가 하는 생각이 들기도 했다. 전두환처럼 말이 많은 사람도 드물어서 여론을 수렴한답시고 예컨대 김수환 추기경을 만났을 때도 2~3시간 중 90퍼센트를 혼자 떠들어대 상대방을 아연케 했지만, 이때만은 말이 없었다. 6월 10일에서 21일까지 당정회의나 민정당 당직자 발언은 보도되었지만 난국 수습과 관련된 전두환의 발언은 일부러 찾아봐도 보이지 않았다. 그는 6월 22일 노태우가 이러이러한 분들을 만나는 것이 좋겠다고 말하자 그때부터 사태 수습을 위한 구체적인 활동에 들어갔다.

김영삼은 6월 21일 일요일 밤 김상근·인명진 목사를 만나 2시간이나 이야기를 나누며 대행진의 연기 가능성을 타진했다. 말이 타진이지 연기해달라는 것이나 다름없었다. 22일 오전에는 김수환 추기경을 방문했다. 두 사람의 대화 도중 노태우가 여야 영수회담이 곧 이루어질 것이라고 발표했다는 소식이 들려왔다.

조깅으로 단련된 김영삼의 행동은 빨랐다. 민첩하게 남산 외교 구락부로 달려가 송건호·이우정·문동환·한승헌 등 국본 상임공동대표들을 만나 23일 아침으로 예정된 평화대행진 날짜 발표를 연기해줄 것을 요청했다. 김상근·인명진 목사에게 말한 것처럼 현 시국은 여야 영수회담 등 정치 대화로 풀어야 하며 대행진은 강경 명분을 줄 수 있다는 논리였다.

전주 역사상 최대 규모의 격렬한 시위

6월 22일 민주화실천기간(6. 22~6. 28) 첫날을 맞아 전주 역사상 최대 규모의 시위가 격렬히 전개되었다. 다른 지역이 상대적으로 시위가 약해진 것에 반해, 전주는 오히려 이날부터 더욱 치열해졌다. 오전 11시부터 전북대에 7,000여 명이 모여 '호헌철폐와 군부독재종식을 위한 전북지역학생 총궐기촉구 비상학생총회'라는 긴 명칭의 집회가 있고 나서 가두진출을 시작했다.

12시 45분경 3,000여 명의 시민·학생들이 연좌시위에 들어갔다. 시민들은 계속 시위대에 합류해 2시 46분경 코아백화점 앞에는 1만 5,000여 명의 시민이 운집했다. 시민들은 음료수를 제공하고 모금에도 열성이어서 순식간에 100만 원이 들어왔다. 한 이름 없는 시민이 앰프 등 방송 기재를 제공했다.

3시 30분경 익산에서 증원부대가 도착하자 경찰은 최루탄을 쏘기 시작했고, 120여 명의 부상자가 나왔다. 그럼에도 학생·시민들은 격렬히 저항해 경찰이 한발 물러섰다. 경찰은 후퇴하여 도청·시청·도경·민정당 당사 등 주요 거점 방어에 치중했다.

4시 40분경 의사 가운을 입은 전북대 의대생 500여 명이 '귀한 생명 죽어간다. 민주정부 수립하자'는 현수막을 펼쳐 들고 합류했다. 6시경에는 전북대 복학생 예비군 200여 명이 예비군 훈련을 마치고 귀가하다가 대오를 형성하여 코아백화점 앞에서 시청 방면으로 가두 행진하는 사태가 발생했다. '복학생' 예비군조차 그것도 예비군 복장까지 입고 반정부시위를 한 것이다.

복학생 예비군과 백골단 사이에 치열한 육박전이 벌어졌고, 40여 명이 연행되었다. 또 75세의 할머니가 무자비한 연행에 항의하다가 전경 헬멧에 머리를 맞고 쓰러진 채 짓밟혀 예수병원에 입원했다. 주변의 농촌 주민들도 가담해 9시경에 시위대열은 2만여 명을 헤아렸다(『대투쟁』).

시위대는 10시경 1만 5,000여 명이 서중로터리에 집결해 대중정치집회를 가진 뒤 해산했으나, 이후에도 곳곳에서 다음 날 상오 2시경까지 시위를 벌였다.

이날 시위로 고사동파출소가 전소되고 태평·금암·진북·중노송2동·덕진 파출소 등 8개 파출소가 습격당해 이 중 3곳이 불타는 등 거의 모든 파출소가 화염병·돌 투척으로 파손되었다. KBS 오픈스튜디오도 불탔다. "민주시민 탄압하는 안기부 폐쇄하라"는 구호와 함께 시위대는 안기부 대공상담소에 돌을 던졌고 상담소 간판을 떼어냈다. 시경 대공분실, MBC, 교육청 등도 투석으로 유리창이 깨지는 등 파손이 있었다.

원광대생 1,000여 명이 5시 15분경 투석전을 벌이며 익산에서 시위가 시작되었다. 역전파출소와 평화동파출소가 반파되었다.

광주에서는 오전 11시 30분경부터 운암아파트 앞 고속도로 입구에서 시위가 시작되었다. 1시경부터는 전남대 의대생 400여 명이 전남대 의대 앞에서부터 광주천변에 이르는 도로에서 시위를 벌였고, 여기에 전남대 치대생이 가세했다. 학생들은 전남대 의대 앞과 영안실 앞에서 연좌시위에 들어갔다. 5시경부터 차량 경적이 울렸고, 시위대 인원이 증가하면서 8시 이후에는 중앙로 일대에서 투석전을 벌였다.

1시 20분경 제2차 출정식을 가진 제주대생 2,000여 명이 시내 중심가 쪽으로 8킬로미터를 행진했는데 경찰은 저지하지 못했다.

부산 가톨릭센터 농성 귀가자 집단폭행

6월 22일 부산대 등 여러 대학 학생들이 시위를 벌였으나 규모가 크지는 않았다. 6월 17일부터 대규모 시위를 벌였고, 비를 맞으면서 계속 시위를 한 데다, 또 토요일과 일요일에도 시위를 벌여 피로가 너무 많이 쌓이면서 이날부터 25일까지는 별다른 시위가 없었다.

이날 가두시위는 미약했지만, 가톨릭센터 농성에 참여했던 시위자들이 해산하면서 사건이 발생했다. 6월 16일 자정 무렵 경찰의 살인적 최루탄 발사에 견디다 못한 일부 시위자들이 가톨릭센터로 피신하면서 시작된 가톨릭센터 농성은 부산에서의 항쟁의 불길을 계속 살려나가는 데 의미 있는 역할을 했다. 시민들의 지원과 격려도 컸다. 상인들이 빵과 음료수, 랩, 수건, 치약 등을 계속 보내주었다. 성금도 많이 들어왔다.

6월 18~19일 부산시위가 커지면서 군용헬기가 떴다느니 공수부대가 출동했다느니 하는 유언비어가 농성시위대를 몹시 괴롭혔다. 20일 이후부터는 명동성당농성에서처럼 프락치 침투를 방지하기 위해 통제를 강화했다. 농성시위대 내부에서도 누가 수상하다는 말이 돌기도 했다. 그러면서 시간이 흐르자 해산 문제가 대두되었다.

국본 부산 본부에서는 가톨릭센터 농성이 시작된 이후 시위대가 "가톨릭센터로 가자!"는 구호를 외쳐, 시위를 폭넓게 확산하고 효과를 극대화하는 데 어려움이 있다고 농성장 쪽에 토로했다. 처음에는 가톨릭센터 농성을 양해하고 지원했던 천주교 측도 정부 당국과 경찰의 강력한 요구에 해산을 종용했다. 농성시위대의 식사는 가톨릭 신자들이 도맡아주었지만 부산교구는 보수적인 성향이 있었다. 경찰 프락치의 집요한 내부 분열 공작으로 상호 간에 불신감이 커지고 사기가 떨어져가는 것도 문제였다.

6월 21일 저녁부터 해산에 대한 토론이 진행되었다. 22일에는 최소한의 경비와 인력을 제외한 농성자 전원이 센터 옥상에서 끝을 모르는 토론을 계속했다. 해산을 반대하는 의견이 만만치 않아서였다. 결국 두 차례에 걸친 투표 끝에(마지막 투표는 48대 42) 해산을 결정했다.

가톨릭센터 신부의 기자회견이 끝난 뒤 경찰의 안전귀가를 보장받은 농성자 130여 명 중 부산대와 동아대 학생들은 학교버스로 귀가했고, 나머지 대학의 학생 9명과 일반 시민 5명은 교구청에서 제공하는 버스를 타고

부산 가톨릭센터에서 6일간 농성을 벌였던 부산대생들이 22일 밤 농성을 끝낸 후 버스에 올라 마중 나온 학생들에게 손을 흔들어 보이고 있다(1987. 6. 22).

9시 50분경에 떠났다. 이 버스에는 이들의 안전귀가를 위해 신부 2명이 함께 탔다.

버스가 10시 30분경 남부경찰서 앞에 이르러 바리케이드를 막 통과하는 순간 갑자기 진압복 차림의 무술경관들이 버스를 에워싸 멈추게 했다. 그러고는 무술경관들이 죽도로 유리창을 부수었다. 위험을 느낀 양요섭 신부가 밖으로 나와 시경에서 안전보장 귀가를 약속했음을 말해주었으나, "이 새끼들 다 죽여버려" 하는 소리와 함께 방독면을 착용한 전경들이 사과탄과 총유탄 30발 정도를 버스 안으로 마구 던져 넣고 또 쏘아댔다.

버스 안은 순식간에 아비규환의 생지옥으로 변했다. 운전기사는 기절해 쓰러졌다. 경찰은 최루가스에 못 견뎌 창문으로 나오려는 사람들을 죽도로 사정없이 내리쳤다. 경찰은 버스 문을 부수고 올라와 쓰러진 사람들의 머리채를 잡고 질질 끌며 아스팔트 위에 내동댕이치고 군홧발로 짓이겼다. 사과탄을 던지기 전에 먼저 나가 있던 김평겸 신부도 약 15분간 10여 명의 무술경관으로부터 집단폭행을 당했다.

경찰은 버스 탑승자들을 남부경찰서로 끌고 갔다. 전경들이 양쪽에 도열한 가운데 머리채를 잡아끌고 군홧발로 등과 배를 차고 방패로 내리찍고 죽도로 갈기는 등 심한 폭행이 가해졌다. 경찰서 안으로 끌려들어온 시민과 학생들은 전원 시멘트 바닥에 무릎 꿇은 채 고개 숙이게 했고, 항의하면 개 패듯 패면서 "고개를 들면 눈깔을 빼든지 모가질 치겠다"고 엄포를 놓았다. 신부들이 항의하자 "이 새끼야, 니가 신부면 다냐, 니가 주동자지, 떠들지 말고 조용히 해" 하며 계속 폭행을 가했다.

경찰은 버스 탑승자들을 11시 20분경에야 귀가토록 했다. 그러고는 모르고 연행했다고 변명했다. 최루탄을 버스 안에 2발밖에 쏘지 않았다고도 주장했다. 그런데 그런 경황에도 최루탄 뇌관 4개, 최루탄도내 스프링 7개 등 버스 바닥에 흩어진 유리조각과 최루탄 파편 일부를 긁어모아 가지고 나온 학생이 있어 곧 들통이 났다. 이러한 학생들을 상대로 경찰과 전두환이 싸우고 있었다.

『동아일보』 보도에 따르면, 경찰의 최루탄 투척과 집단폭행으로 4명이 최루탄 파편이 박히는 등 중상을 입었고 11명이 전신에 타박상을 입었다.

6월 24일 정오부터 천주교 부산교구 소속 사제 80여 명 전원이 '군부독재 퇴진', '폭력종식'을 요구하며 가톨릭센터 7층에서 무기한 농성에 들어갔다. 같은 날 부산 시내의 각 대학에서는 '가톨릭센터 농성 귀가자 폭행 보고대회'가 열렸다.

대구에서는 6월 22일 5시경에 경북대생 700여 명이 비산동 오스카극장 앞에서, 계명대생 300여 명은 봉덕시장 앞길에서, 경북대 의대생 300여 명은 3공단 앞에서 일제히 시위를 벌였다. 6시 35분경 봉덕시장 사거리에서 토론회를 가질 때 전경들이 출동하자 시민들이 앞으로 나와 "최루탄을 쏘지 말라"며 "우-우-우" 하자 전경들은 방독면을 벗고 한 걸음 물러섰다. 이때 시민들이 많이 합세했고, 학생들은 시민들과 어우러져 해방춤을 추며 분위기를 고조시켰다.

밤이 깊어가자 시위 대열이 대형화되어 10시 10분경 국세청 앞 인파는 1만여 명을 헤아렸다(『말』, 『대투쟁』). 시위대가 불어나자 경찰은 지랄탄을 난사하는 등 강경해졌고, 병력이 증강되자 체포조를 대거 투입해 110명을 연행했다.

90개 대학이 조기방학

8시 30분경부터 충남대생 500여 명이 대전 시내 대동오거리 등지에서 자정까지 시위했다.

단국대 천안캠퍼스·호서대·상명여대·순천향대 학생들이 3시 45분경 천안우체국 앞에 모여 연합시위를 벌였다. 시위대는 민정당 당사에 돌을 던져 유리창을 부수며 자정까지 시위를 벌였다.

공주사범대생 200여 명이 4시 30분경부터 교문 밖에 나와 경찰과 대치하면서 시위했다.

연세대 원주캠퍼스 학생 200여 명은 5시에 원일로에서 시위를 시작했다. 10시경 시위대가 300여 명으로 늘어났고 중앙시장, 남부시장 등 여러 곳에서 최루탄에 맞서 돌과 화염병을 던지며 격렬히 시위했다. 사복경찰이 연세대 의대와 병원까지 들어와 학생들을 수색했다. 230여 명이 연행되었다가 고교생과 일반 시민 100여 명은 훈방되었다.

인천에서는 인천대·인하대·부천성심여대 학생 2,000여 명이 출정식을 가진 뒤 6시에 '범인천시민대회'가 열릴 부평역 광장으로 출발했다. 경찰은 부평전철역을 폐쇄하고 부평역 일대를 봉쇄한 채 삼엄한 경계를 폈다. 학생들은 100~200명씩 떼 지어 산발적으로 시위했다.

오전 10시 40분경에는 동국대 복학생들이 예비군 훈련을 거부하고 "호헌철폐 독재타도" 등의 구호를 외치며 퇴계로 방면으로 진출해 가두시위를 벌였다. 연세대생 2,000여 명은 민주화실천주간 선포식을 갖고 6시경 교문 밖으로 진출해 차도를 점거하고 시위를 벌였다. 500여 명의 학생들은 전경 1개 중대 150여 명을 포위해 무장 해제하고 무전기 2대, 최루탄 발사기 7정, 방석모 40여 개 등을 빼앗아 일부를 불태웠다. 7시경에는 연희파출소를 점거했으나 피해는 없었다.

한편 5시경에는 새문안교회에서 대한예수교장로회 목회자·신도 2,000여 명이 총회인권위원회 주최로 기도회를 가진 뒤 9시 30분경 교회 밖으로 진출하여 8차선 차도를 점거하고 10여 분간 촛불시위를 가졌다.

6월 22일까지 103개 대학 중 90개교가 방학에 들어갔다. 그렇지만 학생들은 상당수가 등교를 했고, 대학별로 민주화주간 행사를 가졌다. 총학생회 주도로 비상연락망이 만들어졌고, 이한열이 사망할 경우 즉각 대규모 추모집회를 갖기로 했다. 서울 시내 대학은 서대협 주최로 6월 25일 민주화대행진을 거행하기로 했다.

그런 상황에서 이한열은 합병 증세인 폐렴증후가 발견된 것으로 보도되었다. 이 군은 계속 혼수상태였다.

야당 측, 평화대행진 연기 주장

김영삼 민주당 총재가 국본 상임공동대표들을 만나 23일로 예정된 평화대행진 날짜 발표를 연기해줄 것을 요청하자 국본은 고민에 빠졌다. 상임공동대표들이 장시간 논의했지만 결론이 나오지 않았다.

6월 22일 밤 합정동의 마리스타수도원에서 상임공동대표와 상집위원 연석회의가 긴급 소집되었다. 최형우·박용만·황명수·박영록·김현수·박종태 등 민추협 측 공동대표들이 한 사람도 빠짐없이 참석했다.

긴장감으로 자리가 무거워진 가운데, 이들은 영수회담 이전에 대행진 계획이 발표되면 정국이 경색되고 김영삼의 운신 폭이 제약된다는 점을 역설했다. 이들은 계획 발표를 미루거나 아예 계획을 연기하자고 주장했다.

반면 재야 측은 전두환·민정당의 애매한 태도로 보나 민주화투쟁이 소강상태에 빠진 상태를 볼 때 23일 예정대로 발표를 해야 한다고 강조했다. 결국 23일에 '민주헌법 쟁취를 위한 국민평화대행진'을 26일에 실시한다고 발표하되, 전두환·김영삼 회담에서 민주화를 행동으로 보여주면 이를 적극 환영할 것이라는 단서를 덧붙이자는 것으로 의견이 모아졌다.

6월 23일 국본은 6월 26일 6시 전국에서 동시에 '민주헌법 쟁취를 위한 국민평화대행진'을 갖는다고 발표했다. 국본은 현 정부가 아무런 실질적인 조치를 취하지 않았다고 지적하고, 그러나 평화대행진에 앞서 정부가 김영삼 민주당 총재와의 회담 등을 통해 전 국민의 민주화 요청에 대해 이를 약속하고 실질적 행동을 보여준다면 우리는 온 국민과 더불어 적극 환영하고 지지할 것이라고 밝혔다. 그리고 26일 6시 국기하강식과 더불어 애국가를 제창하고 전국의 교회와 사찰은 타종을 하고, 차량은 경적을 울리며, 밤 9시에는 10분간 텔레비전을 끄고 소등할 것을 행동지침으로 제시했다.

서울의 경우 1차 집결지로 광화문·동대문·시청 앞·안국동·신세계백화점·영등포시장을 정했다. 그리하여 1차 집결지에서 태극기와 손수건을 흔들며 최종 집결지인 파고다공원을 향해 대행진을 하도록 했다.

이어서 지방의 최종 집결지도 발표되었다. 부산은 부산시청, 대전은 대전역 광장, 광주는 전남도청 앞 등 6월 항쟁에서 상징성이 큰 곳이었다. 지방의 경우는 집결시간을 현지 사정에 맞추었다. 포항과 수원은 7시, 노동자가 많은 성남은 그보다도 늦은 8시, 나머지 도시는 서울과 마찬가지로 6시로 정했다.

경찰, 막을 엄두 못 내고 거점 방어만

전주에서는 민주화실천기간 이틀째인 6월 23일에 곳곳에 민주화실천대회를 알리는 포스터와 시위 집결장소를 알리는 소형 포스터, 스티커 등이 다량으로 나붙었고 공중전화 박스, 전신주, 건물 벽에 '애국시민, 고교생에게 드리는 글'이라는 제하의 대자보가 나붙은 가운데, 이날 집결지인 코아백화점 앞에 6시경부터 학생들과 시민들이 모여 순식간에 1만여 명을 헤아리게 되었다.

'더 이상 못 살겠다. 거짓 정권 몰아내자'는 현수막이 걸린 가운데, 전북대·우석대·전주대 학생들이 중심이 되어 '민주시민 시국대토론회'가 열렸다. 전날인 22일에는 증원된 병력이 합세했는데도 9개 파출소가 전소되거나 파괴당하는 등 큰 타격을 입었던 경찰은 이날 거점 방어에만 치중해 시위대 인원이 6월 항쟁 중 가장 많았지만 별다른 충돌은 없었다.

8시부터는 전주교구 정의평화위원회의 주최로 열린 기도회가 전동성당 안팎을 가득 메운 가운데 끝났고, 9시 40분경부터 10시 30분경까지 '민주부활을 기원하는 평화의 촛불대행진'이 시작되었다. 박정일 주교를 위시해 신부·수녀들이 사제복을 입고 행진했고, 장애인들은 촛불을 그러쥐고 휠체어를 타고 뒤따랐다. '미일 외세 물러가라', '밥은 생명이다. 농민 살길 보장하라' 등의 현수막이 따라붙었다.

신부·신자·시민 등 4,000여 명이 성당에서 나와 촛불대행진을 하며 관통로사거리에 있던 시위대에 합류하자 삽시간에 인파가 수만 명을 헤아려 6차선 도로 1킬로미터를 가득 메웠다(『말』 4만 명, 『동아』 1만 5,000명). 경찰은 촛불대행진을 막을 엄두를 내지 못했다.

시위대는 도로를 가득 메우고 풍물잔치, 농민들이 참여한 시민강연회에 이어 전두환·노태우 화형식을 가졌다. 시위 군중들은 계속 시청 쪽으로 밀어붙였지만 22일과 달리 투석이나 화염병 투척은 없었다. 경찰은 시청 앞 광장에 바리케이드를 설치하고 계속 최루탄으로 버텼다.

전북대 의과대생 100여 명은 진료반을 편성해 전동성당, 중앙성당, 전북대 치대 등 4개 지역에 '민주병원'을 설치하고 부상자들을 치료했다. 학생 5,000여 명은 중앙성당 앞에서 연좌시위를 벌이다 12시 30분경까지 시국토론회를 가졌다.

6시 15분경에는 원광대생 4,000~5,000명이 창인동성당에 집결해 다음 날 상오 1시경까지 시내 곳곳에서 격렬한 시위를 벌였다. 이리공단 내 후레아훼숀 노동자 등 200여 명의 노동자들은 7시 25분경 귀금속단지 후문에서 시위했다. 고교생들의 시위 참여가 두드러져 12시 30분경에는 15명이 화염병을 들고 민정당 당사 주변을 정탐했다. 이날 경찰 차량 3대가 전소되었다.

광주, 택시기사들의 시위

6월 23일의 광주 시위는 이색적으로 신흥택시회사 기사들이 대거 참여했다. 3시 10분경 신흥택시 기사들이 광주고속터미널에서 도청 앞까지 헤드라이트를 켠 채 경적시위를 벌였다. 신흥택시가 시위에 앞장선 것은 까닭이 있었다. 6월 19일 신흥택시를 탄 전남대 교수가 시국 발언을 하자 운전기사가 신고했다는 소문이 나돌았다. 그래서 이날 신흥택시 소속 기사 250여 명이 시위투쟁을 벌이며 그러한 소문은 사실과 다르다고 주장한 것이다.

4시경 신흥택시 140대는 중앙극장 앞에서 경적을 울렸고, 4시 30분경에는 중앙로사거리에서 조흥은행 간 도로를 택시시위대가 완전 점거했다. 5시 20분경에 택시시위대가 중앙로 4가에서 도청 쪽으로 이동하자 시민들이 '독재타도'라고 택시 뒤에 쓴 것을 보면서 뒤따라가 긴 행렬을 이루었다. 5시 30분경에는 신흥택시 20여 대가 비상라이트를 켜고 경적을 울리면서 백림약국에서 서방 쪽으로, 30여 대는 동명로터리 쪽으로 이동하며 시위했다.

한편 7시경 광주상고생 200여 명이 "독재타도", "최루탄추방" 등의 구호를 외치며 시위를 벌였다. 비슷한 시각에 중앙교회 앞 학생들이 전경에 포위되었다가 11시 30분경까지 전경과 대치하며 농성을 벌였다. 자정 무렵에는 서현교회 앞에서 500여 명이 횃불시위를 벌였고 3,000여 명의 시민들이 가세했다.

순천에서도 격렬한 시위가 잇따라 일어났다. 특히 6월 21일에는 시위대에 의해 파출소 2곳이 불타고 시청이 두 차례나 공격받는 등 격렬했는데, 급기야 여순사건 발생지인 여수에서도 불이 붙었다. 6월 23일 5시에 교동오거리에서 각종 구호와 〈투사의 노래〉, 〈오월의 노래〉가 울려 퍼지면서 '호헌분쇄 민주화촉구 범시민궐기대회'가 열리자 시민들 3,000여 명이 몰려들었다.

6시 30분경에 시위대는 중앙동로터리를 지나 민정당 당사 앞을 지날 때 유리창 10여 장을 깼다. 경찰은 행진하는 시위대를 해산시키려고 했으나 역부족으로 밀려났다. 1개 중대 중 4분의 3이 광주·순천 지역으로 빠져

광주 무등경기장을 출발하여 경적과 폭발음을 울리면서 광주 시내까지 차량시위를 한 신흥택시 소속 운전사 100여 명이 금남로4가에서 경찰과 대치하고 있다(1987. 6. 23).

나갔기 때문이었다.

경찰 저지선을 돌파하자 군중 속에서 시청과 경찰서를 점거하자는 주장이 나왔지만 주최 측이 만류하고 대중집회를 열었다. 여수역 등 주요 거리는 인파로 뒤덮였다(『말』 3만여 명). 10시경 외지로 나갔던 경찰이 황급히 귀환해 시청 앞을 지키며 최루탄을 난사했다. 남산동·충무동·중앙동 파출소가 파괴되었다. 시위는 다음 날 상오 3시경에 끝났다.

1시에 제3차 출정식을 갖고 교문 밖 돌파를 시도했던 제주대생 700여 명은 6시경 중앙로터리에서 시위를 벌였다. 시민들이 합세했고, 경찰이 처음으로 사과탄을 터뜨렸다. 시위대는 도로포장용 롤러차를 밀고 다니며 경찰에 맞섰고, 제주시청 소속 지프차 1대를 엎어버렸다.

6월 23일 5시경에는 경북대생 200여 명이 신암육교 부근에서 구호를 외치며 행진하자 경찰이 최루탄을 발사하면서 학생들을 쫓아가 구타하며 연행했다. 8일째 이어지는 시위였지만 위로부터 새로운 명령이라도 내려왔는지 경찰의 폭력성이 두드러졌다. 시민들이 야유하자 경찰은 지체 없이 이들에게도 최루탄을 퍼부었다.

6시 50분경에는 계명대생 300여 명이 "통장에서 대통령까지 내 손으로"라는 구호를 외치며 버스 안으로 유인물을 던져 넣었다. 경찰이 오자 학생들은 깨뜨린 보도블록과 화염병을 가지고 경찰과 대치했다.

10시경 동성로 제일은행 앞에서는 학생·시민 400여 명이 대중집회를 가졌다. 한 시민은 자신이 시위대가 아닌데도 사과탄 네 발이 터져 몸에 파편이 100여 개나 박혀 있다고 말했고, 다른 시민은 "폭력 경찰에 정의의 폭력으로 대항하는 것이 살 길이다", "돌 등 최소한의 무기를 가져야 한다"고 주장했다.

10시 30분경에 있었던 공방전에서는 대구대생 김윤세가 한쪽 눈에 직격탄을 맞아 경북대 의대로 옮겨져 수술을 받았으나 실명 위기로 알려졌다. 시위대 500여 명이 경북대 의대까지 침묵시위를 하고 일부는 병원으로 몰려갔으나, 경찰은 병원에까지 들어와 무더기로 시위대를 연행했다. 자정까지 계속된 격렬한 시위에 이천1동파출소 등 2개 파출소가 불타거나 파손되었고, 학생·시민 300여 명과 경찰 7명이 부상을 입었다.

6월 항쟁에서 이례적으로 6월 23일 상오 1시에 시민 200여 명이 안동 목성동성당 옆에 있는 안동교회 앞에서 전경과 투석전을 벌이며 시위했다. 학생들이 시위를 시작하는 것이 '원칙'이었는데 시민들이, 그것도 깜깜한 밤에 시위를 벌였다. 도서관에서 공부하다가 귀가하던 고교생들이 이에 합세해 돌을 던지며 함께 구호를 외쳤다. 목성동성당에서는 6월 21일 시위 이후 학생·시민 80여 명이 26일까지 농성을 벌이며 매일 6시 국기하강식과 동시에 성당 앞 도로로 진출해 다음 날 상오 3시까지 시위하고 아침 8시에 도로와 그 주변 청소를 마치고 평가회를 가졌다. 대학생은 적었지만 농민운동이 강한 안동다운 발상이었다.

연행된 학생들의 전원 석방을 요구하며 시위하던 원주분교 연세대생 150여 명이 원주기독병원으로 피신하자 경찰이 최루탄을 난사해 환자들이 큰 고통을 당했다. 이에 연세대 의과대 본과 3, 4년생 100여 명이 흰 가운을 입고 가두시위를 벌이다 교내로 돌아가 농성에 들어갔다.

6시 50분경에는 시위를 벌이다가 원동성당 안으로 피신한 학생들을 경찰이 따라 들어가 성당 구내에까지 최루탄을 쏘아댔다. 이에 신부와 신도 300여 명이 긴급히 모여 촛불시위에 들어갔고, 결국 원주경찰서 서장의 사과로 일단락되었다.

안양의 6·23시위는 수원지역의 학생들이 원정을 와서 일으켰다. 한신대·경기대 학생 200여 명이 안양시장을 돌면서 시위가 시작되었고 이들은 시민들과 함께 3시간가량 대중집회를 가졌다. 시위 도중 노동자들이 폭력투쟁을 요구했지만 학생들은 비폭력을 견지했다.

서대협, 직선제 쟁취를 주된 구호로 결정

대한성결교회 소속 목회자 70여 명과 서울신학대생 250여 명이 성결회관에서 '구국을 위한 기도회'를 가진 뒤 150여 명이 회관 밖 2킬로미터까지 가두행진을 벌였다.

3시에 연세대 노천극장에서는 연세대·서울대·고려대·서강대·이화여대 등 25개 대학 학생 2만여 명이 모여 서대협 주최로 '호헌철폐와 독재종식을 위한 서울지역 청년학도 결의대회'가 열렸다. 이는 서울에서 6·18최루탄추방대회 이후 열린 가장 큰 집회로 6·26국민평화대행진 참여 결의를 과시하는 한편, 서대협의 입장을 정리하고 투쟁 목표를 분명히 하기 위해서였다.

이미 1시경부터 연세대 교정 곳곳에 '호헌철폐', '한열이를 살려내자'라는 플래카드가 걸려 있었다. 각 대학 학생들은 교내 행진으로 투쟁의 열기를 북돋우며 노천극장으로 입장했다. 서대협 의장이자 고려대 총학생회장인 이인영이 '우리의 입장'이라는 성명서를 발표했다.

서대협은 이 성명서에서 현 정권은 민의를 수렴하여 즉각 퇴진할 것, 미국은 독재지원과 내정간섭을 즉각 중지할 것, 군은 정치적 개입을 중단하고 본분을 지킬 것, 민주당은 국민적 투쟁을 당리당략의 차원으로 해석하지 말고 독재종식과 참다운 민주조국의 건설을 위해 헌신적으로 기여할 것 등을 요구했다.

서대협은 이 대회에서 6·26국민평화대행진에 적극 참여할 것, 비상조치가 내려지면 매일 정오까지 각 학교에 등교하고 6시에는 명동에 집결할 것을 결의하고, 과별 비상연락망과 비상연락장소 설정 등의 행동지침을 정했다.

2만여 명이 한자리에서 3시부터 9시 10분경까지 장장 6시간이나 대회를 진행했지만 흐트러짐 없이 시종 민주화 열기를 고조시켰다. 이 대회에서 앞으로 투쟁의 주된 구호를 직선제 쟁취로 '확인'한 것은 의미가 있었다. '호헌철폐'는 6·24정상회담 이후 의미가 약해졌기 때문에 '독재타도'와 함께 '직선제 쟁취' 또는 '직선 쟁취'를 더욱 뚜렷하게 제시할 필요가 있었다. 다만 직선제 쟁취는 호헌철폐와 함께 대중성은 대단히 강했으나, 민주주의의 보폭을 1972년 이전의 수준 정도로 제한하는 큰 약점이 있었다. 그것은 학생운동이 추구하는 방향과 분명히 거리가 있었다.

연세대 노천극장에서의 집회가 끝난 뒤 서울대·고려대·연세대·이화여대·숙명여대·건국대·동국대·한양대 등 여러 대학에서는 보고회 등을 갖고 민주화 열기를 흐트러짐 없이 조직적으로 대처할 방안을 논의했다. 학생들은 투쟁의 열기를 6·26대회로 총집결할 것을 거듭 다짐하고 대중과의 연대도 강화하기로 했다. 학교에 따라서는 민주화실천주간 행사로 풍자놀이, 마당극 등을 가졌다.

성균관대·서강대 등의 제헌의회 계열 학생들은 서대협의 '직선제 쟁취' 구호에 격렬히 반발하며 '제헌의회 소집'을 요구하는 투쟁을 계속 전개할 것을 다짐했다. 서울대·연세대 등 일부 대학에는 서대협의 온건 노선을 비판하고 한층 더 강력한 투쟁을 촉구하는 대자보가 붙었다.

6월 23일에는 6·10항쟁에 연대하고 일·미·한 군사일체화에 반대하는 집회가 일본 오사카 오기마치공원에서 5,000여 명이 참가한 가운데 열렸고 시가행진도 있었다.

전두환·김영삼의 6·24영수회담

6월 22일 노태우가 민정당 의원총회 동향을 보고하면서 각계 인사와의 대화, 특히 김영삼 민주당 총재와의 영수회담을 건의하자 한편으로는 직선제를 수용할 수밖에 없는 것이 아닌가 하고 생각하면서도 난국을 어떻게 수습해야 할지 뚜렷한 방안이 없었던 전두환은 그날로 윤보선·최규하 두 전직 대통령을 만났다.

이들과의 대화는 의례적이고 형식적인 수준을 넘기 어려웠다. 예컨대 윤보선이 계엄령을 선포하거나 군을 동원하지 않고 시국을 수습했으면 좋겠다고 말하면 전두환은 "가능하면 비상조치를 취하지 않는 것이 바람직하겠지요"라고 답변하는 식이었다.

6월 24일에 전두환은 김영삼과 이민우 신민당 총재, 이만섭 국민당 총재와 각각 따로 영수회담을 가졌다. 사람들의 관심은 김영삼과의 회담에 집중되었다.

김영삼은 24일 이른 아침 동교동으로 김대중을 찾아가 영수회담에 대처할 자세에 대해서 논의했다.

전두환과 김영삼의 회담은 아주 길었다. 오전 10시 30분에 시작해서 오찬을 거쳐 오후 1시 반까지 진행되었다. 김영삼은 4·13조치 철회 및 선택적 국민투표 실시, 언론자유보장, 6·10대회 관련자 등 구속자의 석방과 사면·복권, 김대중 가택연금 해제 등을 주장했다.

전두환은 개헌 논의를 하겠다고만 말할 뿐 즉답을 회피하고 어려운 대목에 부딪치면 노태우와 만나 의견을 절충하라고 미루었다. 그때마다 김영삼은 "노태우는 만날 필요가 없다. 당신이 책임자인데 왜 자꾸 미루느냐"고 다그쳤다.

전두환과 김영삼의 위치는 확연히 달라져 있었다. 전두환은 피고나 다름없었다. 전두환이 오찬 약속이 있다면서 회담을 끝내려고 하자 김영삼이 핀잔을 주면서 주저앉혔다. 김영삼은 전두환이 자신의 민주화 요구를 수용한다면 회담 결과를 공동기자회견을 통해서 발표하자고 역설했으나, 전두환은 여전히 노태우만 들먹일 뿐 끝내 회피했다.

24일 오전 청와대에서 영수회담을 가진 전두환 대통령과 김영삼 민주당 총재(1987. 6. 24). 길게 이어진 회담에서 김영삼은 민주화 요구를 수용하도록 전두환을 몰아세웠고, 전두환은 노태우와 만나 의견을 절충하라며 즉답을 회피했다.

전두환과의 회담이 끝나자 김영삼은 신속히 움직였다. 그는 2시 54분에 내·외신 기자 80여 명과 가진 회견에서 전두환에게 4·13조치 철회를 요구했으나 응하지 않았다. 따라서 4·13조치를 철회하지 않았다. 노 대표에게 일임했다지만 모든 책임은 대통령에게 있다. 대통령은 개헌 논의를 즉각 재개할 것만 약속했고, 선택적 국민투표 제의에 대해서는 반응을 보이지 않았다고 전두환을 몰아세웠다.

기자회견 후 김영삼은 긴급 정무회의를 주재하고 영수회담이 결렬되었다고 밝히면서 대여 강경투쟁을 선언했다. 다시 김영삼은 자신의 개인 연구소인 민족문제연구소로 가 기자들과 일문일답하는 자리를 만들고, 평화대행진을 강행하겠으며 전두환을 당장 다시 만날 생각은 없다고 피력했다.[10]

김영삼의 영수회담 결렬 선언의 파장

전두환과 민정당은 당황하고 다급했다. 여권은 기자들에게 "4·13조치
는 사실상 철회된 것이다"라고 설명하고 결렬 선언은 어불성설이라고 주
장했다. 정치감각이 뛰어나다는 김영삼의 재빠른 공격으로, 영수회담을 통
해 민주당이 6·26대행진에 참여하는 것을 막고 6·26대행진의 전열을 흐
트러놓으려는 전두환의 계획이 실패로 돌아간 것이다.

논리적으로 보면 개헌 논의 재개에 동의했으면 4·13조치를 철회했다고
볼 수 있다. 그렇지만 이 문제에는 복잡한 정치적 계산이 도사리고 있었다.

김영삼에게 4월 13일 이전의 여야 개헌 논의 같은 개헌 논의 재개는 의
미가 없었다. 여야가 자기주장만 하고 시일을 끌면 시간에 쫓겨 결국 현행
헌법에 의해 대통령이 선출될 가능성이 높았다.

김영삼에게 4·13조치 철회-개헌 논의는 대통령직선제와 내각책임제
에 대해 선택적 국민투표를 실시할 경우에 실질적 의미를 가질 수 있었다.
그래서 국민투표 결과에 의해 개헌을 해서 1988년 2월에 정권을 이양하고,
88올림픽은 새 헌법에 따라 구성되는 새 정부가 주관해야 한다고 주장했
다. 문제는 야당이 1986년부터 제시한 선택적 국민투표를 한다면 틀림없
이 대통령직선제가 승리할 것이라는 점에 있었다.

김영삼이 결렬을 선언하자 다급해진 여권은 '개헌 논의' 주장에서 한
걸음 더 나아가지 않을 수 없었다. 전 정권은 지금까지 법률적 문제로 선택
적 국민투표가 불가능하다고 했으나, 여권의 입장을 수정해서 앞으로 악용
할 소지를 없도록 하고 법률적 논란이 일어나지 않는 범위에서 선택적 국
민투표 문제를 여야가 적극적으로 협의하는 것이 바람직하다는 '견해'를
내놓았다.

이춘구 민정당 사무총장은 24일 오후에 선택적 국민투표와 관련해 나

쁜 선례를 남겨서도 안 되고 위법행위가 자행되어서도 안 된다면서, 그러나 이 두 가지 사항에 저촉되지 않는 방법이 있는지 함께 '논의'해보자고 설명했다. 한 발짝 물러섰다지만 어느 것이나 아리송한 논리와 주장이었다.

그러나 변화가 전혀 없는 것은 아니었다. 24일 자정 5분 전에 마포경찰서 서장이 김대중 자택을 찾아와 자정을 기해 연금이 해제된다고 직접 통고했다. 78일 만이었다. 김대중은 다음 날 성명을 발표해 이듬해 2월까지 국회는 거국내각에 의해 운영되어야 하며 정부는 선택적 국민투표를 즉각 실시하라고 요구했다. 6·26대행진과 관련해서는 폭력행위나 과격한 주장을 지양하라고 당부하는 말도 잊지 않았다.

6·26대행진에 걸린 전두환·신군부체제의 운명

김영삼이 전두환은 4·13조치를 철회하지 않았으며 영수회담은 결렬된 것이라고 말한 데에는 이유가 있었다. 김영삼은 전두환과의 영수회담이 확실해진 시점에 기자들과 만났던바, 한 기자가 김영삼에게 "개헌 논의 재개 정도를 내놓을 때에는 어떻게 할 것인가?"를 물었고, 김영삼은 "그런 말장난은 절대 받아들일 수 없다. 현 정권이 그렇게 나간다면 엄청난 국민적 저항에 부딪힐 것이다"라고 말했던 것이다.

그러나 김영삼에게는 그보다 훨씬 더 중요한 문제가 있었다. 국본 상임집행위원회에서 6월 18일 평화대행진을 기획했을 때 야당 측은 신중론을 폈고, 19일 여야 영수회담을 제의한 이후에는 한층 더 강하게 평화대행진에 대해 견제하는 입장이었다. 22일에는 김영삼 자신이 직접 국본 상임공동대표들을 만나, 또 마리스타수도원회의에서 야당 측 공동대표로 하여금 영수회담을 거론하면서 23일 아침으로 예정된 평화대행진 발표를 연기할 것을 요청한 바 있었다. 따라서 김영삼은 24일의 영수회담에서 눈에 띄는 성과를 받아내지 않으면 안 되게 되어 있었다. 그런데 겨우 개헌 논의 재개 정도였기 때문에 국본 측이나 학생들로부터 강력한 비판의 대상이 될 수 있었다. 또 시거 미 국무차관보가 한국에 오기 전부터 군이 나와서는 안 된다고 역설했는데, 김영삼은 군이 나오지 않을 것 같다는 판단도 들어 직설적으로 회담 결렬을 선언해 전두환·민정당에 강펀치를 먹이고, 기자들에게 평화대행진 '강행'이 당연하다고 발언했던 것이다.

김영삼이 직설적으로 발언한 것은 상당히 큰 의미가 있었다. 만약 김영삼이 자신의 행위를 합리화하기 위해 영수회담이 반쯤은 성공하지 않았느냐며 전두환의 태도를 지켜보자고 얘기했더라면, 6·26평화대행진은 약간의 파열음을 낼 수 있었다.

김영삼과 김대중은 4·19시위 때 속해 있는 파벌은 달랐지만 민주당의 중견 간부였는데, 4·19혁명 그날의 민주당 간부들과는 다르게 월등히 용기가 있었다. 두 야당 지도자는 민주대연합의 중요성을 인식하고 있었다. 그럼에도 6·26평화대행진이 얼마나 중요한지에 대해서는 충분히 인식하고 있지 않았다.

김대중·김영삼은 직선제 쟁취를 가져올 방법에 대해서 아무런 실질적 방안이 서 있지 않았다. 그러면서도 학생들의 '폭력투쟁'으로 비상조치가 선포되어 그나마 그때까지 유지하고 있었던 입지조차 지난 1980년과 마찬가지로 또다시 상실할까봐 조마조마한 마음으로 크게 우려했다. 전두환과 민정당, 그리고 모모 신문은 6·26대회가 얼마나 규모가 크고 격렬한가에 따라 자신들의 정치운명이 판가름 날 것이라는 점을 뚜렷이 알고 있었고, 역시 조마조마한 심정이었다.

6·10대회와 그 이후 시위는 경찰력의 한계를 명백히 드러냈다. 명동성당 농성시위대가 더 그랬지만 학생시위대는 전두환이 말한 그대로 사생결

단하고 싸우는 사람들이어서 전두환과 노태우, 여당의 간담을 서늘하게 했고, 시민들의 대규모 시위 합류 또한 전혀 예상치 못한 일로 엄청나게 두려운 사태였다.

특히 6월 15일부터 18일까지 있었던 부산·대전·진주에서의 시위는 공권력에 대한 정면도전이었다. 군부독재정권으로서 국민에게 유일하게 내세울 수 있는 치안 확보에 거대한 구멍이 뚫려 있다는 것을 누가 봐도 알수 있었다. 부산·대전·진주에서 일어난 시위로 전두환 정권의 입지는 벼랑 끝으로 몰려 있었고, 선택의 폭이 비상조치 아니면 직선제 수용이라는 양자택일과 같은 수위로 극도로 좁혀져가고 있었다.

그런데 6월 20일 토요일부터 대규모의 격렬한 시위가 호남지방으로 옮겨졌고, 광주·전주·순천·익산 시위는 흡사 부산·대전·진주 시위를 방불케 했다.

이 때문에 6·26대회는 한판 판갈이 싸움으로, 사자성어로 말하면 건곤일척乾坤一擲의 전쟁이었고 진검승부처였다. 6·26대회가 어떻게 전개되느냐에 따라 민권이 위대한 승리를 거둘 것인가, 군부독재가 용기를 얻어 시간을 끌면서 다른 간특한 방책을 내놓을 것인가가 판가름 나게 되어 있었다.

호남지방에서 시위가 많았던 6월 24일

6월 24일 8시경에 서울대·고려대 학생과 노동자 700여 명이 영등포역과 영등포시장 일대에서 2시간 동안 시위했다. 은평지구의 34개 교회 목회자와 신도 500여 명은 '나라를 위한 특별기도회'를 가진 뒤 가두 촛불행진을 벌였다.

1시경부터 조선대와 전남대의 의대생 등이 시위를 벌였다. 6시 30분경
에는 중앙극장 앞 시위 인원이 수천 명으로 불었고, 그 뒤로도 계속 늘어나
한일은행사거리에서는 1만여 명이 넘었다. 이때부터 고교생들이 집단으로
참여했다. 10시 20분경에는 중앙성결교회 목사·신도와 학생 200여 명이
피켓과 플래카드를 들고 횃불시위에 나섰으나 경찰의 저지로 교회로 돌아
와 옥외방송을 계속했다. 11시 30분경에는 고교생이 주도하는 시위가 태
평극장 앞에서 전개되었다.

8시경 여수 중앙동로터리에 학생·시민·민주당 당원·재야단체 청년들
이 집결해 민정당 당사와 서교동로터리 등지를 오가며 시위를 계속했다.
전날에 이어 남산동·충무동·중앙동·광무동 파출소가 민정당 당사와 함께
크게 파손되었다. 자정 넘어 시위대가 버스터미널로 진출하면서 터미널파
출소도 파괴되었다.

6월 22일 전북대 복학생 예비군 200여 명이 예비군 훈련을 마치고 시
위에 참여해 놀라게 했는데, 이번에는 오전 10시경에 예비군 100여 명이
전주백화점 앞에서 "군부독재 물러가라"라는 구호를 외치며 연좌시위를
벌였다. 그러자 헬멧을 쓴 경찰 200여 명이 순식간에 달려와 심하게 폭행
하고 47명을 연행했다. 이때 76세의 장말작 할머니가 "최루탄 쏘지 마라",
"연행하지 마라"고 말했다가 경찰이 내리친 헬멧에 맞아 고꾸라졌고, 집단
구타까지 당해 입원했다.

6시경 전북대·전주대·우석대 학생 2,000여 명과 시민들이 코아백화점
앞에서 연좌해 민주개헌과 민주정부 수립을 위한 실천대회를 가졌다. 농민
계 대표는 수입정권 퇴진, 민주개헌 즉각 실시, 미일 외세 독재정권 지원
중단 등을 주장했다. 10시경 대회를 마친 학생들은 마당극을 공연하고 해
방춤을 추었다. 1만여 명의 시위 군중은 경찰을 시청 쪽으로 밀어붙이며
시위를 벌였고, 교동·경원동·서학동 파출소에 돌을 던졌다.

9시경 남원에서는 남원시·군 개신교 목사 15명과 신자 2,000여 명이 '6·25상기 구국기도회'를 열고 그중 30여 명이 10시 50분경 교회 밖 500미터까지 촛불시위를 했다.

8시경 원주에서는 천주교 원주교구 사제단과 신도·학생 1,000여 명이 기도회를 개최한 뒤 9시 40분경 원일로에서 평원로 일대에 이르는 도로에서 촛불시위를 가졌다. 개신교 목사·신도 등 700여 명도 기도회를 가진 뒤 11시 10분경부터 횃불을 들고 행진을 했다.

평화시위가 많았던 6월 25일

6월 25일 광주에서는 6시경부터 중앙대교 앞, 광천동, 월산파출소 부근에서 산발적인 시위가 있었고, 7시 25분경에는 시위대 3,000여 명이 중앙교회 앞 금남로를 장악하고 시위를 벌였다.

9시 25분경 조흥은행 앞에서 1,000여 명이 토론회를 가졌을 때 고교생들이 적극적으로 투쟁 의사를 밝혔고, 9시 40분경 서현교회 앞 시위에는 고교생이 절반이 넘었다. 광주 국본은 6·26평화대행진 안내전단 20만 장을 배포하기로 했다.

여수에서는 8시경 개신교 청년 100여 명이 성광교회를 출발해 전남병원까지 평화적 시위를 벌였다.

전북대·원광대·군산대 등 전북 도내 7개 대학생 6,000여 명이 전북대 민주광장에 모여 전북지역 학생협의회 결성식을 치르고 가두로 나섰다. 7시 30분경에 코아백화점 앞으로 진출했다가 다시 오거리로 돌아온 시민·학생 6,000명은 마당굿을 본 뒤 모의 대통령 선거에 들어갔다.

전날 새벽에 익산 창인동성당에서 학생들이 6일간 계속했던 철야농성을 해제한 뒤 전경 10여 명이 이 성당의 이수현 신부를 불문곡직하고 집단 폭행한 것에 대한 항의로 7시 전주교구 박정일 주교를 비롯한 성직자와 신도 1,300여 명이 창인동성당에서 '성직자 집단폭행 및 최루탄 발사 규탄대회'를 가졌다.

9시경에는 원광대생 100여 명이 횃불을 들고 호위하는 가운데 시민·학생 2,500여 명이 행진했다. 10시 40분경 시위대가 경찰서, 민정당 당사 앞으로 이동해 연좌시위를 벌이자 그때까지 최루탄을 발사하지 않던 경찰이 마구 최루탄을 쏘아댔다. 이때부터 시민·학생들은 200~300명씩 대열을 형성해 시청과 이리세무서를 일부 불태우고 유리창을 깼으며, 역전·마동·평화동·남중동 파출소를 전소시키거나 일부 불태우고 부수었다. 민정당 당사·노동부 이리지방사무소·전신전화국도 파손되었고, 고창경찰서 소속 경찰버스 1대와 승용차 1대도 불탔다.

부산대·동아대 등 10개 대학과 전문대 학생 5,000여 명이 3시 30분경 부산대 운동장에 모여 시국토론회를 갖고 대행진 참여를 결의하고는 7시경에 해산했다. 그 이전인 오전 11시경부터 학생들은 광주항쟁 비디오를 보고 오후에는 농악대를 앞세우고 길놀이 판을 벌였다.

안동 서부교회에서 NCC 안동지부 결성식이 끝난 뒤인 10시 30분경에 목회자와 신자 500여 명이 다음 날 상오 3시경까지 촛불시위를 벌였다.

제천은 대학이 없는 지역인데, 대학생 50여 명이 9시경 중앙로 중앙성결교회 앞에서 시위하며 경찰과 대치하다가 다음 날 상오 1시 30분경에 해산했다. 경찰은 이들을 조기방학으로 귀향한 학생들로 추정했다.

23일 밤부터 원주 원동성당에서 농성을 벌이던 연세대·상지대 학생 100여 명이 6월 25일 거리에서 행인들에게 26일 시위 참여를 권유하는 유인물을 나누어주었다. 경찰은 24~25일에 연행한 학생 105명을 전원 석방했다.

인천기독노동자연맹과 인천기독청년협의회가 공동으로 개최한 기도회를 마친 뒤 8시 30분경 250여 명이 동인교회 앞길에서 십자가를 들고 촛불시위를 벌였다.

한편 3시에 연세대생 500여 명은 '기만적 영수회담 규탄 및 범국민궐기촉구대회'를 개최하고 6·26대행진의 구호를 "호헌철폐", "독재타도"에서 "직선제 쟁취하여 민주정부 수립하자" 등으로 바꿀 것을 결의했다. 고려대 대학원생 100여 명은 3시 40분경 대학원학생협의회 발족식을 갖고 6시 30분부터 다음 날 아침 7시까지 시한부 철야농성을 벌였다.

의과대 학생만의 이색적인 연합시위도 있었다. 서울대·연세대·고려대·이화여대·한양대·경희대·중앙대·가톨릭대 등 8개 의과대 학생 2,500여 명은 5시에 연세대에서 '최루탄추방 및 민주화 염원대회'를 갖고 교내 행진을 벌였으며 6·26대행진에 적극 참여할 것을 결의했다.

연세대생을 비롯한 200여 명의 학생들은 6시 25분경 6·26평화대행진 안내전단을 시민들에게 나눠주고, 30여 명이 기습적으로 가두시위를 했다. 서울대·경기대 학생 150여 명이 8시경에 구로구 코카콜라공장 앞에 집결해 4차선 도로를 점거하고 격렬한 시위를 벌였다. 시위 도중 불발 최루탄이 터져 7명이 부상을 입었다.

그런가 하면 일본 오사카 조총련 주최로 6·10항쟁을 지지하는 재일본조선인대회가 오사카성에서 1,000여 명이 참석한 가운데 열렸다. 조총련이 공개적으로 한국의 민주화운동을 지지하는 대회를 연 것은 광주항쟁 이후 처음 있는 일이었다.

제5장

무릎 꿇은 전두환·신군부체제
—6·26대행진에서 6·29선언으로

1

6·26국민평화대행진

전두환의 특별지시

국본은 6월 24일 6·26국민평화대행진에 참여할 지역이 13개 도시에서 마산, 익산, 군산·옥구, 안동, 김천·금릉, 진주 등 여러 지역이 가담해 22개 도시로 늘어났다고 발표했다. 국본은 대행진 선전물로 전단 60만 장, 「국민에게 드리는 말씀」 5만 장, 기관지 『국민운동』 창간호 10만 부를 마련했다. 국본과 서대협은 6·26시위가 대회 명칭 그대로 국민평화대행진이 되도록 '평화적' 시위를 할 것을 각별히 강조했다.

민주당은 과격 시위 자제를 역설하면서 6월 25일 오전 10시부터 중앙당과 각 지구당에 '국민평화대행진 26일 오후 6시'라고 쓴 현수막을 내걸었고, 26일 오전부터는 옥외방송을 하기로 했다. 25일 오후에 열린 의원총회에서는 의원들을 19개 조로 나누어 서울·인천·수원·의정부·부천 등지에 파견하고 40여만 장의 대행진 홍보전단을 배포하도록 조치했다.

민주당 최루탄 조사대책 특위 소속 의원 10여 명은 최루탄 제조회사인

S화학을 방문해서 최루탄 제조 중지를 촉구했다. 당시 재야단체나 여성단체뿐만이 아니라 꽤 많은 시민들이 최루탄 문제로 제조회사와 환경청을 비난했다. 시민들로부터 '괴롭힘'을 당하는 회사는 S사만이 아니었다. S화학과 상호가 비슷한 플라스틱 제조 가공업체인 모 화학에도 "최루탄 제조를 계속하면 그냥 두지 않겠다"와 같은 협박전화가 잇따라 걸려와 직원들이 노이로제에 걸릴 지경이었다. 환경청에도 "최루탄도 공해다. 최루탄으로 인한 오염은 왜 규제하지 않느냐"는 항의전화가 적지 않게 걸려왔다.

경찰은 6·26대행진 집회와 시위가 예상되는 24개 도시에 355개 중대 5만 6,000명을 배치했다. 서울의 경우 150개 중대 2만여 명이 포진했다. 시내 중심가 지하철역과 버스정류장은 시위 상황에 따라 일시 폐쇄하기로 했다. 전국에서 일제히 검문·검색을 하고, 밤사이 교직원 등을 동원해서 전국 각지의 대학을 수색해 시위용품 등을 찾아냈다. 경찰은 6월 26일 대학생들이 교문을 나서지 못하게 철저히 봉쇄하겠다고 밝혔다. 6월 25일 오후 경찰은 시위대의 유인물 살포에 대비해 서울 사대문 안의 고층빌딩 옥상을 모두 폐쇄했고, 민정당 당사와 미 대사관저 경비를 강화했다.

전두환은 6월 25~26일 종교계 인사들과 시국수습 관련 연쇄대화를 가졌다. 25일에는 천주교의 김수환 추기경, 개신교의 한경직·강원용 목사를 만났고, 26일에는 불교계의 서의현 조계종 총무원장과 최월산, 오녹원을 만났다. 불교계는 좀 달랐지만, 이들 중에는 쓴소리와 직언을 아끼지 않은 사람들이 있었다.

이들은 대체로 파국적인 위기 상황에 대처하는 데 물리력에 의한 수습 방향은 지양해야 한다는 점을 분명히 밝혔고, 전두환의 현행 헌법 고수나 기존 정치일정에 대해서도 전면적인 재검토를 요구했다. 김수환 추기경은 대통령직선제 개헌을 받아들일 것을 직설적으로 권고했다.

전두환에게 이러한 만남은 그다지 중요하지 않았다. 전두환의 신경은 온통 6·26대회에 쏠려 있었다. 아무래도 직선제를 받아들이지 않을 수 없겠다는 쪽으로 기울고는 있었지만, 6·26대회를 보고 최종 결정을 내리려고 마음먹고 있었다.

이 때문에 전두환은 시위를 아예 초기 단계에서 철저히 분쇄해 6·10대회를 무력화하고자 했다. 그는 권복경 치안본부장에게 6·26대회를 초동 단계에서 꺾으라고 강력히 지시했다.[1] 이날 여러 일간지가 보도한 바와 같이 시위대는 평화적 시위를 유난히 지키려고 했는데도, 그와 대조적으로 경찰의 극심한 폭력적 진압이 난무하게 된 것은 전두환의 이러한 지시 때문이었다.

미 국무차관 더윈스키는 6월 24일 한국을 떠나면서 군의 개입은 없을 것이라고 말했다. 또한 미 국무차관보 시거는 25일 한국을 떠나면서 계엄령은 물론 어떠한 종류의 군대 개입도 미국은 반대한다는 점을 전두환에게 분명히 전달했다고 밝혔다.

24일 미 하원 외무위원회 동아시아 태평양 소위원회는 한국에서 진정한 민주화가 이루어질 때까지 한국 상품에 대한 무관세 혜택 철회 등 경제 보복 조치를 취하기로 한 '87년 한국 민주화 법안'을 통과시켰다. 25일 미 하원 외무위원회는 '한국의 민주주의 및 안보 증진을 위한 결의안'을 만장일치로 통과시키고 한국 정부가 문민화 조치를 단행할 것을 촉구했다.

전두환 정권의 만반의 준비

전두환 대통령의 강력한 지시를 받은 권복경 치안본부장은 초동 단계에서 시위를 꺾기 위해 만반의 준비를 갖추고 있었다. 경찰은 6·10대회 이후 그동안 시위 진압에 관한 노하우가 쌓여 있었다.

6·26평화대행진의 최종 집결지인 파고다공원은 문이 닫힌 채 아침부터 전경 1개 중대가 배치되어 정문 옆 기둥에 "약제 살포 중, 공원 이용에 불편을 드려 죄송합니다"라고 쓴 '안내문' 옆에서 공원출입을 통제했고 공원은 폐쇄되었다. 정문 앞에는 전경 호송버스 2대로 바리케이드를 쳐놓고 150명의 정복전경이 주위에 늘어서서 검문·검색을 하는 등 행인들에게 위압감을 주었다.

경찰은 아침 7시부터 파고다공원 일대에 10개 중대를, 안국동·종로·광화문 주변에 50개 중대 7,500여 명을 배치했고, 110개 중대는 대학가에 배치했다가 3시경 1차 집결지로 재배치했다. 농성투쟁이 있었던 명동성당 주변에는 25일 밤부터 전경 2개 중대가 배치되어 사복 차림으로 경비를 섰다. 또다시 그러한 사태가 발생하지 않을 것이라고 생각했지만 만일의 사태에 대비하기 위해서였다.

또 서울시와 협조해서 파고다공원 부근 지하철 1호선의 종각역·종로3가역·시청역·서울역·2호선의 을지로1~3가역, 3호선의 종로3가역·안국역·경복궁역, 4호선의 명동역·회현역·서울역 등을 일시 폐쇄했다. 이 지역의 20여 개의 버스정류장도 폐쇄됐다.

서울 시내 대부분의 시내버스와 택시회사들은 25일 밤 정비사를 동원해서 차량 경적을 제거해 경적시위에 참여하지 못하게 했다. 그리고 택시 교대시간을 평소보다 2시간 늦춰 '5시 회사 복귀', '7시 운행'으로 시위 시작 시간인 6시 전후의 운행을 억제했다. 또 회사별로 시위 현장에 접근하지 못하게 자체 교육을 실시했다.

서울 시내 대부분의 중·고교는 수업시간을 시간당 5~10분씩 줄여 5시에 끝날 것을 3시 30분으로 당겨서 끝내고 학생들을 귀가시켰다. 파고다외국어학원·시사영어학원 등 종로2, 3가에 밀집한 각종 학원도 6시 이후에는 휴강하거나 수업을 일찍 끝내 수강생을 돌려보냈다.

집결지 주변 회사들은 근무시간을 앞당겨 사원들을 4시에 귀가토록 했다. 구로공단 270여 개 업체들은 노학연대투쟁으로 유서 깊은 공단 입구 가리봉오거리에 집결해 시위를 벌이기로 함에 따라 대부분 조업을 밤 10시까지 연장했고, 노동자들이 시위 현장에 접근하지 못하도록 통제했다. 공단관리사무소 직원들은 시위가 예상되는 지역에 집중 배치되었다.

전두환 정권의 대비책으로 빼놓을 수 없는 것이 바로 '보도지침'이다. 실제로는 마지막 보도지침이 돼버린 셈이고, 또 대행진보다 하루 늦은 6월 27일자 보도에 해당된 것이지만(MBC·KBS 제외), 대부분의 신문에 대해 보도지침이 여전히 위력을 가지고 있다는 것을 기사를 통해서 실감하게 했다.

시위에 대한 총평과 연관 있는 도입부 문투가 여러 신문이 비슷했고, 그래서인지 1면 기사와 시위 상황에 대한 사실 보도가 실린 사회면 기사가 큰 차이가 나는 신문이 여럿 있었다. 신문에 따라 차이가 있으나 시위를 애써 축소시켜 보도한 경우가 많았다. 지방 시위 보도의 경우 지방 주재 기자가 없기 때문이기도 하지만, 일부 신문 보도를 제외하면 연합통신에 의존해서 그런지 시위 인원이나 내용이 엇비슷했다. 무엇보다도 6·26평화대행진은 대단히 큰 '사건'인데도 시위에 관한 보도 지면이 무척 인색했다. 6·10국민대회와 그 이후의 보도를 볼 때 6·26평화대행진 보도가 보도지침이 더 강하게 작동하고 있었다는 것을 느끼게 했다. 그만큼 전두환 정권이 6·26시위에 대해 얼마나 큰 관심을 가지고 있었는지를 말해주는 대목이기도 하다.

시정인들도 대책을 마련했다. 종로2, 3가 일대의 영화관은 시위와 최루탄에 대비해서 대형 유리창을 스티로폼으로 덮었다. 종각 지하상가는 3분의 1가량이 아침에 철시한 상태였다. 신세계백화점, 롯데쇼핑 등 1차 집결지에 있는 상가는 최루탄 발사와 투석 등의 상황이 벌어질 때마다 재빨리 셔터를 내렸다가 잠잠해질 때쯤 다시 문을 열었다.

아침 7시 김대중이 다시 연금되었으나 외부인 출입은 허용되었다.

오전 당직자회의를 가진 민정당의 표정은 어두웠다. 민정당 간부 최병렬은 "오늘 대행진에 많이 모일 것 같다. '6·10' 이후 전경의 벽이 무너졌다고 보는 상황이다. 시민들이 두려움이 없기 때문에 쏟아져 나오고 군중심리가 발동될 우려가 있어 매우 걱정스럽다"고 말했다.

6월 26일 천주교 서울교구 정의구현사제단은 '온 국민의 민주화 행진에 동참하며'라는 제하의 성명서를 발표했다. 이 성명서는 다음과 같은 구절로 끝난다.

우리는 현 정권이 이성을 잃고 정권 유지를 위해 만일 비상사태(계엄령·위수령)를 선언하고 군을 동원하여 사태를 진압할 경우 십자가의 수난을 각오하고 예루살렘에 입성하시던 그리스도의 길을 따르는 사제적 양심과 결단으로 장엄한 '국민 불복종운동'을 전개해나갈 것임을 다짐하는 바입니다.

초반부터 경찰 제압

광주는 서울·부산과 함께 6·26평화대행진 최대의 격전지였다. 오후가 되자 전남 각지에서 농민 200여 명이 광주공원 광장에서 미리 집회를 갖고 '왜 농민들이 오늘 여기까지 올라왔는가' 등의 주제로 연설을 하며 격문을 나누어주었다.

광주는 시위를 시작할 때부터 심상치 않았다. 6·26광주시위는 5시 정각에 전남대생을 필두로 한 1,000여 명이 공용버스터미널과 인근 골목에 숨어 있다가 "모입시다"라는 외침을 신호로 일제히 터미널 앞 광장으로 몰려나와 경찰 수송용 버스 1대와 지휘관용 지프차 1대를 화염병을 던져 불태우면서 시작되었다. 전경 1개 소대가 최루탄을 쏘며 해산시키려 했으나 쇠파이프와 각목을 든 학생 50여 명에 의해 5분 만에 제압당했다. 학생들은 방패 5개, 방석모 5개, 진압복 3벌을 쌓아놓고 화염병으로 불을 질러 태웠다.

경찰이 도청 앞 광장과 금남로3가, 한국은행 앞 등 3곳에 바리케이드를 쳐 차량통행을 완전히 통제한 가운데 5시 30분경 5·18부상자회 회원들과 고흥·보성 지역의 민주당 당원들이 광주공원으로 집결했다. 같은 시각 금남로4가 중앙교회 앞에서 유동삼거리에 이르는 폭 30미터, 길이 1킬로미터의 도로에 시민들이 가득 들어찼다.

거의 같은 시각에 서현교회와 중앙대교 광주천변에도 수만 명의 인파가 넘쳐흘렀다. 이들은 경찰과 치열한 공방전을 벌이며 도청 쪽으로 진출하고자 했다. 이날도 고교생들이 서현교회 주위의 시위대 선두에 서서 전경과 치열한 접전을 벌였다.

고교생들은 '고등학생'이라고 쓰인 깃발 아래 일체가 되어 싸웠다. 그들은 주로 서현교회에서 모였는데, 시·도 교육위원회의 하교시간 당기기, 학교 측의 시위 참여 방해에도 불구하고 3시에 수업을 마치자마자 교문을 박차고 나왔다. '광주지역 고등학생 민민투'의 이름으로 참여한 고교는 동신여고·중앙여고·광주상고·광주고·대동고·숭신공고·석산고·진흥고 등 19개 학교였다. 이날도 중앙여고와 동신여고 학생 200여 명이 연좌시위를 주도하는 등 여고생들이 앞장을 섰다.

전남, "광주항쟁 이후 최대 시위 인파"

6·26평화대행진 시작 시간인 6시경 한일은행사거리에는 2만여 명이 운집해 화염병을 던지며 시위를 벌였다. 6시 20분경 금남로 일대를 점거한 5,000여 명의 시위대는 경찰의 최루탄에 의해 10분 만에 해산했으나 순식간에 1만여 명으로 불어나 계림동·충장로·중앙로 일대에 흩어졌던 시위대와 합류해 시위를 계속했다.

6시 10분경 국본 전남 본부 측과 5·18유족회 회원들은 원각사 앞에서 시위를 벌였으나 경찰의 무차별적 최루탄 난사로 흩어졌다. 한일은행 앞 시위 인파는 계속 불어나 7시 20분경 10만 명을 헤아렸고(『대투쟁』), 공용버스터미널에도 7,000여 명이 구호를 외쳤다. "호헌철폐", "독재타도" 대신에 "독재타도", "직선제 쟁취"가 주된 구호로 등장했다.

8시경 3만여 명으로 늘어난 시위대는 금남로4, 5가 사이의 차도와 인도를 가득 메운 채 '민주헌법 쟁취하여 민주정부 수립하자'고 쓴 대형 플래카드를 앞세우고 "최루탄 추방" 등의 구호를 외쳤다. 건물 옥상으로 올라간 1,000여 명의 시민들이 시위대의 함성에 맞춰 박수를 보냈다. 일부 시위대는 '독재타도'라고 쓴 머리띠를 두르고 있었다.

8시 30분경부터 광주공원에서 홍남순 변호사 등 재야인사들이 참여한 가운데 행진을 벌였지만 경찰의 저지로 중앙교회 앞에 연좌해 〈선구자〉 등을 부르며 농성에 들어갔다. 비슷한 시간 원각사 앞에 1만여 명이 집결해 '동장에서 대통령까지 우리 손으로'라고 쓴 플래카드를 들고 태극기를 흔들며 경찰을 향해 돌진했으나 저지선을 뚫지는 못했다.

어둠이 깔리면서 한미쇼핑, 금남로4가 일대, 한일은행 앞, 공용버스터미널 주변, 전남대 의대 앞, 서현교회 주변에서 수천 명 또는 1만 명 이상이 무리를 이루어 경찰과 밀고 밀리는 공방전을 계속했다.

6·26평화대행진 당시 광주 금남로에 몰려든 학생과 시민들(1987. 6. 26).

　　금남로4가에서는 대학생들이 가톨릭센터 6층과 중앙교회 옥상에 설치된 대형 스피커 선창에 따라 구호를 외쳤고 서현교회 주위에서는 고교생과 노동자들이 시위를 벌였다. 시위대는 10시경 조흥은행 안양지점 앞 교통초소를 불태우고 10시 45분경 민정회관에 돌을 던져 유리창을 모두 깼다.

　　11시경 금남로4가에서는 청년 2명이 탈취한 숭일중·고 스쿨버스를 끌고 시민들에게 시위 동참을 호소하다가 전경 쪽으로 돌진해 전경버스와 충돌했다. 그러나 전경들이 재빨리 대피해 인명 피해는 없었다. 비슷한 시간에 포장마차 리어카 2대도 불탔다.

　　금남로 일대와 중앙대교 일대에서 화염병을 던지며 시위를 하던 시민·학생 4만여 명은 자정이 넘어서도 계속 시위를 벌이며 대중토론회를 가졌다(『한국』). 27일 상오 3시 15분경 서현교회 일대에 사복경찰이 투입되어

30여 명이 연행되었다. 시위는 상오 4시경까지 계속되었다. 이날 시위는 광주항쟁 이후 가장 많은 시민들이 거리로 나왔다(시위 인파 『말』 30여만 명, 『대투쟁』 20~30만 명, 『동아』·『한국』·『조선』 5만여 명, 『경향』 금남로 일대 5만여 명, 『서울』 2만여 명).

목포에서는 6시 2호 광장에서 재야인사들이, 중앙교회에서 개신교 목회자들이, 남교동 시민회관에서 청년·학생들이 동시에 시위에 들어갔다. 6시 30분경부터 시위는 더욱 조직적으로 되어 2만여 명이 2호 광장으로 진출했다(『말』). 역전 광장이 시위대에 의해 점거되자 경찰이 최루탄을 쏘기 시작했다. 10여 군데로 흩어진 시위대는 격렬한 투석전으로 맞섰다.

8시 30분경 시민회관 앞에 재집결한 6,000여 명은 역전 광장으로의 진출이 저지당하자 투석전을 벌였고 화염병을 사용했다. 그러자 쫓겨 다니던 시민들이 박수로 호응했고 시민 무장을 주장했다.

10시 18분경 200여 명의 시위대가 연동 건널목에서 서울발 목포행 통일호 열차의 운행을 4분간 중단시키는 사태가 벌어졌다. 시위대는 민정당 당사, 시교육청, 남교동파출소에 화염병을 투척했고 돌을 던져 유리창을 파괴했다. 시내 곳곳에서 다음 날 상오 3시경까지 시위가 계속되었다.

순천에서는 6시에 학생·시민 등 1,000여 명이 대한교보 앞길에서 연좌농성을 벌였다. 3,000여 명의 시위대가 경찰 저지선을 뚫고 구호를 외치며 시가지를 1.5킬로미터가량 행진했다(『말』 5만여 명). 경찰은 길을 틔워주었고 최루탄을 쏘지 않았다. 인파가 불어나 7,000여 명의 시위대가 시가지 곳곳을 누비며 기세를 올렸다. 시위대는 9시경 시청 유리창을 부수었다. KBS 방송국이 한때 점거되었고 중앙동·북문·남문 파출소 등이 파괴되었으며 경찰 오토바이 2대가 불탔다.

6시 여수의 재야 청년운동권, 여수 수산전문대생 등 학생과 민주당 당원, 시민 등이 오거리를 출발해 시민회관 광장에 도착한 후 결의문을 채택한 뒤 일단 해산했다. 8시경 청년·학생들의 횃불시위를 시발로 다시 모인 시민들은 10시경 수만 명을 헤아리기에 이르렀다(『말』 5만여 명, 『경향』·『조선』 1만여 명). 시위대는 중앙동로터리 일대와 진남관에 이르는 4차선 도로 300여 미터를 점거해 격렬한 싸움을 벌였다. 시위는 다음 날 상오 4시까지 계속되었다. 운동권이 아닌 시민들이 전단을 만들어 뿌린 것도 주목을 받았다.

6시 20분경 민주당 당원과 천주교 신자 100여 명이 광양 신시장 입구에서부터 시위를 벌였다. 시위는 일반 시민들의 호응을 받으며 9시경까지 계속되었다. 시위에 가담한 한 식당 주인은 9시 30분경 집에서 경찰서로 연행되어 수사과장 등 4명에게 곤봉 등으로 구타당해 의식을 잃고 광양동산병원으로 옮겨졌다.

무안에서는 기독교농민회원·가톨릭농민회원 200여 명이 군청과 읍내 버스터미널 앞에서 1시간 동안 시위하다가 목포로 가서 3호 광장 시위에 합류했다.

완도에서는 전민협 회원 등 250여 명이 연행된 민주당 당원 2명의 석방을 요구하며 시위를 벌였다. 한때 시위대가 수천 명으로 증가했는데, 경찰의 요구 수락으로 9시 10분경 해산했다.

제주에서는 제주대생 1,000여 명이 중앙로와 남문로터리를 점거했다. 7시경 시위대는 수천 명으로 증가해 중앙로터리에서 광양로터리까지 평화대행진을 가졌고 시국토론회를 열었다.

한국의 최남단 도시 서귀포에까지 민주화운동 바람이 불어 6시 20분경부터 천주교 복자교회 앞에서 10여 명이 시위를 시작한 뒤 300여 명의 시민·학생이 참가해 10시경까지 계속되었다.

완벽하게 갖춘 한판 시위

규모가 큰 시위가 여러 번 있었던 전주의 경우 전투경찰 11개 중대 등 2,700여 명의 경찰이 관철동사거리를 비롯해 시내 요소요소에 배치되었다. 시민·학생들의 6·26평화대행진 준비도 대단했다. 전주 부근 농민 500여 명도 시외버스를 타고 와서 가세했다.

5시 50분경 100여 명의 학생들이 팔달로 조흥은행 앞에서 연좌시위를 시작했다. 6시 20분경에는 1,000여 명의 학생·시민이 '민주헌법 쟁취 전북 평화대행진' 플래카드를 선두로 태극기와 '밥은 생명이다 농민 살 길 보장하라', '민주헌법 쟁취하여 민주노조 실현하자', '미국은 군사독재 지원 중지하라'고 쓰인 플래카드를 앞세우고서 '민족 자주 쟁취' 등의 피켓을 들고 역시 조흥은행 앞에서 연좌시위를 벌였다.

연도에 중·고등학생과 시민들이 모여들었다. 시위대는 6시 40분경 경찰의 1차 저지선을 돌파하고 관통로사거리를 장악했다. 시위 군중은 1만여 명으로 늘어났으며 수많은 태극기, 플래카드, 피켓, 소형 종이 태극기들이 펄럭이고 어우러진 속에서 앰프까지 설치되어 연좌시위의 효과가 더욱 높아졌다.

7시 15분경부터 도민대회 발대식이 시작되었다. 이 자리에서 문정현 신부는 군부독재타도, 전 대통령 하야 촉구의 메시지를 낭독했다. 대회 중 익명의 한 시민이 '자유와 민주를 사랑한다'고 쓰인 리본 1,000매를 가져와 시민들에게 달아주었다.

8시경 시민·청년학도와 중·고교생 2만 5,000여 명이 4개 대열로 나뉘어 "독재타도", "직선개헌", "민주쟁취" 등의 구호를 외치며 팔달로 일대를 행진했다. 서중로터리에 이르는 1.5킬로미터를 행진할 때 시위 참여자는 10만여 명을 헤아렸다(『말』·『대투쟁』·『한국』 1만 2,000명, 『경향』 1만여 명).

전주 시내 학생과 시민 수만 명이 서중로터리에 모여 '범도민 시국토론회'를 열었다(1987. 6. 26).

팔달로에서 시위 군중을 막던 경찰 저지선이 맥없이 무너졌다. 전경은 무수히 많은 군중에 포위되었다.

수만 명의 시민·학생이 서중로터리에서 '범도민 시국토론회'를 가졌고 횃불이 점화되었다. 10시 10분경 전학협이 준비한 꽃상여가 풍물패를 앞세우고 중앙성당을 출발해 경찰의 저지를 뚫고 시국토론회장에 도착했다. 그러자 10시 15분경 풍물놀이를 시작으로 '군부독재 장례식'이 거행되었다. 참가자들은 〈광야에서〉를 부르며 고사를 지낸 뒤 11시에 꽃상여에 점화를 했다. 이로써 행사는 절정에 오름과 동시에 끝맺음을 가졌다. 전주 역사에서 보기 드문 거대한 한판 민주축제였다.

군부독재 장례식이 끝나자 시위대는 팔달로·기린로·중앙시장 방면 등 셋으로 나누어 민주쟁취 실천을 위한 행진에 들어갔다. 이때 경찰이 최루탄을 난사했다. 경찰은 시민들이 음식점으로 피신하자 창문을 깨고 최루탄을 발사해 가게 안을 아수라장으로 만들었다.

시민들의 성금도 많이 걷혀 253만여 원이 되었다. 상인들은 27만여 원을 거두어 국본 전북 본부에 전달했다. 한 시민은 병 1,000여 개를 모아 화염병 만드는 데 쓰라고 대학에 보내왔다. 시위는 다음 날 상오 1시 30분경에 끝났다.

익산에서는 경찰이 집결장소인 창인동성당을 봉쇄했지만, 5시 50분경 50여 명이 사복경찰의 제지를 뚫고 성당에 들어가 출정식을 가진 뒤 2차 집결지인 제일은행사거리로 가서 원광대생들과 합류했다. 이들은 원광대 풍물놀이 팀이 한층 분위기를 고조시키는 가운데 대중집회를 가졌다. 후레아훼숀 해고 노동자, 농민, 학생들이 연설을 하고 평화대행진에 들어갔다.

8시 10분경 신광교회 앞에서 전북은행사거리에 이르는 900미터 도로를 수만여 명의 시민이 가득 메웠다(『말』 4만여 명, 『대투쟁』 2만 5,000여 명, 『한국』·『경향』 1만여 명). 최루탄 난사로 부상자가 속출했고, 시위대는 평화동·역전·남동 파출소, 시청, 노동청, 세무서 등을 공격했다. 시위는 다음 날 상오 2시경까지 계속되었다.

군산에서는 5시경 성광교회에서 목회자 30여 명, 신자 600여 명이 기도회를 가졌다. 5시 40분경에는 시민·학생 2,000여 명이 동방생명 앞에서 행진했고, 기도회를 마친 목회자와 신자도 합류해 시청으로 향했다. 6시 55분경 시민 1만여 명이 역전을 향해 행진하면서 "독재타도", "광주학살 원흉 전두환·노태우는 물러가라"는 구호를 외쳤다. 7시 20분경 1만 8,000여 명(『말』·『대투쟁』; 『한국』·『조선』 2,000여 명)으로 불어난 시위대는 KBS 앞으로 행진해 왜곡·편파 보도를 규탄했다. 8시 30분경 시위 행렬이 미군 전용 상가가 몰려 있는 영화동을 지나면서 "독재정권 지원하는 미군은 물러가라"는 구호를 외치자 미군들이 황급히 부대로 돌아갔다. 곧 군산비행장에 근무하는 미군들에게 외출금지령이 내려졌다.

8시 50분경 법원 앞에서는 사법부를 성토하는 시위 참가자들의 목소리가 드높았다. 이들은 경찰이 저지하지 못하는 상황에서 시내 곳곳을 돌아다니며 권력기관을 성토하고 다녔다. 9시 10분경에는 시민들로 구성된 풍물놀이로 시작해 범시민 시국토론회가 열렸다.

폭력정권을 끝장내기 위한 침묵시위

부산 가톨릭센터에서 농성을 하던 신부 약 70명과 수녀 약 300명, 신도 등 모두 2,500여 명이 4시에 중앙성당에서 '민주화와 인권 회복을 위한 특별미사'를 가졌다. 미사가 끝난 뒤 이들은 '애국시민 단결하여 폭력정권 끝장내자'라고 쓰인 대형 플래카드를 앞세우고 가톨릭센터 앞까지 1킬로미터를 걸으며 침묵시위를 했다.

6시 중앙성당과 가톨릭센터에서 42번 타종을 울렸고, 인근을 지나는 차량들은 경적시위를 벌였다. 침묵시위를 한 구간은 경찰에 의해 완전 통제되었다.

6시 45분경 침묵시위가 끝나자 수녀 300여 명은 가톨릭센터 1층 소극장에서 이날 밤까지 시한부 농성에 들어갔다. 같은 시각 시민·학생 1,500여 명이 유엔로에서 시위를 하다 남포동 간선도로를 따라 행진을 벌여 시청 앞 100미터까지 진출했으나 경찰의 최루탄 발사로 해산했다.

6시경 서면 부산기독교방송국에서 기도회를 마치고 나온 목회자와 신자들이 대형 십자가와 플래카드를 앞세우고 시위에 들어가자 시민들이 합세해 수천 명이 되었다.

7시경 부산상고 앞에 집결해 있던 시위대 2,000여 명이 시내버스 6대

6·26평화대행진 당일 부산에서는 '민주화와 인권 회복을 위한 특별미사'를 마친 천주교 부산교구의 신부와 수녀, 신도들이 대형 플래카드를 앞세우고 침묵시위를 벌였다.

를 앞세우고 경찰 저지선을 돌파하려 했으나 경찰의 다탄두 발사로 흩어졌다가 다시 모였다. 같은 시각 범천동 부산은행 본점 앞에 2,000여 명의 시위대가 집결해 서면로터리로 향하다가 범천동로터리에서 저지당했다. 부산진세무서 앞에도 시위대 2,000여 명이 경찰의 다탄두 발사에 흩어졌다가 다시 모였다.

7시 40분경 시위대는 2만여 명으로 증가했고, 이들은 서면로터리로 행진했다. 퇴근길의 회사원 등 시민들이 대거 가세했다. 서면으로 향하는 도로마다 시민으로 가득 차 4만여 명을 헤아렸다(『대투쟁』·『동아』;『말』10만여 명).

이때까지는 대체로 평화로운 시위였다. 그런데 공방전이 치열해지면서 8시 5분경 부산상고 앞에서 흩어진 시위대 일부가 가야2동파출소를 습격해 2시간 동안 점거하고 책상과 집기를 밖으로 꺼내 불태웠다.

가야2동파출소에서는 이러한 사태를 막기 위해 이미 경로당 노인들의 '협조'를 얻고 있었다. 이 부분은 『서울신문』에서 유난히 신경을 써서 보도했다. 이 신문은 메인타이틀로 '만류 노인 제치고 파출소에 화염병'이라는 제목을 뽑고 6월 항쟁 거리 표정을 전한다고 하면서, 노인들이 파출소에서 일렬로 가로막고 파괴하지 말라고 호소했는데도 시위대가 막무가내로 화염병을 던졌다고 상세히 기술했다.

8시 45분경에는 양정동에서 순찰 오토바이 3대가 화염병에 맞아 전소되었다. 이날은 운수노동자들이 적극 가담했다. 10시 30분경 시위대 500여 명이 시내버스 7대를 앞세우고 문현로터리 쪽으로 진출해 교통초소를 부수고 문현4파출소에 돌을 던졌다. 10시 40분경에는 서면에서 시내버스·택시·트레일러 기사까지 시위대를 위한 바리케이드 역할을 자청하며 참가하자 시위대가 "노동3권 보장하라"는 구호를 외치며 기세를 올렸다. 시위는 다음 날 상오 2시경까지 계속되었다.

어둠 속의 게릴라식 공격

5시 40분경 북마산 화산다리 부근에서 200여 명의 청년학생 시위대가 도로를 점거하면서 시위가 시작되었다. 시위대는 6호 광장으로 향하면서 시민들에게 유인물을 나눠주고 경찰과 숨바꼭질을 하면서 아스팔트 위나 담벼락에 스프레이로 "독재타도", "민주쟁취", "미국은 내정간섭 중단하라" 등의 구호를 쓰고 대자보를 붙였다.

6시 오동동사거리에 모인 국본 경남 간부들과 천주교 사제, 시민들은 평화대행진을 선포하고 행진에 들어갔다. 그러자 88기동대가 덮쳐 현수막과 마이크, 유인물을 빼앗고 간부 등 10여 명을 순식간에 연행했다.

7시경이 되면서 5,000여 명으로 늘어난 시위대는 도로 중앙에 설치된 88올림픽 선전탑을 넘어뜨리고 불을 질렀다. 시위대가 완전히 8차선을 메우자 경찰이 페퍼포그차로 최루탄을 퍼부어 주위가 최루가스로 뿌옇게 뒤덮였다. 시위대는 이리저리 흩어지다가 88기동대와 백병전을 벌이기도 했다. 천주교 신부 20여 명은 불종거리 코아양과 앞에서 88기동대에 가로막히자 연좌시위를 벌였다.

7시 20분경 시내 곳곳에서 6호 광장으로 시민들이 모여들어 그 주변 일대에 1만여 명이 운집했다. 갈수록 경찰과의 공방전이 치열해졌다. 경찰의 맹렬한 최루탄 공세에 시민들은 "민심은 떠났다. 최루탄을 쏘지 말라"고 외쳤다. 비폭력을 외치던 시민들은 어느덧 화염병과 돌을 던지기 시작했다. 이러한 와중에 100명 가까운 전경이 고립되어 방석모와 방패, 최루탄 발사기, 무전기를 빼앗겼다. 시위대는 전경들을 꿇어앉히고 "독재타도", "호헌철폐", "민주쟁취"를 따라 외치게 했다.

부림시장 주변 시위대는 포터 트럭을 앞세우고 메가폰으로 선동연설을 하면서 6호 광장으로 이동했다. 연도에 있던 시민들이 박수를 보냈다. 곧 다발탄이 날아들고 시위대가 혼란에 빠지며 부상자가 다수 생기자 "무슨 놈의 비폭력이야! 어떤 놈이 지도부야?"라는 불만 어린 항의가 튀어나오기도 했다.

8시 20분경 6호 광장과 산호동 입구에서 비폭력을 외치던 시민 2,000여 명이 화염병과 투석으로 맞섰다. 시위대가 백골단과 전경이 시민을 연행하는 것에 항의하자 전경들이 연행하던 시민들의 얼굴에 가스총을 쏘아 실신시킨 뒤 버려두었다. 이들은 반쯤 열린 상점 안에도 사과탄을 던지고 그 안에 있는 시민들을 구타하며 연행했다.

치열한 공방전 속에 도로 차량 통행이 완전히 두절되었고, 합천경찰서 소속 지프차 1대가 불탔고, 경찰버스 2대도 파손되었다. 10시경 북마산파출소가 투석으로 파손되었고, 11시 30분경에는 오동동파출소가 부서졌다.

자정을 넘긴 0시 10분경 북마산파출소를 재차 공격하자 시위대가 접근하기를 기다리던 경찰이 사과탄을 던졌고, 숨어 있던 백골단이 시위대를 낚아채듯 연행했다. 심야에 오동동 아케이드 주변에 모인 시위대는 각목과 쇠파이프, 돌로 무장하여 경찰과 싸웠다.

어둠 속 차량 통행도 없는 거리에서 구호도 별로 외치지 않았고, 투석하다 물러서고 골목길에 숨었다가 공격하는 등 접전이 계속되었다. 여러면에서 부마항쟁 때의 마산 야간시위를 연상시키는 광경이었다.

시민들은 조금도 권력을 무서워하거나 두려워하지 않았고, 그것에 분연히 맞섰다. 폭력적인 권력이 가장 두려워하고 무서워하는 상황이 벌어지고 있었다. 시위는 다음 날 상오 2시 30분경까지 계속되었다.

진주에서는 2시경 경상대생들이 상업은행 옆 도로에서 애국가를 부르면서 시위대가 형성되었다. 이들은 시내를 돈 뒤 연좌농성에 들어갔다. 4시경 신부·목사·민주당 당원·시민 등 300여 명이 부산교통 중형주차장 앞에 모여 행진에 들어갔다.

6시경 경상대생 300여 명이 대안동 앞 중앙간선도로를 점거해 3시간동안 농성하다 경찰과 무석·무탄을 약속하고 평화적인 촛불시위를 벌였다. 이들은 가로등이 모두 꺼진 거리를 촛불로 밝히며 행진했다. 경찰은 진압을 아예 포기했다. 연도에 나온 시민들은 시위대에 합세했다. 시위대가 연행자 석방을 요구하자 경찰이 이에 응해 시위대는 자정 직후에 자진 해산했다.

6시경 울산대 학생, 민주당 당원, 종교계 인사 등 300여 명이 행진을 시작했으나 경찰에 의해 저지당했다. 8시 30분경 주리원백화점 앞 300미터 도로는 시민들로 꽉 찼고, 시위대는 경찰에 맞서 투석전을 벌이다가 다음 날 상오 2시경 해산했다. 한때 시위 군중이 철로 위로 올라가 부산발 기차가 정지됐다. 코리아나호텔 앞 경찰초소가 불탔으며 경찰 차량 1대가 파손되었다. 경찰은 최루탄이 떨어지자 돌팔매질을 하기도 했다.

김해에서는 '민주헌법 쟁취를 위한 토론회'가 경찰의 방해로 무산되자 인제대 학생들과 재야인사들이 항의시위를 벌였다.

진해에서는 장복예식장 앞에서 민주당 당원 등 50여 명이 "호헌철폐 독재타도"라고 쓴 플래카드를 앞세우고 해양극장까지 행진하자 시민 500여 명이 합세했다.

거창에서도 시위가 일어났다. 6시 100여 명의 농민·학생·민주당 당원 등이 민주당사 앞에서 행진을 시작해 서부교통 앞 삼거리에서 연좌시위를 벌였다. 거창지역 경찰들은 대부분 마산과 진주 등지로 떠난 상태였다.

노동자, 유니폼 차림으로 시위 가담

5시 30분경 대구지역 재야인사와 민주당 의원 등 200여 명이 중앙로에 집결했다. 6시 이들은 명덕로터리 2·28기념탑으로 행진했다. 차량들이 경적을 울리자 시민들은 박수로 성원했다. 시민들이 가담하면서 2,000여 명으로 불어난 시위대는 YMCA 앞에서 연좌시위를 벌였으나 경찰의 최루탄 공세로 반월당 쪽으로 밀렸다. 이때 약 250미터의 8차선 도로가 군중으로 가득 찼다(『말』 4만여 명, 『경향』 1만여 명). 엄청난 인파로 시위대 지도부의 통제가 잘 안 되는 데다 지랄탄 등 각종 최루탄을 쏘아대 군중들이 흩어졌다. 격렬한 공방전이 8시경까지 계속되었다.

9시경 남문시장사거리에 모인 시민들은 네 방향으로 바리케이드를 치고 화염병과 돌을 던져 경찰의 접근을 막으면서 시국토론회를 열었다. 시민과 상인에 이어 아주머니가 연단에 올랐을 때 최루탄이 비 오듯 쏟아졌고 집회는 10시경에 끝났다.

경찰은 최루탄뿐만 아니라 돌도 많이 던졌다. 곳곳에 보도블록이 깨져 있었고 차도에 돌멩이, 최루탄 파편, 유리조각이 널브러져 있었다. 또 도로 곳곳에 페인트로 구호가 적혀 있었고 이날따라 각종 대자보가 많이 붙었다. 중·고교생들도 많이 참여했고, 꼬마들도 대학생들이 부르는 〈홀라송〉

을 배워 "전두환 물러가라 물러 물러" 등을 부르며 다녔다.

10시 10분경 제일교회에서 기도회를 마친 1,500여 명의 신도들이 나무 십자가와 장로회 기를 앞세우고 촛불행진에 들어갔다. 지극히 보수적인 것으로 알려진 예수교장로회(통합) 3개 노회 소속 교인들이었다.

10시 40분경 시위대가 민정당 이치호 의원 사무실을 부수었고, 대봉 2동·남산1동·중아 파출소 등이 전소되는 등 파출소 5개소가 습격당했다. 도심과 서부 지역을 뒤덮은 최루가스로 이튿날 아침까지 통행인이 고통을 겪었다.

포항에서는 6시 50분경 학생과 성직자, 시민 등 500여 명이 모여 '민주헌법 쟁취 국민운동 포항 지부' 결성식을 갖고 가두시위에 들어갔다. 전경이 제지하려 했지만 역부족이었다. 9시경 시청에 도착한 시위대는 시청 안에 들어가 연좌했다. 경찰은 파손을 우려하며 멀리 떨어져 지켜보기만 했다.

이날 포항은 대학이 없고 노동자가 5만여 명이나 되어 노동자가 참여할 수 있도록 대행진 시간을 7시로 정했으나 포항종합제철, 성림기업을 비롯한 포항공단 내 기업들이 환경심사, 연장근무 등 각종 이유를 대고 노동자들을 밤늦도록 붙잡아두었다. 그렇지만 대행진이 자정 무렵까지 계속되자 유니폼 차림 그대로 대행진에 참여하는 노동자가 급격히 늘어났다.

안동에서는 4시부터 박윤정 신부가 앞장서서 가두방송을 시작했다. 6시를 기해 각 교회와 절에서 차임벨과 타종소리가 울려 퍼지면서 목성동교육청 앞에서 가톨릭농민회 회원, 천주교 사제·수녀, 개신교 목회자·학생·시민 등 800여 명의 시위대가 집결해 시민들이 대형 태극기를 앞세우고 중앙로 쪽으로 행진했다. 안동역에 도착했을 때 인파는 역전 광장, 시외버스터미널, 간선도로를 가득 메웠다(『말』 1만여 명, 『대투쟁』 2만여 명).

이날 집회에는 교육당국의 방해에도 불구하고 고교생 200여 명과 젊은 중·고교 교사 30여 명이 참여했다. 경찰이 시위를 막을 엄두를 내지 못한 것은 인파가 너무 많았기 때문이었지만, 경찰의 주 병력이 안동역 경비에 배치되었던 것도 한 요인이었다.

김천에서는 6시에 김천 정생회와 이 지역 일대의 가톨릭농민회 회원, 기독교농민회 회원, 민주당 당원 등 70여 명이 김천역에 모여 1킬로미터 떨어진 김천문화원까지 가두시위를 벌였다.

영천에서는 6시에 구 시청 앞 광장에서 민주당 당원 등 20여 명이 "군부독재 타도하자" 등의 구호를 외치며 완산동 신시장 앞까지 500미터를 가두시위했다.

의성에서는 의성·군위·청송 등지의 120개 교회에서 온 신자 500여 명이 경중노회회관에서 구국기도회를 가졌다.

농민들, 시위에 적극 참여

대전에서는 6시에 선화국교 앞, 대전극장 앞, 동양백화점 앞 등 세 곳으로 나누어 행진을 시작하여 원동사거리, 가톨릭문화회관 부근에서 2,000~3,000명씩 경찰과 대치하며 시위를 벌였다. 6시 40분경 경찰이 최루탄을 쏘지 않고 교통을 통제하던 중 시민들이 속속 합세해 홍명상가와 대전역 사이의 도로를 2만여 명의 시위대가 가득 메웠다(『말』·『대투쟁』; 『한국』 1만여 명).

8시경 원동사거리와 동양백화점 앞에서 공방전을 벌였고, 8시 30분경에는 대전역 부근의 시위대가 신도극장 앞에서 대중집회를 가졌다. 10시 30분경 900여 명의 시위대가 원동사거리를 점거한 채 연좌시위를 벌였고, 같은 시간에 선화교 부근에서 3,000여 명이 대중집회를 가졌다.

이날 시위는 화염병 투척이 없었고 두 군데에서 투석전이 벌어진 것을 제외하고는 평화적 시위를 벌였다. 6월 19일 시위에서 전경 한 명이 숨졌기 때문이었다. 시내 중심가에 대자보가 많이 붙은 것도 눈길을 끌었다.

천안에서는 5시 30분경 신부·목사 등 100여 명이 성황동 천주교회를 출발해 경찰에 의해 원천 봉쇄된 천안역으로 향했다. 농협 앞에 모여 있던 농민이 주력군이었던 시위대는 경찰과 대치하며 행진하다가 6시 50분경 중소기업은행 방면에서 시위대와 합류했다.

한때 3,000여 명의 시위대가 고속버스터미널과 역 광장 사이 150미터 4차선 도로와 인도를 메운 채 연좌시위를 벌였다. 11시 20분경 시위대는 시청 남쪽 유리창을 박살냈고, 12시경에는 남부파출소 오토바이 4대가 불 탔다. 고교생 2명 등 27명이 연행되었다.

공주에서는 6시에 시민·학생 70여 명이 '독재정권 타도를 위한 범시민 대행진'이라고 쓴 플래카드를 앞세워 시외버스터미널에서 이학식당까지 500여 미터를 행진했다. 그 뒤에도 20~30명의 학생들이 중앙로에서 11시 30분경까지 세 차례에 걸쳐 시위를 벌였다.

청주에서는 6시 이전에 이미 죽창으로 무장한 농민들이 트랙터를 몰고 와 경찰과 몸싸움을 벌였다. 7시경 육거리 간선도로변에 모여 있던 1,500여 명이 차도로 들어서서 교통이 완전 차단된 가운데 대행진이 시작되었다. 9시 20분경 시위대 100여 명이 남주동파출소에 이르러 돌과 화염병을 던지려 하자 일부 시위대가 "비폭력"을 외쳐 곧바로 터미널 쪽으로 행진했다. 이를 지켜본 시민들이 박수를 보냈다. 시위대는 10시경 전매지청 부근에서 최루가스에 밀리면서 연합통신 차량을 파손했고, 민정당 당사 유리창을 부수고 간판을 떼어 박살냈다. 북문로1가에 있는 청원군 보건소 일부도 소실되었다.

제천에서는 10시 20분경 남천 천주교회 앞에서 신자 400여 명이 촛불 시위를 벌였다.

춘천에서는 한림대생들이 3시부터 교문을 빠져나와 춘천여고 앞에서 시위하다가 정 모 경위를 붙잡아 앞세운 채 8호 광장으로 진출해 1,000여 명이 모인 가운데 대중집회를 가졌다. 7시 20분경 8호 광장에 학생·시민 2,000여 명이 운집해서 시위를 벌였다. 경찰은 최루탄을 쏘지는 않았으나 시민들을 무차별 구타하면서 연행했다. 9시경 중앙로에서 경찰 사이카 1대를 불태웠다.

원주에서는 6시 15분경 연세대생과 상지대생, 시민 등 300여 명이 일산동사무소 로터리에서 구호를 외치며 시위에 나섰다. 6시 20분경 중소기업은행 앞에서 대행진 행사와 시국토론회를 가진 뒤 김승오 신부가 앞장서서 2,000여 명의 시위대가 경찰을 밀고 100미터 떨어진 원성군 농협 앞까지 진출해 대회 장소인 시청 앞 광장으로 가려 했다. 그러자 경찰이 무차별적으로 최루탄을 난사해 시위대는 연좌시위에 들어갔다. 신현철 목사, 가톨릭농민회 회원 6명, 학생 21명 등 35명이 연행되었고 격렬한 시위로 중경상자가 수십 명 발생했다.

태백에서는 선린교회 관계자와 학생·시민 60여 명이 시내 중심가를 행진했다.

강릉에서는 임당동 천주교회에서 김정식 신부와 신도 80여 명이 특별 미사를 가진 뒤 30분간 촛불행진을 벌였다.

인천·성남·안양에서 노동자 대거 참여

경찰은 대회장인 인천 부평역 주위의 차량 통행을 완전히 통제하고 부평 전철역과 버스정류장을 폐쇄했다.

6시 30분경 부평시장 골목에서 500여 명이 나무 십자가를 앞세우고 행진을 시작했고, 동시에 민주당 사무실 옆에서는 1,000여 명이 경찰에 밀려 부흥사거리로 이동해 '평화대행진 인천대회'를 열었다. 같은 시간 백마장 입구에서는 학생·노동자 등 1,300여 명이 가두시위를 개시했다. 이때 경찰 사복조가 학생들을 마구 연행하자 이를 지켜보던 1만여 명의 시민들이 "으쌰", "으쌰" 하고 함성을 지르며 연행을 막으려 했으나 경찰이 쏜 최루탄에 흩어졌다.

7시경 부평로에는 시민·노동자·학생 등 2,000여 명이 도로를 점거하고 연좌시위를 벌였으며 부평시장 골목 안에서도 시위가 전개되었다. 8시가 지나면서 부평로 시위대가 8,000여 명으로 증가했고, 시위대 한 그룹에서 '인천지역 민주노동자연맹'(인민노련) 창립 보고대회가 열렸다. 그러자 경찰이 시위대를 포위한 채 페퍼포그차를 앞세우고 최루탄을 발사하며 좁혀 들어왔다. 포위된 시위대를 구하기 위해 경찰 저지선 밖의 백마장 입구에 있던 500여 명의 시위대가 뒤에서 경찰을 공격했다. 장시간에 걸쳐 최루탄을 난사하고 화염병과 돌을 던지는 등 격렬한 공방전이 벌어졌다.

10시 30분경 부평공단 내 대우자동차, 한독시계, 동서식품 등의 노동자가 시위대를 공격하던 경찰을 향해 돌진했다. 노동자들의 투지는 용광로처럼 달아올랐다. 경찰은 혼란에 빠졌고, 노동자들은 경찰버스에 연행된 사람들까지 구출하면서 시위대에 합류했다. 시위는 다음 날 상오 2시경까지 계속되었다.

6시경 수원 역전과 남문 쪽에 학생들이 모이자 전경이 최루탄으로 해산시켰다. 여기저기서 시민들이 자발적으로 모여들어 2,000여 명의 시위대를 형성했다. 8시경 북수동성당 앞에서 12개 성당 40여 명의 신부와 2,000여 명의 신도들이 '정의와 평화를 위한 미사'를 시작했다. 기도회를 마친 신부·수녀와 개신교 목회자들이 앞장서고 7,000여 명이 그 뒤를 따라 수원역을 향해 침묵 속에서 촛불행진을 했다.

11시경 1만여 명의 시민이 수원역 광장을 메우고 집회를 가졌다. 12시 30분경 남문 앞 시장 안에서 노점상 등 50여 명이 구호를 외치며 자체적으로 시위를 벌였다. 이들 중 일부가 수원교회로 찾아와 화염병을 만들어달라고 하면서 함께 투쟁할 것을 요구했다.

7시경 2,000여 명의 시민이 성남 중앙시장 앞에 모여 경찰 저지선을 돌파하려 했지만 실패했다. 8시경 8차선 도로에서 성남지역 교회연합이 주최한 기도회에 다수의 비신자를 포함해 3,000여 명이 참석했다.

8시 40분경 성남지역 민주화연합(의장 이해학 목사)에서 대행진 시작을 선포했다. 1만여 명의 시민들이 인하병원 건너편 경찰의 1차 저지선을 뚫었고, 뉴타워호텔 앞의 2차 저지선도 돌파했다. 종합시장 앞의 3차 저지선에서 경찰이 최루탄을 발사하기 시작하자 개신교 신자 등 30여 명이 요지부동의 자세로 땅에 꿇어앉아 물러서지 않았다. 이때 시위대가 "와!" 하는 함성과 함께 저지선을 향해 돌진했고, 결국 10시경 경찰이 구(舊)종점까지 평화적 시위를 약속했다.

평화행진이 재개되면서 더욱 불어난 시위대는(『말』 3만여 명; 『대투쟁』·『조선』 1만 5,000여 명; 『동아』 1만여 명) 자정 무렵 구종점에 도착해 해산했다. 행진 도중 경찰 진압으로 분리된 6,000여 명은 시청 앞 성호시장 등지에서 격렬한 투석시위를 벌였다. 시위는 자정 이후에도 공단지역과 농협 앞으로 분산돼 계속되었다.

이날 시위는 대체로 평화적인 모습이었으나 중앙시장 일대는 경찰의 최루탄 난사로 골목골목마다 최루가스로 가득 찼고, 종합시장 맞은편 교통순시소가 27일 상오 1시경에 불탔다. 시위대는 중앙파출소도 점거했으나 유리창 몇 장만 깨고 스스로 물러났다. 이날도 노동자들이 대거 참가해 "노동3권 보장", "저임금 박살" 등의 구호를 외쳤다.

시위 풍경을 좀처럼 찾아볼 수 없던 안양에서 19일에 시위가, 그것도 꽤 큰 시위가 벌어지더니 26일 시위는 규모가 아주 컸고 격렬했다.

노동자 거주지역과 공장 등지에 8시에 상원극장 앞으로 모이자는 전단이 뿌려졌다. 경찰은 확성기를 달고 시내를 다니며 "폭력 시위가 있을 것이니 시민은 일찍 귀가하라"고 방송했다. 상인들에게는 시위용품은 물론 손수건조차 팔지 말라고 요구했다.

8시경 몇 사람이 선동을 했으나 시위대는 형성되지 않았다. 그러다가 즉석연설에 100여 명의 상인들이 모여들었고, 스크럼을 짜고 골목을 돌자 시민들이 갑자기 불어났다. 9시경 인도에 늘어선 경찰 저지선을 뚫고 도로에 앉아 집회를 열었다. 주로 노동자와 상인들이 발언했는데, "이렇게 모여서 하고 싶은 얘기를 하니까 감격스럽다"는 내용이었다.

10시 30분경 시위대가 전경들을 무장 해제시키기 위해 공격하자 전경들이 황급히 피신했다. 시위 군중들은 민정당 당사에 화염병을 던지고 맞은편 경찰초소를 불태웠다. 시위대는 시청에 돌을 던지고 노동부 안양출장소에 화염병을 던졌으며 11시 20분경 안양경찰서를 공격했다. 경찰서에서 우체국에 이르는 거리가 시위대에 의해 메워졌다(『말』 2만여 명).

치열한 공방전에서 전경이 직격탄을 퍼부어 부상자가 속출했다. 하지만 경찰은 최루탄이 동이 나고 자체 병력이 부족해 소방차 1대를 동원해서 시위대에게 물을 뿌렸으나 곧 시위대에 의해 쫓겨났다. 0시 30분경 지원 병력 2개 중대가 도착하자 경찰이 협공을 가했으나 시위대는 계속해서 경찰서를 압박했다. 경찰서 안에 있는 서장 관사가 반쯤 불탔고 구내식당 2층도 불탔으며, 경찰서 앞길에 있던 승용차 2대가 전소되었다. 27일 상오 2시경 추가 지원 병력이 도착한 뒤에 시위대는 흩어졌다. 시위대 중 1,000여 명은 2시 30분경 돌과 화염병을 던져 역전파출소와 여행장병안내소를 불태웠다.

순식간에 닭장차로 끌려간 김영삼 총재

민정당은 대행진 예정시간인 6시가 다가오자 겉으로라도 평온을 유지하던 오전과는 달리 당사 정·후문에 바리케이드를 쳤고 경비 경찰 병력을 평소의 3배 이상 증강하며 긴장과 불안, 초조에 휩싸였다.

민주당과 민추협은 1시부터 시민들의 동참을 호소하는 옥외방송을 했다. 4시경 민추협 건물 주변에 2,000여 명의 당원·시민들이 모여들어 "독재타도", "호헌철폐", "직선제 쟁취" 등의 구호를 외쳤다.

4시 50분경 사복 차림의 경관 200여 명이 몰려와 당원·시민들을 몸으로 밀어붙여 강제 해산시키고 입구를 봉쇄해버리자 당원·시민들은 건물 앞 4차선 도로 200여 미터를 점거하고 계속 구호를 외쳤다. 경찰이 사과탄 20여 발을 던져 해산시켰으나 골목길로 흩어졌던 시민들은 10분 뒤 종로 1가 쪽에서 시위를 벌였다.

4시 반경 김영삼 총재가 계파系派 사무실인 민족문제연구소를 출발해 민주당 당사로 들어서자 경찰은 무교로를 3중 차단하고 큰길로 통하는 도로까지 모두 봉쇄했다. 당사 부근에 있던 시민들이 노래를 부르고 구호를 외치자 경찰은 5시경 최루탄을 터트려 해산시켰고, 그 뒤로 10여 명만 모여도 최루탄을 발사했다. 민주당 의원 부인과 여성 당직자 40여 명도 4시경부터 부근에서 기다리다 5시 반경 가두로 나섰으나 경찰이 마구 쏘아대는 최루탄에 뿔뿔이 흩어졌다.

경찰의 3중, 4중 봉쇄 속에 출정식을 마친 김영삼 총재 일행은 5시 50분경 민추협 사무실을 나와 대형 태극기와 '동장에서 대통령까지 우리 손으로'라고 쓴 플래카드를 앞세우고 "비폭력!"을 외치며 시청 쪽으로 20미터쯤 전진했다.

그러나 5분도 안 되어 사복경찰 100여 명이 행진하는 당원들 가운데로

김영삼 민주당 총재가 평화대행진에 참석하기 위해 민추협 사무실을 나서다가 경찰들에 의해 붙들려 경찰 미니버스로 연행되고 있다(1987. 6. 26).

들어가 최루가스 분말을 뿌려 대열이 흐트러지자 도로 양쪽에 대기하고 있던 연행조가 투입되어 의원과 당원, 총재단을 전광석화처럼 빠른 동작으로 분리시키고 연행하기 시작했다.

5시 55분경 경찰이 강제로 닭장차에 태우려고 하자 김 총재는 출입문에서 완강하게 버텼다. 그러자 경찰은 김 총재의 머리채를 잡고 손목을 비틀어 끌어당겨 경찰 미니버스에 태워 김포가도를 1시간 동안 돌다가 상도동 자택에 내려놓았다. 최형우·김동영 두 부총재와 의원 10여 명, 민추협 간부 10여 명도 순식간에 분리되어 4대의 닭장차에 강제로 태워졌다.

6·10대회에서는 야당 총재와 의원들이 어느 정도는 운신할 폭을 주었는데, 6·26대행진에서는 그와 전혀 다르게 초동에 완전 차단, 완전 분쇄하는 작전으로 나왔다. 전두환이 권복경 치안본부장에게 지시한 것이 그대로 현실화된 것이다.

눈 깜짝할 사이에 행진대열이 무너지고 곧이어 경찰의 밀어내기로 당사로 밀려온 민주당 측은 "여왕봉(김 총재)을 빼앗기고 나니 꼼짝할 수가 없다"며 허탈해했다. 8시 10분경 집에서 나온 김 총재는 민추협 사무실로 돌아와 부총재단과 긴급 구수회의鳩首會議를 가진 자리에서 "서울역 앞을 지나올 때는 전쟁터를 지나는 것 같더라"라고 말했다. 또 6·10대회 때보다 시민들의 참여가 두드러진 것이 특징이라고 지적하고 닭장차를 타보기는 처음이라며 눈물을 글썽였다. 부산·광주·대구·대전 등 지방의 주요 도시에도 6시에 맞춰 그 지역 출신 의원들이 선두에 서서 행진했지만, 최루탄 세례에 밀려 더 이상 싸우지 못하고 돌아선 경우가 대부분이었다.

날이 어두워지면서 당사에 시위 상황 소식이 들어오자 당원들은 다시 활기를 되찾으며 무용담을 나누었고, 교대로 거리로 나가 시위대에 합류했다. 그러나 소속 의원들이 적지 않게 빠진 데다 당원 동원이 적었다는 자성론도 나왔다.

서울대 이애주 교수의 '바람맞이' 춤

서울대는 6월 26일 오전부터 활기를 띠었다. 대학원생 400여 명이 출정식을 가진 것에 이어 1시에는 학부생 2,000여 명이 출정식을 치렀다. 이때 이 학교 체육교육과 이애주 교수가 하얀 소복에 흰 광목천을 가르며 박종철의 고문과 죽음, 부활과 해방을 상징적으로 표현한 '바람맞이' 춤 공연을 한판 어우러지게 잘해 학생뿐만 아니라 교수도 많이 나와 지켜보았다.

고려대생은 2시부터 상황극과 공연을 곁들인 출정식을 갖고 3~4명씩 조를 편성해 시민들에게 나누어줄 스티커, 벽보 등을 들고 집결지인 소공동 한국은행 등지로 떠났다. 서울의 32개 대학은 학교에서 국민평화대행진에 적극 참여한다는 결의를 다지는 출정식을 갖고 서울역, 영등포, 동대

서울대생들의 6·26평화대행진 출정식에 앞서 이애주 교수가 학생들 앞에서 '바람맞이' 춤을 추고 있다(1987. 6. 26).

문 등 세 지역으로 나누어 떠났다.

5시 20분경 미도파백화점 앞에 군데군데 모여 있던 학생 500여 명이 "독재타도"를 외치며 명동 쪽으로 뛰쳐나오면서 서울에서의 시위가 시작되었다. 5시 30분경 광화문, 세종문화회관, 교보빌딩, 시청 뒤 민추협 부근에도 각각 1,000여 명의 학생과 시민이 연도에 모였다가 태극기를 흔들고 "독재타도", "직선제 쟁취"를 외치며 행진했다. 5시 40분경 명동 자유중국대사관 앞에 모였던 학생·시민 1,000여 명이 신세계백화점으로 행진하던 중 경찰의 최루탄 난사로 해산했다. 5시 50분경 신세계 앞 분수대 주변에 3,000여 명이 집결해 시위하다가 최루탄 난사로 퇴계로와 을지로 방향으로 흩어졌다. 이때 종로 방향은 경찰에 의해 완전 차단되어 있었다.

6시에 애국가를 부르고 태극기와 손수건을 흔들며 가두시위가 전개되었다. 이 시간에 맞춰 차량들의 경적시위도 시작되었다. 무수히 많은 차량들의 경적시위는 자정 넘어서까지 계속될 터였다.

6시에서 6시 10분경에 명동·광교·을지로·퇴계로·동대문·남대문·서울역·영등포역 일대에 모여 있던 300~1,000여 명의 학생들이 구호를 외치며 차도로 뛰어들고 연도에 서 있던 시민들이 박수를 치면서 시위대가 형성되었다.

차량 경적이 계속 울리는 가운데 태평로에서 3,000여 명의 학생이 시위를 벌였고 곧 1,000여 명의 시민이 합세했다. 시청 앞에서 계속 경적을 울리던 차량들은 최루탄 난사로 흩어졌다. 시청 앞 플라자호텔 주변에는 시민들이 박수를 보내는 가운데 학생 1,000여 명이 시위를 벌였다. 중앙극장 앞에서는 시민 2,000여 명이 차도 200미터를 점거하고 시위에 들어갔다.

청계 고가도로에는 기사 500여 명이 차를 세워놓고 구호를 따라 외치거나 손수건을 흔들며 호응하는 바람에 차량 통행이 3시간 이상 막혔다. 6시 45분경에도 시청, 태평로 일대에서 차량 경적이 여전히 쉬지 않고 울렸다. 인파로 북적이는 파고다공원 부근을 지날 때 차량들은 더욱 경적을 울렸다. 차량 경적시위 속에 중앙우체국과 신세계백화점 앞 부근에서 4,000여 명의 시위대가 여기저기 흩어져 시위를 벌였고, 경찰은 이들을 향해 마구 최루탄을 퍼부었다.

흰 장갑 끼고 핸드마이크 들고 시위대 이끌어

경찰은 당초 최루탄 발사에 신경을 쓰는 등 시위 진압에 무리한 짓을 하지 않겠다고 공표했지만, 정작 시위가 시작되자 초동에 시위를 진압한다는 방침이 서 있음을 명백히 보여주었다. 한 신문은 경찰은 초기 진압작전을 펴 집결 시작 전부터 주요 지점을 차단한 뒤 시위대가 모이면 종전보다 강도 높게 제지했다고 보도했다(『한국』). 그 반면 시위대는 화염병 사용을 자제했고, 어쩔 수 없는 경우에도 손수건과 태극기를 흔들다가 최루탄에 쫓겨 보도블록을 깨트려 던지는 정도였다.

시위대는 이전보다 조직적으로 움직였다. 어느 곳에서나 흰 장갑을 낀 손에 핸드마이크를 들고서 구호나 노래를 통일시키며 시위대를 이끌어가는 선봉대의 모습이 자주 눈에 띄었다.

6시경 동대문운동장 이스턴호텔 이대부속병원 앞과 청계천6가 등 동대문 일대 차도에서 1만여 명이 소형 태극기와 손수건을 흔들고 구호를 외치며 행진하거나 연좌시위를 벌였다. 이들은 동대문 주변 골목에 모여 있다가 경찰 상당수가 시내 중심가 격전지로 옮겨가자 도로 가운데로 몰려들어 시위를 벌였다. 경찰이 최루탄을 난사했지만 시위대는 화염병과 돌을 던지는 대신 "질서"를 외쳤다.

6시 20분경 노동자·학생·상인 등 2,000여 명이 영등포역 광장에 모여 시위를 시작했고 시장 주변에 집결해 있던 500여 명도 시위에 들어갔다. 이들은 '어제는 고문, 오늘은 타협. 군부독재투쟁으로 끝장내자'는 제하의 유인물을 뿌리며 역 앞 8차선 도로를 가득 메우고 시위했다.

7시가 넘으면서 시위 규모가 대형화되었고 지역에 따라서 격렬한 양상을 보였다.

7시 20분경부터 남대문 일대의 시위대 3,000여 명이 서울역 앞으로 밀려와 역 광장의 시위대와 합류했다. 학생들은 지나가는 시내버스에 붉은 매직으로 "안 속는다 영수회담", "한열이를 살려내라"는 구호를 써놓았다.

서울역 광장에서 바리케이드를 도로로 옮겨 차량 통행을 막으며 연좌시위를 하던 8,000여 명의 시위대는 최루탄을 난사하는 경찰을 남대문경찰서 쪽으로 밀어붙인 뒤 경찰서를 포위하고 화염병과 돌을 던져 경찰서 전면의 유리창 100여 장을 깨고 경찰서 현판 등 기물 일부를 끌어내 역 광장에서 불태웠다.

7시 30분경 충정로, 염천교, 퇴계로 쪽 시위대까지 몰려와 2만여 명의 학생·시민이 역 광장과 도로를 완전 점거했다(『조선』). 15분 후 이들 중 7,000여 명이 서울역 고가도로를 점거했다. 그러자 완전 무장한 경찰 정예 병력 700여 명이 '전투 대열'로 엄청나게 최루탄을 쏘아대면서 고가도로 위로 진입했다. 시위대가 당장 질식할 것 같은 독한 최루가스에 끈질기게 버티며 맹렬히 공방전을 주고받는 모습은 마치 영화에 나오는 장렬한 전투의 한 장면과 같았다. 결국 시위대는 서부역과 남영동 쪽으로 방향을 돌렸다. 같은 시간 경찰은 무수히 많은 최루탄을 터트리면서 역 광장 일대를 탈환했고 그곳을 꿈쩍도 않고 버티며 사수하던 시위대는 서부역, 남대문, 퇴계로, 염천교, 용산 방향으로 분산되어 후퇴했다. 다발총 소리 같은 최루탄 쏘는 소리가 쉬지 않고 울려오는 가운데 뿌연 최루가스가 짙은 안개가 긴 것처럼 고가도로 위와 서울역 일대의 하늘을 뒤덮었다.

서부역으로 넘어간 시위대 5,000여 명은 7시 50분경부터 서부역 광장, 그 위의 고가도로, 만리동 고개에 이르는 도로에서 1시간 이상 경찰과 접전을 벌였다. 경찰은 64연발 다탄두 최루탄을 계속 발사하며 서울역 광장으로 몰려오는 시위대를 해산시키려 했지만, 시위대는 서울역 안의 철도까지 들어가면서 완강히 경찰과 맞섰다.

비슷한 시간에 힐튼호텔 앞 남산 순환도로에서 시위하던 학생 500여 명이 최루탄을 피해 1층 라운지로 들어왔다. 이들은 그곳에서 연좌하여 구호를 외치며 시위를 계속했다. 7시 50분경 남산파출소가 공격받아 집기가 부서졌다.

여러 곳에서 학생들은 차도를 점거하고 차량기사들에게 경적을 울리라는 손짓을 열심히 했다. 이들은 전경과 백병전을 벌이는 것보다 시민들의 호응을 이끌어내는 데 더 많은 노력을 기울이고 있었다. 전경의 최루탄 발사에도 손수건과 태극기를 흔들며 구호를 외쳤고, 흩어졌다 다시 모이곤 했다. 투석도 자제하며 "비폭력", "질서"를 외쳤다. 학생들이 버스를 세워 매직펜이나 분무 페인트로 이날의 주 구호인 "직선제 개헌 쟁취", "민주 개헌" 등을 휘갈겨 쓴 것도 자신들의 주장을 시민들에게 널리 알리기 위해서였다.

영등포로터리를 가득 메운 시국토론회

7시경 영등포시장 앞 6차선 도로 500미터를 점거하고 노래를 부르며 시위를 벌이던 시위대가 영등포로터리 일대 200미터를 점거하여 7시 40분경부터 시국성토대회를 가질 무렵, 영등포시장 일대의 시위 인파는 1만 5,000여 명으로 늘어났다(『조선』). 학생·노동자·시민들의 즉석 시국토론회는 1시간가량 계속되었다. 이때 취재하던 기자가 쫓겨나는 사태가 벌어지기도 했다.

영등포로터리에 1만 5,000여 명이나 모였는데도 학생들은 화염병을 사용하지 않았고 돌도 던지지 않았다. 시국토론회를 통해 일반 시민들에게 전두환 정권의 폭압성과 폭력성, 민주 개헌의 필요성, 미국의 군부독재정권 지원의 문제점을 부각시키려 애썼다.

영등포역 광장에도 7시 20분경 일군의 학생들이 진입하면서 시위대가 3,000여 명으로 불어나 8차선 도로에서 시위를 벌였다. 영등포 일대의 시위에는 노동자와 일반 시민의 참여가 두드러졌다. 영등포시장 상인들은 시위대에게 물을 떠다주기도 했다.

6시 30분경부터 1시간 동안 을지로4가에서 3가 쪽으로 시위 군중한테 밀려 내려오던 무장 전경 대원 100여 명은 길에 흩어진 돌을 시위대에게

서울 영등포시장 로터리에 운집한 학생과 노동자, 시민 등 5,000여 명이 노상에 연좌해 즉석 시국토론회를 열고 있다(1987. 6. 26).

던지는가 하면 최루탄 발사기를 직격탄으로 쏘는 것에 대해 시민들이 항의하자 이들을 뒤쫓아가 짓밟았다. 전경 대원들에게 집단구타를 당한 30세의 한 시민은 "사업 거래처 사람을 만나러 나왔다가 이유도 없이 당했다"며 경찰 간부에게 항의했다.

서울대·고려대·연세대·한양대·가톨릭대의 의대생 250여 명은 흰 가운을 입고 의료반을 편성해 명동·서울역·동대문 일대의 시위 현장에서 부상자들에게 응급치료를 해주었다. 이들 의대생들은 뛰어다니며 부상자들을 치료했고 최루가스에 눈을 뜨지 못하는 시민들의 눈을 식염수로 씻어주기도 했다. 4월 혁명 이래의 히포크라테스 전통이 되살아난 것이다.

7시경부터 종로 일대에서 시위하던 학생들이 합세해 규모가 커진 동대문 일대 시위대는 8시 30분경 1만 5,000여 명으로 불어나(『서울』) 동대문

쇼핑라군, 이스턴호텔 앞 등지에서 최루탄을 쏘는 경찰에 맞서 벽돌 조각과 돌멩이를 던지며 격렬히 시위했다. 이들 중 300여 명은 청계천6가 고가도로와 육교를 점거했다.

종로5가에서 동대문 사이에 3,000여 명의 시위대가 다시 형성되었다. 동대문 일대에서 경찰은 페퍼포그차로 최루탄을 무차별적으로 난사했다. 경찰은 9시경에도 쉬지 않고 최루탄을 퍼부었다.

3시간 계속된 서울역 대회전

8시경 남대문에서 시청에 이르는 도로는 시위대와 경찰의 공방전으로 교통이 마비되었다. 경찰은 무리를 지어 구호를 외치는 시위대를 향해 무차별적으로 최루탄을 쏘아댔다. 사복조에 의해 연행자가 속출했다. 사복조는 연행하면서 신문지로 말아 보이지 않게 들고 있던 쇠파이프로 연행자를 폭행했다. 이 때문에 부상자가 속출했다.

같은 시각 서울역과 서부역 일대엔 다시 시위대가 집결해 8시 10분경에는 이 일대에 3만여 명이 모였다(『대투쟁』). 전경이 고가도로 위에서 일렬로 죽 늘어서서 아래로 다탄두 최루탄을 난사해 그 일대가 자욱한 최루가스로 뒤덮였다. 희뿌연 가스 안개 속에서 시위대는 한동안 연좌해서 구호를 외치다가 서부역, 원효로와 서대문 쪽으로 밀렸다. 8시 20분경 남대문에서 남산으로 가는 도로 일대에 8,000여 명의 시민·학생이 운집했다. 남대문에서 서울역에 이르는 도로 위에 있던 시위대 2,000여 명은 지랄탄 발사로 흩어졌다.

8시가 지나 숭례문을 중심으로 사방에서 몰려든 1만여 명의 시위대가 돌과 화염병으로 경찰 차량 10여 대를 몰아내면서 경찰을 포위하고 격렬한 시위를 벌이는 광경을 일부 시민들이 숭례문 담을 넘어 마루턱에 걸터 앉아 바라보았다. 이 때문에 숭례문 철제 후문이 망가지고 잔디가 짓밟히 자 몇몇 시민들이 어느 틈에 핸드마이크까지 들고 "독재는 망가져도 국보 1호는 보존해야 한다"고 외치며 구경꾼들이 숭례문 밖으로 나가줄 것을 호 소했다.

8시 30분경 남대문 주위에 모여 있던 5,000여 명의 시위대가 전경차에 불을 지르고 밀어붙이자 전경은 최루탄 난사로 맞서면서 최루탄과 화염병 의 불 뿜는 듯한 공방전이 전개되었다. 서울역에서는 1~2만 명의 시위대 가 엄청나게 쏘아대는 최루탄 속에서 전경과 공방전을 벌였다. 마치 군대 가 포연 속에 흩어졌다 집결하는 것처럼 한 치 앞을 볼 수 없는 자욱한 가 스 안개 속에서 흩어지다 다시 모이기를 반복하더니 서소문과 서부역 쪽으 로 이동했다.

퇴계로 쪽 고가도로 위에서도 경찰과의 공방전으로 여러 차례 시위대 의 대이동이 일어났다. 상공회의소 앞에서 평화집회를 열고 있던 500여 명 은 지랄탄과 최루탄 난사에 서울역 쪽으로 이동했다. 역전歷戰의 병사처럼 가스 연기 자욱한 서울역에서 싸우다가 후암동 쪽으로 밀리던 학생들은 다 시 서울역으로, 남대문에서 후암동으로 밀리던 학생들은 다시 남대문으로 진격했다. 남영동 쪽에서도 시위대가 경찰과 치열한 접전을 벌였다.

힐튼호텔에서 시위하던 학생들은 8시 30분경 이 호텔의 야외주차장 철 제 난간을 뽑아 회현 고가도로 입구에 바리케이드를 쌓았다. 8시 47분경 대한화재보험사 앞에서 전경 차량 2대가 불탔다.

힐튼호텔 앞 시위 현장에서는 개신교 목사 300여 명이 모두 가슴에 보 라색 셔츠를 받쳐 입고 학생들에게 과격 행동을 자제하고 평화적 시위를 하라고 요구하면서 시위대가 움직일 때마다 따라다녀 시위대를 애먹였다.

26일 저녁 8시 반경 서울역 주변에서 학생과 시민 등 1만여 명이 도로를 완전히 메운 채 최루탄을 무차별 발
사하는 경찰과 일진일퇴의 공방전을 벌이고 있다(1987. 6. 26).

"경찰이 아니라 동원된 깡패가 틀림없다"

경찰의 시위 진압은 앞에서도 언급한 바처럼 '당초의 자제 약속'과는
달리 지극히 난폭했다(『동아』). 8시 40분경 서울역 대합실로 들어간 사복
조 50여 명은 "모두 죽여버려!" 하고 고함을 지르며 미리 준비해온 1미터
짜리 각목과 쇠파이프를 휘둘렀다. 이들은 특히 젊은이들을 보면 남녀를
불문하고 또 시위대나 승객을 가리지 않고 마구 때려 공포 분위기를 조성
했다. 서울역 앞 사복경찰들은 시위대를 붙잡으면 여럿이 둘러싸서 마구
짓밟으며 걷어차 28세의 회사원과 25세의 상인이 의식을 잃고 쓰러졌다.
이들 사복조가 물러가자 시민들은 "저 사람들은 경찰이 아니라 동원된 깡
패임이 틀림없다"고 수군댔다.

특히 서울역 일대는 경찰의 폭력에 몇 번이고 아수라장이 되었다. 8시 경부터 장시간에 걸쳐 격렬한 공방전이 벌어진 서울역 광장에서 9시 40분 경 시국토론회를 마친 학생·시민 2,000여 명이 만세삼창을 하고 해산하려 할 즈음 경찰이 다발탄을 난사해 학생·시민 500여 명이 호남·전라선 대합 실로 대피했다. 그때 사복조 100여 명이 들어와 시위대에게는 물론이고 열 차를 기다리던 사람들에게도 최루탄을 퍼부었다. 대합실 안은 여기저기에 서 시민들의 비명소리가 터져 나옴과 동시에 큰 혼란에 빠졌다. 경찰은 학 생을 비롯한 10여 명을 곤봉 등으로 마구 두드려 패면서 연행했다. 일부 경 찰은 연행자들을 둘러메치고는 질질 끌고 갔다.

전경의 폭력을 피해 시위대 중 100여 명이 개찰구를 넘어 달아났다. 비 슷한 시각에 300여 명의 시위대가 서울역 장항선 방면 7, 8번 홈과 철로에 뛰어들어 태극기를 흔들며 10여 분간 시위했다. 이 무렵 역전파출소가 습 격당했다.

8시 홍제동성당에서는 10개 본당 신부 20여 명과 수녀 150여 명, 신자 1,000여 명이 참석한 가운데 특별미사를 가진 뒤 9시 30분경부터 촛불을 들고 거리로 진출하려다 성당 입구를 봉쇄한 400여 명의 전경 벽에 막혔 다. 이들은 한동안 경찰과 대치하다가 성당 뜰에서 묵주기도를 마치고 11시 경 해산했다.

동대문 일대 시위대 중 1,000여 명은 9시 30분경부터 1시간 30분 동안 숭인동 도로를 점거하고 근처 가게의 입간판을 모아 불을 질렀다. 이 때문 에 청량리 쪽 교통이 완전 마비되었다.

식을 줄 모르는 뜨거운 열정

9시 45분경 각지로 분산되었던 시위대가 다시 서울역 광장 쪽으로 밀려들어왔다. 이들과 무장한 경찰과의 접전이 여기저기서 일어났다. 서울역 광장을 점거한 2만여 명(『대투쟁』)의 시위대는 철제 바리케이드를 돌로 치는 소음시위를 벌이기도 했다. 3시간에 걸쳐 서울역 광장을 중심으로 서부역, 남대문, 남영동 고가도로를 사이에 두고 경찰과 끝없는 공방전을 주고받았던 길고 긴 격렬한 시위가 11시 20분경에 차츰 끝나갔다. 11시 30분경 서울역·남영동 일대에서 산발적으로 시위가 일어났다.

10시경 창신동 일대 5,000여 명, 동대문운동장 주변 3,000여 명, 이대부속병원 주변 2,000여 명 등 1만여 명의 시위대는 10여 차례나 이 일대 도로를 점거하고 경찰의 최루탄에 맞서 돌과 화염병을 던지며 격렬히 시위를 벌였다.

시위대 일부가 이대부속병원으로 쫓겨 들어가자 경찰은 병원 구내로 최루탄을 발사해 창문을 열고 구경하던 환자들이 소리를 지르며 긴급 대피했다. 경찰은 청계천6가, 삼일 고가도로 난간에서 시위를 구경하던 시민들에게도 무차별적으로 최루탄을 난사해 5~6명이 쓰러졌다.

11시경 서울운동장에 최루탄을 발사했지만 시위 대열은 흩어지지 않고 숨바꼭질을 하면서 시위를 계속했고 시민들은 경찰을 향해 돌을 던졌다. 동대문에서는 3,000여 명이 1시간 30분 동안 시위를 벌였다. 지랄탄을 쏘던 경찰이 11시 20분경 종로5가 쪽으로 병력을 돌리자 어느 틈에 시민·학생 시위대가 '국민의 힘으로 민주 개헌 쟁취하자'고 쓴 플래카드를 앞세우고 경적시위를 벌여 부근의 교통을 마비시키는 사태가 일어났다.

11시 25분경 서울운동장에서 제헌의회계의 학생 400여 명이 각목을 들고 연좌시위를 벌였다. 11시 30분경 경찰이 서울운동장에서 계속 최루탄을 쏘자 일부 시위대는 장충동 쪽으로, 일부는 동대문 쪽으로 이동했다.

자정이 되어갈 무렵 종로6가에서 학생 500여 명이 바리케이드를 치고 경찰과 대치했다. 이들은 최루탄 난사에도 흩어지지 않고 포연 속에 우뚝 서서 버텼다. 동대문 부근에 있던 시위대는 경찰의 최루탄 공세에 밀려 0시 40분경 인근 골목과 고려대, 청량리 쪽으로 흩어졌다.

11시경 1만여 명의 학생·시민들이 시위를 계속하는 가운데 동대문로터리 주변을 지나는 차량들이 경적을 계속 울렸고, 차내 승객들은 창밖의 시위대를 따라 구호를 외치며 손뼉을 쳐 차 안과 밖이 혼연일체가 되었다.

대학생들이 매직펜으로 지나가는 버스에 "끝장내자 독재" 등의 구호를 써주자 대부분의 기사들이 차를 멈추고 차례가 오기를 기다렸다. 숭인동 일대가 시위로 인해 500여 대의 차량이 멈춰 있자 성균관대 민민투 소속 학생 2명이 재빨리 가방에서 종이를 꺼내 "혁명으로 제헌의회"라고 쓴 뒤 버스 차체에 붙였다.

이날 시위 장소 곳곳에는 차량과 지하도 입구에 붉은 매직잉크로 "독재타도", "대통령을 내 손으로" 등의 구호가 적혀 있었다. 한 신문은 도심지를 운행하는 차량 중 80퍼센트 이상이 학생들이 써놓은 각종 구호로 어지럽혀져 있었다고 보도했다(『서울』). 당연히 외신기자들은 이 모습을 카메라에 담기 위해 뛰어다니며 분주히 움직였다.

시위 빈발 지역 상가에서 최루탄이 터졌다고 하면 상인들이 익숙하게 신속히 셔터를 내리고 자욱한 가스 안개가 걷히면 올리는 것처럼, 최루탄과 돌이 난무해도 차량들은 잘도 헤쳐 나갔다. 일상화된 시위 문화에 그만큼 익숙해졌기 때문일 것이다.

다음 날 상오 1시 30분경 학생 100여 명과 시민 200여 명이 신설동 육교 부근에서 "독재타도" 등의 구호를 외치며 또다시 시위를 벌였다. 그러자 신설동로터리 일대에서 영업용 택시기사 300여 명이 택시를 세워두고

도로를 완전 점거해 애국가를 합창하고 경적을 울리며 40분간 시위대에 동조하는 시위를 벌였다. 일부 시위대는 3시경까지 계속 시위를 이어갔다. 영등포 일대에서도 이튿날 상오 3~4시경까지 시위가 계속되었다.

'이한열 군 소생을 비는 교수 기도회'가 고려대·연세대·서강대·이화여대·숙명여대·전남대 등 6개 대학 교수 50여 명과 이한열의 부모와 학생 등 30여 명이 참석한 가운데 연세대 교내에서 2시 30분경 열렸다. 이한열은 혼수상태 23일째인 7월 1일 신경외과 중환자실에서 중환자실 격리실로 옮겨져 7월 5일 상오 2시 5분경 민주화가 이루어지는 것을 알지 못한 채 끝내 숨졌다.

3·1운동과 비교되는 6·26항쟁

6·26국민평화대행진은 무안·완도·거창·광양 등 군 지역을 포함해 전국 37개 시·군에서 일어났다. 6·10대회에 참가했던 22개 시에서 15개 시·군이, 6·18대회에 참가했던 18개 시보다 19개의 시·군이 더 참여했다. 강릉시 시위에 관한 『동아일보』 보도가 정확하다면 38개 시·군이 될 것이다.

시위 인원에 대해서는 국본과 경찰, 신문보도가 크게 다르다. 국본은 130만 명으로 추산했고,[2] 경찰은 5만 8,000명으로 발표했으며, 『조선일보』 등 일부 일간지는 20여만 명으로 추산했다. 경찰 발표는 논의할 가치도 없지만, 일간지의 경우도 크게 축소한 것이었다.

일반적으로 권력에 대립적이거나 적대적인 시위의 경우 유동 시위 인원이 많기 때문에 정확한 인원을 알기가 어렵다. 또 어느 장소에서 보느냐에 따라 시야에 들어오는 인파가 과장될 수도 축소될 수도 있다. 뿐만 아니라 6월 항쟁처럼 시위가 장시간 지속되는 경우 빠지고 나가는 사람이 많아

시위에 참여한 전체 인원을 파악하기가 어렵다.

당시 중앙일간지는 지방 주재 기자를 둘 수 없었기 때문에 6월 항쟁 시위 보도가 들쑥날쑥한 경우가 꽤 있었고, 그런가 하면 중소도시의 경우에는 연합뉴스에 의존해서 거의 비슷하게 보도한 경우가 많았다.

『동아일보』는 6월 26일 밤 10시경 서울 4만, 광주 5만, 부산 5만여 명 등 일부 대도시에서 제5공화국 이래 최대의 군중이 시위에 참여했다고 보도했는데, 서울의 경우 가장 상세히 기록한 『6월 민주화대투쟁』에는 경찰이 발표한 68곳에서 연인원 25만여 명이 격렬한 가두시위를 했다고 기술되어 있다. 일간지 보도에 따른다 하더라도 서울역 광장 2만여 명, 동대문 일대 1만 5,000여 명, 영등포로터리 1만 5,000여 명 등 3곳에서만 5만 명이 넘는다. 지방의 경우 중앙일간지에서 1만 명 이상이 시위했다고 보도한 지역으로 광주·부산 외에도 전주·대구·익산·대전·성남·여수 등이 있다.

국본이나 『6월 민주화대투쟁』의 추산 인원도 신뢰성이 약하다. 6·10대회의 경우 22개 지역에서 24만여 명이 참여한 것으로 추산했는데(황인성, 『대투쟁』), 6·18최루탄추방대회에는 150여만 명이(『대투쟁』), 그리고 6·26대행진의 경우 자료에 따라 100여만 명, 130여만 명, 150여만 명으로 추산한 것은 일부 지방에서 부풀려 보고한 것을 합산했기 때문일 것이다.

6·10대회, 6·18대회, 6·26대행진을 비교해볼 때 6·26대행진이 참여 시·군이 훨씬 더 많을 뿐만 아니라 전체 참가자 수도 더 많다. 주요 도시 중 6·26대행진보다 6·18대회에 참가자가 더 많은 도시로는 부산과 인천, 춘천을 꼽을 수 있다. 6·18부산대회에 참여한 시위 인파는 6월 항쟁 전체를 통틀어 가장 많았는데, 6·26부산대행진 참여자의 2배 정도가 된다. 성남은 6·10대회, 6·18대회, 6·26대행진에 각각 2만 명 이상이 참여했는데, 6·26대행진 참여자가 더 많은 것으로 추산된다. 대구는 6·18대회와 6·26대행진에 각각 2만 명 내외가 참여했다. 수원은 6·18대회와 6·26대회에

최대 참여 인원이 1만 명 정도였다. 서울은 어느 시위보다도 6·26대행진에 조직적으로 참여했고, 시위 학생들이 일사분란하게 움직였으며, 시위 장소도 영등포·동대문 일대로 크게 확대되었다. 시위 참여자도 6·10대회보다 훨씬 많았고 6·18대회보다는 2배 정도 많았다. 서울의 경우 시위대가 화염병과 돌의 사용을 자제하지 않았더라면 시위 양상이 훨씬 더 커지고 격렬했을 터였고, 경찰은 영등포나 동대문 지역에서는 말할 나위도 없고 서울역 일대에서도 제압당했을 것이다.

6·26대행진은 특히 호남지방에서 참여자가 많았고 시위도 격렬했다. 광주는 6·10대회와 6·18대회에 수천 명이 참여했는데 6·26대행진에는 『동아일보』, 『조선일보』조차 5~8만 명으로 보도했고, 20~30만 명이 참가했다는 자료들도 있다. 전주와 익산은 6·10대회와 6·18대회의 참여자가 수천 명에 머물거나 아예 시위가 없기도 했는데 6·26대행진에는 전주의 경우 10만 명 내외 또는 수만 명이, 익산의 경우 4만 명 내외 또는 수만 명이 참여했다. 6·10대회, 6·18대회에서는 시위가 없었던 군산도 6·26대행진 시위의 규모가 컸다. 목포와 순천의 경우 6·10대회와 6·18대회에 수백명 또는 1,000~2,000명 정도가 참여했지만 6·26대행진에는 수만 명이, 6·10대회와 6·18대회에 참여하지 않은 여수도 6·26대행진에는 수만 명이 참여했다. 대전의 경우 세 대회에 각각 1만 명 이상이 참여했는데 특히 6·26 대행진에는 6·10대회와 6·18대회의 2배 정도가 참여했다. 안동과 안양도 6·10대회와 6·18대회에는 참여자가 적거나 시위가 없었는데 6·26대행진에는 1만 명 이상이 참여했다. 마산은 6·10대회에는 수만 명이 참여했다가 6·18대회에는 몇백 명밖에 참여하지 않았는데 6·26대행진에는 1만 명내외가 참여했다.

6·26평화대행진은 전국 중요 지역이 거의 망라되었다는 점에서 의의가 크다. 시위 형태가 달랐기 때문이지만 3·1운동에서도 4월 혁명에서도

이처럼 한날한시에 전국 각지에서 들고일어나지는 않았다.

3·1운동이 전국 방방곡곡에서 각계각층이 일제의 억압통치를 반대하고 "독립만세"를 소리 높이 외쳐 그동안 일제가 세계 각국에 선전한 것이 거짓이었음을 일순간에 폭로했듯이, 6·26항쟁에 학생과 여러 계층·직종으로 구성된 시민·노동자·농민이 궐기해 "군부독재타도", "민주헌법 쟁취", "직선제 쟁취"를 외친 것은 더 이상 군부독재는 용납될 수 없고, 따라서 전 정권이 권력을 지탱할 수 없음을 분명히 보여준 것이었다. 대도시는 대도시대로, 중소도시는 중소도시대로 시내 중심가가 마비되었고, 6·10대회와 6·18대회에서처럼 도처에서 경찰력의 한계를 드러냈다.

산산이 부서진 전두환의 기대

민주당 총재는 물론 서울과 지방의 의원들이 시위에 들어가려고 하자마자 경찰에 당했던 바와 같이, 6·10대회 때와는 다르게 전두환의 직접 지시에 의해 경찰이 시위를 초동 단계에서 꺾어버리려는 초강경 진압정책을 썼는데도 6·26평화대행진은 전두환 정권이 대규모 시위에 경찰력으로 대처하는 데 역부족임을 명백히 보여주었다. 이로써 시위를 초동 단계에서 진압하려던 전두환의 의도는 산산이 부서졌다. 마지막으로 혹시나 하고 가졌던 기대가 물거품처럼 사라진 것이다.

이날 시위는 『조선일보』를 포함해 여러 신문이 보도한 바대로 대규모였지만 과격함은 적었고 전반적으로 자제하는 모습을 보여주었다. 가장 격렬하게 시위가 전개되었던 서울역 광장의 경우 시위대는 차도점거투쟁, 경적 유도에 의한 시민 끌어내기 '투쟁'에 힘을 기울였고, 최루탄 발사에도 투석 등으로 대항하기보다는 흩어졌다 다시 모여 구호를 외치는 방식을 택했다(『조선』). 전체적으로 6·10대회에 비해 시위의 규모·횟수·지역 등이 훨씬 커졌거나 늘었지만 방화나 폭력사태는 줄어 시위 양상은 덜 과격했던 것으로 경찰이 분석했다고 보도한 것도(『경향』) 이러한 시위 양상에 근거한 것이다.

이 점은 이날따라 유난히 과격하고 폭력적이었던 경찰과 대조적이었다. 경찰은 야당 총재와 의원, 당원들이 시위 학생은 물론이고 일반 시민에게 접근하는 것을 전광석화 같은 작전으로 불과 몇 분 만에 봉쇄했다. 학생·시민이 집결하기 전부터 국본이 정한 주요 집결 지점을 철저히 차단했으며, 시위가 시작되었을 때에는 종전보다 훨씬 강도 높게 진압작전을 펴 초기에 시위를 무력화시킴과 동시에, 시민과 '일반 학생'의 시위 참여를 최대한 억제하겠다는 의도를 분명히 했다.

이 때문에 과잉 진압이 잇따랐고, 시위 학생이 경찰에 화염병을 사용하거나 파출소나 전경버스를 불태우기도 했다. 경찰은 3,467명(서울 2,139명, 인천 595명)을 연행하고, 경찰관서 29개소, 시청 등 관공서 4개소, 민정당 당사 4개소, 경찰 차량 20대가 불타거나 파손되었으며 경찰 573명이 부상당했다고 발표했다.

"위대한 승리의 날이 다가오고 있다"

국본은 상임공동대표회의를 열어 "위대한 민주 승리의 날이 눈앞에 다가오고 있다"고 지적하고, "현 정부는 이제 국민의 뜻에 승복, 국민이 원하는 바대로 새 헌법에 의한 정부이양 일정을 구체적으로 밝히라"고 촉구하는 성명을 발표했다.

민정당은 바리케이드를 치고 3배나 많은 병력으로 경비를 서게 했는데도 학생들이 쳐들어오지 않고 비교적 평화롭게 6·26평화대행진이 끝나자 어색한 안도의 표정을 지었다. 6·26대행진이 비록 대규모이기는 하지만 뜻하지 않은 불상사로 비상조치라는 최악의 상태로까지 나아가지 않았다는 점에서도 일단 안도의 숨을 내쉬었다.

민정당은 6·26대행진과 관련해, "우리 당은 '6·26'시위에 나타난 국민의 한결같은 여망은 민주 발전이라는 명제가 성사되어야 한다는 것으로 믿고 이를 겸허하고 허심탄회하게 수렴하겠다"는 성명을 발표했다. 이전과 달리 야당이나 시위 학생·시민을 심하게 몰아붙이는 언사가 없었고, 내용에서도 진지한 면이 있었다.

그렇다고 이럴 수도 저럴 수도 없는 처지에서 벗어난 것은 아니었다. 개헌 논의를 재개한다고 했기 때문에 전두환·신군부헌법에 의해 권력이 계승된다는 주장은 접어둘 수밖에 없었지만, 개헌을 올림픽 이전에 할 것인지 후에 할 것인지, 1988년 2월부터의 차기 정부를 과도 정부로 할 것인지, 개헌에 관해 여야 합의가 어려울 때 어떻게 해야 할 것인지에 대해 방침이나 주견이라고 할 만한 것이 서 있지 않았다. 다만 내각제와 대통령직선제를 놓고 선택적 국민투표를 하는 것보다 위험 부담이 훨씬 적은, 총선에 의해 국회를 구성해 그 국회가 개헌하는 방식을 선호하고 있다고 보도되는 정도였다.

그러나 총선 방식은 김영삼 총재가 즉각 반응한 바와 같이 투표의 성격을 본질적으로 굴절시킬 가능성이 많을 뿐만 아니라 선거법 협상에 시간이 많이 걸려 자칫하면 개헌을 88올림픽 이후로 미루는 상황이 초래될 수 있었다.

민주당 김영삼 총재는 "우리 국민이 이 정권의 무자비한 폭력에 많은 희생자를 내면서도 전국적인 규모의 대행진을 마친 것은 큰 성공"이라고 6·26대행진을 평가하고, "이는 현 정권이 더 이상 유지될 수 없는 단계에 들어섰음을 보여주는 것"이라고 역설했다.

김대중 민추협 공동의장도 대행진은 일대 성공을 거두었다고 피력하고, 현 정권은 이제 대통령직선제 개헌을 수락하거나 선택적 국민투표를 위한 결단을 늦기 전에 내려야 할 것이라고 강조했다.

그렇지만 민주당은 6월 26일 8시경 경찰의 과잉 진압에 당원들이 항의 농성을 하면서 내게 된 김태룡 대변인의 성명 중 "참된 민주 구현을 위한 유일한 길은 정통성이 없는 현 정권을 이 땅에서 영원히 추방……"이라는 표현과 "이제 우리 당은 소극적 투쟁 단계를 뛰어넘어 현 정권의 통치를 종식시킬 결정적 투쟁노선을 선택……"이라는 표현과 관련해 내·외신 기자들이 김 총재와 연금 중인 김대중 의장에게 "이제 민주당이 본격적인 정권 타도에 나서는 것이냐"고 문의하자 부랴부랴 대폭 '완화'시키는 촌극을 연출했다.

한편 영남대 이수인 교수 등 전국 20여 개 대학의 교수 50여 명은 6월 26일 오후 서울 시내에서 '민주화를 위한 전국교수협의회'(민교협) 창립총회를 가지려고 했다. 경찰 제지로 계획대로 되지는 않았으나, 6·26대행진 이후 봇물 터지듯 터져 나와 도도한 흐름을 이루는 교육·노동·농민 분야 등 사회 각계, 각 분야의 민주화 작업이 구체화될 것임을 알리는 신호였다.

6월 27, 28일에도 계속된 시위

시위는 토요일인 6월 27일, 일요일인 28일에도 계속되었다. 특히 6월 26일 최대 규모의 시위가 타올랐던 호남지방의 열기는 계속 뜨거웠다.

광주에서는 6월 27일 6시경부터 시위가 시작되어 10여 분 만에 3,000여 명의 시위 대열이 형성되었다. 경찰은 이전과 달리 학생·시민들이 모이면 최루탄을 쏘아 해산시키는 등 강경 정책을 썼다.

8시 30분경 충장로5가 조흥은행 앞길, 금남로4가 한일은행 앞 사거리, 공용버스터미널과 골목길을 가득 메운 시위대는 화염병을 던지며 공방전을 펼쳤다. 10시 30분경부터는 횃불시위도 있었다. 시위는 자정 무렵까지 계속되었다.

목포에서는 6시경부터 시위가 시작되었다. 9시경에는 화염병과 각목으로 무장한 학생 200여 명이 대중집회를 가진 뒤 경찰과 격렬한 몸싸움을 벌였다. 다음 날 상오 3시경에는 트럭 운전수가 시위대 20여 명을 태우고 역전으로 진입했다. 이들은 교통초소와 역전파출소에 불을 지른 뒤 모두 연행되어 무차별 폭행을 당했다. 시위는 이튿날 상오 4시경까지 계속되었다.

6월 26일에 국본 군산 옥구 지부는 27~29일을 군산 시민 민주화 실천 기간으로 선포한 바 있는데, 27일은 전날보다 더 큰 규모의 시위가 전개되었고, 시국토론회에서 전두환 군부독재, 매판외세 정권, 독점재벌 정권의 화형식을 가졌다.

익산에서는 학생·시민 500~600명이 3시간 가까이 열림굿과 시국토론회를 가졌다.

대구에서는 경북대·영남대·계명대·대구대·효성여대 등 5개 대학 학생이 6시 40분경부터 대구백화점 앞과 반월당 등 여러 곳에서 11시경까지 시위했다. 안산에서는 한양대생들이 9시경부터 시위를 벌여 자정을 넘겨서까지 경찰 최루탄에 흩어졌다 모이는 숨바꼭질 시위를 벌였다.

마산에서는 8시경부터 시위가 시작되었다. 다음 날 상오 2시경에는 택시들의 경적시위가 있었다. 시위는 상오 4시경까지 계속되었다.

청주에서는 충북대·청주대·청주사대 등 3개 대학 학생 500여 명이 6시 30분경부터 중앙공원에 모여 징과 꽹과리 등을 두들기며 1.5킬로미터 떨어진 상당공원까지 시위행진을 했다. 이들은 되돌아오다 도청 앞에서 경찰과 대치하며 숨바꼭질 시위를 벌였다. 10시 30분경 경찰버스에 화염병을 던져 전소시키는 등 다음 날 새벽까지 격렬한 시위를 계속했다.

서울에서는 고려대·연세대·이화여대 등 11개 대학 학생들이 각각 교내에서 3시에 서대협 주최로 출정식을 가졌다. 고려대·경희대·외국어대 학생 300여 명은 5시 조금 지나 시민들에게 유인물을 나눠주면서 종로6가 동대문시장 앞길을 점거한 채 시위를 벌이다가 500미터 떨어진 종로5가 동산약국 앞길까지 진출했다. 학생·시민 등 500여 명은 7시경부터 2시간 동안 퇴계로 아리랑호텔과 남대문시장, 서울역 건너편에서 "직선쟁취" 등 구호를 외치며 시위했다.

부평과 부천에서는 퇴근한 노동자와 시민 400여 명이 9시경 영등포역 광장에 모여 "독재타도" 같은 구호를 외치며, 전경이 쏜 사과탄에 흩어졌다 모이는 등 밤늦게까지 역 주변에서 시위를 벌였다.

호남과 영남의 민주화 열기는 식을 줄 몰랐다. 6월 28일 광주공원에서 2,000여 명이 벌였던 시위의 주축은 고교생이었다.

목포에서는 6월 28일 10시경 100여 명의 시위대가 2호 광장에서 전경들과 1시간 동안 몸싸움을 벌였다. 시위는 다음 날 상오 1시경까지 있었다.

군산에서 군산대생 1,000여 명은 6시 20분경부터 시위를 시작했다. 6시 40분경에는 시민이 합세한 시위대가 시청 쪽으로 행진했다. 시위대는 자정이 넘어 명산동·미원동·해안 파출소에 화염병을 던지며 기습해 유리창을 깨고 집기를 부수거나 불태웠다. 시위대는 다음 날 아침 7시 반경까지 사거리에서 연좌농성을 벌였고, 29일에도 격렬한 시위가 벌어졌다.

부산에서는 6월 24일부터 농성에 들어간 부산교구 사제단의 공동집전으로 6월 28일 3시부터 중앙성당에서 신도 4,000여 명이 참석한 가운데 특별미사가 있었다. 사제단은 성명을 통해 "분명한 민주화 일정이 발표될 때까지 농성을 계속하겠다"고 선언했다. 미사를 마친 신도·시민·학생 1만여 명은 가톨릭센터까지 평화대행진을 한 후 그곳에서 시국토론회를 가졌다.

마산에서는 6월 28일 전날보다도 훨씬 더 많은 학생·시민들이 8시 20분경부터 격렬한 시위를 벌여 10시경에는 북마산파출소를 포위했다. 시위는 자정을 넘어서까지 계속되었다. 이날 연행된 38명이 경찰에게 심한 폭행을 당해, 시위대는 29일 오전 11시경부터 마산경찰서 서장은 사과할 것, 피해 보상을 할 것 등의 요구를 내걸고 농성에 들어갔다. 이 소식을 듣고 피해자 가족과 시민 500여 명도 경찰서로 몰려와 연좌농성에 들어갔다. 경찰은 폭행당한 연행자들의 요구사항을 대부분 수락했다.

시위가 거의 없던 충주에서도 6월 19일 시위가 일어났는데, 6월 28일에는 건국대생 200여 명과 시민 등 1,000여 명이 9시 30분경부터 중앙로터리 등지에서 시위를 벌였다. 시위대는 11시 30분경 KBS 충주방송국에 화염병을 던졌고, 제천에서 진압기동대 200여 명이 도착한 이후인 상오 0시 30분경에도 민정당 당사·신민당 당사·전신전화국의 유리창을 부수었다. 이어서 29일 상오 2시경에는 용암파출소를 불태웠다. 시위는 상오 3시 30분경까지 계속되었다.

서울에서는 개신교 목회자·신도와 민가협의 시위가 있었다. 서울 제일교회 신도와 민주화실천가족운동협의회 회원 200여 명은 서울 제일교회에서 기도회를 가진 뒤 '구속자 및 양심수를 즉각 석방하라'고 쓴 플래카드를 앞세우고 "직선제 쟁취"를 외치며 교회 밖 20미터까지 진출해 30분 동안 시위했다.

대한예수교장로회(개혁) 소속 목회자 370여 명과 신도 2,000여 명은 4시에 종암 중앙교회에서 기도회를 가졌다. 이들 중 500여 명은 기도회 후 교회 밖으로 진출하려 했으나 경찰의 제지로 8시까지 연좌시위를 벌였다.

워싱턴에서는 6월 28일 이 지역 민주화 시위 중 최대 규모인 1,000여 명이 참여한 '조국을 위한 대기도 및 궐기대회'가 열렸다. 이들은 백악관 앞에서 기도한 뒤 각종 구호가 적힌 피켓을 들거나 목에 걸고 "직선제 쟁취" 등을 외치며 1.6킬로미터쯤 떨어진 국무부까지 도보시위를 했다. 징과 꽹과리가 분위기를 고조시키는 가운데 시위는 4시간 동안 진행되었다. 공교롭게도 워싱턴은 28일 오후부터는 한국 시간으로 6·29선언이 나온 29일이었다.

2

노태우의 6·29선언과
김영삼·김대중의 반응

6월 29일 오전 9시 조금 지나 노태우 민정당 대표위원은 민정당 중앙집행위원회에서 자신의 구상을 대통령 각하께 건의드릴 작정이라면서 6·29선언으로 알려진 특별선언을 발표했다. 핵심 요지는 다음과 같다.

첫째, 여야 합의하에 조속히 대통령직선제 개헌을 하고 새 헌법에 의한 대통령 선거를 통해 88년 2월 평화적 정부 이양을 실현토록 해야 하겠습니다.

둘째, 직선제 개헌뿐만 아니라 직선제 개헌의 민주적 실천을 위해서 자유로운 출마와 공정한 경쟁이 보장되도록 대통령 선거법을 개정하여야 한다고 봅니다.

셋째, 국민적 화해와 대단결을 도모하기 위해 김대중 씨도 사면·복권되어야 하고 극소수를 제외한 모든 시국 관련 사범들도 석방되어야 합니다.

넷째, 국민의 기본적 인권을 최대한 신장하기 위해 구속적부심 전면 확대 등 기본권 강화조항이 모두 포함되기를 기대하며, 인권 침해 사례의 즉각적 시정과 제도적 개선의 촉구를 통해 실질적 효과를 거두도록 주력하여야 할

6·29선언 발표문을 낭독하고 있는 노태우.

것입니다.

다섯째, 언론 자유의 창달을 위해 언론기본법은 대폭 개정되거나 폐지하고 지방주재 기자를 부활시키고 프레스카드 제도를 폐지하며 지면의 증면 등 언론의 자율성을 최대한 보장하여야 합니다.

여섯째, 사회 각 부문의 자치와 자율은 최대한 보장되어야 합니다. 지방의회 구성은 순조롭게 진행되어야 하고 대학의 자율화와 교육 자치도 조속히 실현되어야 합니다.

일곱째, 정당의 건전한 활동이 보장되는 가운데 대화와 타협의 정치 풍토가 조속히 마련되어야 합니다.

여덟째, 과감한 사회 정화 조치를 강구해야 합니다. 폭력배를 소탕하고 강도 절도 사범을 철저히 단속하고 비리와 모순을 과감히 시정해나가야 합니다.

첫째에서 다섯째까지는 그동안 야당과 민주화운동 세력이 끊임없이 주장하던 것으로, 대개가 1972년 유신쿠데타 이전의 상황으로 돌아가면 되는 것이었다. 여섯째 지방자치의 경우 지방자치단체장 선거는 언급하지 않았다. 그동안 민정당에서 주장했던 제한적 지방자치에 지나지 않았다. 일곱째와 여덟째는 해석하기에 따라 박정희 유신체제나 전두환·신군부체제에서도 주장하던 것이고, 여덟째는 파시스트들의 단골 메뉴이기도 했다.

노태우의 6·29선언은 특별한 내용이 있는 것도 아니고 진보적인 것도 아니었다. 민주주의를 폭넓게 확장하고 발전시킨 것이 아니라 지방자치를 제외하면 15년 이전의 민주주의로 돌아가는 것이었다. 지방자치의 경우 4월 혁명기 장면 민주당 정부의 수준에 훨씬 못 미쳤다. 그럼에도 야당과 민주화운동 세력, 그리고 국민을 놀라게 한 것은 6·29선언이 전두환·군부독재 정권의 정책과 너무나 정면으로 배치되기 때문이었고, 6·29선언의 핵심인 대통령직선제는 그동안 전두환과 민정당이 절대로 받아들일 수 없다고 했기 때문이었다. 이처럼 박정희 유신 권력과 전두환·신군부 권력을 총체적으로 부정하는 정책을 다른 사람도 아니고 12·12쿠데타 때부터 대체로 전두환 다음의 위치에 있었고, 민정당 대표위원이며 민정당 대통령 후보인 노태우가 제시했다는 점에서 장기간 혹독한 탄압만 받아왔던 사람들에게는 그야말로 충격적이었다. 그 반면 노태우·전두환은 6월 항쟁의 전개 과정을 볼 때 다른 방법이나 방안으로는 민주화운동 세력에 투쟁의 구실이나 빌미를 제공해 자신들이 헤어 나올 수 없는 수세에 계속 빠지게 됨으로써 자칫하면 이승만·자유당 정권처럼 몰락할 수 있다는 강한 위기의식을 가지고 있었다. 그래서 사지에 가야 살 수 있다는 사즉생死卽生의 각오로 살기 위해서 어쩔 수 없이 적대 세력의 주장을 받아들일 수밖에 없었던 것이 대통령직선제 개헌안이었다.

6월 29일 이 선언이 공표되었을 때 언론은 이 선언이 대단히 급작스럽게 '독자적 결단'으로 나온 것으로, 민정당 핵심 당직자도 이날 아침까지 몰랐고, 청와대 각 수석비서관도 민정당 중집위가 소집되기 1시간 전에야 알았다고 보도했다.

그렇지만 특별선언의 내용으로 봐서는 전두환 대통령과 사전에 합의 또는 교감이 없고서는 나올 수 없는 성격의 것이었다. 뿐만 아니라 전두환에게 건의하겠다고 해놓고 그 말에 이어서 "당원 동지, 그리고 국민 여러분의 뜨거운 뒷받침을 받아 구체적으로 실현시킬 결심입니다"라고 표명해 실제로는 전두환과 합의 또는 교감이 돼 있음을 시사했다.

6·29선언이 나오자 국본은 "이제라도 국민의 뜻을 겸허하게 받아들이기로 결정한 것"을 환영하면서 "이는 오로지 민주화를 위해 온몸으로 싸워온 전 국민의 위대한 승리로서 민족사에 길이 빛날 새로운 지평을 열었다"고 대단히 긍정적으로 평가했다.

양 김도 크게 환영했다. 김영삼 민주당 총재는 "국민의 뜻을 받아들인 중요한 결심을 했다고 봅니다. 오랫동안 많은 국민이 피와 땀과 눈물로 싸워온 결실이란 점에서 늦었지만 진심으로 환영합니다"라고 피력했다.

6·29선언에 대해서 각별히 느낌이 많을 수밖에 없는 사람이 김대중 민추협 의장이었다. 그는 내방객들을 응접실에 두고 혼자 안방으로 들어가 특별선언 발표를 시청한 뒤 "우리는 민정당 대표에게서 종래와 전혀 다른 큰 변화의 말을 듣고 이제 이 나라의 정치가 새로운 장을 실현해나갈 조짐을 보게 됩니다"라고 소감을 말하고, "민주화가 될 수 있도록 국민과 협력하는 것이 나의 소원이지 대통령에 대해서는 관심이 없습니다"라고 밝혔다. 김대중은 다음과 같이 덧붙이기까지 했다.

그 발표를 듣는 순간 인간에 대한 신뢰랄까 하는 게 번뜩 떠올랐습니다. 독재를 하고 억압조치를 한 사람도 이렇게 달라질 수 있다는 데 대해 신선한 느낌이 들었습니다.

서울대 총학생회는 대자보를 통해 "이번 선언은 청년학생의 선도적인 투쟁과 조국의 민주화 자주화를 갈망하는 민중들의 투쟁 결과"라는 점을 강조하고, "그러나 이번 선언은 민주화의 초보적 수준에 불과한 것으로 마치 완전한 민주화를 가져다준 것처럼 생각하는 것은 경계해야 된다"고 지적했다.

노태우가 6·29선언을 발표하자 민정당은 활기를 띠었다. 그때까지 당

1987년 6월 29일 노태우 민정당 대표가 대통령직선제 개헌선언을 발표하자 서울 명륜동 가화다방에서는 '오늘 찻값은 무료'임을 알리는 문구를 써 붙였다.

사로 걸려오던 전화가 욕설투성이였는데 찬사로 바뀐 것이다.

시민들은 신문사에 "믿어도 됩니까?"라고 전화를 하는 등 밝은 표정으로 6·29선언을 반겼고 들떠 있기도 했으며 그간의 민주화운동에 동참한 것에 뿌듯한 긍지를 느끼기도 했다. 주가는 단숨에 큰 폭으로 뛰었다.

대체로 예상할 수 있었던 바와 같이, 전두환은 7월 1일 오전 10시 전국에 중계된 텔레비전과 라디오를 통해 노태우 민정당 대표위원이 건의한 시국 수습안을 전폭적으로 지지한다고 '엄숙히' 말하면서, "여야가 조속한 시일 내에 대통령직선제에 합의해서 개헌이 확정되면 임기 중에 새로운 헌법에 따라서 제13대 대통령 선거를 실시하고 88년 2월 25일 후임 대통령에게 평화적으로 정부를 이양할 것을 천명"했다.

김영삼·김대중의 네 가지 약속

6·29선언이 나오자마자 그 순간부터 최대의 관심은 김대중의 출마 여부였다. 1986년 11월 5일 "대통령직선제 개헌이 되면 사면·복권이 되더라도 대통령 선거에 나서지 않겠다"라고 말했기 때문에 그와 관련해서 대통령 선거 출마 문제로 왈가왈부할 필요가 있겠느냐고 생각할 수 있었을 터인데, 이상하게도 사람들의 마음은 그렇지 않았다. 내·외신 기자를 위시해서 수많은 사람들이 그 문제를 대단히 궁금해 했다.

기자들의 물음에 견디다 못해 김대중을 잘 안다는 사람들이 자신의 생각을 밝혔다. 김대중계라고 하더라도 동교동 권역에서 50미터쯤 떨어져 있는 이중재는 "공인의 약속으로서 지켜질 것"이라고 말했다. 그러나 10미터 거리에 있던 노승환은 "상황이 바뀌지 않았느냐?"고 반문했고, 5미터 안 지근거리에 사는 김대중 비서실장 권노갑은 "말할 입장이 아니다"라고 답변했다.

이 같은 질문에 시달릴 대로 시달린 김대중과 김영삼은 전두환이 특별 선언을 수용한다고 천명한 7월 1일 오전에 민추협에서 공개 회견을 가졌다. 이 자리에서 양 김은 "두 사람의 단합을 염원하는 국민의 뜻을 우리는 결코 어기지 않을 것"이라고 역설했다. 이날 김영삼은 "김 의장과 나는 국민과 세계에 약속한 네 가지 사항을 분명히 지킬 것"이라고 말했다. 그들이 국민과 세계에 약속한 네 가지 사항은 다음과 같다.

1. 현 정권의 일관된 정책은 두 김 씨를 갈라놓는 것이지만 우리는 절대 흔들림 없고 한 치의 간격도 없이 단합하며,
2. 민주화가 될 때까지 또 그 이후에까지 협력하며,
3. 우리는 절대로 표 대결로 싸우지 않겠으며,

1987년 10월 25일 고려대 대운동장에서 열린 '거국중립내각쟁취실천대회'에 참석한 김대중과 김영삼. 양 김은 6·29선언 직후에도 민주화를 위해 단합할 것임을 공개적으로 천명했지만, 그해 12월 대통령 선거에서 서로 다른 정당의 대표로 출마하면서 약속은 깨진다.

4. 80년과 같은 우매한 짓을 하지 않으며 국민을 위해 어떤 희생도 감수한
   다는 것이다.

아무리 두 사람이 동석해서 맹세한다고 하더라도 한 번만 얘기하면 안 믿을 것 같으니까 똑같은 내용을 네 가지로 반복해서 거듭 약속한 것이다.

1980년 봄에 있었던 양 김의 행위는 5·17쿠데타가 일어나는 데 일조한 것이어서 우매한 짓 이상의 행태였지만, 양 김은 그것까지 상기해서 반성한다고 말했다. 김영삼의 설명이 끝나자 김대중은 "김 총재의 설명대로 우리는 단결할 것이며 우리는 이제 정치의 마지막 봉사의 길로 들어서고 있다"고 부연했다.

3
왜 군은 출동하지 않았나

6·29선언은 왜 나왔을까

6·29선언은 왜 나왔을까. 많은 사람이 예상했던 바와는 다르게 계엄령이나 친위쿠데타가 일어날 수 없었기 때문이었다.

6·10대회나 그 이후의 시위는 전두환 정권이나 민정당 간부들이 누차 얘기한 대로 '국기國基'를 뒤흔드는 행위였다. 아무리 전두환·신군부가 폭압적 통치의 도구로 이용했다고 하지만 경찰서와 파출소, 경찰의 차량이 불타고, 안기부 지부, 민정당 당사, 노동부 사무실, MBC와 KBS가 불타거나 돌팔매질을 당한 것은 치안이 극도의 위기를 맞았다는 뚜렷한 징표였다. 부산시청 등 여러 지역의 시청이 공격당하고 포위당했으며 심지어는 '함락'되기도 했다. 곳곳에서 열차나 전동차가 정지당하고 고속도로가 점거된 것도 누구에게나 위기의식을 갖게 했다.

경찰은 6·10대회 바로 그날부터 6월 항쟁을 감당해낼 수 없다는 것이 명백했다. 부산·대전·진주뿐만 아니라 서울·성남·광주·전주·대구·익산·순천·여수·천안·춘천·원주·청주·목포·안동·안양 등 전국 어디에서나 경찰력의 한계가 드러났다.

경찰이 치안을 유지할 수 없다면 권력이 최후로 의존할 곳은 군대다. 더구나 전두환·신군부는 쿠데타로 정권을 잡았기 때문에 박정희처럼 어지간히 큰 사태만 일어나도 군대를 동원했음직한데 어째서 그렇게 하지 않았을까.

경찰이 시위에 대처하는 데 한계가 뚜렷하면 계엄령이든 친위쿠데타든 군대가 출동했어야 했다. 하지만 군대가 나올 수 없다면 민주화 요구에 굴복하는 길 외에는 다른 뾰족한 수가 없었다. 6·29선언은 이러한 상황에서 나온 것이다.

군 출동을 명령할 수 있는 자는 전두환 대통령이었다. 군은 명령에 따라야 하지만, 군이 출동하는 것을 기피한다면 대통령은 그 점을 고려하지 않을 수 없다.

미국은 한국군에 대해 작전권을 가지고 있을 뿐만 아니라 전두환 정권에 대해 큰 영향력을 행사할 수 있기 때문에 미국의 향배는 군 출동에 중요한 변수가 될 수 있다.

총리 등 국무위원은 대개 대통령의 지시에 따르는 것으로 되어 있지만 사태에 따라서 그렇지 않을 수도 있다. 친위쿠데타도 계엄령의 형태를 밟기 마련인데 계엄령 선포에는 총리 등 국무위원의 동의가 있어야 한다.

민정당은 군 출동과 직접적인 관련이 없지만 차기 대통령을 선출하는 정권교체기이기 때문에 대통령의 결정에 영향력을 미칠 수 있었다. 뿐만 아니라 노태우와 그의 지지자들은 군부에 영향력이 있었다.

6월 항쟁에서 군의 출동과 관련해 중요한 것은 그 시기가 차기 대통령 선거 등 정권교체 문제와 맞물려 있다는 점과 그보다 더 중요한 것은 민주화운동 세력과 민주당이 요구하는 직선제 개헌이 민주화와 직결되어 있고,

일반 시민들의 광범위한 지지를 받고 있다는 점이었다.

차기 대통령 선거 등 정권의 교체기에는 차기 정권 담당자의 입장이나 주장을 고려하지 않을 수 없다. 또 광범위한 지지를 받고 있고 그것이 대규모 시위투쟁으로 표출된 직선제 개헌을 반대하는 데는 한계가 있을 수 있다. 반대하면 반대할수록 전두환·신군부 통치체제가 고립되고 끝내는 벼랑으로 몰릴 수 있기 때문이다.

1987년 6월에 군이 출동할 수 없었던 데 영향을 미친 또 하나의 중요한 변수가 있다. 한시라도 잊을 수 없는 광주의 기억이 그것이다.

노태우·민정당과 군 출동

노태우·민정당은 하필이면 차기 대통령 후보로 추대된 날, 그것에 정면으로 도전하는 시위에, 그것도 4월 혁명을 제외한다면 한 번도 경험해보지 못한, 전국 각지에서 일어난 동시다발적 대규모 시위에 직면했다. 이어서 명동성당농성투쟁과 이에 대한 넥타이 부대의 호응 등 시민의 적극적인 시위 참여와 점점 격화되는 시위에 직면해서 위기의식이랄까 정신적 공황에 휩싸일 수밖에 없었다.

그들이 보기에는 국기를 뒤흔드는 극도의 소요상태였고, 그래서 비상시국이니까 응당히 비상조치로 대처할 수밖에 없다는 주장이 나올 법한데 그렇지 않았다.

6월 17일부터 19일 사이에 사태는 한층 심각해졌다. 남해고속도로가 시위대에 의해 3시간이나 장악되고, 대규모 시위대에 의해 부산시청이 포위되면서 비상조치설이 나돌았다. 여기에 촉각을 곤두세운 것은 김대중·김영삼만이 아니었다. 아이러니하지만 비상조치에 반대한다는 점에서 김대중, 김영삼과 노태우 진영은 일치했다.

더욱 아이러니한 것은 김영삼과 김대중은 비상조치를 막기 위해 국민 평화대행진과 같은 시위의 자제를 요청해 스스로 직선제 쟁취에 어려움을 조성했지만, 노태우 진영은 한 걸음 더 나아가 비상조치가 취해지지 않도록 뛰어다녔다는 점이다.

『뉴욕타임스』는 1987년 7월 6일자에 군사적 조치는 88년 서울올림픽 개최를 위태롭게 하고 미국 및 다른 국가들을 분노케 할 것임을 정부와 여당 내 온건파가 전두환에게 경고했다고 보도했다.

6월 항쟁 직후 『말』지는 노태우와 육사 동기인 정호용이 당시 군 수뇌부를 구성하고 있는 육사 12기부터 14기까지를 규합하고 노태우에 대한 지지를 모으는 데 크게 활동한 것으로 기술했다. 이때 정호용을 찾아간 사람이 노태우의 측근으로 육본 작전차장이었던 안병호 준장이었다.[3]

노태우는 6월 17일 만찬에서 전두환으로부터 "노 후보를 중심으로 시국 수습안을 마련하라"는 지시를 받고 18, 19일 이틀 동안 당직자와 수십 명의 의원들을 개별적으로 만나 의견을 들었다.

오전에 군 출동 준비 지시가 떨어졌던 19일 오후 2시에는 전두환이 릴리 주한 미대사를 만나고 있었는데, 바로 그 시간에 노태우와 안무혁 안기부장은 긴급 당정회의에서 비상조치 대신 정치적으로 해결할 수 있는 수습 방안을 논의했다. 뿐만 아니라 2011년에 출간된 『노태우 회고록』 상권에 따르면 노태우는 전두환이 군 출동 준비태세를 갖추라고 지시했다는 소식을 듣고, 전두환에게 직접 보고할 수 있는 라인에 있는 이기백 국방장관, 안무혁 안기부장, 권복경 치안본부장 등에게 "어떤 일이 있어도 군의 출동만은 불가하다는 점을 건의해달라"고 말했다고 한다. 노태우는 이 회고록에서 전두환이 끝까지 이들(이기백·안무혁·권복경 등)의 건의를 받아들이지 않을 경우 자신의 모든 직위를 걸고서라도 군 출동을 막아야겠다고 결심하고 있었다고 주장했다. 전두환이 군 출동을 유보한 그다음 날인 6월 20일 노태우는 국민당 이만섭 총재, 신민당 이민우 총재와 김수환 추기경을 만나 역시 정치적 수습 방안에 대해 들었다.

서둘러 21일에 열린 민정당 의원총회에서는 예상대로 비상조치를 반대하거나 자제해야 한다는 의견이 많이 나왔다. 민정당 의원들은 정치적 해결 방안을 강조했으며, 일각에서는 직선제 수용도 주장했다. 22일 오전 노태우는 전두환에게 올라가 민정당 의원총회에서 나온 의견을 보고하고 김영삼과의 영수회담을 포함해 각계 인사들을 만날 것을 건의했다. 이때쯤 노태우의 역할은 무시하지 못할 만큼 커졌다. 전두환은 노태우의 건의에 따라 여야 영수회담을 가졌다.

왜 노태우와 민정당은 군 출동을 어떻게 해서라도 막으려고 했고, 정치적 해결 방안을 마련하기 위해 뛰어다닌 것일까.

6월 20일자 『동아일보』에서 지적했듯이 비상조치라는 극약 처방은 일시적으로 사태 치유에 도움이 될 수 있지만, '평화적 정권교체'를 통한 집권 2기를 재창출하려는 민정당의 입지를 근본적으로 위태롭게 할 수 있기 때문이었다. 노태우와 민정당 간부들에게는 군이 나오면 모든 정치일정이 새롭게 짜일지도 모른다는 두려움이 도사리고 있었다.

'최악의 상황'은 거기서 끝나는 것이 아니었다. 한때 노태우 등은 12·12 쿠데타를 통해 군 수뇌부를 제거하는 하극상을 일으켰고, 또다시 5·17쿠데타를 획책해 그 이전에는 감히 넘볼 수 없었던 박정희 권력의 최고 실력자인 김종필·이후락·박종규 등을 부패 분자로 낙인찍어 처단함으로써 비정한 권력세계를 적나라하게 연출한 바 있었다. 이처럼 권력교체의 쿠데타가 일어날 때마다 무서운 칼바람이 몰아쳤는데, 계엄령으로 사태가 악화될 경우 노태우와 민정당 간부들은 자신들 또한 '희생양'으로 처단의 대상이 될 수 있다는 점을 생각하지 않을 수 없었다.

6·26국민평화대행진이 '폭력사태' 없이 치러지기를 바란 것도 김영삼, 김대중만이 아니었다. 6월 27일자 중앙일간지 모두가 민정당이 뜻하지 않은 극한 상황이 나타나지 않아 비상조치라는 '최악'의 사태가 초래되지 않은 것에 '안도'의 숨을 내쉬었다고 보도한 것은 결코 우연의 일치가 아니었다.

내각의 태도

계엄령 선포 여부를 심의하게 되어 있는 국무총리와 국무위원은 어떠한가.

앞에서 5·18고문 범인조작 폭로사건이 대단히 중요하다고 본 이유 중 하나로, 5·25개각으로 안기부장이 장세동에서 노태우계인 안무혁으로 바뀌고 총리를 비롯해 새롭게 권력의 요직을 맡은 장관들이 상대적으로 온건한 자들이라는 점을 지적한 바 있다.

5·25개각 이전 거의 모든 초강경 조치에는 전두환의 분신인 장세동이 있었다. 정호용의 물귀신 작전으로 장세동이 거세되고 이춘구와 가까운 안무혁이 안기부장이 된 것은 전두환 정권이 강경 조치를 취하는 데 제약요인으로 작용할 수 있었다.

전두환이 계엄령을 선포하려고 할 경우 제2의 광주사태를 몰고 올지도 모르는데, 호남 사람인 이한기가 동의하려고 했을까. 이한기가 동의를 거부했을 경우 온건파 국무위원들은 그것에 동조하지 않았을까.

6월 13일 명동성당농성 사태 등 새로운 사태에 직면해 안무혁 안기부장, 고건 내무장관 등이 참석한 청와대 회의에서 이한기 총리서리는 전두환에게 "경찰이 진입하면 위험하니 성당 측이 자진해서 학생들을 풀게 하는 것이 좋은 방법"이라고 진언해 경찰의 성당 진입 반대 의사를 분명히 밝혔다. 드문 일이었다. 이 총리는 경찰 간부들에게 최루탄 사용을 자제하라고 말하기도 했다.

6월 19일 오후 전두환은 군 출동 준비 명령을 유보시키고 그 대신에 총리가 담화문을 발표하도록 했다. 예전 같으면 그 담화문이 대단히 강렬한 협박성 문투로 가득 찼어야 할 터였지만, "법과 질서 회복이 불가피해진다면 비상한 각오를 할 수밖에 없다고 본다"는 학자적 문투로 발표했다.

일주일 전에 이웅희 문공장관이 6·10대회와 명동성당농성 사태에 대해 "국법 질서를 파괴하고 사회 혼란을 조성함으로써 폭력 혁명을 유도하려는 불순한 의도"라고 매도한 것이나, 같은 날 조종석 서울시경 국장이 명동성당농성 사태에 대해 "극렬분자에 의한 체제전복적 국기 문란 행위"라고 한 언사와 비교해볼 때 명백히 차이가 있다.

이 총리서리는 6월 24일 시거 미 국무차관보를 만나서도 인내와 자제로 문제를 풀어나가겠다고 말했다. 대행진이 있었던 6월 26일은 취임 한 달이 되는 날이기도 했는데, 그는 자신이 주재한 회의석상에서 "무력을 최대한 자제해야 한다"고 역설했다.

이한기는 5·16쿠데타 이후 정권이나 여당과 관계가 있었지만 학계에서도 신뢰를 받고 있었다. 또 나이도 들었기 때문에 천추의 한이 될 행위를 저지를 사람은 아니었다. 그는 6·29선언 이후 '서리'라는 딱지를 떼보지도 못하고 총리를 그만두었다.

군부가 출동을 꺼린 까닭

군부가 6월 항쟁을 진압하기 위해 거리로 나서는 것을 반대했거나 꺼렸다는 자료는 여러 군데에 나온다.

『워싱턴 포스트』는 7월 5일자 기사에서 관리들의 말을 인용해 미국은 비밀 메시지와 공개적인 메시지를 통해 계엄령을 반대했지만, 이러한 메시지보다 전두환 대통령에게 더 중요한 것은 시위를 종식하기 위한 군의 동원을 반대한다는 한국 군부 수뇌부들로부터의 메시지였다고 보도했다. 『월스트리트 저널』은 6월 30일자에서 서방 외교관들의 말을 빌려 한국 군부 내에서도 민간인에 대한 계엄령 또는 비상조치를 취하는 것에 반대하는 온건파가 있다고 보도했다.

6월 24일 더윈스키 미 국무차관은 한국을 떠나면서 이기백 국방장관이 "계엄 등 군부 개입은 없을 것"이라고 말했다고 밝혔다. 이것은 이기백 장관이 더윈스키에게 정부의 입장을 전한 것이지만, 국방장관이 그와 같은 중요한 발언을 했다는 것은 군부의 동향과 무관하지 않을 것이다.

한 기자는 육사 20기 준장급 군 후배들의 반대 때문에 6월 항쟁 때 군 출동이 강행되지 않았다는 설도 있으나, 사실은 당시 군 전체가 병력 동원에 부정적이었다고 주장했다. 6월 19일 전두환이 군 출동 준비를 하라고 지시하고는 오후에 그 지시를 유보한다고 했을 때 이기백 국방장관과 오자복 합참의장이 "잘됐다"고 안도의 한숨을 쉬었다[4]는 것도 같은 맥락으로 읽을 수 있다.

서구 외교 소식통은 전경들이 기진맥진한 상태에서 6월 26일 경찰이 최종 저지선을 사수하지 못할 경우 정부가 위수령을 발동할지도 모른다는 얘기가 나돌자 "많은 군부 인사들이 이 가능성에 대해 두려움을 갖고 지켜보고 있다"고 전했다.[5] 노태우·민정당만이 군의 출동을 두려워한 것이 아니었다.

서구 외교 소식통은 한국 군부가 그동안 광주사태의 악령에 시달려왔다고 전했는데, 이처럼 군부가 거리로 나서지 않으려는 데는 광주학살의 기억이 중요하게 작용했다. 군 장교들에게 광주학살은 그 자체가 악몽 중의 악몽이었지만, 그들은 광주참극으로 군이 학생과 양식이 있는 시민들로 부터 어떻게 평가받고 있는지를 미루어 짐작하고 있었다.

그런데 6월 시위에 군이 나서면 제2의 광주사태가 일어날 가능성이 크다고 판단할 만한 근거가 많았다. 노태우는 그의 회고록 상권에서 충성심 강한 군 간부들도 '군이 출동하면 불행한 사태를 맞게 될 것'이라는 의견들이었다고 기술했는데, 군이 출동했을 경우 부산·대전·광주·전주·성남 등 여러 지역에서 뜻하지 않은 돌발사태가 일어나 엄청난 비극적 사태나 파국이 초래될 수 있었다. 군인들에게는 광주항쟁에서처럼 학생·시민들이 도처에서 사생결단하고 시위에 나서고 있어 동시다발로 일어난 시위 지역이 언제 어떻게 터질지 알 수 없는 지뢰밭으로 보였다.

『뉴욕타임스』가 7월 6일자에서 몇몇 관리들의 말을 빌려 한국군 지휘관들이 군부가 과거에 국민들의 뜻에 어긋나는 일에 동원될 때마다 군의 명예가 훼손되었음을 들어 이번에는 사태 개입을 원치 않았다고 보도한 것은 군 나름대로 군부가 한 일을 잘 알고 있었음을 보여준다.

군은 박정희·유신체제를 보위하는 핵심 장치였다. 전두환이 언급한 대로 박정희는 걸핏하면 군을 출동시켰다. 1979년 10월에 부마항쟁이 일어났을 때 부산지역을 포괄하는 장성만 2관구 사령관이 구태여 군을 동원하지 않아도 된다고 밝혔고 국방장관 등도 반대했는데,[6] 박정희는 유신체제를 반대하는 어떤 항쟁에도 단호히 대처한다는, 그래서 '본때'를 보이겠다는 위압적 조처로 공수특전단 병력을 포함해 계엄군을 부산에 내려 보냈다. 12·12쿠데타와 5·17쿠데타로 '서울의 봄'을 짓밟은 것도 군이었다. 광주학살도 광주 학생·시민들의 민주화 염원을 짓누르고 '유신 잔당'으로 불린 전두환·신군부가 자신들의 권력을 공고히 하기 위해 군이 동원되면서 발생했다. 전두환·신군부정권은 처음부터 끝까지 군부가 간여된 정권으로 그들의 행위는 고스란히 군부에 대한 평가로 연결되었다. 이처럼 군은 독재권력을 출현시키고 영속화하면서 민주주의와 민주화운동을 유린하는 데 이용되어 군에 대한 이미지는 대단히 부정적일 수밖에 없었다.

그런데 6월 항쟁은 과거에 전두환·신군부가 선전했듯이 소수의 의식화된 학생들이 들고 나온 것이 아니었다. 『워싱턴포스트』 특파원이었던 돈 오버도퍼는 그의 저서에서 전두환이 군 동원 준비 태세를 지시하자 젊은 장성들이 정호용을 찾아와 시위대는 정당한 명분을 추구하고 있으며, 군대를 동원하면 엄청난 파국이 초래될 것이라고 말한 것으로 전했는데,[7] 6월의 시위대 함성에는 민주화를 열망하는 각계각층의 염원이 담겨 있다는 것을 군인들이라고 모를 리가 없었다.

그러한 온 국민의 민주화 열망을 군홧발로 누르다가 돌발사태가 발생해 광주참극 같은 파국적 사태를 맞이하게 될 경우 군은 어디에도 서 있을 자리가 없다는 것이 과거 어느 때보다도 명확해졌다.

군 상급 지휘관들이 두려워한 것이 또 하나 있었다. 4월 혁명에서 이승만 정권이 붕괴될 때 계엄군은 이승만 대통령에게 충성을 바치지 않고 중립을 지켰는데, 6월 항쟁에 동원된 군이 상부의 명령에 따르지 않을 가능성도 있었고 12·12쿠데타처럼 하극상을 일으키지 말라는 보장도 없었다.

전두환의 머릿속을 맴도는 사념

전두환 대통령은 6월 항쟁에서 군을 동원하는 것을 꺼렸다.

6월 항쟁에서 전두환이 군 동원과 관련된 명령을 내리지 않은 것은 아니다. 6월 14일 청와대에 안기부장, 안보 관련 장관, 합참의장과 육·해·공군 참모총장 등 군·치안 책임자 등이 참석한 자리에서 경찰력으로 더 이상 감당할 수 없으면, 곧 경찰로 치안 유지가 안 되는 경우에는 군부에서 나올 수밖에 없다고 말하고, 비상조치를 취할 가능성을 내비치면서 군 지휘관들이 즉각 출동할 수 있도록 준비를 하라고 지시했다.

6월 19일 회의에서는 더 구체적으로 병력 출동을 준비해 즉각 떠날 수 있도록 하라는 지시를 내렸다. 그는 6월 27일에도 측근에게 어제(6월 26일)도 비상 출동 준비를 하라고 지시했다고 말하고 그것을 해제시키도록 지시했다.

전두환은 1986년 9월 이래 여러 차례 비상조치를 발동하겠다고 언급했지만 대개는 협박용이었다. 6월 항쟁 시기에 비상조치로 연결될 수 있는 조치는 6월 19일의 지시였다. 그런데 과연 전두환이 이날 비상조치를 내리려고 했는지는 의문이다. 오전 회의에서 군 지휘관들에게 지시한 것을 제외하면 비상조치와 관련된 다른 조치가 없었기 때문이다.

주한 미대사 릴리가 6월 17일부터 레이건 친서를 가지고 만나려고 했는데 만나주지 않다가 19일 오후 2시에 만난 것도 이상하다. 만약 비상조치를 취하려고 결심했다면 그러한 조치를 취하고 나서 만나야 했을 일이었다. 박철언이 증언하듯 6월 19일 오후 2시에 소집된, 노태우와 안기부장 등이 참석한 긴급 당정회의에서 대통령의 오전 지시에 관해 논의하는 대신 비상조치를 하더라도 정치적 대응을 조금 더 해본 후 해야 한다는 의견이 나온 것도 이상하다.

더욱 이상한 것은 군 출동 중지를 명령한 이유다. 전두환은 7월 7일 시·도지사 및 치안 관계자를 초치招致한 오찬에서 6월 18일(19일의 착오임) 저녁에 계엄령을 내리려고 했는데, 그러기 전에 자신이 권복경 치안본부장에게 전화해서 "자신 있느냐?"고 물었더니 "자신 있다"고 해서 군 출동을 중지시켰다고 말했다.

대통령이 치안본부장에게 직접 전화한 것도 그렇지만, 그가 무어라 답변할지를 뻔히 알면서 물어본 것은 더욱 싱거운 짓이다. 6월 14일 회의에서도 권복경은 고건 내무장관과 함께 복창하듯이 "만반의 준비를 다 갖추었다"라고 말한 바 있었는데, "자신 있느냐?"는 대통령의 물음에 "자신 없다"라고 답변할 경찰 책임자가 있을까. 전두환은 싱거운 사람같이 보이기도 하는데, 정말 싱거운 이유로 군 출동을 중지시키고 계엄령을 취소한 것이다.

6월 19일 오전부터 오후에 걸친 행동을 볼 때, 전두환은 정말 어쩔 수 없는 경우를 제외하고는 군 출동을 하지 않으려고 했던 정황을 읽을 수 있다. 관심을 끄는 것은, 14일 회의도 그랬을 터인데, 특히 19일 비상조치설은 여러 경로를 통해 퍼져나가도록 분주히 움직였다는 점이다.

전두환은 6월 항쟁기에 군을 동원하지 않겠다는 말을 했다. 6·10대회 다음 날인 6월 11일 학자들을 초청한 오찬에서 비상계엄으로 싹 쓸어버릴 수 있지만 "가급적 군부 동원을 안 하려고 한다"고 피력했다. 6월 13일 명동성당농성 사태 관련 회의에서도 비상조치나 계엄선포 없이 정부이양을 했으면 좋겠다고 말했다. 6월 17일 노태우 후보를 중심으로 시국 수습안을 마련해오라고 할 때도 군 출동은 배제했다.

전두환의 이력과 성미를 볼 때 전두환처럼 군 동원을 좋아할 사람은 없을 것 같은데 왜 전두환은 그것을 두려워했을까.

전두환의 박정희 평가

이 비밀의 열쇠를 풀기 위해서는 박정희를 불러낼 필요가 있다. 광주 사람들이 아니더라도 전두환을 '유신 잔당'쯤으로 치부하는 사람이 많고, 일반 사람들은 박정희에 비해서 전두환은 격이 떨어지는 것으로 생각하고 있다. 박정희에 비판적인 사람조차도 전두환은 박정희보다 한참 모자란 사

1979년 6월 12일 박정희가 공화당 훈련원 원장실에서 새로 입당한 이후락 의원(왼쪽)의 인사를 받고 있다. 전두환은 유신체제 시기에 박정희가 자신보다 훨씬 문제가 많았다는 말을 스스럼없이 하곤 했다.

람으로 생각하는 경우가 많다.

그러나 『전두환 육성증언』을 보면 전두환이 1986~1987년 연 GNP 성장률 13퍼센트를 오르내리는 '단군 이래 최대의 호황'을 맞아 은근히 경제에 자신감을 내보이면서, 박정희 말년의 지독한 인플레이션을 수습하느라고 얼마나 어려웠던가, 박정희가 망쳐놓은 경제를 일으켜 세우느라고 얼마나 힘이 들었던가를 강조하는 언급은 몇 번 있어도, 신기하게도 박정희를 칭찬하거나 존경하거나 높이 평가하는 말은 나오지 않는다.

박정희를 자신과 동급으로 취급하고 있고, 더 신기한 것은 대통령으로서 박정희가 자신보다 훨씬 더 문제가 심각한 자였다는 점을 주저하지 않고 말한다는 점이다. 1987년 12월 4일 민정당 경인지역 위원장이 28명이나 참석한 '공개적인' 자리였는데도 전두환은 이렇게 말했다.

내가 사실은 대통령 되고 나서는 돌아가신 박 대통령을 공식적으로 한 번도 욕한 일이 없어요. 그런 정부와 우리 정부가 단절을 했어야 되었는데, 내가 정치인으로서는 비정하지 못한 거지, 정치는 비정한 건데······.

전두환이 여러 민정당 위원장이 모인 자리에서 조금도 스스럼없이 이렇게 말했다는 것은 전두환과 신군부가 그때까지 그와 같이 생각했음을 말해주는 것이 아닐까. 박정희에게 절대 충성을 맹세한 전두환·하나회가 이렇게 생각하고 있었으니, 10·26사태 때 김재규와 가까운 사이였던 정승화 육군참모총장 등 군의 최고위간부들은—이들은 12·12쿠데타로 싹쓸이를 당하지만—박정희를 어떻게 생각했을까. 절대 충성을 맹세한, 혈육이나 다름없는 친위부대가 생각하고 있던 박정희 상像과 박정희를 잘 모르는 일반인들의 박정희에 대한 환상 사이에 큰 괴리가 있다는 것에 한국 현대사의 또 하나의 비극이 있다.

여기서 전두환이 유신 말기의 박정희의 행태 및 박정희가 군을 자주 거리로 끌고 나온 것에 비판적인 것에 다시 한번 주목할 필요가 있다. 그는 4·13호헌조치가 있기 전날인 4월 12일 수석비서관들과 함께한 자리에서 자신이 보안사령관이 되었을 때 대통령 주변이 형편없었다고 설명하면서, "(박정희가) 차지철이 신세를 너무 많이 지니" 차지철을 비판하는 보고서가 들어오면 정면으로 차지철한테 말하지도 못하고, 그냥 그 보고서를 차지철에게 주어버렸다고 비난했다. 그러고는 "비서실 내부도 엉망이고, 우군友軍 싸움이 김일성과의 싸움보다 더 심했어. 망하려니 그런가봐"라고 개탄 어린 어조로 말했다.

그는 1986년 4월 28일 노신영 총리와 전 국무위원을 부부 동반으로 초대한 자리에서 올림픽을 집어치우고라도 비상계엄을 할 수 있다고 호언장담하면서 "박 대통령 때 1년에 한 번씩 군대를 출동시켰어요. 그래서 18년을 끌고 갔지만 우리는 지난 5년 동안 위수령 한 번 안 했습니다"라고 자랑했다.

전두환은 왜 군을 동원하지 않았을까. 그가 박정희와 다르게 1986년까지 군을 동원하지 않은 것은 그럴 만한 사태가 일어나지 않았기 때문이었다. 그는 5·3인천사태보다 조금만 더 큰 사건이 일어났어도 비상조치를 취해야 한다는 충동으로 안절부절못했을 것이고, 인천사태보다 몇 배 큰 시위가 있었다면 "드디어 기회가 왔다"고 제때 계엄령을 선포했을 것이다.

하지만 6월 항쟁은 후임 대통령을 선거하는 정권교체기에 일어난 데다가, 전혀 상상하지 못했던 대규모의 폭발적 시위였다. 더구나 그 시위가 국민적 지지를 등에 업은 민주화운동이었고, 많은 시위자들이 사생결단으로 나서고 있었으며 공권력에 도전하는 위력적인 '무력'까지 수반하고 있었다. 아무리 전두환이었지만 이것저것 고려하지 않을 수 없었다.

그는 노태우와 민정당이 비상조치를 바라지 않는다는 점을 무시할 수 없었다. 정국 수습 방안을 마련하는 것을 맡기는 등 여러 가지로 책임을 분담하고 있었고, 또 힘을 실어주지 않을 수 없는 '권력이동'의 상황에서 노태우 측의 입장이나 견해는 중요했다.

군이 거리로 나가는 것을 기피하는 것도 그를 무겁게 짓눌렀다. 미국의 시선도 무시할 수 없었다. 88올림픽을 파탄으로 몰고 가는 일이 있어서도 안 되었다.

노태우·민정당과 군부, 미국이 군 출동을 두려워한 중요 요인이 바로 광주학살이었는데, 특히 전두환의 뇌리에서는 한시도 떠날 수 없는 문제였다. 그가 군 동원에 소극적인 데는 다른 이유도 있었다. 4·13호헌조치라는 큰 잘못을 저지른 것이 그것이다. 더 이상 경거망동해서는 안 되었다. 그는 거듭 신중하게 생각하지 않을 수 없었다.

"박정희처럼 되어서는 안 된다"

이러한 여러 요인 말고 또 하나의 중요 요인이 있었다. 전두환이 6월 항쟁에서 군을 출동시키지 않은 것은 가슴 깊숙이 묻어둔 비밀 아닌 비밀이 있어서였다. 전두환은 1986년 11월 1일 3부 요인과의 부부 동반 만찬에서 "군대라는 데가 이상한 뎁니다. 내가 대통령이 되고 난 지금도 솔직히 무서운 단체가 군대입니다. 장군들은 내가 잘 아니까 그렇지만 젊은 간부들은 패기가 대단해요"라고 토로했다. 장세동은 전두환이 위기 상황에 힘의 논리로 대처하지 않은 것은 "군의 성격을 잘 알고 있었기 때문"이라고 설명했다.[8] 1987년 6월 28일 전두환은 김성익 비서를 불러 6·29선언을 수용하겠다는 담화문 작성에 관한 자신의 생각을 들려주면서 "군대가 나오면 항상 쿠데타 위험이 있어"라고 털어놓았다. 노태우는 그의 회고록 상권에서 더 직설적으로 "동원된 군이 누구 편에 서게 될지 알 수 없다고 말하는 사람도 있었다"고 밝혔다. 뿐만 아니라 그는 이 책에서 한 걸음 더 나아가 "나는 직감적으로 '만일 이번 사태에 군을 동원한다면 이 정권은 무너질 수밖에 없다'는 생각이 들었다"고 피력했다. 6월 항쟁 때 비상조치를 취하지 않은 핵심 이유를 제기한 것이다.

하지만 전두환의 마음을 더 들여다보려면 다시 박정희를 불러들여야 한다. 전두환은 6월 1일 김성익을 불러 노태우를 대통령 후보자로 추천할 때 사용할 연설문과 관련된 얘기를 하면서 무엇인가가 떠오른 듯 돌연히 이렇게 말했다.

공화당 때는 군부가 흔들렸다. 장기집권, 부정부패 때문에 박 대통령까지 군부의 존경을 받지 못했어. 그게 부마사태 때도 나타난 거다. 부산에 계엄령을 선포해도 제어가 안 됐었다. 그때 경찰이 데모 진압을 안 하려고 했었어. 김재규가 그런 군부의 동향을 보고 박 대통령을 시해한 것이다.

기억의 부정확으로 약간 앞뒤가 안 맞는 말이 있지만 핵심은 분명했다. 박정희가 왜 그와 같은 최후를 맞이했는가에 대해서 중앙정보부장 김재규를 제외한다면 보안사령관인 전두환이 가장 잘 알고 있을 터였다.

이제 6월 항쟁 때 전두환이 군을 동원하지 않은 비밀의 열쇠를 정리해 보자. 6월 항쟁에서 군이 동원되어 시위를 막을 수도 있었지만, 전두환이 6월 13일 회의에서 말한 것처럼 "저들이 사생결단의 태세로 나오고 있어" 돌발적인 사건이 얼마든지 일어날 수 있었고, 그것은 즉각 광주학살과 같은 사태로 비화될 수 있었다.

이러한 와중에 사병은 물론이고 젊은 장교들이 4월 혁명에서처럼 시위에 호의적이거나 가담할 수 있었고, 그러면서 쿠데타로 발전할 때 하나회에 속하지 않은 장교건 하나회에 속한 장교건 김재규 같은 '무서운' 사람이 출현하지 않으리라는 보장이 없었다.

전두환은 장영자 사건 때 핵심 참모가 자신의 처삼촌인 이규광까지 처리해야 한다고 주장한 것을 기억하고 있었다. 그는 '칼자루'를 쥔 무인들의 비정한 권력세계를 직접 체현한 사람으로서 12·12쿠데타와 5·17쿠데타를 주도했고 국보위를 이끌며 하극상과 대통령 끌어내리기 및 대대적인 숙청을 벌였다. 그것이 불과 엊그제 일이었는데 자신과 같은 '패기가 대단한' 군인들이 또다시 나타나지 말란 법은 없었다.

더구나 보수적인 기독교인들까지 전두환 정권 지지에서 이탈하여 6월 항쟁에 가담하고 있는 상황에서 전두환을 처단하는 데 명분을 세우기도 어렵지 않았다. '패기가 대단한' 군인들이 국가적 위기를 수습하기 위해 국민의 지지를 등에 업고 자신을 민주주의의 공적公敵으로 처단하는 것은 그다지 힘든 일이 아니었다. 전두환은 김재규의 10·26거사로 꿈에도 생각지 못했던 대통령 자리를 차지했고, 그래서 자신이 하늘이 점지한 사람이 아닌가 생각하기도 했는데, 비참한 말로를 맞이하는 것만은 피해야 했다.

6·10대회를 목도한 날부터 전두환은 고민에 고민을 거듭하지 않을 수 없었고, 온갖 사념이 꼬리에 꼬리를 물고 머리를 떠나지 않았다.

이유가 어디에 있든 전두환이 6월 항쟁에서 군을 출동시키지 않은 것은 평가받을 만하다. 그 점이 박정희와 구별되는 점이다. 전두환과 박정희는 두 가지 점에서 차이가 있다. 하나는 박정희는 일제 말 군국주의가 체질화되고 생리화된 '황국 군인'이었다는 점이다. 다른 하나는 박정희는 자신의 목숨이 다할 때까지 유신체제를 유지하려고 했기 때문에 캄보디아 사태에서처럼 큰 희생을 초래하더라도 수단과 방법을 가릴 사람이 아니었다는 점이다. 차지철 같은 사람을 각별히 중용하고 청와대 주변을 '요새화'한 것도 그 때문이었다.

미국의 뒤늦은 반대

1970년대 이후 한국의 민주화운동 세력은 집권 세력이나 야당처럼 미국의 동향에 민감한 반응을 보였다. 그래서 머리 위에서 발끝까지 철두철미 숭미 사대주의로 찌든 친미주의자를 비난하는 운동권에 의해 미국의 영향력에 대한 신화가 만들어지는 웃지 못할 일이 종종 일어났다.

한국 정부에 대한 미국의 영향력은 NL계가 등장하면서 지나치게 과대평가되는 경향이 있었다. 6월 항쟁과 관련해서도 미국의 영향이나 역할은 지금까지 과대평가가 많다.

비상조치를 막는 데 미국은 과연 어떤 역할을 했을까. 야당 지도자나 일부 개신교 측은 미국이 군이 나오는 것을 막아 민주주의를 구한 것으로 인식하기도 하고, 민주·민족 운동권의 다수가 미국이 중요한 역할을 했다고 믿고 있다. 정말 그럴까.

1986년 봄에 개헌 논쟁이 불붙으면서 미국은 한국의 민주화운동과 개헌 문제에 관심을 표명했다. 그러나 미국은 직선제 개헌에 호의적이지 않았고, 여야에 대해 타협을 요구했다. 1987년 3월 미 국무장관 슐츠가 방한해 여당의 내각제에 기울어져 있는 '이민우 구상'에 호의적인 반응을 보인 것은 김대중과 김영삼을 몹시 실망시켰다.

미국은 4·3조치에 불만이었지만, 그다지 전두환 정권에 압력을 넣으려고 하지 않았고, 여전히 밑도 끝도 없는 대화와 타협을 종용했다. 다만 5월에 미 상원 외교위원회에서 4·13조치와 관련해 개헌 논의 중단 결정을 재고하라는 결의안이 통과되는 등 미 의회에서 전두환 정권에 대해 압력을 넣는 활동을 전개했을 뿐이다. 때때로 미국의 언론이 4·13호헌조치 반대운동에 호의적인 기사를 쓴 것은 민주화운동 세력을 고무시켰다.

6·10국민대회를 보고서도 미 국무부는 '압제보다 대화, 폭력보다 타협'을 요구하는 논평을 냈다.

일각에서는 주한 미대사 릴리가 6월 13일 명동성당에 경찰이 진입하지 못하도록 한국 정부에 강력히 요구한 것을 가지고 명동성당에 경찰이 들어오지 않은 것은 미국의 영향력 때문인 것으로 주장했다.

그렇지만 그 이전에 이미 전두환은 명동성당에 경찰이 들어가지 않겠다고 천주교 '전국교구장'(김수환 추기경을 가리키는 듯)에게 분명히 얘기하라고 지시했고, 그것에 이어 이한기 총리도 경찰 진입 반대 의사를 밝힌 바가 있었다. 릴리는 그 뒤에 얘기를 꺼낸 것이다.

레이건 친서가 도착하기 전까지 『뉴욕타임스』나 『크리스천 사이언스 모니터』 등 미국의 언론들이 지적한 바와 같이, 레이건 행정부는 한국 정부의 반발을 살 비판을 하고 싶어하지 않았고, 그러다 보니까 대체로 여야 대화라는 미덕만 강조하는 상투적 입장을 보여주었다.

직선제 개헌을 주장했던 많은 사람들이 믿고 있었던 것처럼 6월 19일 전두환의 비상조치를 막은 것은 릴리가 아니었다. 전두환이 여러 가지를 고려해 판단한 것이었다.

미 국무차관 더윈스키가 6월 20일 방한한 것에 이어 23일 미 국무부 동아시아 정책실무 최고 책임자인 시거 차관보가 내한해 군 출동 반대 의사를 밝히고 민주화를 위한 조치를 촉구한 것은 당시의 상황에서 의미가 있었다. 그러나 뒷북을 친다는 인상을 줄 수도 있었다.

4

6·29선언의 주역은 존재하는가

6·29선언의 '전두환 주역설'이 나온 배경

1987년 6월의 상황을 생각하면 전두환이나 노태우는 어떠한 형태로든 학생·시민의 시위대와 김영삼·김대중의 야당 주장을 수용하지 않을 수 없었다. 앞에서 살펴본 바와 같이 시위대가 사생결단의 자세로 나오는 매우 격렬한 시위가 거의 매일 계속되다시피 하여 만일 전두환이 비상조치를 발동해 군을 출동시켰다면 언제든 대규모 유혈사태가 벌어질 수 있었기 때문이다. 전두환이나 노태우로서는 어떻게든 '제2의 광주사태'만은 피하고 싶었을 것이다. 그렇다고 하더라도 이들이 부분적인 민주화 조치나 왜곡된 형태의 직선제를 넘어서서 양 김의 주장을 받아들인 6·29선언을 내놓았다는 것은 확실히 뜻밖의 일이었다.

왜 6·29선언이 나왔는가. 또한 이것은 어떠한 과정을 거쳐 나왔는가.

가장 중요한 것은 6월 항쟁에 굴복해서 6·29선언이 나올 수밖에 없었다는 점이다. 따라서 그것이 어떠한 과정을 거쳐 나왔으며, 왜 그와 같은

'깜짝쇼'의 형태로 나왔는지는 부차적인 중요성을 갖는다. 이 점은 대단히 중요하다. 그러므로 다시금 이 점을 명확히 하면서 6·29선언이 나오게 된 과정을 해명할 필요가 있다.

그동안 6·29선언과 관련해서는 처음 발표했을 때처럼 노태우의 고뇌에 찬 결단에 의해 나온 것인가, 그렇지 않고 나중에 전두환이 주장한 것처럼 전두환의 주도하에 나온 작품인가가 화제를 불러일으켰다. 후자의 경우라면 6·29선언의 주역은 전두환이고 노태우는 각본에 따라 연기한 한낱 배우에 지나지 않게 된다.

이러한 주장의 배후에는 전두환·신군부와 수구냉전 세력이 6·29선언으로 우리도 민주화에 큰 공을 세웠다는 후안무치하고 철면피한 궤변, 견강부회가 자리 잡고 있다는 점에 특별히 주목할 필요가 있다. 이들은 6·29선언이 6월 항쟁에 굴복해서 나왔다는 점을 애매하게 처리함으로써 이 선언이 시민들의 저항에 굴복해서 나온 것이 아닌 양 호도하거나 유도했다. 또한 전두환이 6·10대회 며칠 후에 직선제를 하려고 했다면서 그것에 각별히 큰 의미를 부여하려고 안간힘을 썼다. 사안이 이러하기 때문에 이 문제는 상세히 기술할 필요가 있다.

이러한 강변과 관련해서 주목되는 책이 전두환 대통령의 공보비서관이었던 김성익이 1986년부터 1988년까지 전두환이 주로 청와대 회의석상에서 말한 것 일부를 발췌해 편집하고 자신의 촌평을 붙여 1992년에 출판한 『전두환 육성증언』이다.

이 책이 세상에 얼굴을 내민 이유는 명료하다. 전두환이 정권을 넘긴 지 두 달 만에 치러진 1988년 4월 총선으로 여소야대 국회가 탄생했다. 그래서 역사 바로 세우기의 전초전으로 그해 11월에 5공 비리 청문회가 열려 텔레비전으로 생중계되었고, 전두환의 형제 등 친인척이 줄줄이 구속되었으며, 대학생과 시민들에 의해 전두환·이순자 부부 구속을 위한 궐기대회가 열리고, '전두환 체포조'가 연희동으로 달려가는 판국이었다. 11월 23일 전두환·이순자 부부는 사과문을 발표하고 백담사로 떠났다. 현대판 귀양이요 '위리안치'圍籬安置였다. 그렇지 않아도 이미지가 나빴던 전두환의 위신은 실추될 대로 실추했다. 이것을 만회할 필요가 있었다.

또 하나의 이유가 있었다. '배신자' 노태우에게 앙갚음을 한다고나 할까, 노태우를 폄훼할 필요가 있었다. 그 경우 노태우의 '아킬레스건'일 수도 있는 6·29선언의 '진실'을 밝히는 것이 중요했다. 1986년 1월부터 1988년 2월까지 전두환이 회의석상 등에서 말한 바의 일부가 실려 있는 이 책이 나옴으로써, 노태우가 6·29선언의 영웅이라는 '신화'가 어이없이 무너지는 것 같았다.

전두환과 노태우의 6·29선언 증언이 소략한 이유

그러나 김성익이 촌평을 통해 전두환과 6·29선언을 연결시키려는 주장이나 논리는 구체성이 약하다. 또 『전두환 육성증언』의 447쪽에서 455쪽에 수록된 「전 대통령이 말한 6·29의 전말」은 전두환 특유의 견강부회와 앞뒤가 안 맞는 자가당착적인 주장과 횡설수설이 많아 사료로 이용할 때 엄밀한 비판을 요구한다.

그런데 『전두환 육성증언』이 나왔으면 응당 노태우 측에서 반박을 했어야 할 터인데, 반박이 안 나온 것은 전두환의 주장이 옳다는 것을 자동으로 인정하는 셈이었다. 이 때문에 전두환의 주장은 확고한 사실처럼 굳어졌다.

노태우의 반박은 사람들이 6·29선언에 별 관심이 없었던 1999년 『월간조선』 6월호에 조갑제가 노태우와 인터뷰한 『노태우 육성회고록』 2를 통해서 나왔다. 그리고 조갑제가 인터뷰한 것이 주된 내용을 차지하는 『노태우 육성회고록』이 2007년에 출판되었는데, 여기에는 『월간조선』 1999년 6월 호에 실린 글이 가다듬어져 수록되었다.

『노태우 육성회고록』이 6·29선언 20주년 기념으로 출판된 것은 6·29 선언의 주역은 누가 뭐래도 노태우 자신이라는 점을 이 책을 통해 말하고 싶어서였을 것이다. 따라서 독자들은 『노태우 육성회고록』에 6·29선언에 대한 비화가 풍성히 들어 있을 것이라고 생각하기 쉽다. 그러나 실제는 그 렇지 않다.

전두환·노태우 두 사람에게 그렇게 중요하다는 6·29선언에 대해 『전 두환 육성증언』이나 『노태우 육성회고록』이 둘 다 신기할 정도로 대단히 소략하고, 그 점은 2011년 8월에 출판된 『노태우 회고록』(상·하)도 마찬가 지다. 그것은 사실은 두 사람이 공개할 수 있는 것보다 숨기고 싶은 것, 켕 기는 것이 훨씬 더 많다는 점과 6·29선언이 전두환의 주장대로 오랜 각고 의 산물이 아니라 급작스럽게 만들어진 것이라는 점을 시사한다.

6·29선언 초안을 작성하는 데 중심적 역할을 한 박철언의 『바른 역사 를 위한 증언』 1권도 6·29선언의 내막을 밝히는 데 도움을 준다. 이 책은 『노태우 육성회고록』보다 2년 이른 2005년에 출판되었다. 노태우의 처가 쪽 가까운 친척인 박철언은 1987년에 노태우의 분신이나 다름없었고, 노 태우가 '등극'했던 1988년에는 6공의 '황태자'라는 얘기를 들었다. 그는 안 기부장 장세동의 특별보좌관이었고, 안무혁이 그다음을 이은 후에는 그의 특별보좌관으로 활동했다.

또 하나 빼놓을 수 없는 기록이 있다. 2004년에 출판된 이만섭의 『나의 정치인생 반세기』가 그것이다. 노태우는 1987년 6월 20일 이만섭 국민당 총재와의 대화로부터 영향을 받았다. 또 김성익은 촌평에서 6월 24일 전두 환과 이만섭의 영수회담에서 두 사람은 인간적인 신뢰를 바탕으로 깊은 애기가 오갔다고 기술했다.

간과해서는 안 될 것은 뒤의 네 종류 회고록은 『전두환 육성증언』 및 6·29선언에 대한 다른 여러 사람의 증언을 읽어보고 검토한 뒤에 나왔을 가능성이 높다는 점이다. 여기에서는 이 5권의 책을 인용할 때 각각 『전두환 육성증언』은 '전두환', 『노태우 육성회고록』은 '노태우', 『바른 역사를 위한 증언』 1권은 '박철언', 『나의 정치인생 반세기』는 '이만섭', 『노태우 회고록』 상권은 '노태우 회고록'으로 쓰고자 한다.

직선제 논의 시점에 대한 상이한 주장

그 전에 먼저 전두환에게 직선제 외에 다른 방안이 있었는지를 살펴볼 필요가 있다. 호헌조치와 관련해 전두환은 국민투표 방안을 고려했던 것 같다. 호헌조치에 대해 찬반을 묻는 국민투표를 실시하는 것인데, 여기에는 개헌을 88년 양 대사를 치른 후에 하겠다는 것과 부분적인 지방자치의 실시, 언론기본법의 개정 등 부분적인 '민주화' 조치의 병행이 부대사항으로 따르고 있었다. 경우에 따라서는 국민투표가 부결되면 대통령직을 사임하겠다고 '으름장'을 놓는 문제도 검토되었다. 국민투표를 실시할 경우 대개가 집권자에게 유리한 데다가, 전두환은 언론 특히 텔레비전과 선거관리위원회를 장악하고 있다는 점도 계산에 넣고 있었다. 전두환은 호헌조치를 발표할 시기를 저울질하고 있던 1987년 3월 19일에 내무장관, 시·도지사와 청와대에서 오찬을 함께하면서 "(국민)투표를 해서 성과가 나쁘면 여러분이 나하고 개인적으로도 의리를 끊는 것입니다. 여러분이 내 분신 아닌가"라고 말한 바 있었다('전두환', 319쪽). 그러나 국민투표 방안은 4, 5월 호헌철폐투쟁이 요원의 불길처럼 일어나고 있는 시기에 공포할 경우 자신의 절대적 권력과 권위에 상처를 입히는 것이 아닌가 해서 심각하게 고려하지 않았던 것 같다. 6월 항쟁에 와서는 이춘구 민정당 사무총장이 국민투표 방안을 주장하는 등 일각에서 의견이 있었지만, 6·10대회 이후 전두환이 창황망조蒼黃罔措하여 '냉철'하게 '대처'할 수 있는 정신상태가 아니었다. 또 상황이 크게 달라졌기 때문에 국민투표를 실시하기에는 이미 때가 늦었다고 볼 수밖에 없었다.

그렇다면 언제부터 전두환이나 노태우가 직선제 문제를 생각하게 되었을까.

전두환은 『전두환 육성증언』에서 직선제에 대해 두 차례 말했다. 하나는 6월 28일 김성익에게 2주일 전에 노 대표에게 "직선제를 받도록 시킨 것"이라고 얘기한 것이다. 이 경우 6월 14일에 말했다는 것이 된다. 장소나 시간은 안 나온다. 다른 하나는 김성익이 1987년 6월에 들어와서 들었다고 하면서, 전두환이 6월 15일경 노 대표를 안가로 불러 얘기했다고 한 것이다('전두환', 441~442, 450쪽). 어느 경우나 구체적이지도 않고 명확하지도 않다. 이 시기에 전두환은 정신적으로 공황상태에 빠져 있어 국민투표 방안을 비롯한 여러 방안을 냉정히 검토하지 못했던 것만은 분명하다.

그런데 노태우는 『노태우 육성회고록』 및 『노태우 회고록』 상권에서 6월 20일 이만섭과 회담을 할 때 전두환으로부터 직선제를 권유받았다는 점을 완강히 부정하는 정도를 넘어서는 주장을 한다. 이날 회담에서 이만섭이 직선제 이야기를 꺼내자 노태우는 "4·13조치를 한 지도 얼마 되지 않았는데, 전 대통령에게는 어림도 없는 일이다. 내가 아무리 직선제를 한다고 해도 전 대통령이 안 된다고 할 텐데 그게 가능할 것인가" 하고 걱정했다는 것이다. 그래서 이만섭 총재가 "전두환 대통령을 만나서 설득하겠다"고 했을 때 그게 좋겠다고 생각했다는 것이다('노태우', 159쪽; '노태우 회고록', 338쪽). 이 부분에서 노태우가 하는 말과 행위는 전두환의 주장과는 달리 구체적이고 논리적이다. 또 노태우는 『노태우 회고록』 상권에 6월 20일 당기획팀에서 직선제를 수용하기 어려운 이유로 첫째 선거에서 패배한다는 점, 둘째 전 대통령이 결코 직선제를 받아들이지 않을 것이기 때문에 추진할 수가 없다는 점을 제시했다고 기술했다('노태우 회고록', 339쪽).

왜 전두환과 노태우는 이처럼 상반되는 주장을 할까. 전두환이 노태우에게 애매하게 직선제 문제를 꺼내 노태우가 전두환의 의사로 알고 있지 않았거나 아예 기억에 남지 않았을 경우와, 전두환이 노태우에게 직접 직선제를 권고하지 않고 제3자를 통해 했으며, 그것도 자신이 시킨 것이라고 말하지 말고 제3자가 자신의 의견인 것처럼 말하게 했을 경우에 양자의 주장은 각각 성립할 수 있다.

6월 항쟁 이전에도, 6월 항쟁 때도 전두환이나 노태우에게 직선제를 권한 사람은 있었다. 김용갑, 김복동도 그런 사람 중 한 명이었다('노태우', 164~165쪽).

김용갑 청와대 민정수석의 증언에 따르면 그가 6월 14일 박영수 비서실장 등에게 직선제를 받아들이라고 얘기했고, 박 비서실장은 이것을 전 대통령에게 보고했다고 한다. 김용갑의 증언은 과대 포장되었거나 수긍하기 어려운 점들이 있다. 하여튼 이 증언에 따르면 전두환은 6월 17일 저녁에 노태우를 따로 불러 직선제 수용 방안을 검토해보라고 말했다. 하지만 이 부분에 대해서는 사실 여부를 확인할 길이 없다. 또 이 증언에 의하면 김용갑은 6월 18일 전두환을 만나 직선제를 강력히 설득했고, 김용갑의 말을 들은 전두환은 지금 바로 노태우에게 가서 그대로 설명해주라고 해서 그렇게 했다고 한다. 이 증언에 따른다면 전두환은 6월 19일에도 노태우 대표를 만나 6월 17일보다 강한 어조로 직선제 수용을 주장했다고 하는데,[9] 이 경우도 전두환이 자신의 견해라고 했는지 다른 사람들이 직선제를 수용해도 이긴다 하니 한번 검토해보라고 애매하게 말했는지는 불분명하다. 전두환이 자신의 견해라고 하면서 얘기했다면 노태우가 이만섭에게 전 대통령에게 직선제는 어림도 없는 일이라고 얘기하기는 어려웠을 것이다. 이 시기 전두환과 노태우는 엄격한 상명하복 관계에 있었다. 그렇지만 김용갑이 이 무렵 노태우와 민정당 간부들이 직선제에 대해 강한 거부감을 보였다고 증언한 것은 사실일 것이다.

그런데 노태우는 2011년에 출판한『노태우 회고록』상권에서 6월 17일 밤 박철언을 집으로 불러 "이제는 다른 방법이 없다. 결심을 했다. 직선제로 하는 수밖에 없겠다. 그에 관한 모든 준비를 해달라"며 초안을 만들라고 말했고, 이 지시를 받은 박철언은 6월 18일부터 기초 작업에 들어가 20일과 22일 두 차례 보고를 하고 자신의 보완 지시를 받아 수정 작업을 하고 있었다고 주장했다('노태우 회고록', 338, 343쪽). 이러한 주장은 김용갑의 주장과 상충되기도 하지만, 이렇게 중요한 사항이『노태우 육성회고록』에 빠져 있다는 것도 이상하다. 그리고 주도면밀하게 쓰여 있는 박철언의『바른 역사를 위한 증언』에도 전혀 언급되어 있지 않다.

6월 17일 4·13호헌조치 족쇄 풀어

앞에서도 언급했지만, 6·18최루탄추방의 날 전날인 6월 17일 저녁 7시 20분부터 9시 30분까지 전두환은 안가에서 안무혁·이춘구·이치호·현경대 및 비서실장과 경호실장, 김윤환, 이종률 등이 합석한 자리에서 노태우와 만찬을 함께했다.

전 대통령은 이 자리에서 노태우 대표를 중심으로 정국 수습안을 마련하라고 당부하면서, 안무혁 안기부장은 전문가 연구팀을 동원하고 비서실과 협조해서 뭔가 만들고 우군友軍 관리를 잘하고, 당은 광범위한 여론 수

렴을 하라고 지시했다('전두환', 409~417쪽). 당에 대한 이러한 지시나 이 자리에서 노태우에게 "노 후보는 나를 비판한 일이 없어. 잘못을 비판할 용기가 있어야 돼"라고 말한 것은 자신의 4·13조치에 융통성을 가져도 좋다는 의사로 볼 수 있었다. 전두환이 처음으로 간접적으로나마 4·13호헌조치의 족쇄를 풀어주어 노태우나 민정당이 그 나름대로 위기 타개 방안을 모색할 수 있게 된 것이다.

김성익은 이 자리에서 오고 간 이야기를 전두환이 이날 이전에 노태우에게 직선제를 받아들이라고 했다는 것과 연결시키려고 하지만, 이 자리에서 전두환은 "저 사람들(시위대 또는 야당 등 직선제를 주장하는 자들)이 마치 모든 시민 여론이 자기네를 지지하는 것처럼 조성하는데……"라고 말하는 등 여러 차례에 걸쳐 직선제에 반대한다는 의사를 명확히 표명했다.

6·18최루탄추방의 날에 부산과 서울 등 여러 도시에서 격렬한 시위가 전개되었다. 신문 지면 한가운데에 불타는 경찰장비 사진이 실리고 여당의 결단을 촉구하는 사설이 실렸다.

노태우와 민정당은 망연자실한 채 어쩔 줄 몰라 하면서 4·13조치 일부를 수정해 국회에서 개헌 논의를 재개하고 부분적인 민주화 조치로 국민 여론을 최대한 누그러뜨려야 한다는 정도의 방침을 세워놓았다. 이때쯤에야 겨우 4·13조치 일부를 수정하자는 의견이 나오는 실정이었다.

6월 19일 오전 전두환은 군 병력 출동을 준비하라는 지시를 내렸는데, 이날도 상황은 호전되지 않았다.

노태우, 6월 22일 전두환에게 시국 수습책 건의

6월 17일 밤 전두환으로부터 정국 수습안을 마련하라는 지시를 받은 노태우는 6월 20일 자리에 연연하지 않겠다면서(『조선』) 이만섭과 신민당 총재 이민우, 김수환 추기경을 잇따라 만났다. 이들은 한결같이 직선제를 받아들이라고 권했다. 이에 대해 노태우는 "현행 헌법은 당론이자 대통령의 강한 의지이므로 나는 꺾을 수 없다"고 답했다. 그러자 이만섭 총재는 "그렇다면 대통령을 만나서 설득해볼 용의가 있다"고 말했다. 그래서 노태우는 "전 대통령에게 야당 당수와 종교계 지도자들을 만나달라고 건의할 터이니, 청와대에 가서도 그렇게 말씀해달라"고 당부했다('노태우', 157~160쪽).

그러나 이만섭의 설명은 이와 약간 다르다. 이만섭은 6월 20일 노태우와 1시간 10분 동안 회담한 끝에 평화적 방법으로 난국을 극복할 것, 비상조치가 초래되는 일이 있어서는 안 된다는 것, 여야가 대화와 타협으로 난국을 수습한다는 것 등 세 가지 원칙에 타협했고, 전두환을 설득하자는 얘기는 그 후에 나왔다는 것이다. 노태우와 이만섭은 22일 점심에 다시 만났는데, 그 자리에서 이만섭은 "김대중 씨를 풀어주고 민주화 조치도 취해서 직선제로 승부를 거는 것이 당신도 살고 나라도 사는 길이요"라고 설득했더니, "내가 아무리 직선제를 하자고 해도 전 대통령이 결심하지 않으면 안 될 텐데요?"라고 노태우가 대답했다는 것이다. 그래서 이만섭은 "전 대통령은 내가 만나서 어떻게든 설득을 할 테니까 노 대표부터 먼저 결심하시지요"라고 재차 강조했다고 회고했다('이만섭', 330~333쪽).

6월 17일 밤 전두환이 물꼬를 터주자 민정당은 6월 21일 일요일에야 6·10대회 이후 최초로 당론을 수렴하는 회의를 열었다. 창당 이후 처음으로 자유롭게 열렸다는 민정당 의원총회에서는 대개가 비상조치는 자제해야 한다는 의견이었고, 서울지역 의원들은 상당수가, 다른 시·도 의원들도 각각 한두 사람이 직선제를 받아들이자는 의견을 직간접적으로 내놓았다.

노태우는 22일 오전 청와대에 올라가 전두환 대통령에게 민정당 의원 총회 결과를 보고하고, 개헌 논의 재개, 6·10대회 관련 구속자 석방, 김대중 가택연금 해제를 건의했다. 그리고 "이러저러한 분들을 만나보시는 것이 좋겠다"라고, 김영삼과의 회담을 포함해 여야 영수회담을 건의했다('노태우', 160쪽). 6월 22일이 되어서야 노태우가 전두환에게 시국 수습책을 건의한 것이다.

사태가 워낙 다급했기 때문에 전두환은 그 건의를 수락했다. 6·10대회 이후 전두환이 처음으로 공개적으로 사태 수습을 위해 나서게 된 것이다. 그런데 청와대와 민정당 중집위에서 노태우의 건의 내용을 발표하지 말라는 압력을 가했다('박철언', 260~261쪽). 우여곡절을 겪다가 결국 이날 석간신문에는 1면 톱으로 '전 대통령, 김 총재와 회담 곧 실현' 등의 제목으로 노태우의 건의안이 크게 보도되었다.

6월 23일 국본은 6월 26일 평화대행진을 실시하되, 전두환−김영삼 회담에서 성과가 있으면 이를 지지하겠다고 발표했다. 22일부터 대규모 시위가 호남지방으로 옮겨 붙어 거세게 일어났다. 전주에서는 9개 파출소가 습격당하고 그중 3개소가 불타는 등 전주 시내 파출소가 거의 모두 파손당했다. 순천에서도 2개 파출소가 불탔고, 시청이 두 번이나 공격당했다. 23일 전주에서의 시위 규모는 더욱 커져 수만 명이 6차선 도로 1킬로미터를 꽉 메웠고, 여수에서는 3개 파출소가 불탔으며 광주에서도 시위 규모가 커졌다. 시위는 걷잡을 수 없이 계속 격렬히 전개되고 있었다.

전국이 격랑에 휩싸여 있는 상황에서 6월 24일 전두환은 김영삼을 만났다. 김영삼은 4·13조치 철회 및 선택적 국민투표 실시 등을 요구했으나, 전두환은 어려운 대목만 나오면 노태우와 만나 의견을 절충하라고 회피했고, 그러면 김영삼은 "당신이 책임자인데 왜 자꾸 미루느냐"고 다그쳤다. 전두환으로서는 1980년 12·12쿠데타 이후 처음 당하는 수모로 자신이 얼마나 벼랑 끝에 몰려 있는 신세인지를 뼈저리게 느꼈다.

전두환은 오전 10시에 김영삼, 12시에 이민우 신민당 총재, 오후 2시 40분에 이만섭을 만나게 되어 있었으므로 점심 약속을 내세워 회담을 끝내려고 했다. 그러나 김영삼이 핀잔을 주며 주저앉혀 점심식사까지 같이했으나 전두환은 끝내 노태우 이름을 들먹이며 김영삼의 요구를 피해갔다. 김영삼이 당으로 돌아가 영수회담이 결렬되었다고 하면서 6·26평화대행진을 강행하겠다고 선언한 것은 전두환을 아주 당황하게 했다.

전두환, 진지한 청강생 되다

이만섭과 전두환의 회담은 이러한 배경하에서 일어났다. 김성익은 이만섭이 전 대통령을 위하는 마음으로, 전 대통령과 같은 입장에서, 조목조목 이해득실을 따져 이야기했다고 기술했다. 이어서 김성익은 전두환은 대단히 진지하고 진중한 표정으로 경청하는 모습이었다고 쓰고 있다. 사회 각계 대표들과의 대화에서도 항상 혼자 떠들다시피 하는 버릇이 몸에 밴 전두환이 진지한 청강생으로 돌변한 것이다. 그렇게 절대적으로 권력을 휘둘렀던 전두환이 4·13조치 이후, 특히 6·10대회 이후 캄캄한 어둠에 갇혀 출구가 보이지 않아 얼마나 답답했으면 이러한 표현이 나왔을까.

이만섭이 백척간두의 이 난국에 떳떳하게 직선제를 해야 풀리지 비상조치는 절대로 선포해서는 안 된다면서 먼저 비상조치를 선포할 것인지 그것부터 분명히 밝혀달라고 말하자, 전두환은 "비상조치는 절대로 선포하지 않습니다"라고 답변했다. 그러면 직선제밖에 없지 않느냐고 다시 묻자

청와대에서 학원·민생 문제 등 시국 전반에 걸쳐 의견을 주고받고 있는 **전두환** 대통령과 **이만섭** 국민당 총재 (1986. 6. 4). 6·10대회 이후 백척간두에 선 전두환은 김영삼·이만섭 등과 회담하는 등 비로소 사회 각계 대표들의 목소리에 귀를 기울이기 시작했다.

전두환은 고민하는 표정이었다('이만섭', 334~335쪽).

이만섭은 김영삼이 주장한 선택적 국민투표는 결과가 뻔한데 국력을 낭비하지 말고 깨끗이 직선제를 받아들이라면서, 직선제를 해서 "동교동, 상도동 머리 처박고 싸우게 하고 이쪽은 정정당당하게 물가 안정, 올림픽 가지고 심판받는 게 좋습니다"라고 설득했다. 참으로 듣고 싶었던 소리였다. 전두환은 궤변에 지나지 않는 주장이지만 흉중에 품고 있었던 생각을 이렇게 밝혔다.

내 지론은 현행 헌법이 우리 실정에 좋다는 데는 불변입니다. (……) 국민의 감정이 내 손으로 뽑자는 것인데, 그것을 충족시키는 방법으로 대통령 선거법을 직선제에 가깝게 고치는 방법도 있는 것 아닙니까? 선거인단이 선거인단 선거 때 자신이 약속한 대통령 후보를 찍도록 법적 구속력을 갖게 하면 직선제와 같은 것이지요. 정치력을 발휘해서 국민의 참뜻이 어디 있는지를 알아서 백지상태에서 생각해보십시오.

이만섭이 다시 선택적 국민투표를 하면 직선제가 이긴다고 말하자, 전두환은 노 대표를 만나 얘기하라고 했다. 그래서 이만섭이 현행 선거인단 선거로는 선거가 되지 않는다고 역설하자 전두환은 다시 "꾀를 부리려는 게 아닙니다. 우리 국민이 속지 않습니다"라고 강변을 늘어놓았다.

청와대 기록은 전두환이 마지막으로 "(노 대표를) 비공식으로 만나서 얘기하세요. 한번 얘기해보세요"라고 말했고, 이어서 이만섭이 "각하께서 그 용단만 내리면 민심이 그리로 쏠립니다"라고 말한 것으로 끝난다('전두환', 423~426쪽).

이만섭 회고록은 전두환이 마지막으로 "이 얘기(직선제)를 노 대표에게도 한 적이 있습니까?"라고 묻는 것으로 끝나고, 그것에 이만섭이 "물론 노 대표에게도 충분히 얘기했습니다. 대통령께서 결심만 하시면 제가 노 대표를 다시 만나 마음을 굳히도록 하겠습니다"라고 답변한 것으로 끝난다.

두 기록이 약간 다른 뉘앙스를 풍기는 것을 간취할 수 있다.

『전두환 육성증언』에 나와 있는 전두환과 이만섭의 대화를 읽어보면 전두환이 직선제에 대해 가지고 있는 방안은 '변형된 대통령직선제'로 그것이 '국민의 뜻'이라는 것이었고, 그것조차도 노태우와 충분히 논의하지 않았다는 것을 말해준다. 이만섭은 회고록에 "그날 내 말을 진지하게 듣던 전 대통령은 바로 그날 저녁 즉각 노 대표를 청와대로 불렀다고 한다"고 썼다('이만섭', 334~336쪽).

노태우와 박철언의 상이한 증언

전두환이 노태우에게 직선제를 권고한 날짜에 대해 노태우와 박철언은 다르게 주장한다. 먼저 박철언의 기록을 그대로 옮겨보자.

6월 23일 연희동에서 노 대표가 급히 보자고 했다. 단둘이 만났다. 어둡고 심각한 표정으로 노 대표가 말했다. "대통령이 '직선제'하자고 하더라. 사태 수습을 위해 그 길밖에 없다고 하면서 난국 타개에 자신감을 잃은 듯하더 라. 처음에는 반대 의견을 얘기했으나 결심이 강한 듯해서 오늘 일단 받아 들이기로 했다. 하지만 그런 경우에는 김대중을 사면·복권하고 구속자도 석방해야 한다고 내가 주장했다." 나는 끝내 막다른 골목까지 왔구나 하는 생각에 바싹 긴장되었다(『박철언』, 261쪽).

이번에는 노태우의 얘기를 들어보자. 노태우는 6월 24일 잇딴 영수회 담을 보고 변화가 올 것으로 예상했는데, 그날 저녁 청와대에서 불러 얘기 하던 중 전두환이 불쑥 "직선제를 해도 마, 이기지 않겠소?" 하고 말을 꺼 냈다고 한다. 그래서 "무슨 말씀이십니까? 직선제로서 이긴다고요? 안 될 말씀입니다"라고 부정적으로 반문했다고 한다. 전두환이 직선제를 한다고 했다가 뒤집으면 나라에 돌이킬 수 없는 비극이어서 "앞으로 절대 변하지 않는 결심"으로 굳혀야겠다는 마음에서 반어법을 썼는데, 이 대목 때문에 자신이 직선제를 반대한 것으로 알려지게 되었다고 회고했다.

노태우가 부정적으로 나오자 전두환은 김대중을 사면·복권시킨다 해 도 이긴다며 설득했고, 그래서 노태우가 재삼 확인했더니 전두환이 "그 방 법밖에 없지 않느냐"고 속내를 털어놓았다. 그 얘기를 듣고 노태우는 "모 든 것을 나에게 맡기고 관여하지 말아주세요"라고 말했다는 것이다.

노태우 대통령과 악수하고 있는 박철언 정무장관(1989. 10. 21).

노태우는 그 자리에서는 6·29선언의 내용이 구체적으로 논의된 것이 아니었고, "직선제를 한다. 김대중 씨를 사면·복권한다"는 두 가지만 합의를 보았다고 강조한다. 이렇게 해서 구체적인 사항에 대해서는 "전부 내 책임하에 내가 한다. 내가 해야만 국민들이 제대로 받아들인다"고 다짐을 받을 수 있었다. 6월 24일 이후 6·29선언 때까지 노태우는 청와대에 올라간 일이 없었다('노태우', 160~162쪽; '노태우 회고록', 342~343쪽).

노태우의 증언은 논리적이고 구체성을 띠고 있지만 박철언의 증언도 사실적인 감을 준다. 노태우의 표정이 심각하고 어두웠다는 점, 전두환이 사태 수습을 위해 직선제밖에 없다고 했다는 점과 난국 타개에 자신감을 잃은 듯하더라는 점, 노태우가 반대 의견을 얘기했다는 점은 모두 다 리얼하다.

문제는 전두환이 노태우에게 직선제를 말했다는 날짜다. 박철언의 증언에 따르면 노태우가 '오늘'(23일) 받아들이기로 했다고 했으니, 전두환이 노태우에게 직선제를 받아들이라고 권유한 것은 22일이 된다. 그것도 22일 오전에 박철언이 노태우를 만났을 때 노태우는 박철언과 그와 같은 얘기를 하지 않았으므로, 22일 오후 언젠가 전두환이 노태우에게 말했다고 볼 수 있다.

왜 노태우와 박철언의 증언이 2일이나 차이가 날까. 6월 24일 청와대 영수회담에 관한 전두환·이만섭·김영삼의 증언과 상황, 노태우가 당사자라는 점, 박철언의 책이 나온 뒤에 노태우의 책이 나왔다는 점으로는 24일 저녁이라는 노태우의 주장이 더 설득력이 있다.

다시 박철언의 증언을 보면 6월 22일에 전두환이 자신의 의사로 직선제 수용 문제를 얘기했을 공산이 크다. 그렇지만 지시가 아니라 그저 자신의 의견을 피력했을 가능성이 있다. 직선제에 관한 한 전두환의 지시는 제약이 있었다. 전두환은 체육관에서 선출된 체육관 대통령이었지만, 노태우는 김영삼이나 김대중과 경쟁을 해야 했다. 1971년의 선거에서 박정희는 선거 중반에 "후계자를 키우겠다"는 공약을 잇따라 했고, 흑색선전 등으로 지역 몰표를 확보해서 간신히 김대중을 이겼는데, 노태우는 박정희보다 아무래도 경쟁력이 약했다. 이런저런 이유로 노태우와 민정당에서 직선제를 받아들일 수 없다고 강경히 나오면 전두환으로서는 어쩔 수 없는 면이 있었다. 이러한 점에서는 노태우의 결정권이 더 컸다. 그렇지만 전두환은 절대적인 권력을 휘둘렀다. 노태우로서는 전두환의 의사를 무시할 수 있는 위치에 있지 않았다.

노태우의 보고와 건의를 받고 야당 총재 등을 만나본 전두환이 이제 어쩔 수 없다는 심정으로 직선제 문제에 노태우와 합의를 본 것은 6월 24일 저녁 이후였다. 두 사람은 6월 24일 상황에서 직선제와 김대중을 사면·복권한다는 데 합의를 보았다. 그러나 이때도 최종 결정은 아니었다. 최종 결정이었더라면 6월 25일에 발표해 6·26대행진을 취소시킬 수 있었다. 그 경우 명분도 아주 좋지만, 그렇게 되었더라면 6·29선언이 6·26항쟁에 굴복해서 나왔다는 주장이 성립되기 어려웠고, 6월 항쟁에 무릎을 꿇었다는 점도 약해질 수 있었다. 6월 25일에 발표했더라면 6월 항쟁은 반토막이 되고 말아 6월 항쟁의 역사적 의의가 반감했을 것이고, 민주화운동 세력은 크게 분열했을 것이다. 하지만 노태우와 전두환은 대통령 선거에서 반드시 승리한다고 확신할 수 없었고, 이 때문에도 6·26대행진을 경찰력으로 초동에 꺾을 수도 있을 것이라는 미련을 버리기 어려웠다.

6·26평화대행진 보고 최종 결정하기로

확실한 것은 직선제 수용의 문안은 노태우의 주도하에 6·26대행진 전날인 25일에야 어느 정도 준비되었다는 점이다. 6·26평화대행진 상황을 보고 문안을 수정하고 가다듬어 발표하려고 한 것이다.

박철언은 6월 25일 아침 노 대표의 집에 있었다. 노 대표가 결연히 말했다.

시국 타개 종합 방안을 마무리하여 곧 독자적으로 발표해야겠다. 대통령직선제, 김대중의 사면·복권, 시국사범 석방, 언론기본법 폐지 등을 포함시켜라. 효과의 극대화를 위해 대표가 대통령과 사전 상의 없이 독자적으로 선언하고 나중에 대통령이 추인하는 형식을 취하기로 전 대통령과 합의했다. 시간을 끌면 보안이 흘러나가니 급히 발표 문안을 준비해주기 바란다.

박철언은 안기부 특보실 강재섭 연구실장과 박원출 연구관, 김희성 연구관과 함께 문안 작성에 들어갔다('박철언', 262~263쪽).

여권의 한 고위인사는 6·26대회가 앞으로의 정국 전개에 큰 갈림길이 될 것으로 전망했는데, 전두환은 직접 권복경 치안본부장에게 초동 단계에 시위를 진압하라고 지시했다. 초동 단계에 진압이 되거나 6·26대회가 별 볼일 없으면 사태는 달라질 것이었다.

그렇지만 상황은 급격한 변화를 요구하고 있었다. 전두환이 그토록 신뢰했던 『조선일보』조차 시위가 시작되기 전에 배달된 6월 26일자 사설에서 "선택적 국민투표나 새 총선 방식으로 국민의 선택에 맡기는 길밖에 이젠 없다고 믿는다"고 썼다. 미약하기는 하지만 직선제를 수용할 수밖에 없지 않느냐는 시사로도 읽힐 수 있는 주장이었다.

6·26대행진은 초동 단계에서 꺾이기는커녕 전국의 주요 도시가 망라된 한국 역사상 최대 규모의 동시다발적 시위였고 각계 각층이 참여하여 대단히 격렬하게 전개되었다. 6·26대행진을 목도한 민정당 서울지역 출신 의원들은 27일 오후 6시에서 10시까지 격론을 벌이며 토론을 했고, 그리하여 당 지도부의 비장한 결심을 촉구했다. 이들은 지난 21일 의원총회에서 표출된 분위기가 다소 퇴색하는 듯한 당내 기류를 규탄하고, 대통령직선제와 김대중 사면·복권, 언론기본법의 폐지는 피할 수 없는 시대적 운명이라고 주장했다(『동아』).

정공법으로 치고 나가지 않으면 난국을 수습할 방법이 없었다. 미온적인 방법으로는 계속 밀리기만 할 뿐이고, 도저히 감당할 수 없는 어떠한 새로운 사태가 폭발할지 알 수 없는 상황이 눈앞에 가로놓여 있었다. 전두환이건 노태우건 굴복하는 길 외에 다른 방법이 없었다.

노태우와 박철언은 6월 27일 오후 5시 15분경부터 다섯 시간이 넘도록 선언문을 손질했고 세부사항을 논의했다. 세상에 알려진 6·29선언은 이 자리에서 두 사람에 의해 만들어졌다. 중간에 안무혁이 다녀갔다('박철언', 264쪽). 노태우는 이병기 민정당 대표 보좌역에게 선언문을 정서하라고 시

컸다('노태우', 162쪽). 6월 29일에 발표한다는 것도 이날 오후 이후 확정되었을 것이다.

전두환은 6·29선언에서 수동적일 수밖에 없었다. 27일 오전 9시 20분에 이종률, 김성익 비서관을 불러 "상황이 어려우면 적절한 시기에 직선제를 해버리자. 국민이 원하니 직선제를 하자. (두 사람은) 직선제를 받아들이는 담화 발표를 준비해놓아야겠어. 공무원들도 마음이 돌아가 있어. 이달 말쯤 노 대표가 (……) 입장을 밝히면 나는 그것을 받아들이는 결단을 내려야 하니 그 담화를 준비해야 돼"라고 말했다.

6월 29일에 전두환이 노태우가 '건의'하는 방식으로 처리한다는 사항과 건의안 내용을 김성익에게 말해준 것은 그다음 날인 6월 28일 오전 9시 50분 이후였다. 전두환은 이때 김성익에게 7월 2일 특별담화를 발표한다고 했는데, 오후 3시 40분 다시 만났을 때에는 7월 2일이 너무 늦다면 1일에 하겠다고 말했다('전두환', 428~446쪽).

6월 28일 저녁 노태우는 집에서 박철언과 함께 최후 준비와 점검에 들어갔다('박철언', 265쪽). 다음 날 오전 9시 조금 지나 민정당 중집위 회의에 참석한 노태우는 '6·29선언'을 쭉 읽어 내려갔다.

5

야당 대통령이 나오더라도
6·29선언이 나왔을까

6·29선언에서 제일 궁금한 것은 노태우와 전두환이 야당에서 대통령이 된다고 예상했을 경우에도 과연 6·29선언을 발표했을까 하는 점이다. 두 사람은 자신들이 김대중·김영삼에게 한 짓이 있어서 그에 대한 보복을 당하리라고 생각했을 것이다. 광주학살에 대한 책임 문제도 대두될 것이 뻔했다. 광주학살이 아니더라도 민주주의를 파괴하고 현행법을 어긴 12·12쿠데타, 5·17쿠데타에 대한 단죄도 예상했을 것이다. 특히 전두환은 역사 바로 세우기 대상 제1호가 틀림없었으므로 야당 대통령을 받아들일 수 없었을 것이다. 전두환이 1986년 하반기에 초강경 일변도의 탄압정책을 펴고, 호헌조치를 하고 노태우를 후계자로 지명한 것도 퇴임 후 문제 때문이었다. 그런데 직선제만 실현되면 야당의 승리가 너무나 뻔한 것처럼 보였던 것이 당시의 분위기였다.

상황이 이러했으므로 노태우와 전두환에게 직선제를 권한 사람들은 이순신의 "필생즉사 필사즉생"必生卽死 必死卽生이라는 경구를 인용했다. 김용갑이 6월 18일 전두환을 설득할 때에도 이 말을 썼다고 증언했고, 이만섭이 6월 20일 노태우에게 들려준 것도 이 말이었다. 전두환도 노태우를 설득할 때 이 말을 써먹었다고 주장한다.

노태우에게 직선제가 사지死地라는 것은 누가 봐도 명약관화했다. 그런데 전두환과 노태우는 승리가 절대적으로 요구되었다. 자신들의 7년 통치를 정면으로 부정하는 6·29선언을 대담하게 구상하여 충격적인 방식으로 제안한 것도 직선제 선거에서 이기기 위해서였다. 그렇지만 그 정도 분장술로 직선제에서 이길 것으로 판단하지는 않았을 것이다.

전두환과 노태우에게 직선제를 권할 때 반드시 대통령 선거에서 이길 수 있다는 점을 얘기하지 않으면 설득력을 가질 수 없었다. 그래서 이만섭도 그 점을 특별히 강조했다.

그러나 무턱대고 주장할 수는 없었다. 상대방이 납득하도록 조리 있게 이길 수 있는 이유를 설명해야 했다. 그래서 이만섭도 그랬지만 전두환과 노태우에게 직선제를 권유할 때 빠지지 않고 등장하는 것이 김대중·김영삼 두 사람 다 대통령 후보로 나온다는 주장이었다.

여기서 떠오르는 사례가 '이승만 고사故事'다. 이승만과 자유당은 최초로 실시된 1952년 8·5정부통령 선거에서 조봉암이 초대 부통령 이시영을 제치고 이승만 후보의 라이벌로 떠오른 것에 놀랐다. 이 때문에 1954년 국회의원 선거에서 조봉암은 자신의 지역구인 인천에서도 또 부산과 서울에서도 등록서류를 강탈당하는 등의 수법에 의해 후보등록조차 봉쇄당함으로써 강제로 정계에서 추방당했다.

2년 후에 치러진 1956년 5·15정부통령 선거는 1971년 대통령 선거, 2002년 대통령 선거와 함께 선거공약으로 보나 격전의 연속이라는 점에서 보나 멋진 선거였다.

사사오입 개헌이라는 전대미문의 억지를 써서 영구집권의 길을 터놓은 이승만은 1956년 대통령 선거에 돌입하기 직전 출마를 하지 않겠다는 '폭

'탄' 선언을 했다. 이어서 관권에 의한 민의 동원이 대대적으로 벌어져 민의 시위 참가 500만 명, 탄원서 제출 300만 명이라는 기록을 세우게 했다. 800만 명이 비열한 사전선거운동에 동원된 것이다. 그러나 반이승만·반자유당 정서 때문에 이것으로 안심할 수는 없었다.

신익희 민주당 후보 말고 또 한 명의 유력한 야당 후보가 나온다는 것은 진심으로 환영할 만한 일이었다. 1954년과 다르게 조봉암이 쉽게 후보 등록을 할 수 있었고, 나아가서 이승만 권력 강화의 비결인 북진 통일의 문제점과 허구성을 샅샅이 고발한 '평화 통일', 전쟁을 전후해서 있었던 수많은 주민 집단학살 사건과 권력의 횡포를 고발한 '피해 대중을 위한 정치'를 들고 나왔어도 묵인할 수밖에 없었던 것은 다 까닭이 있었다. 대통령 선거가 끝나고 얼마 후 조봉암은 형장의 이슬로 사라지지만 말이다.

노태우와 전두환은 특단의 다른 조치도 강구해봤겠지만 야당 후보가 반드시 두 사람이어야 한다는 점이 가장 중요했다.

노태우는 6월 24일 전두환과 직선제 문제를 논의했을 때 그 자리에서는 "직선제를 한다. 김대중 씨를 사면·복권한다"는 두 가지만 합의를 보았다고 강조했다. 왜 이 두 가지만 합의를 보았을까.

김대중을 사형대에 보내려고 했던 사람들이 공정한 정치 룰을 실현시키기 위해 그렇게 합의했을 리는 만무했다. 직선제를 받아들인다면 바늘에 실 가듯이 반드시 김대중을 사면·복권시켜야만 한다는 것이 이들의 머릿속에 철칙 중의 철칙으로 자리 잡고 있었기 때문이었다.

노태우는 "6월 10일 이후부터는 직선제와 김대중 사면·복권을 할 수밖에 없다는 생각이 확고하게 자리 잡아가고 있었다"고 거짓 고백을 했지만('노태우', 161쪽), 직선제 문제를 생각하지 않을 수 없는 상황에 몰렸을 때 김대중 사면·복권 문제는 전두환·노태우 두 사람에게 똑같이 절박하게 떠올랐다.

전두환은 김성익에게 6·29 전날인 6월 28일 오전에 "김대중은 직선제가 되면 대통령 선거에 안 나오겠다고 했지만 안 나올 리가 없다. 김영삼도 마음을 비웠다고 했지만 그렇지 못할 것이다"라고 말했고, 그날 오후에 "김대중을 풀어주면 김영삼과 부딪치게 돼"라고 말했다. 또 김성익에게 6·29선언의 전말을 얘기할 때에도 "직선제를 받아들이는 것은 곧 김대중을 풀어 출마하도록 하는 것을 의미한다. (……) 내가 대통령을 하면서 안가에서 야당 사람들과 만나서 깊이 있는 얘기를 들어보면 양 김 씨는 서로 안 믿는다고 했다. 철천지원수라는 거였다"라고 속내를 털어놓았다('전두환', 434, 440, 451쪽).

아무리 확신을 했다지만 달라질 수도 있었다. 전두환과 노태우는 6·29선언 이후 야당 단일화 문제가 제기될 때마다 신경이 곤두섰을 것이고, 양김의 출마가 확실해질 때까지 불안과 초조 속에 조마조마한 마음으로 지냈을 것이다.

제6장

6월 항쟁 탐구

1

6월 항쟁의 주요 동력과 성향

학생들의 헌신성과 고교생 참여

학생들의 헌신성 | 6월 항쟁의 거리에서 학생들은 시위투쟁을 선도했고, 지역에 따라서 차이가 있기는 하지만, 대개의 경우 시위투쟁을 이끌어가는 데 중심적인 역할을 했다. 대부분의 시위투쟁을 이끌어간 것은 학생들이었다. 학생들은 전두환·신군부체제가 그때까지 해온 자신들의 행태와 정책, 논리를 전면 부정하고 굴복해 6·29선언을 하지 않을 수 없게 만드는 데 지대한 역할을 했다.

일제강점하에서의 민족해방운동처럼 유신체제와 전두환·신군부체제에서 투쟁은 감옥에 가는 것을 의미했고, 그 점은 6월 항쟁에서도 비슷했다. 자신을 희생시키는 헌신성이 없고서는 투쟁에 나서기가 어려웠다. 또 최루탄에 맞서 싸우는 데는 용맹성이나 강인한 투지가 요구되었다.

그러나 체력은 한계가 있기 때문에 매일같이 그 독한 최루가스를 마셔가며 중노동보다 몇 배나 힘든 시위투쟁을 한다는 것은 거의 불가능했다.

그런 점에서 6월 10일부터 26일까지 24일을 빼고는 거의 하루도 빼놓지 않고 줄기차게 시위투쟁을 벌였고 군산까지 원정시위를 한 익산의 원광대생, 6월 12, 24, 25일을 빼고는 6월 10일부터 26일까지 거의 하루도 빠지지 않고 시위투쟁을 벌인 부산대 등 부산지역 총학생회협의회 소속 대학생들, 6월 15일부터 27일까지 21, 25일을 빼고는 역시 거의 하루도 빠지지 않고 시위투쟁을 한 경북대·계명대 등 대구지역 대학생들, 6월 17일부터 28일까지 25일을 빼고는 거의 하루도 빠지지 않고 시위투쟁을 벌인 전남대 등 광주지역 대학생들, 6월 19일부터 26일까지 하루도 빠지지 않고 시위투쟁을 벌인 전북대 등 전주지역 대학생들, 6월 15일부터 19일까지 하루도 빠지지 않고 시위투쟁을 한 충남대·한남대 등 대전지역 대학생들의 투지는 초인적이라고 할 만하다.

학생들이 6월 항쟁에서 보인 희생심, 헌신성은 어디에서 나온 것일까. 군부정권에 대한 강한 적개심이나 비판의식은 대부분의 학생들이 공유하는 바였다. 많은 학생들이 군부정권이 반민주적이고 반민중적이며 폭력적이고 폭압적인 데다가 사악하기까지 하다고 확신했다. 쿠데타로 '서울의 봄'을 압살한 자들에 의해 저질러진 광주학살은 결코 잊을 수 없었다.

유신체제나 신군부정권은 재벌 또는 독점자본을 위해서 탄생한 정권으로, 노동자·농민을 최저생계비 이하로 살도록 강요하고 노동운동·농민운동 등 기층 민중운동을 탄압하기 위해 만들어진 권력 장치로 비쳐졌다.

1980년대에는 수천 명의 학생들이 열악한 노동조건에서 수탈당하고 있는 노동자들의 권익을 지키고 노동자 세상을 만들기 위해 학생으로서의 기득권을 버리고 헌신적·희생적으로 노동현장에 뛰어든, 세계사에서 유례를 찾기 어려운 노학연대의 민중운동이 펼쳐졌는데, 이들처럼 노동현장에 '위장취업'을 한 권인숙을 성고문하고, 그것도 모자라 권 양이 성을 혁명의 도구로 이용했다고 비난하고 구속시킨 부천서 성고문 사건을 보고 학생들

1987년 6월 26일 부산시 중심가에서 시민들이 태극기를 앞세우고 민주화를 요구하는 시위를 벌이는 도중 한 청년이 진압경찰을 향해 "최루탄을 쏘지 말라"며 절규하고 있다.

은 다시 한번 전두환 정권의 속성을 명료히 확인할 수 있었다.

지배권력의 비도덕성은 대중들의 의식을 마비시키기 위해 스포츠, 스크린(영화), 섹스의 3S정책을 편 것에서도 확인할 수 있었지만, 직접적으로는 언론에 대한 불만이 더 컸다. 학생들은 KBS·MBC의 허위보도, 기만적이고 편파적인 보도에 분노하고 있었는데, KBS시청료납부 거부운동이 펼쳐지고 '보도지침'이 폭로된 것 또한 전두환 권력의 사악함을 각인시켜 주었다.

재벌 편중의 정책 아래 커가는 부익부 빈익빈 현상, 정경유착, 권력층의 비리부패, 그 밖에 1980년대에 있었던 잘못된 현상을 학생들은 대부분 전두환·신군부정권과 연결 지었다. 박정희·유신체제든 전두환·신군부체제든 파시스트 독재정권보다 더 나쁜 것이 없다는 인식은 학생들로 하여금 그러한 정권에 대해 투쟁하는 것에 강렬한 헌신성을 부여했다.

학생들이 헌신성을 발휘한 데는 다른 요인도 있다. 서학협이 학생들에게 제시한 '6·10대회에 임하는 자세'에는 다음과 같은 세 가지 투쟁 지침이 제시되어 있다.

1. 조국의 운명이 청년학도의 어깨 위에 있음을 자각하고 결사 항전의 자세로 싸워나갑시다.
2. 우리에겐 역사와 조국이 부여하는 정당성이 있음을 확신하고 언제 어디서나 우리의 주장을 떳떳하게 외칩시다.
3. 이 땅의 주민은 5,000만 국민임을 명심하고 끝까지 국민과 함께 헌신적으로 싸워나갑시다.

1항과 2항에서 모두 조국을 위해 헌신성을 발휘할 것을 요구했다. 그 점은 3항도 마찬가지다. 남과 북의 5,000만 국민이 함께 사는 나라가 이들이 추구하는 조국이었다.

6월 항쟁을 주도한 학생운동 세력은 반미·민족해방을 내세운 NL계였다. 학생들은 광주학살이 미국의 방조나 지지하에 일어난 것으로 확신했는데, 폭력적이고 폭압적인 전두환 정권이 성립·유지된 것도 미국과의 관계 속에서 파악했다. 더 나아가 한국이 분단되고 친일파 정권이 들어선 것도 미국에 의해서이며, 분단체제를 허물고 통일을 하려는 운동을 가로막는 것도 미국으로 인식했다.

NL좌파는 이승만·박정희·전두환 정권이 미국 정부와 미국 독점자본의 이익을 위해 존재하는 정권으로, 미국과 미국 독점자본의 현지 대행기관이라는 인식을 가지고 있었다.

학생들은 인식에서 정도의 차이는 있었지만 반미·자주화 운동에 대체로 공감하고 있었고, 그러한 공감은 강렬한 헌신성을 불러일으켰다. 서학협이 6·10대회에서 외칠 구호로 제시한 "미국은 독재지원, 내정간섭 즉각 중단하라!"는 NL계 논리를 대중화한 것이었는데, 6월 항쟁에서 호헌철폐, 군부독재타도, 직선제 개헌과 함께 가장 많이 나왔다.

6월 항쟁에 자신들도 놀랄 만큼 많은 학생이 참여해 잘 싸운 데는 다른 요인도 있었다. 1960년 4월 19일에 많은 대학생들이 궐기한 데는 제1차 마산항쟁이 일어났을 때에도 침묵했는데 최루탄 맞은 김주열의 시신이 부둣가에 떠올라 제2차 마산항쟁이 3일간이나 계속되는 것을 보면서 이제는 더 이상 가만히 있을 수 없다는 의식이 작용했다. 유신쿠데타 이후 최초의 유신 반대시위였던 1973년 10월 2일 서울대 문리대생들의 시위에도 비슷한 생각이 작용했다. 학생들은 유신체제라는 극우 파시스트 독재가 자행되고 있는데도 침묵을 지키고 있다는 죄의식이 있었는데, 그해 8월에 박 정권에 의해 김대중 납치사건이 발생하자 더 이상 좌시할 수 없어 희생을 각오하고 시위를 일으킨 것이다. 부마항쟁이 일어난 데에는 서울의 대학생들이 헌신적으로 싸우고 있는데도 자신들은 오랫동안 유신체제에 대한 반대시위를 하지 못했다는 부산대생들의 '자괴감'이 작용했다. 1987년에 학생들은 박종철이 경찰의 고문으로 사망했는데도 투쟁을 하지 못한 데 대해 역시 자괴감을 갖고 있었다. 또 광주학살을 생각하면서 무언가 하지 않으면 안 된다는 '강박감'이 오랫동안 있었고, 이한열이 6월 9일 중태에 빠진 것도 영향을 미쳤다.

그와 함께 학생들이 대규모로 6·10대회에 참여한 데는 4·13호헌조치에 대한 반대투쟁이 각계각층에서 요원의 불길처럼 번지고 있었다는 점, 5월 18일 박종철 고문사망 은폐조작 폭로, 그와 관련해서 있었던 언론의 대대적인 보도가 전두환 정권에 반대하는 분위기를 한껏 고조시켰다는 점이 직접적으로 작용했다. 학생들은 전두환 정권 반대투쟁이 국민적 공감을 갖고 있다고 확신할 수 있었다.

6·10대회 이후 학생들이 강한 투지를 가질 수 있었던 것은 처음으로 도심지 시위투쟁을 전개한다는 것에 대한 두려움이 6·10투쟁으로 사라졌을 뿐만 아니라 온몸이 따갑고 숨이 콱 막혀 질식해 쓰러질 것 같은 최루가스의 벽을 뚫고 역사의 새로운 도정을 여는 위대한 민주주의투쟁에 자신도 투사로서 참여했다는 자신감과 긍지가 작용했다. 3·1운동, 4월 혁명, 광주항쟁 참여자들과 마찬가지로 자신도 새로운 역사를 만드는 데 일정한 역할을 했다는 뿌듯한 마음을 가질 수 있었다. 학생들은 6월 18일, 26일처럼 누군가 멍석을 깔아주기를 기다리기도 했지만, 국본이 지정한 날과 상관없이 최루가스 자욱한 6월의 거리로 서슴없이 나섰다. 한번 터진 물꼬는 막을 수가 없었다.

고교생의 참여 |　　부산이나 대구, 성남 등지에서 일어난 시위에 중학생은 물론이고 어린아이까지 가세하여 시위대 선두에 서서 "최루탄을 쏘지 마세요!"라고 외치거나 부모가 어린아이를 데리고 나오는 경우가 꽤 있었지만, 6월 항쟁에 고등학생들이 시위에 참여한 것도 특기할 만하다.

서울의 명동성당 농성장에는 해산할 때 고교생 3명이 있었고, 부산에서는 시위대 선두에서 고교생들이 돌을 던졌다. 안동의 경우 6월 23일 귀가하던 고교생들이 시위에 합류했고, 6·26시위에는 교육청의 감시에도 불구하고 200여 명의 고등학생이 30여 명의 교사와 함께 시위에 참여했다.

고교생들은 호남의 여러 도시에서 적극 참여했다. 전주에서는 6월 25일 시위에 150여 명이 참가해 "대학생은 동참하라!" 등의 구호를 외쳤고 〈흔들리지 않게〉와 같은 운동가를 불렀다. 목포에서는 고교생들이 참여할까 봐 6월 20일부터 단축수업에 들어갔지만, 그날 200~300명의 고교생들이 태극기를 들고 시위에 참여했고, 그다음 날에도 시위를 벌였다.

광주와 순천에서는 고교생들이 시위를 주도했다는 기록까지 나온다.

광주에서 고교생들의 시위 참여는 6월 20일부터 눈에 많이 띈다. 6월 21일에는 350여 명의 고교생이 민민투를 결성해 시위를 주도했다는 기사가 나오고, 22일 상오 1시경에는 50여 명의 고교생들이 화염병을 던지며 시위를 벌였다. 24, 25일에는 고교생들이 연좌시위에 참여했다. 26일에는 동신여고생 300여 명이 시위를 벌였고, 28일 광주공원 시위에는 고교생들이 주도적인 역할을 했다.

순천의 경우 6월 21일 재수생을 포함해 고교생 500여 명이 선두에 서서 시위를 벌였고, 전경들을 향해 돌진하면서 전세를 역전시켰다.

4월 혁명은 흔히 학생혁명이라고 얘기하는데 학생들 중에서도 4월 18일 이전까지는 고교생들이 시위를 벌였다. 4월 18일 이전에 대학생들이 시위를 한 것은 제2차 마산항쟁에 해인대생이 참여한 것이 전부였다. 대광고와 동성고 학생들이 특히 가열한 투쟁을 벌였고, 고교생들은 4·19에도 대학생들과 함께 주역이었으며, 4월 25~26일의 시위에도 적극 참여했다.

서울이건 지방이건 고교생들은 1964~1965년의 한일회담 반대투쟁, 한일협정비준 반대투쟁에 참여했다. 삼선개헌 반대시위에도 고교생들이 참여했다. 그렇지만 1970년대 초 큰 도시에서 고교 평준화 정책이 실행에 옮겨지면서 광주항쟁을 제외하고는 고교생들의 시위 참여가 거의 사라졌다.

6월 항쟁에 호남지역 고교생들이 많이 참여한 것은 광주학살에 대한 기억의 전승이 큰 역할을 했다. 그렇지만 '민민투' 학생조직 출현이 말해주듯 고교생들도 1980년대에 지적 영역의 확대에 따른 의식화가 이루어지고 있었다.

이러한 과정에서 고교생들은 6월 항쟁 이전에도 집단적으로 문제를 제기한 바 있었다. 1987년 3월 경남 진주시 대아고, 전남 완도군 노화종고, 전남 함평군 나산고에서는 학교 측의 부정비리에 항의하거나 학내 민주주의를 요구하는 집단행동이 있었다. 4월에는 서울의 고교에도 유인물이 나돌았다.

고교생들이 6월 항쟁 시위에 참여한 것이 부산지역을 제외하면 대체로 6월 20일 이후에 집중된다는 점을 주목할 필요가 있다. 만약 6·29선언이 나오지 않았다면 고교생 시위가 훨씬 더 커졌을 가능성이 높다. 그 경우 4월 혁명이 말해주듯 고교생은 감수성이 예민하기 때문에 물불 가리지 않고 싸우는 경향이 있어서 적지 않은 희생자가 나왔을 것이다.

동시다발 시위 ─ 대학의 팽창과 민주화운동의 확산

대학의 팽창 ｜　　6월 항쟁이 다른 항일시위, 민주화 시위투쟁과 다른 중요한 특징은 바로 여러 도시에서 동시에 일으킨 동시다발 시위였다는 점이다. 동시다발 시위는 경찰 병력을 분산시켰다. 그리하여 경찰 병력으로 시위에 대처하는 데 한계가 있다는 점이 명백해졌다.

동시다발 시위는 3·1운동 이후 어떠한 시위투쟁에서도 나타난 적이 없었다. 6월 항쟁에서 동시다발의 형태로 투쟁이 전개될 수 있었던 것은 그만큼 박정희·유신체제, 전두환·신군부체제에 대한 비판의식의 강화와 함께 한국 사회의 역량이 전반적으로 커져 그에 따라 민주주의 역량도 증대했기 때문이었다. 그것은 대학의 팽창과 민주화운동의 확산에 의해 구체화되었다.

6월 항쟁에서는 과거에 시위가 잘 일어나지 않았던 지역에서 시위가 꽤 큰 규모로, 그것도 자주 일어났던 것을 볼 수 있다. 그러한 지역은 거의 예외 없이 서울에 있는 대학에서 분교를 설치한 지역이거나 1980년대에 대학이 신설되었거나 가톨릭농민회 같은 강력한 농민조직이 있는 곳이다.

천안의 경우 단국대 천안캠퍼스, 호서대, 상명여대 학생들이 앞장섰다. 원주 시위대는 춘천에서처럼 여러 차례 경찰을 무력화시켰는데, 연세대 분교와 상지대 학생들이 활약했다. 성남이나 수원은 경희대 용인캠퍼스, 외국어대 용인캠퍼스, 강남사회복지대, 신구전문대, 경원대 학생들이 시위에 많이 나왔다.

시위가 없었던 경주와 충주에서 시위가 벌어진 것은 동국대 경주캠퍼스, 건국대 충주캠퍼스 학생들이 결정적인 역할을 했다. 안산에서의 시위도 노동자보다 한양대 안산분교 학생들이 더 주도적인 활동을 했다. 전국에서 동시다발로 시위가 진행되는데, 각 지역에 세워진 대학의 학생들이 중요한 역할을 한 것이다.

전두환·신군부정권은 두 차례에 걸친 쿠데타로 정권을 잡은 뒤 권력을 공고히 하기 위해 정치계와 언론계를 '정화'했고, 노동악법을 대량 생산했다. 군부정권은 그중에서도 특별히 학원에 신경을 썼다. 그 결과 많은 교수와 학생들이 축출당했다.

그러나 그것으로는 부족했다. 노동악법처럼 제도적 장치가 중요했다. 군부정권은 1980년 7월 30일 교육개혁을 단행했는데, 그중 하나가 졸업정원제 도입이었다. 대학의 면학 분위기를 높이기 위해 입학 정원보다 일정 인원을 더 뽑게 하고 졸업은 입학 정원만 인정해 학업이 뒤떨어진 학생은 탈락시키는 제도였다. 경쟁적으로 성적에 매달리게 함으로써 학생운동 세력을 '대학 내에 발을 못 붙이게 하여' 도태시키겠다는 아이디어였는데, 결과적으로 학생 수만 늘려놓았다.

이 개혁 방안에는 대학 진학의 문호를 넓히기 위해 입학 인원을 연차적으로 대폭 확대하고 다음 해(1981년)에는 최고 10만 5,000명 증원을 검토하겠다는 사항도 들어 있다.

전두환 정권은 여기서 멈추지 않고 서울 소재 대학의 지방 이전을 적극

권장했다. 그러나 서울의 주요 대학이 지방으로 이전할 리는 만무했다. 지방으로의 대학 이전 장려 정책은 서울 소재 대학의 지방 분교 설립으로 귀결되었다. 그리고 1982년부터 서울 소재 대학 정원을 동결시키고 지방 소재 대학의 정원을 증원하겠다고 발표했다.

이러한 '지방대학 육성책'은 여러 가지 이유가 있었으나, 서울에 있는 대학의 비중을 약화시키면 시위도 약화될 것이라는 판단도 깔려 있었다. 역설적이지만 학생운동을 약화시키기 위한 군부정권의 졸업정원제와 지방대학 육성책은 6월 항쟁에서 동시다발 시위를 가능하게 한 중요한 기반이 되었다.

대학의 팽창은 전두환·신군부정권의 정책 때문만은 아니고 기본적으로는 교육열, 경제 변화와 연계된 사회적 수요의 증가에 의해 초래된 것이었다.

해방 이후 한국은 대개 10년마다 큰 변화를 겪었는데, 그 점은 교육에서도 비슷했다. 중학교 학생 수가 1960년에서 1969년 사이에 2배 늘었고, 1979년에는 1969년보다 다시 2배 이상 늘었다. 고등학생 수는 더욱 빠른 성장세를 보여 1960년에 27만여 명이었던 것이 1979년에는 156만여 명이나 되어 6배 가까이 늘었다. 여학생 비율은 더 빠른 속도로 증가해 중·고교의 경우 1960년에 여학생이 남학생의 절반 수준이었는데, 1980년에는 거의 대등하게 되었다.

남녀 고등학생 수가 증가한 것은 자연스럽게 대학생 수의 증가로 이어졌다. 전문대학, 일반대학 등 고등교육기관에 다니는 학생이 1970년에 20만여 명이었는데 1980년에는 61만여 명, 1983년에는 107만여 명이 되었다. 1980~1983년 사이에 약 46만 명이 증가해 1980년보다 80퍼센트 가까이 폭발적으로 늘어난 것은 직접적으로는 정부 정책에 기인하지만, 기본적으로는 대학에 들어오려는 학생 수가 크게 증가했기 때문이었다.

대학만 팽창한 것이 아니었다. 그동안 축적된 사회적 능력에 의해 교육의 질도 변화했다. 그와 함께 유신체제나 신군부체제에 대한 비판만이 아니라 한국 사회 전반에 대한 비판적 인식, 한국 현대사에 대한 인식도 급속도로 확대되었다.

1970년대 후반부터 들어온 종속론이 1980년대에 빠른 속도로 퍼져나갔고, 교육학, 경제학, 그 밖의 사회과학에 대한 '원서' 유입이 늘었으며, 그것은 곧 복사판으로 나돌았다. 마르크스와 레닌, 밀스 등의 저서와 정치경제학, 사회사상에 관한 복사판과 번역서 또한 나돌았다.

그와 함께 한국인이 쓴 읽기 쉬운 책들이 팔리기 시작했다. 리영희의 『전환시대의 논리』, 『우상과 이성』, 한길사에서 출판한 『해방 전후사의 인식』, 그 밖에 박현채·한완상·강만길·이오덕 등의 저서가 널리 읽혔고, 그에 따라 민중론, 민중교육론, 민중운동론 또는 민중혁명론, 변혁론이 심화되었다.

1980년대 중반에 NL이론, 사회구성체론이 퍼져나간 것은 변혁론이나 현대사 이해에서 일부 학생들에게 코페르니쿠스적인 인식의 변화를 가져다주었다.

그런데도 전두환·신군부정권은 박정희·유신체제가 써먹던 수법에서 한 걸음도 더 나아가지 못한 채 수구냉전 이데올로기 또는 극단적인 반공 이데올로기로 대응하고, 김일성 사망설, 금강산댐 소동이나 일으키고 있었다.

1980년대 중반부터 의식화된 대학생을 둔 많은 가정에서는 풍파가 끊일 새가 없었다. 신구 세대의 갈등이 해방 전후사, 한국전쟁, 친일파 인식과 같은 민감한 부분에서 이데올로기 갈등으로 폭발한 것이다. 일제 강점기에 지주나 친일파 자식이 사회주의 투사가 되었듯 이 시기에는 고급관리나 장성의 아들도 새로운 정치이념으로 무장한 투사가 되어 있었다.

민주주의 역량 증대에 의한 민주화운동의 확산 | 대학의 팽창, 지적 영역의 팽창뿐만 아니라 1980년대 중반에는 사회 전체가 팽창하고 있었다. 사회는 여전히 과두독재권력에 의해 통제되고 있었지만, 1985년 2·12총선에서 유권자가 정치의 변화를 갈망한 것처럼 사회 각계각층에서는 그 구성원들이 변화를 요구했다.

노동운동은 1970년대에 개신교 도시산업선교회나 가톨릭노동청년회 JOC에 연계되어 섬유·봉제·의류·가발 업체 등의 여성 노동자 중심으로 노동운동이 전개되었는데, 1980년대에는 신군부의 혹심한 탄압과 노동악법에도 불구하고 새로운 민주노동운동이 일어나고 있었다. 여기에는 노학연대도 상당 부분 역할을 했다.

농민운동은 1970년대 후반에 함평 고구마 사건 정도가 있었지만, 1980년대에 들어와서는 수입 소 문제, 농협조합장 선출 문제, 농산물 개방 문제, 수리세와 수리조합장 선출 문제 등으로 급속도로 확대되었다. 가톨릭농민회를 중심으로 농민 조직이 노동자 조직 못지않게 잘 되어 있었고, 1980년대 초부터는 조직적 활동 또한 활발했다.

민통련·민청련이 탄탄한 조직을 갖추고 민주화운동을 추동할 수 있었던 것은 1970년대에 반유신투쟁을 전개하면서 민주화운동의 역량이 커졌고, 1980년 '서울의 봄'과 5·17쿠데타에 의한 좌절을 겪으면서 민주화운동이 급속히 성장한 것이 기반이 되었다. 민통련은 지방에 조직이 있었고, 또 지방에서 자발적으로 조직된 민주화운동 단체와 긴밀한 관계가 있었다. 자식이나 남편이 양심수로 구속된 구속자 가족단체(민가협)는 어느 단체보다도 적극적·헌신적으로 민주화운동에 동참했다.

1970년대에 반박정희투쟁과 반유신투쟁을 매섭게 전개해왔던 천주교 정의구현사제단은 천주교 정의평화위원회와 함께 1980년대에 들어와 내부적으로나 외부적으로나 어려운 상황에 부닥쳤음에도 민주화운동을 계속해서 펼쳐왔다. 불교계는 민중불교운동·실천불교운동으로 민주화운동의 저변을 넓혀갔다.

언론운동 또한 유신시기에 자유언론 수호투쟁, 동아 투위·조선 투위 활동 등을 통해 끊임없이 전개되었는데, 1980년대 중반에 민언련 활동, 『말』지 창간, 보도지침 폭로 등으로 활기찬 활동을 하면서 제도권 언론에 영향을 미치고 있었다.

교육운동은 유신체제 후반기에 학원에서 추방당한 교수들을 중심으로 전개되었으나, 1980년대 중반에는 일선 교사들에 의해 실천교육운동·민중교육운동으로 적극적으로 펼쳐졌다. 교수·시간강사·대학생들에 의한 학술운동도 점차 활기를 띠었다.

1970년대에 탈춤패(마당극)·농악풍물패가 대학사회에 미친 영향이 컸고, 1975년에는 이들이 서울대에서 5·22시위를 주도하기도 했다. 이들은 1980년대에 들어와 농활이나 농민운동과 연결 지으면서 한층 왕성한 활동을 전개했고 문화운동에 많은 영향을 미쳤다.

문학운동도 1970년대에 민중문학론, 리얼리즘론에 기반을 두면서 1980년대에 실천문학운동으로 폭넓게 전개되었다.

이와 같이 6월 항쟁에서 일정한 역할을 맡았던 노동운동·농민운동 등의 기층 민중운동 조직, 민통련·민청련과 지방의 민주화운동 조직, 민가협과 천주교, NCC를 중심으로 한 개신교, 불교계의 민주화운동 조직, 언론운동, 시민운동, 여성 민주화운동, 교육운동, 학술운동, 문화운동, 문학운동은 모두 1970년대 반유신운동을 발전시키면서 1980년대에 폭넓게 성장했다. 이러한 운동은 시민운동에 자극을 주었다. 여성단체들의 민주화운동 참여도 활기를 띠었다.

말할 나위도 없이 이러한 운동은 1970~1980년대, 특히 1980년대의 지적 영역의 팽창과 연결되어 있었고, 1970~1980년대의 병영화된 대학에서 공부한 학생들이 활동가로 활약했다. 이와 같이 사회 전체 역량의 증대와 연결되어 있는 민주화운동의 확대·확충은 서울에서만 일어난 것이 아니라는 점을 특별히 강조할 필요가 있다. 이것이 대학의 팽창과 함께 동시다발 시위투쟁을 전개할 수 있게 한 조직적 기반이었다.

민주화운동 인식의 평준화 | 　대학의 팽창이란 다름 아닌 대도시·중소도시 대학의 팽창을 의미하는 것이었는데, 사회 전체 역량의 증대와 지적 역량의 확대는 지방 대학생의 지적 역량의 확대를 가져왔다. 그것은 또 민주화운동에 관련된 지적 기반의 확대와 함께 인식의 평준화를 초래했다.

1970년대에 학생운동은 엘리트 학생과 서울 중심이었다. 신군부가 졸업정원제와 지방대학 육성책을 내놓은 속셈도 세칭 서울의 일류 대학이 데모를 이끌어가는 것을 약화시키기 위한 것이었다.

부마항쟁과 광주항쟁은 부산과 마산, 광주지역 학생들이 선도했지만, 1980년대 학생운동 또한 여전히 서울 엘리트 중심의 학생운동에서 벗어나지 못했다. 이른바 '패밀리'라고도 불렸던 일부 대학의 지하서클이 여러 대학에서 학생운동을 이끌어갔다. 이들은 후배들을 선택하여 의식화시켰고, 때로는 지하종교처럼 은밀한 의식도 있었다. 이들의 문건은 때로는 현학적이라고 할 만큼 일반 대학생들이 쉽게 접근하기 어려운 난해한 용어를 많이 사용했다. 그럼에도 이러한 서클 활동은 지방도시의 대학생들에게 확산되어 그 지역 학생운동을 주도했다.

그런데 1986년 민민투·자민투 간에 이념 논쟁이 세력권 확대 경쟁과 함께 전 대학가에서 치열하게 전개되면서 1987년 학생운동에서는 서울이건 다른 대도시건, 중소도시건 인식 면에서 평준화 현상이 폭넓게 자리 잡았다. 또 이 시기에 민주화운동에 뛰어드는 것은, 특히 6월 항쟁에 참여하는 것은 학생 개개인의 정의감, 민주주의에 대한 강한 의지가 무엇보다 중요했다.

사실 박정희·유신체제나 전두환·신군부정권이 잔혹하기 이를 데 없는 고문정권이고 폭력적이고 억압적이라는 것은 일상적으로 듣고 보았기 때문에 책을 보지 않아도 쉽게 알 수 있었다. 또 지방의 대학생은 서울의 대학생에 비해 농민, 노동자와 친연성이 컸기 때문에 이들 독재정권이 반농민, 반노동자 정책을 펴왔다는 것이 가슴에 쉽게 와 닿을 수 있어서 구태여 (국가)독점자본 등의 난삽한 용어를 사용하지 않아도 되었다.

학생운동 인식 면에서 평준화를 초래하는 데 크게 기여한 것이 NL이론이었다. NL이론은 복잡한 논리를 동원하지 않아도 되었다. 분단을 초래하고 친일파 세상을 만드는 데 미국이 어떠한 역할을 했고, 전두환 정권이 쿠데타를 일으킬 때부터 미국과 어떠한 관계에 있었으며, 미국에 대한 수구냉전 세력의 사대사상이 얼마나 극단적인지를 설명하면 되었다.

그보다 훨씬 더 호소력이 강한 것이 있었다. 바로 광주학살과 미국과의 관계였다. 1982년 부산 미문화원 방화사건은 보수성이 강한 고려신학대 학생들이 주도했는데, 광주학살에서 미국이 어떠한 역할을 했는지가 이들 학생에게 커다란 충격을 주었던 것이다.

1980년대에는 주로 NL이론과 관련이 있으면서 우리말로 쉽게 쓰인 『전환시대의 논리』나 『해방 전후사의 인식』 등이 널리 읽혔다. 이러한 서적들은 일반 대학생들이 쉽게 접근해서 읽을 수 있었기 때문에 학생운동 인식 면에서 평준화를 가져오는 데 크게 기여했다.

더더구나 "호헌철폐", "독재타도", "직선제 쟁취" 같은 구호는 시험성적과 아무런 상관이 없었다. 일반 대중도 양심과 양식이 있다면 시위대에 박수를 보내면서 그 구호를 따라 외치게 되어 있었다.

대학 간의 민주화운동 경쟁 |　　인식 면에서의 평준화 못지않게 지방 대학생들의 투쟁력을 높인 것이 대학 간의 민주화운동 경쟁이었다. 정의구현사제단을 중심으로 한 천주교의 민주화운동이 적지 않은 천주교 신자들로 하여금 긍지를 갖게 했고, 1970~1980년대 천주교 신자를 늘리는 데 일정하게 기여했듯이, 많은 대학생들이 6월 항쟁에 적극 참여함으로써 자신의 대학에 대해 긍지를 가졌다.

부산·대구·대전·천안·청주 등 몇몇 대도시나 중소도시에서 대학 간의 연합시위가 위력을 가졌던 것도 민주화운동 경쟁과 관련이 크다. 예컨대 부산에서 부산대·동아대·동의대·산업대·수산대·해양대·외국어대·개방대·부산여대 등 9개 대학은 6월 항쟁 중반기를 주도한 부산지역 시위에서 여러 차례 연합해서 활동했는데, 시위투쟁에서 모두가 대등한 관계였고, 자신의 학교 학생들이 더 많이, 더 희생적이고 헌신적으로 잘 싸웠을 경우 긍지를 가졌을 뿐만 아니라 다른 학교에 대해 우월감을 가질 수 있었다.

적지 않은 대학의 학생들이 체면 때문에 시위투쟁에 나서기도 했다. 또 자기 학교 학생들을 설득할 때 다른 대학 학생들이 저렇게 잘 싸우고 있는데, 우리 대학이 가만히 있으면 창피하지 않느냐고 '학교 체면'을 강조하기도 했다.

전국적인 시위투쟁보다 하루 늦게 나온 대학 중에는 체면 때문에 시위를 한 경우가 없지 않았다. 일부 대학의 학생들은 '우리가 이만큼 했으면 체면이 세워졌다'고 하면서 시위를 그만두는 경우도 있었다. 또 어떤 대학의 학생들은 연행 학우 석방을 요구하다가 그것이 '해결'되면 그만두기도 했다.

익명성 |　　동시다발의 투쟁이 가능했던 것에는 익명성도 작용했다. 특히 박정희 정권이 심했지만 독재정권은 정보정치에 크게 의존해 진보 세

력 또는 민중을 물샐틈없이 감시했다. 더구나 지방은 활동가가 적어 정부 기관이나 경찰에 의해 일일이 파악되었고, 주민들은 그 지역 경찰과 안면이 있어 시위나 비판적인 활동을 하기가 어려웠다.

부마항쟁 때 마산의 야간시위에 20세 안팎의 청년들이 적극적으로 가담했는데, 이들은 자동차 헤드라이트나 불 켜진 곳에 돌을 던졌다. 익명성을 요구한 것이다.

지방에서 학생이나 시민들의 참여가 적극적이었던 것은 시위에 수많은 사람이 참여해 익명성을 보장받을 수 있었던 것도 한 요인이었다. 그러나 경찰의 통제력에 한계가 드러나고 시위가 확대되면서 많은 학생·시민이 담대하게 시위에 나섰고, 지역에 따라서는 경찰이 오히려 먼저 시위대에게 협상을 요청하면서 시위대의 신변 보호를 약속하기도 했다.

시위가 확대되면서 학교에서의 처벌이나 체포, 구속에 대한 두려움이 사라진 것도 학생들이 시위에 적극 참여하도록 했다.

시민의 참여

시민들의 적극적 가담 |　　6월 항쟁이 동시다발의 투쟁 형태 외에도 그 이전의 시위와 크게 다른 점이 있다. 시민의 적극적 참여가 그것이다.

4월 혁명 이래 학생운동이 세계 역사상 유례를 찾아보기 힘들게 수십 년간 줄기차게 전개되었으나 시민이 참여한 시위투쟁은 드물었다.

4월 혁명은 학생혁명으로도 불린다. 제1차 마산항쟁은 시민이 주역이고, 제2차 마산항쟁에도 시민이 많이 가담했다. 그러나 피의 화요일인 4월 19일, 승리의 화요일인 4월 26일에 부분적으로 시민이 가담한 것을 제외하면, 전국 어디에서나 초기에는 고등학생이, 4월 18일 이후에는 중·고등학생과 대학생이 시위를 벌였다.

1964~1965년 한일회담과 한일협정비준 반대시위도 학생들은 학생들
대로, 야당 정치인들은 야당 정치인들대로 별도로 시위를 했다. 가장 규모
가 컸던 1964년 6·3사태는 학생들의 시위에 머물렀고 일반 시민들은 호응
하지 않았다.

그 뒤로 유신쿠데타가 일어날 때까지 거의 해마다 학생시위가 있었으
나, 일반 시민의 참여는 거의 없었다. 1970년대 유신독재 반대시위에도 일
반 시민들은 참여하지 않았다. 그러나 1979년 부마항쟁에서 낮의 시위보
다 더 격렬했고 규모가 컸던 야간시위는 시민들이 주도하다시피 하는 상황
이 되었다.

1980년 '서울의 봄' 5월 시위에 일반 시민들은 외면했다. 그렇지만 광
주항쟁에는 시민들이 적극 참여했다. 그 뒤 1986년까지의 학생시위에 시
민들은 외면하거나 참여하지 않았다.

6월 항쟁에서 시민들의 참여방식은 다양했다. 시위대가 나타나거나 지
나갈 것으로 예상되는 도심지 연도를 가득 메우며, 시위대에게 박수와 환
호성을 보냈다. 또 학생들을 연행하려는 전경들에게 야유를 보내거나 시민
들이 모여 있는 곳에 경찰이 최루탄을 쏘면 흩어졌다가 다시 모여 시위를
성원했다.

상인들은 경찰에 쫓겨 피신하는 학생들을 셔터를 내려 숨겨주었다. 시
위할 때 음료수, 음식물, 마스크나 랩을 제공하는 시민들은 전국 어디서나
있었다. 더 나아가서 학생들을 연행하려는 것을 가로막고 전경을 나무라면
서 몸싸움을 벌여 연행하지 못하게 막았다. 시위대와 일체가 되어 "독재타
도", "호헌철폐" 등의 구호를 외친 시민들도 많았다.

시민들은 국본이 지정한 시간에 맞춰 경적을 울렸다. 뿐만 아니라 시위
를 성원하는 뜻으로 아무 때나 경적을 울리거나 고가도로에 차를 세우는

명동성당 한켠에 모금함을 마련하여 단식농성자들을 위해 모금활동을 하고 있는 시민들(1987. 6. 14). 과거 시위들과는 달리 6월 항쟁에서는 시민들의 적극적인 참여가 두드러졌다.

방법으로 시위를 방조했다. 시위대가 스프레이 등으로 차창에 구호를 쓸 때 그것을 막지 않고 오히려 협력했다. 이처럼 여러 가지 방법으로 시위를 지원하고 시위에 참여하는 차량이 적지 않았다.

6월 항쟁에서 전경들을 향해 "최루탄을 쏘지 마세요!", "학생들을 때리지 마!", "학생들을 잡아가지 마!"라고 외치는 시민들의 목소리를 자주 들을 수 있었다. 전경들에게 최루탄을 쏘지 말라고 꽃을 달아주는 경우도 종종 있었다.

많은 도시에서 시민들이 시위에 가담했다. 대개는 학생들이 주도하는 시위에 참여하는 경우가 많았으나 때로는 시민들이 몸소 시위를 주도하는 경우도 있었다. 부마항쟁에서처럼 6월 항쟁에도 부산 시민들이 적극 참여했다. 『말』 제12호 보도에 따르면 부산대 학생회 간부들은 6·10대회부터 16일까지 부산 시위는 학생들이 주도했지만, 시위 규모가 엄청나게 커지기 시작한 17일부터는 시민들이 이끌어갔다고 이구동성으로 말했다.

민중의 출현 | 　6월 항쟁에서 민주주의의 꽃이었다고도 할 만한 시국토론회와 같은 대중집회에는 시민들이 연설자로 나선 경우가 많았다. 『말』제12호에는 인천의 부평역 광장 대중집회에서 있었던 30대 후반의 직장인, 40대 초반의 직장인, 30대 시민, 어느 교사의 발언이 실려 있고, 다른 한 집회에서 어느 어머니, 30대 시민, 20대 청년이 발언한 것이 실려 있다. 두 집회 모두 다 학생 발언이 실려 있지 않은 것으로 보아 주목할 만한 발언은 학생들이 아니라 시민들이 한 것임을 짐작할 수 있다.

명동의 금융회사나 증권회사의 일부 사무원들은 명동성당농성투쟁 지원에만 멈추지 않고 점심시간에 모여든 수많은 인파가 시위대로 변하도록 추동했다. 명동 외환은행의 직원들은 '외환은행 민주노동자 85명'의 이름으로 모금을 해서 명동성당 농성장에 보냈다. 국본 지부에는 "잘 싸워 달라!", "앞으로는 더 잘 싸우겠다"라는 시민들의 전화가 걸려왔다.

성남에서 한 아주머니는 경찰서장에게 "너도 자식이 있으면 여기 데려다놓고 최루탄 좀 쏴봐라!"라고 호통을 쳤고, 목포의 다른 아주머니는 경찰이 최루탄을 쏘면서 시위대가 피신하지 못하도록 문단속 잘하라고 방송하자 이집 저집 뛰어다니며 "모두들 대문을 열어놓고 있으라"고 소리쳤다. 대구에서 애기 업은 한 아주머니는 왜 아기를 업고 나왔느냐는 기자의 질문에 "우리 애들이 최루탄 냄새 맡으면서 자라야 조국의 아픔을 느끼고 진실을 얘기할 수 있지요"라고 답변했다.

6월 항쟁에서 시간이 갈수록 시민 참여가 늘어가는 지역이 많아졌다. 초기에는 시위대가 시민들을 찾아다니며 참여를 유도하는 경우가 적지 않았는데, 나중에는 시민들이 시위한다는 곳을 알아내서 찾아와 연도에서 박수만 보내는 것이 아니라 시위 대열에 가담했다.

시위에 참가한 시민들 가운데는 구경꾼 수준을 크게 벗어나지 못했다고 볼 수 있는 사람들이 많았으나, 방관적·소극적 자세에서 벗어나 적극적이고 능동적인 모습을 보인 시민들 또한 적지 않았다. 3·1운동, 부마항쟁, 광주항쟁에서 중요한 역할을 했던 민중이 6월 항쟁에 다시 나타났고, 그것도 전국적인 규모로 출현했다.

적극적이고 능동적인 시민으로서, 때로는 통찰력과 예지叡智를 보여주기도 한 민중은 부산을 비롯해 여러 지역에서 시위를 이끌어갔다. 이들의 투지와 열의가 없었더라면 6·10대회, 6·18대회, 6·26대회나 서울·부산·광주·대전·전주와 다른 여러 도시에서 다중에 의한 위력적 시위가 전개되지 못하고 한층 빈약한 학생시위로 끝났을 것이다. 시국토론회 같은 대중집회가 도처에서 활발히 진행된 것 또한 민중의 적극적인 호응과 요구가 큰 역할을 했다.

시민들은 경찰 저지선을 돌파할 때 앞장서기도 했고 대오를 이끌어가기도 했으며 학생시위대가 머뭇거릴 때 적극적 항쟁을 주장하기도 했다. 부산·대구 등 여러 지역에서 우박처럼 퍼붓는 최루탄 난사에도 불구하고 학생들이 "비폭력"을 외쳐 시위대가 무력해지거나 흩어질 때, 폭력에는 폭력으로 맞서는 수밖에 없다고 '폭력투쟁'을 역설했다.

민중은 운동권 학생이 시위대의 투지나 열의를 이해하지 못하고 지도부의 명령에 고식적으로 따르거나 그럴싸한 논리로 투쟁을 멈추어야 한다고 주장하거나 나약한 모습을 보일 때, 투쟁을 이끌어가는 핵심적 역할을 했다.

명동성당농성투쟁이 6월 항쟁에서 얼마나 중요한 위치를 차지하는지는 아무리 강조해도 부족함이 없는데, 그 명동성당농성투쟁이 6월 15일까지 계속될 수 있었던 것은 비운동권 학생이 포함된 민중의 역할이 지대했다.

6월 11일 새벽에 일부 학생이 국본 지침을 지키기 위해 11일 오전 10시에 해산해야 하고, 지금은 대중적 열기를 명동성당이라는 한정된 좁은 틀에 가둘 것이 아니라 각 캠퍼스에 보고해서 대중과 연계할 부분을 찾아야 한다고 역설했다. 그때 시민 측과 비집행부의 일반 학생들은 이렇게 반론을 제기했다.

이 농성은 6·10 이후 새로운 투쟁의 기점이 되어야 한다. 또한 학교라는 장소를 가진 학생과는 달리 시민에게는 항시적인 투쟁의 공간이 주어지는 것이 아니다. 시민·학생이 함께한 이 농성은 귀중한 기회다. 우리의 이 농성이 투쟁의 열기를 어떻게 끌어올릴지 모른다.

이 논쟁 이후에도 조기 해산을 주장하는 측에 대해 시민 측과 일반 학생들은 계속해서 싸울 것을 주장했다. 투쟁이 15일까지 간 데에는 이들의 주장이 설득력이 있었기 때문이었다. 6월 15일 아침 3차 투표에서 해산이 결정되었을 때, 시민 팀의 남자들한테서 통곡소리가 났고, 창문으로 투신하려는 것을 붙드는 등 격한 분위기가 한동안 계속되었다. 부산에서 경찰이 직격으로 마구 쏘는 등 무차별적으로 최루탄을 난사하는데도 학생들이 계속해서 "비폭력!"을 외치자 30대 청년이 "학생들은 이상합니다. 경찰들이 최루탄을 마구 쏘아대고 백골단이 쇠곤봉을 휘두르는데 비폭력이 무슨 말입니까?"라고 항의했다. 급기야 시민들은 "학생들은 비켜라. 우리들이 싸우겠다"며 앞장섰다. 부산대 총학생회장 김종삼은 이렇게 말했다.

우리들은 시민들로부터 유리되지 않기 위해 '비폭력'을 외쳤는데, 오히려 시민들로부터 거부당하기에 이르렀습니다. 정권의 폭력에 대항하는 폭력은 시민들에 의해 정당한 것으로 받아들여졌습니다.[1]

6·10대회에서 학생들은 시민들의 참여에 크게 흥분했고 고무되었다. 1987년 이전에 시민들은 학생운동에 참여하지 않았을 뿐만 아니라 외면하기도 했고, 심지어 1980년 5월 '서울의 봄' 시위에서는 상인들로부터 비난하는 소리를 듣고 왜 그럴까 의아해하기도 했다.

학생들이 세우려는 나라는 민중이 주인이 되는 사회였는데, 6월 항쟁 이전까지 민중이 나타나지 않았던 것이다. 그래서 의식화된 머릿속에서만 존재했는데, 그 민중이 6월 항쟁에서 현실 속에, 그것도 열렬한 투사의 모습으로, 또 큰 규모로 출현한 것이다.

학생들은 6월 항쟁에서 시민 참여를 유도하고자 했다. 특히 서울의 6·26투쟁에서 운동지도부는 경찰의 폭력에 대해 폭력으로 맞서는 폭력투쟁을 자제하자고 호소했다. 6·26평화대행진의 경우 일반 기자들에게도 경찰의 과잉폭력이 확연히 눈에 띄었는데도, 운동지도부에서는 화염병과 돌을 던지는 투쟁을 자제하고 시민을 끌어들이는 것에 특별히 역점을 둔다는 상당히 추상적이고 비현실적인 방침을 밀고 나가기까지 했다.

6·26서울 시위에서 영등포지역 대중집회 등에 노동자와 일반 서민의 참여가 많았던 것은 '폭력' 사용을 자제하고 시민을 끌어들인다는 전술이 먹혀들어간 것이 아니었다. 학생들이 명동·퇴계로·서울역 방면과 동대문 일대와 영등포 일대 등 크게 세 지역으로 나누어 싸운 것이 주효해 영등포 일대의 특성이 잘 살아났기 때문이라고 봐야 할 것이다. 명동·퇴계로·서울역 방면에서의 투쟁이나 동대문 일대에서의 투쟁에는 6·10대회, 6·18 대회보다 시민이 더 많이 참여한 것은 아니었다.

학생들은 민중이 주인이 되는 사회를 만들어야 한다고 주장했지만, 그러한 사회가 정말 어떠한 사회인지 잘 그려지지 않았다. 또 6월 항쟁에서처럼 민중이 적극적이고 능동적으로 나오거나 통찰력과 예지를 보일 때 꼭 그것에 승복한 것도 아니었다. 자신들의 세상과 민중의 세상과는 무언가 거리감이나 괴리가 있었고, 자신이 속한 서클에서 익힌 주장에 나오는 세계와 다른 세계에 대해서는 잘 몰랐다. 그들은 사실상 자발적인 민중운동이라는 것에 대해서 잘 모르고 있었고 관심도 큰 것이 아니었다.

많은 학생들이 소시민이었고, 활동반경이 폐쇄적이거나 협착했기 때문에도 민중적 이해와 자신을 일치시키는 것은 '힘들었고 어려웠을' 뿐 아니라 은연중에 거부감까지 있었다.

6월 항쟁에서 민중은 넥타이 부대일 수도 있고 노동자나 농민일 수도 있으며, 약사나 치과의사처럼 전문직 종사자일 수도 있다. 여러 지역에서 영세상인이나 아주머니들이 적극적이고 능동적인 시민의 모습을 보여주었다. 민중은 대학생일 수도 고교생일 수도 있으며, 수원에서 리어카를 끄는 할아버지나 안양의 막일꾼, 목포의 찻집 아가씨나 부산의 완월동 아가씨일 수도 있다. 설령 참여자가 익명성을 요구한다고 해서 민중에서 배제되지는 않는다.

민중은 시위에 상시적으로 참여하지 않았다. 분노를 참을 대로 참다가 더 이상 참을 수 없는 상황이 초래되어 정의감이 활화산처럼 타오를 때 깨어 있는, 분노한 민중으로 변하여 시위에 참여했다.

3·1운동, 8·15해방, 4월 혁명, 부마항쟁, 광주항쟁, 6월 항쟁처럼 역사가 전환기를 맞을 때, 사회가 큰 위기에 처했을 때, 민중은 거대한 힘으로 권력에 도전해 상식과 양식에 따라 역사가 가야 할 큰길을 제시했다.

그러나 민중은 투쟁이 성공하든 실패하든 거대한 파도가 가라앉으면 언제 그런 일이 있었느냐는 듯 평범한 사회인으로 돌아갔다. 또 민중은 대개가 조직화되어 있지 않았다. 따라서 1972년 10·17유신쿠데타나 1980년 5·17신군부쿠데타가 일어나더라도 대처하지 못했고 오랫동안 역사가 퇴행의 길을 걸을 수밖에 없었다.

노동자 | 　　　노동자들은 구경꾼이나 지원투쟁, 호응투쟁에 머물지 않고 학생들과 함께 시위에 적극 참여했으며 때로는 시위를 이끌기도 했다. 6월 항쟁에서 노동자는 시민 속에 포함되어 보도되기도 했고 '시민·노동자·학생'으로 쓰인 경우에서처럼 시민과 별개로 보도되기도 했다.

노동자들은 이미 박종철 고문사망 사건 직후부터 적극적으로 활동을 전개했다. 1월 25일 영등포산업선교회 등 9개 노동단체 소속 노동자 400여 명이 영등포산업선교회 회관에서 '고 박종철 동지 추모식 및 노동자 대회'를 가진 뒤, 박종철 영정과 '무엇이 두려우랴, 노동 해방 쟁취하자'라고 쓰인 대형 플래카드를 앞세우고 횃불을 들고 시위에 돌입했다.

3·3대행진의 날에도 제기동 경동시장 앞길에서 민민투 소속 대학생과 노동자 300여 명이 돌과 화염병을 던지며 10여 분간 격렬한 가두 기습시위를 벌였다.

노동자들은 시위의 객체가 아니라 주체로 참여한 경우가 적지 않았으나 지역에 따라 참여의 폭이 달랐다.

노동자들이 시위나 집회에 가장 많이 참여한 도시는 노동자들이 많았던 인천이었다. 6·10대회에서는 오후 7시경 백마장 입구에서 2,000여 명의 '노동자·학생·시민'이 모여 애국가와 운동가를 부르며 대중집회를 열고 군부독재의 만행을 규탄했다. 8시 30분경에는 잔업을 끝내고 퇴근하는 부평공단 일대의 노동자들이 시위대에 합세해 4공단에서 청천동을 경유하여 행진하면서 "노동3권 쟁취", "임금인상", "잔업철폐", "민주노조 쟁취"를 외쳤다. 그러자 공단 내 노동자들이 박수를 보내며 호응했다. 이들은 월급날인데도 회사 측의 강제 잔업 요구로 늦게까지 일하면서도 공장 옥상과 창문에서 시위대에 박수를 쳤다는 보도도 있었다.

인천에서는 6월 17일 시위에도 노동자들이 참여했지만, 6·18대회에서는 역시 백마장에서 청천동으로 향한 시위대에 노동자들이 많이 합세했고,

여러 곳의 대중집회에서도 활발한 활동을 보여주었다. 오후 8시 부평지역에서 열린 2만여 명이 모인 시민대회에서는 사회자가 학생에서 노동자로 바뀌었으며, 이 집회를 보호하기 위해 노동자·학생 40명씩으로 전투조를 편성했다. 노동자들이 이 집회에서 중요한 역할을 했음을 알 수 있다. 19일 상오 4시경 노동자·학생 250여 명은 시위를 하다가 산으로 피신했다. 그 후 이들 중 100여 명은 플래카드를 펴들고 청천동으로 행진하다가 아침 7시 20분경 청천파출소에 화염병 60여 개를 던져 불태웠다.

성남과 부산에서도 노동자들이 많이 참여했다. 성남에서는 6월 19일 시위에 공장 노동자들이 합류해 노동자·학생·시민 5,000여 명이 대중집회를 가졌고, 그다음 날에도 시위를 벌였다. 부산에서는 사상공단 노동자들이 6·18대회에 잔업을 거부하고 시위에 나섰다.

6·26영등포 시위에도 노동자들이 많이 참여했다. 포항은 5만여 노동자들과 함께하기 위해 6·26대회시간을 다른 지역보다 1시간 늦은 7시로 했지만, 포항제철 등 주요 업체에서는 밤늦도록 노동자들을 묶어놓았다. 그러나 대회가 심야까지 계속되자 노동자들은 작업장 유니폼을 입은 그대로 시위에 참여했다.

그런가 하면 한 업체의 노동자들이 집단적으로 6월 항쟁에 참여하기도 했다. 익산에서는 6·10대회 날 시위대가 수출자유공단으로 가 "노동3권 보장하라!"고 외치며 '공단 내 노동자 탄압 규탄대회'를 가졌다. 이 규탄대회는 후레아훼숀 공장에서의 노동자 탄압과 관련이 있었다. 익산에서 대규모 시위가 있었던 6월 21일 공단 내에 있는 후레아훼숀 노동자들이 대중집회에 참여해 다국적 기업의 횡포와 부당해고 사례를 고발했다. 6월 23일에는 귀금속 단지 후문에서 후레아훼숀 노동자를 비롯한 200여 명의 노동자가 시위를 벌였다. 창인동성당에서 열린 6·26출정식에서도 후레아훼숀 해고 노동자가 농민, 학생과 함께 연설했다.

소규모 생산업체의 직공, 정비공, 점포 점원, 식당이나 유흥업체 종업원 등도 전국 각지에서 시위에 적극 참여했다. 이들은 특히 성남 등 중소도시에서 시위대의 선두에 서거나 경찰에 맞서 전투적으로 격렬히 싸웠다.

6월 20일 서울 가리봉오거리 가두시위, 6월 24일 영등포로터리 가두시위는 노동자 중심의 투쟁이라는 점에서 의미가 있었다.

노동자들은 학생들보다 대체로 더 투쟁적이었다. 6월 19일 안양에서 처음으로 시위가 일어났을 때 노동자들이 이 시위를 주도해 학생들보다 더욱 격렬히 시위를 벌였다. 6·26안양 시위는 노동운동 그룹이 이끌었는데 민정당 당사, 경찰초소, 노동부 안양출장소, 경찰서, 역전파출소 등이 불타거나 화염병 공격을 받았다. 노동자들이 많이 참여한 인천의 6·18시위, 그리고 그다음 날 새벽까지 이어진 시위에서 노동자·학생·회사원 667명이 연행되었다(『말』지 제12호). 이 기사에서 노동자가 맨 앞에 쓰여 있다는 것은 경찰에 의한 노동자 체포가 많았다는 사실을 의미한다. 그것은 그만큼 노동자들이 격렬히 싸웠다는 증표일 것이다.

성남시청에서 작성한 6월 20~21일 가두시위 종합보고서에 따르면 연행자 수가 대학생이 8명인 데 비해 노동자(근로자로 표기했음)는 34명으로 42.5퍼센트를 차지했다. 또 6·19성남 시위에는 근로자, 막노동자, 무직 및 유흥가의 전과자들이 다수 가담한 것으로 쓰여 있다.[2]

6월 항쟁에서 노동자들은 격렬하게 투쟁했다. 안양에서 노동부 안양출장소가 불탄 것은 전두환 정권의 노동정책에 대한 노동자들의 분노의 표시였다. 노동자와 학생들은 노동자의 권익을 옹호하는 구호를 많이 외쳤다. 하지만 노동자도 대체로 일반 시위대와 비슷하게 "호헌철폐", "독재타도", "직선제 쟁취"의 구호를 외쳤다.

그러나 6월 26일 시민·노동자·학생 2,000여 명이 연좌시위를 벌였던 인천 부평로 대중집회에서 '인천지역 민주노동자연맹'(인민노련) 창립 보고대회가 열렸다는 것은 의미심장하다. 노동자들이 6월 항쟁에 적극 참여하고 인노련 창립 보고대회가 열렸다는 것은 6월 항쟁이 7, 8, 9월 노동자 대투쟁과 민주노총 조직으로 진전할 것이라는 점을 상징적으로 보여준 '사건'이었다.

농민 |　　1894년 갑오 동학농민전쟁, 1919년 3·1운동, 1946년 10월 항쟁 이후 가장 많은 농민이 6월 항쟁에 참여했다. 농민은 어느 누구보다도 시위에 열성적이었고 적극적이었다. 농민운동을 하던 농촌지역에서 대회나 시위가 열릴 인근 도시로 시외버스를 타고 '출장'을 나왔기 때문에도, 투쟁을 제대로 하지 못하고 '빈손'으로 돌아갈 수는 없었다.

농민은 노동자보다 거리시위에 익숙해 있었다. 6월 항쟁 이전에 노동자 시위는 엄격히 통제되었으나 1980년대에 활발히 전개된 농민들의 소값 파동이나 외국 농축산물 개방에 대한 항의 시위, 농협조합장 직선제 요구 시위, 수리세 관련 시위, 농가부채 탕감 시위는 당국이 무조건 막을 수만은 없었다.

6월 항쟁에 참여한 노동자는 거의 대부분이 그 이전에 시위에 참여한 경험이 없었지만, 농민은 대다수가 시위 '전력'前歷을 가지고 있었다. 농민들은 경운기를 앞세우고 격렬히 싸우기도 했고 소몰이 시위를 벌여 경찰을 놀라게 하기도 했다. 전국에서 최초로 KBS시청료납부 거부운동을 펼쳤던 전북 완주군 고산에서는 1985년에 농민들이 경운기와 소를 앞세워 경찰을 밀어붙이는 시위를 벌였다. 경찰은 '처음이라서' 어쩔 줄 몰라 했다. 그 이후 전북에서의 소몰이투쟁이 점차 확산되었는데, 부안 시위에서는 농민들과 지원 나온 학생들이 크게 부상당했다. 이러한 투쟁이 일상화되다 보니 농민들은 최루가스에도 익숙해져 있었다.

그렇지만 6월은 모내기철이라 많은 농민이 도시로 '출장' 가는 것을 주저했고, 그래서 참여 인원이 제한될 수밖에 없었다. 이 때문에 시위 지휘본부와 긴밀한 연계 속에 시위용품을 준비해 조직적으로 활동했음에도 농민들은 대도시 시위에서 인파에 파묻히기가 일쑤여서 그 존재가 뚜렷하게 드러나지 않았다. 그렇지만 김천과 거창 같은 작은 도시에서는 농민의 시위 참여 모습이 뚜렷했다.

천안의 경우 6·10대회, 6·26대회에 많은 농민이 참여했다. 6·26평화대행진 집회에서는 가톨릭농민회 간부가 연설을 했다. 전주에서는 6·23시위에서 있었던 대규모 시국토론회에 농민이 시국강연을 했다. 6·24 '민주개헌과 민주정부 수립을 위한 실천대회'에서는 농민 대표가 '현 시국에 대한 농민 선언'이라는 제하의 성명서를 발표하고 '(농산물) 수입 정권 퇴진' 등을 요구했다. 안동에서는 6·10대회에 가톨릭농민회 대표가 연설해 이 지역 시위에서 농민이 중요한 역할을 맡았음을 짐작케 했다. 6월 19일 목포에서는 농산물값 하락에 대한 항의의 표시로 시위를 진압하던 전경들에게 양파 200여 개를 던지며 시위를 벌였다.

1980년대에 기독교농민회 활동도 무시할 수는 없지만 가톨릭농민회가 특히 왕성한 활동을 펼쳤다. 가톨릭농민회가 인근 농촌에서 강력한 기반을 가지고 있었던 전주·광주·안동·대전·익산이나 천안·청주 등지의 시위에는 농민들의 활약이 컸다. 전주 등 여러 도시에서 집회를 열면서 풍물잔치가 열렸는데, 주로 학생들이 도맡아했지만 농민운동단체와의 연계를 읽을 수 있다.

택시기사를 비롯한 운수노동자 |　　　2·7추도대회에서 선을 보인 이래 6월 항쟁에서 시위의 총아로 등장한 것이 차량경적시위다. 차량경적시위는 시위대를 고무시켰고, 연도의 구경꾼들로 하여금 박수로 호응하게 했으며, 전두환 정권에 충격을 주었다. 삼일 고가도로에서 수백 대의 차량이 장

사진을 친 채 경적을 울리고 또 탑승자들이 차량에서 나와 시위하는 모습을 내려다보는 장면은 장관이었다.

이러한 차량경적시위를 주도한 운전자들이 택시기사였다. 당국은 대회가 열리는 날 택시회사로 하여금 경적기를 떼게 하거나 택시가 시위 장소에 접근하지 못하게 했다. 부산에서는 택시기사들의 대규모 시위투쟁이 있은 다음 날인 6월 20일 자정부터 그 이튿날까지 한동안 택시 운행이 전면 중단되는 희귀한 사태도 있었다. 그렇지만 전두환 정권이 택시기사 시위를 막기에는 역부족이랄까, 백약이 무효였다.

택시기사들은 경적시위를 주도하는 것에서 멈추지 않았다. 자갈을 한 차 가득히 실어 날랐다는 기사도 있지만, 택시에 돌이나 화염병을 실어 날랐고, 차에서 석유를 빼내 화염병을 만들어 학생들에게 건네주기도 했다.

6월 18일 상오 2시 30분경부터 새벽까지 부산에서 있었던 택시기사들의 시위투쟁은 광주에서 1980년 5월 20일 오후 7시경 200여 대의 택시가 헤드라이트를 켜고 시위 대열에 나타나 광주민중항쟁의 국면을 바꾸어놓았던 투쟁을 방불케 하는 격렬한 투쟁이었다.

부산 택시기사 시위는 18일 2시 반경 100여 대의 택시기사들이 학생 시위에 합류하여 경적을 울리고 도로를 차단하면서 본격화되었는데, 4시경에는 300여 대로 증가했다. 택시기사 10여 명은 쇠파이프와 각목을 들고 지나가는 차량의 통행을 정리했다.

이날 밤 부산 시민들이 KBS를 공격하자 택시기사 50여 명은 택시로 바리케이드를 치고 시위대가 이를 이용해서 공격을 하도록 해주었다. 택시를 앞세운 역사상 보기 드문 진귀한 공성攻城작전이었다.

광주에서는 6월 23일 오후 3시경에 신흥택시 소속 기사 100여 명이 50여 대의 택시에 분승하고 헤드라이트를 켠 채 일제히 경적을 울리며 약 2시간 정도 시위를 벌였다.

6월 26일 서울에서는 신설동 일대에서 학생·시민이 자정을 넘기며 가두투쟁을 벌일 때 택시기사 300여 명이 택시를 세워놓고 애국가를 부르며 경적을 울리고 도로를 완전 점거하며 40여 분간 시위에 합세했다.

마산에서는 6월 27일 상오 3시경 경찰 저지선 뒤에 갑자기 택시 10여 대가 경적을 울리며 시위에 가담했다. 이들은 당황한 경찰이 최루탄을 발사하자 머플러 폭발음으로 압도하면서 경찰을 향해 내리달렸다. 경찰이 도로 양옆으로 쫙 갈라서자 시민들이 환성을 질렀다.

6월 29일 상오 3시경 6월 항쟁의 마지막 시위가 군산에서 경찰과의 교섭 끝에 막을 내리게 되자 끝까지 싸우자고 주장했던 택시기사를 비롯한 '항쟁파'들은 교섭을 한 신부들의 행동에 분노하며 오룡동성당 유리창을 깨기도 했다.

택시기사들은 전두환 정권의 철권통치하에서 여러 차례 투쟁을 벌인 바 있었다. 1980년대 노동자투쟁은 1984년부터 본격적으로 시작된다고 볼 수 있다. 그 1984년 투쟁을 선도한 것이 다름 아닌 택시기사들이었다. 그해 5월 대구에서 택시기사 1,000여 명이 사납금 인하 등을 요구하며 농성에 들어갔고, 이어서 구미·대전·서울·강릉 등지에서 택시기사들이 투쟁을 벌였다.

1987년만 해도 3월 말에서 4월 초에 포항시 택시기사 500여 명이 완전월급제 실시를 요구하며 가두시위와 농성을 벌였다. 서울에서는 4월 8일 전국자동차노동조합연맹 사무실에서 택시기사 500여 명이 완전월급제 실시를 주장하며 연좌농성을 벌이다가 역삼역사거리를 점거하고 농성을 벌였다. 농성시위를 벌인 택시기사들은 나중에 2,000여 명으로 늘어났다. 다음 날에도 택시기사들은 연맹회관 부근에서 차량시위를 벌이다가 교통이 번잡한 강남역 쪽으로 진출했다. 강남역 일대 퇴근길이 큰 혼잡에 빠졌고, 시민들은 머플러 폭음에 놀랐다. 택시들이 헤드라이트를 켜고 경적을 울리며 한강대교를 건너 시청 쪽으로 가려 하자 경찰이 다리에 바리케이드를 치고 검문하며 막았지만 100여 대의 택시가 용케 한강대교를 빠져나와 경찰과 숨바꼭질을 하면서 을지로1가, 무교동, 시청 앞 부근에서 시위를 벌였다. 이날 택시기사가 무려 524명이나 연행되었다.

택시기사들이 6월 항쟁에 적극 참여한 것은 고된 노동에 비해 보수가 너무 적고 급여방식에 불만이 누적된 것이 한 요인이었다. 그렇지만 그동안 관이나 경찰에 대해 불만이 쌓여 있었고, 평소에 택시 손님을 통해 시국이 어떻게 돌아가고 있는지를 잘 알고 있었던 데다 6월 항쟁의 현장을 어느 누구보다도 자주 목도하면서 시위대와 일체가 되어 있었던 점이 가장 큰 요인이었다. 6·29선언 직후 부산의 한 택시운전사는 동아일보사에 전화를 걸어 흥분된 어조로 고생 많았다며 이렇게 말했다.

6·10 이후 시위가 계속되면서 하루 수입이 1~2만 원씩이나 줄어들었지만, 안 벌리는 데 대해 불평을 안 했어요. 민주주의라는 게 얼마나 소중한 가치인지를 길거리에서 뼈저리게 느끼고 경적을 울리면서 시위에 적극 동참했는데, 이제 보니 나도 민주화에 한몫을 한 것 같아 으쓱해지네요.

넥타이 부대 | 회사원이라고도 하고 화이트칼라로도 불리는 사무직 노동자가 사회 이목을 집중시킨 것은 명동성당농성투쟁에 직간접적으로 호응투쟁과 지원활동을 전개하면서부터다. 이때부터 '넥타이 부대'라는 애칭이 생겨났다.

그렇지만 이들은 6·10대회에서 이미 시청 앞, 명동·을지로 일대, 퇴계로와 서울역 일대에서 박수, 환호, 야유를 보내고 구호를 외치며 시민들이 호응할 때 두각을 드러냈으며 부산과 다른 도시에서도 6·10대회에 적극 참여했다.

1987년 6월 12일 점심 무렵 명동 거리에 나온 회사원들이 최루탄을 피해 달아나고 있다. 일명 '넥타이 부대'라고 불렸던 사무직 노동자들은 6월 항쟁 기간 동안 점심시간을 이용, 학생시위대에 합세해 재빨리 흩어졌다 다시 모이며 호응시위를 벌였다.

넥타이 부대는 '부대'라는 이름에 걸맞게 조직적으로 집단을 지어 행동했다기보다는 시위대에 대해 서로 다른 직장에 있는 회사원들이 함께 호응해 성원하고 지원했다. 명동성당농성투쟁 때 겁게 탄 농성시위대가 명동 언덕에 나타나자 일제히 환호성을 올리고 뜨거운 박수를 보냈으며, 건물의 창문과 옥상에서 손을 흔들고 휴지를 흩날려 그들을 고무시켰다. 또한 시위대와 마주 보며 토론회를 갖기도 했다.

또 명동 일대에 진출한 학생시위대에 합세해 재빨리 흩어졌다 다시 모이며 시위를 벌이기도 했고, 점심시간에 명동성당 쪽으로 몰려와 구호를 외치고, 한 걸음 더 나아가 점심시간을 이용해 무언가를 기다리고 있던 다른 회사원들과 함께 '점심'시위를 벌이기도 했다.

6·10대회, 6·18대회에 시청 부근에서 을지로 입구, 미도파·신세계 백화점 부근에 분명히 넥타이를 맨 사람들이 많이 나와 때로는 경찰이 학생

을 향해 최루탄을 쏘려고 하면 일제히 야유를 퍼붓기도 하고 때로는 경찰을 일순간에 에워싸고 최루탄을 못 쏘게 하기도 했다. 그러나 이때도 무리를 지어 공동으로 호응시위를 했다고 보기는 어렵다. 그저 시위 현장에 나온 시민들의 한 부분이었을 뿐이지 독자적으로 행동한 것은 아니었다.

그 점은 부산에서도 비슷했다. 6월 16일에서 19일까지 엄청난 규모의 시위를 이끌어간 것은 시민들이었는데, 회사원은 그 속에 파묻혀 있었다. 이러한 참여는 비록 소수지만 미리부터 조직적으로 연락을 하며 시위용품을 준비해 시위에 적극 참여했던 농민들과는 차이가 있다. 다만 6월 18일 10만 명을 헤아리는 시위대가 오버브리지 고가도로를 통과해 부산역 쪽으로 진출하려 할 때, 경찰이 쏘아댄 희뿌연 최루가스에 뒤덮여 쓰러진 사람이 28세의 회사원 이태춘이었다는 점에서, 회사원들이 많았겠구나 하고 짐작될 따름이다.

사무직 노동자들은 익명성의 테두리 안에서 싸웠다. 외환은행 민주노동자 85명은 "우리는 애국 학생들과 시민들의 민주화투쟁을 적극 지지합니다"라고 쓴 쪽지와 함께 모금한 돈을 명동성당농성자들에게 전달했다. 인천·부산 등 여러 지역의 대중집회에서 발언하러 나온 회사원들이 적지 않았다.

하지만 대부분의 사무직 노동자들은 자신의 '신분'을 감춘 채 시위에 가담했다. 이들은 점심시간이 지나면 다시 사무실로 들어갔고, 적극적으로 참여한 경우에도 6·26서울역 대회전에서처럼 공방전이 치열해지면 슬며시 사라지기도 했다.

6·10대회 이후 넥타이 부대라는 이름에 걸맞게 집단적으로 투쟁에 임할 수 있는 기회가 있었을 터인데, 끝내 그러한 넥타이 부대는 출현하지 않았다.

서울 시민들의 시위 참여가 적었던 이유 | 　　부산·광주·대전·전주·성남·인천과 비교해볼 때 상대적으로 서울에서 시민들의 시위 참여가 적었던 이유는 무엇일까. 서울은 6월 항쟁 이전에 이들 도시보다 야당 의원들을 더 많이 배출한 야당 도시가 아닌가.

서울에서 시민 참여가 제한된 것은 경찰 병력을 서울에 집중해서 배치했기 때문이다. 2·7추도대회에서는 전국의 12만 경찰 병력 중 5만여 명을 시위 진압에 투입했는데, 그중 3만 6,000명이 서울에 배치되었다. 3·3평화대행진에는 그보다 적어 전국에 배치된 6만여 명 중 2만 2,000여 명이 서울에 있었다. 6월 항쟁기에도 2만 명 이상이 배치되었는데, 전국 시위 진압 경찰 병력의 3분의 1 이상이 서울에 배치된 것이다.

그것도 훈련된 정예 병력이 많았고, 백골단이 많이 배치되었다는 것은 예컨대 6·26대회에서 연행된 사람이 3,467명인데 그중 서울에서 연행된 사람이 2,139명이라는 경찰의 발표를 보더라도 짐작할 수 있다.

이와 같이 서울에 경찰 병력의 주력을 포진시킨 이유는 자명하다. 부산에서처럼 대규모 시위 물결이 광화문 일대를 출렁이게 되면 1960년 4월 19일 '피의 화요일'처럼 발포를 하거나 4월 26일 '승리의 화요일'처럼 전두환 정권이 무너질 수 있기 때문이었다.

이 때문에 경찰은 시위대를 진압하는 데 엄청난 양의 최루탄을 무차별적으로 쏘아댔다. 명동성당농성의 경우, 부상자가 중상 27명, 경상 224명으로, 그 내용을 보면 수포 환자 130명, 파편 부상 5명, 찰과상 27명, 눈 부상 5명(그중 1명은 실명), 절상 3명, 골절상 8명, 타박상과 화상이 73명 등이었다. 명동성당농성시위의 경우 여러 날에 걸쳐 격렬히 전개되었지만, 경찰이 어떠한 식으로 진압작전을 폈는지를 엿보게 한다.

서울에서는 시민들이 소수만 모여도 경찰이 최루탄을 쏴 해산시켰고, 시위대에 시민들이 참여하는 것을 극력 저지했다. 김영삼과 야당 의원들은 그 나름대로 수십 년간 싸워온 노장들이라고 볼 수도 있는데, 6월 항쟁에서 힘을 발휘하지 못했고, 6·26대회에서는 순식간에 '포로'가 되어 닭장차에 실리기도 했다.

따라서 연도에서 박수를 보내며 성원을 하거나 남대문시장의 상인처럼 피신하는 학생을 숨겨주는 것, 명동성당농성에서처럼 인파가 명동 일대를 뒤덮으며 농성시위대를 지원하고 때로는 넥타이 부대가 점심시간에 시위를 벌인 것을 제외하고는 적극적으로 참여하기가 쉽지 않았다.

대학 교문을 사이에 두고 최루가스가 자욱한 가운데 수년간 수십 차례에 걸쳐 경찰과 격렬하게 공방전을 주고받은 역전의 투사가 아니고는 6월 항쟁의 거리에서 그 지독한 최루가스를 버티며 몇 시간이고 싸운다는 것은 참으로 견뎌내기 어려운 일이었다.

서울의 경우 얼마나 많은 시민들이 참여했는지를 '계산'해낸다는 것은 결코 쉬운 일이 아니다. 예컨대 6월 10일 신세계백화점 앞에서 5,000여 명이 시위하고 있다고 할 경우, 그 시위에 참여하려다가 경찰에 의해 차단된 수천 명의 시민 또는 학생이 부근에 있다는 점을 동시에 생각하지 않으면 안 된다.

시민 참여가 적은 것은 다른 요인도 있다. 서울은 관공리나 소시민, 여유 있는 계층이 많이 살고 있는데, 그러한 사람들은 보수적인 야당 지지는 강하지만 그다지 진보적이지는 않았고, 소극적이고 방관자적인 사람들이 많았다. 그들은 기껏해야 '적극적 구경꾼' 정도로 볼 수 있을 것이다.

종교계의 참여

종교계는 6월 항쟁에 학생 다음으로 조직적이고 집단적으로 참여했다. 종교계는 국본 본부와 지부, 그 밖에 각 도시 시위집행부의 간부를 맡았다.

6월 항쟁 기간 내내 곳곳에서 미사나 기도회가 열렸고, 그것이 끝나면 시위를 벌였다. 성당과 교회, 사찰은 시위의 거점이었고 철야농성장이었다.

천주교든 개신교든 보수 세력까지 6월 항쟁에 참여한 것이 주목된다. 천주교 정의구현사제단, NCC인권위원회는 1970년대부터 반독재 민주화운동을 적극 전개했지만, 일반적으로 종교계의 민주화운동 참여는 3·1운동 이후 이례적이었다.

종교계는 1940~1950년대에 분단 세력이라는 비판을 받기도 했다. 개신교의 일부 보수 세력, 그리고 천주교의 일부 보수 세력이 박정희·유신체제와 전두환·신군부를 지지하고 옹호했던 것을 생각해보면 종교계의 6월 항쟁 참여는 더욱 놀라운 일이었다.

보수적인 종교계가 민주화운동에 발을 내디딘 것은 1987년 1월 박종철이 경찰의 고문으로 사망한 것이 계기가 되었다. 박 군이 사망한 후 첫 일요일인 1월 18일 각 교회와 성당에서는 예배와 미사를 올릴 때 많은 교직자가 설교 중 박 군 죽음에 대해 통분의 심정과 분노를 표시했다. 평소에 '시국 문제'에 거리를 두었던 보수 교단까지도 울음을 터트린 교직자들이 적지 않았다.

두 번째 일요일인 1월 25일에는 서울 홍제동성당, 인천 답동성당에서 추모미사를, 새문안교회, 영락교회, 구세군 강남 영문에서 추모예배를 올렸고, 성문밖교회에서는 '박종철 동지 추모식 및 고문살인 정권 퇴진을 위한 노동자대회'를 열고 박종철 영정과 플래카드를 들고 시위에 나섰다. 한국대학생불교연합회에서는 추모법회를 가졌다. 박 군 사건이 종교인들을 울린 것이지만, 이 무렵에는 개신교 일부 보수 세력까지 전두환 정권을 못마땅하게 여겼기 때문에 그랬을 것이다.

추모의 마음과 민주화운동이 결합된 2·7추도대회의 경우 대회장소가 서울 명동성당, 부산 대각사, 대구 YMCA, 전주 엠마뉴엘교회 연합, 청주

사직동성당, 대전 대흥동성당으로 성당과 개신교 관계 기관, 사찰로 되어 있는 것은 6월 항쟁에서 종교계가 어떠한 역할을 할 것인지를 짐작게 했다.

김수환 추기경은 2월 28일부터 3월 8일까지를 '민주화와 회개를 위한 9일 기도회' 기간으로 설정하고 이때 전국 모든 본당과 신학교 및 수도단체에서 3·1절과 고 박종철 군의 49재인 3월 3일이 포함된 9일간 기도회를 가질 것을 당부했다.

불교계에서는 '고 박종철 영가 49재 봉행 준비위원회'를 구성해 3·3평화대행진 날 조계사 일대에서 시위를 벌였다.

천주교 | 　　　전두환의 4·13호헌조치에 대해 종교계는 대학교수들과 함께 학생들보다 훨씬 더 집단적으로 반대투쟁을 전개했다. 4월 21일 광주교구 사제 18명이 단식기도에 들어간 것을 시발로 각 교구의 천주교 사제들이 이에 호응했고, 개신교 목회자들도 뒤따랐다. 5월 18일 천주교 정의구현사제단의 박종철 고문사망 은폐조작 폭로가 정국을 일대 폭풍 속으로 몰아넣어 6월 항쟁으로 나아가는 길을 여는 데 크게 기여했다는 것은 앞에서 지적한 대로다.

6월 항쟁에서 명동성당농성투쟁과 부산 가톨릭센터 농성투쟁이 차지하는 위상은 구태여 반복해서 언급할 필요가 없을 것이다. 이 두 농성투쟁에 천주교가 깊이 관계되어 있다는 것 또한 두말할 나위가 없다.

광주 6·10대회는 오후 6시 가톨릭센터에서 녹음된 타종을 방송에 맞추어 내보내면서 본격적으로 시작되었다. 곧이어 가톨릭센터에서 나온 100여 명의 신부와 수녀가 연좌농성을 시도했다. 광주학살 직후 광주교구가 광주사태 희생자 및 구속자를 위한 월요미사를 1년 이상 매주 올렸던 유서 깊은 남동성당에서는 6·18대회를 마치고 학생·시민이 철야농성에 들어갔다.

전주에서 6·10대회는 6시에 덕진성당을 중심으로 펼쳐졌다. 6월 21일

고 박종철 군의 추도식에 참석하고 있는 명동성당 사제들과 수녀들(1987. 2. 7). 6월 항쟁에서 종교계의 참여가 두드러졌는데, 명동성당으로 상징되는 천주교계의 역할은 민주화투쟁에큰 힘이 되었다.

시위를 마친 일부 시위대는 유서 깊은 전동성당에서 철야농성을 벌였다. 6월 23일에는 전동성당에서 기도회를 마치고 4,000여 명이 촛불행진에 들어갔다. 중앙성당도 전주 6월 항쟁의 주요 거점이었다.

거의 하루도 빠짐없이 시위가 있었던 익산에서 창인동성당은 핵심 거점으로 6월 19일부터 23일까지 철야농성이 전개되었다. 안동 목성동성당에서는 6월 21일부터 26일까지 농성과 함께 옥외방송을 계속했다. 원주에서 6월 23일 학생들은 원동성당에 들어가 농성을 했고, 24일에는 원동성당에서 나와 시위를 벌였다. 이날 원주교구 사제단과 신자, 학생들이 기도회를 마친 뒤 시위에 들어갔다. 포항의 덕수동성당, 순천의 매곡동성당에서도 농성이 있었다. 수원의 북서동성당은 시위의 거점이었다. 천안의 오룡동성당, 군산의 월명동성당은 6·10대회 대회장이었다.

서울교구 정의구현사제단은 6월 26일 '온 국민의 민주화 행진에 동참하며'라는 글을 발표해 만일 전두환 정권이 비상사태를 선포하면 십자가의 수난을 각오하고 예루살렘에 입성하시던 그리스도의 길을 따르는 사제적 양심과 결단으로 장엄한 '국민 불복종운동'을 전개해나갈 것임을 선언했다. 이날 오후 8시 서울교구 정의구현사제단 사제 20여 명과 수녀 100여 명, 신자들이 특별미사를 올렸고, 미사가 끝나자 시위를 시도했다.

6월 28일 부산교구의 사제와 수녀, 신자들은 특별미사를 올리고 "현 정권은 민주화 일정을 즉각 발표하고 퇴진하라"고 요구했다.

개신교 | 6월 항쟁 시기에 천주교에서는 (특별)미사를, 개신교에서는 (연합)기도회를 자주 가졌다. 개신교 연합기도회와 시위의 몇 가지 예를 들어보자.

6월 14일 전주 중부교회에서는 예장(통합) 전북노회 주최로 '나라를 위한 연합예배'를 가진 뒤 시위에 나섰다. 익산에서는 6월 21일 이리·익산 기독교연합회 주최로 300여 명의 목사와 신자·학생 등 1만여 명이 연합기도회를 마친 뒤 평화행진에 들어갔다.

6월 18일에 동수원 감리교회에서는 기도회를 가진 뒤 시위를 벌였다. 6월 21일에는 서울 종교교회에서 기독교 대한감리회 소속 신도와 학생이 구국기도회를 마치고 시위에 들어갔다. 그다음 날인 22일에는 대한예수교장로회 목회자·신자 2,000여 명이 새문안교회에서 총회 인권위원회 주최로 기도회를 가진 뒤 시위에 나섰다. 6월 23일에는 기독교대한성결교회에서 기도회를 마치고 시위에 들어갔다. 6월 26일에는 대구 제일교회에서 예장 대구지역 3개 노회 연합으로 기도회를 연 뒤 시위에 돌입했다. 보수성이 강한 대구지역의 예장(통합) 노회가 연합으로 가두시위에 나선 일은 전에 볼 수 없었던 이례적인 '사건'이었다. 6월 28일에는 대한예수교장로회(개혁) 총회에서 8개 노회 목회자 377명의 이름으로 성명을 내고 종암 중앙교회에서 기도회를 마친 후 시위에 나섰다.

6·18최루탄 공청회는 경찰의 원천봉쇄로 종로5가에 있는 연동교회에서 열리지 못하고, 기독교회관 부근의 노상에서 약식으로 거행되었다. 광주의 서현교회와 중앙교회는 6월 항쟁 기간 내내 크고 작은 수많은 시위가 전개된 유서 깊은 민주화운동의 성소였다. 안동 서부교회, 군산 성광교회 등은 6월 항쟁의 거점이었다. 태백에서 6·26시위는 선린교회를 주축으로 전개되었다.

보수적인 개신교 교단의 민주화운동 참여는 6월 항쟁이 끝날 무렵인 6월 22일 이후에 많았다. 그래서 민주화운동 '막차'에 편승한 것이 아니냐는 뒷말도 없지 않았다.

보수적인 개신교 교단에서 대규모 연합기도회와 시위로 민주화운동에 동참한 것은 단군 신화의 역사교과서 삽입 문제, 건축법에 의한 교회건축의 제한, 정부행사가 일요일에 많았던 점도 작용했다.

대한예수교장로회 합동 측에서 6월 22~27일을 시국 타개를 위한 기도 주간으로 정하고 기도회를 매일 가진 것은 내부 사정도 있었다. 교단 산하 총신대학 학생들이 학장실과 총회회관을 점거한 채 '교회의 반민족, 반민중적 과오'를 지적하고 국가 조찬 기도회에서 축도를 한 교단 대표의 사과를 요구하면서, 민주화운동에 침묵으로 일관한 교단의 반역사적 태도를 비판했던 것이다.[3]

개신교 보수 교단의 6월 항쟁 참여는 전두환 정권이 생각지 못했던 '사태'였기 때문에 전두환 정권에 타격을 주었다. 그러나 6월 항쟁의 보폭에 제약을 주는 점도 있었다.

불교·원불교 | 　불교계는 4·13호헌조치 이후 700명 이상의 승려들이 4·13조치 반대성명에 서명했다. 또 광주 원각사에서 경찰이 법회 중에 최루탄을 법당에 쏘아댄 사건이 발생하자, 이러한 폭거에 항의하는 단식농성이 여러 곳에서 있었다.

6·10대회 날 광주 원각사 앞에서는 오후 6시에 200여 명이 애국가를 합창하면서 시위를 벌였다. 6월 14일 광주에서는 불교계 시위 이외에는 다른 시위가 없었다. 이날 문빈정사에서 승려와 신자 100여 명이 '민주쟁취 및 구속자 석방을 위한 결의대회'를 갖고 시위를 벌이다가 경찰이 저지하자 연좌농성에 들어갔다. 6·26대회 날 6시가 조금 지나 원각사 앞에서는 5·18유족회와 국본 전남 본부가 중심이 되어 2,000여 명이 시위를 벌였다.

원불교 교단에서 6월 항쟁에 참여한 것은 6월 18일이었다. 이날 원불교 간부 239명이 '이 땅의 민주화를 위한 우리의 주장'이라는 제목의 성명서를 발표했다. 원불교에서 설립한 원광대학교는 6월 항쟁 기간 내내 거의 하루도 빠짐없이 학생들이 시위를 벌였다.

민주대연합과 투쟁 목표의 단일화

처음으로 이루어진 민주대연합 |　　　6월 항쟁에 일부 보수 세력까지 가담할 정도로 각계각층이 폭넓게 참여한 것은 민주대연합이 비교적 잘 가동되고 투쟁 목표가 호헌철폐와 직선제 쟁취로 단일화된 것이 크게 작용했다. 6월 항쟁에서처럼 재야와 학생, 야당 간에 민주대연합이 잘 이루어진 적은 없었다.

1960년 4월 혁명에서 야당과 학생은 공동으로 투쟁하지 않았다. 그 점은 1964~1965년의 한일회담 및 한일협정비준 반대투쟁, 1969년의 3선 개헌 반대투쟁처럼 투쟁 목표가 같을 때에도 비슷했다.

1980년대 이전에 학생과 야당이 가까워진 적이 있다면 1971년 대통령선거에서 재야와 학생이 김대중 후보 지원활동을 벌인 것이 고작이었다. 반유신투쟁에서도, 1980년 '서울의 봄'에서도 1986년 이전의 군부독재 반대투쟁에서도 학생과 야당은 함께 싸우지 않았다.

1986년 3, 4월 야당이 개헌추진위원회 시·도지부 결성대회 겸 현판식을 가질 때 야당과 재야 간에 어느 정도 협조관계가 있었지만, 5·3인천사태 이후 야당과 재야·학생 간의 관계는 소원해졌다.

1987년에 민주대연합이 잘 이루어진 것은 박종철 고문사망 사건이 계기가 되었다. 야당은 5·3인천사태 이후 야당을 운동권과 단절시키고 원내로 끌어들이려는 전두환·여당과 합의해서 국회 내에 개헌특위를 두었다. 그러나 아무런 성과가 없었고, 오히려 야당이 전두환 정권으로부터 몹시 탄압을 받으면서 무력감에 싸여 있어 돌파구가 필요했다. 그즈음에 박종철 고문사망 사건에 대한 국민의 호응이 큰 것을 보고 재야와 연합해서 2·7추도대회, 3·3평화대행진에 참여했다. 그리고 민주대연합의 수준을 한 단계 더 높인 국본의 일원으로 6·10대회에 가담했다.

그 뒤 비폭력을 강조하면서 6·18대회에 소극적 태도를 보이던 야당은 6·18대회를 전후하여 투쟁이 격렬해짐에 따라 비상조치설이 나돌자 국본의 6·18대회 후속투쟁 기획에 신중론을 펴며 여야 영수회담과 같은 정치협상에 비중을 두었다. 4월 혁명에서부터 보여주었던 야당의 대중투쟁에 대한 기피증과 두려움이 다시 살아난 것이다.

그러나 6·24영수회담에서 별다른 성과를 내지 못하자 김영삼 민주당 총재는 순발력 있게 영수회담의 결렬과 6·26평화대행진 참여를 선언함으로써 민주대연합은 끝까지 유지되었다.

학생들의 대중노선과 직선제 주장에 대한 논란 ┃ 민주대연합이 갈등 없이 순항하고 투쟁 목표가 단일화된 데는 학생들의 대중노선이 큰 역할을 했다.

운동권 학생들은 1986년만 해도 야당으로서는 기겁할 만한 관념적 급진성으로 가득 차 있었다. 반미·민족해방을 주장하던 NL계는 한국은 신식민지 파시즘 국가인바, 그것은 미 제국주의와 예속 자본가·지주의 한국 민중 지배의 도구로서, 미 제국주의의 지원 없이는 하루도 지탱될 수 없는 괴뢰정권으로 인식했다. 그리고 미제의 신식민지 파쇼통치를 분쇄하고 민주주의 자주독립국가 건설을 투쟁 목표로 제시했다. 야당이 가장 두려워했던 반미자주화투쟁을 전면에 내세운 것이다.

NL계와 대립했던 CA계는 혁명적 민중은 '개헌'이 아니라 '제헌'을 요구하며, 제헌의회 소집투쟁은 민중권력의 수립을 위한 유일하고도 올바른 경로라고 주장했다.

1987년 이전 대학가의 운동권은 관념적 급진성과 청교도적인 규율, 스파르타적인 학습, 경건성, 엄숙주의가 지배하고 있었다. 학생들은 계속되는 고된 학습과 시위로 지칠 대로 지쳐 있었다. 연애는 부르주아 근성이라고 해서 미팅조차 마음 편하게 할 수 없었고, 5월의 화사한 캠퍼스를 거니는 것도, 가을에 우수와 고독에 빠지는 것도 모두 부르주아 근성으로 비쳐졌다. 여학생이 예쁜 핀을 꽂고 몸단장하는 것도, 굽 높은 신발을 신는 것도 사치였다.

학생운동권은 5·3인천사태, 구학련 사건, 건국대 애학투 사건 등으로 혹독한 탄압을 받으면서 대중노선을 제기했다. 대중노선은 민주대연합에 적극적이게 했고, 야당의 유일무이한 투쟁 목표인 직선제를 쉽게 받아들이게 했으며, 경건성과 엄숙주의를 완화시켜주었다. CA계는 대부분의 대학에서 소수 그룹으로 밀려났고, 6월 항쟁에서는 뒷전에 따로 수백 명씩 모여 '제헌의회 소집'을 외쳤기 때문에 대세에 영향을 미치지 못했다.

민주대연합은 학생들이 야당의 직선제 주장을 수용했기 때문에 큰 무리 없이 계속 기본 틀을 유지할 수 있었다.

그렇지만 NL계의 직선제 수용에 대해서 비판도 만만치 않았다. 일각에서는 6월 항쟁에 참여한 반공냉전 세력을 비판하고, 직선제가 갖는 문제점이나 한계를 지적하면서 민중민주주의 같은 진보적 정치이념을 6월 항쟁에서 제시했어야 했다고 주장했다. 이러한 주장은 뒤에 가서 다시 살펴보겠지만, 민주대연합의 큰 틀을 유지하고 직선제로 민선 민간정부를 수립하자는 것으로 투쟁 목표가 단일화된 것이 6월 항쟁을 사상 유례없는 대규모 민주화운동으로 추동시켜 6·29선언을 가져왔다는 점은 유념할 필요가 있다.

농민운동·노동운동을 하다가 시위 현장으로 달려온 농민과 노동자들이 자신들의 문제에 대해 최소한의 주장 이상의 급진적 주장을 하지 않고, '호헌철폐', '직선제 개헌'에 적극 호응하는 투쟁을 벌인 것은 당면 투쟁 목표와 그 이후의 투쟁 목표를 구별해서 대응한 것으로 평가받을 수 있지만, 당시 노동자와 농민의 의식 수준을 반영한 면도 있었다.

그렇지만 국본과 학생들이 야당의 직선제 주장에 대해 능동적이고 적극적으로 의미를 부여하지 못한 것은 민주주의를 진전시키는 데 장애가 되었다.

야당은 유신체제 이전으로 돌아가 민선 민간정부를 세우면 민주주의 사회가 온다고 강조했다. 이러한 야당의 민주주의 주장은 정치적 민주주의로도 빈약했을뿐더러 사회적·경제적 민주주의는 외면하고 있었다.

한국은 해방 직후와도 달리, 또 4월 혁명 후 잠깐을 제외한다면, 정부 수립 이후 언론·출판·집회·결사의 자유와 같은 기본적인 자유가 제대로 지켜진 적이 없었다. 심지어 노동자의 최소한의 기본 권리조차 박정희·유신체제와 전두환·신군부정권에 의해 철저히 억압받고 통제되었다. 이러한 상황에서 양심의 자유, 사상의 자유는 실질적인 힘이 없었다.

자유민주주의는 노동운동의 자유, 노동단체나 노동자의 정치활동의 자유가 보장되는 정치체제를 가리킨다. 부르주아와 노동계급이 타협해서 자유민주주의가 제1차 세계대전을 전후하여 서유럽 일부 국가에 출현했지만, 한국에서는 분단정부 수립 이후 자유민주주의와 대립되는 극우반공주의가 전일적으로 지배하는 상황에서 장기간 꿈도 꿀 수 없는 주장이 되었고, 자유민주주의는 극우반공 독재자들의 반공 이데올로기와 반민주주의 통치를 합리화하는 철면피한 정치선전 도구로 전락하고 말았다.

국본이 직선제에 매몰된 것만은 아니었다. 출범할 때 선언문에서 "집시법·언기법·형법과 국가보안법의 독소 조항, 노동법 등 모든 악법의 민주적 개정과 무효화 범국민운동을 실천한다"고 명시했다. 그리고 노동자가 많은 지역은 대회시간을 조정할 수 있게 하는 등 노동자에 대한 배려를 했다. 그렇지만 위의 선언문의 내용이 6월 항쟁에서 유인물이나 대자보, 삐라, 구호, 야당에 대한 요구사항으로 구체화되어 제시되지는 못했다는 점에 한계가 있었다. 그저 발족선언문 정도의 주장에 머물렀고 대중집회에서도 활용되지 못했다.

학생운동권은 3월에 개학이 되었는데도 움직이지 않았다. 4·13조치에 대한 각계의 반대운동이 활발했지만 이것에 호응하는 투쟁을 전개하지 않았다. 그러고는 직선제투쟁을 수용하고 국본을 지지하며 국본의 결정사항에 따랐다. 그렇지만 반미자주화를 제외하면 학생들의 주장에는 1987년 이후 민주주의가 나아가야 할 방향이 담겨 있지 않았고, 국본의 행동지침 등을 현장에서 유연성 있게 적용하지 못했다.

1980년대 학생운동권은 노학연대의 기치 아래 대학생의 노동현장 취업, 농활, 공활, 노·농운동으로 노동자·농민 문제에 강한 연대활동 또는 투쟁을 벌여왔고, 노동자와 농민을 위한 민주주의 사회를 건설하기 위해 헌신적으로 노력했음에도 학생운동 지도부에 의해 그것이 6월 항쟁에 부분적으로라도 반영되지 못했다.

서학협이 6·10대회에서 활용할 슬로건으로 제시한 것도 민주개헌 쟁취, 군부독재타도, 민주정부 수립 등에 머물러 있었고, 그와 함께 배합되어야 할 주장이 제시되지 않았다. 만약에 슬로건으로 부적당하다면 다른 형식으로라도 제시되었어야 했을 터인데 배제되었다. 민주대연합의 성격을 볼 때 6월 항쟁은 대체로 자유민주주의를 실현시키는 수준에 머물게 되어 있었지만, 자유민주주의에서 기본적으로 요구되는 정치적 민주주의와 관련해 관철시켜야 할 내용이 제시되지 않았고, 사회적·경제적 민주주의와 관련된 주장을 찾아보기가 어려웠다.

다만 서학협 슬로건으로 "미국은 독재지원, 내정간섭 즉각 중단하라!"가 들어가 있어 광주권의 "광주학살 배후조종 미국은 물러가라!"는 슬로건과 함께 시위 현장에서 자주 외쳐진 정도였다. 이 때문에 학생운동권은 6월 항쟁에서 직선제를 기계적으로 받아들였다는 비판을 받지 않을 수 없었다.

학생이든 재야든 일부 운동권은 민중민주주의 같은 추상적이고 관념적인 급진적 주장을 폈다. 그런가 하면 급진적 성향을 지니고 있었는데도 6월 항쟁과 그 직후의 대통령 선거에서와 같이 사실상 야당에 매몰된 현상 추수주의적인 성향을 보여주었다.

4월 혁명기의 진보 세력처럼 일부 운동권은 자유민주주의를 피상적으로 알고 있었고, 자유민주주의가 자신의 진보적 정치이념을 실현시키는 데 소중한 제도가 될 수 있다는 점을 생각지 못했다. 많은 사람들이 추상적인 사회구성체 논쟁에 집착했듯, 급진적인 민중민주주의 또는 혁명적 민주주의를 내세워야 하는 것으로 알고 있었고, 자유민주주의나 사회민주주의는 뒤떨어진 정치이념으로 무시하거나 버려야 한다고 생각했다.

일부 운동권은 자신들이 역설하고 있는 사회구성체 논리가 얼마나 현대 한국사에서 유리된 것인지 모르고 있었는데, 마찬가지로 자유민주주의가 한국에서 어떠한 형태로 존재했는지도 막연하게만 알고 있었고, 야당과 보수적 계층에 대해서도 잘 모르고 있었다. 뜨거운 1987년 5, 6월의 분위기에서 6월 항쟁에 일시적으로 가담하더라도 보수 계층은 4월 혁명에서처럼 언제고 냉전 논리와 반공 이데올로기를 무기로 하여 자유민주주의를 형해화形骸化하고 민중을 억압하면서 남북관계의 갈등을 증폭시켜 긴장을 고조시킬 수 있다는 점도 어느 정도 간과했다.

일부 운동권은 보수 야당의 생리나 역사에 대해서 잘 알지 못했고, 알고 있어도 그것을 넘어서려고 하지 않았다. 예컨대 6월 항쟁으로 절차적 민주주의가 도입되어 민정당과 김영삼·김대중의 야당이 공동으로 개헌안을 발의해 통과시키고 노동법을 개정할 때 부분적으로 노동3권을 강화하기는 했으나, 여전히 그 당시 노동계에서 강력히 주장했던 제3자 개입 금지 조항을 비롯한 여러 독소 조항이 살아남았다.

6월 항쟁에서 학생들이 직선제 개헌에서 한 걸음 더 나아간 주장을 펴지 못한 것은 당시 학생운동의 한계이자 NL계 대중노선의 한계였다. 뿐만 아니라 그것은 6월 항쟁의 한계이기도 했다. 6월 항쟁은 처음부터 조직역량이 갖추어진 가운데 투쟁 목표나 전략·전술을 세워놓고 전개한 것이 아니었고, 자연발생적으로 발전해간 측면이 강했다. 그것은 학생운동이나 재야운동의 한계를 말해주는 것으로, 그만큼 6월 항쟁 자체가 제약요인을 안고 있을 수밖에 없었다.

6월 항쟁은 박종철 고문사망에 대한 국민적 분노로부터 시작되었다. 어떻게 보면 '뜻 아니 한 사태', '우연한 사태'가 계기가 된 것이다. 2·7추도대회, 3·3평화대행진도 박종철 고문사망에 대한 애도와 관계가 있었다. 그 이후 민주화운동이 가라앉는 듯했는데, 전두환의 4·13호헌조치가 나오자 민주화운동이 국민적 지지로 폭을 넓힐 수 있는 개헌투쟁으로 전환될 수 있었고, 민주화 열기가 되살아났다. 4·13호헌철폐운동으로 넓혀진 민주화운동은 5·18박종철 고문사망 은폐조작 폭로로 한층 더 진전되어 6월 항쟁으로 나아갔다.

6월 항쟁의 막을 연 '6·10고문살인 은폐 규탄 및 호헌철폐 국민대회'는 명칭 그대로 박종철 고문사망 및 4·13호헌조치와 연결된 민주화운동이었다. 이렇게 보면 6월 항쟁은 '주어진 상황'에 그동안 축적된 민주화운동 역량이 민주화에 대한 국민적 열기와 결합해 일어난 것이다. 따라서 반드시 능동적이고 주체적인 민주화운동이라고 보기 어려운 측면이 있었다. 그것이 6월 항쟁과 학생운동·재야운동을 제약했으며, 민주화운동 전체에 대한 제약으로 표출되었다. 또한 학생운동은 2·7추도대회, 3·3평화대행진에서도 미약했고, 5·18투쟁 기간에 임해서도 충분히 살아나지 못했다. 학생운동이 6월 항쟁의 선도투쟁, 주력투쟁으로서 역할을 하는 데는 호헌철폐투쟁, 5·18박종철 고문사망 은폐조작 폭로, 이한열 중태 등 여러 사태에 영향을 받았다. 그리고 그것은 기본적으로 1970~1980년대 학생들이 갖고 있던 정의감, 민주주의에 대한 열망과 결합된 것이었다.

6월 항쟁에서 학생들이 민주주의를 크게 진전시키는 활동을 전개하지 못한 것은 결국 당시 운동권과 일반 학생들이 지녔던 한계와 관련이 있다고 볼 수 있다. 당시 학생운동 지도부의 대중노선은 그 이전의 학생운동 노선을 비판적으로 계승한 것이 아니었고 그것과 적지 않은 부분이 사실상 유리되어 있었으며, 직선제 추수주의, 곧 대중 추수주의를 넘어서기가 쉽지 않았다.

6월 항쟁의 꽃, 대중집회

6월 항쟁에서는 시위 도중 시국토론회 등으로 불린 대중집회를 많이 가졌다는 점에서도 역사적으로 오랫동안 기억될 것이다. 적지 않은 시민들이 대중집회에 관심을 보이면서 시위에 참여했다.

한국은 20세기 내내 관헌 통치나 권위주의 통치하에 있었기 때문에 대학가를 제외한다면 시민들이 정치 문제 또는 시국 문제를 가지고 활발히 토론을 벌이는 대중집회를 가져본다는 것은 언감생심 꿈도 꿀 수 없었다.

보기 드물게 안양에서 처음으로 6월 19일 시위가 일어났을 때 한 노점 상인은 도로를 막고 시위하는 것은 처음이라며 신기한 기분이 든다고 얘기했지만, 6월 항쟁기에 곳곳에서 자유롭게 모여 자유롭게 말하는 대중집회에 참여하면서 민주주의란 이런 것이구나 하며 감격한 사람들이 적지 않았다. 평생을 억눌려 살았던 서민에게는 천지개벽이 일어난 느낌이 아니었을까.

6월 항쟁기에 대중집회는 시민들을 시위에 끌어들이고 적극적·능동적으로 시위에 참여하게 했다. 대중집회는 민주주의의 꽃이었고, 민중민주주의의 시범장소이자 훈련장소였다.

대중집회는 집행부가 기획해서 열린 경우도 적지 않았지만—그러한 기획도 시위 도중 즉석에서 이루어진 것이 많았다―자연발생적으로 이루어진 경우도 많았다. 대중집회는 6·10대회에서도 있었지만, 명동성당농성투쟁이 진행되면서 대중집회가 활성화되어 명동성당 앞에서 '모범적인' 시국토론회가 벌어졌다. 물론 농성장 안에서는 장시간에 걸쳐 여러 차례 대중집회가 있었다. 농성자들이 귀가한 이후 시위가 격화된 6월 16, 17일에도 대중집회가 열렸고, 6월 18일은 마치 화사하게 만개한 꽃처럼 시위가 전개된 곳곳에서 일종의 행사처럼 치러졌다.

대중집회 가운데는 집행부가 중심이 되어 성명서나 결의문을 읽고 투쟁 결의를 다지는 경우도 있었고, 학생들이 시민 참여를 독려하고 시민들에게 왜 투쟁을 해야 하는지를 설명하기 위해 갖는 경우, 시위 분위기를 돋우기 위해 여는 경우도 있었다. 계속 시위만 할 수 없어 중간 중간에 대중집회를 갖기도 했다.

대중집회는 시위를 어떻게 할 것인가를 가지고 토론하기 위해 열리기도 했지만, 시위가 끝날 무렵 시위를 어떻게 끝낼 것인가, 성당에 가서 농성투쟁을 할 것인가, 다음 날은 시위를 할 것인가 말 것인가를 토론하기 위해 열리는 경우가 많았다.

대중집회에서는 시국 문제 토론이 중심이었고 인기도 높았다. 특히 인천과 전주는 대중집회를 중시하고 잘 이끌어간 경우에 속했다.

인천에서는 6·18대회 날 개선문예식장 쪽 시위대와 청천동 쪽 시위대가 합류해 약 2만 명의 시민·노동자·학생이 집결하자 다음 날 상오 0시 30분경부터 대형 집회가 열렸다. 시위대는 가스차를 앞세운 경찰의 공격을 방어하기 위해 봉고차·택시·승용차로 바리케이드를 쳤다. 그리고 시민들에게 전투조로 나올 사람 없느냐니까 순식간에 100여 명이 자원했다. 곧 시위대는 자원자·노동자·학생으로 40명씩 전투조를 편성해 경찰과 맞서 싸웠다. 이들 전투조는 상오 2시 30분경 경찰의 지원 병력이 도착해 진압

작전이 펼쳐질 때까지 시국토론회를 열고 있는 시위대를 보호했다.

전주에서는 6월 21일 시민들이 열정적으로 참여해 시위가 활성화되자 6월 22일부터 28일을 민주화실천기간으로 선포하고 매일 6시에 팔달로에 모이기로 했다. 그리고 〈님을 위한 행진곡〉을 도민의 노래로 지정했다.

시위는 22일부터 더욱 확대되어 24일까지 매일 수만 명씩 모였고, 25일에도 수천 명이 시위에 참여했으며, 26일은 전주 역사상 보기 힘든 대규모 시위가 전개되었다.

또한 이 기간에는 대중집회가 풍성하게 열려 시위 분위기를 돋우었다. 6월 23일의 시국토론회도 다채로웠지만, 26일 한밤중에 있었던 범도민 시국토론회에는 수십 개의 횃불이 타오르는 가운데 꽃상여까지 마련해 군부독재 장례식이 치러졌고, 고사제도 있었다. 장례식이 끝난 뒤 시위대는 셋으로 나뉘어 횃불을 선두로 장엄한 행진에 들어갔다.

시국토론회 연설자는 학생뿐만 아니라 노동자·회사원·상인·어머니·농민·일반 시민·실업자·막일꾼·교사 등 다양했다. 연사로서는 딱딱하고 원론적인 얘기를 많이 하는 학생들보다 말은 서툴더라도 피부에 와 닿는 얘기, 실생활과 직결되는 얘기를 하는 회사원이나 상인·노동자들이 더 환영을 받았다.

강력히 잘 싸우자는 얘기가 많았고, 편파·왜곡 방송을 일삼는 언론에 대한 공격도 있었다. 어머니들은 자식이 시위로 인해 무슨 일이 생겨서 한마디 해야겠다는 경우가 많았다. 자신이 권력에 억울하게 짓밟힌 사연이나 개인 신상을 하소연하는 사람도 있었다. 인천에서 30대 시민이 행한 다음과 같은 연설은 호소력이 있었다.

이런 데 있다가 혹시 잡혀가지나 않을까 많이 떨었다. 지금도 무섭다. 그러나 학생·시민이 다 함께 모여서 민주화를 외치는 것을 보니 가슴이 뛰고 참을 수 없어 뛰어왔다. 학생들을 존경한다. 그대들이 앞장서 달라. 그러면 우리 모두도 따를 것이다. 큰절 한번 하겠다. (큰절) 집에 갈 때 경찰이 나를 잡아갈지도 모르니 학생들 사이에 있다가 같이 가겠다.[4]

대중집회가 항상 성공적인 것은 아니었다. 멍석을 깔아놓았지만 제대로 말을 못하는 맥 빠진 집회도 있었고 중구난방인 경우도 있었다. 대중집회가 열릴 때 시민들이 음료수나 먹을 것, 마스크 등 시위용품을 건네기도 하고 성금을 내기도 했다.

대구에서는 대중집회도 많이 가졌지만 대자보를 붙여서 시민과 의사소통을 하고 대화하기 위해 노력했다. 유인물도 비슷한 효과가 있었다. 전주처럼 풍물놀이나 마당극, 해방춤 등을 준비해 대중집회의 분위기를 이끌어가는 곳도 있었다.

비폭력투쟁에 대한 논란

비폭력투쟁에 대한 논란도 시위 중에 계속해서 일어났다. 국본과 서대협을 비롯한 학생운동권은 6·10대회에서 비폭력을 강조했다. 대규모 시위에 강경투쟁이 계속해서 일어났던 6·18대회를 전후한 시기에도 운동집행부는 비폭력투쟁을 역설했고, 6·26평화대행진에서는 국본과 서대협에 의해 다시금 비폭력이 각별히 강조되었다.

국본이나 학생들이 비폭력을 주장한 것은 전두환 정권이 운동권의 폭력성을 사실과 다르게 왜곡해서 5·3인천사태 이후 특히 심했지만, 수년 동안 텔레비전과 신문을 통해 계속해서 과장 보도해 일반 사람들이 부지불식간에 '운동권＝폭력'이라는 사고를 가지고 있는 것을 불식시키기 위해서였다. 또 비폭력을 강조함으로써 전두환 정권의 폭력성을 폭로하자는 의도도 강했다. 그와 함께 광범위하게 시민들이 참여하는 시위가 되려면 비폭력이어야 한다는 사고가 강고하게 자리 잡고 있었다. 또한 야당은 전두환 정권에 빌미를 줄까봐 개신교 측보다도 비폭력을 더욱 강하게 주장했는데, 이러한 야당이나 개신교의 입장이 반영된 측면도 있었다.

폭력과 비폭력의 문제는 3·1운동과 관련해 수십 년 동안 남한 내부에서, 남과 북의 학계에서 학술적 논쟁이 있었다. 필자 판단으로는 이 경우 논쟁의 핵심은 비폭력을 주장하든 폭력을 주장하든 얼마나 철저히 일제와 싸우려 했는가가 중요한 준거가 되어야 한다고 생각한다.

3·1운동 시 비폭력을 주장한 개신교 등 종교계와 연결된 부르주아 세력 또는 민족 상층부는 사실 항일투쟁의 의지가 강고하지 못한 경우가 많았다. 1920~1930년대에 개신교 또는 부르주아 세력은 인도의 간디를 존경했는데, 간디가 비폭력투쟁을 강조했기 때문이었다. 그렇지만 물적 기반이 취약해 반일·항일 운동으로 전개하지 못하고 토산품 애용운동을 편 한국 부르주아 세력의 물산장려운동과 달리, 간디는 스와라지운동에서 항영抗英투쟁의 기치를 분명히 내걸었다. 또 비폭력투쟁은 인도인의 종교적 심성에 호소하는 바가 컸다.

국본의 비폭력 주장은 시위에 많은 시민이 참여하게 만드는 데 기여했고, 여러 지역으로 시위가 확산되는 데 도움을 주었다.

그렇지만 국본이나 서대협은 명동성당농성투쟁과 그에 대한 호응투쟁이 갖는 의미를 충분히 활용하지 못했다. 6월 15~16일경부터 19일경까지 계속된 여러 지역에서의 강력한 투쟁은 명동성당농성투쟁과 그에 대한 호응투쟁이 큰 영향을 미쳤고, 부산과 대전 등지에서의 과감한 투쟁에 고무된 측면이 있었다. 강력한 투쟁은 젊은이들의 투지를 달군다는 것을 여실히 보여준 것이다.

문제는 전두환·신군부정권의 억압정책으로 운동권 상층부건 학생들이 건 거의 다 시위 경험이 적거나 없었고, 6·10대회와 그 이후의 투쟁이 그렇게 거대하고 강력하게 전개될 줄 몰랐다는 점이 작용해 시위투쟁에 적절하게 대처하지 못한 경우가 있었다는 사실이다. 더구나 경험이 적었던 현장의 '학생지도부'가 비폭력을 기계적으로 수용해 명동성당농성시위의 경우처럼 해산을 주장하거나 시위대의 투지를 감퇴시킨 측면이 없지 않았다.

경찰의 과잉조처나 심한 폭력 사용은 신문을 비롯한 여러 자료에 아주 빈번히 나온다. 그래서 시민들 가운데에서는 시위 도중 학생들의 비폭력 구호에 반대하는 주장이 종종 나왔고, 대중집회에서 "저들의 폭력을 응징하기 위해 우리들의 정당한 폭력이 필요하다"는 시민의 연설이 박수를 받았다.

6월 18일 이후 야당이나 국본이 비폭력을 특별히 역설한 것은 강경한 투쟁으로 비상조치를 초래할지도 모른다는 우려가 크게 작용했다. 박정희 정권이나 전두환 정권에서 민주화투쟁의 경험이 있는 사람으로서, 특히 김대중처럼 박정희한테도 전두환한테도 죽을 뻔했던 정치인의 경우 그와 같이 생각하는 것은 자연스러운 일이었다.

하지만 문제는 그렇게 단순하지 않았다. 박정희든 전두환·신군부든 군부정권은 자신들의 존립 의의를 강력한 치안 확보에서 찾았다. 군부독재 정권인데도 치안을 확보하지 못한다면 그 정권은 존립 의의를 상실할 수밖에 없다. 곧 물러설 수밖에 없는 것이다.

6월 항쟁에서 전두환 정권은 그러한 능력이 없다는 것을 그야말로 적나라하게 보여주었다. 시위대가 경찰을 포위하고 무장 해제시키고, 시위대에 의해 경찰서나 파출소, 경찰 차량, 민정당 당사, MBC·KBS 같은 언론기관이 표적이 되어 공격당하고 불타는 일이 도처에서 비일비재했다. 더구나 열차나 전철 운행이 중지되고, 고속도로나 간선도로가 점거되는 사태에 이르렀으며, 더 나아가 시청을 비롯한 정부의 주요 기관이 점거되거나 점거될 뻔했고, 큰 도시가 마비되는 상황에 처하기까지 했다.

이러한 사태를 맞아 전두환·신군부정권은 비상조치를 취하거나 국민의 요구에 굴복하는 양자택일의 딜레마에 놓이게 되었다. 그러나 군 자체도, 노태우를 비롯한 민정당 간부도 군 출동을 원하지 않았다. 10·26궁정동 사건이 왜 일어났는지 보안사령관으로서 당시 상황을 잘 알고 있었던 전두환은 하극상 쿠데타인 12·12쿠데타, 그리고 5·17쿠데타를 지휘했던 바로 그 경험도 생생하게 작용해 군 출동을 기피했다. 그렇다면 전두환과 노태우는 응당 국민의 뜻에 바로 무릎을 꿇어야 마땅했다. 그러나 그들은 마지막 강력한 타격을 받을 때까지 대통령직선제 개헌에 머뭇거렸다. 전두환이 권복경 치안본부장에게 지시한 바가 실현되어, 비폭력을 강조했던 6·26평화대행진이 경찰에 의해 제압되었더라면 '6·29선언 초안'은 세상에 얼굴을 내밀지 못한 채 책상 서랍 속으로 들어갔을 것이다.

후임 대통령을 선출하는 정권교체기

1987년이 후임 대통령을 선출하는 시기여서 정권교체기와 같은 의미를 지녔다는 점은 1987년 전반기의 정국과 민주화운동, 6월 항쟁에 큰 영향을 미쳤다. 단적으로 반대 세력에 대한 전두환과 노태우·민정당의 대응을 1987년 이전과 같은 방식으로 하지 못하게 했다. 이 시기에는 전두환 정권의 정국에 대한 대응이 그 이전과 같을 수 없는 제약요인을 안고 있었다.

황국 군인들의 1936년 2·26쿠데타를 비롯해 일제 군국주의 파시즘의 영향을 강하게 받았던 박정희의 유신체제와는 달리, 12·12쿠데타와 5·17쿠데타는 전두환 단독으로 한 것이 아니었다. 따라서 유신체제의 아류로서 유신 잔당이 신군부체제를 출범시켰지만, 대통령단임제를 못 박았고 전두환은 그것을 지켜야 했다.

정권교체는 전두환의 개인적 심정이나 결단과 아무런 상관없이 반드시 하게끔 되어 있었고, 그것도 1987년에 후임 대통령을 선출해 1988년 2월에 대통령 이·취임을 하게끔 되어 있었다. 만일 전두환이 단임제 파기를 기도했더라면 4·13호헌조치보다 몇백 배 강한 저항에 부딪혔을 뿐만 아니라 쿠데타 '공신'들에 의해서도 정국은 한 치 앞을 내다볼 수 없는 상황이 초래될 수 있었다.

1987년의 대통령 선거는 전두환·신군부헌법에 의거하건 다른 헌법에 의거하건 1980~1981년의 '체육관 선거'와는 천양지차가 있었다. 전두환·신군부는 5·17쿠데타를 일으킴과 동시에 그 쿠데타의 일환으로 김종필·이후락·박종규와 같은 박정희 정권의 최고 권력자를 부정축재자로 구속시키고 김대중을 내란예비음모로 처단해 자신들의 권력이 얼마나 무섭고 강력한지를 만천하에 과시했다. 그런 가운데 국가보위비상대책위원회(국보위)를 만들어 언론계와 학계의 비판 세력을 숙청하고 '운동권' 학생들을 학원에서 추방시킨 뒤, 최규하를 물러나게 하고 통일주체국민회의 대의원(통대)들이 전두환을 대통령으로 선출하게 했다. 그러고는 새로 헌법을 만들어 대통령을 5,000명이 넘는 선거인단이 뽑도록 했다. 그리하여 어용정당으로 알려진 민한당·국민당 대표도 들러리 후보로 내세워 그들에게도 조금씩 표를 던지게 하는 정치 쇼를 벌이면서 전두환을 다시 대통령으로 선출했다.

그러나 2·12총선으로 상황이 크게 바뀌었다. 민한당이 '민의'의 돌풍속에 등장한 신민당에 의해 통째로 먹혔고, 국민당 총재 이만섭도 그렇게 순순히 어용정객 노릇을 할 사람은 아니었다.

그리고 2·12선거 1주년을 맞아 출범한 신민당 개헌추진위원회가 시·

도지부 결성대회 및 현판식을 가질 때부터 또다시 '민의'의 태풍이 불어 개헌 논의를 하지 않을 수 없게 되었다.

1987년의 대통령 선거는 신군부헌법에 의거하더라도 1981년의 선거 쇼와는 생판 달라질 터였는데, 설상가상으로 민정당은 이미 수차례 국민에게 개헌을 하겠다고 약속을 한 상태였다. 민정당은 1981년의 전두환·신군부와는 달리 민의도 살펴봐야 할 처지에 있었다.

전두환은 대통령직에서 물러난 이후 자신의 안전을 보장받는 것이 무엇보다 중요했다. 그러려면 자신이 신뢰하는 사람이 반드시 후계자가 되어야 했다. 그렇게 하기 위해서는 정국을 계속해서 장악해야 했다. 자신이 수세에 빠진 1986년 봄 개헌 정국에서 공세로 전환하기 위해 5·3인천사태 이후, 특히 아세안게임이 끝나자 전두환은 극단적인 탄압책을 썼다.

건국대에 모인 학생들을 학교 건물 안에 몰아넣고 마치 적군을 소탕하듯 '육·해·공' 작전을 펼쳤고, 면책특권이 보장된 유성환 의원을 국회 발언을 문제 삼아 구속시켜버렸다. 공안 사건이 잇따라 발표되었고 신민당의 '대통령직선제 개헌쟁취 범국민대회'도 원천 봉쇄되었다. 금강산댐 사건과 김일성 사망설이 조연으로 출연했다.

그러나 이러한 극단적인 밀어붙이기는 정권교체기인 1987년에 접어들자 박종철의 고문사망으로 이어져 정국은 대반전 상황을 맞이했다.

후계 정국을 복잡하게 만든 것은 그것만이 아니었다. 전두환이 후계자한테 자신의 안전을 보장받기 위해서도 후계자의 입장을 고려해야 했다. 후계자에게 힘을 실어주기 위해 권력을 분배해야 했다. 전두환과 함께 권력을 공유한 노태우·민정당은 재집권하기 위해서 민심의 향배에 신경을 쓰지 않을 수 없었고, 경우에 따라서는 전두환과 이해관계를 달리할 수 있었다.

박종철 고문사망 사건에 대한 문책인사에서 내무장관에 시종 강경책을 주장했던 김종호가 물러나고 정호용이 임명된 것은 새로운 변화의 시작이었다. 전두환·노태우와 육사 동기생이지만 노태우와 가까웠던 정호용은 전두환에게 순종적이지만은 않았다.

전두환의 성급한 4·13호헌조치에 그때까지 개헌을 하겠다고 공언했던 민정당 일부 당직자들은 당혹해했고 불만이 많았다. 5·18박종철 고문사망 은폐조작 사건이 폭로되어 술렁일 때 전두환은 자신의 의사와는 달리 안기부장, 국무총리와 주요 장관을 거의 다 교체했다. 노태우·민정당의 요구를 받아들인 것인데, 이 무렵에는 노태우 쪽에 힘을 실어주지 않을 수 없었다.

5·25개각으로 총리에 전두환 직계인 노신영에서 이한기로 바뀌는 등 온건파가 상당수 등장했다. 특히 내무장관인 정호용이 안기부장을 함께 물러나도록 물귀신 작전을 펴서 전두환의 분신으로 그동안 강경정책을 이끌어온 장세동이 어쩔 수 없이 물러나고 노태우계인 안무혁이 그 후임이 된 것은 권력 내부뿐 아니라 민주화운동 세력에도 변화를 가져다주었다. 이때의 개각과 치안본부장, 서울시경 국장의 교체로 안기부장부터 치안담당자들이 전원 교체된 것은 6월 항쟁에 대응하는 데 영향을 미쳤다.

민정당이 4·13조치에 따라 노태우를 대통령 후보로 선출한 6월 10일에 보지도 듣지도 못한 대규모 시위가 전국 각지에서 일어났고, 저녁 축하연에서는 노태우와 전두환을 비롯한 참석자들이 최루가스를 마시며 눈물을 흘려야 했다. 그다음 날에도 듣도 보도 못한 사태가 터져 나오는 것을 보고서 민정당 관계자들은 넋이 빠졌다고나 할까, 혼쭐이 난 상태에서 제대로 정신을 차리지 못했다.

6월 17일이 되어서야 전두환은 노태우를 중심으로 시국 수습책을 마련하라고 권한을 부여해서 말했고, 노태우와 민정당은 부랴부랴 수습책 마련에 나섰다. 비상조치가 선포될지도 모른다는 소문은 김대중과 김영삼, 재야는 물론 노태우와 민정당 당직자들에게도 바람직스럽지 못했다. 계엄령이 선포되고 군이 나오면 정치일정이 바뀔 수밖에 없을 터이고, 민정당도 어떻게 될지 알 수가 없었다. 또 4월 혁명 후 자유당의 말로가 어땠는지 민정당 관계자들은 어느 정도 알고 있었다.

민정당 수습책은 4·13조치를 철회하고 몇 가지 부분적인 민주화 조치로 대중을 구슬리면서 개헌 논의를 다시 하는 것이었다. 이들은 4·13조치만은 철회해야 한다는 데 의견을 같이했다. 6월 24일 전두환·김영삼 회담 후 김영삼이 회담 결렬을 선언하자 이춘구 민정당 사무총장이 애써 4·13조치 철회를 강조한 것도 이러한 분위기와 관련이 있었다.

그렇지만 6월 19일 이후에도 수그러들지 않는 시위투쟁으로 봐서 기만책이나 미봉책으로는 해결되지 않을 것이 분명해졌다. 6월 21일 민정당 의원총회에서 일부 의원이 직선제 수용을 제기했고 그것은 노태우와 전두환에게 영향을 미쳤다. 노태우는 22일 민정당 의원총회 결과를 보고하면서 김영삼과의 영수회담 등 여야 대표회담, 각계 인사들과의 회담을 권해 전두환도 이때서야 공개적으로 사태 수습에 나섰다. 6월 22일에서 24일 사이에 노태우와 전두환은 직선제를 받아들이는 문제에 대체로 합의를 보았다.

노태우는 6·26평화대행진을 목도하고 나서 그다음 날 박철언과 함께 직선제 개헌을 골자로 한 문안을 가다듬었다. 박철언은 6·29선언의 총체적 진상을 아는 사람은 엄격히 말한다면 노태우 한 사람뿐이라고 단언했지만, 6·29선언의 내용과 발표는 노태우의 몫이었다. 정권교체기인지라 전두환은 조연에 머물렀다. 노태우의 6·29선언이 나왔을 때 민정당은 "휴우!" 하면서 자신들은 자유당 신세로 전락하지는 않겠구나 하는 기대를 걸 수 있었다.

호경기의 빛과 그림자

변혁적 시위는 경제가 나쁠 때 일어나는가, 좋을 때 일어나는가는 그렇게 간단히 답변할 수 있는 문제가 아니다.

1960년 4월 혁명은 경기가 좋지 않을 때 일어났다. 1958년경부터 미국 원조가 급격히 감소되면서 경제성장률이 둔화된 것이다. 그렇지만 1960년 3, 4월에 시위에 나선 학생과 불경기와의 인과관계를 밝힌 연구는 없다.

1979년 부마항쟁에 시민이 대거 참여한 것은 박정희의 김영삼 의원직 박탈이 작용했지만, 경제가 급속히 나빠진 것이 기본 배경이었다. 1979년에 제2차 유류 파동도 있었지만, 서민들이 물가고에 시달리고 있었고, 부가가치세 등 조세부담에 대한 불만이 상인층을 중심으로 퍼져 있었다. 그와 함께 1978년경부터 성장률이 둔화되었는데, 중화학공업 가동률이 급속히 떨어지고 있었던 것이 한 요인이었다. 그리하여 자료에 따라 약간씩 차이는 있지만 1980년에는 마이너스 5.2퍼센트로 성장률이 떨어졌다. 1952년 이후 처음 보는 현상이었다.

부마항쟁에는 불경기를 피부로 느꼈던 회사원과 영세상인, 영세기업 노동자, 반실업상태의 자유노동자, 식당이나 상점·접객업소 종업원 등이 다수 참여했다.

광주항쟁은 전두환·신군부의 쿠데타에 의한 민주화의 좌절과 유신 잔당이 김대중을 말도 안 되는 억지 죄목으로 구속시킨 것이 직접적 요인이었지만, 유신체제 내내 경제적으로 차별대우를 받았을 뿐만 아니라 1980년에는 경제 사정까지 나빠진 것이 그 배경이었다.

광주항쟁에는 택시기사, 노동자, 무직자, 회사원, 자영업자, 운수업자, 서비스직 종사자 등이 다양하게 참여했다.

1987년은 경제성장률이 13.0퍼센트로 대단한 호황이었다. 전년도 성장률 12.9퍼센트, 1988년도 성장률 12.4퍼센트 등 3년 내리 12~13퍼센트의 고도성장을 했던 시기로, 정말 '단군 이래 최대의 호황'이었다. 그리하여 1인당 GNP가 1985년 2,194달러에서 1988년에 4,127달러가 되었다. 박정희 유신정권 말기에 몹시 나빠졌던 경제가 저달러·저금리·저유가의 3저 호황이라는 국제적 여건 변화로 그렇게 된 것이었다.

전두환은 1986~1987년의 호황으로 반정부활동을 지지하는 사람들이 적을 것이라고 여러 차례 장담했지만, 호경기는 보수적 개신교 관계자들을 포함해 많은 사람이 민주화에 관심을 갖게 하는 데 긍정적으로 작용했다. 우리도 이만큼 살게 되었으니 그것에 걸맞게 정치 수준도 높아져야 한다는 의식이 확대된 것이다.

그렇지만 기업가나 부유층이 민주화운동에 호의적이지는 않았다. 전국경제인연합회, 대한상공회의소, 중소기업중앙회에서는 4·13호헌조치가 발표되자마자 그다음 날 즉각 환영성명을 발표했다. 미도파백화점 부근의 비교적 여유가 있는 상인들은 6·10대회에는 호감을 보이기도 했지만, 시위가 계속되자 셔터를 올리고 내리며 짜증을 냈다.

6월 항쟁에 참여하거나 거리에서 지원하고 지지한 시민은 회사원도 많았지만 노동자, 농민, 택시기사, 시내버스기사, 중소상인, 소생산업체 노동자, 점원, 정비공, 서비스업 노동자, 도시 빈민, 무직자들이 많았다. 회사원을 제외하고는 대체로 호황의 수혜를 적게 받거나 어렵게 사는 사람들이었다. 지방의 경우 호경기에도 불구하고 지역경제가 위축된 것이 영향을 주었다. 농민들은 농·축산물 개방이 걱정이었다.

남대문시장은 상인들이 2·7추도대회 날 최루가스에도 불구하고 자리를 뜨지 않고 경찰 진입을 가로막으면서 "학생들이 무슨 죄가 있느냐?", "경찰은 물러가라!" 하면서 지원투쟁을 벌여 6월 항쟁 이전에 이미 명소가 되었다.

6월 항쟁에는 남대문시장 외에도 부산의 국제시장, 남포동 상가, 자갈치시장, 대구의 서문시장, 칠성시장, 인천의 신포시장, 부평시장, 성남의 종합시장, 수원의 남문시장 등 시장에서 숨바꼭질 시위가 많았다. 상인들이 적극 호응한 것이다.

상인들은 시위대에게 음식과 음료수, 시위용품을 건네주었다. 부산에서는 6월 19일에 비가 쏟아져 시위대가 비옷 100벌을 달라고 하자 한 상인은 1개당 1,000원에 팔던 것을 원가인 550원만 받았다.

6월 항쟁에 참여한 상인은 영세상인, 중소상인처럼 전두환 정권에 대해 반감을 가지고 있는 생활이 어려운 상인들이 많았다. 중소상인의 경우 백화점, 쇼핑센터 등 독과점업체의 진출로 영업이 위축된 데다 세금부담마저 컸다. 6월 20일 전두환 대통령의 부인 소유라는 소문이 돌았던 대전백화점이 시위대에 의해 규탄의 대상이 되었는데, 시위 군중 속에는 영세상인이나 중소상인이 많았다고 한다.

상인들이 시위에 호응하거나 호의적이었던 것은 수출 호조로 정부가 통화팽창 억제정책을 쓰게 됨에 따라 내수시장이 위축된 것도 작용했다.

6월 항쟁에 참여한 서민들은 재벌이나 독과점업체에 경제가 집중되는 것에 비판적이었다. 그리고 성실히 정직하게 일하는 사람이 안정된 생활을 할 수 있고, 관이나 권력의 횡포에 시달리지 않고 마음 편하게 살 수 있는 사회를 염원했다.

2

아무도 예상 못한 장엄한 파노라마

박종철의 죽음으로 소생한 민주화운동

6월 항쟁 직전까지도 역사상 유례를 찾기 힘든 대규모 시위가 전국 각지에서 그렇게 강력하게 전개될 줄은 아무도 예상하지 못했다. 더구나 막강한 경찰 병력에 대항해 학생이건 시민이건 갑자기 일당백의 투사가 되어 그렇게 맹렬히 잘 싸울 줄은 몰랐다.

6월 항쟁은 민주화운동 세력은 물론 전두환·민정당 모두에게도 전혀 상상하지 못했던 경이로운 세계였다. 서슬 퍼렇게 군림하던 전두환·신군부체제가 무너져 주저앉으며 무릎을 꿇는 것도 인상적이었다.

고종의 죽음이 3·1운동의, 순종의 죽음이 6·10만세운동의, 김주열의 죽음이 4월 혁명의 도화선이 되었듯이, 6월 항쟁은 박종철의 고문사망 사건이 직접적인 계기가 되었다. 후임 대통령을 결정하는 문제를 눈앞에 두고서 전두환은 탄압 일변도의 초강경 억압정치를 폈는데, 그 때문에 발생한 박종철의 죽음으로 돌연히 정세가 역전되었다.

박종철의 죽음으로 얼어붙을 대로 얼어붙었던 대학가가 다시 소생하기 시작했다. 자식을 둔 부모들은 박 군의 죽음이 남의 일이 아니었다. 추모와 항의의 물결 속에 국민적 분노가 형성되면서 야당과 민주화운동 세력이 민주대연합의 틀을 짰고, 그동안 대체로 보수적 입장이 강했던 종교계가 이에 호응했다. 『동아일보』가 앞장서면서 언론이 어느 정도 진실을 보도하기 시작한 것도 새로운 변화에 큰 힘이 되었다. 전두환 정권은 박종철 고문사망 사건을 쇼크사로 처리하는 것이 불가능해졌고, 계속 수세에 몰리면서 진실을 은폐하기에 급급했다.

박종철 고문사망 사건으로 6월 항쟁으로 가는 큰 길이 뚫렸다. 재야 민주 세력과 야당, 학생운동권은 박종철 고문사망 사건으로 야기된 추도 및 항의의 분노를 민주화운동으로 집결시키기 위해 2월 7일에 '박종철 군 국민추도회'를 가졌고, 박 군 사망 49재가 되는 3월 3일에 '고문추방 민주화 국민평화대행진'을 열었다.

2·7추도대회, 3·3평화대행진은 전두환 정권의 원천봉쇄로 소기의 성과를 거두지 못한 것처럼 보였다. 그렇지만 6월 항쟁은 두 시위를 모태로 하고 있었다.

광주항쟁 이후 그때까지 전두환·신군부 권력 앞에서 대중시위는 없다시피 했는데, 학생들은 비록 규모가 크지는 않았지만 도심 한복판에서 대중시위라는 것을 처음으로 해봤다. 전두환은 간과했지만, 여러 곳에서 학생들의 시위에 시민들이 박수를 보내고 최루탄을 쏘거나 학생들을 연행하는 경찰에 대해 항의한 것은 결코 예삿일이 아니었다. 그것은 시위에 직간접적으로 가담하는 행위였다. 시민들은 전두환 정권에 대한 분노를 이제 시위를 통해 분출하고자 했다.

2·7추도대회와 3·3평화대행진은 6월 항쟁의 가장 큰 특색으로 경찰 병력을 분산시킨 동시다발의 형태로 진행되었다. 중앙에 구심점이 형성되

어 시위 일자와 대회 장소를 정했고, 참가요령이나 행동지침을 제시했다.

뿐만 아니라 많은 지역에 그간의 민주화운동이 축적되어 전국 각지와 공동보조를 취할 수 있는 민주역량이 쌓였다는 것이 두 대회에서 어느 정도 입증되었다. 지역에 따라 농민운동 세력, 노동운동 세력이 만만치 않다는 것도 동시다발 형태로 전개된 투쟁에서 드러났다.

4·13호헌조치가 없었더라면

3·3평화대행진이 있은 지 한 달이 지나 박종철 고문사망 사건을 잊을 만할 무렵에, 그리하여 민주화운동의 추동력이 약화되었을 때 전두환은 4·13호헌조치를 발표했다. 4·13호헌조치는 박종철 추도운동을 범국민적인 호헌철폐투쟁, 곧 개헌투쟁으로 전환시킴으로써 민주화운동을 한 단계 높이는 데 크게 기여했다.

전두환과 노태우·민정당이 김영삼·김대중의 신당 창당에 유연하게 대응해 개헌 논의를 한답시고 시간을 끌다가 6~7월경에 호헌조치를 취했거나 내각제 개헌을 했더라면, 민주화운동은 차질을 빚었을 가능성이 있다. 그러나 하늘은 한국의 민주주의를 외면하지 않았다.

전두환이 성급하게 호헌조치를 취한 것은 신당 창당이라는 변수 외에도 일정한 타당성이 있었다. 2·7추도대회, 3·3평화대행진 같은 대규모 시위가 발생해도 원천봉쇄를 하면 된다는 자신감이 있었고, 3월이 되면 대학가가 움직일 법한데 4월이 와도 그렇지 않았던 것이다.

그렇지만 전두환은 2·7추도대회, 3·3평화대행진에서 보여주었던 시민의 표정을 너무 간단히 무시했다. 자신이 대통령이 되고 나서 처음 있었던 도심지에서의 대중시위였고, 특히 경찰 병력을 분산시키기 마련인 동시다발투쟁이었다는 점도 중시하지 않았다.

전두환은 퇴임 후 자신의 안전만 조급하게 생각한 나머지 호헌조치를 취했지만, 보수적인 국민조차 이제는 어떻든 헌법이 바뀌길 바라고 있다는 것을 민정당은 어느 정도 알고 있었는데, 전두환은 그 점을 과소평가했거나 간과했다. 그들을 자신의 편으로 계속 묶어두기 위해서라도 전두환은 '개헌 놀음'을 좀더 벌였어야 했다.

전두환의 4·13호헌조치로 각계각층이 궐기해 민주개헌으로의 큰 공감대가 형성되었다. 4월 13일 변협에서 반대 성명을 내고 각 대학에 반대 대자보가 붙으면서 4·13호헌철폐 성명은 일파만파로 번져갔다.

4월 21일 천주교 광주대교구 사제들이 단식투쟁에 들어가자 전국 각 교구의 사제들이 그 뒤를 따랐고, 개신교 목회자들도 적극 참여했다. 4월 22일 고려대 교수들의 시국선언문은 대학가에 불을 질러 전국 50개 대학의 1,500여 명이나 되는 교수들이 시국선언에 참여했다. 신문은 1면 또는 2면을 할애해 매일같이 시국선언에 참여한 교수들의 명단을 보도했다. 미술인·연극인·문인들이 시국성명서를 발표했고, 거리의 악사, 연주인, 가수들도 한의사·치과의사·약사와 함께 시국선언에 참여했다. 영화인도 뒤질세라 나섰다. 『동아일보』, 『한국일보』, 『서울신문』 기자들의 용기 있는 참여가 이어졌고 해외 유학생들도 호헌조치에 분노를 표시했다. 그야말로 각계각층이 호헌조치를 반대하고 있다는 것이 명백히 드러났다. "호헌철폐", "독재타도"는 구호로도 안성맞춤이어서 6월 항쟁에서 가장 애용된 투쟁어가 되었다.

6월 항쟁으로의 큰길 열려

시국선언 발표가 대충 대미를 장식할 무렵 광주항쟁 7주년이 되는 5월 18일 명동성당에서 천주교 정의구현사제단이 전두환 정권의 박종철 고문사망 은폐조작을 폭로했다. 4·13호헌조치로 전두환 정권에 대한 불만이 들끓고 있던 시점이어서, 전두환 정권의 도덕성은 한층 더 심각한 타격을 입었다. 이 사건으로 정국이 요동쳤고, 시민·학생들에게 커다란 충격을 주었다.

『동아일보』에서 5월 22일 박종철 고문사망 사건 관련 치안본부 상급자 모임에서 범인축소 조작을 모의했다고 보도하고, 잇따라 범인은폐 조작사건을 대대적으로 보도한 것은 정의구현사제단의 폭로에 위력적인 힘을 실어주었다.

급기야 전두환은 자신의 분신으로 초강경파였던 장세동을 안기부장에서 해임하고 총리와 안보·치안 관계 장관들을 대거 갈아치웠다. 새 안기부장에 노태우 쪽 인물이 들어가고, 상대적으로 온건한 입장의 총리와 장관이 기용된 것은 6월 항쟁의 전개에 영향을 미쳤다.

4·13조치로 개헌투쟁으로 전환되었는데, 5·18박종철 고문사망 은폐조작 폭로로 개헌투쟁이 다시 박종철 추도운동과 결합되었고, 이때쯤 민주대연합을 이끌 구심점도 착착 준비되어 5월 27일 민주헌법 쟁취 국민운동본부가 발족했다. 그리고 민정당에서 4·13호헌조치에 따라 대통령 후보를 선출할 6월 10일에 국민대회를 열 것을 발표했다.

학생 조직도 강화되어 5월 8일 서울지역 대학생대표자협의회가 만들어졌고, 5월 29일에는 '호헌철폐와 민주개헌 쟁취를 위한 서울지역 학생협의회'가 조직되었다. 부산에서는 부산지역 총학생회협의회가 출현했다. 다른 지역도 지역의 특색을 살려 대학 간 연대가 이루어지고 있었다.

학생들은 6월 1일부터 6·10대회에 최대한의 역량을 동원하기 위한 '투쟁'에 들어갔다. 6월 9일 6·10대회 출정식에서 연세대생 이한열이 직격으로 날아온 경찰의 최루탄에 맞아 중태에 빠진 것은 박종철 고문사망에 이어 다시금 학생과 국민을 분노케 했고, 6월 항쟁 내내 학생들의 투지를 높이게 한 동력이 되었다.

모두 다 역사의 주역으로 활약

민정당에서 노태우를 대통령 후보로 '선출'한 6월 10일은 민주화운동에서 새로운 이정표를 세웠다. 전국 22개 도시에서 같은 시각에 맞춰 시위가 벌어지는 한국 역사 초유의 '사태'가 발생했다.

국본 관계자나 전두환·노태우는 물론이고, 학생들도 그렇게 많은 시위 인파가 쏟아져 나올 것이라고는 생각하지 못했다. 뿐만 아니라 자신들이 얘기로 듣고 책에서 본 3·1운동, 4월 혁명이나 광주항쟁의 주역처럼 일당백의 투사로서 역사의 주역이 되었다는 것이 믿기지 않을 정도였다.

학생들을 더욱 놀라게 한 것은 고난과 핍박의 학생운동을 못 본 체하던 시민들이 자신들에게 뜨거운 갈채를 보내고 시위에 적극적으로 참여했다는 점이었다. 차량경적소리도 끊이지 않았다.

지독한 최루가스를 마시며 일진일퇴의 격전이나 공방전을 치르면서 경찰 병력을 제압한 것도, 파출소나 경찰 차량, 민정당 당사가 불타는 모습도 전에 보지 못했던 현상이었다. 저녁에 남산 아래 힐튼호텔에서 대통령 후보 선출 축하연에 참석한 노태우·전두환과 민정당 당직자들은 최루가스에 눈물을 흘리며 꿈에도 상상하지 못했던 놀라운 사태를 맞아 어찌할 바를 몰라 눈앞이 캄캄해졌다.

명동성당농성투쟁 또한 국본 관계자든 학생들이든 아무도 예상하지 못했던 일이었다. 6·10대회가 6월 항쟁으로 진전된 것은 명동성당농성투쟁이 기축적인 역할을 했다. '우연히' 시작한 농성이기에 운동권 지도부 주장대로 곧 해산할 줄 알았지만, 농성장의 학생들과 시민들은 완강히 거부했다. 행동하는 민중이 출현한 것이다.

6월 11일 오전에 경찰이 최루탄을 쏘고 들어갔을 때 농성시위대는 뿌연 최루가스에 눈을 뜰 수 없었지만 치열한 공방전 끝에 결국 완전무장한 경찰을 밀어냈다. 그러고는 학생 원정대가 명동 일대에 나타났고 넥타이부대의 열렬한 지원과 지지투쟁이 명동 일대를 진동시켰다. 그 대열에 남대문시장 상인과 계성여고 학생들이 있었다.

명동성당농성투쟁은 6월 항쟁의 방향을 가늠하는 태풍의 눈이 되었다. 6월 11일부터 국본과 관계없이 그야말로 자발적인 군부독재타도투쟁이 지방에서도 전개되었다. 6·10대회에 이어서 명동성당농성투쟁에 시민들의 호응이 대단했다는 것은 민심의 소재가 어디에 있는지를 명확히 알게 해준 것으로, 고건 내무장관이 전두환 앞에서 말한 대로 심각한 현상이었다.

전국의 민심이 무섭게 들끓고 있다는 것은 그다음 사태에서도 분명해졌다. 명동성당 농성시위대가 해산한 6월 15일 대전에서는 학생들이 경찰을 포위하고 유성 일대를 점거하다시피 휩쓸었으며, 학생·시민 시위대는 경찰의 '호위'를 받으며 대전 시내 중심가를 당당히 행진했다. 대전 역사상 처음 있는 일이었다.

6월 16일에 이어 17일에도 부산·대전·진주에서 격렬한 시위가 벌어졌다. 대전에서 파출소 7개소와 여러 건물, 경찰 차량 4대가 불타거나 파손되었고, 진주에서 시위대는 고속도로와 국도를 점거했고 열차를 정지시켰다.

최루탄추방대회가 전국 각지에서 있었던 6월 18일 서울에서 경찰이 무장해제를 당하고 남대문경찰서가 심하게 파손되었다.

그날 6월 항쟁 최대의 시위가 부산에서 일어났다. 헤아릴 수 없이 많은 인파가 서면로터리를 비롯한 시내 곳곳을 가득 메웠다. 시위대는 파출소 10여 개소를 파손하고 대형 트럭, 트레일러까지 동원하여 시청과 KBS를 공격해 시청이 '함락' 일보 직전까지 갔다. 택시기사들이 대거 적극적으로 항쟁에 나선 것은 광주항쟁을 상기시켰다. 중앙정보부장 김재규가 부마항쟁을 보고 돌아와서 박정희에게 보고한 부마사태가 10년도 안 되어 부산에서 더 큰 규모로 다시 일어났다.

부마항쟁에 대한 김재규의 다음과 같은 진술은 6·18부산 시위, 나아가서는 6월 항쟁에 대해 너무나 딱 들어맞아 온몸이 전율할 정도다.

시민이 데모 대원에게 음료수와 맥주를 날라다주고 피신처를 제공하여 주는 등 데모하는 사람과 시민이 완전히 의기투합하여 한 덩어리가 되어 있었고, 수십 대의 경찰차와 수십 개소의 파출소를 파괴하였을 정도로 심각한 것이었습니다. (……) 이러한 사태는 당시 본인이 갖고 있던 정보에 의하면 서울을 비롯한 전국 5대 도시로 확산되어 연쇄적으로 일어나게 되어 있었습니다. 국민들의 유신체제에 대한 저항은 일촉즉발의 한계점에 와 있었던 것입니다.

6월 25일에야 직선제 개헌 문안 작성에 착수

전두환 정권이 경찰 병력으로 시위를 통제하지 못한다는 것은 이미 6·10대회에서 드러났지만, 6월 15일에서 19일에 걸친 전국 각지의 시위에서 더욱 명백해졌다.

시위에 대처하기 위해서는 군대를 동원하는 방법밖에 없었다. 그렇지만 노태우·민정당, 군 자체도 군대 출동을 원하지 않았고 전두환도 그것을 두려워했다. 전두환과 노태우가 선택할 수 있는 방안은 극도로 제한되어 있었다.

6월 15일에서부터 6월 19일까지 시위가 부산을 비롯한 영남권과 대전에서 크게 일어났는데, 19일경부터는 광주·전주 등 호남권에서 격렬한 시위가 거의 매일 새벽에 이르기까지 계속되었다.

토요일인 6월 20일 광주는 심야까지 기록적인 인파가 중심가를 뒤덮었다. 일요일인 그다음 날도 수만 명의 인파가 운집했다. 같은 날인 21일 순천에서는 시청이 두 번 공격당했고, 파출소 두 곳이 불탔다.

6월 22일 광주·전주 등 호남권에서 거센 시위가 계속되었고, 23일에는 전주 역사상 최대 규모의 시위가 일어나 파출소 8개소가 습격당하고 3개소가 불탔으며, 여러 기관 건물이 습격당했다.

6·10대회 이래 전전긍긍하며 어찌할 바를 모르던 전두환은 6월 17일 밤 민정당 대통령 후보로 선출된 노태우를 축하하는 모임에서 노태우와 민정당이 융통성을 가질 수 있도록 4·13호헌조치의 족쇄를 어느 정도 풀어주었다. 노태우와 민정당 간부들은 6월 20일을 전후해서야 비로소 수습책을 강구했고, 일요일인 21일에 6·10대회 이후 처음으로 민정당 의원총회를 열었다. 6월 20일에 노태우가, 그리고 노태우의 건의에 따라 24일부터 전두환이 여야 대표회담 또는 영수회담과 각계 지도자 면담을 가졌다.

두 사람은 6월 24일에 직선제를 받아들이지 않을 수 없다는 데 대체로 합의를 보고, 25일에 비로소 박철언 등이 문안 작성에 들어갔으나, 최종 결정은 6월 26일 시위를 보고 내리기로 했다.

전두환은 권복경 치안본부장에게 6·26대회를 초기 단계에서 진압하라는 특별지시를 내렸다. 6·26평화대행진은 37개 시·군에서 시위가 전개되었다. 6·10대회 때보다도 15개 시·군이 증가했다. 전국 각 지역이 망라된 사상 최대 규모의 시위였다.

전두환의 지시로 도처에서 경찰의 과잉 폭력행사가 있었으나, 시위대는 전에 비해 화염병 사용을 자제했다. 그렇지만 워낙 시위 규모가 컸고 격렬하다 보니까 파출소 등 경찰관소 29개소, 시청 등 관공서 4개소, 민정당 당사 4개소, 경찰 차량 20대가 불타거나 파손되었다고 당국은 발표했다.

전두환과 노태우는 민주화운동 앞에 무릎을 꿇을 수밖에 없었다. 전두환·신군부체제는 더 이상 존속할 수 없음이 명백했다. 급기야 3일 후인 6월 29일 전두환·신군부체제를 총체적으로 부정한 6·29선언이 나왔다.

장대한 파노라마

1987년 1월 15일 박종철 고문사망이 세상에 알려지면서 6·29선언이 있기까지 민주주의를 향한 전 과정을 돌이켜보면 모든 일이 절묘하게 맞아떨어졌다는 느낌을 갖게 한다. 이러한 것을 보고 신의 섭리라고 하지 않을까. 마치 웅장한 대서사시나 교향악을 듣는 것 같기도 하고, 파노라마처럼 펼쳐지는 거대한 한 폭의 그림, 예컨대 필자가 러시아 여행 중에 크리미아 반도에 있는 해군기지 세바스토폴에서 마주한 1850년대 크리미아 전쟁을 담은, 백수십 미터에 걸친 초대형 입체 전쟁화를 보는 것 같기도 하다.

다른 때 같으면 한낱 억울한 죽음으로 끝났을 박종철의 고문사망과 이한열의 최루탄에 의한 중태가 2·7추도대회, 3·3평화대행진, 5·18고문사망 은폐조작 폭로와 6·10대회로 시작되는 6월 항쟁 곳곳에서 투쟁의 동력이 되어 그들의 염원이 성취된 것도 그렇고, 중대한 고비에 전두환이 호헌조치를 한 것도 신의 섭리나 이성의 간지를 보는 것 같다.

날씨까지 하늘이 도왔다. 6월 긴긴날 하지 철이라 밤에도 따뜻해 경찰

1987년 7월 9일 서울 시청광장 일대를 가득 메운 수십 만의 인파가 고 이한열 군의 노제를 지내고 있다. 박종철 고문사망부터 6 · 29선언에 이르기까지 6월 항쟁의 민주주의를 향한 전 과정을 돌이켜보면 마치 파노라마처럼 펼쳐지는 한 폭의 거대한 그림과 같았다.

은 계속해서 밤과 낮을 싸우고 지키느라고 곤죽이 되어 죽을 지경이었지만, 저녁시위, 심야시위 등 젊은이들의 야행성 시위에는 더할 나위 없이 좋았다.

각지에서 한날한시에 똑같은 행동요령으로 시위가 전개되는가 하면, 토요일·일요일도 없이 비오는 날에는 비를 맞으며 17일간을 하루도 빠짐없이 시위가 계속된 것도 역사상 있어본 적이 없었다.

6·10대회와 명동성당농성투쟁을 거쳐 부산과 대전에서 대규모 시위가 일어나다가 그 지역이 지칠 만하니까 마치 교대를 하듯 광주·전주에서 바통을 이어받듯이 대규모 시위에 들어간 것도 놀랍기만 하다.

플래카드와 대형 태극기를 앞세우고, 또 소형 태극기나 손수건을 흔들며 도처에서 시위를 벌이던 모습, 할아버지·할머니에서 중학생과 아이들까지 구호를 따라 외치고 운동가를 부르며 때로는 시위대의 앞장을 서기도 하는 모습은 그해 6월이 아니면 볼 수 없는 장면이었다.

6·10대회에서 6·26대회에 이르기까지 서울이나 부산 같은 대도시든 다른 중소도시든 어제까지 평범한 학생, 평범한 시민이었던 수천수만 명이 갑자기 모두가 사생결단의 용맹한 투사가 되어 경찰이 지랄탄·사과탄을 뿌옇게 쏘아대고, 그래서 앞이 보이지도 않고 숨이 콱콱 막히는데도 늠름히 버티며 몇 시간이고 격렬히 싸우며 수십 차례나 밀고 밀리는 공방전을 주고받던 장렬한 모습, 경찰이 최루탄을 수십, 수백 발을 쏘아대면 사라졌다가 어느 틈에 다시 나타나 투쟁의 대오를 갖춰 구호를 외치는 시위대의 모습은 언제나 6월 그날의 장관을 상기케 한다.

또 상인들의 보호를 받으며 시장 골목 이곳저곳에서 숨바꼭질하며 싸우는 시위대의 모습, 시민들의 박수와 환호, 시민들이 쫓기는 학생이나 잡혀가는 학생을 숨겨주고 구출하는 모습, 택시 등 차량기사들이 울리는 계속되는 경적소리, 부산·광주·서울 등지에서의 택시·버스·트럭 기사들의 시위, 교회와 성당에서 울리는 타종소리, 최루탄을 쏘지 말라며 전경 앞으로 다가가 꽃을 달아주는 어머니들, 물 떠다주고 음료수 나르느라 분주한 상인들, 최루가스와 시위에 익숙해져 기민하게 점포의 셔터를 올리고 내리는 상인들, 수천수만 명이 모인 가운데 노동자도 사무원도 농민도 리어카 끄는 막노동꾼도 한마디씩 하던 시국토론회를 비롯한 대중집회, 그 대중집회에서 마당극을 하며 해방춤을 추는 대학생들, 화형식, 스프레이나 물감, 매직펜으로 버스 차창, 건물 벽, 시멘트 바닥 위에 써놓은 구호들, 곳곳에 나붙은 대자보, 그 대자보를 보겠다고 몰려드는 사람들, 각종 유인물, 〈애국가〉, 〈우리의 소원〉, 〈님을 위한 행진곡〉, 〈투사의 노래〉, 〈농민가〉, 박종철이 즐겨 부르던 〈친구 2〉, 〈꽃상여 타고〉 등의 노래, 그리고 전두환과 그의 부인 및 노태우를 풍자한, 아이들이 즐겨 따라 부르던 개사곡 등등.

이러한 모습은 때로는 장대한 파노라마처럼 펼쳐지기도 하고, 때로는 몽타주 화면처럼 표출되는가 하면, 정겨운 서정적 장면으로 그려져 6월 항쟁의 함성이 짙게 묻어나는 아름답고 웅혼한 화음을 이루어 자유와 민주주의, 인권과 평화의 세계로 도도히 흘러갔다.

3

자유의 나라, 민주주의의 나라로

6월 항쟁으로 (분단) 정부 수립 이후 처음으로 자유가 폭넓게 획득되었다. 그 자유는 푸른 하늘 사이로 잠시 보였다 사라진 4월 혁명기의 자유와도 달랐다. 정부 수립 이후 처음으로 이제 자유와 민주주의의 나라로 접근할 수 있게 되었다.

서민이 애창하던 〈동백아가씨〉, 〈왜 불러〉와 같은 공연 금지가요 186곡이 8월 18일 해금되었다. 9월 5일에는 김민기의 〈아침이슬〉 등 방송 금지곡 500곡이 해금되었다. 〈님을 위한 행진곡〉, 〈솔아 솔아 푸르른 솔아〉, 〈파업가〉, 〈진짜 노동자〉와 같은 운동권 가요가 시위대나 노래패에 의해 불려 시위나 파업 현장을 뜨겁게 달구었다. 탈패의 마당극, 풍물패의 풍물놀이가 대학가든 거리든 공장이든 농촌이든 활기 있게 펼쳐졌다.

9월 1일 문공부는 영화 시나리오의 검열을 폐지했다. 항영투쟁의 장면이 있다고 수입되지 못했던 〈간디〉도 상영되었고, 파리의 거리에서 바리케이드를 사이에 두고 투쟁하는 장면 수십 분 분량이 송두리째 잘려 텔레비전에서 방영되었던 〈레미제라블〉(일명 장발장)도 원형 그대로 볼 수 있게 되었다.

10월 19일 판금 도서 650종 중 431종이 해금되었다. 10월 29일 경찰은 서울 시내 116개 서점에서 월북 공산권 작가의 작품 38종, 사법심사 의뢰 대상 181종 등 219종에 대한 압수수색을 벌여 동유럽이나 소련 작품과 같은 사회주의권 작품, 월북 작가들의 작품을 포함한 북한 작품이나 인문·사회과학 서적 판매를 통제했다. 이러한 탄압과 통제에도 불구하고 6월 항쟁 직후부터 과거에 볼 수 없었던 책들이 꽤 많이 시중에 나돌았다.

북한 바로알기운동이 국가보안법 철폐투쟁과 결합되어 감옥에 가면서도 북한 책을 복사하거나 북한 것과 판형을 달리해 시장에 내놓아 한때 북한책 사보기가 붐을 이루었다. 1987년 여름에 이태의 『남부군』이 작열하는 태양 아래 폭발적으로 팔리자 잇따라 빨치산 관계 서적이 쏟아져 나왔고, 그것은 한국 현대사 바로알기운동으로 이어져 수구냉전 세력을 기겁케 했다.

전두환 정권의 탄압과 싸우던 미술계·연극계·음악계도 자유의 신선한 새바람을 불어넣었다.

6월 항쟁으로 정치와 사회 각 분야에서 민주주의를 진전시킬 수 있는 기반이 마련되었다. 그렇지만 권력은 여전히 전두환이 쥐고 있었다. 한국인은 수십 년간 파쇼독재에 순치된 상태에서 벗어나기가 쉽지 않았고, 개인 이기주의와 직결된 박정희의 근대화 지상주의에 매몰되어 있었다. 민주화운동 세력도 민주주의에 익숙지 않았으며, 분파논리나 이해관계에 영향을 받았다. 따라서 어느 분야든 민주화가 진전되는 데 굴곡이 있었고, 군부나 재계처럼 민주주의가 침투하기 어려운 영역도 있었다.

6월 항쟁의 주된 투쟁 목표는 정치적 민주화였고, 그중에서도 직선제 쟁취였기 때문에 정치계의 동향이 크게 주목을 받았다. 7월 10일 김대중 등 2,335명이 사면·복권되었고, 357명이 석방되었으며, 270명에 대한 수배가 해제되었다.

4월 혁명 후의 개헌처럼 여당인 민정당과 야당인 통일민주당이 합의하여 개헌안이 마련되었고, 국민투표를 거쳐 10월 29일 공포되었다. 6·29선언 이래 야당의 대통령 후보 단일화가 이루어질 것인가가 초미의 관심사였지만, 대다수 국민들의 기대를 저버리고 김영삼과 김대중이 각각 출마하는 바람에 노태우가 대통령이 되었다. 소선거구제가 17년 만에 부활되어 1988년 4월에는 총선이 치러졌다.

1987년 12월 대선은 지역주의가 투표 성향을 압도적으로 지배했다. 극심한 지역주의는 1988년 4월 총선에서 더욱 거세게 표출되었다. 특히 총선은 특정 정당 정치인의 특정 지역 공천만 따내면 자동적으로 당선되는 것이어서, 선거 행위 자체를 원천적으로 무색케 했다.

대선과 총선에서 드러난 지역 이기주의는 박정희, 전두환·신군부가 장기집권을 하고 독재권력을 유지하기 위해 권력분배나 경제 면에서 특정 지역에 대해 대단히 편중된 정책을 쓴 것이 직접적으로 작용했다. 그렇지만 장기간에 걸쳐 권위주의 통치를 하는 동안 주입된 비인간적인 반공·냉전 의식과 결합된 개인 이기주의가 사회 전체에 널리 퍼져 시민의식 또는 공공의식이 마멸된 것이 기본 바탕이었다. 수구적인 반공·냉전 이데올로기, 근대화 지상주의가 천민자본주의 사회에 횡행하면서 사회규범이나 양식, 양심이 마비된 것이다. 지역주의가 몰고 온 쓰나미 현상은 6월 항쟁에서 보여주었던 능동적이고 적극적인 시민의식을 일시적으로 삼켜버리는 것 같았다.

그런데 그 쓰나미 현상은 권위주의 시대의 관권도 부분적으로 삼켜버려 공무원조차 지방색에 따르게 했고, 1967년 선거에서부터 위력을 발휘했던 선심공약도 맥을 못 추게 했다. 1987~1988년에는 금권선거도 퇴색했다. 뿐만 아니라 지역주의에 의한 총선의 결과로 여소야대 국회를 출현시켜 노태우·민정당 정권을 견제하면서 한때 민주화를 진전시켰다.

6월 항쟁 이후 등장한 지역주의는 정치적 민주주의가 가야 할 도정이 얼마나 험난하고 굴곡이 심할까를 짐작케 했다. 박정희·전두환의 음산한 그림자가 6월 항쟁으로 획득한 민주주의에 어둡게 드리워져 있었다.

1988년 11월부터 여소야대 국회에 '5·18광주민주화운동 진상조사 특별위원회'를 비롯한 여러 특별위원회가 설치되자 국회의원들은 청문회를 열어 진상규명에 나섰다. 청문회는 텔레비전으로 생중계되어 전두환·신군부정권의 비리를 어느 정도 파헤칠 수 있었고, 전두환 부부를 백담사로 떠나게 해 현대판 유배생활을 하도록 만들었다.

1990년 2월 노태우·민정당이 김영삼의 민주당, 김종필의 신민주공화당을 끌어들여 자유민주당이라는 거대 여당을 만듦으로써 정치계는 상당 부분 과거로 회귀하여 6월 항쟁에 대한 반동의 바람이 불었다. 이로써 지역주의가 만들어낸 여소야대 국회는 해소되었고, 독재정권의 하수인이었던 정당 당원과 십수 년간 그 정당과 싸웠던 정당 당원이 한 정당 안에서 기묘하게 동거하게 되었다.

경제발전의 주역이면서 그것에서 소외되었고, 최소한의 기본 권리조차 통제되어 열악한 환경에서 장시간 노동에 시달려야 했던 노동자들이 6월 항쟁 이후 어느 부문보다도 먼저 일어나 자신들의 권익을 위한 투쟁을 벌인 것은 6월 항쟁의 후속조치나 다름없는 자연스러운 진전이었다.

7월 울산현대엔진 노동조합 결성투쟁을 시작으로 본격적으로 전개된 노동자대투쟁은 8월 29일경부터 공권력이 적극 개입하면서 9월 초에 끝났다. 7~8월 노동자대투쟁은 울산·창원·거제의 대기업이 주도했다. 지역과 산업, 사업체 규모에 관계없이 전국 각지에서 일어난 사상 최대 규모의 노동자투쟁으로, 규모 면에서 세계적으로도 유례가 드물었다.

7~8월 노동자대투쟁은 1970년대나 1980년대 중반까지의 노동운동과

달리 중화학공업의 대기업 생산직 남성 노동자 중심으로 전개되었다. 총 3,311건의 노사분쟁 중 3,235건이 쟁의를 수반한 분쟁으로, 쟁의에 10인 이상 사업체 상용노동자 333만 명의 37퍼센트에 해당하는 122여만 명이 참여했다. 그리하여 6월 말까지 2,725개였던 노동조합이 그해 말에는 4,086개로 늘어났다.

1987년 11월에는 여야 합의로 노동관계법 개정안이 통과되었다. 노조 설립 요건은 완화되었지만, 제3자 개입 금지, 복수노조 금지, 노조 정치활동 금지 등은 그대로 남았다. 1990년 1월에는 민주노동조합의 연합체로서 600여 노동조합에 20여만 명을 포용하는 전국노동조합협의회(전노협)가 조직되었다.

박정희·유신체제와 전두환·신군부체제에서 오욕으로 점철된 언론계에도 새바람이 불었다. 7월 15일 문화방송 기자·프로듀서가 방송민주화추진위원회를 결성했고, 다음 날 기자협회에서 언론 자유 수호 결의를 담은 결의문을 채택했다. 8월 1일 지방주재 기자 제도가 부활되었고, 10월부터 기독교방송이 뉴스를 내보냈다. 언론기본법은 11월 11일에야 폐지되었다.

10월 하순부터는 주요 신문사와 방송사에서 노동조합을 결성해 1988년 4월 14개 노조가 참여한 전국언론노동조합연맹이 조직되었다. 1988년 5월에는 국민주 모금 방식으로 『한겨레』 신문이 탄생했다.

교육계의 활동도 활발해졌다. 1985년 민중교육지 사건으로 모습을 드러낸 교육계 민주화운동은 1986년 5·10교육민주화선언을 거쳐 같은 해에 민주교육실천협의회로 발전했다. 민주교육실천협의회는 6월 항쟁 직후인 1987년 9월에 민주교육 추진 전국교사협의회로 진전했고, 1989년 5월에는 전국교직원노동조합 창립대회를 가졌다.

중요한 사안이 생길 때마다 시국선언문을 발표해 민주화운동에 동참했던 교수들은 6·26대행진 날 만들려다 경찰의 방해로 실패했던 '민주화를 위한 전국교수협의회' 창립모임을 7월 21일에 가졌다. 1988년 11월에는 진보적인 연구소·학회 등이 모여 학술단체협의회를 발족했다.

1980년대 민주화운동에서 일역을 맡았던 탈춤패·노래패를 포함해 문학·미술·음악·연극·영화·무용·건축·사진 등의 여러 예술 분야가 모여 1988년 12월에 민족예술인총연합 결성 모임을 가졌다.

6월 항쟁은 통일운동 고양과 남북관계 개선의 길을 열었다. 정부 수립 이후 수구냉전 세력은 반공 이데올로기를 내세워 분단을 공고히 하고 남북 간의 긴장을 고조시키면서 곧 전쟁이 일어날 것 같은 위기의식을 불러일으켜 권력과 기득권의 영속화를 기도했다. 특히 이승만 정권, 박정희·유신체제는 분단이 없었더라면 무슨 방법으로 권력을 유지하려 했을까 하는 생각이 들 정도로 긴장을 고조시키면서 전쟁 위기의식을 불러일으켜 독재정권 영속화에 분단을 극단적으로 이용했고 남북관계를 악화시켜 분단체제라는 현상까지 낳게 했다. 극우 세력에게 한반도 평화와 남북화해처럼 두려운 것은 없었다.

그렇지만 4월 혁명으로 통일운동이 전개되었던 것과 흡사하게 6월 항쟁으로 통일운동은 활기를 띠었고 남북관계 또한 크게 변화되었다. 1988년 3월 서울대 학생회장 후보가 '김일성종합대학 학생들에게 드리는 글'을 발표하면서 촉발된 통일운동은 민주화운동 세력의 호응을 받으면서 그해 여름 판문점으로 향하는 아스팔트길을 뜨겁게 달구었다.

1989년은 문익환 목사와 전대협 대표 임수경의 방북 사건으로 세상이 떠들썩했다. 이 두 사건은 통일운동의 발판을 마련하고 남북 화해·교류의 길을 여는 데 기여했지만, 수구냉전 세력의 거센 반격에 직면해야 했고, 운동권 내부에서도 비판이 있었다.

1990년에는 남북고위급회담이 열렸고, 1991년 12월에는 남과 북의 총리가 서명한 '남북 사이의 화해와 불가침 및 교류 협력에 관한 합의서'(남북기본합의서)가 발표되었다. 동유럽과 소련 사회주의의 붕괴는 노태우의 북방정책, 88올림픽과 함께 한국인과 세계와의 관계를 더욱 긴밀하게 했다.

가슴 뿌듯한 자랑스러운 우리 역사의 한가운데에 6월 항쟁이 있다. 6월 항쟁으로 자유와 민주주의, 남북화해와 통일의 큰길이 열렸다. 그러나 6월 항쟁의 정신이 이 땅에 완전히 구현되었다고 보기에는 아직 갈 길이 멀다. 더욱이 수구냉전 세력은 역사의 퇴물로 사라지지 않으려고 발버둥치며 자유와 민주주의, 남북화해와 역사 인식을 후퇴시키기 위한 활동을 끊임없이 벌이고 있다. 그러나 6월 항쟁 이전으로 역사를 되돌려놓으려는 퇴행적 행위는 6월 항쟁의 정신이 이 땅에 살아 숨 쉬는 한 거센 도전에 직면할 것이다.

수구냉전 세력은 무엇보다도 6월 항쟁의 정신이 오늘의 역사에 살아 있는 것을 두려워하고 있다. 해마다 6월 10일 그날이 오면 6·10촛불시위를 가졌는데, 2008년 6·10촛불시위에 100만 인파가 서울과 지방에 집결해[5] 마치 거대한 강물이 도도히 흐르는 것처럼 도심지 한복판을 가득 메우며 장엄한 촛불시위를 전개했을 때, 수구냉전 세력은 6월 항쟁의 그날을 떠올리며 몹시도 두려워하고 떨었다.

저들이 권력의 영속화를 위해 자유와 민주주의를 질식시키고 남북화해와 한반도 평화를 가로막으려는 더 큰 모험을 저지르고, '이승만 살리기'와 역사 왜곡으로 수구냉전 이데올로기의 부활을 기도한다면, 6월 항쟁의 정신은 6·10촛불시위보다 몇백 배 더 큰 분노, 더 큰 함성으로 다시 6월의 거리마다 살아나 수구냉전 세력에게 철퇴를 가할 것이다. 1987년 6월의 그 뜨거웠던 함성을 기억하는 한 6월 항쟁의 정신은 영원히 자유와 민주주의, 남북화해와 통일·평화의 수호신으로 이 땅에 살아 있을 것이다.

주

제1장 박종철 고문사망과 동시다발 시위의 등장

1 이것은 어머니 정차순의 기억이고(박종철 열사 어머니, 「물이 무서워 요단강을 우예 건너 겠능교」, 민주화실천가족운동협의회 편, 『오, 어머니 당신의 눈물은』, 동녘, 1987, 126쪽), 누나 은숙은 13일 밤으로 기억했다(『동아일보』 1987. 1. 17).

2 박철언, 『바른 역사를 위한 증언』 1, 랜덤하우스중앙, 2005, 229쪽.

3 김성익, 『全斗煥 육성증언』, 조선일보사, 1992, 260쪽. 이 책의 227쪽에는 전두환이 11월 29일 민정당 당직자들에게 만찬석상에서 11월 8일 비상조치령이나 계엄령을 선포하려 했다고 말한 것으로 나와 있다.

4 박철언, 앞의 책, 237~238쪽.

5 이 숫자는 구속자 기준으로((사)6월민주항쟁계승사업회·민주화운동기념사업회, 『6월항쟁을 기록하다』 3, 2007, 54쪽) 자료마다 조금씩 다르게 나온다.

6 박철언, 앞의 책, 240쪽.

7 전두환 정권의 정치적 책략 또는 정치적 목적과 관련해서는 「'김일성사망설'을 둘러싼 의혹」, 『말』, 1986. 12. 31, 23쪽 참조.

8 김성익, 앞의 책, 228~232쪽.

9 『동아일보』 1987. 2. 19.

10 황광우, 『젊음이여 오래 거기 남아 있거라』, 창비, 2007, 176쪽.

11 기쁨과 희망 사목연구원, 『암흑 속의 햇불』 8, 2001, 223쪽.

12 오병상, 『청와대비서실』 4, 중앙일보사, 1995, 51~56쪽; 『동아일보』 1987. 1. 21.

13 황호택, 「언론보도, 저항의 뇌관」, 『6월항쟁을 기록하다』 3, 85쪽.

14 김옥희, 「진숙이 신발을 안고 울던 그때」, 『오, 어머니 당신의 눈물은』, 동녘, 1987, 36~48쪽.

15 『중앙일보』 1987. 2. 2.

16 황인성, 「투쟁의 구심, 민주쟁취국민운동본부」, 『역사비평』 여름호, 1997, 35쪽.

17 박철언, 앞의 책, 247~248쪽.

18 한영수, 「2·7에서 3·3까지」, 『6월항쟁을 기록하다』 3, 100쪽. 『동아일보』 2월 7일자는 7만여 명이 동원되었다고 보도했고, 『동아일보』 2월 9일자는 6만여 명, 『중앙일보』 2월 9일자는 5만여 명으로 보도했다.

19 『말』 제10호, 1987. 3. 20, 11~13쪽. 2월 9일자 한 신문은 부산 시위 현장에 정차순이 나타나 직접 마이크를 들고 "내 아들을 살려내라"라고 말한 것으로 보도했지만, 사실과 다른 것으로 보인다.

제2장 호헌철폐투쟁으로의 전환과 학생운동의 변화

1 『중앙일보』 1987. 2. 26.

2 김성익, 앞의 책, 323쪽. 이 책에서 언급한 전두환의 발언이나 전두환이 참석한 회의, 모임에 대해서는 거의 다 김성익의 『전두환 육성증언』에 의거했다.

3 『말』 제12호, 1987. 8. 1, 133쪽.

4 박철언, 앞의 책, 129쪽.

5 『동아일보』 1987. 4. 1.

6 『말』 제4호, 1985. 12. 20, 84~85쪽.

7 권미혁, 「진보적 여성연대의 힘」, 『6월항쟁을 기록하다』 2, 195쪽; 홍성우, 「법조계와 민주화」, 대한변호사협회 편, 『인권보고서 1987·1988』 3, 역사비평사, 1989, 122쪽.

8 『말』 특집호, 1986. 9. 6, 3~4쪽.

9 『말』 제13호, 1987. 5. 15, 15쪽.

10 검찰의 발표는 7월 16일이었다. 옮겨 적는 과정에서 착오가 생긴 것으로 보인다.

11 조영래 변호사를 추모하는 모임 편, 『조영래변호사변론선집—그 인권변론의 발자취』, 까치, 1992, 132~133쪽. 부천서 성고문 사건의 변론 관계 인용문은 모두 이 책에 의거했다.

12 권인숙, 「진실은 감옥 속에 가둬둘 수 없습니다」, 『항소이유서』, 사상사, 1988, 10~16쪽.

13 「부천서성고문사건─진실에의 비밀은 용기뿐이다」, 『6월항쟁을 기록하다』 3, 14쪽에는 8월 25일로 되어 있지만, 『말』 제8호, 1986. 9. 30, 66~67쪽, 김정남, 『진실, 광장에 서다』, 창비, 2005, 540쪽에는 9월 1일로 되어 있다. 이와 함께 조영래 변호사를 추모하는 모임이 엮은 앞의 책, 134쪽 참조.

14 한국기독교사회문제연구원 편, 『개헌과 민주화운동』, 민중사, 1986, 21~24쪽. 1986년 개헌에 관한 움직임을 살피는 데 이 책이 큰 도움이 되었다.

15 광주에 모인 인원에 대해 황인성은 앞의 글 29쪽에서 10만 명 이상이라고 기술했고, 한국기독교사회문제연구원 편, 앞의 책, 43쪽에는 20~30만 명으로 쓰여 있다.

16 고려대 교수의 '현 시국에 대한 우리의 견해'가 나오기까지의 과정은 이문영, 『겁 많은 자의 용기』, 삼인, 2008, 460~470쪽 참조.

17 안병욱, 「지식인들의 개헌성명」, 『6월항쟁을 기록하다』 3, 126~134쪽.

18 『말』 제9호, 1986. 12. 31, 10쪽.

19 김원, 『87년 6월항쟁』, 책세상, 2009, 72쪽.

20 한영수, 「5·3인천사태」, 『6월항쟁을 기록하다』 2, 351~352쪽.

21 유시춘 외, 『우리 강물이 되어』 2, 경향신문사, 2005, 144~147쪽.

22 『동아일보』 1986. 5. 5.

23 박철언, 앞의 책, 221~223쪽.

24 조갑제, 『盧泰愚 육성회고록』, 조갑제닷컴, 2007, 152~153쪽.

25 치안당국은 4월 22일부터 6·26국민평화대행진을 하루 앞둔 6월 25일까지의 시국성명 서명자는 모두 5,646명인 것으로 집계했다. 그중 교수가 48개 대학에서 1,510명, 사회단체 회원이 34개 단체 4,136명이었다. 사회단체 회원은 전·현직 국회의원, 변호사, 목회자, 영화·연극인, 가수, 미술인, 의사, 약사, 한의사, 음악인, 문인, 간호원, 초·중·고교 교사 등 각계에 두루 걸쳤다(『한국일보』 1987. 6. 27).

26 강신철 외, 『80년대 학생운동사』, 형성사, 1988, 52~56, 75~76쪽; 안철환, 「낯선 열린 공간 속에서 방황했던 1984년」, 『5월 광주를 넘어 6월 항쟁까지』, 자인, 2006, 455~456쪽.

27 일송정 편집부, 『학생운동논쟁사』 1, 일송정, 1990, 71~75쪽.

28 신준영, 「학생운동야사 4─미문화원투쟁에서 민정당연수원 점거까지」, 『말』 1990년 6

월호, 165~173쪽.

29 김석, 「6월항쟁의 서곡, 10·28건대항쟁」, 『6월항쟁을 기록하다』 3, 50쪽; 김병식, 「6월
항쟁의 선봉장, 서대협」, 『6월항쟁을 기록하다』 3, 182쪽.

30 신준영, 앞의 글, 173쪽.

31 김은숙, 『불타는 미국』, 아가페, 1988, 41쪽.

32 신준영, 「학생운동야사 5 ― 민민투와 자민투」, 『말』 1990년 7월호, 180~182쪽.

33 김석, 앞의 글, 51~61쪽.

34 신준영, 앞의 글, 179쪽.

35 서영교, 「선도투쟁에서 다수가 함께 한 대중투쟁으로」, 『5월광주를 넘어 6월항쟁까지』,
518~519쪽; 임미애, 「일만명의 이화인이 이화광장에서 87년 대투쟁을 시작하다」, 『5월
광주를 넘어 6월항쟁까지』, 530~533쪽.

36 김병식, 앞의 글, 184~185쪽.

37 이인영, 「학생운동: 선도투쟁에서 대중성 강화로」, 『역사비평』 1997년 여름호, 69~71쪽.

38 김원, 앞의 책, 75쪽.

39 서울과 지방에서 여러 대학이 시위를 할 경우, 시위 학교 수와 시위 학생 수에서 별도의
기술이 없는 것은 경찰 집계임.

40 한국기독교사회문제연구원 편, 『6월민주화대투쟁』, 1987. 7, 240~241쪽. 이와 대비되
는 주장으로 이인영, 앞의 글, 72쪽 참조.

41 1987년 연세대 학생회장이었던 우상호는 5·23종로 시위가 87년 들어 처음 준비된 조직
적 가두시위였다고 회고했다(우상호, 「6월, 그 하늘에 새긴 함성」, 『다시 민주주의를 생
각한다』, 자인, 2009, 277쪽).

42 이인영은 5·23투쟁구호가 "호헌철폐", "민주쟁취"로 단일화되었다고 기술했는데, 한 자
료에는 이날 구호가 "호헌철폐", "독재타도"였다고 쓰여 있다. 또한 연좌시위를 벌인 학
생 수는 300여 명, 시위 참여자는 2,000여 명, 최루탄을 퍼부었는데도 스크럼을 짠 채 꿈
쩍도 안 한 학생들을 100여 명으로 기술했다. 정지환(서울시립대), 「파고다 5·23집회,
대중투쟁노선의 승리」, 『6월항쟁을 기록하다』 1, 315~316쪽.

43 김정남, 「사제단, "고문살인범이 조작되었다"」, 『6월항쟁을 기록하다』 3, 146~158쪽;
김정남, 『진실, 광장에 서다』, 창비, 2005, 567~570쪽.

44 홍성우, 「법조계와 민주화」, 대한변호사협회 편, 『인권보고서 1987·1988』 3, 역사비평
사, 1989, 441쪽.

45 김정남, 앞의 글, 161쪽.

46 박보균, 『청와대비서실』 3, 중앙일보사, 1994, 126~127쪽.

47 위의 책, 57, 67~70쪽.

제3장 6·10국민대회에서 6월 항쟁으로

1 황인성, 앞의 글, 41~42쪽.

2 민주화운동기념사업회, 『민주화운동 관련사건·단체 사전 편찬을 위한 기초조사연구보고
서(1980년대)』 2, 2004, 153쪽.

3 유시춘, 「6·10전략과 게릴라회의」, 『6월항쟁을 기록하다』 3, 179~180쪽.

4 서학협 산하 '6·9, 10총궐기위원회' 소식지 『총궐기』 수록(한국기독교사회문제연구원,
앞의 책, 246~247쪽에서 재인용).

5 한 기록에는 6월 9일 연세대에서 전두환과 노태우의 화형식을 가진 것에 대해 헌병대장
출신의 서대문경찰서 서장이 "각하를 건드렸다"라고 하며 무차별 진압을 명령해 이러한
사태가 났다고 쓰여 있다(『말』 제12호 1987. 8. 1, 94~95쪽).

6 이한열 관련 기술은 대부분 정성원, 「이한열, 6월의 거점」, 『6월항쟁을 기록하다』 3, 194
~211쪽에 의존했다.

7 다른 시위에서처럼 6월 항쟁 시위 참여자 수는 자료에 따라 차이가 큰 경우가 있다. 그래
서 시위 인원이 특별히 많거나 근거를 분명히 할 필요가 있을 때에는 괄호 안에 다음과 같
이 출처를 밝히겠다. 1987년 7월에 나온 한국기독교사회문제연구원의 『6월 민주화대투
쟁』의 경우 『대투쟁』으로, 1987년 8월 1일 발행된 『말』 제12호는 『말』로, 일간지의 경우
'일보' 또는 '신문'은 생략하고 『동아』, 『조선』 등으로 표기.

8 서울시경은 서울 60개소에서 연인원 3만 8,190명이 시위에 참여했다는 다소 현실적인 집
계를 제시했다. 각각 『한국일보』 1987. 6. 11; 『조선일보』 1987. 6. 11; 황인성, 앞의 글,
51쪽; 유시춘, 「성공회대성당, '호헌철폐 독재타도' 함성 폭발」, 『6월항쟁을 기록하다』 3,

230쪽; 한국기독교사회문제연구원, 앞의 책, 8쪽 참조.

9 나도은, 「항쟁의 징검다리, 명동성당 농성」, 『6월항쟁을 기록하다』 3, 255∼256쪽. 명동성 당농성투쟁은 이 글과 『말』 12호, 1987. 8. 1. 기사에 힘입었다.

10 『말』 제12호, 1987. 8. 1, 11∼12쪽.

제4장 항쟁의 격화—기로에 선 전두환·신군부체제

1 김원, 『87년 6월항쟁』, 책세상, 2009, 86쪽.

2 김원, 앞의 책, 87쪽.

3 서면 일대에 모인 인파가 몇 명인지에 대해서는 자료마다 다르다. 『말』(제12호 1987. 8. 1, 13쪽)에는 "오후 6시에는 서면로터리 일대에 10만여 명의 시민이 운집했다. 밤 9시가 넘으면서 부전시장에서 범내골 다리를 거쳐 부산역까지의 도로에 추정이 불가능한 인파 (국민운동본부 추정치 40만, 신문사 8만)가 몰려 도로를 꽉 메웠다"라고 쓰여 있다. 기독 교사회문제연구원, 『6월 민주화대투쟁』(1987. 7) 10쪽에는 "특히 부산에서는 30∼40만 명의 시민이 참여, 경찰은 진압을 완전 포기하고 말았다"라고 쓰여 있고, 144쪽에는 "서 면로터리 6만여 시위 군중 운집"이라고 쓰여 있다. 황인성은 앞의 글, 55쪽에서 "서면에 서 부산역에 이르는 4km의 간선도로를 약 30만 명의 시위 인파가 완전히 메운 상태"라고 썼다. 부산민주운동사편찬위원회, 『부산민주운동사』(1998), 548쪽에는 "서면에는 이미 30여만 명의 시위대가 운집해 있었다"라고 쓰여 있고, 고호석, 「부산의 6월항쟁」, 『6월항 쟁을 기록하다』 4(2007), 50쪽에도 『부산민주운동사』와 똑같이 서술되어 있다. 6·18부산 서면시위에 참가한 한 학생은 "인도와 도로의 구분이 안 갔고, 서면로터리에서 범내골 쪽 으로는 끝이 안보일 정도"였다고 회고하면서 20만 명 모였다고 한다고 기술했다(원성만, 「어느 84학번의 6월항쟁 회고담」, 『다시 민주주의를 생각한다』, 자인, 2009, 272쪽). 김 원, 앞의 책, 115쪽에는 서면로터리 부근에 20만 명 이상이 운집했다고 기술되어 있다. 『동아일보』(1987. 6. 19)에는 "5만여 시위 군중, 지켜보던 시민 3만, … 8만여 서면로터리 도로 점거"로, 『한국일보』(1987. 6. 20)에는 "부산 도시 기능 마비… 한때 8만여 명까지 불어났던 부산시위"로 쓰여 있으며, 『조선일보』(1987. 6. 19) 1면에는 기사로 "5만 명으

로 불어나 부산진시장—서면로터리—전포동 4거리 이르는 3km 간선도로로 뒤덮어 완전 교통 차단했고, 연도에는 시민 3만여 명이 나와 지켜봤다"라고 쓰여 있고, 11면에는 톱 제목으로 "부산 도심서 철야시위—3만여 명 간선도로 메워"로 쓰여 있으며, 6월 20일자 10면에는 18일에 5만을 헤아리는 인파가 있었다고 쓰여 있다. 기사에 따라서 시위 숫자가 6·18부산 시위 전체를 가리킨 경우도 있다.

4 『말』제12호, 1987. 8. 1, 29쪽.

5 고호석, 앞의 글, 48쪽.

6 『말』제12호, 1987. 8. 1, 17쪽.

7 김원, 앞의 책, 88쪽.

8 박보균, 『청와대비서실』 3, 중앙일보사, 1994, 181쪽.

9 오병상, 『청와대비서실』 4, 중앙일보사, 1995, 63~64쪽.

10 김영삼, 『김영삼회고록』 3, 백산서당, 2000, 55~64쪽.

제5장 무릎 꿇은 전두환·신군부체제—6·26대행진에서 6·29선언으로

1 김성익, 앞의 책, 454~455쪽.

2 『동아일보』 1987. 6. 27; 『조선일보』 1987. 6. 28. 황인성은 앞의 글에서 150여만 명으로 기술했고(60쪽), 『대투쟁』에는 100여만 명으로 기술되어 있다(69쪽).

3 『말』제12호, 1987. 8. 1, 119쪽; 박보균, 앞의 책 3, 183쪽; 오병상, 앞의 책 4, 64쪽.

4 박보균, 앞의 책 3, 182, 185~186쪽.

5 한국기독교사회문제연구원, 앞의 책, 49쪽.

6 조갑제, 『유고!』 1, 162쪽; 같은 책 2, 43, 48~50, 79쪽.

7 돈 오버도퍼, 『두 개의 한국』, 이종길 역, 길산, 2002, 266~267쪽.

8 박보균, 앞의 책 3, 185쪽.

9 오병상, 앞의 책 4, 58~62쪽.

제6장 6월 항쟁 탐구

1 『말』 제12호, 1987. 8. 1, 6, 10, 19쪽.

2 『말』 제12호, 1987. 8. 1, 47~48쪽.

3 한국기독교사회문제연구원, 앞의 책, 269~271쪽.

4 『말』 제12호, 1987. 8. 1, 28쪽.

5 위키리크스가 공개한 2008년 6월 11일자 주한 미대사관의 전문은 전날의 6·10촛불대행
  진 시위에 대해 "전국 80여 개 도시에서 수십 만의 시민들이 참가헀고, 서울에서만 경찰
  추산 약 8만 명, 시위대 추산 약 70만 명이 참가했다"고 전했다(『경향신문』, 2011년 9월
  7일).

참고문헌

저서 및 논문

강신철 외, 『80년대 학생운동사』, 형성사, 1988

김근태, 『열려진 세상으로 통하는 가냘픈 통로에서』, 한울, 1992

김근태, 『우리 가는 이 길은』, 새날, 1992

김대중, 『김대중 자서전』 1, 삼인, 2010

김대중, 『나의 삶, 나의 길』, 산하, 1997

김민호, 「80년대 학생운동의 전개과정」, 역사비평, 1988 여름

김성익, 『全斗煥 육성기록』, 조선일보사, 1992

김영삼, 『김영삼 회고록』 3, 백산서당, 2000

김원, 『87년 6월항쟁』, 책세상, 2009

김원, 『잊혀진 것들에 대한 기억』, 이후, 1999

김은숙, 『불타는 미국』, 아가페, 1988

김정남, 『진실, 광장에 서다』, 창비, 2005

김주언, 『한국의 언론통제』(개정판), 리북, 2009

박보균, 『청와대비서실』 3, 중앙일보사, 1994

박철언, 『바른 역사를 위한 증언』 1~2, 랜덤하우스중앙, 2005

백태웅, 「'제헌의회'노선을 다시 생각한다」, 역사비평, 1997 여름

신준영, 「학생운동 야사」 1~6, 말, 1990. 2·3·4·6·7·8

돈 오버도퍼, 『두 개의 한국』, 길산, 2002

오병상, 『청와대비서실』 4, 중앙일보사, 1995

유시춘 외, 『70~80 실록 민주화운동―우리 강물이 되어』 1~2, 경향신문사출판본부, 2005

이만섭, 『나의 정치인생 반세기』, 문학사상사, 2004

이문영, 『겁 많은 자의 용기』, 삼인, 2008

이원보, 『한국노동운동사』 5, 지식마당, 2004

이인영, 「학생운동 선도투쟁에서 대중성 강화로」, 역사비평, 1997 여름

이정훈 외, 『저 들에 푸르른 솔잎을 보라』, 거름, 1985

이희호, 『이희호 자서전 동행』, 웅진지식하우스, 2008

정진상, 「6월항쟁과 한국의 변혁운동」, 역사비평, 1997 봄

정해구·김혜진·정상호, 『6월항쟁과 한국의 민주주의』, 민주화운동기념사업회, 2004

조갑제, 『盧泰愚 육성 회고록』, 조갑제닷컴, 2007

조지훈, 『80년대 후반 청년학생운동』, 형성사, 1989

조진경, 『민족자주화운동』 1~2, 백산서당, 1988

한강하 외, 『민족이여 통일이여』 1~2, 풀빛, 1987~1988

함세웅, 『멍에와 십자가』, 빛두레, 1993

황광우, 『젊음이여 오래 거기 남아 있거라』, 창비, 2007

황의봉, 『80년대의 학생운동』, 예조각, 1986

황인성, 「투쟁의 구심―민주쟁취국민운동본부」, 역사비평, 1997 여름

단체 편저 및 신문

국사편찬위원회 편, 『한국민주화운동자료목록집』 1~2, 2005

기쁨과 희망 사목연구원 편, 『암흑속의 햇불』 7(1986)~8(1987), 2000~2001

대한변호사협회 편, 『1987·1988 인권보고서』 3, 역사비평사, 1989

동녘편집부 편, 『껍데기를 벗고서』 2, 동녘, 1991

민주언론운동협의회, 「6월항쟁」, 『말』 제12호, 1987. 8. 1.

민주언론운동협의회, 『말』 합본호 1~2

민주화실천가족운동협의회 편, 『나의 손발을 잃는다 해도』, 거름, 1987

민주화실천가족운동협의회 편, 『오, 어머니 당신의 눈물은』, 동녘, 1987

민주화실천가족운동협의회·민족민주운동연구소 편, 『10大 조직사건』, 아침, 1989

민주화운동기념사업회 한국민주주의연구소 편, 『한국민주화운동사』 3, 돌베개, 2010

민주화운동기념사업회, 『민주화운동사전편찬(1980년대) 보고서』 1~2, 2004

부산민주운동사편찬위원회 편, 『부산민주운동사』, 1998

(사)6월민주항쟁계승사업회·민주화운동기념사업회, 『6월항쟁을 기록하다』 1~4, 2007

(사)6월민주항쟁계승사업회·민주화운동기념사업회, 『80년 5월에서 87년 6월로』, 2007

사계절출판사 편, 『전환』, 사계절, 1987

사상계편집부 편, 『항소이유서』, 사상계, 1988

성공회대민주화운동자료관 편, 『한국민주화운동의 전개와 구조』, 성공회대출판부, 2000

신동아 별책부록, 『80년대 민족·민주운동』, 동아일보사, 1990

월간 사회와사상 편, 『80년대 사회운동논쟁』, 한길사, 1989

6월민주항쟁10주년사업범국민추진위원회 편, 『6월항쟁10주년기념자료집』, 사계절, 1997

이와나미편집부 편, 『전두환시대』 3~4, 중원문화, 1988

일송정편집부 편, 『조직노선』, 일송정, 1988

일송정편집부 편, 『학생운동논쟁사』 1~2, 일송정, 1990~1991

일송정편집부 편, 『학생운동논쟁사』, 일송정, 1988

조영래변호사를 추모하는 모임 편, 『조영래변호사변론선집』, 까치, 1992

70·80민주화학생운동연대 편, 『다시 민주주의를 생각한다』, 자인, 2009

80년대전반기학생운동기념문집출간위원회 편, 『5월 광주를 넘어 6월항쟁까지』, 자인, 2006

학술단체협의회 편, 『6월민주항쟁과 한국사회 10년』 1~2, 당대, 1997

한국가톨릭농민회, 『한국가톨릭농민회 30년사』, 1999

한국기독교교회협의회인권위원회 편, 『1980년대 민주화운동』 6~8, 1987

한국기독교교회협의회인권위원회 편, 『우리들의 딸 권양』, 1987

한국기독교교회협의회인권위원회 편, 『폭력을 이기는 자유의 행진』, 민중사, 1987

한국기독교사회문제연구원, 『6월민주화대투쟁』, 민중사, 1987

한국기독교사회문제연구원, 『개헌과 민주화운동』, 민중사, 1986

한국기독교사회문제연구원, 『한국학생운동관련문헌해제』, 2003

『동아일보』, 『조선일보』, 『중앙일보』, 『한국일보』, 『경향신문』, 『서울신문』

찾아보기 _인명

찾아보기 _단체명

찾아보기 _사건명